ERNST CASSIRER

DAS ERKENNTNISPROBLEM

DRITTER BAND

ERNST CASSIRER

DAS ERKENNTNISPROBLEM

IN DER PHILOSOPHIE UND WISSENSCHAFT
DER NEUEREN ZEIT

SONDERAUSGABE

DRITTER BAND

DIE NACHKANTISCHEN SYSTEME

WISSENSCHAFTLICHE BUCHGESELLSCHAFT
DARMSTADT

This reprint 1994 of the 2nd edition 1923 (1st edition 1920) is published by arrangement with the Yale University Press, New Haven, Conn. (U.S.A.)
All rights reserved

Die Deutsche Bibliothek – CIP-Einheitsaufnahme

Cassirer, Ernst:
Das Erkenntnisproblem in der Philosophie und Wissenschaft der neueren Zeit / Ernst Cassirer. – Sonderausg., Reprint. – Darmstadt: Wiss. Buchges.
ISBN 3-534-12480-4
Sonderausg., Reprint
Bd. 3. Die nachkantischen Systeme. – Reprint of the 2nd ed., 1923. – 1994

Bestellnummer 12480-4

Das Werk ist in allen seinen Teilen urheberrechtlich geschützt.
Jede Verwertung ist ohne Zustimmung des Verlages unzulässig.
Das gilt insbesondere für Vervielfältigungen,
Übersetzungen, Mikroverfilmungen und die Einspeicherung in und Verarbeitung durch elektronische Systeme.

Gedruckt auf säurefreiem und alterungsbeständigem Offsetpapier
Druck und Einband: Wissenschaftliche Buchgesellschaft, Darmstadt
Printed in Germany

ISBN 3-534-12480-4

VORWORT

Der Entschluß, die geschichtliche Darstellung des Erkenntnis≠ problems über den Kreis des Kantischen Systems hinaus zu erweitern, ist mir nicht unmittelbar aus geschichtlichen Interessen und Studien erwachsen. Vielmehr waren es die Beschäftigung mit den systema≠ tischen Problemen der modernen Erkenntniskritik, durch die ich zuerst auf den Zusammenhang hingewiesen wurde, der zwischen der Philosophie unserer Zeit und den nachkantischen Systemen be≠ steht. Diese Systeme mögen uns ihrem Inhalt nach noch so über≠ holt und veraltet, ihre Lösungen mögen uns noch so fragwürdig erscheinen: so sind doch ihre Probleme für uns keineswegs erledigt. In den methodischen Kämpfen der Erkenntnistheorie der Gegen≠ wart sehen wir uns immer bestimmter wieder vor die Grundfragen geführt, vor denen schon die ersten Schüler und die ersten Nach≠ folger Kants gestanden haben. So ist nicht nur im Laufe der Zeiten neben die Neu≠Kantische Bewegung eine Neu≠Fichtesche, Neu≠ Hegelsche, Neu≠Friessche Bewegung getreten: sondern auch dort, wo diese unmittelbare geschichtliche Anknüpfung an die Systeme der Vergangenheit eher vermieden als gesucht wurde, trat der sachliche Zusammenhang mit ihnen allmählich immer deutlicher zu Tage. Manche Probleme, die noch heute im Mittelpunkte der erkenntnis≠ theoretischen Kämpfe der Gegenwart stehen, haben seit den Tagen der Nachkantischen Spekulation nicht sowohl ihren wesentlichen Ge≠ halt, als vielmehr ihren Ausdruck gewechselt. Die Erkenntnis dieser geschichtlichen Kontinuität bildet auch für die systematische Fas≠ sung und die systematische Lösung dieser Fragen ein wichtiges Mo≠ ment.

In diesem Sinne verfolgen auch die Betrachtungen des fol≠ genden Bandes — wie die der beiden vorhergehenden Bände — ein zugleich historisches und systematisches Ziel. Sie gruppieren die Entwicklung der Nachkantischen Spekulation um das Grundpro≠ blem der Methode, das von Kant in höchster Schärfe gestellt, von den Nachfolgern nach verschiedenen Richtungen hin weiter ent≠

wickelt und umgebildet wird. Freilich konnte es sich nicht darum handeln, hinter diesen methodischen Fragen die spekulativen Tendenzen irgendwie zurücktreten zu lassen. Eine solche Zurückdrängung hätte gegenüber dem Stoff, um den es sich hier handelt, eine willkürliche Vergewaltigung bedeutet. Sollte die Treue der geschichtlichen Darstellung gewahrt werden, so mußte von vornherein davon abgesehen werden, aus den einzelnen Systemen eine eigene und selbständige »Erkenntnistheorie« herauszulösen und sie von dem Ganzen der sonstigen »metaphysischen« Grundlehren abzutrennen. Denn schon der Versuch einer solchen Trennung hätte statt der geschichtlichen Erklärung dieser Systeme, vielmehr die Negation und Aufhebung des Prinzips bedeutet, auf dem sie beruhen. Die spekulativen Fragen, die im Mittelpunkt jeder einzelnen Lehre stehen, mußten demnach nicht nur einseitig nach den Beziehungen, die sie zum Problem der Erkenntnis darbieten, betrachtet, sondern ihrem eigenen wesentlichen Gehalt nach dargestellt werden. Nur darin durfte das besondere Thema dieser Schrift zum Ausdruck kommen, daß einerseits solche Systeme, für die das Problem der Erkenntnis nur nebenher und als peripheres Interesse in Frage kommt (wie dies z. B. für Schleiermachers System gilt), hier außer Betracht bleiben mußten, andererseits auch bei denjenigen Lehren, die hier ausführlich analysiert wurden, nicht sowohl ihre Ergebnisse beschrieben, als vielmehr die bestimmenden intellektuellen Motive aufgesucht wurden, aus denen heraus sie sich gestaltet haben. So sollte der metaphysische Inhalt der Nachkantischen Systeme in keiner Weise verkümmert oder umgedeutet werden; — aber es durfte und mußte versucht werden, auch diesem Inhalt gegenüber jedesmal nach der besonderen Form des Denkens zu fragen, der er entstammt. Die Systeme Fichtes, Schellings und Hegels, Herbarts und Schopenhauers sollten hier nicht ihrer bloßen Resultaten und ihrer historischen Abfolge nach dargelegt, sondern aus dem eigentümlichen Erkenntnisprinzip, von dem sie ausgehen, begriffen werden. Denn auch in der Entwicklung der Nachkantischen Spekulation zeigt sich in aller Schärfe, daß aller Streit um das Seinsproblem zuletzt immer wieder auf eine verschiedene oder gegensätzliche Fassung des Wahrheitsproblems als seine eigentliche Quelle zurückgeht. Nur wenn der Begriff festgestellt wird, den jedes der Nachkantischen Systeme mit der »Wahrheit«, mit der Erkenntnis selbst verbindet — sei es, daß dieser Begriff ausdrücklich in ihm formuliert wird oder daß er nur mittelbar aus seinen Folgen zu bestimmen ist — läßt sich der Aufbau dieser Systeme begreifen und für ihre einzelnen Sätze ein immanenter Maßstab der Beurteilung gewinnen. — Diese immanente Kritik der einzelnen Grundfragen der Nachkantischen Spekulation bildet die zweite wesentliche Aufgabe, die die folgenden Betrachtungen sich stellen. Bewundert viel und viel gescholten, sind die Nachkantischen Systeme doch selten aus ihren eigenen gedanklichen Motiven heraus erklärt und gewürdigt worden. Eine solche Erklärung sollte hier versucht werden, bevor die sachliche Kritik, die nicht zurückgehalten werden sollte, einsetzte. Fast alle großen Nachkantischen Systeme teilen das geschichtliche Schicksal, daß einer unkritischen Begeisterung für sie eine ebenso unkritische Verwerfung gefolgt ist. Heute endlich scheinen wir ihnen nah genug und fern genug zu stehen, um ihnen mit wirklicher geschichtlicher Objektivität gegenüberzutreten. Ich habe im Folgenden überall versucht, der Weisung zu folgen, die Lessing innerhalb der literarischen Kritik als Regel für die Beurteilung der Werke der Meister aufgestellt hat. Ich bin an die Epoche, die hier zur Darstellung kommt, »mit Bewunderung zweifelnd, mit Zweifel bewundernd« herangetreten — ich habe versucht, der geistigen Arbeit, die sie geleistet hat, und dem intellektuellen Ringen, das sich in ihr vollzieht, auch dort gerecht zu werden, wo ich zu den endgültigen Ergebnissen der einzelnen Lehren in schärfstem Gegensatz stehe. Die Vertiefung in die Methodik jedes einzelnen der Nachkantischen Systeme aber führte zugleich immer wieder mit innerer Notwendigkeit zu einer erneuten kritischen Prüfung der eigenen Methodik Kants hin. Wenn ich mich schließlich auf sie, als das eigentliche sichere Fundament, von allen Seiten her zurückgewiesen sah, so glaube ich andererseits darüber die Grenzen der besonderen Kantischen Problemstellung nicht verkannt zu haben — wenngleich es nicht in den Rahmen dieses Buches gehörte, diese Grenzen hier näher zu bezeichnen und darzulegen. Diese Aufgabe mußte einem späteren, rein systematisch gerichteten Versuch vorbehalten bleiben. Ich betrachte es als eines der wesentlichen geschichtlichen Verdienste der Nachkantischen Lehren, daß sie den Problemkreis Kants und der kritischen Philosophie erweitert haben. Auch wenn man die neuen Antworten, die hier gegeben werden, als ungenügend und als voreilige dogmatische Entscheidung ansieht, so wird man sich doch der neuen und wichtigen Fragen, die hier geprägt worden sind, nicht auf die Dauer entziehen können. —

Daß die Darstellung des Erkenntnisproblems, auch in der Erweiterung, die sie in diesem Bande erfahren hat, im geschichtlichen Sinne ein Torso ist und bleibt, habe ich mir natürlich nicht verhehlt. Der Abschluß mit Herbart und Schopenhauer, der hier gegeben worden ist, ist historisch willkürlich. Hier hätte nicht nur die Darstellung der Lehren Lotzes und Fechners sich anschließen, sondern vor allem die Begründung und Entwicklung der Erkenntnislehre des Positivismus von der Mitte des 19. Jahrhunderts ab in ihren einzelnen Phasen und ihren verschiedenen Grundrichtungen verfolgt werden müssen. Dabei hätte sich freilich eine systematisch gerichtete Geschichtsbetrachtung alsbald wieder vor Probleme gestellt gesehen, die nach dem bloßen Reflex, den sie in den philosophischen Systemen der Erkenntnistheorie gefunden haben, nicht erschöpfend bezeichnet werden können, sondern die für ihr Verständnis überall den Rückgang auf die Entwicklung der Einzelwissenschaften verlangt hätten. Es wäre eine besonders reizvolle Aufgabe gewesen zu zeigen, wie die Probleme der kritischen Erkenntnislehre, nach der Auflösung der Lehre Kants in den Nachkantischen Systemen sich in der immanenten Arbeit der besonderen Wissenschaft allmählich von innen her wieder aufbauen und wie sie hier in neuer Form und Fassung wieder erstehen. Der Plan einer derartigen Darstellung, die die Geschichte des Erkenntnisproblems bis zur unmittelbaren Gegenwart weitergeführt haben würde, hat mich lange Zeit beschäftigt: aber trotz umfangreicher Vorarbeiten wage ich jetzt seinen Abschluß nicht mehr in Aussicht zu stellen. Schon das Material, das die Entwicklung der Mathematik, sowie die Entwicklung der Naturwissenschaften und Geisteswissenschaften im 19. Jahrhundert für ihn darbietet, ist derart, daß es von einem Einzelnen kaum mehr übersehen, geschweige bewältigt werden kann. Ich würde es mit besonderer Freude begrüßen, wenn diese Schrift, gerade durch die Beschränkung ihres Themas, für andere Forscher einen Anreiz bildete, ihre Grenzen zu erweitern und die Entwicklung des Erkenntnisproblems in der zweiten Hälfte des 19. Jahrhunderts in ihren verschiedenen Hauptrichtungen eingehend zu untersuchen und darzustellen.

Hamburg, den 25. Oktober 1919.

Ernst Cassirer

INHALTS-VERZEICHNIS

Seite

Einleitung

Kant und die Nachkantischen Systeme — Der Gegensatz zwischen Inhalt und Darstellung des kritischen Grundgedankens — Der Gegensatz von »Form« und »Materie« der Erkenntnis — Der Gegensatz des »Apriori« und »Aposteriori« — Das »Allgemeine« und das »Besondere« — Das Prinzip der formalen Zweckmäßigkeit — Die Spezifikation der Verstandesgesetze 1

Erstes Kapitel:
Der »Gegenstand der Erfahrung« und das »Ding an sich«

1. *Friedrich Heinrich Jacobi* 17

Das Problem des Daseins — Kritik der Spinozistischen Denkform — Die Methode des kritischen Idealismus — Der kritische Idealismus als Relativismus — Verhältnis von Sein und Denken — Der Widerspruch in Kants Lehre vom Ding an sich — Das Glaubensprinzip — Die Mängel der Jacobischen Glaubenslehre

2. *Reinhold*

I. Die Methode der Elementarphilosophie und der »Satz des Bewußtseins« 33

Die Stellung der Psychologie in Reinholds System — Der Begriff des Vorstellungsvermögens — Psychologische und phänomenologische Analyse — Der oberste Grundsatz des Wissens und der Satz des Widerspruchs — Reinholds Fundamentalsatz — Die Unbestimmtheit des Subjekt- und Objektbegriffs — Stoff und Form der Vorstellung — Der Bruch in Reinholds Methodik

II. Begriff und Problem des »Dinges an sich« 49

Die Unvorstellbarkeit des Dinges an sich — Das »Ding an sich« als Begriff und als Realgrund — Das »Faktum der Erfahrung« als problematisches Faktum — Kritik des »Vorstellungsvermögens« und Kritik der Erkenntnis

3. *Aenesidem* 58

Die Grundtendenz von Aenisidems Skepsis — Stoff und Form der Erkenntnis — Die Vieldeutigkeit der Reinholdschen Grundbegriffe — Die Kritik des Kausalbegriffs — Das Problem der »Logik der Philosophie« — Fruchtbarkeit und Schranke von Aenesidems Kritik

4. *Jakob Sigismund Beck* 69
Das »Band« zwischen Wissen und Gegenstand — Die Erneuerung der kritischen Objektivitätslehre — Die Kategorien und das »ursprüngliche Vorstellen« — Die Kategorien als Postulate — Der Standpunkt des »ursprünglichen Verstandesgebrauchs«

5. *Salomon Maimon* 80
Maimons Denkform und Stil

I. Der Begriff des »Gegebenen« und das Humesche Problem 82
Der Begriff des »Gegenstands der Erkenntnis« — Die Bekämpfung der Abbildtheorie — Die Kritik der Reinholdschen Elementarphilosophie — Vorstellung und Anschauung — Der Begriff des »Gegebenen« — Die Erneuerung des Humeschen Problems — Vernunftwahrheiten und Tatsachenwahrheiten

II. Die Idee des »unendlichen Verstandes« und die Theorie der Differentiale 97
Differential und Empfindung — Die Besonderung der Erkenntnisobjekte und der Differentialbegriff — Die Differentiale als »Noumena« — Differential- und Grenzbegriff

III. Der Satz der Bestimmbarkeit 104
Die Besonderung innerhalb der apriorischen Erkenntnis — Die »Gegebenheit a priori« — Die Grundtendenz von Maimons Skepsis — Die drei Grundformen des Denkens — Das reelle Denken und der Satz der Bestimmbarkeit — Das »Beständige« und das »Notwendige« — Verhältnis von Logik und Transzendentalphilosophie — Die Kritik des kausalen Denkens — Die »Idee« bei Maimon und Kant — Verstandesideen und Vernunftideen — Ideen und Fiktionen

Zweites Kapitel:
Fichte

I Die Begründung der Wissenschaftslehre 126
Verhältnis Fichtes zu Maimon — Die neue Fassung des Problems der »Gegebenheit« — Die Begründung der theoretischen Vernunft in der praktischen — Die Form des Selbst und die Form der Erfahrung — Der kritische und der Spinozistische Einheitsbegriff — Die Identität als Tathandlung — Der methodische Sinn der Fichteschen »Konstruktion« — Die Grundlegung der Wissenschaftslehre und der erste Grundsatz — Einheit und Andersheit im Wissen — Das Wissen und sein Gegenstand — Die Entgegensetzung des teilbaren Ich und Nicht-Ich — Kritische und dogmatische Bestimmung des Gegensatzes von Ich und Nicht-Ich — Das »Wechsel-Tun und Leiden« — Die »Affektion des Ich« und ihr »Grund« — Der kritische Idealismus als praktischer Idealismus — Die Stufen des Selbstbewußtseins — Die Lehre von der produktiven Einbildungskraft

II. Der Atheismusstreit und die Grundlegung von Fichtes Religionsphilosophie 161
Die Methode der Fichteschen Philosophie — Der Begriff der gene-

tischen Konstruktion — Das Faktische und das Intelligible — Verhältnis des Apriori und Aposteriori — Das Grundproblem der Religionsphilosophie — Gottesbegriff und Seinsbegriff — Der Grundbegriff der Ordnung

III. Das Absolute und das Wissen 174

Wissen und Sein — Die verschiedenen Bestimmungen des Seinsbegriffs — Die »Vernunft« im Unterschied zur Dingform und Ichform — Die Freiheit des Konstruierens und das Gesetz — Sein und Freiheit — Sinn und Gehalt des Begriffs des »Absoluten« — Das Absolute als reines Tun — Der »Nihilismus« der Wissenschaftslehre — Das Problem der Individualität — Das Absolute und das Sehen — Das Wissen als Erscheinung des Absoluten — Der ethische Ausgangspunkt von Fichtes Lehre

IV. Problem und Methode der Fichteschen Philosophie . . 197

Der Primat der praktischen Vernunft — Die zentrale Bedeutung des Gesetzesbegriffs — Verhältnis von Ethik und Religion — Das Leben als die »Anschaubarkeit des Sittengesetzes« — Das Absolute bei Kant und in den Nachkantischen Systemen — Das Verhältnis des Absoluten zum Selbstbewußtsein — Das Absolute als Wertbestimmung und als Seinsgrund — Das Wirkliche und das Überwirkliche — Verhältnis von Sein und Sollen in Fichtes System

Drittes Kapitel
Schelling

I. Die Grundlegung der Naturphilosophie und das System des transzendentalen Idealismus 217

Das Ich als Prinzip der Philosophie — Das Ich als Unbedingtes — Die ethischen Grundvoraussetzungen der Philosophie — Der Gegensatz von Natur und Geist — Die »Autonomie des Organischen« — Das Leben als Autonomie in der Erscheinung« — Die Natur als Produkt und als Produktivität — Der Naturbegriff bei Fichte und Schelling — Das Problem der besonderen Qualitäten — Die Stufen des Naturprozesses — Verhältnis von Transzendentalphilosophie und Naturphilosophie — Der Übergang zur Identitätsphilosophie — Der Organismus und das Kunstwerk — Die ethische und die ästhetische Naturansicht — Die Vernunft als Indifferenz des Subjektiven und Objektiven — Die quantitative Differenz des Subjektiven und Objektiven — Die Ideenlehre und ihre ästhetische Bedeutung — Die Idee als Einheit des Absoluten und des Besonderen

II. Das Erkenntnisprinzip der Schellingschen Philosophie . 253

Das neue Organ der Philosophie — Der Begriff der Konstruktion — Konstruktive und empirische Weltansicht — Die Konstruktion in der Mathematik und in der Philosophie — Die Schranke der Schellingschen Konstruktion — Das Prinzip der intellektualen Anschauung und seine geschichtlichen Voraussetzungen — Die Einwirkung der

»Kritik der Urteilskraft« — Verhältnis Schellings zu Goethe — Der Gegensatz zwischen Schellings und Goethes Naturansicht — Die Idee bei Schelling und Kant

III. Der Ausgang der Schellingschen Philosophie 274
Die Epochen der Schellingschen Philosophie — Das Freiheitsproblem — Schellings Kritik des Hegelschen Systems — Positive und negative Philosophie — Anfang und Ende von Schellings Philosophie

Viertes Kapitel
Hegel

I. Der Begriff der Synthesis bei Kant und Hegel 285
Die Synthesis als Einheit von Gegensätzen — Die neue Fassung des Objektivitätsproblems — Der Begriff der Liebe — Die Staatsidee

II. Die Kritik der Reflexionsphilosophie 294
Die Kantische Lehre als Dualismus — Kritik der Kantischen Lehre vom »Ding an sich« — Kritik der Fichteschen Philosophie — Verhältnis zu Jacobi und Schleiermacher

III. Die geschichtliche und systematische Stellung der dialektischen Methode 302
Die Kritik der Schellingschen Methode — Der Begriff der »Genesis« bei Fichte, Schelling und Hegel — Die Platonische und die Hegelsche Dialektik — Die logische und die historische Dialektik

IV. Die Phänomenologie des Geistes 310
Die drei Stellungen des Gedankens zur Objektivität — Die allgemeine Aufgabe der Phänomenologie — Die Dialektik der sinnlichen Gewißheit — Das Ding und seine Eigenschaften — Das Reich des Verstandes und der Kraftbegriff — Die Phänomenologie des Wollens — Stoizismus und Skeptizismus — Das Gesetz des Herzens — Aufklärung und Glaube

V. Der Aufbau der Hegelschen Logik 328
Verhältnis der Logik zur Phänomenologie — Die Stellung der Einzelmomente im System der Logik — Sein und Nichts — Die Qualität — Der Begriff des »Fürsichseins« — Die Kategorie der Quantität — Die Kategorie des Maßes — Das Maß als Regel und als spezifisches Maß — Die Lehre vom Wesen — Wesen und Erscheinung — Der Begriff der Existenz — Der Begriff der Wirklichkeit — Das Urteil — Der Schluß — Mechanismus, Chemismus und Zweckverhältnis — Das Leben — Die Methode als Endpunkt

VI. Kritischer und absoluter Idealismus 362
Intellectus archetypus und intellectus ectypus — Transzendentale und dialektische Methode — Die dialektische Bewegung als Scheinbewegung — Der Widerspruch zwischen Ziel und Methode von Hegels Logik — Der Systembegriff bei Kant und Hegel — Verhältnis der Philosophie zu den geistigen Kulturformen — Die Stellung der Natur in Hegels System — Der Dualismus in Hegels System

Fünftes Kapitel
Herbart

I. Die Methode der Beziehungen 378
Denken und Sein — Der Widerspruch im Gegebenen — Herbarts Methode und die empirische Psychologie — Form und Materie der Erkenntnis — Der Schein als Hindeutung aufs Sein — Das System der Formbegriffe — Die Methode der Beziehungen — Die Lehre von den »zufälligen Ansichten« — Das Sein als absolute Position

II. Die Lehre von den »Realen« 396
Die Realen und ihre Selbsterhaltung — Der Vorstellungsraum und der intelligible Raum — Kants und Herbarts Begriff vom »Ding an sich« — Die Realen in ihrem Verhältnis zu Raum und Zeit — Die Lehre vom wirklichen Geschehen — Die metaphysische und die natur= naturwissenschaftliche Weltansicht — Kritik der Herbartschen Meta= physik

Sechstes Kapitel
Schopenhauer

Die Physiologie als Grundlage der Erkenntnistheorie 413

I. Die physiologische Erkenntnistheorie und die Welt als Vorstellung 414
Die Analyse des Wahrnehmungsprozesses — Die Welt als Gehirn= produkt — Das Urphänomen des Willens

II. Die metaphysische Erkenntnistheorie und die Welt als Wille 420
Verhältnis des Intellekts zum Willen — Die Ideenlehre — Die Ideen als Kräfte — Verhältnis von Idee und Erscheinung

III. Die Begründung der Apriorit ätslehre in Schopenhauers System 427
Schopenhauers Stellung zu Kant und zur Nachkantischen Spekula= tion — Der Zirkel in Schopenhauers Erkenntnislehre — Transzen= dentale und physiologische Begründung der Erkenntnis — Die Er= kenntnis als Produkt des Willens — Der entwicklungsgeschichtliche Typus der Metaphysik

IV. Erkenntnisproblem und Wertproblem 438
Die Stellung der Erkenntnis im »Heilsplan der Welt« — Die Erkennt= nis als Verneinung des Willens — Pessimismus und Eudämonismus — Lustproblem und Wertproblem

Siebentes Kapitel
Fries

I. Die Lehre von der unmittelbaren Erkenntnis 447
Die faktische Grundlage des Philosophierens — Das Vorurteil des

Beweises — Die Methode der Vernunftkritik — Die unmittelbare Erkenntnis — Der Grundsatz des Selbstvertrauens der Vernunft — Die Beziehung der Erkenntnis auf den Gegenstand — Die anthropologische Methode der Vernunftkritik

II. Die Methode der Friesschen Philosophie 462
Die Deduktion bei Kant und Fries — Der transzendentale und der anthropologische Ausgangspunkt — Die Theorie der Vernunft — Induktion und Spekulation — Die Ableitung der metaphysischen Grundbegriffe aus den Urteilsformen — Die Stellung der Reflexionserkenntnis — Die Verdinglichung der unmittelbaren Erkenntnis — Die anthropologische Methode und der Psychologismus — Das Bewußtsein als Wiederbewußtwerden — Der Begriff des Urteils bei Kant und Fries — Die Dunkelheit der metaphysischen Erkenntnis

Einleitung

Unter den mancherlei Formeln, die die Tendenz der kritischen Philosophie in einem kurzen Ausdruck zusammenzufassen versuchen, ist vielleicht die Erklärung, daß der Geist des Kritizismus in der »Selbstverständigung der Vernunft« bestehe, die prägnanteste und treffendste. Gleichviel indes, wie weit der Kritizismus diese seine Grundaufgabe zu s y s t e m a t i s c h e r Darstellung und Durchführung gebracht hat, so scheint er sie zum mindesten in seiner eigenen G e ‹ schichte völlig verfehlt zu haben. Je weiter die philosophische Bewegung greift, die an die Vernunftkritik anknüpft, in um so weitere Ferne rückt zugleich das Ziel der Selbstverständigung unter den mannigfaltigen Richtungen, die sich auf sie berufen. Der Kampf der Kantischen Schulen vernichtet zuletzt jede eindeutige Bestimmt‹ heit des kritischen Grundgedankens. So wird die Wirkung in die Breite, die die Kantische Philosophie gewinnt, nur durch den Ver‹ zicht auf das erkauft, was ihre eigentümliche geschichtliche Mission bildet. Es scheint euphemistisch, hier noch von einer „Entwicklung" ihrer Prinzipien zu reden: denn was wir unmittelbar vor uns sehen, ist vielmehr die Auflösung ihres gedanklichen Organismus und der Zerfall in widerstreitende Interessen und Auslegungen.

Dennoch erfaßt ein derartiges Urteil, das sich der ersten Be‹ trachtung aufdrängt, nur die Oberfläche der geschichtlichen Er‹ scheinungen. Denn neben und über dem Schulbegriff der Kantischen Philosophie steht ihr Weltbegriff. Und dieser letztere behauptet sich in dem Widerstreit der Schulen; ja er tritt aus ihm nur um so klarer und gefestigter hervor. Was die Kantische Philosophie für S c h i l l e r, für Wilhelm v o n H u m b o l d t, ja nicht minder auch für G o e t h e geleistet und bedeutet hat, das erschließt und vollendet erst ihren eigentlichen und tieferen geschichtlichen Sinn. Zugleich aber stellt eben dieses eigentümliche Doppelleben der Kantischen Ge‹ danken den Historiker vor ein schwieriges Problem. Denn wie ist es zu verstehen, daß eine philosophische Lehre mit derartiger Ener‹ gie in das Gesamtleben ihrer Epoche eingreift, noch ehe ihr ab‹

strakter, schulmäßiger Begriff festgestellt und gegen Mißdeutungen gesichert ist? Wie läßt sich eine solche Einheit der Wirkung begreifen, wenn das Gebilde, von dem sie ausgeht, je weiter es analysiert wird, in seiner Einheit immer fragwürdiger wird? Dies wäre in der Tat unverständlich, wenn die Analyse, die wir hier geschichtlich vollzogen sehen, lediglich den Charakter der Auflösung in widerstreitende Momente in sich trüge. In Wahrheit aber zeigt sich der genaueren Betrachtung, daß dieses negative Ergebnis zugleich einen positiven Gewinn und Ertrag in sich schließt. Der Zerfall des kritischen Systems in seine einzelnen verschiedenartigen Elemente bedeutet zugleich die Vorbedingung und den Anfang eines neuen Verständnisses seines begrifflichen Aufbaues.

Denn der Grund für die Verschiedenheit und Gegensätzlichkeit der Gesichtspunkte, unter denen die kritische Philosophie betrachtet wird, liegt keineswegs allein in der subjektiven Ratlosigkeit, in welcher sich die Epoche gegenüber der Kantischen Lehre befand; sondern es ist zugleich die objektive Natur des Gegenstandes der Betrachtung selbst, die diese Mannigfaltigkeit erklärt. Das »System« des Kritizismus ist seiner Grundabsicht und Aufgabe nach ein anderes, als die vorangehenden metaphysischen Systeme. Das Resultat der Vernunftkritik kann nicht als ein fertiges Produkt in einer Mehrheit fester Lehrsätze von Anfang an hingestellt werden: denn es ist, was es ist, nur vermittelst des Weges, auf dem es erreicht, und vermittelst der Methode, kraft deren es begründet wird. Dieses Verfahren der Begründung geht im Ergebnis nicht unter: sondern es bildet im bestimmten Sinne die Totalität dieses Ergebnisses selbst. Immer von neuem muß daher das Ganze der kritischen Lehre, um wahrhaft begriffen zu werden, seiner festen architektonischen Form entkleidet und in die gedanklichen Motive, aus denen es hervorgegangen ist, aufgelöst werden. Und eben dies ist es, was die Arbeit der nächsten Schüler und Nachfolger Kants mittelbar leistet. Indem bei ihnen die verschiedenen Momente der Systembildung, die sich bei Kant selbst durchdringen, auseinanderstreben und sich gegensätzlich gegenübertreten, gewinnt jedes von ihnen eine neue Schärfe. Mit dieser einseitigen Hervorhebung des Einzelnen tritt zugleich — wenn man diese Versuche in ihrer Gesamtheit überblickt — die Struktur des Ganzen klarer heraus. In dieser Hinsicht stehen die mannigfachen Fortbildungsversuche der Kantischen Lehre bei allem ihrem Widerstreit dennoch in einem Verhältnis gedanklicher Kontinuität. Sie lösen gemeinsam eine Aufgabe, die als solche freilich von keinem einzelnen unter ihnen völlig begriffen und durchschaut wird. In dem steten Wechsel der Perspektive, unter der das kritische System hier betrachtet wird, ergibt sich für den Historiker, der diesem Wechsel folgt, zuletzt dennoch ein neues Totalbild. Unter diesem Gesichtspunkt bestimmt und begrenzt sich das Interesse, das die philosophische Geschichtsschreibung an dieser Epoche zu nehmen hat. Was in den Diskussionen über die Kantische Lehre bloßes Mißverständnis oder bloßer Wortstreit ist: das darf, da ihm lediglich ephemere Bedeutung zukommt, füglich auch aus der geschichtlichen Betrachtung ausgeschlossen werden. Um so bestimmter heben sich alsdann aus der intellektuellen Arbeit der Zeit jene Züge hervor, die das zentrale Interesse und die zentrale Fragestellung der Kritik betreffen. Es ist eine bestimmte Gruppe von Begriffen, in denen dieses Problem sich ausdrückt und die daher in der mannigfachen Verzweigung und Verstreuung der Einzelheiten gleichsam das feste Gerüst und die einheitliche Orientierung abgeben. Hierher gehören der Begriff des Dinges an sich, wie der Begriff der synthetischen Einheit, — der Gegensatz zwischen Form und Materie, wie die Frage nach dem Verhältnis des Allgemeinen und Besonderen innerhalb der Erkenntnis. Es wird sich zeigen, daß alle charakteristischen und entscheidenden Einzelbestimmungen in den Lehren Reinholds und Becks, Aenesidems und Maimons ja auch weiterhin in den Systemen Fichtes, Schellings und Hegels, in irgendeiner Form auf das intellektuelle Bezugssystem hinweisen, das in diesen Begriffen und Problemen vorliegt. So verstanden aber erscheint die Auflösung, der das kritische System bei den Nachfolgern verfällt, nicht bloß als ein äußeres und feindliches Schicksal, dem es unterliegt: denn mitten in dieser scheinbar schrankenlosen Variation tritt noch einmal und von einer völlig neuen Seite her die wesentliche Einheit ihres allgemeinsten Themas hervor.

* * *

Die »Copernikanische Drehung«, mit der die Vernunftkritik beginnt, wird nicht richtig verstanden und gewürdigt, wenn man sie als eine einfache Umkehrung des Abhängigkeitsverhältnisses ansieht, das bisher zwischen Subjekt und Objekt, zwischen der Erkenntnis und ihrem Gegenstande angenommen wurde. Bei einer solchen Umwendung blieben die Elemente, um deren Beziehung es sich handelt, in ihrem Bestande einfach erhalten, während der

Sinn der »transzendentalen« Fragestellung eben darin besteht, daß die veränderte Ordnung zwischen ihnen zugleich eine veränderte **Bedeutung** jedes von ihnen bedingt und in sich schließt. Der Begriff des Gegenstandes wird durch das Problem der Erkenntnisart ersetzt, in der allein Objektivität erreicht und begründet werden kann. Lediglich in bestimmten Erkenntnisbedingungen und vermöge ihrer — vermöge der Formen des Raumes und der Zeit, der Größe und der Zahl, der Beharrlichkeit und der kausalen Folge — läßt sich dasjenige definieren, was wir den Gegenstand nennen. Die Objektivität bedeutet, als empirische Objektivität der »Erscheinung«, die **Darstellbarkeit** innerhalb dieser Grundordnungen, die, wie die Kritik weiterhin zu zeigen hat, nicht als unverbundene Einzelheiten nebeneinanderstehen, sondern als einheitliches System zu begreifen sind.

Denkt man sich diese Aufgabe erfüllt, so müßte der Inbegriff der **Bedingungen** der möglichen Erfahrung, von jeder Verwechslung mit der Sphäre der **Dinge selbst** — die er erst in ihrer »Möglichkeit« begründen soll — geschützt sein. Er kann nicht mehr als Teilgebiet des Wirklichen gesucht werden, nachdem er als Voraussetzung für jede Art der Wirklichkeit — der »physischen« wie der »psychischen«, der »äußeren« wie der »inneren« — erkannt ist. Das Ganze der Erkenntnisbedingungen bildet selbst keine neue Objektwelt, die neben oder über den empirischen Gegenständen ihre besondere Stelle hätte. So notwendig indessen diese Folgerung aus der neuen Fragestellung selbst quillt: so schwer ist es, sie in der Darstellung der kritischen Grundgedanken in aller Strenge festzuhalten. Denn diese Darstellung muß ihre Ausdrucksmittel aus dem Umkreis der Sprache und aus der Begriffswelt entnehmen, die ihr entspricht. Das charakteristische Moment dieser Begriffswelt aber liegt darin, daß sie in erster Linie für die Bezeichnung von Dingen und Dingverhältnissen geschaffen ist. Die Zerlegung der Wirklichkeit in substantielle Einzelelemente, die selbständig für sich existieren und wechselweise in verschiedenartige Zusammenhänge des Wirkens eintreten, gilt demnach hier als ein fertiger Tatbestand, der vor aller näheren »erkenntniskritischen« Untersuchung als feststehend angenommen wird. Die Abstraktion, auf die sich die Sprache des Lebens und die Sprache der empirischen Wissenschaften gründet, mag noch so weit gehen: sie läßt doch stets gleichsam das kategoriale Grundgefüge der naiven Weltansicht unangetastet. Es ist daher ein innerer Konflikt und Widerstreit, in den jede Darstellung der »transzendentalen« Grundgedanken sich sogleich versetzt sieht. Denn immer besteht die Gefahr, aus der Sphäre der reinen Bedingungen des Wissens in die Sphäre der empirischen Dinge hinabzugleiten: rein logische Verhältnisse der Wahrheiten in konkrete Beziehungen zwischen gegebenen Objekten umzudeuten. Der philosophische Stil Kants sucht dieser Gefahr zunächst durch eine eigentümliche Wendung zu begegnen, die freilich in sich selber kaum minder schwierig und problematisch ist. Der Gegensatz zwischen den »Bedingungen« und den »Dingen« — dies steht hier als Grundforderung fest — muß in aller Schärfe aufrecht erhalten bleiben. Um aber diesen Gegensatz zu bezeichnen, wird nunmehr eine zwiefache Negation gewählt: das seinem spezifischen Charakter nach »Undingliche« wird in einer doppelten Richtung der Betrachtung, bald als ein »Überdingliches«, bald gleichsam als ein »Unterdingliches« bestimmt. So werden die apriorischen Voraussetzungen, auf denen die Form aller Erkenntnis beruht, um sie nicht in den psychologischen Ablauf der Einzelvorstellungen aufgehen zu lassen und damit ihre spezifische Geltung zu vernichten, als ursprüngliche, jedem bestimmten psychologischen Einzelinhalt vorangehende »Anlagen« gedacht. Analog wird, wenn es sich um die transzendentale Begriffsbestimmung der Materie der Erkenntnis handelt, um diese Frage jeder empirisch-kausalen Beantwortung, die einen deutlichen Zirkel in sich schließen würde, zu entziehen, auf eine überempirische »Affektion« durch die »Dinge an sich« zurückgegangen. Vom Standpunkt des Grundgedankens des Kritizismus selbst bedeuten indessen alle derartigen Formulierungen nicht sowohl die endgültige Lösung der Frage, als sie vielmehr nur Symbole sind, in denen das Problem noch einmal gestellt und kraft eines eigenartigen Umwegs, den das Denken nimmt, fixiert werden soll. Die einzelnen Bestimmungen sind hier niemals an sich, als Beschreibungen eines absoluten Tatbestandes, sondern nur mit Rücksicht auf ihren Gegensatz, also im Hinblick auf das, was sie verneinen und ausschließen wollen, völlig verständlich. In dieser Komplikation liegt die eigentliche Schwierigkeit des Kantischen Stils. Der Kampf zwischen der neuen logischen Begriffsansicht und der empirischen Dingansicht setzt sich in ihm fort und erhält in ihm seinen deutlichsten Ausdruck. Alle Grundbegriffe der kritischen Philosophie und alle elementaren Gegensätze, von deren Entwicklung sie ihren Ausgang nimmt, erscheinen in verschiedenem Licht, je nachdem man sie unter den einen oder den anderen dieser beiden Gesichtspunkte rückt: — je nachdem man also in ihnen Ausdrücke für »Bedingungen« und Bedingungszusammenhänge oder aber Ausdrücke für »Dinge«· — es mögen sinnliche oder übersinnliche, physische oder metaphysische sein — erblickt. Indem man diesen Gegensatz durch das Ganze der Kantischen Darstellung hindurch verfolgt, erkennt man zugleich deutlich die Punkte, an denen die Kritik und die Skepsis der unmittelbaren Nachfolger einsetzt.

Es ist vor allem die fundamentale Unterscheidung zwischen Form und Materie der Erkenntnis, die zu dieser Betrachtung hinleitet. Denn in ihr berühren sich noch einmal die extremen Ansichten von der Natur und Aufgabe des Wissens, um sich alsbald um so schärfer und deutlicher zu scheiden. Die Weite dieses Begriffspaares umspannt zwei durchaus verschiedene Gesamtauffassungen: neben der kritischen Begriffsbestimmung steht eine andere, die bis in die mythischen Anfänge aller Philosophie hinabreicht. Wie das Unbestimmte zur Bestimmung, das Gestaltlose zur Gestalt gelangt und wie hierdurch das anfängliche Chaos sich allmählich zum Kosmos wandelt: diese Frage bildet in der Tat den Anfangspunkt aller spekulativen Weltbetrachtung. Indem das Problem sich indessen vom Sein in das Wissen verschiebt, nimmt es damit eine neue Wendung. Denn jetzt handelt es sich nicht mehr darum, wie die Erfahrung als einheitliches und geordnetes Ganze von Inhalten entsteht, sondern lediglich um das, was »in ihr liegt«. Wenn hierbei als »formale« Elemente die konstanten Grundbeziehungen herausgehoben werden, auf denen die Möglichkeit der Erfahrung überhaupt beruht, während die besonderen und relativ veränderlichen Bestimmungen der »Materie« zugerechnet werden: so kann eine derartige methodische Sonderung doch niemals eine sachliche Loslösung des einen Moments vom andern bedeuten. Denn das »Was« des Erfahrungsinhalts ist niemals ohne das »Wie«; seine besondere Beschaffenheit ist nie ohne die Beziehungen, in denen er zu anderen gleichartigen Elementen steht, in irgendeiner Weise »gegeben«. Diese Korrelation auflösen, indem man sie in zwei für sich seiende gegeneinander unabhängige Wirkensfaktoren zerlegt, hieße daher die einzige Art der Bestimmtheit vernichten, von der es ein empirisches Wissen gibt. Im strengen Sinne »existiert« daher so wenig die reine Form, abgesehen von allem Stofflichen, als die Materie vor aller Bestimmung als eigenes und selbständiges Etwas vorhanden ist. Die

Konsequenz der Kritik führt nicht weiter, als zu der Einsicht, wie die Erkenntnis als Ganzes aus notwendigen, einander wechselweise bedingenden Momenten besteht. Auf die Frage dagegen, wie diese Momente aus einer ursprünglichen Fremdheit gegeneinander all=mählich miteinander zusammengewachsen sind, und wie sie in ihrer Verschmelzung den primitiven Inhalt der Erfahrung aus sich her=vorgebracht haben, hat sie keine Antwort mehr: nicht weil es sich hier um einen Zusammenhang handelt, der uns, da er sich der Dar=stellung durch unsere Denk= und Anschauungsmittel entzieht, be=ständig verborgen bleiben muß, sondern weil die Forderung selbst, die hier gestellt wird, sich bei schärferer Analyse als fiktiv und leer erweist. Denn das einzige Datum, auf das das Begreifen und Wissen sich stützt, ist eben die notwendige Bezogenheit dessen, was die Kritik den »Stoff« und dessen, was sie die »Form« der Erkenntnis nennt; nicht aber das, was jedes von ihnen vor und außerhalb dieser Beziehung sein mag. Die Isolierung der beiden Momente gegen=einander würde jedem einzelnen von ihnen seine Funktion und seine Leistung für die Erkenntnis rauben; während andererseits gerade in der Forderung ihrer notwendigen Zusammengehörigkeit zugleich die prinzipielle Verschiedenheit ihrer begrifflichen Be=deutung aufrecht erhalten bleibt.

Die erste Einführung des Problems in der Kritik der reinen Vernunft läßt indessen diesen Sachverhalt noch nirgends in voller Klarheit hervortreten. Denn der Gegensatz zwischen Materie und Form erscheint hier nicht sowohl als ein notwendiger Gesichts=punkt des Wissens, als vielmehr als ein absoluter, der Dingwelt selbst angehöriger und sie von Grund aus bestimmender Wider=streit. Somit scheint es, als werde hier das alte kosmologische Pro=blem nur ins Transzendental=Psychologische verschoben. Die Frage, wie die Welt der Erfahrung aus der Durchdringung zweier absoluter, für sich bestehender Potenzen — aus der Gegenwirkung des »Gemüts« und der »Dinge an sich« — entsteht, verdeckt und verdrängt noch die originale und tiefere Frage, wie sie sich nach verschiedenen Geltungsbedingungen dennoch als ein einheitliches Ganzes des Sinnes und der Erkenntnis konstituiert. In der Tat muß, da selbst die vollkommene Aussprache des neuen kritischen Objektbegriffs erst in der transzendentalen Deduktion der Kategorie erreicht wird, auf dem Boden der transzendentalen Ästhetik das »Ding« einstweilen nur als ein unbegriffener Rest erscheinen, der für das Wissen zurückbleibt. Die »Formen« der Sinnlichkeit stellen sich demgemäß nicht in erster Linie als Faktoren der empirischen Gegenständlichkeit, sondern im negativen Sinne als eine Schranke dar, die uns von der wahren Wesensauffassung trennt. Erst die transzendentale Logik erfüllt den Formbegriff mit seinem neuen und positiven Sinn: und demnach gilt auch der Begriff der Gegenständlichkeit jetzt als eine Grundform der Erkenntnis, und zwar als diejenige, auf die alle anderen abzielen und in der sie zu ihrer systematischen Einheit gelangen. Erkenntnis des »Gegenstands« heißt Erkenntnis vermöge des Begriffs der Gegenständlichkeit als der synthetischen Grund- und Ureinheit. Sofern an diesem Gedanken festgehalten wird, ist mit ihm die Möglichkeit einer dinglichen Scheidung von Form und Materie und ihre Zuordnung zu zwei verschiedenen »Welten« im Prinzip beseitigt. Denn nicht nur die Aussage darüber, was die Materie ist, sondern auch die Aussage, daß sie ist, ist jetzt als reine Formbestimmtheit erwiesen: das bloße »Daß« schließt unmittelbar ein »Wie«, d. h. die Gebundenheit an einen bestimmten Komplex von Ordnungsbedingungen ein.

So scheint es jetzt freilich — und an diesem Punkte vor allem setzt die Arbeit der Nachfolger und der Kritiker Kants ein — als habe die Vernunftkritik hier in dem Ziel, zu dem sie gelangt, ihren eigenen Anfang zunichte gemacht. Aber diese Paradoxie ist in der Tat ein Teil ihrer eigentümlichen Methode. Die philosophische Besinnung richtet sich auf die ursprüngliche Frage selbst zurück: was zuvor Voraussetzung war, darf und muß auf einer höheren Stufe der Betrachtung zum Problem werden. Der Gegensatz von Form und Materie bildet zunächst gleichsam ein festes Substrat der kritischen Gedankenbildung: in ihrem Fortgang aber wird er ihr zum Mittel, dessen sie sich bedient. Form und Materie werden als Reflexionsbegriffe bestimmt und in dieser Hinsicht einander entgegengesetzt. Aber der Gegensatz in der Reflexion schließt zugleich einen logischen Zusammenhang des Unterschiedenen notwendig in sich, so daß eben er es ist, der beide Elemente vor der Gefahr der dinglichen Vereinzelung und Auseinanderreißung bewahrt.

Der analoge Kampf zwischen Denk- und Darstellungsmotiven tritt uns an dem zweiten Grundgegensatz entgegen: am Gegensatz des »a priori« und des »a posteriori«. Auch hier scheint anfangs der gesamte Sinn der kritischen Aufgabe in der strengen und genauen Scheidung beider Momente aufzugehen. Beide stehen zueinander in einem Verhältnis durchgängiger Ausschließung: apriorisch heißen nur solche Erkenntnisse, die nicht nur von dieser oder jener, sondern schlechterdings »von aller Erfahrung unabhängig« stattfinden. Und auf sie allein als die allgemeingültigen und notwendigen Bestandteile alles Wissens richtet sich die kritische Frage. Das Einzelurteil dagegen, das sich auf ein Hier und Jetzt, auf eine besondere Bestimmung der Erfahrung beschränkt, fällt aus der Systematik der reinen Erkenntnis heraus und damit der Zufälligkeit der bloßen »Wahrnehmung« anheim. Die Konzentration auf das Objektivitätsproblem, wie sie in der transzendentalen Analytik vollzogen wird, bringt indessen auch an diesem Punkte eine neue Wendung. Denn »Gegenständlichkeit« zu fordern und zu leisten, erscheint nunmehr nicht lediglich als die Eigentümlichkeit einer besonderen, privilegierten Klasse von Urteilen: sondern es ist der schlichte Sinn der Urteilsfunktion überhaupt, der sich hierin ausdrückt. In dieser Hinsicht stellt somit auch das empirische Urteil ein Problem, an dem die Kritik nicht vorbeigehen kann; denn auch in ihm stellt sich mit gleicher Energie und Eindringlichkeit die Behauptung einer »notwendigen Verknüpfung« dar. Die bloße Copula »*ist*« ist bereits der Ausdruck und gleichsam das Vehikel einer derartigen Verknüpfung. Ein Urteil, d. h. ein objektiv gültiges Verhältnis besteht nur dort, wo die Elemente nicht einfach in der Vorstellung zusammengenommen, sondern auf Grund einer notwendigen synthetischen Einheit aufeinander bezogen werden[1]. Eben diese synthetische Einheit aber ist es zugleich, die durch den Begriff des Apriori bezeichnet wird. Die Leistung des Apriori vollzieht sich somit nicht in einem eigenen Gebiet, das ganz außer Berührung mit den bloßen Tatsachenwahrheiten stünde, sondern sie tritt gerade in der Gültigkeit hervor, die sie den Tatsachen selbst verleiht. Die einführende und populäre Darstellung der »Prolegomenen« verdunkelt diesen Sachverhalt, wenn sie von der Scheidung zwischen »Wahrnehmungsurteilen« und »Erfahrungsurteilen« als selbständigen, einander nebengeordneten Grundklassen ausgeht. Hier indessen hat die Kritik der Vernunft selbst in den entscheidenden Hauptstellen die Berichtigung bereits mit unzweideutiger Klarheit vollzogen. Sie läßt keinen Zweifel darüber, daß die Abtrennung eines Zustandes der bloßen Wahrnehmungsbestimmtheit nur der abstraktiven Erläuterung dienen kann, nicht aber als Beschreibung eines Erkenntnisfaktums gelten kann. Denn jedwedes Faktum ist als Tatbestand erst durch die synthetischen Einheiten feststellbar und aufzeigbar. Diese bilden somit nicht nur die Voraussetzung der ab-

---
[1] Vgl. hierzu Bd. II, S. 662 f.

strakten wissenschaftlichen Grundurteile, sondern, wie die Deduktion der Kategorien betont, »die notwendige Bedingung sogar aller möglichen Wahrnehmung«. Das aposteriorische Urteil enthält demnach bereits in aller Schärfe das Problem, das der Gedanke der apriorischen Synthese nur explizit heraushebt und zum gesonderten Ausdruck bringt. Hier erst gelangt die kritische Frage zu ihrer wahrhaften Reife. Denn Notwendigkeit in einem allgemeinen »formalen« Sinne, wie sie in der Logik und der reinen Mathematik angenommen wird, hatte auch der Empirismus anerkannt. Jetzt aber handelt es sich darum, eben diese Notwendigkeit für das Gebiet des »reellen« Denkens, für das Denken der besonderen Tatsachen zu erweisen und verständlich zu machen. Und dies leistet die kritische Analyse, indem sie zeigt, daß dasjenige, was die Tatsache konstituiert und was erst ihren eigentümlichen »Sachcharakter« ausmacht, nichts anderes als jenes reine Geltungsmoment ist, das im Gedanken der apriorischen Synthesis festgehalten ist. Der allgemeine Oberbegriff der Synthesis überhaupt umschließt die speziellen Differenzen der Geltungsart der Urteile, ohne sie darum zu vernichten und zum Verschwinden zu bringen.

An diesem Grundbegriff kann man sich daher in der Tat am einfachsten den Sinn der neuen Verhältnisstellung von »Erfahrung« und »Denken« und zugleich die Schwierigkeiten, die der Darstellung dieser Verhältnisbestimmung bei Kant gesetzt waren, zum Bewußtsein bringen. Denn die Synthesis soll ihrer Grundbedeutung nach die Einheit eines Verschiedenen sein. Sie vollzieht eine notwendige Verknüpfung von Momenten, die begrifflich nicht identisch und die somit nicht wechselseitig aufeinander reduzierbar sind. Die Unterscheidung muß aufrecht erhalten bleiben: denn in ihr besteht der Sinn und die logische Eigenart der Verknüpfung selbst, die sich hier stiftet. So kann — in dem besonderen Gegensatz des Apriori und Aposteriori — das »Notwendige« niemals in das »Zufällige«, das »Allgemeine« niemals in das »Einzelne«, das »Gesetz« niemals in die »Tatsache« aufgelöst werden. Jedes Glied innerhalb dieser Gegensätze bleibt seiner Bedeutung nach von seinem Gegengliede geschieden: die Relationen, auf denen die Verknüpfung der Inhalte zum System der Erfahrung beruht, sind nicht selbst als inhaltlicher Teilbestand gegeben. Diese notwendige und unaufhebliche Sonderung aber verliert auf der anderen Seite sofort ihren eigentümlichen Wert, wenn sie dazu führt, die getrennten Bedeutungsmomente als isolierbare Teile zu be=

handeln, aus denen sich das Erfahrungsganze »zusammensetzt«. Denn auch damit wäre die »Synthesis« um ihre eigentliche Leistung gebracht. Sie würde ein bloßes Beisammen von Elementen bedeuten, das durchaus den Charakter der empiristischen »Assoziation« trüge, nicht dagegen eine wahrhafte Einheit des Begriffes und des »Grundes« darstellte. Die Einzelglieder würden getrennten Sphären des Seins angehören und könnten im »Denken« — das hierbei lediglich nach seinem psychologischen Begriff verstanden wäre — nur eine zufällige Verbindung eingehen. Für die kritische Betrachtung der Grundgegensätze entsteht somit stets die Doppelaufgabe: eine unlösliche Korrelation zwischen Bestimmungen zu schaffen, ohne sie ihrem Begriffe nach in einander aufgehen zu lassen. Je nachdem die eine oder die andere Seite dieser Aufgabe betont wird, muß offenbar eine verschiedene Nuancierung des Gedankens selbst entstehen: und in dieser, in der Sache selbst gegründeten Komplikation liegt, wie sich im einzelnen zeigen wird, eine wesentliche geschichtliche Ursache der problematischen Lage, in der sich die Nachfolger Kants gegenüber seiner Kritik befinden.

Die Gegensätze von Form und Materie, von Erfahrung und Wahrnehmung, von a priori und a posteriori lassen sich schließlich in einem gemeinsamen Ausdruck zusammenfassen: denn sie alle zielen auf eine neue Bestimmung des Verhältnisses des »Allgemeinen« und »Besonderen« ab. Die »Kritik der reinen Vernunft« sucht die Lösung der Frage, die hierin liegt, in ihrer Lehre vom Schematismus der reinen Verstandesbegriffe. Das Schema ist die Einheit von Begriff und Anschauung, ist die gemeinsame Leistung, in der beide zusammentreffen und in der sie ihre gegenseitige Fremdheit und Ungleichartigkeit überwinden. Indessen leidet gerade die Theorie des Schematismus an dem Mangel, daß sie in der Form, in der sie zuerst auftritt, nur eine äußerliche Vermittlung darzubieten scheint, die zwar ein »Nebeneinanderwirken« von Sinnlichkeit und Denken allenfalls verständlich machen mag, die aber die innere, wesentliche »Heterogeneität« zwischen beiden nicht versöhnt, sondern vielmehr verschärft. Die Kategorie erscheint hier als ein Gebilde von selbständiger Herkunft, und nur in der Anwendung wird sie, wie unter einem äußeren Zwange, auf eine ihr fremde Sinnlichkeit beschränkt. In dieser isolierten Stellung der »bloßen« Verstandesbegriffe, die ihnen, wenngleich nur problematisch, zugestanden wird, liegt offenbar eine Nachwirkung der vorkritischen Problemstellung der Dissertation, die einen gesonderten »realen«

Verstandesgebrauch kennt. Für die Kritik selbst aber ist der »Gegenstand« in das System der Erfahrung und somit die Möglichkeit des Denkens des Gegenstandes in das Denken einer »möglichen Erfahrung« übergegangen. Dieses Denken aber wird durch die Beziehung auf die »Anschauung« geradezu erst definiert: denn nur in dieser Beziehung erhält es einen objektiven »Sinn« und eine wahrhafte Bestimmtheit. Nirgends anders als am Besonderen und in der Verknüpfung des Besonderen ist, wie sich jetzt zeigt, die Funktion des »Allgemeinen« darstellbar. In dieser Hinsicht hat der Gedanke, auf den die Lehre vom Schematismus hinzielt, seine entscheidende Ergänzung und Erfüllung erst in der »Kritik der Urteilskraft« gefunden. Die Vertiefung und Selbstberichtigung dieses Gedankens ist eines der innerlichen sachlichen Motive gewesen, das zu dem Abschluß der Kantischen Philosophie in dem letzten systematischen Hauptwerke hingeführt hat. In der Tat war das transzendentale Schema dem »Vermögen« der Urteilskraft zugewiesen worden, so daß alle neuen Fragen, die sich daran anknüpften, zugleich zum Ausgangspunkt einer erneuten kritischen Revision dieses Vermögens werden mußten. Der Fortschritt, den die »Kritik der Urteilskraft« in der Auffassung des Zusammenhanges des »Allgemeinen« und »Besonderen« bedeutet, aber tritt vor allem an einem Punkte entscheidend hervor. In der ersten Fassung der Frage fällt die Allgemeinheit im wesentlichen mit der Verstandesregel, die Besonderheit mit dem Datum der sinnlichen Anschauung zusammen. Die Kritik der Urteilskraft hebt demgegenüber das Problem sogleich auf einen höheren Standpunkt, indem sie nach dem Grund und dem transzendentalen Recht der Besonderung der Verstandesgesetze selbst fragt. Die synthetischen Grundsätze, die die allgemeinen Bedingungen der Möglichkeit der Erfahrung definieren, reichen bis zu den bestimmten Gesetzen, die die Wissenschaft formuliert, nirgends herab. Sie bezeichnen negativ einen Umkreis, den das empirische Urteil und das empirische Objekt nicht verlassen kann, aber sie lassen innerhalb dieses Umkreises eine unendliche Zahl möglicher Erfüllungen zurück, über deren Auswahl und nähere Bestimmung sie selbst keine Entscheidung mehr zu treffen vermögen. Die transzendentale Untersuchung lehrt die Gesetzlichkeit des Raumes und der Zeit als die formale Voraussetzung jeglicher Objekterkenntnis überhaupt kennen; aber sie bestimmt nichts über die räumlichen und zeitlichen Konstanten, durch die es für uns erst empirische Einzelgegenstände und be=

sondere gesetzliche Verhältnisse zwischen ihnen gibt. Die »Analogien der Erfahrung« stellen eine Grundordnung dar, innerhalb deren Zeitverhältnisse der Phänomene allein feststellbar sind; aber sie sagen nichts darüber aus, welchen empirisch gegebenen Einzelreihen jene allgemeinen Charaktere zukommen, die wir als Beharrlichkeit, als kausale Folge, als Wechselwirkung definiert haben. Würden wir versuchen, diese Lücke damit auszufüllen, daß wir auf die absoluten Dinge als dasjenige Moment verweisen, das hier zu den allgemeinen Erkenntnisformen hinzutreten muß, um ihre nähere Determination zu vollziehen: so würden wir damit einem der ersten grundlegenden Gedanken des kritischen Verfahrens selbst zuwiderhandeln. Denn nicht nur im ganzen, sondern auch im einzelnen gilt es, bei jedem neu entstehenden Problem den Versuch zu machen, die »Dinge in Ruhe zu lassen« und dagegen den Zuschauer sich drehen zu lassen. Es muß, unbildlich gesprochen, innerhalb des Gebiets der Erkenntnis selbst ein Prinzip bestimmt werden, das die Frage nach den besonderen Naturgesetzen, wenn nicht löst, so doch zum mindesten fixiert und zur Aussprache bringt. Mag immerhin diese Besonderung vom Standpunkt der synthetischen Grundsätze aus gesehen, »zufällig« sein und bleiben: so muß doch eben diese Zufälligkeit selbst transzendental eingesehen und insofern nach einem Erkenntnisgesetz bestimmt werden.

Diese »Gesetzlichkeit des Zufälligen« bringt der Gedanke der formalen Zweckmäßigkeit zum Ausdruck, der an der Spitze der Kritik der Urteilskraft steht. Was wir als notwendig fordern dürfen, ist die Übereinstimmung der »Natur« mit dem System der reinen Kategorien: denn nach der transzendentalen Deduktion läßt sich der Begriff der Natur selbst nicht anders, als vermöge jener Kategorien definieren. Finden wir indessen im wissenschaftlichen Verfahren die Behauptung einer weitergehenden Übereinstimmung; — zeigt es sich, daß wir in unseren Urteilen über die empirische Wirklichkeit nicht nur eine begriffliche Struktur überhaupt, sondern eine Durchführung dieser Struktur bis ins Besondere hinein voraussetzen, so daß in einer strengen Stufenfolge schließlich jedes Einzelne selbst, kraft mannigfacher einander über- und untergeordneter Beziehungen, als Glied eines durchgängigen Gesetzeszusammenhanges erscheint: so liegt in dieser Voraussetzung die Annahme einer tieferen »Harmonie«. Wir stehen hier vor einer »Angemessenheit der Natur für unseren Verstand«, die aus den synthetischen Grundsätzen nicht deduzierbar ist. Aber freilich müssen

wir auch hier der Versuchung widerstehen, diesen Zusammenhang aus einem letzten metaphysischen Urgrund beider ableiten zu wollen und damit über alles hinauszugreifen, was sich in trans=
zendentalem Sinne durch den Hinblick auf die Konstitution des Begriffs der Erfahrung aufweisen und belegen läßt. Nicht daß alle Wirklichkeit an und für sich so gestaltet ist, daß sie bis ins einzelne einem logischen System gleicht, in dem jede Besonderheit durch lückenlose Vermittlungen mit den allgemeinsten Prinzipien zusammenhängt, ist das, was wir behaupten dürfen: wohl aber, daß alle empirische Forschung, wenn sie zu besonderen Begriffen und Gesetzen gelangen will, sich so verhalten muß, als ob das Sein der Erfahrung eine derartige Stufenordnung aufweise. Daß ungeachtet all der Gleichförmigkeit, die den Naturdingen durch die Unterordnung unter die allgemeinen synthetischen Grundsätze gewährleistet ist, die spezifische Verschiedenheit der empirischen Gesetze der Natur dennoch so groß sein könnte, daß es für unseren Verstand unmöglich wäre, in ihr eine kontinuierliche Ordnung zu entdecken, ihre Produkte in Gattungen und Arten einzuteilen, ihre kausalen Regeln als Fälle universeller Gesetze und höchster Prin=
zipien darzustellen: dies ist eine Annahme, die sich an und für sich wohl denken läßt, von der aber die empirische Forschung selbst niemals Gebrauch machen kann, ohne auf ihre eigentümliche Auf=
gabe selbst zu verzichten. Diese Aufgabe schließt die Forderung in sich, die Spezifikation der Begriffe und Gesetze als solche be=
ständig weiter zu treiben und damit eine vollständige systematische Natureinheit, wenn nicht zu behaupten, so doch stets von neuem zu suchen[1]. In der Darlegung und Gliederung der Naturbegriffe darf nicht an irgendeiner Stelle unvermittelt der stetige Zusammen=
hang durch Berufung auf ein nacktes Tatsächliches, in Begriffen nicht weiter Faßbares und Darstellbares, unterbrochen werden. Die Möglichkeit zum mindesten und damit der Anspruch muß auf=
rechterhalten bleiben, daß das, was für die eine Erkenntnisstufe als isoliert und »zufällig« erscheint, sich auf einer höheren Stufe aus dem Zusammenhang eines Gesetzes verständlich machen lassen werde. Das ist die neue Einheit, die hier zwischen dem Allgemeinen und Besonderen gestiftet wird: die Einheit nicht eines logisch be=
weisbaren Grundsatzes, wohl aber einer durchgängigen regulativen

---

[1] Zum Ganzen siehe bes. die erste Einleitung in die Kritik der Urteilskraft: Werke, hg. von E. Cassirer, Bd. V, S. 179–231. Vgl. auch m. Schrift »Kants Leben und Lehre«, Berlin 1918, S. 310 ff.

Idee. Diesen Zusammenhang vermochte der abstrakte »Schematismus« der Vernunftkritik noch nicht zur Darstellung zu bringen: er wird erst dort erfaßt, wo Kant das konkrete Prinzip der Einzelforschung selbst auszusprechen sucht und wo er andererseits im Problem der organischen Zweckformen einen neuen und reicheren Begriff der Natur gewinnt.

Der Leitgedanke der Erfahrung bleibt indessen, wenngleich diese letztere jetzt nicht mehr lediglich als mathematische Naturwissenschaft aufgefaßt ist, auch in diesen Entwicklungen in unverminderter Kraft. Denn so weit die »Vernunftbegriffe« sich auch erheben mögen, so dienen sie zuletzt doch nur dazu, »um die Natur nach ihren empirischen Gesetzen bloß kennen zu lernen«, nicht um ihren Ursprung aus einem schöpferischen zwecktätigen Prinzip positiv zu bestimmen. Immerhin tritt an dieser Stelle mit dem Leitgedanken des »göttlichen Verstandes« in das Ganze der kritischen Philosophie ein Lehrbegriff ein, der auf den eigentlichen Ursprung der großen rationalistischen Systeme zurückweist und an dem daher die Frage nach der Möglichkeit einer rationalen Metaphysik noch einmal und in einem neuen Zusammenhang sich erheben muß. Hier wird der tiefere Sinn des Leibnizschen Harmoniebegriffs, der durch die Popularphilosophie der Aufklärungszeit fast völlig verdunkelt worden war, in Kant von neuem lebendig. Denn die Harmonie beschränkt sich für Leibniz keineswegs auf die Annahme eines äußeren Gebots, durch das zwei verschiedene Dingwelten, durch das Seele und Leib mit einander verbunden und in Einklang gesetzt werden. Sie bezeichnet ihrer Grundbedeutung nach nicht die Übereinstimmung in den Teilen des Seins, sondern in den verschiedenartigen Ordnungen, in die wir es fassen können. Mathematik und Metaphysik, die Ordnung der Erfahrung und die Ordnung der Vernunft, das empirische Gesetz der Kausalität und das intelligible Gesetz des Zweckes sollen in ihr als Momente einer durchgängigen Einheit, eines ideellen Grundplanes, der Sein und Denken umfaßt, gedacht werden. Kants Prinzip der formalen Zweckmäßigkeit ist dadurch charakterisiert, daß es das Motiv dieses Gedankens festzuhalten sucht, indem es seine Begründung als dogmatisch abweist. Der ideale Zusammenhang, den das Harmonieprinzip behauptet, ist vom Standpunkt unserer Erkenntnis kein gegebener, sondern ein geforderter. Wir sollen in der Voraussetzung der »Angemessenheit der Natur für unseren Verstand« an keiner Stelle und vor keiner noch so weitgehenden empirischen Besonderung

Halt machen: aber der Schluß von dieser ihrer Verstandesgemäß≠
heit auf einen obersten intelligenten Urheber ist uns verwehrt.
Die Idee der Vernunfteinheit der Natur darf nicht selbst auf ein
transzendentes Faktum, das ihr zugrunde liegt, zurückgedeutet
werden. Nur in der Sprache des »Als ob« ist eine derartige Ver≠
bindung, ist der Gedanke, daß die Wirklichkeit der Phänomene
»zum Behuf unserer Erkenntnisvermögen« organisiert worden sei,
zulässig. Überschreitet man indessen einmal die schmale und scharfe
Grenzlinie, die hier Kant und Leibniz trennt, so steht man wieder≠
um genau auf dem Punkt, an dem der »abstrakte« und diskursive
Verstand des Kategoriendenkens sich zum »intuitiven« Verstand
und zur Schau der Ideen erweitert. Man versteht den ganzen Reiz
und die ganze Lockung, die in diesem »Abenteuer der Vernunft«
liegen, erst dann völlig, wenn man sich vergegenwärtigt, wie eigen≠
tümlich an diesem Punkte die Einzelfäden des Problems ineinander≠
greifen. Es ist, wie sich gezeigt hat, nicht das Interesse der Trans≠
zendenz, sondern das Interesse an der systematischen Gestaltung
der Erfahrung selbst, das eine Erweiterung der Befugnisse des
Denkens, eine tiefere Gestaltung des Verhältnisses des Allgemeinen
und Besonderen fordert. Der Schluß liegt nahe, daß damit inner≠
halb der kritischen Grenzen selber eine Erkenntnisweise erschlossen
ist, die als solche nicht vom Einzelnen zum Ganzen, sondern von
der Idee des Ganzen zur Bestimmung des Einzelnen fortschreitet.
Und diese Erkenntnisweise wäre es, in der sich erst das »Wirkliche«
nach seinem jetzt gefundenen konkreten Begriff bestimmte. Man
sieht, wie hier die verschiedenen Gebiete wieder unmerklich in≠
einander übergehen. Denn das Zweckprinzip bleibt bei Kant selbst
nicht auf den Gedanken der formalen Zweckmäßigkeit be≠
schränkt, sondern es erweitert sich zu der Idee eines »absoluten«
Endzwecks, in welchem die beiden Gebiete der »Natur« und der
»Freiheit« ihren letzten Zusammenhang finden sollen. Hier hat
daher die immanente Entwicklung der kritischen Methodik selbst
zu einem Punkt geführt, an dem sie über sich selbst gleichsam
hinauswächst. Der Fortschritt, der sich bei Kant in der Sprache
der transzendentalen Kritik ausspricht, bietet uns zugleich das
Schema dar, aus welchem heraus sich die allgemeine Orientierung
über die Hauptzüge der künftigen Spekulation gewinnen läßt.

Erstes Kapitel

Der »Gegenstand der Erfahrung« und das »Ding an sich«

1. Friedrich Heinrich Jacobi

Friedrich Heinrich Jacobis Lehre und Persönlichkeit greift nicht minder stark als in die Geschichte der Philosophie in die allgemeine deutsche Geistes- und Literaturgeschichte ein: und in beiden Fällen ist es gleich schwer, ihren Grundcharakter kurz und scharf zu bezeichnen. Denn zwischen der Persönlichkeit selbst und ihrer Leistung, zwischen dem, was Jacobi als Denker und Schriftsteller ist, und dem, was sich als geschichtliche Folge aus seiner Lehre entwickelt hat, besteht ein eigentümlicher Gegensatz. Jacobi hat sich auf allen Gebieten, denen er sich zuwandte, und in allen Problemen, die er in Angriff nahm, als glänzender Anreger bewährt; aber immer ging die Bewegung, die er hervorgerufen hatte, nach kurzer Zeit über ihn selbst, über seine eigenen Grundanschauungen, Wünsche und Tendenzen hinaus. Er war, von Lessing abgesehen, der Erste, der den philosophischen Genius Spinozas wahrhaft begriff, wenngleich er nicht müde wurde, die Gefahren der spinozistischen metaphysischen Grundlehren zu bekämpfen: aber er mußte es erleben, daß die Spinozistische »Irrlehre« gerade durch seine Vermittlung zu universeller geschichtlicher Wirksamkeit gelangte und bald, neben der »Kritik der reinen Vernunft«, zur geistigen Grundmacht der Epoche wurde. Er begrüßte Fichte, wenngleich er ihm nicht beipflichtete, doch noch als echten Interpreten und als systematischen Vollender der Kantischen Philosophie, — um sich in kurzem in bitterer literarischer Fehde gegen die Konsequenzen der »Wissenschaftslehre« zu wenden, als sie ihm in Gestalt des Schellingschen Systems des transzendentalen Idealismus gegenübertraten. Er hat, in den Briefen an Moses Mendelssohn über die Lehre des Spinoza, Lessings Schatten beschworen und in diesem Zeichen den Kampf der jungen Generation, der Generation des Sturmes und Dranges, gegen die

Berliner Aufklärer eröffnet; aber bald erfuhr er, daß eben dieser Generation seine Weltanschauung als überlebt, seine Probleme als veraltet galten. So hat er immer und überall Kräfte auf den Plan gerufen, die stärker waren als er selbst und Wege gewiesen, deren Endpunkt und Ziel er nicht vorauszusehen vermochte. Eben dies gilt auch für die Rolle, die Jacobi in der Geschichte und Weiterbildung der Kantischen Lehren gespielt hat. Auch hier hat er mit glänzendem Scharfsinn neue Fragen gestellt und Schwierigkeiten entdeckt, die auf lange Zeit hinaus die Form der Philosophie bestimmen sollten: — aber den eigenen Antworten, die er selbst auf diese Fragen gegeben hat, ist nur ein kurzes geschichtliches Scheindasein beschieden gewesen.

Jacobi ist, noch vor dem Studium der Vernunftkritik, durch die vorkritische Schrift über den »Einzig möglichen Beweisgrund zu einer Demonstration des Daseins Gottes« zu Kant geführt worden: — und wie für ihn jedes große gedankliche Erlebnis zugleich Gefühlserlebnis war, so fühlte er sich, wie er selbst berichtet, durch die Kantische Schrift innerlich so bewegt, daß er oft in der Lektüre innehalten mußte, weil er vor Herzklopfen nicht weiter lesen konnte. Was war es, das ihn an dieser Schrift — der schwierigsten von Kants vorkritischen Werken — derart zu erregen vermochte? In ihrem Mittelpunkt stand das denkbar abstrakteste und gefühlsfernste Thema: der Begriff des reinen, unbedingten Daseins — jenes Daseins, das nicht mehr als Folge oder Prädikat von etwas anderem gedacht werden kann, sondern nur aus und durch sich selbst, als »absolute Position eines Dinges« erfaßbar ist. Von diesem Dasein wird bewiesen: — nicht daß es Gott zukommt (denn dann wäre es bereits in ein bloßes Prädikat und somit in eine abhängige Bestimmung verwandelt), sondern daß es Gott selbst ist, d. h., daß ihm und ihm allein alle jene Merkmale und Beschaffenheiten eignen, die die Metaphysik vom höchsten unendlichen Urwesen behauptet[1]. Damit aber war in der Tat genau jene Frage gestellt, durch welche Jacobis gesamtes Denken von jeher seine stärksten metaphysischen Impulse erhalten hat. »Nach meinem Urteil« — so sagt Jacobi in jener denkwürdigen Unterredung mit Lessing, von der die »Briefe über die Lehre des Spinoza« berichten — ist das größte Verdienst des Forschers, Dasein zu enthüllen und zu offenbaren... Erklärung ist ihm Mittel, Weg zum Ziel, nächster — niemals letzter Zweck. Sein letzter Zweck ist, was sich nicht erklären läßt: das Unauflösliche, Unmittelbare,

---
[1] Vgl. Bd. II, S. 593 f.

Einfache¹. Und als ein solches unauflösliches und unableitbares, aber eben darum völlig gewisses Datum war nun das Sein von Kant im »Einzig möglichen Beweisgrund« hingestellt worden. Hier lag für Jacobi die schlechthin entscheidende methodische Wendung. Wahre Gewißheit — so schloß er — gibt es für uns nur dort, wo wir auf »Ableitung« verzichten, und der Natur der Sache nach ver= zichten müssen und dürfen. Solange wir uns noch im Kreise der bloßen »Ableitung« bewegen, werden wir immer von einem Punkte zum anderen zurückgetrieben, ohne jemals einen festen Standort, ein wahrhaftes δος μοι που στω zu finden. Wir »deduzieren« Folge= rungen aus ihren Prämissen, wir gehen von einem Glied der Schluß= reihe nach vorwärts und rückwärts ins Unendliche: aber die ganze Reihe selbst hängt uns im Leeren. Niemals ist auf diesem Wege des Folgerns und Schließens zu einer ursprünglichen Setzung zu ge= langen, in der unser Denken beruhen kann. Die Forderung eines solchen Ursprünglichen muß also entweder negiert — oder es muß ein anderer Weg gewiesen werden, sie zu befriedigen: es muß ein anderes geistiges Organ entdeckt werden, kraft dessen wir ihr erst wahrhaft genugtun können.

In der Tat zeigt alle Verstandeserkenntnis schon durch ihre äußere Form und Struktur, daß sie der Forderung des Unbedingten und Ursprünglichen nicht nur unangemessen ist, sondern daß sie ihr für immer unangemessen bleiben muß. Die echten und einzigen Prinzipien alles logischen Verstandesgebrauchs sind der Satz der Identität und der Satz vom Grunde: der erste als Grundsatz aller mathematischen Erkenntnis, der zweite zugleich als Grundsatz aller metaphysischen Welterklärung und aller empirischen Naturerkennt= nis. »Verstehen« und »Begründen« sind Wechselbegriffe: — außer= halb der Form der Demonstration gibt es keine Form der logischen Gewißheit. Es liegt jedoch im Charakter der Demonstration selbst, daß sie ohne inneren Abschluß ist: würde sie irgendein Glied der Schlußkette, irgendein erreichtes Resultat als das »Letzte« ansehen, so würde dieses materiale Ende zugleich ihr formales Ende, d. h. die Aufhebung ihrer eigentümlichen Methodik und der Sicherheit dieser Methodik bedeuten. »Wir können nur Ähnlichkeiten (Über= einstimmungen, bedingt notwendige Wahrheiten) demonstrieren, fortschreitend in identischen Sätzen². « Pascals Wort: »Ce qui passe

---

¹ Über die Lehre des Spinoza in Briefen an Herrn Moses Mendelssohn (zuerst Breslau 1785); s. Fr. Heinr. Jacobis Werke, Lpz. 1812 ff., Bd. IV, Abt. 1, S. 72.
² Über die Lehre des Spinoza, Werke IV, 1, S. 223.

la Géométrie nous surpasse« gilt daher im strengen Sinne von allem Wissen überhaupt. Auch Kants Grundentdeckung des »klassischen« Unterschieds zwischen den analytischen und synthetischen Urteilen, kann nach Jacobi nicht dazu dienen, diese Einsicht zu widerlegen, sondern bietet ihr vielmehr eine neue und festere Stütze. Denn das Axiom, mit welchem Kant allen synthetischen Verstandesgebrauch erklärt und rechtfertigt, ist der Satz, daß wir nur das von den Dingen a priori erkennen, was wir selbst in sie legen. »Der Kern der Kantischen Philosophie ist die von ihrem tiefdenkenden Urheber zur vollkommensten Evidenz gebrachte Wahrheit: daß wir einen Gegenstand nur insoweit begreifen, als wir ihn in Gedanken vor uns werden zu lassen, ihn im Verstande zu erschaffen vermögen. Nun vermögen wir auf keine Weise, so wenig in Gedanken als wirklich außer uns, Substanzen zu erschaffen, sondern wir vermögen nur: außer uns Bewegungen und Zusammensetzungen von Bewegungen, dadurch Gestalten; in uns aber nur sich auf Wahrnehmungen durch den äußeren oder inneren Sinn beziehende Begriffe und Zusammensetzungen von Begriffen hervorzubringen. Woraus denn folgt, daß es nur zwei Wissenschaften im eigentlichen und strengen Verstande: Mathematik und allgemeine Logik geben kann, und daß alle andern Erkenntnisse nur in dem Maße wissenschaftliche Eigenschaft erwerben, als sich ihre Gegenstände durch eine Art von Transsubstantiation in mathematische und logische Wesen verwandeln lassen[1].« Ein Wissen vom Sein verlangen, wäre demnach eine *contradictio in adjecto:* denn es hieße durch die eben bezeichnete Transsubstantiation das wirkliche Wesen in ein mathematisches und logisches umsetzen und es damit zu einem bloß gedachten verflüchtigen.

Aber liegt nicht diese Umsetzung im Wesen der Philosophie selbst und bildet sie nicht einen notwendigen Teil ihrer Methode? Kennzeichnet nicht eben dies alle Metaphysik und bezeichnet es nicht seit den Tagen des Aristoteles ihren historischen Begriff, daß sie Wissenschaft »vom Seienden als Seienden«, daß sie Ontologie sein will? Keiner hat diesen Begriff schärfer und bestimmter aufgestellt und die Folgerungen, die sich aus ihm ergeben, rückhaltloser gezogen, als Spinoza. Nicht eine einzelne Lehre ist es, die er begründet, nicht ein System, das er, neben andern gleich möglichen, geschaffen hat; sondern was er unserer kritischen Analyse darbietet, ist das System des philosophischen Denkens, weil es sein voll-

---

[1] Von den göttlichen Dingen und ihrer Offenbarung (1811); Werke III, 351.

endeter Typus und seine reinste formale Ausprägung ist. Aber eben damit enthüllt sich hier auch aufs deutlichste der latente Wider= spruch, der allem philosophischen Denken, gemäß seiner Grund= und Urform, anhaftet. Spinozas Metaphysik will Lehre von der »Substanz« — will Lehre von dem sein, was »in sich ist und durch sich allein begriffen wird«. Alle abgeleiteten Bestimmungen ver= schwinden und versinken vor dem Sein der Substanz. Sie haben nur für unsere sinnliche Einbildungskraft einen relativen und flüch= tigen Bestand, während sie dem Blick der Vernunft, der Anschauung »*sub specie aeterni*« in Nichts zergehen. Hier also scheinen Denken und Sein, scheinen »Essenz« und »Existenz« völlig eins geworden: der Begriff ist der adäquate Ausdruck und die adäquate Erfassung des Wesens selbst. Aber diese metaphysische Synthese, die der Spinozismus behauptet, erweist sich der schärferen Betrachtung als bloße Selbsttäuschung. Denn der Spinozistische Gott ist kein unabhängiges, freies, auf sich selbst beruhendes Sein, das dem Zwang und dem kausalen Mechanismus der Einzeldinge enthoben ist, sondern er ist ein durch und durch Gebundenes und Not= wendiges, er ist nur der vollkommene Ausdruck eben dieses Mechanismus selbst. So ist das angebliche Absolute hier nichts anderes als die Kette des Bedingten selbst: sofern diese Kette in ihrer Vollständigkeit, in ihrer lückenlosen Ganzheit gedacht wird. Aber die Summe kann nicht mehr enthalten, als die Einzelelemente, die in sie eingehen. Sind diese Einzelelemente, wie sie es nach Spinoza sein müssen, von bloß relativer Bedeutung, sind sie durch und durch bedingt, vermittelt und unfrei, so gilt das Gleiche auch für ihr Gesamtergebnis. Diese Summe des Bedingten, diese Spino= zistische »Welt« mit dem Namen Gottes bezeichnen, heißt nichts anderes als mit Worten spielen. Der Spinozismus verspricht uns ein adäquates Bild des Seins im Begriff und durch den bloßen Begriff: aber was er in Wahrheit vor uns hinstellt, ist lediglich ein Bild der subjektiven Denkform, die aller Philosophie zugrunde liegt. Der Gedanke der durchgängigen logisch=mathematischen Determination des Seins ist die Seele der Spinozistischen Meta= physik, weil er die Seele von Spinozas rationaler Methodik ist. Wo diese Methodik sich selbst überlassen bleibt, wo sie sich, wie bei Spinoza, in aller Freiheit und Aufrichtigkeit des Denkens und ohne Halbheiten und Kompromisse, entwickelt: da ist nie und nimmer ein anderes Ergebnis möglich. Alle Philosophie, die, ohne nach den Resultaten der religiösen Offenbarung hinüberzublicken, ledig=

lich ihren eigenen Weg und ihren eigenen Begriff vollendet, ist Spinozismus; aller Spinozismus ist Leugnung des Absoluten und Selbständigen und insofern Atheismus. Für das Verfahren des Denkens, des Folgerns und Schließens überhaupt gibt es kein anderes Ziel: »jeder Weg der Demonstration geht in den Fatalismus aus[1].«

Wenn indessen die Lehre Spinozas, ihrer bloßen Form nach betrachtet, das einzig wahrhaft konsequente System der Philosophie darstellt, so haftet ihr dennoch insofern ein Mangel an, als sie das Prinzip der reinen Verstandeserkenntnis zwar allseitig zur Durchführung bringt, aber es nicht als solches begreift. In dieser Beschränkung fällt sie dem Dogmatismus anheim: denn Dogmatismus ist jeder Versuch, die Welt zu erklären, ohne nach der Gültigkeit der Grundsätze und Prinzipien der Erkenntnis zu fragen, aus denen heraus diese Erklärung erfolgt. Erst der kritische Idealismus Kants hat diesen Mangel überwunden. In ihm kommt die Philosophie zum Bewußtsein ihrer selbst, ihrer Aufgaben und ihrer Mittel: das Wissen vom »Gegenstand« ist hier zugleich »Wissen des Wissens« geworden. Aus dieser Korrelation, die durch den Grundgedanken des Kritizismus unmittelbar gefordert ist, aber ergibt sich zugleich, daß das Wirkliche immer nur in der Form des Wissens und somit als Wirklichkeit in der Erscheinung für uns faßbar ist. Der Begriff des Verstandes und der Begriff des Phänomens sind Wechselbegriffe: was sich wahrhaft »verstehen«, d. h. aus einem andern ableiten und begründen läßt, das ist eben damit als Phänomen erwiesen und andererseits geht alles Wissen vom Phänomen über die Bedingtheit und Relativität der Verstandeserkenntnis, die sich zuletzt in einen Inbegriff bloßer Beziehungen auflöst, nicht hinaus. Die »Kritik der reinen Vernunft« hat in ihren grundlegenden Abschnitten hierüber in der Tat keinen Zweifel gelassen. «Die Materie« — so heißt es in dem Abschnitt über die Amphibolie der Reflexionsbegriffe — ist *substantia phaenomenon*. Was ihr innerlich zukomme, suche ich in allen Teilen des Raumes, den sie einnimmt, und in allen Wirkungen, die sie ausübt, und die freilich nur immer Erscheinungen äußerer Sinne sein können. Ich habe also zwar nichts Schlechthin-, sondern lauter Komparativ-Innerliches, das selber wiederum aus äußeren Verhältnissen besteht. Allein das schlechthin, dem reinen Verstande nach Innerliche der Materie ist auch eine bloße Grille; ... das transzendentale Objekt

---
[1] Über die Lehre des Spinoza (W. IV, 1, 223).

aber, welches der Grund dieser Erscheinung sein mag, die wir Materie nennen, ist ein bloßes Etwas, wovon wir nicht einmal verstehen würden, was es sei, wenn es uns auch jemand sagen könnte... Ins Innre der Natur dringt Beobachtung und Zergliederung der Erscheinungen, und man kann nicht wissen, wie weit dieses mit der Zeit gehen werde. Jene transzendentalen Fragen aber, die über die Natur hinausgehen, würden wir bei allem dem doch niemals beantworten können, wenn uns auch die ganze Natur aufgedeckt wäre, da es uns nicht einmal gegeben ist, unser eigenes Gemüt mit einer anderen Anschauung als der unseres inneren Sinnes zu beobachten[1].«

In Sätzen wie diesen spricht sich nach Jacobi nichts anderes als die scharfe und klare Konsequenz des kritischen Grundgedankens aus. Der Fortschritt gegen Spinoza ist ersichtlich: die Substanz erscheint nicht mehr als das »Ding aller Dinge«, als der Träger und absolute Grund der Modi, sondern sie ist selbst zu einem reinen Verhältnisbegriff geworden, — zu einem Begriffe, mittels dessen wir »Erscheinungen buchstabieren, um sie als Erfahrungen lesen zu können«. Nur dort, wo Kant diese Einsicht ohne jegliche Einschränkung festhält, steht er nach Jacobi auf der Höhe seines neuen Prinzips. Nicht in »Schein« wird dadurch die Erfahrungswelt verwandelt — denn das Phänomen der Welt ist eben kraft der Abhängigkeit von der Form des Verstandes ein durchgängig geordnetes und bestimmtes Phänomen —; wohl aber ergibt sich von hier zur Evidenz, daß es auf diesem Wege aus dem Kreise der bloßen Relativitäten für uns kein Entrinnen gibt. Und noch in einem anderen, methodisch tieferen Sinne läßt sich die gleiche Einsicht begründen. Kants Fragestellung ging ursprünglich nicht von der »Existenz der Sachen« aus, sondern sie richtete sich auf die Synthesis im Urteil und auf die Gründe für die apriorische Gültigkeit dieser Synthesis. Im Gedanken der Synthesis aber liegt bereits der Gedanke der Relativität eingeschlossen. Alle Synthesis ist zweigliedrig: sie gibt die Verknüpfung zweier Elemente *a* und *b* in der Art, daß *a* durch *b*, *b* durch *a* bestimmt wird, daß aber keines der beiden, vor und außerhalb der Verbindung selbst, als ein Losgelöstes und Selbständiges gegeben ist. Das »Sein«, das die Synthesis uns liefert, ist mit anderen Worten dasjenige Sein, das durch die Copula, durch das »Verhältniswörtchen« »Ist« im Urteil bezeichnet wird[2]. Darüber hinaus geht seine

---
[1] Krit. d. r. Vernunft, 2. Aufl., S. 333 f.; vgl. Bd. II, S. 736 ff.
[2] Vgl. Bd. II, S. 666.

Kraft und Geltung nicht. Das Urteil der Quantität, der Kausalität, der Wechselwirkung spricht aus, daß ein Element x größer als y, daß es die Ursache von y ist oder mit ihm in einem Verhältnis gegenseitiger funktionaler Abhängigkeit steht: was aber jeder dieser Inhalte, abgesehen von all diesen Verbindungsformen und losgelöst vom System dieser Formen, »an sich« sein mag, ist eine Frage, die nicht aufgeworfen werden kann, ohne schon damit allein die Grenzen der Methodik des Urteils zu überschreiten.

In der scharfen Heraushebung dieses Moments liegt das eigentliche geschichtliche Verdienst, das sich Jacobi um das Verständnis des kritischen Idealismus erworben hat. Immer von neuem kommt er auf dieses sein Grund- und Hauptthema zurück. Und überall stützt er sich hierbei auf eigene Kantische Sätze, auf die entscheidenden Belege in der »Kritik der reinen Vernunft«, die aber freilich bei ihm sogleich einen neuen gedanklichen Accent und durch ihn eine veränderte Bedeutung gewinnen. Für Kant war es die Einheit der Geltung, auf die er sich nicht nur im Theoretischen, sondern in allen geistigen Gebieten zuletzt zurückgeführt sah. Auch er erreicht in der »Kritik der praktischen Vernunft« gegenüber der bedingten Erfahrungswirklichkeit ein neues »Unbedingtes«: aber es ist nicht das Unbedingte eines metaphysischen Dinges, sondern eines neuen Geltungsprinzips, — es ist das Unbedingte der Freiheit und des Sollens, das sich ihm hier erschließt. Die theoretische Betrachtung endet in der Festsetzung von Bedingungen der Erfahrung, die, weil allgemein und notwendig, zugleich Bedingungen ihres Gegenstandes sind; — die ethische und ästhetische Betrachtung erweitert diesen Kreis der empirischen Kausalität und empirischen Objektivität; — aber das Höchste, was sie gewinnt, ist und bleibt doch stets ein neuer Wertgesichtspunkt, den sie gegenüber dem obersten Grundsatz und der Dignität des empirischen Wissens entdeckt und den sie in seiner Gültigkeit sicher stellt. Jacobis Verlangen nach dem Absoluten wird im Gegensatz hierzu durch einen völlig anderen Affekt beherrscht. Wie er es als höchste Aufgabe des Forschers empfindet, »Dasein zu enthüllen«, so sucht er auch das Absolute rein und ausschließlich in der Form des Daseins. Alle noch so feine Kunst der »Systeme«, der Begriffe und Schlußfolgerungen, der dialektischen Beweise und Gründe kann nach ihm für das Fehlen dieses ersten sicheren Fundaments des Seins nicht entschädigen. Je »reiner« der Begriff, je allgemeiner die Wahrheit wird, die wir erfassen: um so nichtiger an wirklichem Gehalt, um so leerer und körperloser werden beide; je höher wir in dieser Ordnung des Denkens emporsteigen, um so mehr verflüchtigt sich uns alle Realität in bloße Abstraktion. Und eben der transzendentale Idea= lismus zeigt überzeugend, daß überall dort, wo das Denken sich lediglich auf sich selbst, auf sein eigenes Prinzip und seine reine Form stützt, auch aller Inhalt zuletzt in diese reine Form zergeht. Wem dies an Kants Lehre etwa noch zweifelhaft sein konnte, der braucht nur den notwendigen, systematisch geforderten Übergang von Kant zu Fichte zu betrachten, um den Beweis dafür in Händen zu haben. Fichte ist nach Jacobi der Messias der neueren Philo= sophie, weil er vollendet hat, was Kant nur begonnen hat: — weil seine Wissenschaftslehre den rein immanenten Weg und das immanente Ziel alles Wissens zuerst in vollkommener Deutlichkeit bezeichnet hat. »Und so fahre ich denn fort« — so redet er ihn an — »und rufe zuerst, eifriger und lauter Sie noch einmal unter den Juden der spekulativen Vernunft für ihren König aus; drohe den Hals= starrigen es an, Sie dafür zu erkennen, den Königsberger Täufer aber nur als Ihren Vorläufer anzunehmen«. Denn Fichte hat auf dem Boden des Idealismus das geleistet, was Spinoza auf dem des Realismus vergeblich versucht hatte. Sein System ist »umgekehrter Spinozismus« und vermöge dieser Umkehrung »verklärter Spino= zismus«: es ist die Grundlegung und vollständige Durchführung des allgemeinen Prinzips aller Spekulation, ohne daß dieses Prin= zip, wie bei Spinoza, mit einem absoluten dogmatisch=behaupteten Sein verwechselt würde. Alles Begreifen — das ist der Angelpunkt des Fichteschen Denkens — ist nur durch ein ideales Tun und Er= zeugen möglich. »Der Mensch begreift nur, indem er — Sache in bloße Gestalt verwandelnd — Gestalt zur Sache, Sache zu Nichts macht. Wir begreifen eine Sache nur, insofern wir sie konstruieren, in Gedanken vor uns entstehen, werden lassen können. Insofern wir sie nicht konstruieren, in Gedanken nicht selbst hervor= bringen können, begreifen wir sie nicht. Wenn daher ein Wesen ein von uns vollständig begriffener Gegenstand werden soll, so müssen wir es objektiv — als für sich bestehend — in Ge= danken aufheben, vernichten, um es durchaus subjektiv, unser eigenes Geschöpf, ein bloßes Schema werden zu lassen. Es darf nichts in ihm bleiben und einen wesentlichen Teil seines Begriffes ausmachen, was nicht unsere Handlung, jetzt eine bloße Dar= stellung unserer produktiven Einbildungskraft wäre.« Das Sein be= greifen wollen heißt also es als selbständiges, von uns unabhängiges

Sein vernichten. Und was uns nach dieser Vernichtung übrig bleibt, das ist nichts anderes als die leere Subjektivität selbst, die sich immer wieder erneut und ins Unendliche wiederholt. Es gibt für uns im Grunde nur noch ein Erkennen — nicht des Gegenstandes, sondern des Erkennens selbst, ein Tun bloß des Tuns und um des reinen Tuns willen: »ein nur sich selbst vorhabendes und betrachtendes Handeln, bloß des Handelns und Betrachtens wegen, ohne anderes Subjekt und Objekt; ohne in, aus, für und zu[1].«

Der Satz der Identität, die Formel $a=a$ ist für eine derartige Lehre in der Tat der zutreffende methodische Ausdruck und der rechte Ausgangspunkt. Aber freilich: wie kann es innerhalb dieser Betrachtungsweise überhaupt ein a geben, das mit sich selbst verglichen und sich selbst gleichgesetzt werden könnte? Wir begreifen die Relation, wir begreifen die Notwendigkeit der Gleichung selbst: aber woher stammt, nicht die Beziehung, sondern das Bezogene? Auf diese Frage muß die Wissenschaftslehre und der transzendentale Idealismus überhaupt die Antwort schuldig bleiben. Was sie begreiflich macht, was sie bis in die letzten Grundbedingungen aufzudecken verspricht und auch wirklich aufdeckt, ist die Form des Denkens: aber jedes Denken eines *Etwas* bedeutet für sie ein unlösbares Problem. Die transzendentale Einbildungskraft, auf die wir verwiesen werden, um in ihr den Ursprung der Vorstellung vom Objekt, vom »Gegenstand« der Erkenntnis zu finden, vermag hierfür ersichtlich nichts zu leisten: ist sie doch selbst nichts anderes als ein psychologischer Ausdruck für die reine Tätigkeit des Beziehens selbst, also »ein reines leeres Dichten hin und her, ohne hier und dort, ohne Einsicht und Absicht, ein Dichten an sich, eine reine Aktuosität im reinen Bewußtsein«[2]. In all dieser »apriorischen Weberei« kann es niemals zu irgend einer sachlichen Einzelbestimmtheit kommen. Betrachten wir z. B. die Formen des reinen Raumes und der reinen Zeit, wie sie der transzendentale Idealismus uns schildert und darbietet, so besitzen wir an ihnen lediglich eine Ordnung und ein Schema leerer Stellen, nur die Möglichkeit des Beisammen und des Nacheinander. Wie aber kommt es von dieser Möglichkeit zur Wirklichkeit, wie kommt es zu dem, womit diese Stellen besetzt werden sollen? Wie verdichtet sich die Form des bloßen Neben- und Auseinander, die wir Raum nennen, zu einer

---

[1] Jacobi an Fichte (1799) W. III, S. 9—57.
[2] Über das Unternehmen des Kritizismus die Vernunft zu Verstande zu bringen usw. (1801) W. III, 99.

einzelnen bestimmt abgegrenzten Gestalt im Raume: wie gelangt das Verfahren der Zählung zu einem Zählbaren? Ein solcher Übergang kann nur behauptet, aber nie und nimmer aus den Prinzipien der idealistischen Spekulation begriffen und eingesehen werden. »Der Raum sei Eines, die Zeit sei Eines, das Bewußtsein sei Eines, gerade so, wie ihr es verlangt. Saget nur an, wie sich euch eines von diesen drei Einen in ihm selbst rein vermannigfaltiget?... Was bringt in jene drei Unendlichkeiten... Endlichkeit; was befruchtet Raum und Zeit a priori mit Zahl und Maß, und verwandelt sie in ein reines Mannigfaltiges; was bringt die reine Spontaneität zur Oscillation, das Bewußtsein a priori zum Bewußtsein? Wie kommt sein reiner Vokal zum Mitlauter, oder vielmehr, wie setzt sich sein lautloses ununterbrochenes Blasen, sich selbst unterbrechend, ab, um wenigstens eine Art von Selbstlaut, einen Accent zu gewinnen? Dieses müßt ihr angeben können, oder euer ganzes System hat nicht einmal den Bestand einer Seifenblase[1].« Eine Synthesis, eine bloße Copula an sich, ein beständig fortgesetztes Ist, Ist, Ist... ohne Was, Wer oder Welche: das ist es, worauf die Spekulation uns als auf den Kern aller Wahrheit und aller Wirklichkeit verweist. Wie aber in diesem unendlichen Meer, wie in diesem Strom des reinen Bewußtseins sich Wellen bilden sollen — wie von den Tätigkeiten, Beziehungen und Funktionen dieses Bewußtseins jemals zu irgendeinem Substrat zu gelangen ist: — das bleibt nach wie vor völlig dunkel[2].

Man erkennt in all diesen Wendungen den charakteristischen Stil, der Jacobi als Denker und Schriftsteller kennzeichnet. Dieser Stil gibt niemals die Sache selbst, sondern eine Fülle der verschiedenartigsten Bilder, in denen sie umschrieben wird; niemals den nüchternen Ausdruck des Gedankens, sondern seine einseitige, bis ins Parodistische gesteigerte Zuspitzung. Aber ist nicht — so ließe sich nunmehr gegen Jacobi einwenden — in dieser gesamten Schilderung des kritischen Idealismus und seiner Grundtendenz ein entscheidender Faktor ausgeschaltet? Treten wir nicht mit einem Schlage aus dem Kreise der bloßen Beziehungen, in dem ein Inhalt immer nur für den andern und durch den andern ist, heraus, wenn wir uns von der Erscheinung zum »Grunde« der Erscheinung, zum »Ding an sich« wenden? Aber diesem Einwand hält Jacobi entgegen, daß eben diese Wendung selbst, wenn man an den Voraus-

---

[1] a. a. O; W. III, 113 f.
[2] a. a. O; W. III, 125, 139 u. s.

setzungen der kritischen Lehre festhält, unverständlich ist und bleibt. Der von Kant behauptete »Grund« der Erscheinung ist nach dem Kantischen System selbst grund- und haltlos. Wo Kant von einem »Ding an sich« spricht, das unser Gemüt »affiziert«: da hat er selbst den magischen Kreis durchbrochen, in welchen er die menschliche Erkenntnis zu bannen versuchte. Er spricht jetzt nicht mehr als der Logiker und Methodiker des Kritizismus, sondern er gehorcht einer Forderung und einem Antrieb, die aus einer völlig anderen geistigen Sphäre stammen. Daß er sich diesem Antrieb nicht verschlossen hat, ehrt den Menschen Kant; aber es bedeutet freilich zugleich eine fundamentale Schwäche des Denkers Kant. Was Kants Kritik wirklich leistet und gibt, ist das vollständige System der durchaus mittelbaren, durchaus bedingten und relativen Erkenntnisformen, die als solche nicht einmal zum Gedanken eines absoluten Daseins hinführen und zureichen. Nichtsdestoweniger hat Kant den Glauben an ein solches Unbedingtes und Unmittelbares in sich selbst niemals vernichten und aufheben können: und nur aus diesem Glauben stammt ihm die feste Überzeugung, daß Erscheinungen nicht sein können ohne etwas, was da erscheint[1]. Damit wird ein ursprünglicher, aller Erkenntnis zugrunde liegender Zusammenhang zwischen der Vorstellung und dem Unvorstellbaren behauptet, der mit den Begriffs- und Denkmitteln, über die die Kritik der reinen Vernunft verfügt und die sie allein gelten läßt, in keiner Weise verständlich zu machen ist. Den Grund- und Eckstein des kritischen Gebäudes bildet somit eine Voraussetzung, die sich »weder in den Erscheinungen noch durch sie dem Erkenntnisvermögen offenbart, sondern allein mit ihnen auf eine dem Sinne und dem Verstande unbegreifliche, durchaus positive oder mystische Weise[2].« Eine solche mystische Beziehung ist es, die auch in der gesamten Kantischen Lehre von der Subjektivität, – von dem »Gemüt«, das durch eine Affektion von außen »gerührt« wird und das sodann kraft seiner Spontaneität die empfangenen Eindrücke formt und umgestaltet – latent ist. Durch die ganze Kritik der reinen Vernunft hindurch zieht sich dieser Zwiespalt zwischen ihren realistischen und idealistischen, zwischen ihren sachlich-metaphysischen und begrifflich-methodischen Voraussetzungen. Keine von beiden ist

---

[1] Von den göttlichen Dingen und ihrer Offenbarung (W. III, 362 ff.).
[2] S. David Hume über den Glauben oder Idealismus und Realismus. Vorrede, zugleich Einleitung in des Verfassers sämtliche philosophische Schriften (Werke II, 22 f).

für den Aufbau der Kantischen Gedankenwelt entbehrlich, während doch jede der anderen unmittelbar widerstreitet. Ohne die Voraussetzung des affizierenden Dinges an sich ist in die Vernunftkritik nicht hineinzukommen; — mit ihr läßt sich in ihr nicht verharren[1]. Die Folge hebt hier den Grund auf, durch den sie doch nichtsdestoweniger als Folge allein gesetzt und gesichert ist — der Fortschritt des Denkens und seine formale Konsequenz vernichtet seine eigenen, inhaltlichen Prämissen. —

Aber wenn bis hierher Jacobi nur als Kritiker Kants und des gesamten spekulativen Verstandesgebrauchs sprach, — so drängt sich, nachdem er einmal bis zu diesem Punkte fortgeschritten, zugleich mit innerer Notwendigkeit die positive Ergänzung auf, die seine eigene Lehre für die Lücken aller bisherigen Denksysteme darbietet. Ist einmal erwiesen, daß wir, solange wir uns dem Gleichschritt der Erfahrung und des logischen Denkens und Folgerns überlassen, immer nur im Kreis des Bedingten herumgeführt werden: so liegt darin unmittelbar, daß das Unbedingte, auf das wir nicht verzichten können, nur durch einen Sprung des Wissens, nur durch jenen »salto mortale« zu erreichen ist, von dem Jacobi in jenem bekannten Gespräch mit Lessing gesprochen hat. Dieser Sprung ist und bleibt ein Wagnis; — aber das Wagnis ist unerläßlich. Denn eigentliche Gewißheit ergibt sich niemals in der Kette bloßer Schlußfolgerungen, in der immer ein Glied uns auf das andere verweist und in der demnach nirgends ein letzter und wahrhafter Halt zu finden ist, — sondern sie eröffnet sich uns nur durch eine momentane, ursprüngliche, auf nichts anderes als Voraussetzung bezogene und von nichts anderem abhängige Grundoffenbarung. Diese Offenbarung kann nicht anders gewußt werden, als indem sie geglaubt wird — sie kann nicht anders erfaßt werden, als indem sie uns erfaßt und sich uns als unerschütterliche Überzeugung aufdrängt. Unsere kritischen und metaphysischen Zweifel schwinden erst in diesem Entschluß des Glaubens: in dem Entschluß, etwas als gewiß gelten zu lassen, was doch durch keine begriffliche Vermittlung beweisbar ist, etwas als notwendig anzuerkennen, was sich nicht in irgendeiner Weise durch ein anderes demonstrieren läßt, sondern von uns mit Freiheit angenommen, oder aber verworfen werden muß. Jacobi hat für dieses Grund- und Urprinzip, das er einführt, in den verschiedenen Phasen seiner Philosophie verschiedene Be-

---

[1] Vgl. hrz. bes. die Abh. »Über den transzendentalen Idealismus« (ersch. als Beilage zur Schrift David Hume über den Glauben), W. II, 291—310.

nennungen versucht: er hat es in den ersten Schriften schlechthin als »Offenbarung«, als Gefühl, als »Glaube« bezeichnet, während er später zu dem abstrakten und farbloseren Ausdruck der »Vernunft« fortgeschritten ist, die dem »Verstand«, als Prinzip des Folgerns und Schließens entgegengesetzt wird[1]. Der Kern des Gedankens selbst aber wird durch all diese Wandlungen des Ausdrucks nicht berührt. Denn immer handelt es sich um die Variation des einen Haupt- und Grundthemas: daß wir auf jegliche Gewißheit des Daseins entweder überhaupt verzichten, oder aber für sie eine andere Quelle, als die empirische Erkenntnis, die Sinnes- und Verstandeserkenntnis suchen müssen. Kein Dasein läßt sich empfinden; denn die Empfindung weiß immer nur von sich selbst; sie erfaßt sich nur als individuelle Zuständlichkeit des Bewußtseins. Oder sollen wir sagen, daß das Dasein uns zugänglich werde, indem wir von der Empfindung zur »Ursache der Empfindung« übergehen und in Gedanken auf eine solche Ursache schließen? Aber auch dieser Ausweg versagt: denn alles Schließen und Folgern, aller bloß »diskursive« Verstandesgebrauch hat, wie sich gezeigt hat, keinen schöpferischen, sondern lediglich wiederholenden Charakter. Wir können auf diese Weise immer nur das, was schon gesetzt war, noch einmal und in einer anderen Form setzen, nicht aber es gleichsam aus dem Nichts hervorbringen. Schließt also die Empfindung nicht unmittelbar ein Dasein ein, so kann es ihr durch keine noch so fein gesponnene Reflexion jemals zuwachsen[2]. Wem sich die Realität nicht irgendwie ursprünglich ankündigt und wer sich bei dieser Ankündigung nicht beruhigt: der wird immer vergeblich versuchen, sie sich durch einen Schluß zu sichern. Aus dem »orphischen Ei des Denkbaren«, aus dem »Principio contradictionis« gehen alle Inhalte immer nur mit dem Prädikat der Möglichkeit,

---

[1] Über das Vermögen der »Vernunft« als »Vernehmen des Übersinnlichen« s. z. B. die Schrift von den göttlichen Dingen und ihrer Offenbarung Beilage A (bes. Werke III, 436 ff.); über die Vernunft als »Vermögen der Gefühle« s. David Hume über den Glauben (bes. Werke II, 59 ff., II, 81). Dagegen war in der ersten Auflage der Schrift über David Hume (Breslau 1787) zwischen »Verstand« und »Vernunft« noch keine feste terminologische Grenze gezogen worden: auch der »Vernunft« war hier noch das »Erfassen bloßer Verhältnisse nach dem Satz der Identität« als eigentliche Aufgabe zugewiesen. Jacobi hat später diesen Mangel ausdrücklich hervorgehoben und berichtigt (s. die Einleitung in des Verfassers sämtliche philosophische Schriften Werke II, S. 7 ff. und die späteren Auflagen des Gesprächs über David Hume Werke II, 221 f., Anmerk.).
[2] S. David Hume über den Glauben (Werke II, 141 ff., 166 ff. u. s.).

niemals mit dem der Wirklichkeit hervor. Es ist und bleibt ungereimt, die Materie der Form, das Reale dem Idealen, die Sache dem Begriff als eine bloß hinzukommende, nachträgliche Bestimmung beifügen zu wollen[1]. Das Ding, die Wirklichkeit, das Sein, das über alle bloße »Vorstellung« hinausgeht, ist somit ein Etwas, das sich selbst durch kein anderes Datum der Erkenntnis mehr begründen und aus keinem andern mehr rechtfertigen läßt; das aber eben deshalb über allem Zweifel erhaben ist, weil der Glaube daran nicht in diesem oder jenem besondern Erkenntnismoment, sondern im Ganzen unserer Erkenntnis wurzelt und mit diesem Ganzen unlöslich verbunden ist.

Neben dem systematischen Inhalt der Jacobischen Glaubenslehre tritt hier ihre eigentümliche geschichtliche Stellung deutlich hervor. Auf den Glauben, als ein eigentümliches Gewißheitsprinzip, haben sich im Lauf der Geschichte der Philosophie Empiristen, wie Mystiker, metaphysische und sensualistische Dogmatiker in gleicher Weise berufen. Aber bei ihnen allen erstreckt sich das Prinzip des Glaubens nur auf ein bestimmtes Teilgebiet des Seins, auf einen besonderen Umkreis von Gegenständen. Innerhalb der theologischen Betrachtungsweise bleibt die Offenbarung auf die »übersinnlichen«, die »intelligiblen« Gegenstände beschränkt, während die sinnliche Wirklichkeit durch andere Erkenntnismittel gesichert erscheint: — für den Sensualisten Hume ist der Glaube das irrationale, das blinde und vernunftlose Prinzip unserer Einbildungskraft, das das Spiel unserer Associationen lenkt und beherrscht und somit zwar für all unsere empirischen Erwartungen und Schlußfolgerungen bestimmend ist, andererseits aber über diesen Kreis auch nicht hinauszugreifen und nicht hinauszufragen braucht. Beide Einschränkungen fallen für Jacobi weg. Das Glaubensprinzip steht für das Problem des Daseins überhaupt, nicht für die Frage nach diesem oder jenem besonderen Dasein. In ihm erfassen wir, daß selbständige, von unserer Vorstellung und unserem Denken unabhängige Gegenstände sind, ohne noch darüber eine Bestimmung zu treffen, was sie sind. Insofern ist freilich der gesamte Inhalt des religiösen Bewußtseins in ihm gegründet; aber die Inhalte des gewöhnlichen Bewußtseins, die konkreten sinnfälligen »Dinge«, ihre Merkmale und ihre Veränderungen sind es nicht minder. »Wir werden alle im Glauben geboren« — mögen wir nun Metaphysiker oder Empiriker sein; mögen wir sehnsüchtig nach

[1] S. David Hume über den Glauben, erste Auflage, Breslau 1787, S. 60 ff.

dem Transzendenten ausblicken oder uns im Kreise des irdischen und physischen Seins und der nächsten physischen Ziele befriedigen. Ohne den Glauben könnten wir nicht zur Gewißheit von Gott, nicht zu einem wahrhaft persönlichen Leben, nicht zu Freiheit und Unsterblichkeit, — aber ohne ihn könnten wir auch nicht »zu Tisch und Bett kommen«. »Wie können wir nach Gewißheit streben, wenn uns Gewißheit nicht zum voraus schon bekannt ist; und wie kann sie uns bekannt sein, anders als durch etwas, das wir mit Gewißheit schon erkennen? ... Die Überzeugung durch Beweise ist eine Gewißheit aus der zweiten Hand, beruht auf Vergleichung, und kann nie recht sicher und vollkommen sein. Wenn nun jedes Fürwahrhalten, welches nicht aus Vernunftgründen entspringt, Glaube ist, so muß die Überzeugung aus Vernunftgründen selbst aus dem Glauben kommen, und ihre Kraft von ihm allein empfangen. Durch den Glauben wissen wir, daß wir einen Körper haben, und daß außer uns andere Körper und andere denkende Wesen vorhanden sind. Eine wahrhafte, wunderbare Offenbarung! Denn wir empfinden doch nur unseren Körper, so oder anders beschaffen; und indem wir ihn so oder anders beschaffen fühlen, werden wir nicht allein seine Veränderungen, sondern noch etwas davon ganz verschiedenes, das weder bloß Empfindung noch Gedanke ist, andere wirkliche Dinge gewahr, und zwar mit eben der Gewißheit, mit der wir uns selbst gewahr werden; denn ohne Du ist das Ich unmöglich. So haben wir denn eine Offenbarung der Natur, welche nicht allein befiehlt, sondern alle und jede Menschen zwingt zu glauben und durch den Glauben ewige Wahrheiten anzunehmen[1].«

Aber gerade in diesem Radikalismus und Universalismus von Jacobis Glaubensprinzip, in dieser seiner allumfassenden Bedeutung, deren er sich rühmt, liegt, methodisch betrachtet, sein schwerster Mangel. Denn die Allgemeinheit, in der das Prinzip sich darstellt, ist zugleich der Ausdruck seiner völligen Unbestimmtheit. Jacobis Begriff des »Glaubens« ist, wie sich bei schärferer Behandlung zeigt, rein negativ bestimmt. »Glaube« heißt alles, was dem bloßen Wissen aus Gründen, dem demonstrativen Schließen und Folgern in irgendeiner Hinsicht entgegengesetzt ist. Aber diese negative Definition ist als solche zunächst noch völlig leer. Sie gibt keinerlei Handhabe, um das neue Gebiet der Gewißheit, das sich uns hier erschließen soll, in sich selbst irgendwie zu gliedern. Die verschie-

[1] Über die Lehre des Spinoza, Werke IV, 1, S. 210f.; vgl. bes. David Hume über den Glauben (Werke II, 142 ff.).

densten Geltungsstufen und Geltungswerte werden jetzt, sofern sie sich nur sämtlich von der mittelbaren und begrifflichen Erkenntnis unterscheiden, unter einem einzigen Gattungsnamen befaßt und damit in methodischer Hinsicht nivelliert. Für die Unterschiede, für die Abstufungen und Gegensätze, die innerhalb dieses Gebiets herrschen, hat Jacobi keinen Blick. Empirische und religiöse Wahrheit, Sinnliches und Übersinnliches verschwimmen ihm in Eins. Damit nimmt für ihn das Geistige und Ideelle leicht die Form des Sinnlich-Handgreiflichen an, wie anderseits das physische Sein ihm zu einem durch und durch »mystischen« Sein wird. Auch innerhalb der Erkenntnisse und Wahrheiten fehlt es zuletzt an jedem Kriterium, um die Differenzen der methodischen Herkunft und Gültigkeit zu bezeichnen, — fehlt es an jeder allgemeinen logischen Wertskala. Schopenhauers Spott, Jacobi habe wahrhaft rührende Bücher geschrieben und nur die kleine Schwachheit gehabt, alles, was er vor seinem fünfzehnten Jahre gelernt und approbiert hatte, für angeborne Grundgedanken des menschlichen Geistes zu halten, ist in dieser Hinsicht in der Tat zutreffend[1]. Hier hat erst Fries einen wahrhaften geschichtlichen Fortschritt erreicht, indem er das Prinzip und die Forderung der »unmittelbaren Erkenntnis« von Jacobi übernahm, zugleich aber den Weg wies, zu einem systematischen Aufbau zu gelangen, in welchem dieser unmittelbaren Erkenntnis ihre feste Stelle bestimmt und abgegrenzt wurde. Die nächste geschichtliche Wirkung, die von Jacobi ausging, aber nahm vorerst eine andere Richtung. Die Antinomien, die im Begriff des affizierenden Dinges an sich versteckt liegen, waren jetzt mit einer Schärfe und Klarheit bezeichnet worden, daß sie nicht länger übersehen und umgangen werden konnten. Wer immer eine Fortbildung der Kantischen Lehre versuchte, mußte fortan von diesem Punkte seinen Ausgang nehmen. In diesem gedanklichen Anstoß, den Jacobis Lehre gegeben und in dieser Fortwirkung, die sie auf Reinhold und Fichte, auf Aenesidem und Maimon geübt hat, liegt ihr eigentlicher und wesentlicher historischer Ertrag.

2. Reinholds Elementarphilosophie
I. Die Methode der Elementarphilosophie und der »Satz des Bewußtseins«

Wechselnd wie der eigene philosophische Standpunkt Reinholds und wie das Schicksal seiner Lehre, ist auch das Urteil der

---
[1] Welt als Wille und Vorstellung, Vorrede zur 1. Auflage.

Geschichte über Reinhold gewesen. Das Bild dieses Denkers, der nacheinander und mit immer gleicher subjektiver Aufrichtigkeit und Überzeugung von Kant zu Fichte, von Fichte zu Jacobi, von Jacobi zu Bardili überging, scheint jeder Fixierung zu wiederstreben. In den Kreisen der ersten Schüler und Anhänger gilt Reinhold nicht nur als der berufenste Interpret Kantischer Lehren, sondern auch als derjenige, der die Aufgabe, die Kant nur gestellt, erst wahrhaft erfüllt habe, indem er das System schuf, zu dem die Kritik der reinen Vernunft nur die »Propädeutik« bildet. Der spekulative Idealismus Fichtes und Schellings hingegen sieht zuletzt in Reinholds Lehren nicht mehr als eine erneuerte Fassung der alten Popularphilosophie. Für die moderne Auffassung schließlich steht fast allgemein das Urteil fest, daß in Reinhold sich zuerst und in typischer Weise das psychologistische Mißverständnis der kritischen Gedanken auspräge. Die transzendentale Kritik der Grundurteile und Grunderkenntnisse der Wissenschaft scheint sich hier wieder völlig in eine Beschreibung und Theorie der Seelenvermögen aufzulösen. Nicht eine Erläuterung und Weiterbildung Kantischer Gedankenreihen wäre demnach hier gegeben, vielmehr würde schon der erste Schritt von Reinholds Untersuchungen den neuen Weg, den die Kritik gewiesen, prinzipiell verlassen.

Auch dieses Urteil indes bedarf – so sehr es bereits traditionell festzustehen scheint – von Seiten der unbefangenen geschichtlichen Betrachtung einer Revision. Daß – neben der Moral- und Religionsphilosophie – die Psychologie für Reinhold das leitende systematische Hauptinteresse bildet, ist freilich ersichtlich. Aber der Begriff der Psychologie selbst, den er ins Auge faßt, ist gegenüber der gewöhnlichen Auffassung erweitert und vertieft. Was von Reinhold gesucht wird, ist eine Psychologie, die von aller Vermischung mit dogmatisch-metaphysischen Behauptungen befreit und auf rein kritischen Voraussetzungen errichtet ist. Der Plan einer solchen Psychologie geht nicht minder als auf Kant auf Locke zurück. Denn in aller Bestimmtheit war schon bei diesem eine Seelenlehre gefordert worden, die »nicht auf erborgtem oder erbetteltem Grunde ruhen« und die sich daher – unter Verzicht auf alle Erörterungen über das »Wesen« der Dinge und der Seele – streng innerhalb des Bereichs der reinen Beschreibung der Phänomene halten sollte. Nicht worin die physikalischen oder metaphysischen Gründe der seelischen Inhalte bestehen, sondern was diese selbst sind und in welchen konstanten Ordnungen sie stehen, sollte ermittelt werden. Die Durchführung von Lockes eigenem philosophischem System entsprach freilich nicht den Anforderungen dieser »schlichten historischen Methode«[1], die er an die Spitze seines Werkes gestellt hatte. Denn wieder gleitet hier die Untersuchung von der Bestimmung der Phänomene selbst in die Frage nach ihren substantiellen Urbildern und nach der Übereinstimmung mit diesen ihren Urbildern ab. Das dogmatische Schema der Einwirkung der absoluten Dinge auf den Geist und die dogmatische Charakteristik des Geistes selbst als einer leeren Tafel, die die »Eindrücke« von außen nur zu empfangen hat, tritt an die Stelle der reinen Analyse. Lockes Nachfolger hingegen zerstören zwar dieses Schema; aber sie gewinnen nichtsdestoweniger den Standpunkt der voraussetzungslosen Darstellung und Analyse nicht zurück, weil in ihnen das Dogma des Sensualismus von vornherein die Auffassung der Tatsachen beherrscht und ihre unbefangene Deutung erschwert. Statt die seelischen Komplexe als solche in ihrer unreduzierbaren Einheit zu erfassen, wird durchgängig der Versuch unternommen, sie aus psychischen »Elementen« aufzubauen, die — wie immer man übrigens über den Wert einer solchen »Ableitung« urteilen mag — jedenfalls hypothetisch sind und hypothetisch bleiben müssen. Das Prinzip dieses »Empirismus« entfernt sich daher von der wahrhaften psychologischen »Erfahrung« im Grunde nicht weniger, als die Spekulationen der rationalen Psychologie, die aus der Natur des Seelenwesens, aus seiner Einfachheit und Beharrlichkeit, das Ganze der psychischen Leistungen zu entwickeln und verständlich zu machen suchen. Gegenüber dieser historischen Lage der Psychologie stellt die Kritik der reinen Vernunft nach zwei Seiten hin eine neue Wendung dar. Sie zerstört das einfache Schema der Assoziationspsychologie, indem sie in der »metaphysischen Deduktion« des Raumes, der Zeit und der reinen Verstandesbegriffe »Grundformen« des Bewußtseins aufweist, die als Bedingungen der Erfahrung überhaupt nicht selbst aus den Empfindungen des »äußeren« oder »inneren« Sinnes ableitbar sind. Aber zugleich verwehrt sie den Schluß, von diesen Einheitsfunktionen des Bewußtseins, die in ihrer logischen Eigenart behauptet und vor jeder Nivellierung geschützt werden, auf ein einfaches Seelending, das ihnen zugrunde liegt. In dieser Hinsicht bereitet die Kritik der Paralogismen der metaphysischen Seelenlehre erst der reinen

---
[1] Vgl. Bd. II, S. 229.

phänomenologischen Analyse den Weg. An die Stelle der Seelen=
substanz tritt die »Einheit der Handlung«, die im Begriff der
Synthesis fixiert und von hier aus in ihre mannigfachen besonderen
Leistungen und Bedeutungen verfolgt wird.

An diesem Punkte der Betrachtung setzt Reinholds Grund=
gedanke ein. Er sieht das entscheidende Verdienst der kritischen
Philosophie darin, daß sie die Probleme des Bewußtseins auf eine
eigene Basis stellt und ihre selbständige Lösung ermöglicht — ohne
sie mit den Fragen der »Natur« der Seele oder den Fragen der
psycho=physischen »Organisation« zu vermengen und zu belasten.
Nicht die transzendente Frage des Bewußtseinsursprungs, sondern
lediglich die Frage nach seiner Beschaffenheit und Struktur wird hier
gestellt. Die Formel, in die Reinhold diese Unterscheidung faßt,
ist freilich, wenn man sie vom Standpunkt des modernen Sprach=
gebrauchs betrachtet, eher geeignet diesen Sinn zu verdunkeln, als
ihn zu klären. Denn eben hier tritt der zweideutige Begriff des
»Vorstellungsvermögens« ein, — der aber nach Reinholds
eigenen beständigen Erklärungen nichts anderes bezeichnen soll,
als den Inbegriff der Bewußtseinsinhalte und ihrer Verhältnisse
selbst. Wenn wir von dem Vermögen der Vorstellung, von dem
Vermögen der Sinnlichkeit und des Verstandes sprechen, so fassen
wir in diesem Ausdruck das Ganze desjenigen zusammen, was an
Einzelbestimmungen der Vorstellung, des Verstandes u. s. f. mög=
lich ist, ohne noch nach dem kausalen Ursprung dieses Ganzen
zu fragen. Diese Anwendung des Vermögensbegriffs schließt daher
unmittelbar seine Unterscheidung und Entgegensetzung gegen den
Kraftbegriff ein. Als der entscheidende Fehler der bisherigen Be=
handlungsweise gilt eben dies, daß man von der Ursache des Vor=
stellens, Empfindens und Denkens gesprochen hat, ohne noch aus=
gemacht zu haben, was man unter Vorstellen, Empfinden und
Denken selbst zu verstehen habe. »Man erwartete von der Unter=
suchung der vorstellenden Kraft den Aufschluß darüber, was man
sich unter einer Vorstellung zu denken hätte und suchte von dem
vorstellenden Subjekte und zuweilen auch von den vorgestellten
Objekten zu lernen, was die bloße Vorstellung sei.« Alle Speku=
lationen über die Seele und die auf sie einwirkende Kraft der Außen=
dinge aber können uns zu nichts dienen, wenn es sich darum han=
delt, erst die »inneren Bedingungen« der Vorstellung, d. h. ihre
konstitutiven Momente, die rein an ihr selbst erfaßbar sind,
kennen zu lernen. In der Vermengung dieser inneren Bedingungen,

die sich mit Gewißheit und Notwendigkeit aus dem unmittelbaren Bestand der Vorstellung selbst entwickeln lassen, mit den äußeren, die stets nur hypothetisch zu erschließen sind, besteht der Grundcharakter des Dogmatismus in der bisherigen Psychologie. »Man mischte in die Untersuchung des Vorstellungsvermögens, die derselben fremden Probleme von dem vorstellenden Wesen oder der Seele und den Gegenständen außer der Seele ein, ungeachtet man durch sein Bewußtsein gedrungen war, einzugestehen, daß sich von allen diesen Dingen nur durch die Vorstellungen etwas wissen ließe, die man von ihnen habe, aber von ihnen selbst unterscheiden müsse. Man vergaß dieses Unterschiedes gerade in demjenigen Momente, wo man ihn am meisten vor Augen haben sollte, indem er allein bei der Untersuchung des Vorstellungsvermögens die Frage hätte veranlassen können und müssen: Was gehört denn zur Vorstellung, inwieferne dieselbe nichts als bloße Vorstellung ist ... d. h. worin besteht das bloße Vorstellungsvermögen, das Vorstellungsvermögen im engeren Sinne? — Das vorstellende Subjekt, und seine Kraft, und die Mitwirkung der vorgestellten Objekte, welche alle ich nur durch Vorstellungen zu kennen vermag, d. h. das Vorstellungsvermögen im weitern Sinne und was zu ihm gehört, mag bestehen, worin es wolle; die vorstellende Kraft mag ein Geist, oder ein Körper, oder ein Resultat von beiden sein: dies alles bleibt einstweilen dahingestellt, indem ich die Frage beantworte: was ist unter dem bloßen Vorstellungsvermögen, durch welches allein Vorstellungen von der Seele und von Außendingen möglich ist, zu verstehen[1].«

Mit dieser Einführung des Problems erfaßt Reinhold freilich nur einen bestimmten Ausschnitt aus der universellen Kantischen Fragestellung: aber innerhalb dieses Gebiets ist die eigentümliche kritische Wendung scharf bezeichnet. Unverkennbar wird hier auf einen Gedanken zurückgegriffen, der für Kants eigene philosophische Entwickelung von entscheidender Bedeutung geworden war. Die »Methode Newtons« suchte Kant auf das Gebiet der »inneren Erfahrung« zu übertragen, indem er auch hier nicht mehr nach den »Gründen« der Erscheinungen, sondern lediglich nach ihrem Bestand und dem Ausdruck dieses Bestandes in konstanten

---

[1] Reinhold, Versuch einer neuen Theorie des menschlichen Vorstellungsvermögens, Prag und Jena, 1789. S. 205 ff.; zur Unterscheidung von »Vermögen« und »Kraft«, von »inneren« und »äußeren« Bedingungen, vgl. noch bes. Theorie 177 ff., 195 ff., 267 f. u. s.

Gesetzen fragte. Wie sich dem Physiker die mathematische Bestimmtheit der Schwere unabhängig von der Frage nach dem Grunde der Schwerkraft erschließt, so sollte die »Form« der Erfahrungserkenntnis überhaupt festgestellt werden, ohne auf die Ursachen, von denen sie sich etwa herschreibt, zurückzugreifen[1]. Im gleichen Sinne sondert nunmehr Reinhold die Bestimmung der Erkenntnisfunktion als solcher von der Frage nach der Substanz, der diese Funktion etwa inhaeriert und nach den äußeren Wirkungen, die hinzutreten müssen, um sie in Tätigkeit zu versetzen. »Die erste Frage ist eigentlich *logisch* und betrifft Gesetze, die nicht die Natur des Dinges, welches ein Erkenntnisvermögen hat, sondern die Natur des bloßen Erkenntnisvermögens ausmachen; die Bedingungen, durch welche das Erkennen möglich ist, welche zusammengenommen das Erkenntnisvermögen heißen und in dem Erkenntnisvermögen selbst *gegeben* sein müssen. Die zweite Frage hingegen ist eigentlich *metaphysisch,* sie betrifft Gesetze, welche die Natur eines wirklichen Dinges ausmachen sollen, Bedingungen, durch welche ein vom bloßen Erkenntnisvermögen verschiedener Gegenstand möglich sein soll, von dem es nur dann ausgemacht werden kann, ob und in wieferne er erkennbar ist, wenn man *vorher* das bloße Erkenntnisvermögen untersucht und die eigentlichen Grenzen desselben gefunden hat[2].« Im ersteren Sinne kann nicht danach geforscht werden, wie dasjenige, was wir als Vorstellung, Anschauung, Begriff bezeichnen, e n t s t e h t, sondern lediglich danach, worin es b e s t e h t und welches seine eigentümlichen Merkmale sind[3]. Innerhalb dieser Merkmale die relativ zufälligen und wechselnden von den bleibenden und unveränderlichen zu sondern, bildet die eigentliche Aufgabe der Philosophie: eine Aufgabe, zu deren Lösung wir keiner Entscheidung über das Wesen der Dinge an sich, noch eines Überblicks über den ganzen Schauplatz aller vergangenen, gleichzeitigen und künftigen Veränderungen in uns und außer uns bedürfen[4].

Für diese rein phänomenologische Betrachtungsweise wird von Reinhold strenge Notwendigkeit und Allgemeingültigkeit in Anspruch genommen. Es handelt sich ihm keineswegs um eine

---
[1] Vgl. Bd. II, S. 588 ff., 734 ff.
[2] Theorie des menschlichen Vorstellungsvermögens S. 179 f.
[3] Theorie des Vorstellungsvermögens S. 269, 287 f., 291, 352 ff.; vgl. Reinholds Beiträge zur Berichtigung bisheriger Mißverständnisse der Philosophen Bd. I, Jena 1790, S. 66, 178 ff. u. s.
[4] Beiträge I, 112 ff.

empirisch-psychologische Untersuchung, die mit den Einzelinhalten des Bewußtseins beginnt, um von ihnen allmählich durch
induktive Schlußfolgerung zu allgemeinen Begriffen und Sätzen
aufzusteigen. Solche induktive Verallgemeinerung mag überall dort
nötig sein, wo das Bewußtsein es mit einem fremden Objekt, das
es nur nach und nach in den Kreis seines Wissens ziehen kann, zu
tun hat: nicht dagegen dort, wo es sich lediglich der Erforschung
seiner eigenen Wesenheit zuwendet. Hier bedarf es weder der »Induktion«, die durch Vergleichung eine Anzahl ähnlicher Fälle zusammenbringt, noch der »Abstraktion«, die aus ihnen die Merkmale, die ihnen gemeinsam sind, absondert und in einen Gattungsbegriff zusammenfaßt. Vielmehr erfaßt die eigentümliche »Reflexion«, die wir auf den einzelnen Fall richten, hier unmittelbar
die Allheit der Fälle und das Gesetz, in dem sie zusammenhängen[1]. Sie erkennt im Besonderen das Allgemeine — nicht als ein
von ihm Getrenntes, sondern als eine notwendige Bedingung und
ein Moment, das in und mit ihm mitgesetzt ist. Überall dort, wo
die Psychologie ihre Aufgabe in der kausalen Erklärung der Bewußtseinsphänomene sieht, kann sie zu keinen anderen Sätzen als
zu solchen von empirischer Allgemeinheit gelangen. Auch vermag
sie diese Erklärung nicht durchzuführen, ohne von den Bewußt-
seinsinhalten selbst zu ihren hypothetischen »Substraten«, also auf
die physiologischen Bedingungen des Vorstellungs-, Wahr-
nehmungs- und Denkaktes überzugehen. Von dieser kausal-empi-
rischen Ableitung aber ist die rein deskriptive Darstellung des Be-
wußtseinsinhalts, auf die Reinholds Theorie gerichtet ist, streng
unterschieden. Denn sie fragt nicht nach den besonderen zeitlichen
Bedingungen des Auftretens eines Phänomens, sondern nach dem,
was es an und für sich seinem Inhalt nach ist: und dieses Sein läßt
sich durch Selbstbesinnung rein vergegenwärtigen und ein für
allemal feststellen. Die »äußere« Erfahrung sowohl, wie die »innere«, sofern sie mit dieser verknüpft und auf sie bezogen ist, ist
als solche eines unaufhörlichen Zuwachses an immer neuen Mate-
rialien fähig. Diese Möglichkeit der Bereicherung gibt ihr zugleich
den Charakter der stetigen Wandelbarkeit: sie ist eine Funktion der
empirischen Einzeldaten, die in ihr zu einem zufälligen Ganzen
vereinigt sind. »Dieses gilt von der Erkenntnis unseres Gemütes
in Rücksicht auf die empirischen durch Organisation modifizierten

---

[1] Zum Unterschied von »Abstraktion« und »Reflexion« vgl. z. B. Beiträge I,
159 ff., 169 u. ö.

Vermögen desselben nicht weniger, als von der Erkenntnis der Objekte außer uns. Die empirische Psychologie ist ebenso wie die empirische Naturwissenschaft eines Fortschrittes ins Unendliche fähig,« ein Fortschritt, der aber zugleich allem nur auf diesem Wege Erkannten einen provisorischen und insofern unbestimmten Charakter gibt. Aus dieser Unbestimmtheit treten wir erst heraus, wenn wir die »innere« Erfahrung rein als solche — und ohne nach ihrer kausalen Erklärung zu fragen — lediglich nach der qualitativen Beschaffenheit ihrer Inhalte selbst betrachten. Hier erst bieten sich Zusammenhänge dar, die in den betreffenden Inhalten selbst gesetzt und gegründet sind und die ihnen daher, solange wir diese in reiner Identität festhalten, unveränderlich zukommen. In diesem Sinne bleibt die Wissenschaft des reinen Selbstbewußtseins als ein Gebiet, in dem strenge apriorische Einsicht gefordert und erreichbar ist, von der Wissenschaft des empirischen Selbstbewußtseins durchaus getrennt[1]. Reinhold wagt das stolze Wort, daß seine Philosophie, die eben diese Wissenschaft des reinen Selbstbewußtseins sein will, zwar nicht vieles wisse, aber, als Ersatz hierfür, »gar nichts meine«[2]. Sie soll ihrem Entwurf und ihrer Tendenz nach das Gebiet des »Absolut-Notwendigen« bestimmen und vor aller Verwechslung mit Inhalten und Sätzen einer anderen Geltungssphäre sicherstellen. Auch der reinen Mathematik muß ein derartiges Gebiet noch voraus und zum Grunde liegen: denn die Mathematik hat es, wenngleich mit dem Notwendigen, so doch nur mit dem Hypothetisch-Notwendigen zu tun. Sie muß in ihre ersten Axiome Inhalte aufnehmen, die durch das mathematische Wissen selbst nicht mehr näher bestimmbar sind, sondern die erst in der philosophischen Reflexion, in der Wissenschaft desjenigen »was durch das bloße Vorstellungsvermögen bestimmt ist«, zum vollen Verständnis ihres Gehalts gebracht werden können[3].

In der näheren Durchführung dieser Grundgedanken nun erhebt sich vor allem die Aufgabe, ein allgemeines Kriterium zu gewinnen, nach welchem innerhalb der Inhalte, auf die sich die Analyse richtet, eine feste Ordnung und Abfolge der einzelnen Bestimmungen zu gewinnen ist. Denn ohne ein derartiges Kennzeichen bliebe auch das Ganze der »absolut-notwendigen« Sätze

---
[1] Vgl. die Abhandlung: »Über den Unterschied zwischen dem gesunden Verstande und der philosophischen Vernunft in Rücksicht auf die Fundamente des durch beide möglichen Wissens«, Beiträge II, 1 ff., bes. S. 56 ff.
[2] Über das Fundament des philosophischen Wissens, Jena 1791, S. 3 f.
[3] Vgl. Beiträge I, 109 ff.; I, 59 ff.; I, 68 ff.

nur ein Aggregat, das durch keine systematische Einheit zusammengehalten würde. Wir gewinnen das entscheidende Ordnungsmoment, wenn wir uns vergegenwärtigen, daß das Abhängigkeitsverhältnis, in dem die einzelnen Inhalte stehen, kein schlechthin umkehrbares ist. Ein Element y kann, um für uns begrifflich erfaßbar und definierbar zu sein, ein anderes Element x voraussetzen: während x selbst, unabhängig von y, rein für sich einen aufzeigbaren und erklärbaren Bestand besitzt. Damit ergibt sich eine inhaltliche Über- und Unterordnung in den Bewußtseinsdaten, die mit der formalen Gliederung, wie sie die traditionelle Logik vollzieht, nicht zusammenfällt. Schon an dem ersten leitenden Grundsatz kann man sich dieses Unterschieds versichern. Der »Satz des Widerspruchs«, der an der Spitze der Logik steht, ist keineswegs jenes erste, rein durch sich selbst bestimmte Prinzip, das wir für die systematische Darstellung der inhaltlichen Momente fordern müssen. Denn wenn er aussagt, daß keinem Subjekt ein Prädikat zukomme, das ihm widerspricht: so muß zum mindesten ein Subjektbegriff mit bestimmten Merkmalen bereits vorliegen und ferner an diesen Merkmalen ein Verhältnis der Vereinbarkeit und der Ausschließung schon erkannt oder doch erkennbar sein. »Wenn einem Subjekt ein Prädikat widersprechen soll: so muß das Gegenteil des Prädikats schon im Subjekte enthalten sein; und dieses ist es, was beim Satze des Widerspruches immer nur vorausgesetzt werden muß, und was jede seiner Anwendungen nur *hypothetisch,* nur bedingt macht. Daß dem Zirkel das Prädikat *nichtrund* widerspricht, ist keine Folge des Satzes des Widerspruchs, sondern des Umstands, daß das Prädikat *rund* schon im Begriffe des *Zirkels* vorhanden ist, unter welcher Voraussetzung der Satz des Widerspruchs allein sich auf das Urteil: *der Zirkel ist rund* anwenden läßt.« So ist es immer eine ganz bestimmte, aus empirischen oder idealen Gründen feststehende Verknüpftheit der Merkmale — mit andern Worten also stets eine gewisse »objektive Beschaffenheit« der Inhalte — die bereits feststehen muß, wenn wir auch nur mit Sinn aussagen wollen, was ein »Widerspruch« ist und nicht ist[1]. Diese Beschaffenheit muß zwar dem Satz des Widerspruchs gemäß sein, aber sie läßt sich keineswegs aus ihm gewinnen und begründen. »Der Grund, den er voraussetzt, betrifft nichts Geringeres als die Realität der Sätze,

---

[1] S. Über das Fundament des menschlichen Wissens S 34 ff. — Außer auf Kant beruft sich Reinhold hier auf die Lehre des Crusius, deren geschichtliche Nachwirkung sich hierin aufs neue bezeugt; vgl. Bd. II, S. 527 ff., 548 ff.

die durch ihn nur dann, wenn ihnen diese Realität nicht fehlt, erweislich sind. Sie *können* dieselbe nie haben, wenn sie ihm nicht widersprechen ... Das *Entstehen* könnte nicht als *Wirkung* gedacht werden, wenn der zweite Begriff dem ersten widerspräche; aber das *Entstehen* muß darum nicht wirklich als *Wirkung* gedacht werden, wird darum nicht wirklich als *Wirkung* gedacht, weil sich Entstehen und Wirkung zusammen denken lassen. Der Satz des Widerspruchs drückt also nur den Grund der bloßen Möglichkeit des Denkens, nie der *Wirklichkeit* aus; den Grund der *Notwendigkeit* des Denkens *nur dann*, wenn ein Subjekt schon durch ein gewisses Prädikat, eines außer dem Satze des Widerspruches liegenden Grundes wegen wirklich gedacht ist[1].«

Der Fundamentalsatz, auf den sich das reale Wissen aufbaut, muß im Unterschiede hierzu eine doppelte Bedingung erfüllen: er muß einerseits schlechthin allgemein, andererseits durchgängig durch sich selbst bestimmt sein. In der ersten Forderung liegt, daß das, was er aussagt, eine Voraussetzung bildet, die von jedem Inhalt des Bewußtseins, nur sofern er ein solcher ist, ohne Rücksicht auf seine spezielle Beschaffenheit gelten muß; — in der zweiten, daß er keinen Bestandteil enthält, der einer anderen Begründung, als derjenigen, die in dem Satze selbst liegt, fähig und bedürftig wäre. Die Verknüpfung, die er ausspricht, bedeutet danach nicht die Vereinigung zweier gegen einander fremder Momente, die hier nur eine zufällige wieder auflösbare Verbindung eingehen. Vielmehr stellt sie einen Zusammenhang dar, der einmal erfaßt auch als schlechthin unabänderlich eingesehen werden muß und der insofern jeder willkürlichen Veränderung durch das diskursive Denken entzogen ist. Die einzelnen Bestimmungen, die in den Fundamentalsatz eingehen, können somit, wenn sie überhaupt gedacht werden, nur in dem einen eindeutigen Verhältnis gedacht werden, das der Satz selber ihnen anweist. Die Gesamtheit aller dieser Bedingungen ist für Reinhold im Satz des Bewußtseins erfüllt. Hier ist eine Beziehung zwischen Elementen gesetzt, die ihrem Sinn nach verschieden sind und die insofern eine echte Mannigfaltigkeit bilden, auf der anderen Seite aber ist eben jene Mannigfaltigkeit selbst als eine unaufhebliche Einheit erfaßt. »Mit dieser ursprünglichen, vor allem Philosophieren unabhängigen und die Richtigkeit alles Philosophierens begründenden Bestimmtheit kann der Begriff der Vorstellung allein aus dem *Bewußtsein* geschöpft werden, einer *Tat-*

---
[1] Über das Fundament des philosophischen Wissens S. 42 f.

sache, die *als solche* allein das Fundament der Elementarphilosophie, das sich ohne Zirkel auf keinen philosophisch erweislichen Satz stützen kann, *begründen* muß. Durch keinen Vernunftschluß, sondern durch bloße *Reflexion* über die Tatsache des Bewußtseins, das heißt, durch Vergleichung desjenigen, was im Bewußtsein vorgeht, wissen wir: *daß die Vorstellung im Bewußtsein durch das Subjekt vom Objekt und Subjekt unterschieden und auf beide bezogen werde*[1].«

Mit diesen Sätzen ist das Ergebnis aller vorangehenden Betrachtungen erreicht; aber zugleich bezeichnen sie bereits einen Wendepunkt, an dem die Untersuchung eine neue Richtung einschlägt. Hier entscheidet sich daher der gesamte methodische Charakter von Reinholds Philosophie. Jeder der Begriffe, die im »Satze des Bewußtseins« vereint sind, bedarf der genausten Bestimmung und Nachprüfung, wenn über die Bedeutung und das Recht der Elementarphilosophie entschieden werden soll. Hierbei scheint zunächst der Begriff der Vorstellung selbst keinerlei kritischen Bedenken zu unterliegen: denn die »Vorstellung« wird hier noch in dem weitesten Sinne gefaßt, kraft dessen sie als oberste Gattung alle speziellen Inhalte und Betätigungen des Bewußtseins, wie Empfindung und Anschauung, Denken und Begehren umfaßt. Der Cartesische Begriff der »cogitatio«, der an der Spitze der gesamten neueren Philosophie steht, wird hier von neuem aufgenommen. Nur das Eine könnte hierbei auffallend erscheinen, daß Reinhold nichts Geringeres als die Entdeckung dieses Begriffs und seiner fundamentalen Bedeutung für sich in Anspruch nimmt. Denn selbst wenn man von der gesamten Entwicklung des Bewußtseinsbegriffs in der philosophischen Renaissance des sechzehnten und siebzehnten Jahrhunderts absieht: so geht doch zum mindesten Kants »subjektive« Deduktion der Kategorien und seine Lehre von der transzendentalen Einheit der Apperzeption genau von jenem Problem aus, das Reinhold hier als den eigentlichen Anfang formuliert. Und war nicht dieses »Radikalvermögen aller unserer Erkenntnis« von Kant ausdrücklich als der »höchste Punkt« bezeichnet worden, »an dem man allen Verstandesgebrauch, selbst die ganze Logik und nach ihr die Transzendental-Philosophie heften muß?«

---
[1] Über das Fundament des philosophischen Wissens S. 77 f., vgl. ibid. S. 81 ff., 86 f., u. die Abhandlung: Über das Bedürfnis, die Möglichkeit und die Eigenschaften eines allgemeingeltenden ersten Grundsatzes der Philosophie, Beiträge I, 93 ff ; besonders I, 147 ff.; 162 ff. S. auch: Über die Möglichkeit der Philosophie als strenge Wissenschaft, Beitr. I, 339 ff.; bes. S. 353 ff.

Reinholds immer erneuerter Vorwurf, daß die Kritik der reinen Vernunft zwar die Arten der Vorstellung, wie Sinnlichkeit und Denken, Verstand und Vernunft richtig bestimmt habe, zu der höchsten Gattung aber, von der sie erst ihre volle Bestimmtheit erhalten, nicht durchgedrungen sei[1], beruht daher auf einer seltsamen Selbsttäuschung: denn alle seine eigenen Bestimmungen sind nur Erläuterungen und Variationen jenes Kantischen Grundtextes, daß das »Ich denke« alle meine Vorstellungen muß begleiten können[2]. Während indessen hier nur ein geschichtlicher Irrtum obwaltet, der für das sachliche Problem selbst belanglos scheinen könnte, so ergeben sich tiefere systematische Schwierigkeiten, wenn man den zweiten Teil des »Satzes des Bewußtseins« ins Auge faßt. Denn in ihm wird die Darstellung der reinen »Tatsache« des Bewußtseins selbst unmittelbar mit den Begriffen von »Subjekt« und »Objekt« verknüpft. Die »Evidenz« des Fundamentalsatzes aber ist, wie Reinhold unermüdlich einschärft, an die Bedingung gebunden, daß er keine anderen Bestimmungen in sich aufnimmt, als solche die einer schlechthin eindeutigen Erklärung fähig sind und die daher, wenn überhaupt, so nur richtig gedacht werden können. Das System der Philosophie, das der einzelne Denker selbst bekennt, kann und darf auf die Fassung der Elemente alles Verstehens, die hier vereinigt werden sollen, keinen Einfluß mehr haben: denn in ihnen, die das letzte Einfache ausdrücken, fällt jenes Moment der Willkür fort, das bei aller Zusammensetzung durch das bloße Raisonnement bestehen bleibt[3]. Ist aber diese entscheidende Forderung für die Begriffe des Subjekts und Objekts erfüllt? Besitzen sie eine fraglose Bestimmtheit, die, wenn sie einmal bezeichnet und aufgewiesen ist, keinen weiteren Zweifeln mehr unterliegt? Die Geschichte der Philosophie zum mindesten scheint diese Frage zu verneinen. Sie zeigt jene Begriffe nicht als Grundkonstanten aller Erkenntnis,

---

[1] Über das Fundament des philosophischen Wissens, S. 76: »Die Kritik hat es mit den bloßen Eigentümlichkeiten der verschiedenen Arten von Vorstellungen zu tun, aus denen sich der Begriff von Vorstellung als Vorstellung so wenig ableiten läßt, als aus der Gleichseitigkeit und Ungleichseitigkeit der Begriff eines Dreiecks oder aus dem männlichen und weiblichen Geschlechtsbegriff der Geschlechtsbegriff der Menschheit.« Vgl. ibid. S. 95 f. und die Abhandlung: »Über das Verhältnis der Theorie des Vorstellungsvermögens zur Kritik der reinen Vernunft«, Beiträge I, 255 ff.; bes. S. 267 ff.
[2] Dies gilt auch von der scheinbaren Kritik der Kantischen Lehre von der synthetischen Einheit der Apperzeption, die Reinhold (Beiträge II, 304 ff.) gegeben hat.
[3] S. Über das Fundament des philos. Wissens, bes. S. 86 ff.

sondern als veränderliche Elemente, die je nach dem Gesamtsystem, in dem sie stehen und auf dessen Begründung sie hinzielen, ihre Bedeutung beständig wechseln. Sie sind in der Gesamtentwicklung des Erkenntnisproblems so wenig das »Gegebene«, daß sie und ihr Verhältnis vielmehr stets das eigentliche »Gesuchte« bleiben. Dem Bedenken, das sich hieraus ergibt, sucht Reinhold dadurch zu entgehen, daß er zwischen dem ursprünglichen, in der reinen Selbstbesinnung aufweisbaren Sinn der Begriffe »Subjekt« und »Objekt« und all dem, was sich nachträglich von willkürlichen Deutungen an ihn herandrängt, streng unterscheidet. »Der Satz des Bewußtseins« — so betont er — wird mißverstanden und von allen denjenigen für nichts weniger als allgemeingeltend befunden werden müssen, welche die in demselben aufgestellten Begriffe nicht aus dem Bewußtsein, sondern aus was immer für einem bisherigen philosophischen Systeme ableiten, oder diesen Begriffen Merkmale einmischen, die sich nicht aus dem bloßen Bewußtsein ergeben, sondern aus ihren Meinungen über die Substanz der Seele oder über die Natur der Dinge an sich, oder die vorstellenden Kräfte u. dgl. m. hergeholt sind. Wer sich unter dem von der Vorstellung unterschiedenen Objekte das Ding, das in der Metaphysik das Ding an sich, ὄντως ὄν heißt und unter dem vom Objekte und der Vorstellung unterschiedenen Subjekte eine von allen Objekten unabhängige Substanz und unter der Vorstellung nichts als die Handlung dieser Substanz zu denken gewöhnt hat, und diese Begriffe den Ausdrücken im Satze des Bewußtseins unterschiebt, der denkt durch diesen Satz keineswegs, was jeder denken muß, der nichts als das bloße Bewußtsein durch denselben denkt, und was er selbst denken müßte, wenn er sich entschließen könnte, oder wenn es sein zur zweiten Natur seiner Vernunft gewordenes System zuließe, von seiner Überzeugung über die Natur der Dinge auf eine Zeitlang zu abstrahieren, und sein bloßes Bewußtsein um dasjenige zu befragen, was er sich unter Vorstellung, Vorstellendem und Vorgestellten denken würde, wenn sein System über die Bedeutung dieser Worte noch nichts festgesetzt hätte«[1]. Folgt man dieser Weisung, so können die Ausdrücke

---
[1] Beiträge I, 147 f.; vgl. bes. Beitr. I, 168: Der Satz des Bewußtseins setzt also keine philosophisch bestimmten Begriffe von Vorstellung, Objekt und Subjekt voraus, sondern sie werden in ihm und durch ihn erst bestimmt und aufgestellt. Diese Begriffe können nur durch Sätze ausgedrückt werden, die durch den Satz des Bewußtseins ihren Sinn erhalten, ganz in ihm enthalten sind und unmittelbar aus ihm abgeleitet werden.«

»Subjekt« und »Objekt«, wie sie im Satz des Bewußtseins gebraucht werden, nichts anderes als eine doppelte Beziehung bedeuten, die dem Inhalt der Vorstellung als solchem eigentümlich ist. Dieser Inhalt kann niemals als isolierter bestehen und gewußt werden, sondern er ordnet sich in seinem Bestand unmittelbar einem zwiefachen Zusammenhang ein, den wir als die Reihe des »subjektiven« Erlebens und als die Reihe des »objektiven« Geschehens bezeichnen. Diese Zuordnung ist selbst ein Moment, das unmittelbar mit ihm gesetzt ist und das sich daher gemäß der Methode der phänomenologischen Analyse, die Reinhold als die Methode der Philosophie überhaupt gelehrt hatte, unzweideutig festhalten läßt. Aber freilich ist damit keineswegs das selbständige Dasein eines für sich bestehenden »Subjekts« oder »Objekts« gesetzt, sondern nur die eigentümliche Meinung beider Begriffe ans Licht gestellt. Der Inhalt selbst und diese seine zweifache »Meinung« bleibt hierbei ein einziges schlechthin einheitliches Datum. Denn ihm als Ganzen ist es wesentlich, unter jenen zweifachen Gesichtspunkt gerückt und bald nach dem Erlebniszusammenhang, in dem er mit anderen Inhalten steht, bald nach der objektiv-gesetzlichen, kausalen Verbundenheit mit ihnen betrachtet zu werden. Nicht dagegen läßt er selbst sich in zwei Teile zerlegen, von denen der eine lediglich den »subjektiven«, der andere den »objektiven« Bestandteil an ihm ausmacht; vielmehr würde vom Standpunkt der reinen beschreibenden Analyse, auf dem wir hier stehen, diese Trennung zugleich unmittelbar die Vernichtung alles dessen bedeuten, was ihn als Phänomen charakterisiert.

Aber schon der nächste Schritt, den die Theorie des Vorstellungsvermögens unternimmt, besteht in eben dieser Trennung und führt daher Reinhold unmerklich von dem Grundprinzip seiner Methode ab. »Die bloße Vorstellung« — so wird nunmehr gelehrt — »muß aus zwei verschiedenen Bestandteilen bestehen, die durch ihre Vereinigung und ihren Unterschied die Natur oder das Wesen einer bloßen Vorstellung ausmachen.« Denn sofern die Vorstellung, wie es der Satz des Bewußtseins ausspricht, einerseits vom vorgestellten Gegenstande, andererseits vom vorstellenden Subjekte unterschieden und auf beide bezogen werden soll, so muß auch in ihr selbst für diese doppelte Art der Beziehung ein doppeltes Substrat angebbar sein. Diejenige Beschaffenheit an ihr, vermöge deren wir sie auf das Objekt beziehen, kann mit der Beschaffenheit, auf Grund deren wir ihr eine Beziehung aufs Subjekt geben, nicht einerlei sein.

Wir nennen die erste Beschaffenheit den Stoff, die zweite die Form der Vorstellung. Der Stoff der Vorstellung ist also dasjenige, was in der Vorstellung einem Gegenstande angehört und wodurch sie befähigt ist, einen außerhalb ihrer selbst gelegenen Gegenstand zu repräsentieren; ihre Form hingegen das, wodurch sie sich selber als dem Subjekt zugehörig ankündigt.»So unterscheidet sich die Vor≠ stellung eines Hauses von der Vorstellung eines Baumes nur durch den in beiden verschiedenen Stoff, der durch die verschiedenen Objekte bestimmt ist. Aber als bloße Vorstellungen haben beide dieselbe Form ... eine Form, die der bei diesen Beispielen von außen her gegebene Stoff nur im Gemüte annehmen konnte. Das Subjekt heißt auch nur insofern das Vorstellende, als es die Vor≠ stellung erzeugt, das heißt einen ihm gegebenen Stoff zur Vorstel≠ lung erhebt, ihm die Form der Vorstellung erteilt[1].« Man muß zunächst versuchen, auch diese Sätze noch derart aufzufassen, daß sie lediglich eine innere, an den Phänomenen selbst aufweisbare Differenz bezeichnen sollen. Denn ausdrücklich werden sie von Reinhold nicht als eine Erweiterung des ursprünglichen Inhalts, der im Satz des Bewußtseins gegeben ist, sondern als dessen bloße Erläuterung angesehen[2]. In diesem Sinne wäre als der empirische »Stoff« der Vorstellung das zu bezeichnen, wodurch sich die eine qualitativ von der anderen unterscheidet, was also in jeder einzelnen eine individuelle Besonderung aufweist und wovon infolgedessen kein allgemeingültiges Wissen möglich ist. Die»Form« hingegen würde als zusammenfassender Ausdruck für die kon≠ stanten Grundrelationen dienen, auf denen die Ordnung und Ver≠ knüpfung der Inhalte überhaupt beruht: — Relationen, die ihrem Sinn und ihrer Geltung nach von der speziellen Beschaffenheit der jeweiligen Elemente unabhängig sind und demgemäß eine allgemein≠

---

[1] Neue Darstellung der Hauptmomente der Elementarphilosophie (Beiträge I, 180 ff.). Vgl. Theorie des menschl. Vorstellungsvermögens S. XV u. XVI.

[2] »Die Grunderklärung in der Elementarphilosophie ist selbst schon vollständige Exposition und folglich eigentliche Definition ihres Objektes, nämlich der Vorstellung... Die auf diese Exposition gegründeten Raisonnements führen zu keiner vollständigeren Exposition der Vorstellung als Vorstellung, die in ihrer größten möglichen Vollständigkeit in der Grunderklärung gegeben ist. Was in der Folge vom Stoffe und von der Form der Vorstellung gesagt wird, macht den ursprünglichen Begriff, den die Definition doch allein anzugeben hat, so wenig vollständiger, daß es vielmehr nur durch den schon vorherge≠ gangenen vollständigen Begriff nicht mißverstanden werden kann. Es erläutert ihn nur, ohne ihn zu erweitern.« (Über das Fundament des philos. Wissens S. 104 f.)

gültige Definition und Erkenntnis zulassen[1]. Aber Reinhold überschreitet die Grenzen einer derartigen Unterscheidung alsbald, indem er den Stoff durch die Affektion der Dinge an sich »gegeben«, die Form durch das erkennende Subjekt »hervorgebracht« sein läßt. Die Vorstellung selbst aber — so wird weiterhin gelehrt — wird weder, wie Lockes empiristische Theorie es behauptet, gegeben, noch wird sie, gemäß Leibniz' rationalistischer Ansicht, durch das Erkenntnisvermögen hervorgebracht: sondern sie wird durch das erkennende Ich erzeugt, indem dieses den gegebenen Stoff nach eigentümlichen Formgesetzen gestaltet. Das Bewußtsein empfängt kraft des Vermögens der Rezeptivität, das ihm eignet, die Materie zur Erkenntnis, um ihr vermöge der Spontaneität seiner eigenen Funktionen eine bestimmte Prägung zu verleihen[2]. Die Vorstellung ist somit jetzt klar und scharf in zwei Bestandteile zerlegt, die nicht nur nach der Art ihrer Geltung, sondern vor allem ihrer metaphysischen Herkunft nach verschieden sind: »dasjenige, wodurch sich das Vorgestellte von der bloßen Form der Vorstellung auszeichnet, gehört dem Dinge an sich, die Form der Vorstellung aber dem Vorstellungsvermögen an«[3]. Die anfängliche Trennung von Stoff und Form sucht dem Verfahren der rein beschreibenden Analyse des Bewußtseins wenigstens insofern treu zu bleiben, als sie betont, daß wir auch, wenn wir den Ausdruck der Gegebenheit auf den Stoff anwenden, hierbei nur die Frage im Auge haben, in welcher Weise er gegeben ist, nicht in welcher Weise er gegeben wird. Das Gegebensein des Stoffes bedeutet lediglich die Unableitbarkeit seiner spezifischen Beschaffenheit aus den reinen Formgesetzen der Erkenntnis; sein Gegebenwerden dagegen schließt den Gedanken einer transzendenten Ursache ein, die ihn »gibt«: ein Gedanke, der dort, wo es sich um die bloße Feststellung der »inneren« Bedingungen der Vorstellung handelt, jedenfalls ausgeschaltet werden muß[4]. Die Gesamtentwicklung der Elementarphilosophie aber setzt sich über diese kritische Warnung und Grenzsetzung hinweg: die Frage nach den Momenten, in denen die Vorstellung besteht, wird wieder durch das Problem,

---

[1] Man vgl. hiermit Reinholds Ausführungen in der »Neuen Darstellung der Hauptmomente der Elementarphilosophie« § XXI ff. (Beitr. I, 204 ff.)
[2] S. Neue Darst. d. Hauptmomente d. Elementarphilosophie § XI, XV, XVI bis XXVI. Theorie des Vorstellungsvermögens § XVIII, S. 255 ff.
[3] Neue Darstellung § XIV, S. 188.
[4] S. Theorie d. Vorstellungsvermögens § XVIII, S. 262.

woher sie entsteht, abgelöst[1]. Wie immer man daher über das sachliche Recht von Reinholds Unterscheidungen urteilen mag, so ist doch das Eine unverkennbar, daß sie methodisch einen Übergriff in ein völlig anderes Gebiet und eine völlig andere Gedankenreihe darstellen. Die »Evidenz« des Bewußtseins wird hier verlassen, um zu einer Hypothese über die »Gründe« des Bewußtseins fortzuschreiten. Der Bruch, der hierdurch in das Ganze der Elementarphilosophie hineinkommt, scheint Reinhold selbst völlig verborgen geblieben zu sein. Er nimmt für die abgeleiteten Sätze den gleichen Gewißheitscharakter wie für den Fundamentalsatz selbst an. Die sachliche Prüfung seiner eigenen Beweise aber macht es zweifellos, daß hier der Faden der Deduktion zerrissen ist. Was nunmehr an Einzeltheorien entwickelt wird, mag seinem Inhalt nach richtig oder falsch sein: in keinem Falle ist es das Ergebnis einer rein deskriptiven Analyse des Bewußtseins, die sich auf allgemeingültige, von jeder speziellen philosophischen Systemansicht unabhängige Prinzipien stützt. Keine Brücke führt von dem Bewußtseinssatze und von der durchgängigen Beziehung, die in ihm zwischen den Momenten der »Einheit« und »Mannigfaltigkeit« gesetzt ist zu jener Hypostase, in der »Form« und »Stoff« als selbständige, verschiedenen Welten angehörige Wirkensfaktoren erscheinen.

II. Begriff und Problem des »Dinges an sich«

Seinen unmittelbar deutlichen Ausdruck erhält der Zwiespalt in der Methodik der Reinholdschen Elementarphilosophie, wenn man Reinholds Lehre vom »Ding an sich« mit den Prinzipien dieser Philosophie zusammenhält. Der Gedanke des »Dinges an sich« entsteht nach Reinhold dadurch, daß wir den bloßen Stoff der Vorstellung herauslösen, ihn von allen Bestimmungen der reinen Formgesetzlichkeit befreien und ihn sodann auf eine absolute Ursache beziehen. Aber schon der erste Schritt erweist sich

---

[1] Vgl. Theorie § XVIII, S. 256: »Die Vorstellung kann in Rücksicht auf diese zwei wesentlich verschiedenen Bestandteile keineswegs auf eben dieselbe Art entstanden sein und diese Bestandteile können unmöglich einerlei Ursprung haben. Nur die bloße Form, d. h. dasjenige, wodurch sich die Vorstellung auf das Subjekt bezieht, was an ihr dem Subjekte angehört, kann durch das Vermögen des Subjektes entstanden sein; der Stoff hingegen, dasjenige, wodurch sich die Vorstellung auf das Objekt bezieht, was an ihr dem Objekte eigentümlich ist, kann nicht durch das Vermögen des Subjektes entstanden sein, muß demselben gegeben sein.«

bei genauerer Betrachtung als unmöglich: denn die Vorstellung zum mindesten kennt Stoff und Form nur in unlöslicher Wechselbestimmtheit. Für sie bedeutet daher die Aufhebung jedes der beiden Einzelmomente die Vernichtung des Gesamtinhalts[1]. Das »Ding an sich« schließt demnach eine unvollziehbare Forderung ein: schon aus seiner bloßen Definition folgt, daß es unvorstellbar ist. Eben diese radikale Folgerung ist es, in der Reinhold den Fortschritt über die Kritik der reinen Vernunft hinaus zu gewinnen glaubt. »Solange dieses leidige Ding an sich, welches durch die Phantasie ebenso nachdrücklich geschützt, als es von der Vernunft gründlich angefochten wird, und das in der Kritik der Vernunft bloß als nicht erkennbar aufgestellt wurde, für etwas Vorstellbares gehalten wird: so lange wird Kants Begriff von einem eigentlichen Objekte mißverstanden werden[2].« Der sachliche Schluß, der hieraus zu ziehen ist, aber scheint klar zutage zu liegen. Das »Nicht-Vorstellbare« mag sein was es will: in keinem Falle kann es den Gegenstand für eine Theorie bilden, die sich selbst ausdrücklich als reine »Theorie des Vorstellungsvermögens« ankündigt und die in eben dieser Beschränkung ihre eigentümliche Sicherheit sucht. Schon das bloße Problem eines Unvorstellbaren scheint aus einer solchen Theorie herauszufallen. Auch der Ausweg, daß das Nicht-Vorstellbare nichtsdestoweniger denkbar sein könne, ist uns hier natürlich verschlossen. Denn »Denken« bedeutet für Reinhold durchweg nur einen Spezialfall des Vorstellens selbst, der somit an die allge-

---

[1] »Beides, Stoff und Form, machen nur durch ihre Vereinigung die Vorstellung aus und lassen sich nicht von einander trennen, ohne daß die Vorstellung selbst dadurch aufgehoben würde ... Daher läßt sich weder der bloße Stoff, abgesondert von der Form, noch die bloße Form abgesondert von allem Stoffe vors Bewußtsein bringen, sondern nur beides zusammengenommen in seiner unzertrennlichen Vereinigung; und bei der Unterscheidung zwischen Objekt und Subjekt im Bewußtsein wird nicht die Form der Vorstellung abgetrennt vom Stoffe, sondern die ganze Vorstellung durch ihre Form auf das Subjekt, und nicht der Stoff abgetrennt von der Form, sondern die ganze Vorstellung durch ihren Stoff auf den Gegenstand bezogen. Der von der Vorstellung unterschiedene Gegenstand kann daher nur unter der Form der Vorstellung, die der ihm entsprechende Stoff im Gemüte annehmen mußte, im Bewußtsein vorkommen, d. h. vorgestellt werden; und folglich keineswegs als Ding an sich, d. h. unter derjenigen Form, die ihm außer der Vorstellung zukäme, durch den bloßen Stoff der Vorstellung bezeichnet würde und von der Form der Vorstellung verschieden sein müßte« (Theorie § XVI u. XVII, S. 235 u. 245 f. vgl. Neue Darstellung § XIV).
[2] Über das Fundament des philos.Wissens S. 66 f., vgl. Theorie S. 254 f. Zur Lehre von der »Unvorstellbarkeit« des Dinges an sich s. ferner Theorie § XVII, S. 244 ff.; § XXII, S. 276 ff. Neue Darstellung § XIII, S. 185 f.

meinen Bedingungen, die für die Gattung festgestellt sind, gebunden bleibt. In der Tat wird denn auch der Schluß auf die **Unbegreiflichkeit** der Dinge an sich von Reinhold nicht nur rückhaltlos gezogen, sondern er rühmt es geradezu als einen Vorzug seiner Lehre, daß diese Unbegreiflichkeit, die in der »Kritik der reinen Vernunft« nur angedeutet worden sei, von ihm zuerst aus den ersten Elementen des Vorstellungsvermögens selbst begründet und deduziert worden sei[1]. Auch wenn wir vom »Verstand« zur »Vernunft« von den Begriffen zu den **Ideen** übergehen, bleibt die Folgerung bestehen. Denn auch die Ideen sind nach Reinhold nichts anderes als »Vorstellungen der Vernunft«: es wird daher durch sie so wenig als durch eine sinnliche Vorstellung der Gegenstand als Ding an sich bestimmt, sondern nur der Gedanke eines Gegenstandes gefaßt, der von den einschränkenden Bedingungen der Sinnlichkeit unabhängig ist. »Auch die Vernunft vermag also nicht, Dinge an sich vorzustellen: und das Noumenon ist als ein **Vorgestelltes** von dem **Dinge an sich** wesentlich verschieden[2]«. Wenn aber auf diese Weise keine Erkenntnisart uns irgend eine positive Charakteristik des Dinges an sich darzubieten vermag, so bleibt für seine Bestimmung lediglich der Weg der reinen Negation. Nicht durch das, was es ist, sondern lediglich durch das, was es **nicht ist**, läßt es sich bezeichnen. Die einzige Form, die wir ihm überhaupt zu geben vermögen, besteht darin, daß wir von ihm die Form der »Vorstellung« in allen ihren Sonderarten — als Gedanke und Anschauung, als Begriff und Idee leugnen[3].

Die Vernunftkritik hat für derartige Konzeptionen eine feste terminologische Prägung geschaffen, indem sie den »leeren Gegenstand ohne Begriff« als **nihil negativum** bezeichnet[4]. Eben dieses »Nihil negativum« aber erscheint nunmehr, vermöge einer eigentümlichen Wendung, die Reinholds Untersuchung nimmt, als der transzendente »Grund«, auf dem die Bestimmtheit des Stoffes der Vorstellung beruht[5]. Die Negation alles Denkens verwandelt sich damit

---

[1] Neue Darstellung § XIII, S. 186.
[2] Neue Darstellung § XXVIII, S. 216.
[3] S. Theorie § XVII, S. 247.
[4] Kritik der r. Vernunft 2. Aufl., S. 348 f.
[5] »Die ‚Dinge an sich' können so wenig geleugnet werden, als die vorstellbaren Gegenstände selbst. Sie sind diese Gegenstände selbst, inwieferne dieselben nicht vorstellbar sind. Sie sind dasjenige Etwas, welches dem bloßen Stoffe einer Vorstellung zum Grunde liegen muß, von dem aber, weil sein Repräsentant der Stoff, die Form der Vorstellung annehmen muß, nichts was ihm von dieser Form

unvermittelt in die höchste absolute Position des Seins. Läßt sich indes — so muß hier gefragt werden — der Gedanke des Seins von dem der qualitativen Bestimmung völlig loslösen? Besitzt der eine, abgetrennt vom andern, noch irgend eine allgemeine oder spezifische Bedeutung? Reinholds Theorie muß die Möglichkeit einer derartigen Trennung bejahen. Das was vom Standpunkte der Qualität Nichts ist, wird zum absoluten Etwas im Sinne der Existenz. Die Elementarphilosophie unterscheidet scharf zwischen Abstraktion und Reflexion und sucht ihr eigentümliches Verdienst in der durchgängigen konsequenten Anwendung des letzteren Verfahrens. Denn in diesem wird der Inhalt, auf den die Betrachtung geht, als konkrete Totalität und in konkreter Bestimmtheit erhalten und nur vermöge der reinen Selbstbesinnung ein allgemeingültiges Moment an ihm zum deutlichen Bewußtsein erhoben: während die Abstraktion aus den Gegenständen, auf die sie sich richtet, willkürlich bestimmte Teilelemente herausgreift, diese gegeneinander isoliert und damit den Sinn, den sie in bezug auf das Ganze haben, vernichtet. Reinholds eigener Begriff vom »Ding an sich« aber ist geradezu ein typisches Beispiel einer derartigen »Abstraktion«, die das Gesamtphänomen, das sie erklären will, zerstört. Die Setzung eines Existenzialurteils, das in keinem Sinne mehr der Ausdruck einer gegenständlichen Beschaffenheit sein soll, die prinzipielle Absonderung des »Daß« gegen das »Was« vernichtet zuletzt den Sinn beider Bestimmungen. Man könnte freilich einwenden, daß alle diese Schwierigkeiten nicht sowohl Reinholds Auffassung, als vielmehr dem ursprünglichen Kantischen Begriffe des Dinges an sich zuzurechnen sind. Aber wenngleich Reinhold hier die Kantischen Ausdrücke einfach zu übernehmen scheint, so besteht doch zwischen ihm und Kant ein innerer sachlicher Unterschied. Bei Kant bezeichnet der Begriff des »Dinges an sich« ein Problem, das seine gesamte Gedankenarbeit begleitet und durchdringt und das daher auf jeder neuen Stufe der Betrachtung eine neue und vertiefte Bedeutung gewinnt. Das Ganze seines Sinnes erschließt sich erst in diesem notwendigen, sachlich bedingten Fortgang[1]. Insbesondere sind es die Grundfragen der Ethik, die dem Begriff für Kant erst seine wahrhafte Erfüllung geben: das Freiheitsproblem ist das notwen-

---

unabhängig zukommt, vorstellbar ist, als die Negation der Form der Vorstellung. d. h. dem kein anderes Prädikat beigelegt werden kann, als daß es keine Vorstellung ist.« Theorie § XVII, S. 248 f.
[1] S. Bd. II, S. 733 ff.

dige Korrelat, ohne welches die Funktion, die der Begriff des »Dinges an sich« im kritischen System erfüllt, nicht völlig verständlich gemacht werden kann. Alle diese tieferen Zusammenhänge aber fallen bei Reinhold fort: und so bleibt in seiner Auffassung zuletzt nichts anderes als der nackte Widerspruch zurück, der in dem Gedanken eines »bloßen« Stoffes ohne alle Formbestimmtheit und in der Hypostasierung dieses Gedankens liegt. In ein und demselben Satz kann jetzt das »Ding an sich« gleichzeitig als der »abgezogenste unter allen Begriffen« und als der wirkliche Realgrund aller Besonderungen der Vorstellung bezeichnet werden: als das erste, wenn wir es unter den Bedingungen der Erkenntnis und der »Vorstellung«, als das zweite, wenn wir es lediglich unter den Bedingungen seines eigenen Seins betrachten[1]. Beide Arten der Bedingung treten hier in einen notwendigen Gegensatz: denn »von der Wirklichkeit eines Dinges an sich« — die doch für die Realerklärung des Stoffes unentbehrlich ist — »ist keine andere, als eine widersprechende Vorstellung, ein bloßes Blendwerk möglich[2]«. Der Rückfall in den

---
[1] Theorie § XVII. S. 249.
[2] Theorie § 72, S. 456. — Reinhold versucht den Widerstreit durch eine Anzahl subtiler Unterscheidungen zu verdecken, die ihn aber schließlich nur um so deutlicher hervortreten lassen. Das »Ding an sich« — so schließt er — ist *unvorstellbar* und folglich, da Verstandesbegriffe und Vernunftbegriffe ebenfalls nichts anderes als Arten der Vorstellung sind, auch *unbegreiflich*. Aber was vom »Ding an sich« als solchem gilt, das gilt nicht auch vom reinen bloßen *Begriff*. Diesen Begriff können wir vermittels eines rein negativen Verfahrens bilden, indem wir alle Bestimmungen, die wir als Bestimmungen der Vorstellung kennen, vom »Ding an sich« verneinen. Eine solche Verneinung scheint freilich zunächst zu einem bloßen Nichts zu führen; denn sie muß sich, konsequent durchgeführt, nicht nur auf die einzelnen *Merkmale*, sondern auf die konkrete und individuelle *Existenz* selbst erstrecken. »Das was ich Begriff des Dinges an sich nenne, und dessen Möglichkeit und Ursprung in der Theorie des Erkenntnisvermögens entwickelt wird, ist die Vorstellung eines Dinges *überhaupt*, das keine Vorstellung ist, *keines bestimmten, individuellen existierenden Dinges.*« »Der notwendige und richtige Begriff des Dinges an sich ist also Vorstellung eines *Begriffes*, während die unmögliche und unrichtige Vorstellung des Dinges an sich Vorstellung einer *Sache* sein würde, der aber alle vorstellbaren Prädikate vorher abgesprochen werden müßten, ehe man ihr den Namen eines *Dinges an sich* beilegen könnte. Denn wird das angeblich vorstellbare Ding an sich nicht als ein von allen *vorstellbaren* Prädikaten entblößtes Subjekt gedacht, wird ihm ein einziges in der Vorstellung vorkommendes Prädikat, außer dem leeren Titel eines Subjekts, zugeteilt, so hört es auf, Ding an sich zu sein« (Theorie § XVII, S. 247 ff.). In diesem Sinne ist und bleibt das Ding an sich rein »negatives Noumenon«: »als positives Noumenon widerspricht es sich selbst, ist es gar nicht denkbar« (Beiträge II, 103). Von diesem »negativen Noumenon« nun könnten wir freilich niemals wissen, ob es nicht ein bloßes Produkt unserer Vernunft wäre — »wenn nicht die Erscheinung, durch

Dogmatismus ist hier unverkennbar: denn gerade der kritische Grundgedanke, daß die Bedingungen des Seins nicht anders als durch die Bedingungen des Wissens bestimmbar sind, ist aufgegeben. Wir brauchen die nähere Ausführung, die Reinhold seiner Theorie gibt, wie ihre Besonderung in eine Theorie der Sinnlichkeit, des Verstandes und der Vernunft von dieser Stelle ab nicht weiter zu verfolgen.[1] Denn nicht auf diesen Um- und Weiterbildungen beruht die geschichtliche Wirksamkeit seiner Lehre: sondern diese gründet sich wesentlich darauf, daß er einen der latenten Konflikte der Vernunftkritik enthüllt und durch sein Beispiel unverkennbar bloßgestellt hat. Die Notwendigkeit einer erneuten Prüfung der Prinzipien des Kritizismus selbst war damit erwiesen. Und noch von einer anderen Seite her wird jetzt die Betrachtung wiederum zu den Grundfragen der Methodik der »Kritik der reinen Vernunft« zurückgelenkt. Kants »transzendentale Methode« sucht Reinhold durch ein allgemeineres Verfahren zu ergänzen, in welchem das »Faktum der Wissenschaft«, auf das Kant sich gestützt hatte, nicht vorausgesetzt, sondern selbst erst zur Ableitung gebracht werden soll. Der Gehalt der wissenschaftlichen Axiome und Grundsätze soll nicht einfach hingenommen, sondern auf methodischem Wege aus einem Urprinzip erzeugt werden. Denn die bloß regressive Beweisart, wie sie sich besonders in Kants »Prolegomenen« ausgeprägt hatte, leidet nach Reinhold an einen fundamentalen Gebrechen. Sie läßt, solange sie für sich allein steht, stets die Frage nach der »Wirklichkeit« des Faktums offen, dessen »Möglichkeit« sie darzutun sucht. Ob es synthetische Urteile a priori in der Mathematik, ob es Erfahrung im Sinne eines notwendigen Zusammenhangs der Wahrnehmungen gibt, wird durch sie nicht ausgemacht, sondern als erwiesen angenommen. Hier bleibt daher eine Lücke, an der die Skepsis stets von neuem einsetzen kann. Nimmt das, was an ihr *gegeben* ist, für die Wirklichkeit des *außer der Vorstellung Befindlichen* bürgte« (Neue Darst. § XXVIII, Beitr. II, 216). Der Gedanke der Notwendigkeit eines realen Grundes für die besondere Gegebenheit des »Stoffes« gibt also mit einem Schlage der vorher rein negativen Idee einen bestimmten Inhalt und eine bestimmte objektive Bedeutung. Übersehen ist hierbei nur, daß die Hinzufügung dieses Merkmals dem Subjektsbegriff selbst, nach der ganzen Form seiner Ableitung, widerstreitet: denn das Verhältnis des *Grundes* bezeichnet doch selbst ein Prädikat von höchster *positiver Bestimmtheit*, durch welches also das »Ding an sich« unmittelbar aufhören würde, der »leere Titel eines Subjektes« zu sein, als der es allein definiert und für zulässig erklärt werden konnte.

[1] Vgl. hierzu bes. Theorie S. 300 ff. und Beiträge I, 209 ff.

man Kants Begriff der Erfahrung an, so ist in ihm und durch ihn freilich die notwendige Geltung synthetischer Urteile a priori zwingend dargetan. Aber eben dieser Begriff wird von dem skeptischen Empirismus, dem die Erfahrung nichts anderes als ein assoziatives Ganze veränderlicher, zufälliger und relativer Einzelbestimmungen ist, bestritten. »Diese Philosophen sind durch die Kritik der Vernunft, inwieferne dieselbe den Begriff der Erfahrung oder der »Vorstellung des notwendigen Zusammenhanges der Gegenstände sinnlicher Wahrnehmungen« als *Basis ihres Lehrgebäudes* annimmt, so fest auch diese Basis an sich ist, schlechterdings unwiderlegbar. Für sie ist die Wirklichkeit und Unentbehrlichkeit synthetischer Urteile a priori nicht ausgemacht. Das einzige Merkmal, das die Kritik der Vernunft für die Priorität dieser synthetischen Urteile angeben kann, ist die Notwendigkeit und Allgemeinheit derselben und der Grund, aus welchem sowohl das wirkliche Vorhandensein notwendiger und allgemeiner Urteile, als auch ihre synthetische Natur abgeleitet wird, ist die Erfahrung als notwendige Verknüpfung der sinnlich vorgestellten Gegenstände. Wer also die Erfahrung, unter diesem Begriff gedacht, leugnet, für den kann es keine synthetischen Urteile a priori (von Gegenständen der Erfahrung) geben«[1]. Reinhold nimmt hier einen Gedanken vorweg, der seine volle Entfaltung und Durchführung in Maimons Philosophie gefunden hat[2]. Und er versucht weiterhin das Problem, das sich ihm hier aufdrängt, dadurch zu lösen, daß er Kants Darstellungs- und Beweisart prinzipiell umkehrt — daß er statt die »transzendentale« Deduktion als Fundament der »metaphysischen« zu brauchen, vielmehr von dieser zu jener fortzuschreiten sucht. Betrachten wir den Raum im Sinne der transzendentalen Methode nur als Grundlage der objektiven Gewißheit der Geometrie, wie die Zeit als Grundlage der Gewißheit der Arithmetik und der reinen Bewegungslehre: so bleibt die unbedingte exakte Anwendbarkeit beider auf die gegebenen Objekte der Sinneserfahrung zunächst problematisch. Aber der Zweifel schwindet, wenn es gelingt, Raum und Zeit als »Formen der Anschauung« aus dem Grundgesetz des Vorstellens selbst, aus der Tatsache, daß jede Vorstellung

---

[1] Über das Verhältnis der Theorie des Vorstellungsvermögens zur Kritik der reinen Vernunft; Beitr. I, 286 f.
[2] Von einer Einwirkung Maimons auf Reinhold kann hier wohl noch keine Rede sein, da Maimons erste Schrift der »Versuch über die Transzendentalphilosophie« erst 1790 — im gleichen Jahre wie Reinholds »Beiträge« — erschienen ist.

als solche Einheit einer Mannigfaltigkeit sein muß, herzuleiten und weiterhin zu zeigen, daß jeder sinnlich erfaßbare Gegenstand für uns nur dadurch Objekt werden kann, daß er sich den allgemeinen Bedingungen des »Vorstellungsvermögens« fügt[1]. In diesem Sinne versucht Reinhold nunmehr die Gesamtheit der Kantischen Ergebnisse durchgehend in einem neuen Zusammenhange darzustellen. Er will das »System« geben, zu dem die Kritik der reinen Vernunft nur die »Propädeutik« geliefert habe[2]. Kants Lehre — so urteilt er — konnte und wollte nicht »Elementarphilosophie« sein, da sie vielmehr mit dem komplexen Ganzen der Erfahrung, als ihrem eigentlichen Problem beginnt. Dieser Einwurf scheint berechtigt: denn in der Tat ist es bereits ein sehr spezielles konkretes »Faktum«, das die »transzendentale Methode« im strengen Sinne ihrer Untersuchung zugrunde legt. Nicht von der »Vorstellung«, sondern von der »Erkenntnis«, nicht von der Erkenntnis überhaupt, sondern von der in wissenschaftlichen Systemen von Grund- und Folgesätzen fixierbaren Erkenntnis, ja nicht einmal von beliebigen derartigen Systemen, sondern von Newtons mathematischer Physik war Kant ausgegangen. Bedeutet nicht jede dieser Einschränkungen eine willkürliche Verengung des Horizonts, und bindet sie nicht die Philosophie an Fakta, die durch sie selbst vielmehr erst gegründet und gerechtfertigt werden sollten?

---

[1] Vgl. Beiträge I, 297 f.: »Die Notwendigkeit der Vorstellung des Raums und der Zeit folgt in der Theorie des Vorstellungsvermögens aus dem Beweise, durch welchen Raum und Zeit als Formen der sinnlichen Vorstellung aufgestellt sind. In der Theorie des Vorstellungsvermögens wird aus der Möglichkeit des Bewußtseins erwiesen, daß die Form jeder Vorstellung Einheit des Mannigfaltigen überhaupt sein ... müsse. Dadurch ist denn auch erwiesen, daß die Formen der Vorstellung sowohl des äußeren als des inneren Sinnes als Einheiten des Mannigfaltigen überhaupt in der Natur des Vorstellungsvermögens bestimmt sein müssen. Die Theorie der Sinnlichkeit muß alsdann aus dem Bewußtsein des von aller vorgestellten Vorstellung und dem vorgestellten Subjekte als unterschieden vorgestellten äußeren Gegenstandes beweisen, daß der Stoff zur Vorstellung des äußeren Sinnes nur unter der Form des außereinander und des inneren Sinnes nur unter der Form des nacheinander befindlichen Mannigfaltigen gegeben werden müsse und daß die Form der Vorstellung des äußeres Sinnes in der Einheit des Mannigfaltigen unter der Form des Auseinanderseins und die Form der Vorstellung des inneren Sinnes in der Einheit des Mannigfaltigen unter der Form des Nacheinanderseins bestehen müsse ... Wenn dies einmal verstanden ist, so ergeben sich alle Eigentümlichkeiten, welche in der Kr. d. r.V. vom Raum und der Zeit und ihren Vorstellungen behauptet und erwiesen werden, aber bisher nur von sehr wenigen verstanden worden sind, von selbst.«

[2] Über das Fundament des philos. Wissens S. 62, 115 f.

Indessen enthält gerade das Schicksal, das Reinholds Versuch einer Erneuerung der kritischen Lehre beschieden war, eine indirekte Antwort auf diese Frage und gibt eine mittelbare Rechtfertigung des Kantischen Verfahrens. Reinhold will hinter die bestimmten Relationen, wie sie den Urteilen der Einzelwissenschaft eigentümlich sind, zurückgehen. Er abstrahiert von jeder Besonderung nicht nur der Erkenntnisobjekte, sondern auch der Erkenntnismethodik, um lediglich die »Vorstellung« als allgemeine Gattung ins Auge zu fassen. Aber eben diese Gattung selbst enthält als solche keinerlei Prinzip der Differenzierung in sich. Diese war von Kant dadurch erreicht worden, daß er nicht nur überhaupt »die Beziehung auf den Gegenstand« untersuchte, sondern daß er auf die spezifische Eigenart dieser Beziehung in der Geltungsform der verschiedenen Wissenschaften reflektierte: — daß er also etwa die Geltungsart der Mathematik von der der mathematischen Naturwissenschaft und weiterhin den allgemeinen Gesetzesbegriff der letzteren von den »besonderen Gesetzen« der empirischen Physik unterschied. Auf dem Boden dieser Betrachtung ergaben sich die verschiedenen Formen des gegenständlichen Urteils selbst sogleich als eine konkrete, in sich selbst gegliederte Mannigfaltigkeit. Reinhold hingegen, dem diese kritisch-objektive Ergänzung seiner Theorie des »Vorstellungsvermögens« versagt bleibt, muß sich dafür um so fester an eine metaphysisch-objektive Ergänzung klammern: und dieser Versuch führt ihn tiefer und tiefer in die unlösbaren Widersprüche seiner Theorie vom »Ding an sich« hinein. Das geschichtliche Schicksal des Kritizismus aber hat es gefügt, daß nunmehr gerade diese Theorie zum Ausgangspunkt und zum Anstoß für die gesamte folgende Entwicklung wurde. Den Zeitgenossen, denen Reinhold in seinen »Briefen über die Kantische Philosophie« zuerst die Vernunftkritik erschlossen hatte, galt sein System zum großen Teil auch weiterhin als deren authentische Interpretation. So wird schon hier die Kantische Lehre nur noch wie durch ein fremdes Medium hindurch erblickt: die Weiterbildung wie die Kritik der Grundgedanken Kants knüpft — wenn man von so originellen Denkern wie Maimon absieht — anfangs fast überall an Reinholdsche Begriffe und Formulierungen an. Es ist insbesondere G. E. Schulzes Aenesidemus, der von der Polemik gegen die Grundlagen der Elementarphilosophie aus zur allgemeinen skeptischen Bestreitung der Resultate der Vernunftkritik fortschreitet. Die Lehren Kants und Reinholds werden hierbei zunächst noch unmittelbar in eins gefaßt. Erst Schulzes späteres Werk: die »Kritik der theoretischen Philosophie« hat in dieser Hinsicht eine strengere Sonderung vollzogen; aber dieses Werk hat, wenngleich es im einzelnen schärfer und klarer ist, an geschichtlicher Wirksamkeit den »Aenesidemus« nicht entfernt erreicht. Das Humesche Problem wird im »Aenesidem« von neuem gestellt: aber es erscheint jetzt um so bedeutsamer und gefährlicher, als es die Sprache des Kritizismus selbst spricht. Von den Begriffen und Voraussetzungen der Kritik der reinen Vernunft selber aus wird nunmehr ihr endgültiges Ergebnis zu bestreiten gesucht. —

3. Aenesidem

Die Grundabsicht und die eigentliche Leistung des »Aenesidemus«[1] wird nur unvollständig bezeichnet, wenn man das Werk lediglich als eine Erneuerung des »Skeptizismus« auffaßt. Denn der Begriff des Skeptizismus selbst ist schwankend und unbestimmt. Im Verlauf der Geschichte ist es bald der Empirismus, bald die Mystik, bald eine reine Tatsachen-, bald die Glaubensphilosophie gewesen, die die skeptischen Argumente für sich in Anspruch nahm und die damit deren eigentliche Tendenz selbst zweideutig machte. Erst durch eine genaue Bestimmung über die Richtung und den Umfang des Zweifels kann daher der allgemeine Gattungsbegriff der »Skepsis« eine feste Bedeutung erhalten. Denn darüber herrscht in der Entwicklung der Grundgedanken des »Aenesidemus« volle Klarheit, daß jeder unbeschränkte Zweifel, jeder Zweifel, der auf das Ganze des Wissens überhaupt geht, sich selbst zerstört und sich um seinen eigenen Sinn bringt. Nur die Beziehung unserer Vorstellungen auf Dinge, die gänzlich außerhalb ihrer liegen, nicht dagegen die reine Inhaltlichkeit und die reine Bestimmtheit eben dieser Vorstellungen selbst kann Gegenstand des Zweifels bilden. Daß es eine Welt der Vorstellungen gibt und daß in ihr gesetzliche Ordnungen herrschen, ist ein Faktum, das auch der Skeptiker, wenn er sich selbst richtig versteht, nicht leugnen kann. Hier finden wir sowohl sichere »materiale« Daten, wie bestimmte und unzweideutige »formale« Prinzipien. Die Voraussetzungen für den Aufbau

---
[1] Aenesidemus oder über die Fundamente der von dem Herrn Professor Reinhold in Jena gelieferten Elementarphilosophie. Nebst einer Verteidigung des Skeptizismus gegen die Anmaßungen der Vernunftkritik. o. O. 1792; vgl. den Neudruck des Werkes von Arthur Liebert. (Neudrucke seltener philosophischer Werke, herausg. von der Kantgesellschaft, Bd. I, Berlin 1911.)

eines reinen theoretischen Lehrbegriffs, für den allgemeinen Entwurf einer »Philosophie« der Welt sind damit gegeben. Denn zur Philosophie gehören einerseits die »Tatsachen des Bewußtseins«, andererseits der Ausdruck dieser Tatsachen in Begriffen, die der Zergliederung des Gegebenen entstammen und daher rein analytischer Natur sind. Beides aber bleibt von der Skepsis unberührt. Weder der empirische Inhalt der Vorstellungsinhalte, noch der Satz des Widerspruchs als oberstes Prinzip aller logischen Schlußfolgerungen wird von ihr bestritten. Wenn sie bisweilen gegen die Gewißheit der Sinne oder gegen die Sicherheit der logischen Demonstrationen zu argumentieren scheint, so wendet sie sich doch in Wahrheit niemals gegen die Möglichkeit der Wahrnehmungserkenntnis und der Begriffserkenntnis als solcher, sondern nur gegen ihre unberechtigte Ausdehnung auf die angeblichen »übersinnlichen Gründe« der Dinge[1].

Bis hierher steht, wie man sieht, die Lehre des »Aenesidem« mit Reinholds Versuch einer kritischen Phänomenologie des Bewußtseins noch völlig auf gleichem Boden. Denn es beruht lediglich auf einem Mißverständnis, wenn hier der Einwand erhoben wird, daß schon der bloße Name und Begriff des »Vorstellungsvermögens« eine unberechtigte Hypostasierung einschließe, sofern er einen »Grund« der Vorstellungen setzt, der im Bewußtsein selbst nicht gegeben sei. Schon Maimon hat in den »Briefen des Philalethes an Aenesidemus« darauf hingewiesen, daß Reinholds Bezeichnung sich hier durch die Analogie mit dem physikalischen Sprachgebrauch erklären und rechtfertigen lasse: wie der Physiker unter der »Anziehungskraft« keine Ursache der Anziehung, sondern bloß die allgemeine Art oder die Gesetze, nach welchen die Anziehung geschieht, verstehe, so könne auch das Vorstellungsvermögen lediglich als ein zusammenfassender Ausdruck für die Tatsachen des Bewußtseins selbst und ihre gesetzlichen Verhältnisse gebraucht werden[2]. In der Tat entspricht diese Auslegung allein den geschichtlichen und systematischen Vorbedingungen der Reinholdschen Problemstellung[3]. Die Skepsis Aenesidems und Reinholds Bemühungen um den obersten »evidenten« Grundsatz aller Philo-

---

[1] Aenesidemus S. 24 ff., 41 ff., — zur Ergänzung vgl. besonders die Ausführungen in Schulzes »Kritik der theoretischen Philosophie«, 2 B., Hamburg 1801, Teil III, Bd. I, 583 ff.
[2] Maimon, Versuch einer neuen Logik oder Theorie des Denkens. Nebst angehängten Briefen des Philalethes an Aenesidemus, Berlin 1794, Zweiter Brief, S. 335.
[3] S. hierzu oben S. 35 ff.

sophie haben demnach in Wahrheit von Anfang an ein gemein≠
sames Gebiet. Damit erst erweisen sich die Einwände des Aenesi≠
dem als wahrhaft fruchtbare, immanente Kritik: sie messen die
Durchführung der Elementarphilosophie an einem Maßstab, den
sie selbst ihren ersten Anfängen nach als gültig anerkennen muß.

Insbesondere ist es der Begriffsgegensatz von Stoff und
Form der Vorstellung, der unter diesem Gesichtspunkt einer kri≠
tischen Revision unterzogen wird. Nimmt man diesen Gegensatz
nach seiner ursprünglichen, streng erweisbaren Bedeutung, so ist er
lediglich der Ausdruck einer zwiefachen Beziehung, die jeder Vor≠
stellung als solcher eigen ist. Die Möglichkeit einer derartigen
Doppelbeziehung aber gibt uns keineswegs das Recht, den Vor≠
stellungsinhalt in zwei verschiedene Bestandteile zu zerlegen
und jedem von ihnen eine gesonderte und abtrennbare Existenz
zuzusprechen.»Wir beziehen auch nach der Erfahrung sehr oft einen
Gegenstand auf verschiedene andere, ohne deshalb in jenem uns
verschiedene Bestandteile vorzustellen. Jede Seite eines Triangels
bezieht sich, insofern sie mit den übrigen ein Ganzes ausmacht, auf
die beiden anderen, die unter sich selbst und von jener unterschie≠
den sind, und auch unterschieden werden. Dessen ohngeachtet aber
sehen wir nicht diejenige Seite des Triangels, die auf die anderen
beiden bezogen wird, als etwas aus verschiedenen Bestandteilen
Bestehendes an ... Es ist demnach der Satz: daß jede Vorstellung,
die sich auf zwei von einander verschiedene Gegenstände bezieht,
auch aus zwei verschiedenen Bestandteilen bestehen müsse, auf
dessen Wahrheit die Richtigkeit aller folgenden Behauptungen der
Elementar≠Philosophie beruht, ganz und gar nicht bewiesen wor≠
den, und so lange kein anderer Beweis für die Wahrheit dieses
Satzes geführt wird, als der in der Elementar≠Philosophie gegebene,
so lange kann man auch annehmen, daß eine Vorstellung ihres
doppelten Bezogenwerdens aufs Objekt und Subjekt ohngeachtet
aus zwei gleichartigen Bestandteilen bestehe oder als Vorstellung
etwas sei, so ganz und gar keine Teile enthalte«[1]. Und diese letztere
Annahme ist in der Tat sachlich gefordert: denn die Vorstellung
würde aufhören, Vorstellung zu sein, wenn sie nicht als Ganzes
ihre konstitutiven Bedingungen erfüllte — wenn sie sich somit nicht
in ihrer Totalität, keineswegs bloß mit einem ihrer Teile, auf das
Objekt, wie auf das Subjekt bezöge[2]. Die Zerlegung dieser Ein≠

---

[1] Aenesidemus S. 188 f.
[2] Aenesidemus S. 213 ff.

heit, die hypothetische Scheidung eines besonderen »Anteils«, den das Objekt oder das Subjekt an ihr haben, würde schon einen Standpunkt der Behandlung und Beurteilung voraussetzen, der außerhalb der Vorstellung selbst genommen wäre. Die bloße Behauptung der **Möglichkeit** eines solchen Standpunkts aber schließt bereits eine deutliche petitio principii ein. Denn nicht der Bewußtseinsinhalt als solcher gibt sich in seinem reinen Bestand als eine Wirkung verschiedenartiger Ursachen zu erkennen. Er bietet sich uns als eine Mannigfaltigkeit von Bestimmungen dar, die in einer einheitlichen Ordnung zusammengefaßt und in diesem ihrem Zusammenhang für uns verständlich sind, ohne daß wir hierfür über ihn selbst hinausfragen müßten. Nur die Gewißheit, daß dieses Ganze **überhaupt** als Wirkung irgendeines Andern anzusehen ist, könnte offenbar die Frage nach der Natur der **einzelnen** wirkenden Faktoren berechtigen: eben diese Gewißheit aber wird von der Elementarphilosophie nicht deduziert, sondern ohne Begründung postuliert[1].

Und noch in einem anderen Sinne beeinträchtigt, wie Aenesidem einwendet, das einförmige Schema von Stoff und Form, das die Elementarphilosophie überall an die Darstellung der Phänomene heranbringt, die vorurteilslose Erfassung ihres eigentümlichen Inhalts. Der Stoff wird hierbei dem Objekt, die Form dem Subjekte »zugehörig« betrachtet, über die Art dieser Zugehörigkeit aber keine nähere Bestimmung getroffen. Damit wird der Anschein erweckt, als läge hier ein und dieselbe Weise der kausalen Relation vor, die nur durch die Inhalte, die vermittelst ihrer in ein gegenseitiges Verhältnis gesetzt werden, zu unterscheiden wäre. In Wahrheit aber zeigt die nähere Betrachtung sogleich, daß die Einheit, die hier stillschweigend angenommen wird, nicht der Sache nach, sondern lediglich dem Namen nach besteht. Der Begriff der »Zugehörigkeit«, den Reinhold braucht, ist eine bloße Metapher, hinter der sich eine Fülle ganz verschiedenartiger komplexer Beziehungsarten verbirgt. Sprechen wir von der Zugehörigkeit der Vorstellung zum Objekt, so meinen wir damit ein Verhältnis, wie es zwischen Zeichen und Bezeichnetem besteht: die Vorstellung ist der ideelle »Repräsentant« dessen, was im Gegenstande selbst vorhanden ist. Wenden wir dagegen den gleichen Begriff an, um das Verhältnis der Vorstellung zum Subjekt zu charakterisieren, so müssen wir ihr zuvor eine andere Bedeutung geben: denn der einzelne Inhalt verhält sich

---

[1] Aenesidemus S. 190 f., 250 f. u. s.

zur Einheit des Ich, zur Einheit des Bewußtseins überhaupt, wie eine Eigenschaft sich zu ihrem Subjekt, ein »Accidens« sich zur »Substanz« verhält. Schon aus dieser Zweideutigkeit ergibt sich, daß der »Satz des Bewußtseins« in der Form, die die Elementarphilosophie ihm gibt, keineswegs ein durch sich selbst bestimmter und aus sich allein verständlicher Satz ist. Denn wir müssen, um ihm einen festen Sinn zu geben, e i n e der verschiedenen möglichen Beziehungsarten still= schweigend in ihm mitdenken: welche dieser Arten aber hierbei zu wählen sei, dafür fehlt es bei Reinhold selbst an jeder bestimmten Anweisung. Abwechselnd begegnen wir hier der Erklärung, daß die Materie der Vorstellung dem Objekte *angehöre*, daß sie dessen *Stelle vertrete*, daß sie ihm *beizumessen sei*, daß sie von ihm *abhänge*, von ihm *bestimmt und gegeben werde*, ihm *entspreche* und *korrespon= diere* u. s. f. »Der Ausdruck aber: *die Form der Vorstellung bezieht sich auf das Subjekt*, wird von ihm durch die Redensarten erklärt: die Form der Vorstellung *gehört* dem Subjekte *an;* — sie ist *Wirkung* desselben; — sie wird von ihm *der Materie* der Vorstellung *beigelegt*, um sie zur Vorstellung zu erheben; sie hat von ihm etwas *aufzu= weisen*. Sind etwa diese bildlichen Redensarten synonymisch; oder haben die Wörter: *Angehören, die Stelle vertreten, beizumessen* und *zuzueignen sein, Entsprechen, zu Vorstellungen erheben*, einen philo= sophisch bestimmten Sinn? Und kann wohl ein Satz, dessen Begriffe in Worten angedeutet sind, mit denen so verschiedene Merkmale verbunden werden können, auf die Würde eines durchgängig durch sich selbst bestimmten Satzes Ansprüche machen? Oder ist etwa unsere Sprache so arm, daß man sich so vieler schwankender, zwei= deutiger und eben deswegen ganz unphilosophischen Ausdrücke bedienen müßte, um in ihr das Faktum zu bezeichnen, das durch den Satz des Bewußtseins ausgedrückt werden soll[1]?«

Diese Kritik ist in der Tat schlagend: denn sie bezeichnet genau den Punkt, an dem die Elementarphilosophie den Weg der reinen Analyse verläßt, um sich der Leitung der populären Weltansicht und ihren schwankenden Wortbedeutungen auzuvertrauen. Hier bleibt daher Aenesidems Skepsis nicht lediglich negativ, sondern sie weist auf eine positive Aufgabe hin, die sie selber freilich nicht mehr in Angriff nimmt: auf die Aufgabe, die Gegenstandsbeziehung, statt sie in einer bloßen unbestimmten Formel auszusprechen, in eine Reihe spezifisch unterschiedener Beziehungen zu entwickeln und sie in diesen als konstitutiven Bedingungen zu begründen. Bei

---

[1] Aenesidemus S. 66 ff.; vgl. bes. S. 284 ff. Anm.

Reinhold ist diese Entwicklung, wie sich zeigte, dadurch abge= schnitten, daß er die gesamte Mannigfaltigkeit i d e e l l e r U n t e r= s c h e i d u n g e n, die hierfür in Betracht kommen, schließlich in ein einziges r e a l e s G r u n d v e r h ä l t n i s der Wirkung und Gegen= wirkung aufgehen läßt. Mit dieser Umsetzung idealer Gesichts= punkte in reale Wirkungen zwischen an sich bestehenden Dingen aber verfällt er — wie Aenesidem ihm einwendet — unmittelbar wiederum der Methode der dogmatischen O n t o l o g i e[1]. Mag man demnach seine Unterscheidungen inhaltlich annehmen oder nicht: in jedem Falle müßte man ihnen, vom kritischen Standpunkte aus, den Index hinzufügen, daß sie nur als k a t e g o r i a l e Unterschei= dungen am Inhalt des Bewußtseins, nicht als absolute Unterschiede der Dinge an sich selbst zu fassen sind. Der ganze Aufbau der Elementarphilosophie aber müßte damit eine andere Gestalt er= halten. Statt etwa zu behaupten, daß das Gemüt, als das absolute Subjekt der Bewußtseinserscheinungen, den Stoff von außen emp= fange, um ihn kraft seiner eigenen Selbsttätigkeit zur Form der Vorstellung zu erheben, müßten wir beides: das Gemüt sowohl, wie den affizierenden Gegenstand, als bloß »logisches Ding«, als Ver= nunftwesen verstehen. Die Rezeptivität und Spontaneität, die dem Subjekt zugeschrieben werden, wären danach selbst nur »gedenk= bare Bestimmungen«. »Wenn also die Elementarphilosophie be= hauptet, die Spontaneität des Gemüts *affiziere* die Rezeptivität des=

---

[1] Von geringerem Belang sind eine Reihe anderer Einwendungen, die der Aene= sidemus gegen die »Elementarphilosophie« erhebt, weil sie lediglich abgeleitete Ergebnisse, nicht aber zentrale Fragen ihrer Methode betreffen. Wenn z. B. gegen den Satz des Bewußtseins eingewandt wird, daß keineswegs in a l l e n Äußerungen des Bewußtseins jene Doppelbeziehung auf das Subjekt und das Objekt, die er behauptet, sich nachweisen lasse, sondern vielmehr in der ur= sprünglichen A n s c h a u u n g ein Zustand gegeben sei, der dieser ganzen Unter= scheidung und Entgegensetzung vorausliege, so wird dadurch die T e n d e n z von Reinholds Hauptsatz nicht getroffen. [Vgl. Aenesidemus S. 82 ff.] Denn hier handelt es sich nicht darum, ob diese Unterscheidung wirklich in jedem a k t u= e l l e n psychologischen Erlebnis tatsächlich v o l l z o g e n w e r d e, sondern nur ob sie zu den Bedingungen seiner M ö g l i c h k e i t gehöre: welche Bedingungen uns als solche nicht unmittelbar mit dem Erlebnis selbst zum Bewußtsein kom= men, sondern erst durch die Reflexion in Klarheit herausgelöst werden können. Auch der Einwand, daß alle Resultate der Elementarphilosophie, weil sie sich auf der Behandlung von »Tatsachen des Bewußtseins« aufbauen, selbst keine andere als relative und empirische Allgemeinheit haben können, verkennt jedenfalls den charakteristischen Unterschied, der zwischen der Methode der empirischen Psychologie und der der rein deskriptiven Analyse der Phäno= mene besteht. (Vgl. Aenesidemus S. 75 ff., 403 ff.).

selben, und gebe dadurch den Stoff zu den reinen Vorstellungen her, so lehrt sie eigentlich ihren eigenen Prinzipien gemäß hiermit folgendes: Die Kategorie *Spontaneität,* welche als Merkmal mit dem Noumenon *Subjekt der Veränderungen in uns* verbunden werden muß, affiziert die Kategorie *Rezeptivität,* welche auch als Merkmal jenem Noumenon beigelegt werden muß, und macht dadurch, daß diese etwas empfängt. Wie nun aber eine Kategorie die andere soll affizieren und dadurch die Ursache einer Veränderung und eines *leidenden* Zustands in dieser soll sein können oder wie eine bloße Form des Denkens von der andern soll etwas empfangen können, vermag ich nicht zu denken oder zu begreifen«[1]. Das Verhältnis der gegenseitigen logischen Bestimmung, in welchem die einzelnen Bedingungen der möglichen Erfahrung zu einander stehen, wird um seinen Sinn gebracht, wenn man es in Ausdrücken schildert, die dem Gebiet der Dinge und ihrer reellen Abhängigkeit entlehnt sind.

Die Gesamtheit dieser Folgerungen faßt sich für Aenesidem in seiner Kritik des Kausalbegriffs zusammen. Die Kausalität bedeutet, nach den Voraussetzungen der kritischen Lehre, einen synthetischen Grundsatz, auf dem die objektive Verknüpfung der Erscheinungen, kraft deren sie zu Gegenständen der Erfahrung werden, beruht. Eine wahrhafte Ableitung dieses Grundsatzes hat jedoch die Kritik der reinen Vernunft, wie Aenesidem einwendet, nicht gegeben: denn sie muß ihn in ihren ersten Sätzen, in denen sich für sie der Begriff der Erscheinung bestimmt, bereits vorwegnehmen. Die folgenden Untersuchungen der Kritik heben zwar diesen proleptischen Gebrauch seiner Gültigkeit nach auf, aber sie lassen ihn nichtsdestoweniger tatsächlich als stillschweigende Prämisse der gesamten Betrachtung fortbestehen. Auf diesem eigentümlichen Verhältnis beruht der innere Widerstreit, der die Kritik durchzieht: die faktische Grundvoraussetzung, von der sie nicht ablassen kann, wird in dem Maße, als ihre eigene gedankliche Entwicklung fortschreitet, mehr und mehr um ihren Rechtsgrund gebracht. Die Kausalität wird als synthetische Funktion scheinbar aus der Einheit des Bewußtseins, aus der Einheit des Gemüts abgeleitet, während sie doch in Wahrheit schon in dem bloßen Begriff des »Gemüts« ihrem ganzen Gehalt nach dogmatisch gesetzt ist. Denn wir gelangen zu diesem Begriff nicht anders, als indem wir nach dem »Ursprung« der synthetischen Urteile a priori fragen,

---
[1] Aenesidemus S. 341 f.

also auf deren Gesamtheit den Begriff der Ursache anwenden, der doch andererseits nur als Teil dieser Gesamtheit, als ein bestimmter Ausdruck und eine bestimmte Richtung des synthetischen Urteils selbst, gedacht werden soll. Die Vernunftkritik hat somit das Humesche Problem, wenn man es seiner wahrhaften Bedeutung und seinem ganzen Umfang nach nimmt, nicht gelöst. Denn Hume würde vor allem fordern, ihm erst Rede und Antwort darüber zu stehen, mit welchem Rechte bei der Grundlegung der kritischen Philosophie eine Anwendung vom Satze der Kausalität gemacht worden sei und wie diese Philosophie gleich beim Anfang der Errichtung ihres Systems dazu komme, eine Begebenheit, nämlich das Dasein der notwendigen synthetischen Sätze in uns für die Wirkung von einer davon verschiedenen Ursache (diese mag übrigens bestehen, worin sie will) zu halten. »Denn ehe man noch mit Recht fragen kann: welches sind die Quellen und Ursachen unserer Erkenntnis? muß schon ausgemacht sein, daß von jedem Wirklichen ein Grund und eine Ursache existiere, und daß insbesondere unsere Erkenntnis allen ihren Bestimmungen nach die Wirkung besonderer Ursachen sei[1].« Kant verfällt demnach mit seiner Ableitung dem gleichen Paralogismus, den er in der Kritik der rationalen Psychologie aufgedeckt hat. Er kann das »Gemüt« nicht als eine für sich bestehende absolute Substanz denken: denn sonst wäre es mit dem Seelending dieser Psychologie, das er bekämpft und widerlegt, völlig einerlei. Schließt man aber diese Deutung aus, so bleibt nur übrig, es als ein reines Gedankending, als Noumenon oder aber als transzendentale Idee zu verstehen. Im ersteren Falle jedoch geraten wir mit der transzendentalen Deduktion der Kategorien in Widerstreit, die die Anwendung der Kategorie der Ursache auf Noumena ausdrücklich verwehrt; im zweiten behält das Gemüt nur die Bedeutung eines regulativen Prinzips, das lediglich dazu dienen kann, die Erfahrungserkenntnis selbst zur größtmöglichen systematischen Einheit und Vollständigkeit zu bringen, nicht aber die Frage nach ihrem realen Grunde zu beantworten[2].

In wesentlich verschärfter und methodisch-vertiefter Form wird der gleiche Einwand von Schulze in seinem späteren Werk: der »Kritik der theoretischen Philosophie« wieder aufgenommen. Hier ist das Dilemma, das er Kant entgegenhält, auf seinen deutlichsten Ausdruck gebracht: hält man sich an das Ergebnis der Vernunft-

---
[1] Aenesidemus S. 137 ff.
[2] Aenesidemus S. 154—173.

kritik, so muß man ihre Methode, — hält man sich an ihre Methode, so muß man ihr Ergebnis verleugnen. Das Resultat der Kritik der reinen Vernunft besteht darin, daß es für uns ein sicheres und notwendiges Wissen nur von Gegenständen der Erfahrung geben könne und daß »alles Erkenntnis von Dingen aus bloßem reinen Verstande oder reiner Vernunft nichts als lauter Schein ist«. Aber ist denn nun der Weg, auf dem Kant zu diesem Resultat gelangt, ist die Form der Ableitung und Begründung, die in der Vernunftkritik selbst herrscht, etwas anderes, als eine solche Erkenntnis »aus bloßem reinen Verstande«? Und müßte demnach nicht für sie das gleiche Verdikt gelten? Die transzendentale Untersuchung geht auf die »Gründe« der Erfahrung: — Erfahrungsgründe aber sind keine Erfahrungsgegenstände. Entweder also läßt Kant die Grenzen der Erkenntnis, die er allgemein behauptet, auch für seine eigene Untersuchung gelten: dann untergräbt er den Boden, auf dem er selbst steht und muß die Gültigkeit eben jener Erkenntnismittel bestreiten, mit denen er selbst ständig operiert. Oder aber — er gesteht hier eine Ausnahme zu: dann ist die kritische Schranke, die er aufgerichtet, an diesem Punkte durchbrochen und der Weg ins Transzendente, entgegen den Warnungen der »Kritik«, wieder frei geworden. Wie man sieht, nimmt Schulze hier den Einwand gegen Kant vorweg, der in neuerer Zeit in der Form geäußert wurde, daß Kant zwar die Logik der mathematischen Naturwissenschaft und die der Erfahrungserkenntnis geschaffen habe — daß er aber darüber versäumt habe, die Logik seines eigenen Verfahrens, die eigentliche Logik der Philosophie zu begründen[1]. Nehmen wir die Kantische Unterscheidung von Stoff und Form der Erkenntnis ihrem Inhalt nach als sachlich gültig und zutreffend an, so bleibt immer noch die Frage offen, welche Erkenntnisart es ist, die uns dieser Scheidung selbst versichert. Aus der Erfahrung kann sie nicht entnommen sein: denn diese zeigt uns stets nur das Gesamtprodukt der Erkenntnis selbst, nicht die Faktoren, aus denen es sich aufbaut. Die räumlich-zeitliche Ordnung der Phänomene, sowie ihre Verknüpfung nach den Formen der Größe und Zahl, der Substantialität und Kausalität u. s. f. treffen wir in ihr nicht als werdend, sondern als bereits geworden und bestehend an[2]. Um diese Ordnung aus dem »Gemüte« selbst

---

[1] S. Emil Lask, Die Logik der Philosophie und die Kategorienlehre, Tübingen 1911.
[2] S. Kritik der theoretischen Philosophie II, 159, 227, 373 u. s.

hervorgehen zu lassen und verständlich zu machen, müßten wir demnach eben über jene »hyperphysische« Erkenntnisweise verfügen, deren Möglichkeit die »Kritik der reinen Vernunft« uns prinzipiell bestreitet. »Ist also dasjenige, was die Vernunftkritik von den Gründen der Erfahrung zu wissen vorgibt, eine reale Erkenntnis, so ist die Behauptung derselben, daß alle wahre Einsicht unseres Geistes bloß auf Gegenstände der Erfahrung eingeschränkt sei, durchaus falsch. Sollte hingegen diese Behauptung richtig sein, so muß alle Einsicht von den Quellen der gesamten Erfahrung für einen leeren Schein gehalten werden[1].«

Diese Betrachtungen stellen in der Tat ein wichtiges Problem auf, das die Kritik der reinen Vernunft zum mindesten nicht explizit zur Darstellung gebracht hatte, und von dem die gesamte spätere Spekulation über die Möglichkeit einer »intellektuellen Anschauung« ihren systematischen Ausgang nimmt. Im ganzen aber zeigen freilich auch diese Einwände noch, daß Aenesidem zwischen Kants und Reinholds Fassung des kritischen Systems keine strenge Grenze zieht. Reinhold gegenüber bedeutet es zum mindesten eine gültige *argumentatio ad hominem,* wenn hier darauf verwiesen wird, daß, selbst unter der Voraussetzung des Grundunterschiedes von Stoff und Form der Vorstellung, der strenge Beweis dafür, daß das erste Moment im O b j e k t, das zweite im S u b j e k t seinen Ursprung habe, nirgends geführt sei. Man könnte — so wird hier gefolgert — den Beweis geradezu umkehren, indem man die Rollen derart verteilte, daß der Stoff auf das Gemüt, die Form auf das Ding zurückgeführt würde, ohne daß hiergegen von den Prämissen aus, die die Elementarphilosophie selbst e r w i e s e n, nicht von denen aus, die sie dem gemeinen Menschenverstand nur e n t l e h n t hat, eine zwingende Widerlegung sich finden ließe[2]. Daß dieser Einwand die Reinholdsche Ableitung und Erklärung des Grundgegensatzes in der Tat trifft, sofern hier die Begriffe von Stoff und Form zunächst durch bloß willkürliche Nominaldefinitionen eingeführt werden, hat bereits F i c h t e in seiner Rezension des Aenesidemus betont[3]. Der eigentlichen Sacherklärung gegenüber — wie sie in der gesamten D u r c h f ü h r u n g der Kritik der reinen Vernunft gegeben ist — versagt indessen der Einwurf Aenesidems. Denn

---

[1] Kritik der theoretischen Philosophie II, 578; vgl. besond. II, 230, 233 f., 563, 569, 579 f.
[2] S. Aenesidemus S. 202 ff.
[3] S. F i c h t e, Sämtliche Werke I, 17 f.

er erweist sich schon in seiner Formulierung als ein Mißverständnis des Zielpunktes der kritischen Methodik. Die synthetischen Urteile a priori werden hier als eine — Begebenheit bezeichnet, deren Ursache die Kritik in dem D a s e i n des »Gemüts« und seiner reinen Formen suche. Träfe diese Auffassung zu, so wäre der Zirkel freilich handgreiflich. In Wahrheit handelt es sich jedoch für die kritische Problemstellung nicht um die Ursache der Wirklichkeit, sondern um die Bedingung der Möglichkeit der apriorischen Erkenntnisse. Nicht als »Begebenheiten« werden sie gefaßt, für welche als zeitliche Bestimmtheiten eine Ursache zu fordern wäre, sondern als zeitlose Geltungseinheiten, die in letzten Prinzipien und Wahrheiten zu begründen sind. Diese logische Forderung der Begründung nimmt die Kategorie der Kausalität und ihre empirisch-reale Anwendung in keiner Weise vorweg. Denn die »transzendentale Apperzeption« und das »Gemüt« selber ist in diesem Sinne nicht als der Seinsursprung der synthetischen Grundsätze, sondern als der zusammenfassende Ausdruck für ihre ideelle Bedeutung gedacht. In dem Augenblick freilich, in dem dieses Verhältnis sich verschiebt, in dem die Bedingungen als eine Unterart der Dinge, die Wahrheiten als eine Klasse von Wirklichkeiten gedacht werden, muß Aenesidems Skepsis wieder ihre volle Kraft gewinnen. Und eben hierin wurzelt der eigentliche systematische Ertrag und die Bedeutung dieser Skepsis, daß sie dasjenige, was Kants »transzendentale« Methode positiv lehrt und ausspricht, von der entgegengesetzten Seite her, kraft der methodischen Negation und Kritik, zu voller Deutlichkeit erhebt. Setzt man einmal den Ausgangspunkt der Kritik dorthin, wohin der »Aenesidem« ihn, im Vertrauen auf Reinholds Kant-Interpretation, gesetzt hatte, so läßt sich in der Tat durch die Argumente der Schrift das Ganze der kritischen Philosophie aus den Angeln heben. Die eigentlich neue und originale Wendung, die die »Kritik der reinen Vernunft«, in dem grundlegenden Abschnitte der transzendentalen Deduktion der reinen Verstandesbegriffe, dem Gegenstandsbegriff und dem Gegenstandsproblem gegeben hatte, wird hierbei freilich nicht erfaßt. Die eigene Theorie der Objekterkenntnis, die der »Aenesidem« zu entwickeln sucht, geht über die herkömmliche durch Kant überwundene »Abbildtheorie« der Erkenntnis nicht hinaus[1]. Hier liegt daher die Grenze der geschichtlichen Leistung des Werkes. Seine Einwände gegen die gewöhnliche Ansicht von den affizierenden »Dingen an sich« for-

---

[1] Vgl. Aenesidemus S. 223 ff.

derten als positive Ergänzung eine Theorie, die den zentralen Grundgedanken der Kantischen transzendentalen Analytik energisch heraushob, um von ihm, als dem wahrhaften Mittelpunkt aus, eine einheitliche kritische Grundauffassung der Gegenstandserkenntnis überhaupt zu entwickeln. Diese Entwicklung zu vollziehen und damit den »einzig möglichen Standpunkt« zu bestimmen, von dem aus der Kritizismus allein als konsequentes Ganze gefaßt und gewürdigt werden kann, war die Aufgabe, die Jakob Sigismund Beck sich gestellt hat.

4. Jakob Sigismund Beck

Wenn Reinhold in seiner »Elementarphilosophie« der Kantischen Lehre einen neuen theoretischen Unterbau zu geben suchte — wenn Aenesidem ihre Ergebnisse von einem Punkt aus, der außerhalb ihrer selbst liegt, bestreitet: so sucht Beck seine Aufgabe und sein Verdienst lediglich in der Arbeit der Interpretation selbst. Nicht neue Ergebnisse sollen hinzugebracht, sondern lediglich der Gesichtspunkt soll bezeichnet werden, von dem aus sich der scheinbare Widerstreit der Kantischen Einzellehren alsbald klärt, — von dem aus die gesamte Lehre sich als Entfaltung eines einzigen begrifflichen Grundmotivs begreifen läßt. Man muß gestehen, daß Beck diese Aufgabe mit wirklicher Meisterschaft gelöst hat. Zum ersten Male werden wir hier wieder von der Fülle der Einzelfragen zu einer Anschauung des Ganzen des kritischen Systems hinaufgehoben. Es ist Becks entschiedenes Verdienst, daß er die Lehren der Kantischen Analytik zuerst in ihrer eigentlich grundlegenden Bedeutung gewürdigt und sie zwar in freier Form, aber mit wahrhaft eindringendem systematischem Verständnis, den Zeitgenossen entwickelt und erläutert hat.

Die Schwierigkeiten in der Deutung der »Kritik der reinen Vernunft« sieht Beck darin begründet, daß die Kritik den Leser nur allmählich und schrittweise zu der Höhe ihres eigenen Problems hinaufführt. Sie versetzt ihn nicht unmittelbar auf den neuen Standpunkt, der ihrer »Revolution der Denkart« allein entspricht, sondern bequemt sich seinen eigenen Denkgewohnheiten an, um ihn von diesen erst allmählich und fast unmerklich zu der neuen Betrachtungsweise hinüberzuleiten. Als die Folge dieses eigentümlichen Beweisganges aber ergibt sich freilich, daß wir, einmal zu dem eigentlichen Ziel gelangt, den Weg, der uns zu ihm hingeführt hat, vergessen müssen. Keiner von den Grundbegriffen und Grundgegensätzen, mit denen die Kritik operiert, darf von uns wahrhaft und endgültig in dem Sinne genommen werden, in dem sie ihn zunächst definiert: denn alle diese Definitionen bezeichnen nur den ersten, notwendig unvollkommenen Ansatz des Problems, nicht aber seine eigentliche Lösung. Wer sich von diesen Anfängen nicht loszulösen und wer nicht einen freien Standpunkt über ihnen einzunehmen vermag: der wird und muß daher die Kritik, im Ganzen wie in den Teilen, notwendig mißverstehen. Denn hier, in diesen Anfängen, stehen wir noch prinzipiell auf dem Boden der Unverständlichkeit, da eben diejenige Ansicht der Wirklichkeit und der Erkenntnis, die alles »Verständnis« im letzten Sinne begründet, an dieser Stelle nur unklar vorweggenommen, nicht aber wahrhaft begrifflich abgeleitet werden kann. In alledem soll indes nicht — wie es zunächst den Anschein hat — der Beweisgang der Vernunftkritik aus lediglich didaktischen und somit schließlich aus äußerlichen Gesichtspunkten erklärt werden, sondern es wird zugleich ein tieferes, in der Sache selbst gegründetes Moment geltend gemacht. Gerade dies bildet nach Beck die Eigenart der »Kritik«: daß der vollständige Begriff ihrer Frage nur zugleich mit deren Lösung, nicht aber vor derselben, gefaßt werden kann. Denn hier ist das Verhältnis ein anderes, als irgendwo sonst in der Geschichte der Philosophie: die Frage ist, vollständig begriffen und entwickelt, bereits die Lösung selbst[1]. Wer sie sich wahrhaft zu eigen gemacht hat, der besitzt demnach den Schlüssel zu allen speziellen Problemen; wer sie verfehlt, dem bleibt, bei allem Scharfsinn in der analytischen und diskursiven Zergliederung der Begriffe, der eigentliche Sinn der kritischen Denkart im Dunkeln.

Der Beweis der letzteren These wird von Beck in einer eingehenden Nachprüfung von Reinholds »Theorie des Vorstellungsvermögens« zu führen gesucht. Was Reinholds Theorie anstrebt, ist ein System von Sätzen, die von einem höchsten durch sich selbst evidenten Grundsatze aus fortschreiten und aus diesem, nur vermöge der formalen Regeln des Schließens, Folgerungen gewinnen, die ihm an Gewißheit gleichkommen. Die Entscheidung über Reinholds Lehre hängt davon ab, wie weit es ihr gelungen ist, dieses

---

[1] Beck, Grundriß der kritischen Philosophie, Halle 1796, S. IX. — Zum Ganzen vgl. »Einzig möglicher Standpunkt, aus welchem die kritische Philosophie beurteilt werden muß«, Riga 1796 [erschienen als dritter Band des »Erläuternden Auszugs aus den kritischen Schriften des Herrn Prof. Kant«], S. 3 ff., 345 ff., sowie Grundriß § 71 u. 75.

Ziel zu erreichen, d. h. wie weit alle ihre Einzelbestimmungen in der Tat lediglich aus dem Satze des Bewußtseins selbst einsehbar und begründbar sind. Hier aber zeigt es sich alsbald, daß der Gang der Analyse und Deduktion in der Mitte abbricht. Statt die Bestimmtheit des Wissens rein nach dem inneren Zusammenhang und Gesetz des Wissens selbst zu entwickeln, wird alles Wissen in seiner Gesamtheit zuletzt an ein schlechthin unerkennbares Ding geknüpft. Die Frage lautet nicht mehr, was die Erkenntnis selbst »ist« und in welchen Prinzipien und Wahrheiten sie ihren eigentümlichen Bestand hat, sondern sie geht auf das »Band«, wodurch das Ganze der Erkenntnis mit dem absoluten Dasein zusammenhängt. All die Schwierigkeiten, in die sich Reinholds Theorie hierdurch verwickelt, aber lösen sich in der einfachen Einsicht, daß diese ganze Frage nach dem »Bande« zwischen Wissen und Gegenstand in Wahrheit nach Nichts fragt[1]. Sie enthält einen Terminus in sich, der durch keine logische Analyse verständlich zu machen ist. Die Theorie des Vorstellungsvermögens lehrt, daß die Vorstellung als solche weder gegeben, noch empfangen, noch hervorgebracht sein kann, sondern daß sie kraft der Form des Subjekts aus dem Stoff, der vom Objekt herrührt, erzeugt werden muß. Aber diese ganze Erzeugungsgeschichte bleibt ein bloßes Spiel, solange die Theorie den Begriff dessen, was sie unter Geben und Empfangen, unter Hervorbringen und Erzeugen versteht, sich selbst nicht näher verdeutlicht hat; versuchte sie indes diese Bestimmung, so würde sie alsbald finden müssen, daß sie selbst auf rein dogmatischem Boden steht.

Denn auch der Dogmatismus hat ja, außer in seiner naivsten und schlechthin unphilosophischen Gestalt, niemals eine vollständige Abbildung der Gegenstände im Bewußtsein behauptet, sondern stets zugestanden, daß das »Wesen« der Dinge durch die »Formen« der Vorstellung in irgendeiner Weise modifiziert werde. Nicht auf den Grad dieser Modifikation, auf das bloße Mehr oder Weniger kommt es hierbei an, sondern auf die Fassung des Problemansatzes selbst. Kants echte, transzendentale Methode verschiebt nicht etwa lediglich Elemente, die bisher in die Dingsphäre versetzt worden waren, in die Bewußtseinssphäre; sondern sie beruht auf der Einsicht, daß die gesamte Trennung und Teilung, die hier zugrunde gelegt wird, unter einem falschen und widerspruchsvollen Begriff erfolgt ist. Gerade an diesem Punkt aber versagt Reinholds Theorie. Der Beweis, wodurch sie dartut, daß zur Wirklichkeit der Vorstellung

---
[1] Einzig mögl. Standpunkt S. 23 ff., S. 84 f., 104 f.

überhaupt ein von den Formen der Rezeptivität verschiedener, dem Subjekt nicht im Vorstellungsvermögen, sondern von außen her gegebener Stoff gehört, ist »eine Verbindung von leeren Tönen.« Er verfehlt das eigentliche Beweisthema, indem er den empirisch-wirklichen, im Raume befindlichen Gegenstand, dessen Existenz sich allerdings zwingend dartun läßt, mit einem absoluten Objekt verwechselt, dem weder Räumlichkeit, noch irgendein sonstiges erkennbares Prädikat zukommt[1].

Aber auch die skeptischen Einwendungen, die gegen Reinholds Theorie erhoben worden sind, haben diesen ihren Grundmangel nicht berichtigt, sondern in einem andern Sinne nur von neuem befestigt. Denn so radikal sie sich auch geben mögen: so setzen sie doch, gerade in der negativen Entscheidung, die sie der Frage nach der Erkennbarkeit des Zusammenhanges von Gegenstand und Vorstellung geben, die Form der Frage selbst als möglich und gültig voraus. »Die Wichtigkeit, mit der die Nachfrage einer solchen Verbindung dem Idealisten, der sie leugnet oder dem Skeptiker, der durch Bezweifeln derselben sich zum öfteren ein philosophisches Ansehen gibt, vorschwebt, lehrt, daß diese Philosophen die Seifenblase nicht für das ansehen, was sie ist. Es fällt ihnen nicht in den Sinn die Verständlichkeit ihrer Frage sich aufzudecken, zu welchem Behufe sie das in sich selbst bestehende Verständliche: das ist den Verstandesgebrauch selbst in seinen Kategorien zergliedern müßten. Sie mögen demnach jene Verbindung leugnen oder bezweifeln, so halten sie doch die Frage darnach für so tunlich, als die, ob der Mond Einwohner habe oder nicht habe, wo eins von beiden doch gewiß ist, gesetzt auch, daß wir niemals dahin kämen, es auszumachen[2].« Nur innerhalb der Erfahrung und ihrer Bedingungen aber gilt die Frage, nicht nur was ein Ding ist oder nicht ist, sondern ob es ist oder nicht ist. Sehe ich von diesen Bedingungen ab, so zergeht mir jegliche Ansicht des Seins, und ich stehe in einem Gebiete, in dem Schatten gegen Schatten kämpfen. In diesem Falle ist es indes nicht die Natur des Gegenstandes, die meinem Wissen eine Grenze setzt, sondern die Beschränkung liegt lediglich in der mangelnden Klarheit des Wissens über sich selbst. Es genügt, das »Auge des Verstandes« wieder zu öffnen, d. h. die Bedingungen der Möglichkeit der Erfahrung, von denen aus allein Urteile über Objekte möglich sind, wiederherzustellen, um die Gestalten, vor denen wir uns an-

---

[1] S. Einzig mögl. Standpunkt S. 58–119ff., vgl. bes. S. 66ff., 74., 95ff., 118f., 247f.
[2] Einz. mögl. Standpunkt S. 157f. 241; vgl. bes. Grundriß § 19.

fangs fürchteten, als leere Blendwerke unserer eigenen Phantasie verschwinden zu sehen[1].

Von diesem Standpunkt erst kann die rechte Einsicht in den Sinn und die Tendenz des kritischen Begriffs der »Erscheinung« gewonnen werden. Indem der empirisch reale Gegenstand als Erscheinung bezeichnet wird, soll die Art seiner Gewißheit nicht herabgesetzt, sondern vielmehr nur dies zum Ausdruck gebracht werden, daß er unter bestimmten kategorialen Relationen und Voraussetzungen steht, von denen wir ihn nicht abgelöst denken können, ohne seinen eignen objektiven Gehalt zu vernichten. Wenn der kritische Grundsatz, daß wir die Dinge erkennen, nicht wie sie an sich sind, sondern wie sie uns erscheinen, nur dies besagen sollte, daß die Objekte von den Vorstellungen verschieden sind, so würde er wahrlich keine neue und bewunderungswürdige Entdeckung in sich schließen. Aber seine positive Ergänzung liegt in dem Satze, daß die Verbindung, die wir in die Dinge legen (z. B. in dem Satz: ein Objekt hat eine Größe) auf einer ursprünglichen Verstandesverbindung beruht, die sich als solche einsehen und in einer bestimmten Kategorie fixieren läßt. Das System dieser Kategorien zu entwickeln und damit die verschiedenen Gesichtspunkte festzustellen, unter denen von Gegenständlichkeit gesprochen werden kann, ist die Aufgabe der Vernunftkritik: nicht aber die Aufklärung darüber, daß sich hinter den bekannten in der Erfahrung gegebenen Dingen ein schlechthin Unbekanntes gleichsam vor uns versteckt[2].

Damit haben wir, zugleich mit der Kritik des dogmatischen Standpunkts, die eigene Fassung erreicht, die Beck seinem Problem gibt. Alle Differenzen der philosophischen Betrachtung lassen sich nach ihm zuletzt in einen einzigen Gegensatz auflösen. Entscheidend und für alle weiteren Folgerungen bestimmend ist es, ob die philosophische Reflexion den Begriff des Objekts als Anfangs- oder als Zielpunkt nimmt. In dem ersteren Falle gibt es für uns eine an und für sich bestehende, in festen Verhältnissen und Ordnungen vorliegende Wirklichkeit; und alle Aussagen, die wir von ihr machen, indem wir ihr etwa Räumlichkeit und Zeitlichkeit, Größe und Zahl, Substantialität und Kausalität zusprechen, sind nur abgeleitetete Prädikate, die wir dieser Wirklichkeit nachträglich beilegen. Indessen so einleuchtend dieser erste Standpunkt für die naive Weltansicht ist, so unbefriedigend erweist er sich für die

---
[1] S. Einzig mögl. Standpunkt S. 162, 235, 279.
[2] Grundriß S. VII, § 14, 54, 85, 165; Einz. mögl. Standpunkt S. 149 f., 266.

tiefere Betrachtung. Denn im kritischen Sinne können wir nicht fragen, was der Gegenstand losgelöst von aller Beziehung zu jedem möglichen Wissen an und für sich ist, sondern nur was die **Forderung** der objektiven Gültigkeit für das Wissen selbst **bedeutet**. Und hier zeigt es sich alsbald, daß diese Forderung dasjenige, was jene erste Weltansicht als nachträgliches Prädikat des Seins auffaßte, vielmehr seinem ganzen Gehalt nach bereits voraussetzt. Wir können nicht sagen, daß die »Dinge« Räumlichkeit und Zeitlichkeit, Beharrlichkeit und Regelmäßigkeit »haben«, als käme dies alles nur als äußere Beschaffenheit zu ihrer »Wirklichkeit« hinzu: sondern wir müssen erkennen, daß dasjenige, was wir die Wirklichkeit der Erfahrungsinhalte nennen, in nichts anderem als in eben diesen Verhältnissen besteht und gegründet ist. Haben wir dies erfaßt, so stehen wir damit erst innerhalb des **ursprünglichen** Gebrauchs dieser Kategorien, dem gegenüber jene andere Auffassung, in der sie als »Prädikat« gegebener Gegenstände auftreten, als durchaus sekundär und abgeleitet erscheint. Für diesen ursprünglichen Gebrauch entfällt die Frage, in welcher Weise die Kategorie den Gegenstand ergreift und »hat«, da sie dieser Gegenstand vielmehr **ist**. Denn sie bildet die synthetische Einheit des Mannigfaltigen, durch welche es zur objektiven Geltung und »Dignität« erst erhoben wird. In diesem Sinne weiß der Geometer nichts »vom« Raume, als von einem absoluten unendlichen für sich bestehenden Ding, sondern sein Wissen d. h. die eigentümliche Form der geometrischen Anschauung und der geometrischen Konstruktion macht dasjenige aus, was wir die Ordnungsform »Raum« nennen. »Sieht man den Raum als etwas von der ursprünglichen Synthesis Unabhängiges an, so kann man nicht mehr wissen, was denn unsere Vorstellung vom Raume mit diesem Dinge oder Undinge selbst verbindet, und man kann es deswegen nicht wissen, weil man darin sich über alles Wissen ganz und gar wegsetzt, indem gerade dieser Raum das ursprüngliche Vorstellen, das Wesen des Wissens selbst ist und es demnach von ihm nicht sowohl ein Wissen vom Raume gibt, als vielmehr ein Wissen, welches der Raum selbst ist. In Ansehung der Kategorie der Realität setzen wir uns auch mutwillig in ein Dunkel, worin wir uns selbst nicht finden, uns selbst nämlich nicht verstehen können, wenn wir diese Kategorie als einen Begriff von einem Dinge und nicht als das ursprüngliche Vorstellen selbst ansehen und uns darein versetzen[1].« Kraft dieser Einsicht erst wird die Philosophie im wahr-

---

[1] Einzig mögl. Standpunkt S. 150; vgl. S. 362 f., 437.

haften Sinn zur kritischen Philosophie: ein Beiwort, das freilich im Grunde nur eine tautologische Bestimmung enthält. Denn kritisch heißt jene Denkart, die jedem besonderen Begriff, den sie anwendet, durch seine Zurückführung auf den ursprünglichen Verstandesgebrauch erst Haltung und Verständlichkeit gibt; eben diese Denkart aber ist es auch, die einem Gedankengang erst die Dignität des Philosophierens verleiht und ihn von einer bloßen Spielerei mit Begriffen unterscheidet[1].

Eine andere Wendung desselben Gedankens liegt in der Unterscheidung vor, die Beck zwischen der analytischen und der synthetischen Einheit des Bewußtseins durchführt. Wir stehen innerhalb der analytischen Einheit, wenn wir eine Welt von Dingen, ohne nach ihrem logischen Fundament zu fragen, einfach voraussetzen und aus dieser Wirklichkeit einzelne Bestimmtheiten herausgreifen und zu allgemeinen Begriffen zusammenfassen. Die synthetische Einheit des Bewußtseins dagegen bedeutet den Inbegriff jener Relationen, die eben diese Wirklichkeit erst konstituieren, weil sie die Typen sind, denen gemäß objektiv-notwendige Verknüpfungen des Wissens sich überhaupt vollziehen lassen. In dieser Fassung des Grundgedankens folgt Beck nur der eigenen Weisung Kants, der, indem er die analytische Einheit des »conceptus communis« auf die synthetische Einheit der Apperzeption zurückführte, diese letztere ausdrücklich als den »höchsten Punkt« bezeichnet hatte, an den man allen Verstandesgebrauch, selbst die ganze Logik und Transzendentalphilosophie heften müsse[2]. In dieser letzteren handelt es sich nicht darum, »Merkmale« von einem gegebenen Dasein oder einem gegebenen Begriff auszusagen, sondern den Begriff des Gegenstands selbst samt allen seinen Merkmalen durch eine »ursprüngliche Beilegung« erst zu bestimmen. Und darin erst entdeckt sich uns der tiefere Sinn des a priori, der nicht erfaßt werden kann, solange wir die apriorischen Begriffe selbst nur als Begriffe im gewöhnlichen Sinn, d. h. als Ausdrücke der analytischen Einheit des Bewußtseins ansehen. Denn es ist unter dieser Voraussetzung im Grunde gleichviel, ob ich einem Dinge Farbe oder Schwere, oder ob ich ihm Größe oder Substantialität zuspreche: da beide Prädikate ja hierbei nur dem fertigen Ding, das gleichsam im Hintergrund steht, nachträglich aufgeheftet werden[3]. Aristoteles und Locke:

---
[1] Grundriß § 18. Einz. mögl. Standpunkt S. 138, 181, 483.
[2] S. Bd. II, S. 673 ff.; vgl. bes. Einz. mögl. Standpunkt S. 440 ff.
[3] Einz. mögl. Standpunkt S. 178.

die ontologisch-metaphysische und die empirisch-psychologische Analyse stehen hierin auf gleicher Linie[1]. Denn die Behauptung, daß die Kategorien die allgemeinsten Prädikate der Objekte und darum ihre echten Wesensmomente seien, ändert in dieser Hinsicht nichts, sondern ist nur noch eine »Anhäufung der Unverständlichkeit«, da eben die angebliche Allgemeinheit auf dem Boden dieser Ansicht immer nur behauptet, nicht aber wahrhaft deduziert und begründet werden kann[2]. Eine solche Deduktion aber ist in demselben Momente gegeben, als wir uns wieder dem ursprünglichen Verstandesgebrauch zuwenden: denn wir erkennen alsdann, daß die Kategorien den Objekten überhaupt nicht, weder als allgemeine, noch als besondere Bestimmungen »zukommen«, sondern daß erst vermöge der Funktion, die sie ausdrücken, Einheit und Unterschiedenheit, räumliche und zeitliche Ordnung, Substantialität und Kausalität, mit einem Worte: Gegenständlichkeit möglich ist. »Das ursprüngliche Vorstellen, der ursprüngliche Verstandesgebrauch in den Kategorien ist nicht ein Etwas vorstellen, sondern lediglich die Erzeugung der synthetisch-objektiven Einheit, wonach allererst ich ein Objekt habe, das ich sonach durch Beilegung gewisser Bestimmungen, das ist: in einem Begriffe, mir vorstelle, folglich dasselbe denke. Auf dem Standpunkt bloßer Begriffe aber befinde ich mich im Leeren; das heißt: ‚Gedanken ohne Inhalt sind leer'. Derselbe ist der dogmatische Standpunkt. Die aus dieser Denkart fließenden Betrachtungen sind Dogmen, das ist: Verbindungen von bloßen Begriffen, welche die Unverständlichkeit selbst sind, weil sie von dem Ursprünglichen wegsehen«[3].

Man lasse sich hier auch nicht dadurch beirren, daß Kant selbst von einem »gegebenen Mannigfaltigen« der sinnlichen Anschauung redet, das also allem Verstandesgebrauch voraus und als Substrat zugrunde zu liegen scheint. Denn in der Durchführung der transzendentalen Analytik bleibt kein Zweifel darüber bestehen, daß auch dieser Begriff vom gegebenen Mannigfaltigen — es mag nun a posteriori oder a priori gegeben sein — die synthetischen Einheiten des Verstandes bereits voraussetzt. Von der empirischen Anschauung heißt es, sie sei a posteriori gegeben: aber eben dieser ihr Begriff beruht auf dem ursprünglichen Setzen eines Etwas, wodurch die succesive Synthesis meiner Gemütszustände fixiert wird: das

---

[1] Grundriß § 20; Einz. mögl. Standpunkt S. 425
[2] Einz. mögl. Standpunkt S. 248 f.
[3] Einz. mögl. Standpunkt S. 407, 456; Grundriß § 16.

ist auf dem ursprünglichen Verstandesgebrauche der Kategorie der Kausalität. Auch hier darf daher die Unterscheidung, die die Kritik anfänglich um ihrer Methode willen notwendig treffen muß, nicht als ein sachlicher Dualismus in ihren Grundlagen mißverstanden werden. Auf der Höhe ihrer Entwicklung ist dieser Gegensatz einerseits aufgelöst — indem sowohl die Sinnlichkeit wie der Verstand als Momente in die synthetische Einheit des Bewußtseins eingehen — andererseits aber auch in dem, was er prinzipiell bedeuten sollte, erhalten: denn seine eigentliche Tendenz ist darauf gerichtet, die »leere« Verknüpfung der Begriffe als bloßer Prädikate der Dinge von der reellen Erfüllung zu sondern, die diese Begriffe in ihrer »Schematisierung«, d. h. in ihrer Beziehung auf die Anschauung, als Bedingungen eben dieser Anschauung selbst, erhalten[1].

Die Durchführung dieser Ansicht ergibt sich, nachdem einmal der oberste Gesichtspunkt fixiert ist, für die einzelnen Kategorien von selbst. Wie dem Geometer sein eigentliches Objekt: der Raum, nicht dadurch entsteht, daß er es von empirisch existierenden Körpern abliest, sondern wie er es selbst durch ein Postulat einführt, und ihm kraft dieses Postulats alle seine Bestimmungen — wie Unendlichkeit, Stetigkeit und Gleichförmigkeit — aufprägt: so gilt dasselbe von allen Verstandesbegriffen. Sie sind nicht Aussagen über Dinge, sondern sie sind Forderungen, die an das Wissen gestellt werden, eine bestimmte Verknüpfung ursprünglich zu vollziehen. Der wahre Zusammenhang von Philosophie und Mathematik kann daher nicht darin gesucht werden, daß die Philosophie die Ergebnisse der Mathematik benutzt, sondern lediglich darin, daß sie auf das eigentümliche Verfahren achtet, in dem diese Ergebnisse gewonnen werden. Die Philosophie kann so wenig wie von gegebenen Objekten oder von gegebenen Tatsachen des Bewußtseins, auch von gegebenen Lehrsätzen der Erkenntnis ausgehen: sondern sie beginnt schlechthin mit der »Anmutung«, eine bestimmte Form des Wissens und vermöge ihrer das Denken des Objekts in uns zu erzeugen[2]. »Dem Geometer würde ein Lächeln anwandeln, wenn man ihm zumuten wollte, vor seiner Wissenschaft einen Begriff von seinem Objekt, dem Raume, zu geben« oder ihn durch irgendein Unterscheidungsmerkmal, wie man es etwa in dieser oder jener Schule zu finden gewohnt ist, zu erklären[3]. So fordere man denn

---

[1] S. Einz. mögl. Standpunkt 423 f; Grundriß § 75; zum »Schematismus« vgl. Einzig mögl. Standpunkt S. 190, 195.

[2] S. Einzig mögl. Standpunkt S. 123 ff., 140 ff., 372 ff., Grundriß § 8, 80.

[3] Einz. mögl. Standpunkt S. 197 f.

auch von dem kritischen Philosophen nicht von Anfang an eine abstrakte Erklärung darüber, was er unter dem Gegenstand versteht, sondern man folge seiner Aufforderung, sich in den Sinn der Unterscheidung von objektiver Wahrheit und »bloßer« Vorstellung zu versetzen. Sobald dies geschehen, entdeckt man, daß dieser Sinn, unbeschadet seiner Einheit, dennoch nichts schlechthin Einfaches ist. Er zerlegt sich in eine Mannigfaltigkeit von Bedeutungen, die indessen sämtlich durch die Beziehung auf die eine gemeinsame Aufgabe zusammengehalten werden. Man kann, um sich dies zu verdeutlichen, von jedem beliebigen Inhalt des realen Denkens ausgehen. »Ein Stein fällt vom Dache. In der ursprünglichen Synthesis verbinde ich die beiden Zustände des Steins: den Zustand, da derselbe einmal auf dem Dache sich befindet, mit demjenigen, da er auf der Erde liegt. In der ursprünglichen Anerkennung erhält nun diese Synthesis eine Bestimmtheit; sie wird fixiert, und dieses geschieht in dem ursprünglichen Setzen eines Etwas, wodurch der Übergang der Substanz aus dem einen ihrer Zustände in den andern bestimmt wird. In dem vorgelegten Beispiele synthesiere ich ursprünglich die beiden Zustände des Steins auf dem Dache und auf der Erde . . und in der ursprünglichen Anerkennung setze ich ein Etwas (Ursache), wodurch dieser Zustände Zeitstelle fixiert wird[1].« Das Gleiche gilt für die übrigen Kategorien: denn ihre eigentliche Leistung besteht immer und überall in jenem »Fixieren« der Raum- und Zeitstellen, durch welche alles Anschauen erst Bestimmtheit gewinnt[1]. Dieses Fixieren selbst ist nicht aus dem Fixierten, sondern umgekehrt dieses aus jenem zu verstehen. Die Darstellung des kritischen Grundgedankens befindet sich freilich beständig in Gefahr, dieses Verhältnis zu verschieben; denn sie muß die Sprache des gewöhnlichen Lebens und damit eine Anschauungsweise verwenden, die sich ganz innerhalb des abgeleiteten Vorstellens der Dinge, nicht mehr in dem ursprünglichen gedanklichen Vollzug ihrer Bedingungen bewegt[1].

Halten wir uns aber streng innerhalb dieser letzteren Sphäre, so entfallen alle jene skeptischen Einwände, die gegen die Grundlegung der kritischen Philosophie erhoben worden sind. Vor allem kann, wenn die transzendentale Frage einmal in ihrer vollen Bedeutung gewürdigt worden ist, der Gedanke nicht mehr aufkommen,

---

[1] Einz. mögl. Standpunkt S. 154.
[2] Grundriß § 10—14, 35—55; Einzig mögl. Standpunkt S. 142 ff., 160 ff., 187 ff., u s.
[3] S. Einz. mögl. Standpunkt S. 155, 161, u. s.

daß es nur die »subjektiven« Formen der Erkenntnis, nicht die objektive Form der Gegenständlichkeit ist, die in den Kategorien beschrieben wird. Denn der Sinn des transzendentalen »Standpunkts« besteht eben darin, diesen Gegensatz als trügerisch zu erweisen. Zwar hat Kant selbst, in der transzendentalen Ästhetik, den Ausdruck nicht vermieden, daß wir nur »vom Standpunkt eines Menschen« vom Raum und von ausgedehnten Wesen sprechen können und er hat somit eine relativistische Deutung, nach welcher sowohl die Anschauungsformen, als auch die reinen Verstandesbegriffe als Produkte der menschlichen »Organisation« erscheinen würden, nicht bestimmt genug abgewehrt. Aber was Kant hier in einer freilich irreführenden Bezeichnungsweise den »Standpunkt eines Menschen« nennt, das löst sich, wenn man sich den Gesamtaufbau der Kritik gegenwärtig hält, in den Standpunkt des »ursprünglichen Verstandesgebrauchs« auf. Nur dies soll also durch jenen Ausdruck kenntlich gemacht werden, daß Verknüpfung nur soweit in den Dingen »liegt«, als sie vom »Verstande« in sie hineingelegt worden ist. Der Verstand als der Inbegriff der synthetischen Relationen aber ist weder der des »Menschen« noch der irgendeines sonstigen »Wesens«: denn Wesen und deren spezifische Organisation gibt es nur als Gegenstände der Erfahrung, deren logische Prämissen hier ja erst gesucht werden sollen. Die Frage aber, ob diese Prämissen nicht völlig andere sein könnten, als sie es sind und als wir sie im ursprünglichen Verstandesgebrauch finden, entbehrt jeder klaren und scharfen Bedeutung, da eben durch diese Prämissen nicht nur das Gebiet des Wirklichen, sondern auch das des Möglichen erst abgegrenzt und bestimmt wird. Sie fragt eben darum, weil sie über den Punkt alles Verständlichen hinaus will und damit ins ganz Unverständliche fällt, in Wahrheit nach Nichts[1]. Nicht minder fällt die Untersuchung darüber, ob die Kategorien als »angeboren« zu gelten haben oder nicht, aus dem Bereich der kritischen Problemstellung überhaupt heraus und verwandelt das, was richtig betrachtet das Grundmoment aller Klarheit und alles Begreifens ist, in eine »qualitas occulta«, in eine Beschaffenheit der Dinge, die wir als unableitbar und unbegreiflich hinnehmen müssen[2]. Die Kategorien und der ursprüngliche Verstandesgebrauch in ihnen sind die letzten Lösungen aller Fragen der Erkenntnis: nur eine unklare Metaphysik, die ihre eigenen Bedingungen nicht kennt, kann ver-

---
[1] Einz. mögl. Standpunkt S. 173 f., 384 ff., 457 f., u. s.
[2] Einz. mögl. Standpunkt S. 177.

suchen, sie wiederum in Rätsel zu verwandeln. In diesen Bestimmungen hat Beck in der Tat — im Gegensatz zu Reinhold und Aenesidem — die kritische Theorie der Objektivität wieder in ihrer Reinheit und Konsequenz erreicht. Die Schwierigkeiten, die sich aus dem Begriff der affizierenden »Dinge an sich« ergeben hatten, sind beseitigt, insofern nunmehr mit Grund ausgesprochen werden darf, daß es nur »unsere eigene Unverständlichkeit ist, die uns hierin zur Last fällt«[1].

Nach zwei Seiten indessen tritt jetzt zugleich auch die Schranke hervor, die Becks Lehre nicht überschritten hat. Einmal nämlich werden Resultate, die ihrer ganzen Absicht nach logisch gemeint sind, hier zum mindesten in rein psychologischer Sprache dargestellt: indem er das System der reinen Verstandesbegriffe auf das »ursprüngliche Vorstellen« zurückführt, scheint Beck der Theorie Reinholds, die er bekämpft, geradezu ihren Grundbegriff zu entnehmen. Auf der anderen Seite aber ist hier, zugleich mit der Hypostasierung des »Dinges an sich« zur affizierenden Ursache, auch die Funktion ausgeschaltet, die der Begriff des »Dinges an sich« im Ganzen des kritischen Systems besitzt. Mit der absoluten Dingbedeutung wird auch die Ideenbedeutung aufgegeben; damit aber im Grunde der Zugang zu den Problemen der »Kritik der praktischen Vernunft« und der »Kritik der Urteilskraft« verschlossen. Man kann von hier aus die relativ geringe geschichtliche Fortwirkung verstehen, die Becks »Standpunktslehre« beschieden war. Sie ging in Fichtes Wissenschaftslehre auf, in der einerseits ihr charakteristisches logisches Ergebnis aufbehalten, zugleich aber der Grund zu einer neuen umfassenderen Konstruktion gelegt wurde, die wieder auf das Ganze der systematischen Hauptfragen der kritischen Philosophie gerichtet war.

4. Salomon Maimon

Die Hauptschriften Maimons liegen der Beckschen »Standpunktslehre« voraus und haben bereits vor dem Erscheinen derselben in die philosophische Entwicklung eingegriffen: denn von ihnen hat die Philosophie Fichtes eine ihrer stärksten und nachhaltigsten Anregungen erfahren. Wenn wir uns nichtsdestoweniger der Philosophie Maimons erst an dieser Stelle zuwenden, so liegt der Grund hierfür darin, daß sie, trotz der mannigfachen Wirkungen,

---
[1] Grundriß § 15.

die sie latent oder offen geübt hat, im ganzen dennoch eine isolierte Erscheinung geblieben ist. In völlig selbständiger und eigentümlicher Weise sind in ihr die Grundgedanken des Kritizismus erfaßt und durchgearbeitet. Aber was diese Durcharbeitung an neuen systematischen Problemen zutage förderte, blieb — wie sich besonders charakteristisch im Briefwechsel zwischen Maimon und Reinhold zeigt — den Zeitgenossen großenteils verschlossen. So erschien, da man den Mittelpunkt von Maimons philosophischer Fragestellung fast durchweg verfehlte, seine gedankliche Eigenart bald als Eigensinn; seine kritische und analytische Schärfe als Spitzfindigkeit. Und die Form der Maimonschen Schriften mußte einer derartigen Verkennung in der Tat immer wieder Vorschub leisten. Denn zwischen dem Gedanken selbst und seiner Darstellung bleibt hier ein durchgehender, an keiner Stelle völlig geschlichteter Gegensatz bestehen. Maimons Lehre ist von einem systematischen Grundgedanken beherrscht und durch ihn bis in ihre Einzelheiten bestimmt. Es ist eine Hauptfrage, die sie von Anfang an stellt, und die sich ihr in strenger Folgerichtigkeit zu einem komplexen Ganzen innerlich zusammenhängender Probleme erweitert. Die Art aber, in der dieses Ganze von Maimon dargeboten wird, verdunkelt den Zusammenhang der einzelnen Systemglieder oft bis zu völliger Unkenntlichkeit. Schon die erste Schrift, der »Versuch über die Transzendentalphilosophie« vom Jahre 1790 breitet in buntem Wechsel und in sprunghafter und aphoristischer Form eine Fülle scheinbar heterogenster Ideen vor dem Leser aus. Die Einteilungen und Kapitelüberschriften des Werkes weisen zumeist eine einfache Nebeneinanderreihung und Aufzählung der verschiedenartigsten Begriffe und Begriffsklassen auf, um mit einem kurzen »und so weiter« abzubrechen[1]. Die folgende Schrift hat sodann diese Auflösung der Form bis zu Ende durchgeführt, indem sie als »Philosophisches Wörterbuch« die systematische Ordnung durch die — alphabetische ersetzt. Spätere Werke — vor allem der »Versuch einer neuen Logik« und die »Kritischen Untersuchungen über den menschlichen Geist« — streben allerdings nach einer größeren Geschlossenheit der Darstellung, ohne indessen die Geschlossenheit des Maimonschen Denkens jemals wahrhaft zu erreichen. Das Urteil der Zeitgenossen und der Geschichte der Philosophie hat zumeist diese

---

[1] Man vergl. im »Versuch über die Transzendentalphilosophie« (Berlin 1790) den fünften Abschnitt: »Ding, möglich, notwendig, Grund, Folge, usw.,« den achten Abschnitt: Veränderung, Wechsel, usw.

Mängel des Schriftstellers Maimon dem Denker zur Last ge=
legt. Für die Rekonstruktion der Lehre gilt es indessen, an dieser
Stelle eine scharfe Grenze zu ziehen. Die Darstellung muß sich hier
zu Maimon in dasselbe Verhältnis stellen, in das er sich zu Kant
und allgemein zu den philosophischen Denkern der Vergangenheit
gestellt hat. Seine Forderung, daß die echte »pragmatische« Ge=
schichte der Philosophie nicht Meinungen der Philosophen,
sondern Denkungsarten, nicht Schriften, sondern Methoden,
nicht unzusammenhängende Einfälle, sondern Systeme dar=
zustellen habe[1], gilt mehr als für jeden anderen Denker für ihn
selbst, bei dem die Betrachtung stets von neuem in Gefahr gerät,
den Faden der systematischen Deduktion über dem Detail der
»Einfälle« zu verlieren. So reichhaltig und interessant dieses Detail
ist[2], so muß es dennoch ausgeschieden werden, wenn es sich darum
handelt, Maimons geschichtliche und systematische Stellung und
die großen Hauptzüge seines spezifischen Problems zu erfassen.
Daß dieses Problem sich ihm selber immer bestimmter gestaltet und
sich durch alles Nebenwerk immer energischer hindurchringt, ist
unverkennbar. Seine Konstanz und Einheit siegt zuletzt über alle
äußeren Mängel und alle Zersplitterung der Maimonschen Dar=
stellungsweise. Nimmt man Maimons Schriften als Ganzes, so treten
die zufälligen Hemmungen des Verständnisses mehr und mehr
zurück und aus ihrer Gesamtheit hebt sich klar und entschieden die
Einheit der methodischen Forderung heraus, die dieser Philo=
sophie ihr eigentümliches Gepräge gibt.

I. Der Begriff des »Gegebenen« und das Humesche Problem

Versucht man die Bedeutung, die Maimon innerhalb der ge=
samten Kantischen Bewegung besitzt, kurz zu bezeichnen, so bietet
sich hierfür zunächst eher ein negatives als ein positives Merk=
mal dar. Die entschiedene Überlegenheit, die er im Verständnis der

---

[1] Über die Progressen der Philosophie, veranlaßt durch die Preisfrage der königl.
Akademie zu Berlin für das Jahr 1792: Was hat die Metaphysik seit Leibniz und
Wolf für Progressen gemacht? Streifereien im Gebiete der Philosophie I (Berlin
1793), S. 6.
[2] Für diese Detailarbeit des Maimonschen Systems sei hier ein für allemal auf die
ausgezeichnete Monographie von Friedr. Kuntze verwiesen, in der sie zum
erstenmal zur allseitigen Darstellung gekommen ist. (Die Philosophie Salomon
Maimons, Heidelberg 1911.)

kritischen Philosophie vor Denkern wie Reinhold und Aenesidemus-Schulze besitzt, bekundet sich mit besonderer Deutlichkeit darin, daß er eine ganz bestimmte Klasse von Fragen, die jenen als zulässig und unumgänglich erscheinen, von vornherein verneint und abweist. Auch Maimon steht mitten in dem Streit über das »Ding an sich« und über das Problem, ob es als »Gedankending« oder als »affizierende Ursache«, als Noumenon oder als absolutes Etwas außerhalb jeglicher Erkenntnis zu fassen sei. Aber sein eigenes systematisches Interesse wurzelt nicht in dieser Streitfrage, die ihm mehr von außen aufgedrängt, als durch die Prinzipien seiner Lehre aufgegeben wird. Denn diese Lehre beginnt mit einer scharfen Fassung und Formulierung des Begriffs der Objektivität, durch die sie sich von vornherein außerhalb des Gebiets stellt, in welchem diese ganze Diskussion sich bewegt. Versteht man unter dem »Ding an sich« ein Etwas, das dadurch charakterisiert ist, daß wir die Bedingungen und Merkmale des Wissens von ihm verneinen — so mag ein solcher Begriff — wie Maimon hervorhebt — an und für sich im Erkenntnisvermögen vorkommen; aber er bedeutet alsdann in ihm nichts anderes, als die Formulierung einer widersprechenden und unvollziehbaren Forderung. Wie die Algebra das Symbol der imaginären Zahlen gebraucht, nicht um damit eine wirkliche Größe, sondern um die Unlösbarkeit bestimmter Aufgaben zu bezeichnen, so darf die transzendentale Analyse in analogem Sinne den Symbolbegriff des »Dinges an sich« verwenden[1]. Aber eine Verkehrung des Standpunkts wäre es, diesem Symbol einen bestimmten positiven und realen Inhalt zu geben, ja von ihm die eigentliche Begründung und Bürgschaft jeder objektiven Inhaltlichkeit überhaupt zu erwarten. Wie immer es sich mit ihm verhalten mag: das eine steht fest, daß dasjenige, was »Objektivität« für das Wissen ist und bedeutet, sich aus dem Wissen bestimmen und ermessen lassen muß. Die Erkenntnis bedarf, um den Sinn der Entgegensetzung zwischen Subjekt und Objekt zu erfassen, keineswegs der Annahme einer realen Sphäre, die gänzlich außerhalb des Systems des Wissens und des Wißbaren liegt. Vielmehr ergibt sich diese Entgegensetzung aus der Aufgabe und dem Charakter des Wissens selbst. Denn gerade dies ist die Funktion des Wissens, daß es in der gleichartigen Inhaltlichkeit des Bewußtseins, die zunächst allein gegeben zu sein scheint, die konstanten

---

[1] S. Maimon, Kritische Untersuchungen über den menschlichen Geist oder das höhere Erkenntnis- und Willensvermögen, Leipzig 1797, S. 191.

und gleichförmigen Elemente von den veränderlichen und von Fall zu Fall wechselnden unterscheidet. Und hierin allein liegt der Ursprung und die echte Realdefinition des Gegensatzes von Subjekt und Objekt: »dasjenige im Erkenntnisvermögen, was bei allen Veränderungen des Subjekts unverändert bleibt, ist das Objektive, dasjenige aber, das mit Veränderung des Subjekts zugleich verändert wird, ist das bloß Subjektive der Erkenntnis.«

Damit entfallen zugleich alle Spekulationen darüber, wie das Subjekt zum Objekt, das Objekt zum Subjekt »komme«: denn daß das Unveränderliche nur am Veränderlichen aufgezeigt, das Veränderliche nur vermöge des Unveränderlichen als solches bestimmt werden kann, ist unmittelbar ersichtlich. Die beiden Glieder können daher mit Sinn niemals isoliert und nach dem, was sie an sich außerhalb des Erkenntnisvermögens sein mögen, charakterisiert werden. Lediglich die bestimmte Beziehung beider aufeinander kommt als »reelles« Problem in Frage. »Das Objektive in der Erkenntnis ist also nicht (wie man gemeiniglich glaubt) dasjenige darin, was durch etwas außer dem Erkenntnisvermögen (das Objekt an sich) bestimmt wird, denn da wir von diesem Etwas außer dem Erkenntnisvermögen so wenig als von dem Erkenntnisvermögen selbst als Ding an sich irgendeinen bestimmten Begriff haben, und wir also den Grund der Erkenntnis nicht einsehen, sondern bloß in dem einen oder dem andern (durch eine Illusion ...) supponieren, so können wir mit gleichem Rechte diesen Grund im Erkenntnisvermögen selbst, als in etwas außer demselben setzen. Soll also das Objektive von dem bloß Subjektiven der Erkenntnis unterschieden werden (welche Unterscheidung in der ganzen Philosophie von großer Wichtigkeit ist), so müssen wir das Fundamentum divisionis nicht in dem Grund (in der Quelle), sondern in der Erkenntnis selbst aufsuchen.« So finden wir z. B., daß — abgesehen von allen Vorstellungen, die wir uns über den Ursprung der Sinneswahrnehmung oder die Herkunft der Raumanschauung etwa machen mögen — das Moment der Räumlichkeit das »Objektive« gegenüber der sinnlichen Empfindungsqualität ausmacht, weil es als das relativ Beständige gegenüber den wechselnden Modifikationen der Empfindung erkannt wird. Eben dies ist das Verdienst der kritischen Philosophie, daß sie zum erstenmal in völlig befriedigender Weise gezeigt hat, wie die Erkenntnis den Gegensatz des Subjektiven und Objektiven gewinnen und gebrauchen kann, ohne daß sie darum gleichsam »außer sich zu geraten«, d. h. auf die Gesamtheit ihrer eigenen Kriterien und Bedingungen zu verzichten nötig hätte[1]. Auch sie spricht vom »Gegenstand« des Wissens und unterscheidet ihn aufs schärfste von den bloßen Modifikationen der Empfindung und Vorstellung; aber der Gegenstand bedeutet ihr »kein fingiertes Etwas außer dem Erkenntnisvermögen, sondern immer dasjenige, was im Erkenntnisvermögen selbst Gegenstand einer Funktion desselben ist«. Es gibt demnach kein anderes Mittel, das Ganze der empirischen »Wirklichkeit« kritisch auszumessen, als den Inbegriff eben dieser Funktionen selbst und ihr wechselseitiges Verhältnis systematisch zu überblicken. Denn jede Funktion des Erkenntnisvermögens und das Objekt, worauf sie sich bezieht, bestimmen einander wechselweise. »Anschauung von etwas, z. B. der gelben Farbe, bedeutet die *allgemeine Funktion des Erkenntnisvermögens*, wodurch nicht nur dieses Etwas, sondern alles was unmittelbar ein Gegenstand des Bewußtseins sein kann, in demselben wirklich wird. Das Besondere (der Anschauung der gelben Farbe Eigentümliche) darin aber ist Objekt dieser Anschauung. Vorstellung ist dasjenige im Bewußtsein, welches nicht bloß an sich, sondern auch mit Beziehung auf Etwas, dessen Vorstellung sie ist, vorkommt; dieses Etwas aber, worauf sich die Vorstellung bezieht, ist Objekt dieser Vorstellung u. s. f.«[2] Damit werden alle Einwände der gewöhnlichen Skepsis gegen die Kritik der reinen Vernunft hinfällig: denn sie beruhen, wie das Beispiel Aenesidems zeigt, durchweg auf dem πρῶτον ψεῦδος, daß sie den kritischen Objektivitätsbegriff verkennen, indem sie ihm, bewußt oder unbewußt, immer wieder das alte Schema der Abbildtheorie unterschieben.

In der Abbildtheorie selbst aber werden wir in einem beständigen Zirkel herumgetrieben: wir lassen, wie in jener bekannten Erzählung von dem indischen Weisen, die Welt auf einem großen Elefanten, den Elefanten auf einer Schildkröte ruhen, um zuletzt auf die Frage, worauf denn die Schildkröte selbst ruhe, die Antwort schuldig zu bleiben. »Die Frage ist, warum habe ich eben jetzt die Vorstellung des Hauses und nicht die Vorstellung des Baumes z. B., die ich ebenfalls jetzt hätte haben können und warum stelle ich mir das Mannigfaltige in dieser Ordnung und Verbindung [vor], da ich es auch in einer andern vorstellen kann? und die Antwort ist,

---

[1] Versuch einer neuen Logik oder Theorie des Denkens. Nebst angehängten Briefen des Philalethes an Aenesidemus. Berlin 1794 (im folgenden als »Logik« zitiert) S. 126 f.
[2] Logik S. 245 f.

weil das Haus als Ding an sich jetzt in der Ordnung und Ver≠
bindung wirklich existiert. Sollte man nicht weiter fragen: warum
existiert das Haus an sich eben jetzt und in der Ordnung und Ver≠
bindung, da an seiner Stelle auch etwas anderes existieren könnte?
Hier ist abermals eine Täuschung, die auf einem unrichtigen Be≠
griffe von Grund beruht«[1]. Der Begriff vom Grunde ist seiner
eigentlichen Bedeutung nach, die sich allein verständlich machen
und real definieren läßt, ein Begriff der Erkenntnis und sagt eine
bestimmte Beziehung zwischen Erkenntnisinhalten aus. Wir
nennen den einen Inhalt den »Grund« des anderen, wenn der
letztere aus dem ersten — gemäß einem allgemeinen Prinzip, das
sich uns später in bestimmter Formulierung ergeben wird — ver≠
ständlich gemacht werden kann. Dieser Begriff einer ganz be≠
stimmten Erkenntnisrelation aber wird schon verschoben, wenn wir
nach dem Grunde des Daseins auch nur fragen. Als ein Gedanke,
durch den das Mannigfaltige in unserer Erkenntnis nach Gesetzen
des Erkenntnisvermögens zur Einheit verbunden wird, bezeichnet
»Grund« ein Verhältnis der Bestimmbarkeit des Besonderen der
Erkenntnis durch das Allgemeine, nicht aber läßt sich mit diesem
Gedanken über die ganze Sphäre hinausgreifen, innerhalb deren
jene Bestimmung und jenes Verhältnis von Voraussetzungen und
Folgen überhaupt nur angebbar und erklärbar ist.

Die Lehre der Kritik, daß die apriorischen Formen aus dem
»Gemüt« herstammen, der Stoff der Vorstellung aber durch die
Dinge selbst gegeben sei, wird demnach nach Maimon völlig miß≠
verstanden, wenn man sie als eine reale Ableitung aus dem Wesen
des Gemütes oder der Dinge ansieht. Ein Wesen, von dem wir
nichts wissen, noch, nach den Beweisen der Kritik, jemals etwas
wissen können, als Realgrund einer gegebenen Erscheinung aus≠
zugeben, wäre ein handgreiflicher Widerspruch. Aber der Schein
dieses Widerspruchs fällt nicht sowohl dem Gedanken selbst, als
vielmehr der Sprache der Vernunftkritik zur Last. In Wahrheit
ist ihr das »Gemüt« so wenig ein abgesondertes Dasein außerhalb
der allgemeinen Erkenntnisfunktionen, daß es vielmehr nur deren
zusammenfassender Ausdruck ist: wie andererseits die Besonder≠
heit der Erkenntnisobjekte durch den Begriff des »gegebenen
Stoffes« nur symbolisch bezeichnet wird. »Die Kritik der reinen
Vernunft« — so hebt Maimon ausdrücklich gegen Aenesidem
hervor — bestimmt *kein Wesen* als *Subjekt* und *Ursache* der Er≠

---

[1] Logik S. 371 f., vergl. S. 320 f.

kenntnis, sondern untersucht bloß das, was in der Erkenntnis selbst enthalten ist. Daß wir Objekte der Erfahrung haben, die die Gewißheit bestimmter Formen der Erfahrung in sich schließen, ist ihr demnach keine Hypothese über den Ursprung der Erkenntnis, sondern ein Faktum, das sich aufweisen und im Zusammenhang mit seinen allgemeinen Bedingungen demonstrieren läßt[1]. Nicht die realiter verschiedene Ursache der Erkenntnis, sondern nur die realiter verschiedenen Erkenntnisarten selbst und ihre inneren Geltungsdifferenzen sind dasjenige, was hier gesucht wird. Das »Gemüt« ist daher ebensowenig als die Ursache der notwendigen synthetischen Urteile zu verstehen, wie etwa die Anziehungskraft für Newton noch ein eigenes Etwas außer den sich einander anziehenden Körpern und ihren Bewegungen bedeutet. In beiden Fällen besagt vielmehr der Terminus der »Kraft« das Gleiche: nämlich die allgemeinen Wirkungsarten oder Gesetze des untersuchten Phänomens selbst. Wie die Gravitation nur die Bezeichnung für die Regeln der Bewegung der Himmelskörper, so ist das Kantische »Subjekt« nur der Ausdruck für die allgemeinsten Regeln der Erkenntnis überhaupt[2]. —

In der konsequenten Festhaltung dieses Gedankens scheidet sich Maimon zugleich scharf von Reinholds Elementarphilosophie, deren Grundfehler er weit klarer und bestimmter als Aenesidem es vermocht hatte, bezeichnet und kritisiert. Der eigentliche Mangel der Elementarphilosophie liegt nach Maimon in dem zweideutigen Begriff der »Vorstellung«, den sie zugrunde legt. Daß die »Vorstellung« über sich selbst hinaus und auf ein anderes, was nicht Vorstellung ist, hinweist, ist freilich ohne weiteres zuzugestehen. Aber dieser Satz ist keine reale Erkenntnis, sondern eine analytische Wahrheit. Wir bezeichnen mit Vorstellung ein Erkenntniselement, sofern es in sich selber unvollständig ist und daher der Ergänzung durch andere Elemente der Erkenntnis bedarf. Eine Vorstellung im eigentlichen Verstande ist die Reproduktion von einem Teil einer Synthesis in Beziehung auf diese Synthesis selbst. Solange man zum Bewußtsein der Gesamtsynthese noch nicht gelangt ist, solange also der Teil nur für sich und seinem bloßen Bestande nach, nicht aber als Teil erfaßt und begriffen ist, existiert daher für uns keine »Vorstellung«: das Element bezieht sich alsdann auf nichts anderes als auf sich selbst und ist in diesem Sinne nicht als Vorstellung, sondern

---
[1] Logik S. 354 f.
[2] Logik S. 346 ff.; vergl. S. 353 ff.

als »Darstellung« zu bezeichnen[1]. Ein Gemälde kann die »Vorstellung« eines wirklichen Objekts genannt werden; aber dies ist nur dadurch möglich, daß wir dieses Objekt, auch unabhängig von dem Gemälde, kennen und es neben den Merkmalen, die es in diesem besitzt, noch durch andere Merkmale, die in der malerischen Darstellung fortgefallen sind, als bestimmbar ansehen[2]. Die Gesamtheit der Merkmale aber, die für uns eben das Erfahrungsobjekt ausmachen, wiederum auf ein anderes außerhalb dieser Gesamtheit Liegendes zu beziehen, hat keinen verständlichen Sinn mehr. Diese Operation beruht lediglich auf einer leicht zu durchschauenden Täuschung, kraft deren wir ein Verhältnis, das zwischen den Gliedern eines Ganzen statt hat, auf dieses Ganze selbst übertragen[3]. In Wahrheit aber »ist« dieses Ganze der Erfahrung nur einfach, d. h. es besteht als ein in sich abgeschlossener Inbegriff, dessen Glieder sich wechselweise bestimmen und stützen, der aber für sich keiner weiteren, außerhalb seiner selbst liegenden Stütze bedarf. »Die ursprüngliche (nicht durch die Einbildungskraft reproduzierte) sinnliche Wahrnehmung stellt nichts außer sich selbst vor d. h. aber in der Tat, sie stellt gar nichts vor. Wenn wir also eine jede ursprüngliche Wahrnehmung dennoch als Vorstellung auf etwas (außer dem Bewußtsein) beziehen (wie in der Tat dieses Faktum an sich nicht zu leugnen ist), so geschieht dieses durch eine Illusion der Einbildungskraft, die durch die Gewohnheit, ihre Reproduktion auf die Objekte oder die ursprünglichen Wahrnehmungen derselben zu beziehen, endlich selbst ursprüngliche Wahrnehmungen auf ein Etwas (außer dem Bewußtsein) bezieht.«

Wie Reinhold dies übersehen, wie er also den Begriff der Vorstellung, statt ihn in seiner abgeleiteten Bedeutung — als Teilsynthese, die sich auf eine vorausgegangene Gesamtsynthese bezieht — zu begreifen, für die Charakteristik der ursprünglichen Daten der Erkenntnis selbst brauchen konnte, ist freilich leicht erklärlich. Er entnahm diesen Gebrauch des Begriffes der Leibniz-Wolffischen Philosophie, in der in der Tat die »Vorstellung« das allgemeine Urelement des Bewußtseins überhaupt bedeutet. Aber es entging ihm, daß er in dieser bloßen Bezeichnungsweise zugleich

---

[1] Versuch über die Transzendentalphilosopie, Berlin 1790, S. 349.
[2] Kritische Untersuchungen über den menschlichen Geist oder das höhere Erkenntnis- und Willensvermögen, Berlin 1797, S. 60 f.
[3] Vgl. hrz. bes. die Ausführungen in den »Kritischen Untersuchungen« S. 58 ff.

bereits ein metaphysisches, vom Standpunkt der kritischen Be‑
trachtungsweise nicht mehr zu rechtfertigendes Dogma in die An‑
fänge seines Systems aufnahm. Denn was bedeutet die Beziehung
der Vorstellung oder ihres Stoffes auf das Ding an sich, da doch
Beziehung, Verhältnis und dergleichen Verbindungsarten sind, Ver‑
bindung aber immer etwas zu Verbindendes und einen Grund der
Verbindung im Bewußtsein voraussetzt[1]. Alle Funktionen des Be‑
wußtseins beziehen sich freilich aufeinander und bestimmen ein‑
ander wechselweise; hier aber soll es sich um die Beziehung auf
ein fingiertes Etwas handeln, von dem, außer eben dieser Be‑
ziehung selbst, nichts im Bewußtsein anzutreffen ist[2]. Demgemäß
bedarf auch die Kantische Erklärung, daß die Anschauung sich
»unmittelbar auf den Gegenstand beziehe«, während der Begriff
nur vermitels der Anschauung auf ihn bezogen sei, der Berich‑
tigung. Soll hierdurch nicht der »Wahn« gefördert werden, daß
die Anschauung den direkten Hinweis auf ein völlig transzendentes
Objekt außerhalb aller Erkenntnisbedingungen enthält, so kann
der Gegenstand, auf den sie sich bezieht, kein anderer als der ge‑
dachte Gegenstand sein. Dann aber wäre das Verhältnis richtiger
derart auszudrücken, daß die Anschauung sich auf den Begriff
bezieht, um in ihm die logische Bestimmung dessen und die logische
Klarheit über all das zu gewinnen, was in ihr unmittelbar und im‑
plizit gesetzt ist. Sie wäre als diejenige Modifikation des Erkenntnis‑
vermögens zu bezeichnen, die sich auf nichts außer demselben, wie
die Vorstellung auf ihr Objekt, bezieht, sondern die selbst Ob‑
jekt ist.[3]

Indessen bedeuten alle diese Erörterungen, wie bereits erwähnt,
nur eine negative Abgrenzung gegen falsche dogmatische Frage‑
stellungen, bezeichnen aber noch keineswegs die positive und eigen‑
tümliche Leistung von Maimons Philosophie. Diese Leistung be‑
ginnt erst damit, daß Maimon das Problem des »Dinges an sich«,
das er zunächst völlig abzuweisen schien, auf einer höheren Stufe
der Betrachtung in einer neuen Wendung wieder aufnimmt. Jetzt
zeigt es sich — und diese Einsicht hebt Maimon über alle übrigen
Kritiker Kants hinaus — daß der Gedanke, der der Kantischen Ent‑

---
[1] Logik S. 319 ff., vgl. bes. S. 365 ff.
[2] Die Kategorien des Aristoteles, 2. Auflage, Berlin 1798, S. 175.
[3] Kritische Untersuchungen S. 59 f., 65.

gegensetzung von Materie und Form zugrunde liegt, sich als solcher nicht dadurch erledigen läßt, daß man die Hypostasierung dieses Gedankens kritisiert und verwirft. Denn die Frage, die wir für das **Ganze** der Erkenntnis abgewehrt haben, tritt nunmehr **innerhalb des Systems der Erkenntnis selbst** in veränderter Fassung hervor. Und hier erst erlangt sie ihr volles Gewicht. »Ding an sich« und »Erscheinung«, »Subjekt« und »Objekt«, »Form« und »Materie« sind, tiefer verstanden, nicht der Ausdruck für irgendwelche ursprüngliche Trennung in den absoluten Gegenständen, sondern vielmehr Bezeichnungen für ein und denselben methodischen Gegensatz, der unser Wissen selbst beherrscht und durchdringt. Die Entwicklung dieses Gegensatzes knüpft Maimon an den Kantischen Begriff des »Gegebenen« an. Selbst wenn man — so führt er aus — den Begriff des Dinges an sich als eines affizierenden unbekannten Etwas verwirft, so ist doch damit das Problem der Gegebenheit als solches nicht gelöst, sondern, richtig verstanden, erst gestellt. Der Sinn des Problems muß freilich ein anderer werden: das »Gegebene« ist nicht dasjenige im Erkenntnisvermögen, was in ihm von außen her durch eine absolute Ursache gewirkt wird, wohl aber das, was aus seinen eigenen **Gesetzen** nicht **erklärbar** und in seiner konkreten Bestimmtheit nicht ableitbar ist. Die Bezeichnung des »Außen« ist es, die hier den Irrtum verschuldet, indem sie beständig dazu verführt, eine logische Differenz der Erkenntnisstücke in ein an sich bestehendes, räumlich-dingliches Verhältnis zu verwandeln. Das Wort »gegeben« — so erklärt demgegenüber schon Maimons erste Schrift — welches Herr Kant von der Materie der Anschauung sehr oft gebraucht, bedeutet bei ihm (wie auch bei mir) nicht etwas in uns, das eine Ursache außer uns hat; denn dieses kann nicht unmittelbar wahrgenommen, sondern bloß geschlossen werden. Nun ist aber der Schluß von einer gegebenen Wirkung auf eine bestimmte Ursache stets unsicher, weil die Wirkung aus mehr als einerlei Ursache entspringen kann; demnach bleibt es in Beziehung der Wahrnehmung auf ihre Ursachen jederzeit zweifelhaft, ob diese innerlich oder äußerlich sei, sondern es bedeutet bloß eine Vorstellung, deren Entstehungsart in uns uns unbekannt ist[1]. In diesem Sinne ist z. B. dem Erkenntnisvermögen die rote Farbe »gegeben«, sofern die besondere Modifikation, die sich in ihr darstellt, aus den allgemeinen Gesetzen dieses Vermögens nicht ableitbar ist, die Erkenntnis sich also ihr gegenüber lediglich

[1] Versuch über die Transzendentalphilosophie S. 203.

leidend verhält, indem sie ihr Auftreten nur konstatieren, nicht aber ihren besonderen Inhalt einsichtig verständlich machen kann[1]. Im Gegensatz hierzu dürfen wir alles dasjenige, bei dem diese letztere Bedingung erfüllt ist, durch die Erkenntnis hervorgebracht nennen: nicht um damit einen realen, in der Zeit vor sich gehenden ursächlichen Prozeß, sondern um eben dieses eigentümliche logische Geltungsmoment an ihm zu bezeichnen[2].

Und damit nun ergreifen wir nach Maimon das kritische Problem erst in seiner eigentlichen und ursprünglichen Gestalt. Denn die »Kritik der reinen Vernunft« versteht unter der Erfahrung, unter der Erkenntnis a posteriori nicht eine durch die Dinge an sich bewirkte Erkenntnis, sondern eine Erkenntnis, die nicht durch die bloßen Gesetze des Erkenntnisvermögens bestimmt wird. »Das Erkenntnisvermögen wird affiziert, heißt, es erlangt Erkenntnisse, die nicht durch seine *Gesetze* a priori von ihm bestimmt sind. Die Dinge an sich kommen also hier ganz aus dem Spiel[3].« Aber freilich scheint damit ein anderer dualistischer Gegensatz nur um so deutlicher hervorzutreten, der in den Prinzipien des Wissens selbst gegründet und insofern unaufheblich ist. Alle Erkenntnis bezweckt die Unterordnung des Besonderen unter das Allgemeine. Diese beiden Endpunkte der Betrachtung indessen lassen sich zwar durchgängig aufeinander beziehen, aber sie gehen niemals ineinander

---

[1] Versuch über die Transzendentalphilosophie S. 13.
[2] Vgl. bes. Kategorien des Aristoteles S. 203: »Eine Erkenntnis ist dem Erkenntnisvermögen *gegeben,* insofern der Grund dieser Erkenntnis nicht *in* Erkenntnisvermögen, sondern *außer* demselben anzutreffen ist, d. h. insofern die Entstehungsart dieser Erkenntnis sich nicht nach allgemeinen Gesetzen des Erkenntnisvermögens aus demselben erklären läßt. Insofern aber die Entstehungsart einer Erkenntnis sich nach allgemeinen Gesetzen des Erkenntnisvermögens aus demselben erklären läßt, ist sie von demselben *hervorgebracht.*«
[3] Logik S. 377; vgl. hier bes. Versuch über die Transzendentalphilosophie S. 340 ff.: »Was Materie und was Form der Erkenntnis ist, ist eine sehr wichtige Untersuchung. Die Nominaldefinition dieser Bestandteile der Erkenntnis könnte so lauten: dasjenige, was im Gegenstande an sich betrachtet, anzutreffen ist, ist die Materie; was aber nicht im Gegenstande selbst, sondern in der Beschaffenheit des besondern Erkenntnisvermögens seinen Grund hat, ist die Form dieses Gegenstandes. Die Frage ist aber: wodurch kann man erkennen, was im Gegenstand an sich, und was im Erkenntnisvermögen in Beziehung auf denselben seinen Grund hat. Kennten wir den Gegenstand an sich außer dem Erkenntnisvermögen und dieses Vermögen an sich, so könnten wir wissen, was jenem an sich eigen ist und was er bloß von diesem angenommen hat; so (aber) bleibt diese Frage unauflöslich ... Wir können also Materie von Form bloß durch die Merkmale der Besonderheit und Allgemeinheit unterscheiden.«

auf. Wir können das Besondere zwar durch das Allgemeine bestimmen, aber wir können seinen Bestand und seine Beschaffenheit nicht aus ihm erklären. Damit aber erhebt sich die Frage nach dem Zusammenhang zwischen der Vorstellung und ihrem Gegenstand von neuem. Denn eben das Besondere in den Vorstellungen, das nicht zur wesentlichen Bestimmung von Vorstellung überhaupt gehört, macht dasjenige aus, was wir Gegenstände außer unsern Vorstellungen nennen. Nur dadurch, daß die Inhalte des Bewußtseins neben ihrer allgemeingesetzlichen Struktur noch eine spezifische Bestimmtheit aufweisen, werden sie uns zu »wirklichen«, zu objektiv existierenden Inhalten[1]. Aber ist die Harmonie zwischen dem Allgemeinen und dem Besonderen in der Erkenntnis im Grunde nicht ein ebensolches Rätsel, wie es für die ältere Metaphysik die Harmonie zwischen Wissen und Sein, zwischen Bewußtsein und absoluter Realität war? »Wie kann« — so lautet nunmehr die Frage — »der Verstand, dessen Funktion bloß ist, *allgemeine Formen* oder *Verhältnisse* in Beziehung auf unbestimmte *Objekte* überhaupt zu denken, durch eben diese Formen auf besondere Arten bestimmte Objekte (deren Bestimmungen in diesen allgemeinen Formen nicht anzutreffen sind) denken? Was bestimmt ihn, diese Objekte durch diese und andere durch eine andere Form zu denken?[2]« Zwar daß das Besondere dem Allgemeinen gemäß sei, daß es seinen Bedingungen nicht widersprechen dürfe, läßt sich durch eine »Deduktion« jener obersten Verhältnisbegriffe dartun; — aber hierin liegt noch keineswegs die Einsicht in den positiven Grund eben seiner Besonderung selbst. Nehme ich etwa den allgemeinen Verhältnisgedanken der Kausalität als gültig an, so setze ich damit freilich zugleich, daß bestimmte empirische Einzelobjekte in einer Beziehung von Ursache und Wirkung stehen können; aber welche tatsächlich vorhandenen, besonderen Gegenstände miteinander wirklich in einem derartigen Zusammenhang stehen, wird hierdurch nicht im mindesten angegeben[3]. Der allgemeine Satz der Ursächlichkeit enthält kein Merkmal und gibt kein Kriterium an, kraft dessen wir die besonderen Fälle seiner Anwendbarkeit erkennen und ihm subsumieren können. Ich weiß aus dem Grundsatze zwar, »daß *Objekte der Erfahrung überhaupt* in Kausalverbindung miteinander gedacht werden müssen, keinesweges aber, daß eben diese

---
[1] S. Logik S. 337 ff.
[2] Die Kategorien des Aristoteles S. 229.
[3] S. Logik S. 190 ff.

Objekte es sein müssen, die in diesem Verhältnisse stehen.« Es gibt, mit anderen Worten, nur synthetische Urteile in Beziehung auf Objekte einer möglichen Erfahrung überhaupt, nicht aber in Beziehung auf bestimmte Objekte wirklicher Erfahrung[1].

Damit aber ergibt sich eine Lücke der transzendentalen Beweisführung, die sich, solange wir streng innerhalb des Gebiets des empirisch Erkennbaren und Begründbaren verharren, nicht schließen läßt. Das Humesche Problem steht von neuem vor uns: und es ist nunmehr um so schwieriger und drohender geworden, als es uns auf dem Boden der kritischen Betrachtungsweise selbst mit innerer Notwendigkeit erwachsen ist. Hume ist von der Vernunftkritik völlig widerlegt, sofern seine Lehre auf der Voraussetzung beruht, daß das Kriterium der Wahrheit unserer Ideen in ihrer Übereinstimmung mit den sinnlichen Eindrücken bestehe. Denn die objektive Wahrheit einer Vorstellung oder eines Begriffs wird nicht durch die Gegenstände, worauf sie sich beziehen — oder, wie wir nach der vorangegangenen Erörterung sagen dürfen: nicht durch das Besondere (den »gegebenen« Stoff) in ihnen — gesichert, sondern es sind vielmehr die allgemeinen Verstandesformen, die jenem Besonderen erst seine objektive Gültigkeit verleihen. Diese Formen, zu denen die Begriffe, wie Ursache, Wirkung, Kraft gehören, erhalten also ihre Realität nicht durch Impressionen, sondern umgekehrt werden durch sie erst die Impressionen als Impressionen von Gegenständen erkannt[2]. Auf der anderen Seite indessen lassen sich zwar, wie sich gezeigt hat, diese Formen im allgemeinen als gültig erweisen, aber es läßt sich kein bestimmter Einzelfall ihrer Anwendung in der wirklichen Erfahrung unzweifelhaft aufzeigen. Wollen wir also den Anspruch der Allgemeinheit aufrecht erhalten, so müssen wir uns begnügen, im logisch-formalen Denken, das für alle Objekte überhaupt gilt, stehen zu bleiben; während wir, sobald wir hierüber hinausgehend von konkreten empirischen Gegenständen urteilen, niemals eine mehr als relative und vergleichsweise Allgemeinheit erlangen, die nicht auf streng objektiv erweislichen Gründen beruht, sondern sich nur auf die Erwartung ähnlicher Fälle kraft der Regel der Assoziation stützt.

Bleiben wir zunächst bei dieser freilich noch unvollständigen und vorläufigen Formulierung des Maimonschen Problems stehen[3],

---

[1] Logik S. 419 f., 431 f.
[2] Logik S. 338 f.
[3] Die abschließende Formulierung ergibt sich erst von dem Grundprinzip der Maimonschen Philosophie: vom »Satz der Bestimmbarkeit« aus; s. unten S. 112 ff.

um lediglich seinen systematischen und geschichtlichen Ort zu bestimmen: so zeigt es sich, daß Maimon hier an genau derselben Stelle steht, an der die Betrachtung von Kants Kritik der Urteilskraft einsetzt. Gerade hierin bewährt sich sein kongeniales Verständnis der kritischen Lehre: denn der »Versuch über die Transzendentalphilosophie« liegt bereits vor dem Erscheinen der »Kritik der Urteilskraft« in fertiger Ausarbeitung vor[1]. Die »Gesetzlichkeit des Zufälligen«, d. h. dessen, was aus den allgemeinen und notwendigen Formen des Denkens als solchen nicht zu deduzieren ist, gilt es hier wie dort zu begreifen. Und auch die Lösung, die Maimons »Versuch über die Transzendentalphilosophie« zu geben sucht, stimmt mit derjenigen Kants in der »Kritik der Urteilskraft« wenigstens insoweit überein, als in beiden ein und derselbe eigenartige metaphysische Hilfsbegriff auftritt. Die Kluft zwischen dem Allgemeinen und dem Besonderen der Erkenntnis erscheint vom Standpunkt des »endlichen« empirischen Verstandesgebrauchs freilich als unüberbrückbar: aber sie schließt sich, sobald wir den Gedanken eines **unendlichen und göttlichen Verstandes** wenigstens problematisch zulassen und einführen. Für Kant freilich erfolgt diese Zulassung nur unter der Bedingung, daß dieser Gedanke alsbald wieder in die Sprache der transzendentalen Methodik zurückgewendet, — daß er also nicht als eine dogmatische Behauptung und als ein erklärender Grundsatz, sondern lediglich als ein regulatives Prinzip für unsere empirische Erkenntnis selbst gebraucht wird[2]. Über diese kritische Zurückhaltung geht die Konzeption Maimons, wie er sie in seiner Erstlingsschrift entwickelt, weit hinaus. Denn hier steht er nicht nur auf dem Boden der Vernunftkritik, sondern auch unter dem nachhaltigen und entscheidenden Einfluß der Grundgedanken des metaphysischen Idealismus, wie sie sich in Leibniz' Monadologie gestaltet haben. Mit bewunderungswürdiger Kraft und Schärfe der Analyse löst er jetzt aus dem Gesamtkomplex von Leibniz' metaphysischen Lehren das methodologisch bedeutsamste Moment heraus. Die Methodik der klassischen Systeme des Rationalismus im 17. Jahrhundert gipfelt in ihrer Lehre von der »kausalen« Definition. Nur was die Erkenntnis aus den ersten Elementen **hervorbringt**, vermag sie

---

[1] Er wird bereits am 7. April 1789 von Markus Herz an Kant zur Prüfung übersandt: s. den Brief von Herz und Kants Erwiderung: Briefe (Akad.-Ausg.) II, 14 f., 48 ff.
[2] Vgl. ob. S. 15 f.

wahrhaft und vollständig aus seinen Gründen zu begreifen[1]. Aber diese Erzeugung des komplexen Erkenntnisinhalts aus seinen einfachen Bedingungen findet für uns Menschen an den empirischen Erkenntnisinhalten alsbald eine bestimmte Schranke. Hier stehen wir vor rein faktischen Verhältnissen, in die uns keine rationale Einsicht, weil keine Zerlegung in die einfachen Urelemente verstattet ist. Nichtsdestoweniger müssen solche Urelemente bestehen, auch wenn sie für uns selbst unzugänglich sind: — wenn anders wenigstens auch das Faktische eine bestimmte Geltung, wenn es den Wert der Wahrheit haben soll. Gibt es »*vérités de fait*« neben den »*vérités de raison*«, gibt es »Tatsachenwahrheiten« neben den »Vernunftwahrheiten«: so müssen sie mit ihnen prinzipiell von gleicher Form und Struktur sein. Auch in ihnen muß zwischen Subjekt und Prädikat zuletzt eine bestimmte notwendige Verknüpfung bestehen: nur daß freilich diese Verknüpfung für uns nicht in einer endlichen Folge von Denkschritten zu erweisen und ans Licht zu stellen ist. Die »tatsächlichen Wahrheiten« sind gleich den irrationalen Zahlen, deren Stellung innerhalb des Zahlsystems zwar fest bestimmt ist, deren wirkliche »Berechnung« aber immer auf eine unendliche Reihe zurückführt[2]. Denken wir uns jedoch einen Verstand, der diese Unendlichkeit gleich sicher und gleich vollständig beherrscht und übersieht, wie wir eine einfache mathematische Rechnung oder eine syllogistische Schlußfolgerung mit einer begrenzten Anzahl von Elementen überblicken, so wäre für ihn der Unterschied des Vernünftigen und Tatsächlichen, des Zufälligen und Notwendigen aufgehoben. Was für uns nur »gegeben« ist, das wäre für ihn genetisch erzeugbar und demnach aus seinen ersten Voraussetzungen verständlich. Die Welt wäre ihm nur noch ein völlig durchsichtiges System von Gründen und Folgen, das vom Allgemeinsten bis ins Besonderste, von den idealen Prinzipien bis zum letzten individuellen Dasein sich erstreckt. Maimon sieht in dieser Gedankenreihe den Kern der Leibnizischen Philosophie, die er von hier aus in höchst interessanter Weise bis in ihre Einzelheiten entwickelt[3]. Systematisch aber ergibt sich ihm von hier aus die Folgerung, daß, wenn überhaupt, so nur auf dem Boden dieser Anschauung die Zusammen-

---

[1] Zur Lehre von der genetischen Definition bei Hobbes, Spinoza, Leibniz und Tschirnhaus s. Bd. II, S. 49 ff., 86 ff., 127 ff., 193 ff.
[2] S. hrz. Bd. II, S. 179 ff.
[3] Über die Progressen der Philosophie IV. Abschnitt, Streifereien S. 18 ff.

stimmung zwischen dem Allgemeinen und dem Besondern sich be= greifen läßt, während jede andere Lehre, die Vernunftkritik einbegriffen, sich damit begnügen muß, sie lediglich zu postulieren. Die kritische Philosophie ist somit hier an einen Punkt geführt, an dem sie zwischen Leibniz und Hume zu wählen hat. Außerhalb des Idealbegriffs des »göttlichen Verstandes« gibt es vor Humes Skepsis keine Rettung. Wir müssen metaphysisch die Welt als Werk eines höchsten Verstandes, und somit für diesen als völlig durchsichtig, oder wir müssen sie empirisch als eine gegebene Summe von Tatsachen ansehen, von der wir nicht angeben können, ob und wie weit sie sich in allgemeine Begriffe und Gesetze auflösen und durch sie erklären läßt. Maimon selbst begnügt sich, diese Alternative klar und scharf zu bezeichnen, ohne ihr gegenüber eine endgültige Entscheidung zu treffen. In seinen ersten Schriften überwiegt das Interesse an der positiven Leibnizischen Lösung, während in den späteren Werken diese Lösung mehr und mehr zurückgedrängt und als problematisch empfunden wird. Aber selbst dort, wo die Skepsis das letzte Wort behält, ist doch jener erste Lösungsversuch niemals völlig beseitigt, sondern wirkt, wenngleich in vorsichtiger hypothetischer Fassung, auf die Gesamtdarstellung des Problems ein. Der Gedanke des »göttlichen Verstandes« bleibt für Maimon der notwendige Korrelatbegriff, an dem alles exakte wie empirische Wissen zu messen ist und damit »eine Idee, worauf eine jede Kritik der reinen Vernunft zurückgebracht werden muß, wenn sie befriedigend sein soll«[1]. Der Gegensatz zwischen dem Allgemeinen und Besonderen, zwischen den »Formen« des Denkens und seinen »Objekten« löst sich erst völlig in dieser »erhabenen« Ansicht eines Verstandes, für welchen die Formen zugleich selbst Objekte des Denkens sind oder der aus sich alle möglichen Arten von Beziehungen und Verhältnissen der Dinge (der Ideen) hervor= bringt. Unser Verstand ist eben derselbe, nur auf eine eingeschränkte Art[2]. Wir besitzen ein Beispiel und einen untrüglichen Beleg dieser Identität in den Objekten der reinen Mathematik, die wir aus ihren ersten Prinzipien verstehen, indem wir sie aus ihnen durch Kon= struktion hervorbringen, und wir finden uns zugleich aufgefordert, zum mindesten die Möglichkeit einer derartigen Erkenntnis für das Ganze der Wissensinhalte überhaupt als eine notwendige Auf= gabe des Denkens zu konzipieren[3].

---

[1] Über die Progressen der Philosophie, Streifereien S. 42.
[2] S. Transzendentalphilosophie S. 64 f.
[3] S. Progressen der Philosophie, Streifereien S. 20.

II. Die Idee des »unendlichen Verstandes« und die Theorie der Differentiale

So eigenartig die Gedankenreihen Maimons, die wir bisher entwickelt haben, sind, indem sie einen überraschenden Zusammenhang zwischen bisher getrennten intellektuellen Motiven knüpfen, so bewegen sie sich doch immerhin noch in bekannten geschichtlichen Bahnen. Ihre wahrhafte Originaliät aber erhält die Synthese, die hier zwischen Leibniz, Kant und Hume versucht wird, erst durch die Verbindung, die sie mit der modernen Mathematik und ihrem Grundbegriff eingeht. Der Begriff und Terminus des Differentials wird zum Ausdruck für das Problem der Erkennbarkeit und logischen Beherrschbarkeit des »Besonderen«. Sobald einmal der »Ursprung« des Besonderen nicht mehr auf die Affektion durch die »Dinge an sich« abgeschoben werden konnte, mußte in der Tat die Aufgabe entstehen, das Besondere, statt es lediglich der sinnlichen Rezeptivität zu überliefern, in einem eigenen begrifflichen Prinzip darzustellen und zu begründen. Für diese Aufgabe will Maimons Begriff des Differentials die Lösung darbieten[1]. In diesem Zusammenhang klären sich sogleich die schwierigen und scheinbar zwiespältigen Bestimmungen, die sich bei Maimon über das Verhältnis von Differential und Empfindung finden. Die Empfindung, die »Materie« der Erkenntnis bildet den ersten Anknüpfungspunkt für die Theorie der Differentiale; aber sie bedeutet nicht die Grundlage des Differentialbegriffs, sondern stellt vielmehr nur in der Sprache der Sinnlichkeit die Frage, die das Differential in der Sprache des rationalen Denkens zu lösen hat. Schon die sinnliche Wahrnehmung weist unmittelbar auf den Unterschied hin, der zwischen quantitativen und qualitativen Bestimmungen besteht. Vergleichen wir die Elemente der Wahrnehmung, so finden wir, daß sie sich niemals lediglich durch die bloße Größe unterscheiden, sondern daß sie in ihrem bestimmten qualitativen »Was« übereinkommen oder verschieden sind. Ohne diese Differenzen des »Was« wäre jede Bestimmung eines »Wie groß« unmöglich: denn die Formen von Raum und Zeit selbst, in denen allein extensive Größe möglich ist, sind nichts anderes als ein Schema oder Bild von der möglichen Verschiedenheit der Objekte und setzen somit innere Unterschiede in den Elementen, die

---

[1] Vgl. über diese Funktion des Differentialbegriffs Kuntze a. a. O. S. 331 ff., s. auch Kuntzes Aufsatz »Salomon Maimons theoretische Philosophie und ihr Ort in einem System des Kritizismus«, Logos III, 301 f.

räumlich oder zeitlich verknüpft werden sollen, voraus[1]. Diese Unterschiede kündigen sich uns in der Empfindung, als dem πρότερον πρὸς ἡμᾶς, als Gegensätze der sogenannten Sinnesqualitäten, als Gegensätze des Roten und Gelben, des Warmen und Kalten an. Der Verstand aber kann bei dieser Unterschiedenheit nicht stehen bleiben, sondern er fragt nach ihrem Grunde, d. h. nach dem Gesetz, aus dem hervorgehend sie gedacht werden muß. Er leitet kraft seiner eigentümlichen und charakteristischen Funktion die Verschiedenheit der Dinge aus der Verschiedenheit ihrer Erzeugungsprinzien her. Denn seine Grundform liegt in der genetischen Definition: so daß er alles objektiv Gegebene nicht anders als in der Form und Regel seiner Entstehung aufzufassen vermag. »Denn da das Geschäft des Verstandes nichts anderes als Denken, d. h. Einheit im Mannigfaltigen hervorzubringen ist, so kann er sich kein Objekt denken, als bloß dadurch, daß er die Regel oder Art seiner Entstehung angibt: denn nur dadurch kann das Mannigfaltige desselben unter die Einheit der Regel gebracht werden, folglich kann er kein Objekt als schon entstanden, sondern bloß als entstehend, d. h. fließend denken. Die besondere Regel des Entstehens eines Objekts oder die Art seines Differentials macht es zu einem besonderen Objekt, und die Verhältnisse verschiedener Objekte entspringen aus den Verhältnissen ihrer Entstehungsregeln oder ihrer Differentialen.«

Der tiefere Grund dieses Verhaltens des Verstandes liegt darin, daß wir, wenn wir von einem gegebenen fertigen Objekt ausgehen, in seine Darstellung notwendig Bestimmungen aufnehmen müssen, die seinem reinen Begriff gegenüber zufällig sind. Wir können niemals das Dreieck schlechthin seiner reinen geometrischen Bedeutung nach als Objekt der Anschauung konstruieren, sondern müssen stets ein Dreieck von bestimmter Seitenlänge und Winkelgröße vor uns hinstellen. Der eigentliche logische Gehalt der Definition des Dreiecks, die nicht nur diese oder jene, sondern schlechthin alle möglichen Konstruktionen in sich schließt, kann also niemals in der Betrachtung einer ruhenden Einzelgestalt erfaßt werden. Er tritt erst hervor, wenn wir auf die Regel zurückgehen, nach welcher diese Einzelgestalt geworden ist und die zugleich alle anderen bestimmten Gestaltungen, die sie innerhalb des gegebenen Begriffs hätte annehmen können, in sich faßt[2]. Ein analoger Fall

---
[1] Vgl. Versuch über die Transzendentalphilosophie S. 133 ff., 179 ff., Logik S. 136 ff. u. ö.
[2] Versuch über die Transzendentalphilosophie S. 33 f., vgl. bes. S. 356 f.

tritt ein, wenn wir es nicht mehr mit einer einzelnen Figur, sondern mit zwei verschiedenen geometrischen Gestalten zu tun haben, deren exaktes Verhältnis wir festzustellen suchen. Auch hier können wir beide zunächst als feste und abgeschlossene Gebilde in der Anschauung gegenüberstellen, um aus der Vergleichung ihrer Merkmale ihre wechselseitige Beziehung zu ermitteln. Aber wieder läßt sich in dieser Methode die spezifische Beschaffenheit und die spezifische Differenz beider niemals rein für sich bezeichnen, sondern sie stellt sich uns stets mit bestimmten Nebenumständen behaftet dar, die sich mathematisch in den besonderen numerischen Konstanten ausdrücken, die wir einführen müssen, um die gegebenen Figuren vollständig zu bezeichnen. Wollen wir demnach alle zufälligen Modifikationen ausschalten und die Figuren lediglich ihrem »Wesen« nach vergleichen, so müssen wir von diesen Konstanten wiederum absehen: d. h. mit anderen Worten, wir müssen von den Gebilden selbst auf ihre Entstehungsregeln, von den Integralen auf die Differentiale zurückgehen[1]. Die bloße Anschauung genügt hier nicht; denn sie ist zwar regelmäßig, aber nicht regelverständig[2]. Sie erfaßt demnach nur die Eigenart der fertigen Form, ohne sie aus dem Gesetz ihres Werdens als notwendig zu begreifen. Man braucht dieses spezielle Beispiel nur auf das Ganze der Erkenntnis zu übertragen, um die eigentliche Absicht von Maimons Theorie der Differentiale deutlich zu erfassen. Besonderung und Verschiedenheit der Dinge ist als empirische Tatsache, als Faktum der Anschauung und der sinnlichen Empfindung gegeben. Aber der Verstand vermag sich hierbei nicht zu beruhigen; sondern er verlangt Begriffe, in denen diese Verschiedenheit gegründet ist. Wie wir in dem Differential und Differentialquotienten einer Kurve diese Kurve selbst und somit ihren inneren Wesensunterschied gegen alle anderen besitzen, so müßte für einen Verstand, der nicht nur, wie es der unsrige in seinem empirischen Urteile tut, die Dinge in ihrer Gegebenheit erfaßt, sondern sie in ihrem Ursprung versteht, das Ganze der Welt sich in einen Inbegriff begrifflich formulierbarer Regeln und in eine Relation zwischen solchen Regeln auflösen. Für eine derartige Erkenntnisweise wäre die Kluft zwischen dem Allgemeinen und Besondern, die sich, wie wir gesehen haben, innerhalb der bloßen Erfahrungserkenntnis niemals schließen

---

[1] Vgl. hiermit die Darstellung der »Fluxionsmethode« in den »Kritischen Untersuchungen« S. 89 f.
[2] ibid. S. 34.

läßt, aufgehoben: denn der Verstand unterwirft hier nicht etwas a posteriori Gegebenes seinen Regeln a priori, sondern er läßt es vielmehr diesen Regeln gemäß entstehen, welches die einzige Art ist, die Frage: *quid juris?* auf eine völlig befriedigende Weise zu beantworten[1].

Nun ergibt sich auch deutlich die methodische Stellung, die der Differentialbegriff einnimmt und das Verhältnis, in dem er zu den verschiedenen Funktionen und »Vermögen« der Erkenntnis steht. Im »Versuch über die Transzendentalphilosophie« scheint hierüber keine Klarheit zu herrschen: denn auf der einen Seite werden die Differentiale aufs bestimmteste als »Vernunftideen« charakterisiert, die in der Anschauung keine adäquate Darstellung zulassen, — auf der anderen Seite scheinen sie wieder unmittelbar an die Sinnlichkeit geknüpft, ja aus ihr abgeleitet werden zu sollen. »Die Sinnlichkeit liefert die Differentiale zu einem bestimmten Bewußtsein, die Einbildungskraft bringt aus diesen ein endliches (bestimmtes) Objekt der Anschauung heraus; der Verstand bringt aus dem Verhältnisse dieser verschiedenen Differentiale, welche seine Objekte sind, das Verhältnis der aus ihnen entspringenden sinnlichen Objekte heraus.« Scheint es demnach nicht, als gäbe der Verstand in seinem Begriff des Differentials der Sinnlichkeit nur etwas zurück, was er zuvor aus ihr und durch sie empfangen hat? Aber der Fortgang der Erklärung weist einen andern Weg. »Die Differentiale der Objekte sind die sogenannten *Noumena*; die daraus entspringenden Objekte selbst aber sind die *Phaenomena*. Das Differential eines jeden Objekts an sich ist in Ansehung der Anschauung $= 0$, $dx = 0$, $dy = 0$ usw., ihre Verhältnisse aber sind nicht $= 0$, sondern können in den aus ihnen entspringenden Anschauungen bestimmt angegeben werden. Diese *Noumena* sind Vernunftideen, die als Prinzipien zur Erklärung der Entstehung der Objekte nach gewissen Verstandesregeln dienen«[2]. Es hat zunächst den Anschein, als wenn hier die drei großen Hauptbezirke der Erkenntnis, in deren scharfer und genauer Trennung die Kritik der reinen Vernunft ihre wesentliche Aufgabe erblickt, wiederum unterschiedslos ineinander flössen: die Sinnlichkeit »liefert« die Differentialien, die auf der andern Seite doch reine Ideen oder Vernunftbegriffe, zugleich aber die Prinzipien alles objektiven Verstandesgebrauchs sind. Indessen ist es im wesentlichen nur der Ausdruck des Gedankens, der an dieser

---

[1] Versuch über die Transzendentalphilosophie S. 82.
[2] Versuch über die Transzendentalphilosophie S. 31 f.

Stelle zweideutig und unbestimmt bleibt. Die Grundansicht selbst wird hierdurch nicht berührt: denn wenngleich der Begriff des Differentials gleichmäßig auf die »Vermögen« der Sinnlichkeit des Verstandes und der Vernunft bezogen ist, so ist er es doch auf jedes von ihnen in verschiedener Weise. An der Empfindung hat er nur insofern Teil, als diese in ihren qualitativen Differenzen und in ihren Gradabstufungen dem Bewußtsein zuerst das Phänomen der Verschiedenheit darbietet. Aber indem nunmehr die Aufgabe entsteht, dieses »gegebene« Phänomen zu begreifen, zeigt es sich sogleich als notwendig, darüber hinauszugehen, indem wir von der empirischen Anschauung und Wahrnehmung zu ihren nicht anschaubaren »Elementen« weiterschreiten. In diesem Fortschritt verwandelt sich dadurch, daß wir von den empirischen Objekten zu den Prinzipien ihrer Entstehung zurückgehen, das sinnlich Mannigfaltige in eine rationale Mannigfaltigkeit: das Wissen vom Phänomen wird zum Wissen um die noumenalen Gesetze, auf denen das Phänomen beruht. Die Frage des »quid juris« der Verschiedenheit ist gelöst; denn die sinnliche Erscheinung des Verschiedenen wird nunmehr als das Schema und Bild eines Unterschiedes in den logischen Gründen des Werdens erfaßt.

Der idealistische Charakter der Gesamterklärung aber ist dadurch gewahrt, daß es sich hier keineswegs darum handelt, die Entstehung aus den »Dingen an sich« begreiflich zu machen — denn dieser Begriff fällt aus Maimons System überhaupt heraus —, sondern nur darum, im Hinblick auf ein und dasselbe objektive Material, die empirische Erkenntnisform in eine rein intellektuelle Erkenntnisform zu verwandeln. Indessen bleibt diese Verwandlung für den Standpunkt unserer Erkenntnis, die die Objekte der Erfahrung lediglich vorfindet, sie aber nicht, gleich den mathematischen, konstruktiv hervorzubringen vermag, eine unendliche und somit für uns nie völlig lösbare Aufgabe. An diesem Punkte setzt daher Maimons Skepsis von neuem ein. Aber sie steht, wie sich nunmehr klar ergibt, in ihren Motiven in schärfstem Gegensatz zu Hume. Denn sie folgt lediglich aus der Strenge, mit der er, im Widerstreit zu allem Sensualismus, das rationale Ideal des Wissens aufgestellt und innerhalb der Logik und der reinen Mathematik in seiner Notwendigkeit erwiesen hatte. Er ist »empirischer Skeptiker«, weil und sofern er — nach seinem eigenen Ausdruck — »rationaler Dogmatiker« ist[1], d. h. weil er die Erfahrung der unbedingten Forde-

---
[1] S. Versuch über die Transzendentalphilosophie S. 436 ff.

rung, die sich aus dem Erkenntnisbegriff der exakten Wissenschaft für ihn ergibt, niemals gewachsen findet. Die »Naturgesetze«, wie wir sie formulieren, gelten im Grunde niemals von den sinnlich-empirischen Inhalten selbst, sondern sie gelten von den gedachten Grenzfällen, die wir an die Stelle dieser Inhalte setzen. Ob in der gegebenen Wahrnehmung sich jemals Elemente finden werden, die diesen Fällen gemäß sind und daher eine durchgängige Anwendung der Regeln verstatten, die für sie abgeleitet sind, kann und muß daher zweifelhaft bleiben. In diesem Sinne läßt sich nach Maimon nur die Möglichkeit, nicht aber die Notwendigkeit synthetischer Urteile a priori für die Naturwissenschaft erweisen. »Herr Kant — so formuliert Maimon selbst seinen Standpunkt — setzt das Faktum als unbezweifelt voraus, daß wir nämlich Erfahrungssätze, die Notwendigkeit ausdrücken, haben und beweiset hernach ihre objektive Gültigkeit daraus, daß er zeigt, daß ohne dieselbe Erfahrung unmöglich wäre; nun ist aber Erfahrung möglich, weil sie nach seiner Voraussetzung wirklich ist; folglich haben diese Begriffe objektive Realität. Ich hingegen bezweifle das Faktum selbst, daß wir nämlich Erfahrungsgesetze haben, daher kann ich ihre objektive Gültigkeit auf diese Art nicht beweisen, sondern ich beweise bloß die Möglichkeit ihrer objektiven Gültigkeit nicht von der Erfahrung (die in der Anschauung bestimmt sind), sondern ihrer Grenzen, die durch die Vernunft in Beziehung auf die ihnen korrespondierenden Anschauungen als Objekte bestimmt sind, wodurch die Frage quid juris? (indem man reine Begriffe auf Ideen appliziert) wegfallen muß[1].« Die Wissenschaft der Natur muß — wie sich Maimons Gedanke weiter erläutern und fortführen läßt — um ein Substrat für ihre exakten Gesetze zu finden, die Objekte der empirischen Anschauung durch die Differentialien als abstrakte Denkelemente ersetzen. Sie löst auf diese Weise das objektive »Dasein« in ein Ganzes von Verhältnisbestimmungen, das wirkliche Geschehen in ein System von Differentialgleichungen auf. Diese Gleichungen gelten indessen in voller Strenge nur für den nach allgemeinen Bedingungen konstruierten, nicht für den wirklich vorgefundenen Fall. Daß das Ganze des empirisch Gegebenen sich zuletzt in der angegebenen Weise ausdrücken, d. h. sich in stetigen und differenzierbaren Funktionen erschöpfend darstellen läßt, kann nur hypothetisch angenommen, nicht aber a priori erwiesen werden. Wir wissen nur, daß, wenn ein

---

[1] Versuch über die Transzendentalphilosophie S. 186 f.

apriorisches und exaktes Erkennen der Wirklichkeit möglich sein soll, es in dieser Form zu denken ist; aber es wäre dogmatisch, dieses »Wenn« in die kategorische Behauptung des »Daß« zu verwandeln. Die Vernunft kann freilich, vermöge ihrer eigentümlichen Funktion, das »Gegebene« im Objekt niemals als unveränderlich ansehen und somit bei ihm nicht als einer unüberschreitbaren Schranke stehen bleiben. Sie gebietet vielmehr einen **Fortschritt ins Unendliche**, »wodurch das **Gedachte** immer vermehrt, das **Gegebene** hingegen bis auf ein unendlich Kleines vermindert wird. Es ist hier die Frage nicht, wie weit wir hierin kommen können, sondern bloß aus welchem Gesichtspunkt wir das Objekt betrachten müssen, um darüber richtig urteilen zu können? Dieser Gesichtspunkt ist aber nichts anders als die Idee des allervollkommensten Denkvermögens, wozu wir uns immer nähern müssen bis ins Unendliche[1].«

In dieser letzten Fassung des Gedankens begegnen wir wieder jener metaphysischen Grundkonzeption, die Maimon von Leibniz übernommen hat; aber zugleich zeigt sich deutlich, wie sehr er bemüht ist, ihr einen rein methodischen Sinn und Gehalt abzugewinnen. Der Begriff des vollkommensten Verstandes löst sich in das »transzendentale Ideal« und dieses wieder in die »regulative Idee« des Erfahrungswissens selbst auf. Gesetzt auch, daß unsere Erkenntnis den Übergang vom Standpunkt der Empirie zum Standpunkt der reinen intellektuellen Erkenntnis niemals finden werde: so weisen uns doch die sinnlichen Gegenstände selbst an, diesen Übergang beständig zu **suchen**. »Unser denkendes Wesen (es sei was es wolle) — so faßt Maimon seinen Gedanken am Schluß des »Versuchs über die Transzendentalphilosophie« zusammen — fühlt sich als ein Bürger einer intelligiblen Welt; zwar ist nicht diese intelligible Welt, ja nicht einmal dieses denkende Wesen selbst das Objekt reiner Erkenntnis, aber doch weisen es selbst die sinnlichen Gegenstände auf die intelligibeln hin. Das Dasein der Ideen im

---

[1] Philosophisches Wörterbuch S. 169; vgl. bes. S. 162: »Ohne Materie kann man zum Bewußtsein der Form nicht gelangen, folglich ist die Materie eine notwendige Bedingung des Denkens, d. h. zum reellen Denken einer Form oder Verstandesregel muß notwendig eine Materie, worauf sie sich bezieht, gegeben werden: auf der andern Seite hingegen erfordert die Vollständigkeit des Denkens eines Objekts, daß nichts darin **gegeben**, sondern alles **gedacht** werden soll. Wir können keine dieser Forderungen als unrechtmäßig abweisen, wir müssen also beiden Genüge leisten, dadurch, daß wir unser Denken immer vollständiger machen, wodurch die Materie sich immer der Form nähert bis ins Unendliche und dieses ist die Auflösung dieser Antinomie.«

Gemüte zeigt notwendigerweise irgend einen Gebrauch an und da dieser in der Sinnenwelt nicht anzutreffen ist, so müssen wir ihn in einer intelligibeln Welt, wo der Verstand durch die Formen selbst Gegenstände bestimmt, auf welche sich die Ideen beziehen, aufsuchen. Es kann sich daher mit der ersteren und mit seiner Art, dieselbe zu denken, nie befriedigen; wie der Prediger sagt: Die Seele wird nie voll (befriedigt). Es erkennt sich also von der einen Seite auf die sinnliche Welt eingeschränkt, von der andern Seite hingegen fühlt es in sich einen unwiderstehlichen Trieb, diese Schranken immer zu erweitern... Gesetzt auch, daß es (den Weg vom Sinnlichen ins Intelligible) nie finden wird, so kann es doch durch das stete Suchen desselben andere Wahrheiten (die vielleicht minder wichtig, aber doch wichtig genug und des Suchens würdig sind) finden; so wie etwa der Alchymist das Gold gesucht hat und — Berliner Blau gefunden hat. Aus diesem Gesichtspunkt muß man mein Vorhaben in gegenwärtiger Schrift beurteilen und von mir nicht fordern, was ich nie versprochen habe[1].« Der Widerstreit in Maimons Lehre und der tiefere Grund seiner Skepsis aber liegt darin, daß er das, was er hier so entschieden als die positive und fruchtbare Leistung der Idee würdigt, auf der anderen Seite dennoch wiederum zur bloßen Fiktion herabsetzt. Zwischen diesen beiden Ansichten bewegt sich seine Philosophie, deren Zweifel stets zugleich der Ausdruck einer notwendigen und unbedingten Forderung ist, die weder aufgegeben noch innerhalb der Grenzen des empirischen Wissens befriedigt werden kann.

III. Der Satz der Bestimmbarkeit

Der dogmatische Gegensatz des »Innen« und »Außen«, des »Gemüts« und des »Dinges an sich« hat für die kritische Analyse Maimons eine andere Form angenommen. Was diese Entgegensetzung an realem Gehalt besitzt, das stellt sich uns vollständig dar, wenn wir im System der Erkenntnis das Verhältnis des »materiellen« Faktors zum »formalen« Faktor ins Auge fassen. Hierbei steht nach den vorhergehenden Erörterungen fest, daß beide Momente lediglich »in uns« zu suchen sind; sofern es nämlich eben das Problem des Wissens ist, das zu der methodischen Unterscheidung von Materie und Form hinführt und von dem aus der Sinn dieses Unterschiedes sich allein begreifen läßt. Die Materie der Erkenntnis

[1] Versuch über die Transzendentalphilosophie S. 338f.

selber erscheint unter diesem Gesichtspunkt nicht als gegebenes Objekt oder als die Wirkung eines solchen Objekts, sondern als eine Idee, in welcher das Wissen zum Bewußtsein seiner unabschließbaren Aufgabe gelangt[1]. Sie vertritt die Erkenntnisforderung der »Gegebenheit«, die ebenso ursprünglich und nachweislich wie die Forderung des »Denkens« ist[2].

Wenn indessen in der bisherigen Betrachtung die Materie im wesentlichen als das empirische Moment, die Form als das apriorische Moment gefaßt wurde, so ist hierin der tiefere Sinn dieser Unterscheidung noch nicht erfaßt. Denn das Problem des Verhältnisses zwischen dem Allgemeinen und Besonderen greift weiter, da es bis in das Gebiet der apriorischen Erkenntnis selbst zurückgeht. Schon innerhalb des Gebiets der reinen Mathematik zeigt sich eine Mannigfaltigkeit und Besonderung der Wissensgegenstände, die aus den reinen Formprinzipien des Wissens selbst nicht ableitbar ist. Vergleicht man die Urteile der Mathematik mit denen der Logik, so findet sich als charakteristische Differenz zwischen beiden eben dies, daß die logischen Sätze, wie der Satz des Widerspruchs für alle Objekte überhaupt ohne Unterschied gültig sind, während die mathematischen Wahrheiten von bestimmten Objekten handeln, die also in ihrer Eigenart vorausgesetzt werden. So lassen sich z. B. aus der allgemeinen Raumform — die übrigens selbst gegenüber den reinen logischen Verhältnisgedanken ein bestimmtes, in seiner Eigenart unableitbares Objekt darstellt[3] — die besonderen geometrischen Gestaltungen und ihre gegenseitigen Beziehungen nicht deduzieren. Der Gedanke, daß die gerade Linie die kürzeste zwischen zwei Punkten ist, ist ein synthetisches Urteil, das aus dem Obersatz, daß Zeit und Raum die Formen aller sinnlichen Objekte überhaupt sind, nicht eingesehen werden kann[4]. Der Raum ist somit »ein Grund oder eine Bedingung von der Möglichkeit aller Objekte der Mathematik und doch kann kein mathematischer Satz aus der bloßen Vorstellung des Raumes und seinen Merkmalen bewiesen werden[5].« Damit aber gewinnt die Frage, die Maimon von Anfang an beherrschte, eine schärfere Zuspitzung und ein weiteres Anwendungsgebiet. Das Problem, wie der Verstand, dessen Funktion bloß darin be-

---
[1] S. Versuch über die Transzendentalphilosophie S. 205.
[2] Philos. Wörterbuch S. 169.
[3] Vgl. Kategorien des Aristoteles S. 204 ff.
[4] Philos. Wörterbuch S. 160.
[5] Logik S. 396 f.

steht, allgemeine Formen oder Verhältnisse in Beziehung auf unbestimmte Objekte überhaupt zu denken, dazu gelangen könne, durch eben diese Formen auf besondere Art bestimmte Objekte zu denken[1], ist nun bis in das exakte Wissen selber vorgedrungen. Neben die Gegebenheit a posteriori tritt die Gegebenheit a priori. Eine Erkenntnis heißt, wie wir uns erinnern, nach Maimon »gegeben«, insofern sich ihr Grund nicht im Erkenntnisvermögen als solchem und dessen reiner Form aufzeigen läßt. Im Anschluß an diese anfängliche Bestimmung aber muß weiterhin zwischen solchen Gegebenheiten unterschieden werden, die von uns lediglich in ihrem faktischen Dasein erfaßt, nicht aber als notwendige Bedingung anderer Erkenntnisse begriffen werden, und solchen, bei denen dies letztere der Fall ist, — die also, wenngleich sie selbst in ihrer spezifischen Bestimmtheit ein letztes Datum bilden, dennoch ihrerseits ein System anderer Erkenntnisse fundieren. Diese zweite Klasse ist es, die wir mit dem Ausdruck der Gegebenheit a priori bezeichnen können. So sind Zeit und Raum dem Erkenntnisvermögen a priori gegeben, weil sie, wenngleich ein »Besonderes« gegenüber den reinen Formen des Denkens, dennoch ein letztes Allgemeines für alle Objekte der Sinnlichkeit sind, die nur durch sie erkannt werden können[2]. Sie bilden eine Art intelligibler Materie, eine ὕλη νοητή für sämtliche besonderen Gestaltungen der reinen Mathematik, während sie andererseits die Form und Voraussetzung für die Objekte der Anschauung a posteriori sind[3].

Somit zeigt es sich, daß das Problem der Spezifikation, das bisher im wesentlichen als Problem der besonderen Naturgesetze gefaßt war, in Wahrheit bis in die ideale Gegenstandssphäre der Mathematik hinaufragt. Auch hier ist der Verstand keineswegs in dem Sinne frei, daß er — nur unter Beobachtung seiner formalen Regeln — die Objekte der Betrachtung nach Willkür hervorbringen könnte. Vielmehr drängen sich ihm bei aller Unabhängigkeit, in der er sich von den empirisch-sinnlichen Daten befindet, dennoch unmittelbar mit dem Versuch der geometrischen Konstruktion gewisse Beschränkungen auf, die im Objekt der Geometrie gegründet sind. Ein reguläres Dekaeder ist ein formal widerspruchsloser und insofern möglicher Begriff, aber als »reales« Objekt der Geometrie unmöglich[4]. Zum »wirklichen«, real-gültigen Denken eines bestimmten

---
[1] S. oben S. 92.
[2] Die Kategorien des Aristoteles S. 203 ff.
[3] S. Versuch über die Transzendentalphilosophie S. 335.
[4] Vgl. Logik S. 18, 52. 312 f., u. ö.

geometrischen Gegenstandes, etwa eines Dreiecks (das mit dem Denken einer empirischen Wirklichkeit natürlich nicht gleichbedeutend und nicht mit ihm zu verwechseln ist) gehören demnach zweierlei Bedingungen: erstens daß die Bestimmungen, die in ihm vereinigt sind, — in dem vorliegenden Falle also das Merkmal der Räumlichkeit und das des Eingeschlossenseins in drei Linien — sich einander logisch nicht aufheben; zweitens aber, daß sie, auch über diese negative Bedingung hinaus, bestimmte positive objektive Beschaffenheiten besitzen, kraft deren sie nur in einer einzigen Weise miteinander verknüpfbar sind. Wir können demnach die geometrische Erkenntnisweise, um sie von der logischen zu unterscheiden, auch als eine komparativ-apriorische bezeichnen, die nicht lediglich in der Form des Erkenntnisvermögens in Beziehung auf ein Objekt überhaupt, sondern in den auf eine bestimmte Art gegebenen Objekten selbst gegründet ist[1].

Es könnte indessen scheinen, als ob gerade die Verschärfung, die das Problem der Spezifikation hier durch seine Ausdehnung auf die mathematischen Objekte erfährt, zugleich einen neuen Weg seiner systematischen Lösung und damit ein Mittel anzeigte, den kritischen Skeptizismus Maimons von Grund aus zu berichtigen. Denn indem nunmehr auch diese Besonderung unter den Gesichtspunkt der bloßen »Gegebenheit« gerückt wird, so zeigt sich doch darin zugleich umgekehrt, daß die Gegebenheit, im kritischen Sinne gefaßt und formuliert, der objektiven Gewißheit und Apriorität der Erkenntnis als solcher nicht notwendig entgegensteht. Die Skepsis Maimons scheint hier bis zu einem Punkte vorgedrungen zu sein, an dem sie, ihren eignen Grundsätzen gemäß, Halt machen muß. Denn sie bezieht sich ihrer ursprünglichen Tendenz nach nur auf die Möglichkeit des empirischen, nicht auf die des mathematischen Wissens. Maimons Zweifel beruht nicht darauf, daß er den Begriff von objektiver Notwendigkeit leugnet, sondern darauf, daß er die Anwendung dieses Begriffs auf Objekte der Wahrnehmung ausschließt, um ihn in reinerer und strengerer Fassung der Mathematik allein vorzubehalten[2]. Hier liegt die scharfe Grenze gegen Hume, die Maimon im Ganzen seiner Philosophie durchaus innehält, wenngleich er an einzelnen Stellen mit dem Gedanken einer bloß »subjektiven« Notwendigkeit auch der mathematischen Grundsätze spielt[3].

---
[1] S. Logik S. 301.
[2] S. bes. den »Philosophischen Briefwechsel« mit Reinhold, Streifereien S. 192, vgl. Progressen der Philosophie (Streifereien S. 50 ff.) u. s.
[3] Vgl. bes. Philosoph. Wörterbuch, S. 174 ff.

»Meine skeptische Art zu philosophieren« — so erläutert er selbst dieses Verhältnis in voller Klarheit — »ist diese. Da ich den *Gebrauch synthetischer Erkenntnis* so wenig in der Logik (die bloß die analytische Erkenntnis zum Gegenstande hat), als in der Erfahrungswissenschaft, deren synthetische Erkenntnis in Zweifel gezogen werden kann, finde, so suche ich denselben anderwärts auf, und zum Glück finde ich ihn in der Mathematik (deren eigentümliche Begriffe und Sätze synthetisch a priori sind). Hier finde ich also, daß die synthetischen Grundbegriffe und Grundsätze nicht Bedingungen der Möglichkeit eines durch empirische Merkmale bestimmten Objekts der Erfahrung, sondern Bedingungen der Möglichkeit eines durch Merkmale a priori bestimmten reellen Objekts überhaupt sind, welches nichts anderes als ein Objekt der Mathematik sein kann. Ich suche daher diese Begriffe und Sätze von den durch ihre vermeintliche Bestimmung zum Erfahrungsgebrauch ihnen angehängten überflüssigen Bestimmungen zu reinigen, und in einem vollständigen System darzustellen«[1]. Wenn sich jedoch, wie hieraus hervorgeht, von den Gegenständen der Mathematik — unbeschadet ihrer aus der bloßen Denkform nicht ableitbaren Besonderung — ein volles systematisches Verständnis gewinnen läßt, so liegt es sachlich nahe, dieses Verhältnis auch auf die empirischen Objekte zu übertragen. Sollte nicht auch hier — so könnte man fragen — das Mannigfaltige, wenngleich es aus der Einheit des Begriffs nicht hervorgeht, dennoch vermöge dieser Einheit adäquat erfaßt und eingesehen werden können? Die Besonderheit als solche kann jedenfalls keinen Grund für die Unmöglichkeit der Erfüllung dieser Forderung abgeben: denn wäre dies der Fall, so müßte sie sich bereits innerhalb der Mathematik als eine derartige Schranke unserer Einsicht geltend machen. Die Analogie zwischen empirischen und mathematischen Gegenständen, die durch den gemeinsamen Oberbegriff der »Gegebenheit« hergestellt worden ist, scheint demnach, statt daß dadurch die »Reinheit« des Mathematischen beeinträchtigt würde, vielmehr umgekehrt die Aussicht zu eröffnen, daß der empirische »Stoff« trotz seiner spezifischen Bestimmtheit der apriorischen Erkenntnis zugänglich gemacht werde. —

An dieser Stelle setzt jedoch eine neue Erwägung ein, in der sich die Eigenart von Maimons Skepsis erst wahrhaft vollendet.

---
[1] Kategorien des Aristoteles S. 133 f.; vgl. bes. Logik S. 300 ff.

Das mathematische und das empirische Gegenstandsgebiet sind, wenngleich sie beide in der Form der Mannigfaltigkeit überhaupt übereinstimmen, doch durch den Charakter eben dieser Mannigfaltigkeit selbst bestimmt geschieden. Das Verhältnis, in dem der mathematische Begriff zu seinem Objekt steht, kann daher der entsprechenden Bestimmung innerhalb der Erfahrungswirklichkeit in keiner Weise verglichen werden. Während in der sinnlichen Erkenntnis der Einzeldinge der Begriff auf die wirkliche Wahrnehmung folgt und von ihr durch eine Vergleichung ähnlicher Fälle »abstrahiert« wird, besitzt der mathematische Begriff das auszeichnende Merkmal, daß er sich nicht in dieser Weise, nachdem der Gegenstand gegeben worden ist, nachträglich einstellt, sondern unmittelbar mit ihm zugleich entsteht. Die Ausführung der Konstruktion, vermöge deren wir das Objekt als in der Anschauung gegeben erkennen, verschafft uns gleichzeitig seine genetische Definition, kraft deren wir es als die notwendige Grundlage all seiner besonderen Bestimmungen denken. Die Objekte gehen also hier der Wissenschaft nicht vorher, da sie selbst erst durch die Wissenschaft als reelle Objekte bestimmt werden[1]. Der Gegenstand und die Erkenntnis des Gegenstandes brauchen demnach nicht erst hinterher in ihrer »Übereinstimmung« festgestellt zu werden, da beide vielmehr in einem unteilbaren Akt des Wissens erfaßt und wechselseitig aufeinander bezogen werden[2]. Der Begriff eines Dreiecks z. B. ist zwar in Beziehung auf empirische Dinge, die ihm gemäß gedacht werden können, eine mögliche Erkenntnis dieser Dinge; außer dieser für den Begriff selbst zufälligen Beziehung aber ist er Objekt und Erkenntnis eines Objekts zugleich[3]. Hier, im Gebiet des Mathematischen, geht demnach nicht das »Innere« dem »Äußeren«, das »Ding« seinen »Verhältnissen« voran, sondern umgekehrt »gibt es« kein Objekt der Größe ohne ein gedachtes Verhältnis. So sind insbesondere die Begriffe der Zahlen, in denen dieser Grundcharakter des mathematischen Wissens sich am reinsten darstellt, bloße Verhältnisse, die keine reellen Objekte voraussetzen, sondern die vielmehr die reellen Objekte der Arithmetik selbst sind. Die Zahl 2 z. B. drückt ein Verhältnis von 2 : 1 aus und zugleich das Objekt dieses Verhältnisses. Denn die Relation, die in ihr ausgesagt ist, hat

---

[1] Die Kategorien des Aristoteles S. 43, vgl. bes. Transzendentalphilosophie S. 49.
[2] S. Kritische Untersuchungen S. 93.
[3] Kritische Untersuchungen S. 120; vgl. Logik S. 43: »Dreieck, Zirkel u. dergl. sind auch keine Edukte des Denkens, d. h. keine von den Objekten abstrahierten Begriffe, weil sie in der Tat die durch sie gedachten Objekte selbst sind.«

eine bestimmte objektive Bedeutung und bezeichnet eine bestimmte Wahrheit, die unabhängig davon, ob irgendein denkendes Subjekt sie in seinem Bewußtsein erfaßt, als solche gilt und besteht, wie denn in diesem Sinne alle mathematischen Wahrheiten ihre Realität auch vor unserem Bewußtsein derselben besitzen[1].

Alle diese Betrachtungen weisen indessen zwar auf einen bestimmten durchgehenden Unterschied zwischen den Aussagen über empirische und über mathematische Objekte hin; aber sie lassen einstweilen das Prinzip, auf dem dieser Unterschied beruht, nicht scharf und deutlich hervortreten. Soll die methodische Differenz, die hier vorliegt, nicht nur einfach als Tatsache hingenommen, sondern aus Gründen eingesehen werden, so muß eine weitere Forderung erfüllt sein. Es gilt einen Grundsatz zu finden, der, ebenso wie der Satz des Widerspruchs das Prinzip alles formalen Denkens ist, eine einheitliche Regel für alles reelle, von besonderen Gegenständen geltende Denken aufstellt, und der ferner so geartet ist, daß er die spezifische Differenz zwischen den Arten dieses reellen Denkens, insbesondere zwischen dem empirischen und mathematischen Denken, bestimmt aufweist und auf ein einheitliches Kriterium zurückführt. Wie im Satz des Widerspruchs die oberste Regel aller analytischen Urteile vorliegt, so wird hier ein Prinzip verlangt, auf das sich alle synthetischen, sich auf bestimmte Objekte beziehenden Urteile stützen lassen[2]. Versuchen wir schrittweise zu diesem Prinzip und damit zum Mittelpunkt von Maimons Philosophie vorzudringen, so können wir von der Definition des Urteils überhaupt ausgehen. Unter einem Urteil ist diejenige Art des Bewußtseins zu verstehen, vermöge deren zwei Elemente x und y, die inhaltlich bestimmte, voneinander verschiedene Gegenstände des Bewußtseins bilden, in einem einzigen bestimmten Bewußtsein z verbunden werden. Diese Erklärung umfaßt die analytischen und synthetischen Urteile in gleicher Weise. In dem synthetischen Urteil: »*eine dreiseitige Figur hat drei Winkel*« werden der Inbegriff von drei Seiten und der von drei Winkeln als bestimmte, voneinander verschiedene Gegenstände in einer notwendigen Einheit, in dem Urteil »*ein Dreieck kann rechtwinkelig sein*« die beiden selbständig erfaßbaren Bestimmungen des »dreieckig‑ und recht‑

---

[1] Versuch über die Transzendentalphilosophie S. 69, 190; — auch dieser Gedanke der »Wahrheit an sich« ist die Fortwirkung einer Leibnizschen Konzeption vgl. Bd. II, S. 175.
[2] Logik S. 431.

winkelig-Seins« in einer möglichen Einheit des Bewußtseins verbunden; während in dem analytischen Urteil »*ein Dreieck ist eine Figur*« gleichfalls Subjekt und Prädikat in gewissen wesentlichen Stücken als verschieden gesetzt, andererseits aber in einem eigenen Akt des Bewußtseins als vereint angenommen werden[1]. Die verschiedenen Geltungsarten, deren das Urteil fähig ist, werden sich ergeben, wenn wir die verschiedenen Verhältnisse erwägen, die zwischen den Elementen x und y, die hier in Beziehung treten, bestehen können. Nun sind aber nur dreierlei Verhältnisse der Objekte des Bewußtseins in Ansehung des Bewußtseins möglich. Erstens nämlich können die Glieder des Mannigfaltigen, das durchs Denken zu einer Einheit verbunden werden soll, derart beschaffen sein, daß keines derselben ohne das andere ein Gegenstand des Bewußtseins sein kann, beide also nur in der Verbindung, niemals aber außerhalb derselben sich dem Denken darbieten können. Eine solche wechselseitige Abhängigkeit besteht z. B. zwischen denjenigen Inhalten, die wir als »Ursache« und »Wirkung« einander zuordnen: denn Ursache und Wirkung bezeichnen nur die für sich unvollständigen Glieder einer Korrelation, die nur als Ganzes objektiven Bestand hat. Keines von beiden kann daher ohne Verbindung mit dem andern im Bewußtsein stattfinden, wenngleich sie in der Verbindung nicht als identisch, sondern als verschieden gedacht werden. Ein zweites, dem ersteren entgegengesetztes Verhältnis findet statt, wenn beide Elemente so geartet sind, daß jedes dem anderen gegenüber einen gänzlich unabhängigen Inhalt darstellt: so daß also sowohl x ohne y, als auch y ohne x gedacht werden kann. Von dieser Art sind z. B. alle voneinander unabhängigen Substanzen (wie Tisch und Fenster), oder alle selbständigen Modifikationen, wie das Rote und das Süße, die, da sie ganz verschiedenen Sphären angehören, ineinander bezüglich ihres Inhalts nichts bestimmen. Schließlich aber — und hier erst treffen wir auf die für alles gegenständliche Denken wesentliche Beziehung — kann der Zusammenhang derart sein, daß zwar das eine Element (x) rein für sich im Bewußtsein gegeben werden kann, das andere (y) dagegen immer nur zugleich mit x möglich und aufweisbar ist. So ist z. B. im Begriff des Dreiecks der Raum ein Moment, das auch außerhalb der besonderen Bestimmung, in der es sich hier findet, für sich dargestellt werden kann, während das Merkmal des Eingeschlossenseins in drei Linien

---

[1] Die Kategorien des Aristoteles S. 144 f.

seinerseits das Bewußtsein des Raumes notwendig voraussetzt und abgelöst von ihm keinen angebbaren Gehalt besitzt.

Faßt man das Ganze dieser Betrachtungen zusammen, so besitzen wir in ihnen drei verschiedene Kriterien, nach denen sich der Charakter und der methodische Wert des Denkens bestimmt. Das Denken ist **willkürlich**, wenn die Elemente, die in ihm verbunden werden, gegeneinander disparat sind, also zwar nach dem bloßen Satz des Widerspruches miteinander zusammen bestehen können, sich aber ihrem objektiven Inhalt nach weder setzen noch aufheben. Dieses Denken — für das etwa Begriffe wie »viereckige Tugend« oder »süßes Dreieck« als Beispiel gelten können — besitzt keinerlei sachlichen Grund in den verbundenen Gegenständen selbst und kann demgemäß nur in einem uneigentlichen und übertragenen Sinne überhaupt als Denken bezeichnet werden. Die zweite Art der Beziehung, in welcher die Glieder als wechselseitig miteinander verbunden und aufeinander hingewiesen erscheinen, bestimmt zwar ein gültiges Verhältnis zwischen ihnen, ergibt aber **kein selbständiges Objekt**: denn da jedes der Elemente das andere voraussetzt, so fehlt beiden das Merkmal des unabhängigen Bestandes, das für den realen Gegenstand wesentlich ist. Das Denken, das sich hier vollzieht, ist daher lediglich **formell**: es stellt eine allgemeine Form und Relation im Hinblick auf ein Objekt überhaupt dar, aber es gibt keinen Hinweis auf **bestimmte** Objekte der Erkenntnis. Erst der dritte Typus der Verbindung geht auch hierüber hinaus und vollendet in sich das **reelle Denken und Erkennen**. Denn da in ihm das »Subjekt« zwar ohne das Prädikat, das Prädikat jedoch nicht ohne das Subjekt gedacht werden kann, so gewinnen wir hier auf der einen Seite einen für sich bestehenden **Gegenstand** des Denkens, dem weiterhin in fester systematischer Folge eine Reihe notwendiger Bestimmungen beigelegt werden. Das eigentliche Muster dieses Denktypus stellt sich uns in den Sätzen der reinen Mathematik dar. Denn die Gesamtheit der mathematischen Begriffe und Sätze bildet ein System, das von einem selbständigen, für sich denkbaren Anfang aus durch Hinzufügung immer speziellerer Bestimmungen gewonnen ist, wobei alle Einzelsätze, die in dieser Entwicklung vorkommen, das Kriterium erfüllen, daß der Bestand des Prädikats notwendig den des Subjekts voraussetzt, nicht aber umgekehrt der Bestand des Subjekts den des Prädikats in sich schließt. So enthält z. B. der Begriff einer geraden Linie eine Reihe derartiger, einseitig abhängiger Bestimmungen in sich; sofern die Bestimmung

»gerade« die Bestimmung »Linie« involviert, die ihrerseits auch für sich und ohne die Determination durch das Merkmal des »Geraden« Gegenstand des Bewußtseins sein kann; — weiterhin die »Linie« zum »Raum überhaupt« in demselben Verhältnis steht u. s. f.[1]

Jetzt ist der oberste Grundsatz alles reellen, objektbestimmenden Denkens erreicht, der von Maimon als »Satz der Bestimmbarkeit« bezeichnet wird. Er zerfällt wiederum in zwei andere Sätze: in einen Satz fürs Subjekt überhaupt, nach welchem ein jedes Subjekt nicht nur als Subjekt, sondern auch an und für sich ein möglicher Gegenstand des Bewußtseins sein muß, und zweitens in einen Satz fürs Prädikat: »ein jedes Prädikat muß nicht an sich, sondern als Prädikat in Verbindung mit dem Subjekt ein möglicher Gegenstand des Bewußtseins sein.« Nun erst läßt sich auch die Frage nach dem wesentlichen Unterscheidungsmerkmal zwischen den Sätzen des empirischen und des mathematischen Gebiets, die sich uns zuvor aufdrängte, in voller Strenge präzisieren und beantworten. Beide Gebiete bilden, wie sich gezeigt hatte, gegenständliche Mannigfaltigkeiten, die sich aus den bloß formellen Regeln des Denkens nicht ableiten lassen; aber während die Mannigfaltigkeit der mathematischen Gegenstände durchweg gemäß dem Satz der Bestimmbarkeit gegliedert und daher durch ihn gedanklich beherrschbar ist, weisen die empirischen Inhalte niemals eine derartige Form des Zusammenhangs auf. Die Besonderung der Inhalte mag im Mathematischen so weit gehen, als sie will, so läßt sich doch hier jede noch so besondere und komplexe Bestimmung mit den allgemeinsten Grundelementen durch eine lückenlose Folge vermittelnder Sätze verbinden, bei denen Subjekt und Prädikat stets in dem durch den Satz der Bestimmbarkeit geforderten Verhältnis stehen. Das Besondere läßt sich demnach hier, ohne in das Allgemeine aufzugehen, dennoch als notwendig in ihm gegründet begreifen. Die entlegenste Bestimmung bietet gemäß dieser Form des mathematischen Denkens keine größere prinzipielle Schwierigkeit dar als die näherliegende und nächste; denn wenn a und b, b und c, c und d die Bedingungen des Bestimmbarkeitssatzes erfüllen, so gilt das Gleiche auch für das Anfangs- und Endglied der gesamten Reihe. Das Endglied kann alsdann immer nur unter Voraussetzung des Anfangsgliedes ein reeller Gegenstand des Denkens sein, wenngleich dieses ohne jenes bestehen kann. Betrachtet man demgegen-

---
[1] Zum Ganzen vgl. besonders Logik S. 20ff., Kategorien des Aristoteles S. 153 ff., Kritische Untersuchungen S. 42 ff., 96 ff., 199 ff.

über die Struktur der empirischen Urteile, so findet man, daß diese Bedingung hier niemals erfüllt ist oder daß die Erkenntnis zum mindesten niemals die **Gewißheit** einer derartigen Erfüllung gewinnen kann. Denn die Wahrnehmung liefert uns immer nur ein Ganzes von Merkmalen, die in der Regel oder auch durchgehend miteinander **zusammenbestehen**, von denen aber niemals erweislich ist, daß wirklich das eine **durch** das andere gesetzt ist. Wir können freilich supponieren, daß sich, wenn wir die Analyse der gegebenen Erscheinung bis zu Ende durchführen könnten, ein derartiger Zusammenhang und damit ein Verhältnis von Subjekt und Prädikat, wie es der Satz der Bestimmbarkeit verlangt, ergeben würde. Aber wir besitzen kein Mittel, diese an und für sich mögliche Supposition als wirklich zu erweisen. In dem empirischen Komplex, den wir Gold nennen und den wir durch die gelbe Farbe, durch seine spezifische Schwere, durch seine Löslichkeit in Königswasser u. s. f. bezeichnen, bleibt uns der Grund, kraft dessen eben diese Bestimmungen und nicht beliebige andere an ihrer Stelle, sich regelmäßig zusammenfinden, schlechthin verborgen. Für uns handelt es sich hier also stets um eine bloße Synthesis der Einbildungskraft, deren objektive Notwendigkeit wir nicht einsehen: denn wir begreifen keineswegs, daß — analog den mathematischen Verknüpfungen — z. B. die gelbe Farbe auch an sich, die vorzügliche Schwere hingegen nicht an sich, sondern bloß als Bestimmung der gelben Farbe ein Gegenstand des Bewußtseins sein könne[1]. Die Beständigkeit in der Wahrnehmung kann diesen Mangel der Einsicht in keiner Weise ersetzen: denn Beständigkeit ist nicht Ewigkeit. Der Schritt von einer noch so häufigen Wahrnehmung eines Beisammen von Merkmalen zur Behauptung ihrer notwendigen Verknüpfung bleibt daher immer gleich groß; und wenn der gemeine Verstandesgebrauch diese Lücke zu schließen pflegt, so geschieht es niemals auf logische Beweisgründe hin, sondern lediglich nach der bekannten psychologischen Täuschung der Ideenassoziation. »Da nämlich das **Notwendige beständig** (in unserer Wahrnehmung) ist, so werden die Vorstellungen **Notwendigkeit** und **Beständigkeit** so miteinander verknüpft, daß die Vorstellung der **Beständigkeit** die der **Notwendigkeit** nach sich zieht und Grund und Folge vertauschen ihre Funktionen miteinander[2].«

---

[1] S. Versuch über die Transzendentalphilosophie S. 102 f., Logik S. 131 f., 436 f.
[2] Kritische Untersuchungen S. 149 ff., vgl. bes. Krit. Unters. S. 56 f., Kategorien des Aristoteles S. 161 u. ö.

Der Fehlschluß, der hierbei begangen wird, aber liegt klar zutage. Denn ich weiß freilich, daß, wenn irgendwelche Objekte in einem logischen Verhältnis des Grundes zu einander stehen, sie auch in der Zeit regelmäßig miteinander verknüpft sein müssen; aber es folgt hieraus keineswegs, daß auch die Umkehrung des Satzes richtig und also von dem empirischen »Immer« einer Verbindung ein Schluß auf einen sachlogischen Zusammenhang zwischen ihren Elementen, gemäß dem Bestimmbarkeitssatze zulässig sei[1]. Die vage Vorstellung, daß wir einen Erfahrungssatz unbeschränkt »verallgemeinern« und auf diese Weise schließlich etwa die Art seiner logischen Geltung verändern könnten, besagt hier nichts; ja sie führt, schärfer betrachtet, zu einem unlöslichen Dilemma. Denn entweder bleiben wir hierbei bei einer nur komparativen Allgemeinheit stehen, oder wir gehen zu absolut allgemeinen Gesetzen über. In dem ersteren Fall ist der Abstand gegen die notwendige Verknüpfung nicht vermindert; in dem zweiten verliert unser Gesetz, da es nunmehr auf alle Objekte überhaupt geht, die Besonderung, die es erst zum Erfahrungsgesetz macht. Das eine Mal erhält also unser Urteil nicht die logische Dignität, die wir dafür suchten; das andere Mal verliert es über dieser Dignität den bestimmten Anwendungsfall, der ihm erst seinen spezifischen Gehalt verleiht[2].

Wie man sieht, ist hiermit das Problem, das in der Besonderung der Erkenntnisgegenstände gegenüber der Allgemeinheit der Erkenntnisform liegt, wiederum völlig von der Mathematik auf die Erfahrung abgeschoben. Der Gedanke, der eine Zeitlang auftauchen konnte, daß von der Mathematik her möglicherweise eine Lösung für die Fragen der Empirie gewonnen werden könnte, muß aufgegeben werden. Denn zwischen den beiden Gebieten, zwischen der »Gegebenheit a priori« und der »Gegebenheit a posteriori« steht die scharfe Grenze, die durch den Satz der Bestimmbarkeit gezogen wird. Auch weiterhin beherrscht dieser Satz den gesamten Aufbau von Maimons Philosophie und schreibt deren einzelnen Gliedern ihr systematisches Verhältnis vor. Als Kriterium, das zwischen dem reellen Denken und zwischen dem bloß formellen und willkürlichen Denken unterscheidet, bestimmt er zunächst das Verhältnis, das zwischen Logik und Transzendentalphilosophie anzunehmen ist. Kants Stellung dieser Frage gegenüber war in der Tat

---
[1] Logik S. 191 f.
[2] Krit. Untersuchungen S. 150.

schwierig und zweideutig geblieben; denn wenngleich es keinen Zweifel leidet, daß in der Kritik der reinen Vernunft die transzendentale Logik das sachliche Prius gegenüber der formalen bildet, so mußte doch andererseits die Ableitung der Kategorien aus den Urteilsformen den falschen Schein einer Umkehrung dieses Verhältnisses erwecken[1]. Demgegenüber betont Maimon entschieden, daß Logik und Transzendentalphilosophie einander **wechselseitig** voraussetzen und somit zwar in der Behandlung der einen von der andern abstrahiert, niemals aber eine tatsächliche **Trennung** zwischen beiden durchgeführt werden kann. Denn die logischen Formen empfangen ihre **Bedeutung** aus der Transzendentalphilosophie, während die transzendentalen Grundsätze die Beglaubigung ihrer **Vollzähligkeit und ihrer systematischen Ordnung** aus der Logik erhalten[2]. Genauer wird das Verhältnis sodann dahin bestimmt, daß die transzendentale Logik die allgemeine insofern ihrem ganzen Umfange nach voraussetzen muß, als sie keinem ihrer Sätze widersprechen darf, während umgekehrt die allgemeine Logik zur Bestimmung der ihr zum Grunde liegenden Begriffe ebenfalls der transzendentalen bedarf, sie aber nicht ihrem Gesamtinhalt nach vorauszusetzen, sondern von ihr nur den Begriff des **reellen Denkens** zu entnehmen braucht[3].

Das Letztere ergibt sich sogleich, wenn man den obersten Grundsatz der allgemeinen Logik, den **Satz des Widerspruchs**, einer schärferen Analyse unterwirft. Denn sobald man versucht, sich deutlich darüber zu erklären, was mit der Verträglichkeit eines bestimmten Prädikats und eines bestimmten Subjekts oder mit der Unvereinbarkeit beider **gemeint** sei, so ergibt sich, daß die logische Position und Negation hier nur unter Voraussetzung eines ursprünglicheren transzendentalen Verhältnisses verständlich zu machen ist[4]. Insbesondere setzt der Satz des Widerspruchs, indem er die Möglichkeit verneint, gewisse Inhalte a und b im Denken zu vereinigen, hierbei stillschweigend voraus, daß diese Inhalte **überhaupt in irgendeinem Verhältnis der Bestimmbarkeit stehen**. Versäumt man es, diese Bedingung, der der Satz des Widerspruches unterworfen ist, ausdrücklich zu formulieren, so nimmt er, wie sich zeigen läßt, selbst eine widersprechende Fassung an.

---

[1] Vgl. hrz. die Kritik Maimons in der Vorrede zu seiner »Logik«: S. XXff., ferner Logik S. 156ff., 288, 411f. u. s.
[2] Die Kategorien des Aristoteles S. 129.
[3] Krit. Untersuchungen S. 29.
[4] Die Kategorien der Aristoteles S. 146, Logik S. 407.

Denn innerhalb des Gebietes des willkürlichen Denkens — das ja nach den bloßen Kriterien der formalen Logik als ein durchaus gültiger Spezialfall des Denkens überhaupt zu bezeichnen ist — können zwei Elemente a und b gegeben werden, die, weil sie gegeneinander überhaupt disparat sind, zu einander weder in einem positiven, noch in einem negativen Verhältnis stehen, sodaß also sowohl der Satz: a ist b, wie der Satz: a ist nicht b logisch möglich und zulässig ist. Der Satz, daß die Tugend viereckig ist, ist rein formell betrachtet genau so weit gültig, als der andere, daß sie nicht-viereckig ist, da hier das eine Prädikat so wenig wie das andere dem Inhalte des Subjektsbegriffs logisch widerspricht. Man sieht demnach, daß der Satz des Widerspruchs — wenn man ihn ohne jede »sachlogische« Einschränkung denkt — sich selbst aufheben würde. »Ehe man nach dem Satze des Widerspruchs bestimmt, welches von zwei gegebenen, einander entgegengesetzten Prädikaten dem gegebenen Subjekte beigelegt werden kann, muß man erst nach dem Grundsatze der Bestimmbarkeit bestimmen, ob diese beiden einander entgegengesetzten Prädikate überhaupt mögliche Prädikate dieses Subjekts sind? Findet sich, daß keines von beiden ein mögliches Prädikat dieses Subjekts ist, folglich keines von beiden demselben beigelegt werden kann, so braucht man nicht weiter zu fragen, welches von beiden von demselben verneint werden soll«[1].

Es ergibt sich damit, daß in Wahrheit das »reelle« Denken dem bloß »logischen«, der Grundsatz des synthetischen Verstandesgebrauchs dem Grundsatz des bloß analytischen Verstandesgebrauchs voranzustellen ist[2]. Allgemein zeigt sich nunmehr, daß jeder formal-logischen Form eine ursprüngliche transzendentale zugrunde liegt. Die Kategorien verhalten sich zu den logischen Formen in Ansehung ihres Gebrauchs, wie Bedingung zu Bedingtem: wie das Antecedens zum Consequens in einem hypothetischen Urteile[3]. Betrachten wir z. B. die Form der kategorischen Urteile »a ist b«, so besagt sie bloß, daß ein seinem Inhalte nach ganz unbestimmtes Mannigfaltige a und b in einer kategorischen Einheit des Bewußtseins verbunden werden kann. Ob diese Verbindung zu einem positiven oder negativen Ergebnis führt, kann indessen, wenn wirklich von allem Inhalte des a und b abstrahiert wird und beide nur als Objekte des Denkens überhaupt ohne jede Besonderung

---
[1] Logik. S. 252 f. vgl. bes. Kritische Untersuchungen S. 21 ff., 39 f.
[2] S. Krit. Untersuchungen S. 137 f., 179.
[3] Logik S. 151; vgl. S. 426.

genommen werden, nicht entschieden werden: denn ein schlechthin unbestimmtes a entspricht ebensosehr und ebensowenig einem schlechthin unbestimmten b, als es ihm widerspricht. Eine Entscheidung wird daher erst gewonnen, wenn das Mannigfaltige, um dessen Verknüpfung es sich handelt, im Verhältnis zum Bewußtsein überhaupt auf irgendeine Weise bestimmt ist. Ist z. B. a ein Gegenstand des Bewußtseins an sich, b aber nur in Verbindung mit a ein Gegenstand des Bewußtseins, so können wir die bloß **mögliche** Form der kategorischen Sätze von dem im Verhältnisse zum Bewußtsein überhaupt gegebenen Mannigfaltigen a und b **wirklich** gebrauchen und dasselbe als in einem reellen Objekte a b verbunden bestimmen. Die der kategorischen Urteilsform entsprechende Kategorie, durch die a als **Substanz** und b als Akzidenz, d. h. als abhängige Bestimmung von a, fixiert wird, gibt erst einen **positiven Grund** dafür ab, daß wir beide in einer Einheit des Bewußtseins, und in dieser bestimmten Einheit, miteinander verknüpfen. Die »Formen« sind also zwar Bedingungen von der Möglichkeit der Kategorien, diese aber wiederum Bedingungen von dem Gebrauche der Formen[1]. Denn die Kategorien sind die a priori bestimmten Elementarprädikate oder notwendigen Prädikate aller reellen **Objekte**, deren systematische Ableitung sich ergibt, wenn wir auf den Satz der Bestimmbarkeit als einschränkende Bedingung alles reellen Denkens reflektieren. So lassen sich die Kategorien der Quantität unmittelbar daraus herleiten, daß ein jedes gedachte Objekt ein in einer **Einheit** des Bewußtseins überhaupt verbundenes **Mannigfaltige** sein muß; während die Kategorien der Qualität: **Realität**, **Negation** und **Limitation** sich aus den verschiedenen möglichen Arten der relativen Setzung und Aufhebung zwischen Denkinhalten ergeben, die der Bestimmbarkeitssatz festgestellt hat. Was die Kategorien der Relation betrifft, so ist das Verhältnis des Bestimmbaren zur Bestimmung überhaupt — daß nämlich jenes ohne dieses, nicht aber dieses ohne jenes gedacht werden kann — der Ursprung der Substanzkategorie, während die Kategorie der **Ursache und Wirkung** für Maimon aus dem reellen **Denken** überhaupt herausfällt, da sie gemäß dem skeptischen Endergebnis seiner Philosophie in ihrer Anwendung auf Objekte vielmehr als eine Täuschung der Einbildungskraft zu bezeichnen ist[2].

---

[1] Logik S. 151 ff.
[2] Zum Ganzen vgl. bes. Logik S. 159–170, Kritische Untersuchungen S. 204 ff., Kategorien des Aristoteles S. 219 ff.

Wiederum ist es der letztere Punkt, der die genaueste Aufmerksamkeit fordert: denn mit ihm steht und fällt Maimons Philosophie. In Maimons Erörterungen über sein Grundprinzip ist der eine Teil, der die Scheidung des reellen Denkens vom willkürlichen Denken betrifft, völlig einleuchtend und überzeugend; aber größere systematische Schwierigkeiten erheben sich, sobald man die analoge Abgrenzung gegenüber dem formellen Denken ins Auge faßt. Ein bloß »formelles« Denken liegt, wie wir uns erinnern, nach Maimon überall dort vor, wo die Inhalte x und y, die miteinander verknüpft werden, so geartet sind, daß sie sich gegenseitig bedingen, daß also weder x ohne y, noch y ohne x gedacht werden kann. (Vgl. oben S. 111.) Daß aber ein solches wechselseitiges Verhältnis durchaus und notwendig nur formelle, nicht wahrhaft reelle und objektivierende Bedeutung besitzt, ist nicht ersichtlich. Der Grund, den Maimon hierfür anführt: daß nämlich das Wesen eines reellen Objekts eben darin besteht, daß es an sich ohne Beziehung auf etwas anderes einen Gegenstand des Bewußtseins bilden kann[1], reicht hier offenbar nicht aus. Denn in ihm wird eine bestimmte Definition des Objekts als feststehend und anerkannt vorausgesetzt, während sie nach kritischen Grundsätzen erst aus der Untersuchung der Prinzipien der Erkenntnis gewonnen und begründet werden sollte. Und ist es nicht tatsächlich die Lehre der »Kritik der reinen Vernunft«, daß das »Ding« — im Sinne des Erfahrungsobjekts — »ganz und gar aus Verhältnissen besteht«, unter denen sich indes »selbständige und beharrliche« befinden, durch die ein bestimmter Gegenstand als »Substanz in der Erscheinung« gegeben wird? Durch Maimons Kritik des »Ding an sich«-Begriffs sowie durch seine Zurückführung des Objektproblems auf die Tatsache beharrlicher und unveränderlicher Relationen scheint dieses Ergebnis eine neue Stütze erhalten zu haben. Wie immer es daher mit der Behauptung des bloß »formellen« Charakters der reinen Verhältnisbegriffe stehen mag, so bietet doch offenbar an diesem entscheidenden Punkte die Berufung auf die gewöhnliche Nominaldefinition der Substanz, als dessen »was für sich ist und durch sich begriffen wird«, kein hinreichend gesichertes Fundament. Denn sollte es nicht auch im System dieser Verhältnisbegriffe eine Beziehung der Abhängigkeit zwischen den relativ-beständigen und den relativ-veränderlichen Gliedern geben, das den allgemeinen logischen Forderungen entspricht, die der »Satz der Bestimmbarkeit« aufstellt? Und sollte

---
[1] Die Kategorien des Aristoteles S. 155.

somit nicht die Feststellung dieser funktionalen Abhängigkeit ebensowohl ein »reelles Denken« bedeuten, als es sich nach Maimon in der Verknüpfung von Substanz und Akzidenz, von Ding und Eigenschaft, von idealen Gegenständen und ihren Merkmalen darstellt? Hier liegt ein erkenntniskritisches Problem vor, das in der Disposition und im Aufbau der Maimonschen Logik keine Stelle mehr gefunden hat. Das gedankliche Motiv, das hierbei Maimons Betrachtung leitet, ist freilich unverkennbar. Sein ganzes Denken ist von Anfang an auf einen einzigen Typus der Verknüpfung eingestellt. Echten logischen Zusammenhang gibt es für ihn nur dort, wo die Elemente des Mannigfaltigen, die aufeinander bezogen werden, sich als »Substanz« und »Akzidenz«, als »Subjekt« und »Prädikat« verhalten. Nur unter Voraussetzung einer solchen Verknüpfung kann eine wahrhafte Einsicht in die Verbindung der Glieder gewonnen werden. Diese beherrschende Stellung, die der Subjekt=Prädikat=Typus des Urteils für Maimon einnimmt, ist geschichtlich ein Erbteil der Leibnizschen Philosophie. Während aber für Leibniz selbst diese Grundanschauung vom Wesen des Urteils zwar im Aufbau der Metaphysik von entscheidender Wichtigkeit ist, im Ganzen seiner logischen Erörterungen aber mannigfache Einschränkungen und Korrekturen erfährt[1], führt Maimon sie bis zu Ende durch[2]. Damit aber ragt freilich die metaphysische Form der Monadologie unmittelbar in Maimons Methodenlehre hinein, so daß es, schärfer betrachtet, nicht sowohl eine empiristische, als vielmehr eine dogmatisch=spekulative Wendung ist, die Maimon zur Skepsis Humes zurückführt.

Das eigentlich entscheidende Moment in dem Gegensatz zwischen Kant und Maimon aber ist hiermit trotz allem noch nicht bezeichnet. Denn im Grunde ist es nicht sowohl die verschiedene Schätzung der Erfahrung als vielmehr die verschiedene Schätzung der Idee, die beide voneinander trennt. Wenn Maimon betont, daß für ihn die »Erfahrung« im strengen Sinne kein in einer Anschauung darstellbarer Begriff, sondern eine Idee sei, der man sich in der Vorstellung immer nähern, die man aber nie erreichen kann[3], so liegt hierin zunächst keinerlei Einschränkung des Grundgedankens der kritischen Philosophie. Denn der Erfahrungsbegriff geht

---
[1] Vgl. hierüber Russell, A critical exposition of the Philosophy of Leibniz, u. meine Bemerk. zu dieser Schrift (Leibniz' System in seinen wissensch. Grundlagen, Marburg 1902, S. 537 ff.)
[2] Näheres hierüber bei Kuntze, a. a. O. S. 267, 320 ff. 360.
[3] Kritische Untersuchungen S. 154.

— in der weiteren Bedeutung, in der ihn insbesondere die Kritik der Urteilskraft nimmt — auch für Kant nicht in den Begriff der mathematischen Naturwissenschaft und damit in das System der synthetischen Grundsätze auf, sondern er erfordert zu seinem Abschluß den Übergang von dem »konstitutiven« Verstandesgebrauch zum »regulativen« Vernunftgebrauch, von der Kategorie zur Idee. Die systematische Einheit der besonderen Naturgesetze bleibt eine unendliche Aufgabe der Erkenntnis. Für Kant selbst indessen hat diese Scheidung zwischen dem konstitutiven und regulativen Gebrauch keinen skeptischen Sinn, weil er die »Idee« bei aller methodischen Differenz gegenüber den reinen Verstandesbegriffen durchaus als ein Moment der Objektivierung selbst versteht und würdigt. Sie ist für ihn »transzendental« begründet und gefordert; sie ist ein Moment der Erkenntnis und damit mittelbar des »Gegenstandes« selbst. Für Maimon indessen ist und bleibt die »Idee« im Grunde ein fiktives Gebilde und im günstigsten Falle eine wohltätige psychologische Täuschung. Wenn er in seinen ersten Schriften, insbesondere der Idee des »unendlichen Verstandes« eine positivere Bedeutung zuzuerkennen scheint, so tritt doch dieses Motiv im weiteren Ausbau der Lehre mehr und mehr zurück. Ausdrücklich wird jetzt betont, daß Kant den »Platonischen Ideen« zu viel Ehre widerfahren lasse, indem er den Grund der Ideen in einer Funktion der reinen Vernunft selbst suche, statt sie lediglich aus einem Spiel der Einbildungskraft herzuleiten[1]. Hier stehen wir, wie man sieht, vor einer Divergenz, die über das Gebiet der bloßen theoretischen Philosophie hinausweist. Maimons Orientierung über das kritische Problem stützt sich wesentlich und fast ausschließlich auf die »Kritik der reinen Vernunft«, und bleibt von der systematischen Weiterführung und Fortbildung, die der Grundgedanke in Kants Ethik und Ästhetik erfährt, so gut wie unberührt. Hier liegt der eigentliche Grund seiner Skepsis gegenüber der »Idee«: er muß sie verkennen, weil er sie nicht im Ganzen ihrer Funktion überblickt und würdigt.

Und nun zeigt es sich an diesem Punkte von neuem, wie eng der Zusammenhang zwischen den einzelnen Gliedern des kritischen Systems ist: denn diese Verkennung wirkt unmittelbar auf die Auffassung der Erfahrungslehre selbst zurück. Schon im Anfang seiner Philosophie hatte sich Maimon darin von Kant getrennt, daß er die Grenzlinie zwischen »Verstand« und »Vernunft«,

---
[1] Logik S. 202 ff.

zwischen »Kategorie« und »Idee«, die Kant scharf gezogen hatte, verschob. Für Kant sind es die reinen Verstandesbegriffe und Verstandesgrundsätze, die das Ganze der exakten Wissenschaft, der Mathematik und Physik konstituieren, während die methodische Rolle der Idee erst beim Übergang vom Weltbild der mathematischen Physik zu dem Weltbild der »besonderen« empirischen Wissenschaften einsetzt. Maimon hingegen verlegt die Leistung der Idee bereits in den Aufbau und die Gestaltung der Mathematik und mathematischen Naturwissenschaft selbst. Denn der Gedanke der formalen, a priori von der Vernunft aufgegebenen Totalität unterscheidet sich, wie er ausführt, prinzipiell nicht von dem Begriff einer anderen durch den Verstand bestimmten materialen Totalität. Betrachten wir irgendeine unendliche arithmetische Reihe, so enthält dieser Gegenstand der reinen Arithmetik die gesamten dialektischen Probleme, die in der Kritik der reinen Vernunft erst bei der Erörterung der kosmologischen Fragen nach dem Weltganzen und dem Weltanfang eingeführt werden, bereits vollständig in sich. Die Totalität, die dadurch bestimmte Summe und das letzte Glied einer solchen Reihe sind lauter Grenzbegriffe, denen man sich immer in der Synthesis nähern kann und analog verhält es sich mit mehreren Arten des Unendlichen in der Mathematik[1]. So kann man etwa die Differentialien als Verstandesideen, die Asymptoten einer krummen Linie dagegen als Vernunftideen bezeichnen. Denn die ersteren sind reelle mathematische Objekte, die aber nicht konstruiert, d. h. in der Anschauung als bestimmte extensive Größen dargestellt werden können; die letzteren dagegen bedeuten kein reelles Objekt, sondern bezeichnen lediglich die gedachte Grenze eines unabschließbaren Prozesses[2]. Ja es zeigt sich bei näherer Betrachtung, daß selbst die gewöhnlichen Objekte der Elementargeometrie und ihre Konstruktion auf derartige unendliche Prozesse zurückführen. Wird z. B. die Aufgabe gestellt, aus einem gegebenen Punkte eine unendliche Anzahl einander gleicher Linien zu ziehen und deren Endpunkte miteinander zu verbinden, so kann zwar die Möglichkeit dieser Konstruktion und somit die formale Einheit, die im Begriff des Kreises gedacht wird, in der Anschauung, durch Bewegung einer Linie um den gegebenen Punkt, gezeigt werden; seine materielle Vollständigkeit aber kann in der Anschauung nicht

---

[1] Kritische Untersuchungen S. 162; vgl. bes. Versuch über die Transzendentalphilosophie S. 226 f.
[2] Versuch über die Transzendentalphilosophie S. 373.

gegeben werden, weil man immer nur eine endliche Anzahl Linien, die einander gleich sind, tatsächlich ziehen kann. In der wirklichen Ausführung der Konstruktion verwandelt sich somit auch hier der Begriff von dem gegebenen O b j e k t in eine I d e e, der man sich nur bis ins Unendliche nähern kann[1].

In diesem erweiterten Gebrauch, den Maimon von Kants Ideenbegriff macht, liegt ohne Zweifel ein fruchtbares erkenntniskritisches Motiv, wie denn hier zuerst der Versuch gemacht wird, die verschiedenen Arten der mathematischen Grenzbegriffe voneinander zu sondern und nach einem systematischen Prinzip darzustellen[2]. Hierbei heben sich auch die verschiedenen R e a l i t ä t s g r a d e, die den Ideen beizumessen sind, deutlich voneinander ab. Insbesondere werden die »Fluxionen« als die ersten und letzten Verhältnisse der Größen in ihrem Entstehen und Verschwinden, zwar als »Ideen« bezeichnet, ihnen aber zugleich ein k o n s t i t u t i v e r G e b r a u c h in der Wissenschaft und damit der höchste Grad der Realität, der einer Idee zukommen kann, zugesprochen. Von hier aus scheint sich ein Weg zu eröffnen, um auch denjenigen Ideen, deren die Erfahrung als Ganzes der »besonderen Naturgesetze« zu ihrem systematischen Abschluß bedarf, einen tieferen »objektiven« Sinn und Gehalt zu geben. Denn es ist allerdings völlig zutreffend, daß die Sätze der theoretischen Wissenschaft niemals für die direkt vorgefundenen Daten der Anschauung gültig und wahr sind, sondern daß wir, um ihnen genaue Geltung zu verleihen, an Stelle der anschaulichen Elemente selbst zuvor ihre nur im Denken erfaßbaren G r e n z e n setzen müssen. In dieser gedanklichen S u b s t i t u t i o n erkennt Maimon selbst im »Versuch über die Transzendentalphilosophie« die eigentliche Auflösung der Frage: quid juris[3]? Die reinen Verstandesbegriffe oder Kategorien beziehen sich niemals auf die Anschauungen unmittelbar, »sondern bloß auf ihre Elemente, die Vernunftideen von der Entstehungsart dieser Anschauungen sind und vermittels dieser auf die Anschauungen selbst[4].« Eben diese V e r m i t t l u n g aber wird in der radikalen Durchführung von Maimons skeptischer These zuletzt verkannt. Weil der Inhalt der Gesetze, wie er in der Sprache der theo-

---
[1] Versuch über die Transzendentalphilosophie S. 75 f.
[2] Vgl. hrz. bes. Krit. Untersuchungen S. 157 f.
[3] Versuch über die Transzendentalphilosophie S. 186 (s. ob. S. 102); zur Sache selbst vgl. m. Schrift Substanzbegriff und Funktionsbegriff, Unters. über die Grundfragen der Erkenntniskritik, Berlin 1910, S. 152 ff.
[4] Versuch über die Transzendentalphilosophie S. 355.

retischen Naturwissenschaft durch die Differentialgleichungen der mathematischen Physik formuliert wird, mit dem Inhalt des empirisch-Wirklichen, wie es sich in der Wahrnehmung darbietet, niemals zusammenfällt, so erscheint damit auch die durchgängige Anwendbarkeit des einen Inhalts auf den anderen als problematisch. Stellt man sich indessen nicht auf den Standpunkt einer spekulativen Identitätsphilosophie, sondern auf den Standpunkt der kritischen Wissenschaftsbetrachtung, so folgt aus der Unmöglichkeit der Koinzidenz der Denkelemente und der sinnlichen Elemente keineswegs die Unmöglichkeit der Konvergenz der letzteren gegen ihre »ideellen« Grenzen. Und lediglich diese Konvergenz ist es, die als Bedingung der spezifischen Gültigkeit der empirischen Urteile zu fordern ist. Maimon jedoch hat, um den Unterschied zwischen den Reihengliedern und den Grenzgliedern scharf und streng festzuhalten, schließlich auch die korrelative Beziehung zwischen ihnen als Erkenntnismomenten geleugnet oder eingeschränkt. Aber da er andererseits die Begriffe und Sätze, denen er die gegenständliche Geltung bestreitet, im Aufbau des Ganzen der Erkenntnis nicht entbehren kann, so endet er mit dem paradoxen Ergebnis, daß gerade diejenigen Funktionen unseres Erkenntnisvermögens, die am wenigsten objektive Realität haben, eben diejenigen sind, die ihm den höchsten Gesichtspunkt anweisen und dasselbe sich über sich selbst erheben lehren[1]. Hier bleibt, wie man sieht, ein ungelöstes Problem zurück; denn wie kann bloßen Fiktionen eine solche Kraft und Leistungsfähigkeit zugetraut werden? Nichtsdestoweniger bleibt der Lehre Maimons das entschiedene geschichtliche Verdienst, daß sie gegenüber der immer stärker hervortretenden Tendenz, die Grenzen des »empirischen« und des »absoluten« Wissens zu verwischen, auf der klaren und scharfen Scheidung zwischen beiden besteht. Maimon selbst spricht es wiederholt aus, daß sein Interesse nicht auf ein oberstes Prinzip gerichtet sei, aus dem sich der Gesamtinhalt der philosophischen Sätze deduzieren lasse, sondern vielmehr auf die schärferen Bestimmungen und Unterscheidungen innerhalb der abgeleiteten Wahrheiten gehe. Der eigentliche Weg zur Verbesserung der kritischen Philosophie besteht demnach für ihn nicht darin, daß man von ihr zu höheren Prinzipien hinaufsteigt, sondern vielmehr, daß man zu niedrigeren Prinzipien heruntersteigt, indem man die Aufmerksamkeit auf die besonderen Methoden des Denkens in den besonderen Wissenschaften

---

[1] Kritische Untersuchungen S. 165.

lenkt¹. »Ihnen« — so schreibt er an Reinhold — »ist System, absolute Notwendigkeit und Allgemeingültigkeit das Wichtigste. Sie suchen daher Ihrer Philosophie solche Fakta zum Grunde zu legen, die zu diesem Behuf am tauglichsten sind. Mir ist Wahrheit, sie mag auf eine minder systematische, notwendige und allgemeingültige Art dargetan werden, das Wichtigste².« In dieser selbstgewählten Beschränkung hat sich Maimon in der Tat als Meister erwiesen: und insbesondere seine spezielle Erkenntnistheorie stellt eine Fülle von Problemen, die dadurch, daß die philosophische Bewegung der Zeit an ihnen vorbeiging, inhaltlich und systematisch nicht erledigt worden sind.

---

[1] Vorrede zum Philosophischen Briefwechsel mit Reinhold, Streifereien S. 187; vgl. bes. Logik S. 387 ff.
[2] Philos. Briefwechsel, Streifereien S. 241 f.

Zweites Kapitel
Fichte
I. Die Begründung der Wissenschaftslehre

Von Maimon zu Fichte führt, so groß der Abstand zwischen der Persönlichkeit und den Lehren beider ist, dennoch ein direkter geschichtlicher Weg. Die Stetigkeit in der sachlichen Entwicklung der Grundgedanken der nachkantischen Philosophie tritt hier in überraschender Weise zutage. Denn der Zusammenhang zwischen Fichte und Maimon beschränkt sich keineswegs darauf, daß die »Wissenschaftslehre« eine ganze Anzahl von Einzelbegriffen und Einzelproblemen in der charakteristischen Prägung übernimmt, die Maimon ihnen gegeben hatte. Die Übereinstimmung, die sich hier in der Lehre von der »Gegebenheit«, in der Lehre von Raum und Zeit, in der Lehre vom »Ding an sich« ergibt[1], ist vielmehr nur der Ausdruck einer weit allgemeineren systematischen Verwandtschaft, die bis in die letzten Tiefen der Fragestellung selbst hinabreicht. In der Tat hat Fichte selbst sein Verhältnis zu Maimon in dieser Weise aufgefaßt und ausgesprochen. »Gegen Maimons Talent« — so schreibt er an Reinhold — »ist meine Achtung grenzenlos; ich glaube fest und bin erbötig, es zu erweisen, daß durch ihn sogar die ganze Kantische Philosophie, so wie sie durchgängig und auch von Ihnen verstanden worden ist, von Grund aus umgestoßen ist. Das alles hat er getan, ohne daß es jemand merkt und indes man von seiner Höhe auf ihn herabsieht. Ich denke, die künftigen Jahrhunderte werden unserer bitterlich spotten[2].« Nicht minder scharf hebt die Vorrede zu der Schrift über den Begriff der Wissenschaftslehre, die das erste Programm der Fichteschen

---

[1] Nähere Nachweisungen hierüber bei Lask, Fichtes Idealismus und die Geschichte, Tüb. u. Lpz. 1902, S. 116, 121 ff., 131; Kabitz, Studien zur Entwicklung der Fichteschen Wissenschaftslehre aus der Kantischen Philosophie, Berlin 1902, S. 62, 78; Kuntze, Die Philosophie Salomon Maimons S. 307, 325 ff., 347 ff.

[2] An Reinhold, 1795, s. Fichtes Leben u. literar. Briefwechsel, hg. von J. H. Fichte, II, 205 f.

Philosophie entwickelt, das Verhältnis der neuen Lehre zu Maimons Skepsis hervor. Was in dieser als unabweisliche, wenngleich für Maimon selbst unerfüllbare Forderung erkannt war, das soll nunmehr durch eine Erweiterung der Aufgabe zu seiner endgültigen Formulierung und Lösung gelangen[1]. Was Fichte Maimon verdankt, geht somit nicht in einzelnen Anregungen auf, sondern betrifft und bestimmt das Gesamtproblem, das er sich stellt. Die innere Zugehörigkeit zu den Grundgedanken der kritischen Lehre war für Fichte seit der ersten Lektüre der Kritik der reinen und der praktischen Vernunft entschieden; aber erst die Bekanntschaft mit den Schriften Maimons und Aenesidems löst seine eigene philosophische Produktivität aus und weist seiner theoretischen Lehre eine neue Richtung.

Die Wirkung, die der »Aenesidem« geübt hat, bleibt hierbei wesentlich negativ. »Aenesidemus« — so heißt es in einem Briefe an Reinhold vom Anfang des Jahres 1794 — »hat meine Überzeugung, daß die Philosophie in ihrem gegenwärtigen Zustande gar noch nicht Wissenschaft sei, vollendet, die andere aber, daß sie wirklich Wissenschaft werden könne und in kurzem es werden müsse, nur noch verstärkt ... Solange man den Gedanken von einem Zusammenhange unserer Erkenntnis mit einem Dinge an sich, das, von ihr gänzlich unabhängig, Realität haben soll, übrig läßt, wird der Skeptiker immer gewonnenes Spiel haben. Es ist also einer der ersten Zwecke der Philosophie, die Nichtigkeit eines solchen Gedankens recht handgreiflich darzutun. Wird sie dadurch erst auf eine mittelbare Kenntnis des Nicht-Ich vermittelst des Unmittelbaren des Ich beschränkt, so ist es schon vorläufig mehr als wahrscheinlich, daß — da unser Geist, wieweit wir ihn beobachten, sich nach Regeln richtet — er sich wohl überhaupt nach Regeln richten möchte, und daß das System dieser Regeln, da ein solches doch einmal da sein muß, sich auch auf eine für alle Zeiten gültige Art werde ausführen lassen«[2]. Wenn jedoch diese Wendung gegenüber Aenesidem genügen mag, dessen Einwände in der Tat durchweg auf einer Verkennung des kritischen Objektbegriffs beruhen[3], so

---
[1] Über den Begriff der Wissenschaftslehre oder der sogenannten Philosophie (Weimar 1794). Sämtliche Werke (ed. J. H. Fichte) I, 29.
[2] Leben und Briefwechsel II, 418 f.; vgl. die Äußerungen über Aenesidem in den Briefen an Stephani (Dezember 1793?), Leb. u. Briefw. II, 511 und an Flatt (November oder Dez. 1793) bei Kabitz, a. a. O. Beilage Nr. 14.
[3] S. ob. S. 68 f.

bleibt sie Maimon gegenüber offenbar unwirksam. Denn eben dies ist das Charakteristische und Auszeichnende von Maimons Skepsis, daß sie sich innerhalb der neuen »transzendentalen« Auffassung der Gegenständlichkeit hält. Sie sucht ihren Grund und ihr Recht nicht in der Leugnung, sondern in der Verschärfung und konsequenten Durchführung dieser Grundauffassung. So beseitigt sie von Anfang an die Frage nach der Übereinstimmung der Vorstellungen mit den »Dingen an sich«, um an ihre Stelle die andere und tiefere nach dem Verhältnis der »Form« und der »Materie« der Erkenntnis selbst zu setzen. Das Aufgehen des einen Faktors in den anderen, die Bewältigung des »Gegebenen« durch die reinen Formen der Erkenntnis bildet, wie Maimon nachweist, die leitende Idee, unter welcher das Wissen steht und von der es nicht abzulassen vermag; während sich andererseits die Durchführung dieser Forderung innerhalb der Grenzen des »endlichen« Intellekts als unvollziehbar erweist. Das Wissen gerät hier auf einen Fortgang ins Unendliche, in welchem das »Gegebene« beständig vermindert, das »Gedachte« beständig vermehrt wird, ohne daß jedoch jemals ein Zusammenfallen der beiden gegeneinander heterogenen Momente gedacht werden könnte (vgl. ob. S. 102 f.). Was dieser Gedanke für Fichtes erste philosophische Anfänge bedeutet, tritt sofort hervor, wenn man die eigentümliche Formulierung ins Auge faßt, die er in Maimons erster Schrift erhalten hatte. Mit einer überraschenden und kühnen Wendung hatte Maimon in dieser Schrift das kritische Problem des Verhältnisses von Stoff und Form der Erkenntnis mit dem metaphysischen Problem der prästabilierten Harmonie in Beziehung gesetzt: — in diesem letzteren aber sah er nicht sowohl die spezielle Frage nach der Verknüpfung von Seele und Leib, als vielmehr die allgemeine Frage nach der Beziehung zwischen »Bewußtsein« und »Gegenstand«. Leibniz' »prästabilierte Harmonie« bedeutet nach Maimon im Grunde nur einen neuen Lösungsversuch für das Grundrätsel der Erkenntnis selbst: für die Frage, wie es begreiflich sei, daß Formen a priori mit gegebenen Dingen a posteriori übereinstimmen sollen? In dieser Angleichung von Gedanken und Problemen, die auf den ersten Blick geschichtlich und sachlich verschiedenen Ursprungsstätten angehören, liegt freilich eine Paradoxie, die Maimon selbst empfunden hat. »Mancher schulgerechte Professor, der etwas von der Frage: *quid juris* vernommen hat« — so fügt er hinzu — »wird hier, den Kopf schüttelnd, ausrufen: ein seltsamer Einfall die Frage: *quid juris* auf die Frage:

de commercio animi et corporis zu reduzieren. Aber was manchem Professor als seltsam vorkömmt, braucht nicht deswegen in der Tat seltsam zu sein. Er bedenke nur, daß er so wenig von Seele als von Körper als *Noumena* einen Begriff hat und daß man nur verschiedene Arten des Bewußtseins durch diese Namen unterscheidet, nämlich das Bewußtsein der Formen a priori heißt Seele; das Bewußtsein von etwas bloß Gegebenen aber heißt Materie[1].«

In diesen Sätzen liegt vielleicht einer der gedanklichen Keime für die erste Form von Fichtes Wissenschaftslehre — und damit ein Schlüssel zu ihrem Verständnis. Der Gegensatz des »Ich« und »Nicht=Ich«, der Fichtes erste Darlegungen beherrscht, erhält in diesem Zusammenhange sogleich einen fest bestimmten Sinn. Betrachtet man lediglich die bekannten Formeln, nach welchen das Ich sich selber, sowie das Nicht=Ich setzt, so muß zunächst notwendig der Schein entstehen, als sei hier die kritische Analyse des Wissens, die die erste Schrift über den Begriff der Wissenschaftslehre forderte und verhieß, von Anfang an verlassen. An ihre Stelle scheint ein dialektischer Prozeß getreten zu sein, in welchem das Sein des »Nicht=Ich« aus dem Sein des »Ich« abgeleitet, damit die Frage aber wieder ganz auf den Boden der metaphysischen Ontologie zurückversetzt wird. Die Betrachtung des geschichtlichen Zusammenhanges aber, in welchem Fichtes erste Darlegungen stehen, führt hier sogleich zu einer schärferen Fassung und Abgrenzung des Grundproblems. Das »Ich« sowohl wie das »Nicht=Ich« können hier nicht als metaphysische Substanzen, deren eine die andere aus sich hervorbringt, verstanden werden, da sie vielmehr die zusammengehörigen Ausdrücke für eine einheitliche **methodische Forderung** bilden. Das »Bewußtsein der Formen a priori«: dies und nichts anderes ist es, was auch von Fichte zunächst im Begriff des Ich — sofern man ihn rein im Sinne der theoretischen Philosophie versteht —, festgehalten wird. Der gesuchte Zusammenhang zwischen Ich und Nicht=Ich stellt somit Maimons Frage: wie der Verstand, dessen Funktion lediglich darin besteht, allgemeine Formen oder Verhältnisse zu erkennen, durch eben diese Formen auf besondere Art bestimmte **Objekte** denken könne, nur von neuem und in anderer Fassung auf[2]. Die traditionelle Auffassung sieht die Besonderheit und Originalität der Fichteschen Lehre in der Kritik, die sie am Begriff des »Dinges an sich« übt. In Wahrheit aber ist

---

[1] Maimon, Versuch über die Transzendentalphilosophie S. 62 ff., 362 ff.
[2] Vgl. Maimon, Die Kategorien des Aristoteles S. 229 (s. ob. S. 92).

gerade diese Kritik nicht sowohl das spezifische Ergebnis, mit dem Fichte endet, als vielmehr ein erster Anfang, von dem aus er weiterschreitet. Das »absurde« Problem, wie das absolute »Sein« sich in ein »Wissen« verwandeln könne, wird hier von Anbeginn an entschlossen beiseite geschoben. Nur innerhalb des Wissens gibt es für die transzendentale Betrachtungsweise einen Standort, von dem aus sie ihre Frage zu stellen vermag. Das »Gegebene« der Erkenntnismaterie, wie die reinen apriorischen Formen stellen demnach ein Gebiet und eine in sich zusammenhängende Gesetzlichkeit dar, die durch gemeinsame Grundsätze beherrscht wird[1]. Innerhalb dieses umfassenden Gesetzesbegriffs gilt es die Leistung der einzelnen Faktoren der Erkenntnis zu begreifen und ihre wechselseitige Bestimmung zu erfassen. Diese Aufgabe ist es, die Kant mit vollster Klarheit und Schärfe gestellt, die er aber nicht in systematischer Form d. h. mit bewußter Herausstellung des Prinzips der Deduktion gelöst hat. Und eben hier setzt nach dem Urteil Fichtes die Leistung von Maimons Skepsis ein. Was diese Skepsis unwidersprechlich dargetan hat, ist der Zirkel, in dem sich Kants transzendentale Deduktion der Kategorien bewegt. Die Erfahrung muß als Faktum vorausgesetzt werden, wenn die objektive Gültigkeit der Kategorien, d. h. ihre Anwendbarkeit auf Gegenstände der empirischen Wahrnehmung erwiesen werden soll. Dem Zweifel gegen den Bestand dieses Faktums ist daher Kants Lehre nicht gewachsen. Denn auch dies gibt Fichte der Skepsis von Anfang an unumwunden zu, daß die Einheit zwischen »Form« und »Materie« des Wissens, die im Begriff der Erkenntnis selbst gefordert ist, für das Denken doch an keinem Punkte seines Weges vollständig herstellbar ist. Die Reflexion sieht sich in dem Versuch, die Materie mit den reinen Formverhältnissen zu durchdringen und in sie aufzulösen, auf einen unendlichen Prozeß hinausgewiesen, der mit den Mitteln der reinen theoretischen Erkenntnis niemals zum Abschluß zu bringen ist. Die Kluft zwischen den allgemeinen Formgesetzen und der besonderen Bestimmtheit, in der sie sich uns in den Gegenständen der Erfahrung darstellen, ist demnach auf diesem Wege niemals auszufüllen. Jedes Resultat, das hier gewonnen wird, treibt uns mit innerer Notwendigkeit weiter: und eben in diesem beständigen Fortgetriebenwerden besteht das Wesen und die charakteristische Funktion des Denkens selbst. Somit behält der Skep-

---

[1] Vgl. hrz. bes. die beiden Einleitungen in die Wissenschaftslehre, Sämtl. Werke I, 419 ff., 453 ff.; zum Zusammenhang mit Maimon siehe ob. S. 84 ff.

tiker Recht, wenn er betont, daß es in dieser Reihe des Denkens keinen absoluten Haltpunkt und keinen absoluten Gewißheitspunkt gibt: schon der Gedanke eines solchen Haltpunktes würde uns vor den Widerspruch einer vollendeten Unendlichkeit stellen.

Aber gerade in dieser rückhaltlosen Anerkennung des Relativismus, der allem theoretischen Denken als solchem eignet, eröffnet sich nun für Fichte ein neuer Weg, — und er ist es, der ihn erst an die Schwelle seiner eigenen Philosophie hinführt. So gewiß es ist, daß das Gegebene und das Gedachte niemals miteinander zur Deckung zu bringen sind: so gewiß ist es andererseits, daß die Übereinstimmung zwischen beiden fortschreitend gesucht und hergestellt werden soll. Die angebliche theoretische Unmöglichkeit der Erfüllung hebt den Sinn der Forderung selbst nicht auf. Denn in eben dieser Forderung besteht der Grundcharakter der Vernunft und der Ichheit überhaupt: sie aufgeben, hieße demgemäß auf die Form des reinen Selbstbewußtseins, kraft deren das Ich sich von den Dingen unterscheidet, Verzicht tun. Hier erst trifft daher die Skepsis auf einen festen und unerschütterlichen Grund. Fichtes Philosophie ruht auf Kants Freiheitslehre, deren Geltung sie schon mit der ersten Frage, die sie sich stellt, voraussetzt. Von diesem Punkte aus gewinnt sie auch Maimon gegenüber sofort eine völlig selbständige Stellung. Dem theoretischen Ichbegriff Maimons, der in seinen Grundbestimmungen von Fichte aufgenommen und weiter entwickelt wird, tritt jetzt der Ichbegriff der Kritik der praktischen Vernunft, tritt das Ich des »kategorischen Imperativs« gegenüber. Schon die ersten Schriften Fichtes, die der eigentlichen Konzeption der Wissenschaftslehre vorausliegen, enthalten dieses Grundmoment seiner philosophischen Gesamtanschauung in völlig abgeschlossener Form. Der Gedanke, durch den wir uns selbst als frei, als sittliche Persönlichkeit mit bestimmten sittlichen Aufgaben erfassen, ist — wie hier dargelegt wird — zugleich der Punkt der höchsten logischen Selbstgewißheit. »Seiner Persönlichkeit« — so lehrt bereits der »Versuch einer Kritik aller Offenbarung« — »ist jeder unmittelbar durch das Selbstbewußtsein sicher; das Ich bin — bin selbständiges Wesen, läßt er sich durch keine Vernünfteleien rauben[1].« In diesem Grundakt, in welchem das Selbst sich kraft eines ursprünglichen Aktes der Freiheit von allen Inhalten des Bewußtseins und von allen »Objekten« der Natur scheidet, ist alles Wissen, worauf immer es sich beziehen mag, ver-

[1] Versuch einer Kritik aller Offenbarung (1792), S. W. V, 136.

ankert. Konstanz und Notwendigkeit gibt es nicht in den Gegenständen des Wissens, sondern lediglich in dieser seiner aktiven Grundform, die für alle Inhalte, sofern sie »gewußte« Inhalte sind, die Voraussetzung bildet. Fichtes zweite Schrift, die »Beiträge zur Berichtigung der Urteile des Publikums über die französische Revolution« (1793) entwickelt sodann, inmitten bestimmter ethischer und staatsrechtlicher Probleme, von neuem diese allgemeine Grundanschauung. Die Gesetze und Normen, an denen wir die Naturdinge und Naturbegebenheiten messen, können nicht selbst den Tatsachen entnommen werden, für die sie als Regeln dienen sollen. »Von woher denken wir denn nun dieses Gesetz zu nehmen? Wo denken wir es aufzufinden? Ohne Zweifel in unserem Selbst, da es außer uns nicht anzutreffen ist: und zwar in unserem Selbst, insofern es nicht durch äußere Dinge vermittelst der Erfahrung geformt und gebildet wird (denn das ist nicht unser wahres Selbst, sondern fremdartiger Zusatz), sondern in der reinen ursprünglichen Form desselben; — in unserem Selbst, wie es ohne alle Erfahrung sein würde. Die Schwierigkeit dabei scheint nur die zu sein, allen fremdartigen Zusatz aus unserer Bildung abzusondern, und die ursprüngliche Form unseres Ich rein zu bekommen. Wenn wir aber etwas in uns auffinden sollten, das schlechthin aus keiner Erfahrung entstanden sein kann, weil es von ganz anderer Natur ist, so könnten wir sicher schließen, dieses sei unsere ursprüngliche Form. So etwas finden wir nun wirklich an jenem Gesetze des Sollens... Das Dasein dieses Gesetzes in uns als Tatsache führt uns demnach auf eine solche ursprüngliche Form unseres Ich; und von dieser ursprünglichen Form unseres Ich leitet sich hinwiederum die Erscheinung des Gesetzes in der Tatsache als Wirkung von seiner Ursache ab.« Diese ursprüngliche unveränderliche Form unseres Selbst ist es, die alle veränderlichen, durch Erfahrung bestimmten Formen desselben mit sich einstimmig zu machen strebt, indem sie ihnen das Gebot ihrer eigenen Identität entgegenhält[1]. Dieses letztere Gebot ist und gilt daher nur, sofern es sich der widerstreitenden empirischen Mannigfaltigkeit der »Dinge« gegenüber fortschreitend durchsetzt. Die Vernunftform, das »reine Ich« stellt an sich selbst die Forderung, die Unendlichkeit alles Gegebenen zu erfüllen und alle Realität in sich zu fassen. Dieses Postulat des absoluten Seins des Ich ist der tiefste und reinste Sinn des kategorischen Imperativs: ein Sinn, der sich stets von neuem

[1] Beiträge zur Berichtigung etc. (1793), S. W. VI, 58 f.

in der sittlichen Arbeit zu bewähren und zu beweisen hat. Hier schwindet der Gegensatz zwischen Endlichkeit und Unendlichkeit. Im sittlichen Streben des Ich verknüpfen sich beide Momente zu einer untrennbaren Einheit. Dieses Streben ist endlich, sofern es notwendig auf ein bestimmtes Objekt, mit Ausschluß aller anderen geht; aber es ist zugleich unendlich, sofern es an diese Grenze seiner Bestimmung nicht gebunden ist, sondern sie fort und fort über sich selbst hinaus zu neuen Objekten und zu neuen Zielen fortrückt.

Die Idee einer zu vollendenden Unendlichkeit, die vom Standpunkt der bloßen Theorie ein Widerspruch ist, wird daher zum eigentlichen Ausdruck des reinen praktischen Gesetzes. »Wir sollen laut der Aufforderung desselben an uns den Widerspruch lösen; ob wir seine Lösung gleich nicht als möglich denken können, und voraussehen, daß wir sie in keinem Momente unseres in alle Ewigkeit hinaus verlängerten Daseins werden als möglich denken können. Aber eben dies ist das Gepräge unserer Bestimmung für die Ewigkeit.« Dieser Gedanke, mit dem der dritte Teil der »Grundlage der gesamten Wissenschaftslehre«, die »Grundlage der Wissenschaft des Praktischen« abschließt[1], ist in ihr von ihren ersten Anfängen an lebendig. Er hat bereits in den ersten Skizzen, die Fichte von der neuen Lehre entwirft, seinen schärfsten und prägnantesten Ausdruck erhalten. Der Sinn der idealistischen Freiheitslehre wird schon hier nicht darin gesucht, daß der Mensch frei ist, sondern daß er notwendig strebt, frei zu sein[2]. In der Grenzenlosigkeit dieses Strebens erst entsteht für ihn und für sein bewußtes Denken dasjenige, was er sein eigenes Sein und was er das Sein der Dinge nennt.

So bildet die Kantische Freiheitslehre den positiven, die Skepsis Aenesidems und Maimons den negativen Pol in Fichtes erster Grundlegung der Philosophie. Die systematische Genesis der Wissenschaftslehre tritt hier in Klarheit hervor. Was vom Standpunkt Reinholds und der gesamten, lediglich an der »Kritik der reinen Vernunft« orientierten Philosophie als ein unauflöslicher Widerspruch erscheinen mußte, an dem jeder Versuch einer Ableitung der Transzendentalphilosophie aus einem obersten theoretischen Prinzip zu scheitern drohte: das wird für Fichte zur mittelbaren Bestätigung des Gedankens vom »Primat der praktischen

---

[1] S. Grundlage der gesamten Wissenschaftslehre (1794) S. W. I, 270.
[2] S. den ersten handschriftlichen Entwurf zur Wissenschaftslehre (bei Kabitz, a. a. O. S. 95).

Vernunft«. Die skeptischen Einwürfe wider die Vernunftkritik sind auf dem Standpunkt der rein theoretischen Reflexion in der Tat nicht auflösbar: denn daß, auf diesem Standpunkt, Materie und Form der Erkenntnis, apriorisches Vernunftgesetz und empirische Gegebenheit niemals ineinander aufgehen, sondern soweit wir auch fortschreiten, beständig wieder auseinanderfallen, ist streng erweislich. Der Irrtum der Skepsis aber besteht darin, daß sie die Forderung ihrem Sinne nach vernichtet zu haben glaubt, indem sie zeigt, daß sie für keinen Punkt des endlichen theoretischen Wissens erfüllbar ist. Wenngleich der Knoten, den die Skepsis geknüpft hat, theoretisch nicht gelöst, so kann und muß er doch im praktischen Bewußtsein und kraft der Selbständigkeit dieses Bewußtseins zerschnitten werden[1]. Er wird es, indem wir uns darauf besinnen, daß dasjenige, was in der Form einer abgeschlossenen Lösung unmöglich, in der Form der Aufgabe notwendig ist. Es ist der Grundmangel der Skepsis, daß sie dieser Objektivität des Sollens irgendeine Objektivität des Daseins in Gedanken unterschiebt, die sie sodann im gesamten Gebiet der Daten des Bewußtseins und der Erkenntnis freilich vergeblich aufzufinden sucht. Hier gibt es keinen anderen Weg, den Zweifel prinzipiell und aus dem Grunde zu heben, als wenn sich zeigen läßt, daß all das, was wir Objektivität des Daseins nennen, aus der Objektivität des Sollens erst seine wahrhafte Bedeutung und Begründung empfängt. Dem dogmatischen Idealismus tritt hier der praktische gegenüber; die Unterwerfung des materialen Inhalts des »Gegebenen« unter die reinen Formgesetze ist an keinem Punkte vollzogen, aber sie muß immer von neuem als vollziehbar gesetzt und anerkannt werden[2].

Nun erst wird es völlig deutlich, in welchem Sinne Fichte bereits in der Rezension des »Aenesidemus« die entscheidende Lösung darin findet, daß die Philosophie, statt wie bisher auf eine oberste und allgemeinste Tatsache, auf eine ursprüngliche Tathandlung zu gründen ist[3]. Dieselbe Handlung, in der das Ich sich als frei setzt und sich damit allen bloß passiven Inhalten und Objekten des Bewußtseins als praktische Einheit des Wirkens gegenüberstellt, wird ihm zum Anknüpfungspunkt einer theoretischen Reihe reflexiver Denkakte, die, in sich unabschließbar, dennoch in dem Gesetz ihres notwendig geforderten Fortschritts als Einheit erfaßbar

---
[1] Grundlage der gesamten Wissenschaftslehre (1794), S. W. I, 144.
[2] S. hrz. bes. Grundlage der ges. Wissenschaftslehre (1794), S. W. I, 156.
[3] Rezension des Aenesidemus (1792), S. W. I, 8.

und begrifflich bestimmbar ist. Wir verfallen dem Dogmatismus, sobald wir versuchen, den unendlich-fernen Punkt, den wir als Ziel dieser Gesamtreihe und als Ausdruck des inneren Zusammenhanges ihrer Glieder festhalten müssen, in die Endlichkeit selbst hereinzurücken. Der Charakter der kritischen Philosophie läßt sich an dieser Stelle am deutlichsten an ihrem Gegensatz zum Spinozismus bestimmen. Denn nicht dies ist der Mangel der Lehre Spinozas, daß sie eine letzte, über alle Mannigfaltigkeit erhabene absolute Einheit sucht, sondern daß sie diese Einheit als aktuell verwirklicht ansieht. Spinoza glaubte aus theoretischen Vernunftgründen zu schließen; wo er doch bloß durch ein praktisches Bedürfnis getrieben wurde; er glaubte ein wirklich Gegebenes aufzustellen, da er doch bloß ein vorgestecktes, aber nie zu erreichendes Ideal aufstellte. »Seine höchste Einheit« — so sagt Fichte voraus — werden wir in der Wissenschaftslehre wieder finden; aber nicht als etwas, das ist, sondern als etwas, das durch uns hervorgebracht werden soll, aber nicht kann[1].« Dieses Nicht-Können ist es, was der Skepsis zuzugestehen ist, ohne daß dadurch der Charakter und die absolute Evidenz des Sollens im mindesten beeinträchtigt wird. Denn hier ist der Punkt, an dem jede Willkür und jedes Schwanken zwischen »Ja« und »Nein« durch einen unbedingten »Machtspruch« der sittlichen Vernunft beseitigt wird. Der Philosoph tut diesen Machtspruch nicht, sondern er zeigt ihn nur auf und bezeichnet ihn als die Stelle, an der jede Frage nach einer weiteren Begründung aufhören muß[2]. Die freie Tat, in der sich uns der Sinn des kategorischen Imperativs erschließt, trägt ihre Gewißheit in sich selbst. Nach einem »Warum« dieser Gewißheit kann, wenn ihre Bedeutung einmal rein erfaßt ist, nicht weiter verlangt werden; denn die Freiheit in einem höheren Grunde, in einem Dasein oder Zwecke, die außerhalb ihrer selbst liegen, begreifen zu wollen, hieße vielmehr sie leugnen und vernichten[3]. Nur dies kann »begriffen« werden, daß die Freiheit unser Vehiculum für die Erkenntnis der Objekte, nicht aber umgekehrt die Erkenntnis der Objekte das Vehiculum für die

---

[1] Grundlage der ges. Wissenschaftslehre S. W. I, 100 f. (mit Berufung auf Maimons Darstellung des Spinozismus in den »Progressen der Philosophie«).
[2] Grundl. der ges. Wissenschaftslehre, S. W. I. 143 f.
[3] »Begreifen heißt, ein Denken an ein anderes anknüpfen, das erstere vermittelst des letzteren denken. Wo eine solche Vermittelung möglich ist, da ist nicht Freiheit, sondern Mechanismus. Einen Akt der Freiheit begreifen wollen, ist also absolut widersprechend. Eben wenn sie es begreifen könnten, wäre es nicht Freiheit.« (System der Sittenlehre (1798). S. W. IV, 182.)

Erkenntnis unserer Freiheit ist[1]. Wir stehen an der Stelle, an der wir nicht weiter fragen können, ohne daß die Welt des Ich, wie des Nicht-Ich, sich für uns gleichmäßig in Nichts auflöst. »Ich kann nicht weiter, wenn ich nicht mein Inneres zerstören will; ich kann nur darum nicht weiter gehen, weil ich weiter gehen nicht wollen kann. Hier liegt dasjenige, was dem sonst ungezähmten Fluge des Raisonnements seine Grenze setzt, was den Geist bindet, weil es das Herz bindet; hier der Punkt, der Denken und Wollen in Eins vereiniget und Harmonie in mein Wesen bringt[2].«

Auch die weitere Richtung der Untersuchung ist durch diesen ersten Ansatz bereits bestimmt vorgezeichnet. Die gesamte Wissenschaftslehre in all ihren Verzweigungen und dialektischen Verwicklungen ist nichts anderes, als die fortschreitende theoretische Deutung, die Fichte der Grundkonzeption seiner Freiheitslehre gibt. Von hier aus gesehen treten die allgemeinen logischen Strukturverhältnisse dieses so vielfältig verschlungenen Ganzen alsbald deutlicher hervor. Die Forderung, alles Wissen an einen obersten Grundsatz zu knüpfen und aus ihm systematisch herzuleiten, erhält jetzt einen prägnanteren Sinn und eine andere Begründung, als in Reinholds Elementarphilosophie. Die Einheit des Wissens erscheint als das notwendige Corollar zur Einheit des Sollens: denn dieses schreibt vor, daß die Vernunft die gesamte Sphäre des Empirischen schlechthin mit ihrem eigenen Gesetz erfüllen und durchdringen soll. Daß freilich, in den ersten Darlegungen der Wissenschaftslehre, als dieser oberste Grundsatz — ohne nähere Vermittlung und Begründung — sogleich der nackte logische Identitätssatz, der Satz, daß $A=A$ ist, eingeführt wird, muß nach wie vor bedenklich und anstößig erscheinen: denn es scheint, als werde damit der »klassische« Unterschied zwischen analytischen und synthetischen Urteilen schon beim ersten Schritte wieder vernichtet. Auch diese Paradoxie löst sich indes, wenn man erwägt, daß der logische Satz der Identität hier nur als Ausdruck eines Gedankens eingeführt wird, der seiner eigentlichen Grundbedeutung nach in einer völlig anderen Sphäre wurzelt. Die Identität ist auch hier nicht sowohl der gegebene Ausgangspunkt, als vielmehr der geforderte Endpunkt der Gesamtbewegung. Sie ist nicht eine gegebene, sondern eine erst

---

[1] System der Sittenlehre, S. W. IV, 79.
[2] Über den Grund unseres Glaubens an eine göttliche Weltregierung (1798), S. W. V. 182; vgl. bes. die »Bestimmung des Menschen« (1800), S. W. II, 252 ff., — daß der Gedanke bis in die erste Phase von Fichtes Lehre zurückreicht, ist oben (S. 131 ff.) gezeigt.

herzustellende Identität; nicht eine leere formale Einerleiheit, son≠ dern eine zu bewirkende Übereinstimmung des Bewußtseins in sich selbst und mit sich selbst. Denn als Tathandlung betrachtet — und so muß sie betrachtet werden, wenn man sie im strengen Sinne der Wissenschaftslehre nimmt — bedeutet sie nichts, was unter den empirischen Bestimmungen unseres Bewußtseins vorkommt, sondern drückt lediglich die oberste Forderung aus, der gemäß sich alles Mannigfaltige im Fortschritt des Wissens gestalten soll[1]. Die Einheit, an die hier alle Erkenntnis geknüpft wird, »ist« nur, sofern sie sich beständig von neuem an einem scheinbar widerstreitenden Material herstellt. In dieser ihrer Selbsterzeugung aber erkennt sie keine absolute Grenze an. Die intellektuelle Anschauung des Ich ist nur in dieser intellektuellen Anschauung seiner unendlichen theoretischen und praktischen Aufgabe und mit ihr zugleich mög≠ lich. Erst in ihr fixiert das Ich sich selbst: denn was wir sein Sein nennen, geht in seiner Bestimmung auf. »Ohne Selbstbewußtsein ist überhaupt kein Bewußtsein; das Selbstbewußtsein ist aber nur möglich auf die angezeigte Weise: ich *bin* nur tätig. Von ihm aus kann ich nicht weiter getrieben werden; meine Philosophie wird hier ganz unabhängig von aller Willkür und ein Produkt der eiser≠ nen Notwendigkeit, inwiefern Notwendigkeit für die freie Vernunft stattfindet, d. h. Produkt der praktischen Notwendigkeit. Ich kann von diesem Standpunkte aus nicht weiter gehen, weil ich nicht weiter gehen darf; und so zeigt sich der transzendentale Idealismus zugleich als die einzig pflichtmäßige Denkart in der Philosophie, als diejenige Denkart, wo die Spekulation und das Sittengesetz sich innigst vereinigen... Der Begriff des Handelns, der nur durch diese intellektuelle Anschauung des selbsttätigen Ich möglich wird, ist der einzige, der beide Welten, die für uns da sind, vereinigt, die sinnliche und die intelligible. Was meinem Handeln entgegensteht — etwas entgegensetzen muß ich ihm, denn ich bin endlich — ist die sinnliche, was durch mein Handeln entstehen soll, ist die intelli≠ gible Welt[2].«

Jeder einzelne Begriff, jeder einzelne Satz der Wissenschaftslehre empfängt seine volle Bedeutung erst dann, wenn man ihn als ein≠ zelnes, teleologisch≠notwendiges Moment innerhalb dieses Gesamt≠ zusammenhangs erblickt. Daß das Wissen überhaupt System, nicht Aggregat sein müsse, folgt nunmehr mit Evidenz aus dem

---
[1] S. die »Grundlage der ges. Wissenschaftslehre« § 1, S. W. I, 91.
[2] Zweite Einleitung in die Wissenschaftslehre (1797); S. W. I, 466 f.

obersten Vernunftzweck selbst. Nur dann, wenn kein Einzelinhalt sich der durchgängigen und eindeutigen Bestimmung durch das Gesetz des Ganzen entzieht, ist dieser Zweck wahrhaft realisierbar. Schon in dieser ersten Grundgewißheit aber ist im Grunde die Gesamtheit aller derjenigen Folgerungen eingeschlossen, in deren sukzessiver Nachweisung und Entfaltung die Wissenschaftslehre besteht. Inhalt dieser Lehre kann nichts anderes sein, als was im Gedanken des reinen Wissens selbst liegt und aus ihm durch Selbstbesinnung als notwendiges Moment herauslösbar ist. In diesem Sinne enthält sie kein einziges neues Objekt, kein einziges faktisches Datum, das nicht bereits im gemeinen — theoretischen oder praktischen — Bewußtsein oder in den wissenschaftlichen Einzeldisziplinen als solches enthalten wäre. Es ist das Vorgeben der dogmatischen Metaphysik, durch das Denken eine neue Welt des Seins erschließen, eine Bestimmtheit vorher unbekannter Dinge lediglich »erraisonnieren« zu können. Mit einer solchen »erschaffenden Philosophie« aber hat der Kritizismus ein= für allemal gebrochen. Die Transzendentalphilosophie geht lediglich auf eine bestimmte Wissensform, nicht auf einen abgesonderten, für sich bestehenden konkreten Wissensinhalt, der neben die bereits bekannten als ein neuer Gegenstand treten könnte[1]. Sie gibt kein neues Sichtbares, sondern lediglich eine neue Art des Sehens und des »Lichtes«, das auf die Objekte des Bewußtseins fällt. »Da die Wissenschaftslehre eben nur die Anschauung des unabhängig von ihr vorausgesetzten und vorauszusetzenden Wissens ist, so kann sie kein neues und besonderes, etwa nur durch sie mögliches materiales Wissen (Wissen von Etwas) herbeiführen, sondern sie ist nur das zum Wissen von sich selbst, zur Besonnenheit, Klarheit und Herrschaft über sich selbst gekommene allgemeine Wissen. Sie ist gar nicht Objekt des Wissens, sondern nur Form des Wissens von allen möglichen Objekten. Sie ist auf keine Weise unser Gegenstand, sondern unser Werkzeug, unsere Hand, unser Fuß, unser Auge; ja, nicht einmal unser Auge, sondern nur die Klarheit des Auges. Zum Gegenstande macht man sie nur dem, der sie noch nicht hat, bis er sie bekommt, nur um dieses willen stellt man sie in Worten dar: wer sie hat, der, inwiefern er nur auf sich selbst sieht, redet nicht mehr von ihr, sondern

---

[1] Rückerinnerungen, Antworten, Fragen etc. (1799); S. W. V, 339 ff.; daß der hier entwickelte Standpunkt für ihn schon seit den ersten Erklärungen über den Begriff seines Systems feststehe, wird hier von Fichte selbst ausdrücklich hervorgehoben (V, 344); vgl. übr. die Schrift »über den Begriff der Wissenschaftslehre« (1794), S. W. I, 38 ff.

er lebt, tut und treibt sie in seinem übrigen Wissen. Der Strenge nach hat man sie nicht, sondern man ist sie und keiner hat sie eher, bis er selbst zu ihr geworden ist.« In diesem Sinne — aber freilich auch nur in diesem — ist sie, wenn wir hier den herkömm= lichen Gegensatz des Subjektiven und Objektiven brauchen wollen, in alle Ewigkeit und notwendig subjektiv und kann niemals »ob= jektiv« werden: so wahr die Methode, die in ihr lebt, immer nur unmittelbar in ihrer Betätigung, niemals aber als totes Resultat an= geschaut werden kann[1].

Es erhellt in diesem Zusammenhang sogleich, in welchem Sinne das Verfahren, dessen sich Fichte bedient, als »konstruktiv« und die gesamte Wissenschaftslehre als reine »Konstruktion« zu be= zeichnen ist. Nicht darum kann es sich handeln, die Gesamtheit der materialen Inhalte des Bewußtseins in ihrem Dasein aus dem höchsten Prinzip der Ichheit vollständig und bis in die letzten Ein= zelheiten hervorzuzaubern; denn damit stünden wir wieder bei jener »erschaffenden Philosophie«, die Fichte ausdrücklich und mit klaren Worten verwirft. Die »Genesis«, die hier gesucht wird, be= trifft nicht sowohl das Sein schlechthin als unser Bewußtsein, unser Wissen vom Sein. Was im konkreten Wissen ein Ganzes zunächst ununterscheidbarer Momente ist, das soll für uns durchsichtig werden, indem wir es in seine einzelnen notwendigen Bedingungen zerlegen und es sukzessiv aus diesen Bedingungen in einer bestimm= ten systematischen Abfolge vor unserem geistigen Blick entstehen lassen. An der unterschiedslosen Masse des »Gegebenen« treten auf diese Art für unsere ideelle Auffassung die reinen Formelemente hervor und erweisen sich in ihrer konstitutiven Bedeutung. Die Wissenschaftslehre trennt somit das im wirklichen Wissen nie Ge= trennte, um es wieder zusammenzusehen. Was im wirklichen Wissen vorkommt, konkresziert und in Vereinigung, wird von ihr aufge= löst und aus dieser Auflösung als neu entstehend gesetzt, um hieran ein Bild seiner inneren Struktur und Organisation zu gewinnen[2]. Bis hierher steht Fichte, wie man sieht, noch auf kritischem Boden: der Gedanke, daß wir nur das von den Dingen a priori erkennen, was »wir selbst in sie legen«, scheint in keiner Weise überschritten. Auch der Begriff der »intellektuellen Anschauung«, der hier sogleich

---

[1] S. Wissenschaftslehre von 1801, S. W. II, S. 9; sowie bes. die Vorlesungen über die Wissenschaftslehre aus d. J. 1813; Nachgelassene Werke, hg. von J. H. Fichte, Bd. II, S. 4 f.
[2] Vgl. bes. die Vorlesungen über die W.=L. aus dem J. 1813, Nachgel. W. II, 8 f.

hinzutritt, verändert nichts an diesem Verhältnis. Denn die »intellektuelle Anschauung« ist für Fichte seiner Grundansicht gemäß niemals die Anschauung eines Seins, sondern eines Tuns. Sie spricht demnach nicht von Dingen und Dingverhältnissen, sondern faßt lediglich, was im Akt des Wissens als solchem gelegen ist, in einen Einheitspunkt. Welche Folgerungen daher später aus ihr auch immer gezogen werden mögen, so ist sie doch zweifellos ihrem Sinn und Ursprung nach an dieser Stelle lediglich als ein bestimmter Charakter gefaßt, der jeglicher gültigen Erkenntnis als solcher eigen und in ihr aufweisbar ist. Jedem Wissen eignet, wenngleich es sich der Materie nach auf ein Besonderes und Einzelnes bezieht, der Form nach ein Anspruch auf Dauer und »Wiederholbarkeit«. Es bleibt nicht im besonderen Moment, im Einzelfall gebunden, sondern erhebt sich über ihn, indem es eine von ihm unabhängige Geltung behauptet. Dieser Blick, vermöge dessen wir im Gegebenen wurzelnd, uns dennoch vom Gegebenen zu einer neuen Sphäre des Verstehens losreißen, ist es, der für Fichte den Sinn und das Wesen der »intellektuellen Anschauung« ausmacht. Am klarsten findet sich diese Bestimmung in der Wissenschaftslehre vom Jahre 1801 ausgesprochen; aber auch den früheren Darlegungen liegt sie unverkennbar zu Grunde. Als Punkt der Anknüpfung und Verdeutlichung gilt hier zunächst die Anschauung der reinen Mathematik die den geforderten logischen Charakter in höchster Deutlichkeit enthält. Ist etwa die Forderung gestellt, einen beliebigen Winkel zu beschreiben, so findet der, der sie tatsächlich vollzieht, mit ihr zugleich die andere Bestimmtheit verknüpft, daß, wenn wir eine bestimmte Länge der Schenkel dieses Winkels annehmen und alsdann versuchen, ihn durch eine dritte gerade Linie zu schließen, dies nur auf eine Weise möglich ist. Diese Behauptung stellt der Gedanke nicht nur für den einzelnen, gegebenen Fall auf, sondern er dehnt sie schlechthin über die Allheit der überhaupt möglichen Fälle aus. Er versichert sonach, an dem ausgesprochenen Vorstellen ein Wissen zu haben, d. h. eine Stetigkeit, Festigkeit und Unerschütterlichkeit des Vorstellens, auf der er unwandelbar ruhe und unwandelbar zu ruhen sich verspreche. In dem diesmaligen Ziehen der bestimmten Linie ist dasjenige, was er erblickt, keineswegs bloß die diesmalige Konstruktion, noch irgendeine ihrer speziellen Bedingungen: sei es die besondere Seitenlänge und Winkelgröße, sei es irgendeine Besonderheit des denkenden Subjekts, das die geforderte Synthesis vollzieht. Und wie die Anschauung des Mathematikers sich zu den Raumgebilden, so verhält sich die Anschauung der Wissenschaftslehre schlechthin zu allem besonderen Wissen, zu der Erkenntnis bestimmter Einzelsätze und Einzelobjekte. Als Wissen vom Wissen umfaßt sie alle diese Erkenntnisse durchaus mit einem Blicke, gerade so, wie im Wissen des Geometers das Linienziehen usw. als sich selbst gleiche Einheit aufgefaßt wurde Und in diesem Gedanken handelt es sich offenbar nicht um eine Abstraktion, die von besonderen Wissensakten ausgehend durch eine Vergleichung gewisser ihnen gemeinsamer Eigentümlichkeiten und durch Zusammenfassung des Gleichen in einem bloßen Gattungsbegriff gewonnen würde. Denn gerade indem irgendein Einzelnes als Wissen gesetzt und anerkannt wird, ist jener Grundakt in ihm schon vollständig enthalten. Jedes besondere Wissen, jedes Wissen *von Etwas* verwirklicht den universellen Wissenscharakter, der in jenem Moment der unendlichen Wiederholbarkeit besteht, nicht bloß teilweise, sondern schließt ihn in seiner Ganzheit in sich, so daß er sich an und in ihm vollständig erfassen läßt[1].

Nun erst ist auch der Sinn, in welchem Fichte in seinen ersten Darlegungen der Wissenschaftslehre den Satz der Identität als Grundlage verwendet, genau umgrenzt. Er selbst hat in den späteren Entwicklungen, in denen er in Hinblick auf Bardilis »Grundriß der ersten Logik« den Gedanken der unendlichen Wiederholbarkeit fixiert, nachdrücklich darauf verwiesen, daß dieser Gedanke seinem Inhalte nach bereits in den ersten Formulierungen der Wissenschaftslehre von 1794 vollständig gegeben sei und dort in der Deduktion, die von dem Satze A=A ausgeht, nur in einer anderen Fassung vorliege[2]. Daß die Identität für die Wissenschaftslehre nur insofern ein Problem und einen Ausgangspunkt bildet, als sie über den Sinn der rein formal logischen Betrachtung hinausgeht, als sie synthetisch, nicht analytisch verstanden wird, hat sich bereits gezeigt. Die Setzung des A identisch mit sich selbst bedeutet die Selbstbehauptung der grundlegenden Relation, in der sich die Erkenntnis des A konstituiert, durch alle Mannigfaltigkeit der möglichen Zeitpunkte und der möglichen Anwendungsfälle hindurch. Daß ein bestimmter Inhalt mit sich selbst identisch »ist«, bedeutet,

---

[1] S. Wissenschaftslehre von 1801, S. W. II, S. 3–15; vgl. bes. Fichtes Antwortschreiben an Reinhold (1801) S. W. II, 505 ff., sowie den »Sonnenklaren Bericht an das größere Publikum über das eigentliche Wesen der neueren Philosophie (1801) S. W. II. 368 ff.

[2] Antwortschreiben an Reinhold, S. W. II, 509; vgl. die Rezension von Bardilis Grundriß, S. W. II, 493.

daß er als solcher rekognoszierbar ist: und diese Rekognition vermag niemals die bloße »Wahrnehmung«, sondern lediglich eine Anschauung zu leisten, die die Unendlichkeit und Totalität aller möglichen Wahrnehmungen umfaßt. Sofern ein Gegenstand des Wissens als identisch gesetzt wird, liegt daher in diesem Grundakt bereits, daß wir ihn als Manifestation der absoluten Totalität, als Ausdruck eines zeitlos gültigen Zusammenhanges ansehen[1]. Die Form dieses Zusammenhangs wird in den ersten Darstellungen Fichtes als die Form des Ich bezeichnet, während die späteren Schriften diesen Begriff zurücktreten lassen und an seine Stelle unmittelbar den Begriff des »absoluten Wissens« setzen. Im Grunde aber ist beides nur ein verschiedener Ausdruck für ein und dasselbe sachliche Verhältnis: denn auch das reine »Ich« ist, wie sich zeigte, von Anfang an nicht durch die Analogie mit dem empirisch-individuellen Selbstbewußtsein zu denken, sondern lediglich als Bezeichnung der obersten Form- und Einheitsregeln der »Vernunft« zu verstehen. Der logische Satz A=A ist das Faktum, von dem die Philosophie ausgeht, um aus ihm die Notwendigkeit jener Vernunftform, die sich in allem Wechsel und aller Verschiedenheit der Inhalte behauptet und immer von neuem herstellt, zu deduzieren[2]. Jede Mannigfaltigkeit, die sich für das Wissen in seinem synthetischen Prozeß ergibt, enthält die Aufforderung, sie in einer neuen Einheit wieder zu verstehen und sie damit auf diese Grundform des Denkens zurückzuführen.

Zugleich aber zeigt sich hierin bereits ein Moment, das über die erste Fassung des Gedankens hinausweist. Die Identität, um die es sich handelt, ist nicht von Anfang an gegeben, sondern sie muß sich stets von neuem und in immer vollkommnerer Art erzeugen. So wahr sie nun selbst nur in dieser ihrer Selbsterzeugung ihren »Bestand« hat: so wahr gehören auch die Bedingungen dieses Fortschritts zu den Bedingungen des Selbstbewußtseins und des Wissens überhaupt. Kann also die Identität der reinen Vernunftform mit sich selbst nur in dem Fortgang von dem »einen« zum »anderen« Gliede in der Reihe des Wissens aufgewiesen werden, so kann auch diese »Andersheit« nicht lediglich als bloß negativer, seinem Ursprung nach unbegreiflicher Bestandteil gedeutet werden. Vielmehr muß, wenn wirklich das Wissen sich selber als Ganzes fassen und verstehen soll, auch dieses zweite Moment in seiner

---

[1] Antwortschreiben an Reinhold, S. W. II, 506 f.
[2] S. hrz. die Grundlage der ges. Wissenschaftslehre (1794) § 1, S. W. I, 91 ff.

Eigenart und seiner Notwendigkeit begriffen werden. Dies aber ist wiederum nur möglich, wenn wir es, statt es lediglich faktisch hinzunehmen, gleichfalls in einem Prinzip der Erkenntnis zu fixieren und zu begründen vermögen. Als Anknüpfung für dieses Prinzip gilt, wie zuvor der Satz der Identität, nunmehr der logische Satz des Widerspruchs. Denn er zeigt eben jenes Problem der »Andersheit« in reinster Form: sofern er dem A, von dem er spricht, ein non-A entgegensetzt, das er als Prädikat von A verneint. Faßt man diese Entgegensetzung in ihrer allgemeinen »transzendentalen« Bedeutung, so steht man damit an jenem Punkte der Deduktion, den der zweite Grundsatz der Wissenschaftslehre bezeichnet. Wir erinnern uns, daß bereits Maimon nachdrücklich darauf hingewiesen hatte, daß der logische Satz des Widerspruchs in seinem eigentlichen Sinne nur dann verständlich zu machen ist, wenn man ihn auf ein bestimmtes inhaltliches Grundverhältnis aller Erkenntnis zurückdeutet, in welchem er seinen Ursprung hat. Die relative logische Realität und Negation (Bejahung und Verneinung) setzt — wie er gelehrt hatte — die transzendentale und absolute voraus[1]. Dieser Gedanke wird von Fichte aufgenommen und in voller Bestimmtheit durchgeführt. Die Entgegensetzung des A und non-A, des Subjekts und Prädikats im Satze des Widerspruchs ist zunächst nur dadurch möglich, daß beide gedacht, also insofern in der Einheit der Erkenntnis enthalten sind, und von ihr gleichsam umschlossen werden. Aber diese Einheit stellt sich zugleich als eine Einheit des Verschiedenen, des A und nicht-A, dar und konstituiert sich selber erst in und kraft dieser Verschiedenheit, die sich somit als eine gleich fundamentale Bedingung jeglicher reellen Erkenntnis erweist. Verharrte das Denken in der bloßen Form seiner Identität, so würde es niemals zum objektiven Denken, zum Denken eines besonderen Gegenstandes werden. Denn dieser Gegenstand ist für es nur insoweit vorhanden, als es ihn durch bestimmte Prädikate bezeichnet und ihn damit aus der Gesamtheit der überhaupt möglichen Denkinhalte unterscheidend heraushebt. Ein Einzelinhalt wird zu dem, was er ist, erst dadurch, daß ihm gewisse besondere Bestimmungen zugesprochen, dadurch aber zugleich in demselben Akt der Determination die entgegengesetzten von ihm ausgeschlossen werden. Jedes »Setzen« eines A enthält demnach unmittelbar das Nicht-Setzen eines B, C, D u. s. f. in sich: die Position ist nur durch die Negation, wie diese nur durch jene möglich. So bedarf

---
[1] Maimon, Versuch einer neuen Logik, S. 407; s. ob. S. 116 ff.

etwa der Geometer, um eine bestimmte Gestalt zu setzen, allerdings der einheitlichen Form des unendlichen Raumes; aber diese schlechthin h o m o g e n e Form enthält eben darum nicht den zureichenden Grund für irgendeine besondere räumliche Modifikation. Was diese, was z. B. das Dreieck »ist«, ergibt sich erst, wenn die gesamte Sphäre der Bestimmbarkeit, die wir »Raum« nennen, in einer gewissen Art eingeschränkt wird und bestimmte, in ihr gleichfalls mögliche Setzungen für den vorliegenden Fall verneint und ausgeschlossen werden. Analog muß die Wissenschaftslehre die intellektuelle Anschauung des Wissens ü b e r h a u p t zwar voraussetzen und zu ihrem ersten Grundsatze erheben; aber indem sie darauf reflektiert, daß alles konkrete Wissen zugleich ein Wissen von Etwas ist, entsteht ihr die Aufgabe, auch diese Bestimmung in einem allgemeinen Prinzip festzuhalten. Der zweite Grundsatz ist daher zwar seinem Gehalte nach bedingt — denn ohne das Gesetz des Wissens überhaupt kann es auch kein Wissen von Diesem oder Jenem geben — aber er ist seiner Form nach unbedingt, da er eine Charakteristik des Wissens zum Ausdruck bringt, die in dem ersten Satze als solchem nicht enthalten war und aus ihm allein nicht erweisbar ist. In Wahrheit freilich handelt es sich, wenn man das Verhältnis in wirklicher Strenge faßt, hier um kein Auseinander von Bestimmungen und somit auch um kein »Erstes« und »Zweites«, sondern um eine strikte Korrelation. Die Einheit der Form und die Verschiedenheit der Gegenstände des Wissens lassen sich voneinander nicht ablösen und, wie in der dogmatischen Auffassung, als selbständige Stücke einander gegenüberstellen. Vielmehr ist das Wissen nur in jener Doppelheit als »Verströmung und Verschmelzung eines Separaten zur Einheit« zu fassen und zu beschreiben. »Was du auch auffassen mögest, mit deinem Wissen, das ist Einheit, denn nur in der Einheit ist Wissen und ergreift sich das Wissen. Wie du aber wiederum dieses Wissen ergreifest, zerstiebt dir das Eine in Separate; und wie du wieder irgendeinen Teil dieser so Separierten, versteht sich als Einheit, weil du nicht anders kannst, fassest und sein Wissen fassest, zerstiebt dieser Teil dir wieder in ein Mannigfaltiges; und so wiederum die Teile dieser Teile, solange du dein Teilen fortsetzen wirst. Setzest du es aber nicht fort, so stehst du eben bei einer Einheit, die dir nur dadurch Einheit bleibt, daß du dich nicht weiter darum kümmerst. Nun wisse nur, daß du diese unendliche Teilbarkeit selbst mit dir bringst, vermittelst der absoluten Form deines Wissens, aus welcher du eben nicht herauskannst. Du wirst dir daher nicht ferner einfallen lassen, daß sie etwa in einem Dinge an sich begründet sei, welches, wenn es wahr wäre, zuletzt doch nichts weiter hieße, als daß du den Grund nie erforschen könntest, da sie dir in deinem Wissen selbst, als der einzig möglichen Urquelle, nachgewiesen ist, welches freilich auch nichts mehr heißet, als daß du den Grund davon allerdings wissen und erforschen kannst, wenn du nur dich selbst recht scharf und klar beschauest. Nun ruht, welches noch wohl zu merken ist, das Wissen keineswegs im *Vereinen,* noch ruht es im *Zerstreuen,* sondern es ruht selbst schlechthin im *Verschmelzen* dieser beiden, in ihrer realen Identität; denn es ist keine Einheit, außer der der Separaten, und es sind keine Separaten, außer in der Einheit. Das Wissen kann nicht ausgehen von dem Bewußtsein der Elemente, die du etwa zusammensetzest, fort zur Einheit; denn alles dein Wissen kommt in Ewigkeit auf keine Elemente; noch kann es ausgehen von der Einheit, die du etwa in beliebige Teile spaltetest mit dem Bewußtsein, sie bis ins Unendliche spalten zu können; denn du hast gar keine Einheit für sich, sondern nur eine der Separaten. Es schwebt daher *innerhalb beider,* und ist vernichtet, wenn es nicht innerhalb beider schwebt. Es ist in sich selbst *organisch*«[1].

Es bleibt, um diesem Grundgedanken die Fassung zu geben, die er in der ersten Darstellung der Wissenschaftslehre von 1794 besitzt, nur noch übrig, das Verhältnis, das hier als ein solches des Wissens aufgewiesen ist, wiederum in der Sprache dieser ersten Darstellung, d. h. durch die Begriffe von Ich und Nicht-Ich zu bezeichnen. Die Art dieser Bezeichnung ist bereits durch die vorangehenden Entwicklungen gegeben: denn wie das Ich der Ausdruck der Identität der Vernunftform, so ist folgerecht das Nicht-Ich der Ausdruck des Mannigfaltigen und »Separaten«, das in diese Form gefaßt und durch sie bestimmt wird. In der Tat hat es sich gezeigt, daß es keinen Gegenstand des Wissens geben kann, außer sofern wir gemäß dem zweiten Grundsatz kraft der Form der Entgegensetzung ein bestimmtes »Etwas« im Unterschiede zu andern möglichen Modifikationen der Erkenntnis fixieren. Diese Fixierung, die nur durch eine Einschränkung der Gesamtsphäre des Wißbaren überhaupt erfolgen kann, ist der prinzipielle Ausdruck für dasjenige, was die Erkenntnis ihr »Objekt« nennt, und was sie demnach nicht gänzlich aus sich heraus, sondern in sich selber als eine Begrenzung ihres unendlichen »Vermögens« setzt. Hieraus ergibt

[1] Wissenschaftslehre von 1801, § 10, S. W. II, S. 20 ff.

sich der scharf bestimmte Sinn der Formel, daß das Ich, so gewiß es sich selbst setzt, sich ebenso gewiß ein Nicht≠Ich entgegensetze. Das Wissen vermag sich in seinem universellen Charakter, in der Form seiner absoluten »Wiederholbarkeit« nicht zu erfassen, außer indem es von einem besonderen Fall seines Grundgesetzes, von dem »Wissen von Etwas« ausgeht und sich in ihm als allgemeingültig erschaut. Die intellektuelle Anschauung, in der sich das Wissen vollzieht und in der es besteht, ist gleichmäßig an die Form der Identität, wie an die der Verschiedenheit, an die Kategorie der Realität, wie an die der Negation gebunden[1].

Eben hierin aber erweist sich unmittelbar, daß die Isolierung je eines dieser beiden Gesichtspunkte nur als Akt der willkürlichen philosophischen Abstraktion zulässig ist. Es genügt, dies in Strenge festzuhalten, um sogleich den Sinn des dritten abschließenden Grundsatzes der Wissenschaftslehre vor sich zu haben, der sich als die Synthesis dessen erweist, was in den beiden ersten Grund≠ sätzen in der Form der Thesis und Antithesis enthalten war. Die endgültige Charakteristik des Wissens ist erst erreicht, sofern nicht die Identität schlechthin und der Gegensatz schlechthin, sondern die Bestimmbarkeit des einen Moments durch das andere und des anderen durch das eine gedacht wird. Vom Standpunkt einer bloß formellen Betrachtung gesehen, scheint freilich diese Aufgabe einen unlöslichen Widerspruch in sich zu schließen. Damit das »Nicht≠Ich« im Ich gesetzt ist – und nur insofern dies der Fall ist, kann es von ihm ein Bewußtsein geben – muß das Ich selbst, als Bedingung des Akts der Setzung bejaht werden, während es andererseits kraft des Gegenstandes dieses Aktes verneint wird. In welchem Sinne ist diese gleichzeitige Bejahung und Verneinung möglich; wie lassen sich A und non≠A, Sein und Nicht≠Sein, Realität und Negation zusammendenken, ohne daß sie sich ver≠ nichten und aufheben? Die Antwort kann nur so lauten, daß beide sich wechselseitig einschränken, daß also das eine Glied des Gegensatzes das andere nicht schlechthin, sondern nur zum Teil aufheben müsse. In dem Begriff des Setzens und Entgegen≠ setzens tritt also hier der Begriff der Teilbarkeit, der Quantitäts≠ fähigkeit überhaupt hinzu. Der Vereinigungspunkt der beiden ersten Sätze wäre gefunden, wenn sich zeigen ließe, daß es eine Setzung gibt, in welcher das Nicht≠Ich dem Ich nicht absolut, son≠

---

[1] S. Grundl. der ges. Wissenschaftslehre § 2, S. W. I, 101 ff; vgl. bes. die Zweite Einleitung in die Wissenschaftslehre, S. W. I, 458 ff.

dern relativ entgegengesetzt würde: so daß also in ihr dem teilbaren Ich ein teilbares Nicht=Ich gegenüberträte[1]. Der Sinn dieses Satzes kann freilich nur dann erfaßt werden, wenn man sich daran erinnert, daß auch hier das Ich und Nicht=Ich nicht sowohl dinglich, als vielmehr als Symbole gewisser Wissensbestimmungen und Wissens= akte zu nehmen sind. Ihre »Quantitätsfähigkeit« kann daher nicht nach Analogie irgendeiner räumlichen Beziehung gedeutet, sondern ledig= lich als Ausdruck für ein bestimmtes logisches Abhängigkeitsver= hältnis genommen werden, das indes seiner Natur nach nicht kon= stant, sondern variabel ist und daher gleichsam an jedem Punkte des wirklichen Wissens einen andern Wert hat. Die Beherrschung der »Materie« des Wissens durch die identische »Vernunftform«; die Durchdringung des »Gegebenen« mit den universellen Gesetzen der Erkenntnis ist von dieser Art. Diese Beherrschung ist an keinem Punkte des wirklichen Wissensweges jemals vollendet, sondern sie bleibt eine unendliche Aufgabe. Wir rechnen diejenigen Bestim= mungen des empirischen Bewußtseins, für welche diese Aufgabe gelöst ist, dem Ich, d. i. der Form der Vernunft selbst zu, während die übrigen, bei denen dies nicht der Fall ist, für uns zunächst noch einer anderen, vom Lichte des Wissens undurchdrungenen Sphäre anzugehören scheinen. Aber beide Sphären sind nach dem Grund= gedanken von Fichtes Idealismus nicht durch absolute unübersteig= liche Schranken voneinander getrennt. Vielmehr besteht gerade darin die Aufgabe des Wissens, ihre Grenzen beständig zu ver= schieben. Was sich uns zunächst als bloße Gegebenheit darstellt, muß kraft der Gesetze der Erkenntnis beherrscht und damit erst zur Form des Selbstbewußtseins erhoben; was zuvor bloße »Natur« schien, muß — in theoretischer, wie in praktischer Hinsicht — von uns selbsttätig zu einer Bestimmung durch Freiheit umgeprägt werden. Der Gegensatz der beiden Gebiete ist somit als solcher freilich qualitativ unaufheblich; aber das kategorische Sollen, das den Gesamtprozeß der Erkenntnis beherrscht, fordert nichtsdesto= weniger, daß das nie Vollendbare immer von neuem in Angriff ge= nommen werde. Und jetzt versteht man es, in welchem Sinne in der höchsten Synthesis, zu der die Grundlegung der Wissenschafts= lehre vordringt, das »Ich«, wie das »Nicht=Ich« als »teilbar« ein= ander entgegengesetzt werden. Diese Teilbarkeit ist der Ausdruck der Bestimmbarkeit des einen Gliedes durch das andere. Der Sphäre des »Geformten« steht stets eine solche des »Ungeformten«, aber

---
[1] Grundlage der ges. Wissenschaftslehre, § 3, S. W. I, 105 ff.

seinem Begriffe nach gleichfalls »Formbaren« gegenüber und das »Quantum« dieser Sphäre ins Unendliche zu verringern, ist das Ziel, das der theoretischen, wie der sittlichen Vernunft gesteckt ist[1]. Mit dieser Fixierung der drei obersten Grundsätze der Wissenschaftslehre ist ihr Gehalt vorweg bestimmt. Die weiteren Entwicklungen dienen nicht sowohl dazu, prinzipiell neue Ergebnisse zu gewinnen, als vielmehr die Gesamtanschauung, auf der die Deduktion ruht, immer schärfer heraustreten zu lassen und sie gegenüber andersartigen Ansichten der Erkenntnis und ihres Gegenstandes immer bestimmter abzugrenzen. Hieraus erklärt sich die eigentümliche und schwierige Form der ersten Wissenschaftslehre. Die einzelnen Sätze, in denen die Entwicklung fortschreitet, haben hier keinen selbständigen, von dem Ganzen ablösbaren Sinn, sondern sie dienen nur als notwendige Mittelglieder in einem dialektischen Prozeß, in welchem jeder Folgesatz den vorhergehenden berichtigt und verneint. »Unsere Aufgabe war« — so faßt Fichte selbst am Schluß dieses Verfahren zusammen — »zu untersuchen, ob und mit welchen Bestimmungen der problematisch aufgestellte Satz: das Ich setzt sich als bestimmt durch das Nicht-Ich denkbar wäre. Wir haben es mit allen möglichen durch eine systematische Deduktion erschöpften Bestimmungen desselben versucht; haben durch Absonderung des Unstatthaften und Undenkbaren das Denkbare in einen immer engeren Zirkel gebracht und so Schritt vor Schritt uns der Wahrheit immer mehr genähert, bis wir endlich die einzig mögliche Art zu denken, was gedacht werden soll, aufgefunden haben[2]«. Als prinzipiell »undenkbar« erweist sich hierbei vor allem jede Ansicht, die den Gehalt der obersten Synthesis dadurch zum Ausdruck zu bringen sucht, daß sie ihn aus zwei getrennten Einzelgliedern, die für sich sind und gedacht werden können, zusammensetzt. Denn da die höchste Synthese die Möglichkeit alles Wissens und alles Seins begründen soll, so ist es widersprechend, ihr irgendein bestimmtes Wirkliche — sei es des Bewußtseins oder des Seins, des Ich oder des Gegenstandes — voranzustellen. Vielmehr liegt diese ganze Unterscheidung erst jenseits ihrer eigenen Grenzen. Im Vollzug der Synthesis treten Akt und Gegenstand,

---

[1] Vgl. hrz. bereits den ersten Entwurf der Wissenschaftslehre: »der Widerspruch (zwischen Ich und Nicht-Ich, zwischen »Vernunft« und »Empfindung«) soll nie gehoben, aber er soll unendlich klein gemacht werden.« (bei Kabitz, S. 96 f.) Zum Ganzen s. noch bes. die Vorlesungen über die Bestimmung des Gelehrten, Erste Vorles., S. W. VI, 296 ff. (1794).
[2] Grundl. der ges. Wissenschaftslehre, S. W. I, 219.

Wissen und Objekt nach einer für uns einsehbaren Notwendigkeit auseinander, nicht aber sind sie als etwas vor diesem Vollzug Bestehendes zu denken, das im Wissen nur eine äußere Verbindung eingeht. Der Gedanke einer solchen Verbindung ist das Kennzeichen des Dogmatismus, wobei es gleich viel gilt, ob gemäß der realistischen Hypothese das Bewußtsein aus der Dingsubstanz oder umgekehrt in idealistischem Sinne das Ding aus der Ichsubstanz abgeleitet wird. Der letztere Weg hat, wie hervorgehoben wird, vom kritischen Standpunkt aus vor dem ersteren keinerlei Vorrang: wie denn Berkeleys System, das Fichte als geschichtlicher Repräsentant dieser Denkart gilt, von ihm ausdrücklich dem Dogmatismus zugerechnet wird[1]. Für die entgegengesetzte kritisch-transzendentale Betrachtungsweise gibt es kein Objekt und kein Subjekt v o r dem Wissen, sondern es gibt nur den Gehalt des Wissens selbst als schlechthin unaufhebliche und unzertrennliche Einheit dieser beiden »Gesichtspunkte«[2]: Sofern die Wissenschaftslehre von der »Ichheit« ausgeht, so geschieht dies, weil eben in ihr das Verhältnis, um dessen Verdeutlichung es sich hier handelt, in besonders prägnanter, unverkennbarer Art sich darstellt. Denn das Ich, von dem hier die Rede ist, ist kein isolierter oder isolierbarer Teil des Seins; ist in diesem Sinne nicht bloße »Subjektivität«, sondern ursprüngliche Identität des Subjektiven und Objektiven. »Ich bin diese Anschauung und schlechthin nichts weiter, und diese Anschauung selbst ist Ich. Es soll durch dieses sich selbst Setzen nicht etwa eine Existenz des Ich, als eines unabhängig vom Bewußtsein bestehenden Dinges an sich hervorgebracht werden, welche Behauptung ohne Zweifel der Absurditäten größte sein würde. Ebensowenig wird dieser Anschauung eine vom Bewußtsein unabhängige Existenz des Ich, als (anschauenden) Dinges vorausgesetzt; welches meines Erachtens keine kleinere Absurdität ist, ohnerachtet man dies freilich nicht sagen soll, indem die berühmtesten Weltweisen unseres philosophischen Jahrhunderts dieser Meinung zugetan sind. Eine solche Existenz ist nicht vorauszusetzen, sage ich, denn wenn ihr von nichts reden könnt, dessen ihr euch bewußt seid, alles aber, dessen ihr euch bewußt seid, durch das angezeigte Selbstbewußtsein bedingt wird, so könnt ihr nicht hinwiederum ein Bestimmtes, dessen ihr euch bewußt seid, die von allem Anschauen und Denken unabhängig sein sollende Existenz des Ich, jenes Selbstbewußtsein

---

[1] Erste Einleitung in die Wissenschaftslehre S. W. I, 438.
[2] Vgl. bes. Grundlage der ges. Wissenschaftslehre, § 4 E., S. W. I, 145 ff.

bedingen lassen.« Die Frage nach der Übereinstimmung zwischen der Form des Wissens und seinem Gegenstande erscheint damit endgültig abgeschnitten. Verfehlt man hingegen diesen Ausgangspunkt, so muß man notwendig immer wieder von der eigentlichen transzendentalen Auffassung abgleiten. »Man wird immer vergeblich nach einem Bande zwischen dem Subjekte und Objekte suchen, wenn man sie nicht gleich ursprünglich in ihrer Vereinigung aufgefaßt hat. Darum ist alle Philosophie, die nicht von dem Punkte, in welchem sie vereinigt wird, ausgeht, notwendig seicht und unvollständig, und vermag nicht zu erklären, was sie erklären soll und ist sonach keine Philosophie«[1].

Von hier aus lassen sich die verschiedenen Wege, die bisher in der theoretischen Erklärung des Faktums der Erkenntnis eingeschlagen wurden, vollständig überschauen und aus einem obersten Grundsatz erklären. Sie alle beruhen, sofern sie sich außerhalb des transzendentalen Standpunkts stellen, darauf, daß das reine Verhältnis zwischen Wissen und Gegenstand in irgendeiner Hinsicht verdinglicht wird, indem das eine oder das andere seiner konstitutiven Bedingungen als ein Etwas gesetzt wird, das auch außerhalb des Verhältnisses selbst in irgendeiner Form existiert. Je nachdem man hierbei von dem einen oder dem anderen Punkte der Korrelation seinen Ausgang nimmt, ergeben sich verschiedene spekulative Tendenzen, die aber sämtlich in diesem ersten charakteristischen Grundfehler der Hypostasierung miteinander zusammenhängen. Was der philosophischen Deutung als primäres Datum, auf das sie sich stützt, gegeben ist, ist dagegen immer nur die Gewißheit der Wechselbestimmung selbst. Wie diese oder jene Gestalt im Raume nur zugleich durch Position und Negation bestimmbar ist, indem wir sie in ihrer Setzung zugleich von allen übrigen unterscheiden: so läßt sich allgemein nichts Bestimmtes erkennen, ohne daß der Inbegriff der Erkenntnismöglichkeiten überhaupt beschränkt und gleichsam in einem Punkt konzentriert

---

[1] Versuch einer neuen Darstellung der Wissenschaftslehre (1797); S. W. I, 528 ff.; vgl. Die Bestimmung des Menschen (1801); S. W. II, 225: Was ich bin, davon weiß ich, weil ich es bin und wovon ich unmittelbar dadurch weiß, daß ich überhaupt nur bin, das bin ich, weil ich unmittelbar davon weiß. Es bedarf hier keines Bandes zwischen Subjekt und Objekt; mein eigenes Wesen ist dieses Band. Ich bin Subjekt und Objekt: und diese Subjekt=Objektivität, dieses Zurückkehren des Wissens in sich selbst ist es, die ich durch den Begriff Ich bezeichne, wenn ich dabei überhaupt etwas bestimmtes denke.« Zum Ganzen vgl. bes. die Einleitung des »Systems der Sittenlehre« (1798) S. W. IV, 1 ff.

wird. Der besondere »Gegenstand« begrenzt die universelle Funktion des Wissens, während andererseits diese letztere sich erst im besonderen Gegenstand erfüllt. Vom theoretischen Standpunkt aus betrachtet sind somit beide Momente gleich ursprünglich, weil beide schlechthin unentbehrlich sind. Ob ich daher den »Gegenstand« des Wissens als bloße Einschränkung der unendlichen Erkenntnisfunktion ansehe und in diese letztere alle Realität hineinverlege, oder ob ich umgekehrt das Objekt als die eigentliche Wirklichkeit betrachte und im Unterschied dazu alle bloßen »Möglichkeiten« der Erkenntnis, die sich nicht hier und jetzt erfüllen, lediglich als Abstraktionen, als bloß unbestimmte »Potenzen« denke, gilt von diesem Standpunkte aus gleichviel. Erkennbar ist, mit anderen Worten, nicht die Position und die Negation, das »Tun« und das »Leiden« als solches, sondern nur ein Wechsel-Tun und Leiden. Soviel Tätigkeit ich dem einen Glied zuschreibe, soviel muß ich dem andern absprechen: aber da es hier nur auf die Differenz selber, nicht auf den absoluten Wert der Einzelglieder ankommt, so bleibt es Sache der Willkür, bei welchem von beiden ich den Anfang der Setzung mache und welches ich ihm entgegensetze[1].

Erst wenn ich diese Relation im Sinne einer bestimmten Grundkategorie, es sei die der Kausalität oder der Substantialität deute, ergeben sich mir verschiedene metaphysische Standpunkte, von denen der Ursprung der Erkenntnis und der Anteil, den das Ich oder Nicht-Ich an diesem Ursprung haben, sich betrachten läßt. Vom Standpunkt der Kausalität aus wird zunächst für die anfängliche Bestimmtheit ein »Grund« gefordert: eine Erklärung darüber, warum in diesem bestimmten Momente des Wissens sich eben diese und keine andere objektive Bestimmung vorfindet. Wir bleiben nicht bei dem Wechsel-Tun und Leiden als solchem stehen, sondern fordern eine »unabhängige Tätigkeit«, die dem Wechselverhältnis voran-

---

[1] S. Grundl. der ges. Wissenschaftslehre § 4, S. W. I, 123 ff.; vgl. bes. S. 130 f.: »Durch Bestimmung überhaupt wird bloß Quantität festgesetzt; ununtersucht wie und auf welche Art: durch unseren eben jetzt aufgestellten synthetischen Begriff wird die Quantität des Einen durch die seines Entgegengesetzten gesetzt, und umgekehrt. Durch die Bestimmung der Realität oder der Negation des Ich wird zugleich die Negation oder Realität des Nicht-Ich bestimmt und umgekehrt. Ich kann ausgehen, von welchem der Entgegengesetzten ich nur will und habe jedesmal durch eine Handlung des Bestimmens zugleich das andere bestimmt. Diese bestimmtere Bestimmung könnte man füglich Wechselbestimmung nennen. Es ist das gleiche, was bei Kant Relation heißt.«

geht und es bedingt. Wird diese Tätigkeit dem Nicht-Ich zugeschrieben, so erscheint dieses damit als Realgrund für das »Leiden« des Ich, d. h. für die passive Bestimmtheit der Empfindung, die sich in ihm vorfindet. Sobald wir indessen darauf reflektieren, daß auch diese passive Bestimmtheit selbst — da sie ja **zum Bewußtsein kommen** und insofern als solche im Ich selbst **gesetzt sein muß** — der eigenen Sphäre des Ich angehört, so ändert sich der Gesichtspunkt der Betrachtung. Was zuvor vom Standpunkt der kausalen Betrachtungsweise als Ergebnis der Einwirkung einer fremden und »äußeren« Macht gedeutet wurde, das erscheint jetzt — unter der Kategorie der Substantialität gesehen — als eine Selbstbeschränkung des Ich, das seiner Natur nach die gesamte Summe seiner möglichen Bestimmungen nicht auf einmal verwirklichen, sondern sie, in einem bestimmten Punkt seiner Entwicklung, stets nur zum Teil darstellen kann. Das Leiden wird somit hier nicht mehr im **qualitativen**, sondern lediglich im **quantitativen** Sinne der Tätigkeit entgegengesetzt: es ist selbst nichts anderes als eine verminderte Tätigkeit. Beide Auffassungen stimmen indessen, so sehr sie in ihrem Ergebnis auseinandergehen, in ihrem dogmatischen Gedankenmotiv überein. Wir gelangen auf dem ersten Wege zu einem dogmatischen Realismus, auf dem zweiten zu einem dogmatischen Idealismus; beide aber widerlegen sich selbst durch die Tatsache, daß es ihnen, nachdem sie einmal ein Glied der ursprünglichen Synthese, das »Ich« oder den »Gegenstand«, aus ihr herausgelöst und absolut gesetzt haben, niemals mehr gelingt, das andere korrelative Gegenglied zu erreichen und zu »erklären«. So verschwindet dem dogmatischen Realismus, der seine vollkommenste Ausprägung im Spinozismus gefunden hat, der Gedanke des Ich: denn das Ich wird ihm ein bloßes Accidens, das aus dem »Wesen« der Einen Substanz herausfällt und aus ihm daher nicht verständlich zu machen ist. Auf der anderen Seite vermag der dogmatische Idealismus nicht einmal den Begriff von einem Nicht-Ich als notwendig einzusehen: denn da der Grund der »Affektion« des Ich gemäß der Theorie im Ich selbst liegen soll, so versteht man nicht, wodurch dieses letztere genötigt wird, auch nur in Gedanken über sich selbst hinauszugreifen. Die erste Erklärungsart ist demnach in sich selbst unbegreiflich — denn noch hat niemand dem »Übergang« des bloßen »Seins« in das »Wissen« irgendeinen verständlichen Sinn abzugewinnen vermocht[1]; — die zweite ist zum mindes-

---
[1] S. hrz. bes. die Annalen des philosophischen Tons (1797) S. W. II, S. 475.

sten unvollständig, weil sie, in der Bestimmung des angeblich absoluten Grundes aller Erkenntnis, an einem charakteristischen, in seiner reinen Tatsächlichkeit nicht wegzudeutenden Phänomen der Erkenntnis vorbeigeht[1]. Der Idealist kann zwar die Befugnis der Beziehung der Erkenntnis auf ein Nicht-Ich leugnen und verfährt, insoweit er dies tut, völlig konsequent: aber die Tatsache des Beziehens selbst kann er nicht leugnen und noch ist es keinem eingefallen, sie zu leugnen.»Aber dann hat er diese zugestandene Tatsache, abstrahiert von der Befugnis derselben, doch wenigstens zu erklären. Das aber vermag er aus seiner Voraussetzung nicht und seine Philosophie ist demnach unvollständig.« Beide Synthesen — sowohl diejenige, die von der Selbstbeschränkung des Ich im Sinne der Substantialität, wie diejenige, die von der Einwirkung des Nicht-Ich im Sinne der Kausalität ausgeht — erklären demnach nicht, was sie erklären sollen. Der Widerspruch bleibt trotz aller Vermittlungsversuche stets der gleiche: setzt das Ich sich als bestimmt durch das Nicht-Ich, so wird es nicht bestimmt durch das Nicht-Ich; wird es bestimmt durch das Nicht-Ich, so setzt es sich nicht als bestimmt[2].

Aber nicht nur für den dogmatischen, sondern selbst für den kritischen Idealismus scheint der Zirkel, auf den wir hier hingeführt worden sind, unvermeidlich und unlöslich, solange er sich lediglich in den Grenzen der theoretischen Erklärungsart hält. Denn er sieht sich hier stets genötigt, abgesehen von der reinen Form des Wissens und seinen allgemeinen Gesetzen, noch eine Besonderung der Wissensinhalte anzunehmen und zuzugestehen, deren Grund er nicht weiter aufzudecken vermag. So erscheint die »Welt« zwar, wenn wir sie im transzendentalen Sinne auffassen und deuten, als die nach begreiflichen Vernunftgesetzen versinnlichte Ansicht des innern Handelns der Intelligenz selbst: aber eben dieses Handeln nimmt seinen Ausgangspunkt doch innerhalb unbegreiflicher Schranken, in die das theoretische Ich nun einmal eingeschlossen scheint. Wenngleich wir indes diese Schranken theoretisch weder abzuleiten, noch zu durchbrechen vermögen, so können wir uns doch — und damit setzt eine neue entscheidende Wendung der Frage ein — praktisch über sie erheben. Was sie sind und was sie für die Intelligenz, für das Ganze der reinen Vernunftaufgaben, bedeuten: das tritt sofort hervor, wenn wir in ihnen den Ausdruck bestimmt-

---

[1] Vgl. Grundlage der ges. Wissenschaftslehre, § IV E, bes. S. W. I, S. 151 ff.
[2] Grundlage der ges. Wissenschaftslehre, S. W. I, 146 ff.

individualisierter sittlicher Aufgaben erkennen.»Jene Schranken sind ihrer Entstehung nach allerdings unbegreiflich: aber was verschlägt dir auch dies? — sagt die praktische Philosophie: die **Bedeutung** derselben ist das klarste und gewisseste, was es gibt, sie sind deine bestimmte Stelle in der moralischen Ordnung der Dinge. Was du zufolge ihrer wahrnimmst, hat Realität; die einzige, die dich angeht und die es für dich gibt: es ist die fortwährende Deutung des Pflichtgebots, der lebendige Ausdruck dessen, was du sollst, da du ja sollst. Unsere Welt ist das versinnlichte Materiale unserer Pflicht; dies ist das eigentliche Reelle in den Dingen, der wahre Grundstoff aller Erscheinung[1].« Jetzt ist, wie man sieht, die Untersuchung zu ihrem ersten Ausgangspunkt wieder zurückgekehrt. Theoretisch müssen wir innerhalb der reinen Korrelation zwischen dem Wissen und seinem Gegenstand stehen bleiben, und es ist für den Ausdruck dieser Korrelation im Grunde gleichviel, bei welchem ihrer Glieder ich beginnen, ob ich also vom Ich oder Nicht-Ich den Anfang machen will. Aber der praktische Gesichtspunkt hebt diese Indifferenz auf und eröffnet damit den Ausweg aus dem logischen Zirkel. »Ich **soll** in meinem Denken vom reinen Ich ausgehen und dasselbe absolut selbsttätig denken, nicht als bestimmt durch die Dinge, sondern als die Dinge bestimmend[2].« Dieser praktische Idealismus ist es, der den dogmatischen ablöst und endgültig überwindet[3]. Wir fragen jetzt nicht mehr, woher die Besonderheit, die der Bewußtseinsinhalt aufweist, stammt, sondern **wofür** und **wozu** sie da ist: wir forschen nicht mehr nach ihrem letzten **Grund**, sondern wir begreifen ihren teleologischen **Sinn**. Die Frage nach dem Grunde würde uns wieder in die Antinomien des Spinozismus verstricken: es entstünde die unlösbare Aufgabe, einen »Übergang« zwischen dem Unendlichen und dem Endlichen, zwischen der Einen Substanz und der Mannigfaltigkeit und Bestimmtheit der Accidentien und Modi aufzuweisen. Die Wissenschaftslehre aber kann unbeirrt von diesem Zweifel ihren Weg antreten. Sie nimmt das Besondere zunächst als ein Datum der Erfahrung, als eine bloße Tatsache hin; aber nicht, um bei ihm stehen zu bleiben, sondern um es sogleich in ein **Problem** der Erkenntnis und in eine **Aufgabe** für den Willen zu verwandeln: Das echte Allgemeine und daher der echte »Grund«

---

[1] Über den Grund unseres Glaubens an eine göttl. Weltregierung (1798), S. W. V, 184 f.; vgl. bes. das »System der Sittenlehre« (1798), § 7, S. W. IV, 98 ff.
[2] Zweite Einleit. in die Wissenschaftslehre, S. W. I, 467; vgl. die analogen Erklärungen der »Grundlegung« S. W. I, 121, 143 f., 260.
[3] Grundlage I, 156 (s. ob. S. 134).

liegt demnach vor ihr, nicht hinter ihr: in dem immer tieferen teleologischen Gesamtzusammenhang, in dem wechselseitigen »Wofür« und »Wozu«, das sich zwischen allen Einzelinhalten unserer theoretischen und unserer praktischen »Welt« herstellt und knüpft. »Und so ist denn« — so beschließt Fichte das Ganze dieser Erörterungen — »der kritische Idealismus, der in unserer Theorie herrscht, bestimmt aufgestellt. Er ist dogmatisch gegen den dogmatischen Idealismus und Realismus, indem er beweist, daß weder die bloße Tätigkeit des Ich der Grund der Realität des Nicht-Ich, noch die bloße Tätigkeit des Nicht-Ich der Grund des Leidens im Ich sei; in Absicht der Frage aber, deren Beantwortung ihm aufgelegt wird, welches denn der Grund des zwischen beiden angenommenen Wechsels sei, bescheidet er sich seiner Unwissenheit, und zeigt, daß die Untersuchung hierüber außerhalb der Grenzen der Theorie liege. Er geht in seiner Erklärung der Vorstellung weder von einer absoluten Tätigkeit des Ich, noch des Nicht-Ich, sondern von einem Bestimmtsein aus, das zugleich ein Bestimmen ist, weil im Bewußtsein unmittelbar nichts anderes enthalten ist, noch enthalten sein kann. Was diese Bestimmung wieder bestimmen möge, bleibt in der Theorie gänzlich unentschieden, und durch diese Unvollständigkeit werden wir denn auch über die Theorie hinaus in einen praktischen Teil der Wissenschaftslehre getrieben«[1].

Der gesamte Gang der Wissenschaftslehre wird auch im einzelnen nur verständlich, wenn man dieses ihr Ideal der »Deduktion« in seiner ganzen Eigentümlichkeit im Auge behält. Wenn hier einzelne Bewußtseinsstufen unterschieden und der Versuch gemacht wird, zwischen ihnen ein bestimmtes systematisches Verhältnis aufzustellen, so hieße es diese Erörterungen völlig verkennen, wenn man sie im Sinne der genetischen Psychologie oder auch im Sinne der analytischen Erkenntniskritik auffassen wollte. Das Mißverständnis einer empirisch-psychologischen Deutung dieser Ergebnisse hat Fichte selbst in lapidarem Stil abgewehrt: »die Wissenschaftslehre ist nicht Psychologie, welche letztere selbst nichts ist[2]«. Die »pragmatische Geschichte des menschlichen Geistes«, die hier entworfen werden soll, darf mit einer »Zeitung des menschlichen Geistes«, in der wir etwa gegenseitig einander erzählen, was im tatsächlichen Bewußtsein vorkommt, nicht verwechselt werden[3]. Und

---
[1] Grundl. der ges. Wissenschaftslehre, S. W. I, S. 178.
[2] Sonnenklarer Bericht, S. W. II, 365.
[3] Die Bestimmung des Menschen S. W. II, 223.

der tiefere Grund liegt auch hier in der Auffassung und Bestimmung des »Geistes« selbst, die an der Spitze aller dieser Entwicklungen steht. Über das »Wesen« des Geistigen kann uns keine passive Selbstbeobachtung jemals Aufschluß gewähren, denn wir sind nur das, wozu wir uns kraft eines Aktes der Freiheit machen. Das Zusammenlesen noch so vieler beobachtbarer Einzeltatsachen, wie es die Psychologie übt, stellt uns demnach niemals in den wahrhaften Mittelpunkt jener Tathandlung, in welcher das Selbstbewußtsein ursprünglich wurzelt[1]. Aber auch die rein logische Reduktion eines Komplexes von Wahrheiten, wie er in »gegebenen« Wissensgebieten vorliegt, auf bestimmt gesonderte Grundsätze und Axiome ist keineswegs die Aufgabe, die diese Ableitung der Formen des Bewußtseins sich stellt. Vielmehr steht auch sie wiederum völlig unter dem einen beherrschenden Gesichtspunkt der Realisierung des höchsten Vernunftzwecks. Die besonderen Formen sind verstanden, wenn sie als Mittel- und Durchgangspunkt für dieses Ziel erkannt sind. Der Zusammenhang, der durch die Wissenschaftslehre zwischen den einzelnen Grundgestaltungen des Bewußtseins — wie Empfindung und Anschauung, Einbildungskraft und Urteil — gestiftet wird, besteht lediglich darin, daß sie als die verschiedenen Phasen der Verwirklichung einer und derselben fundamentalen Aufgabe gedeutet werden. Ausgangspunkt und Endpunkt dieser Aufgabe lassen sich hierbei durch den Begriff der Gebundenheit und der Freiheit, der Rezeptivität und der Spontaneität des Bewußtseins bezeichnen. Die echte und wahrhafte »Geschichte« des Geistes ist keine Erzählung über das zeitliche Auftreten und den zeitlichen Verlauf seiner einzelnen Akte, sondern die Aufweisung des notwendigen Stufenganges, der von dem ersten tatsächlichen Zustand der Gebundenheit des Ich bis zum höchsten Wissen von seiner wesentlichen Freiheit führt.

Die Möglichkeit eines derartigen Fortschritts liegt darin begründet, daß jede einzelne gegebene Phase des Bewußtseins zugleich zur Grundlage einer neuen Reflexion werden kann und werden muß, in welcher wir das, was zuvor eine bloße Gegebenheit schien, in uns selbst setzen und uns dadurch tätig aneignen. Schon

---

[1] Vgl. bes. Fichtes Brief an Jacobi vom 3. Mai 1810, Leben und Briefe II, 182: »Über dieses unser wahres Wesen kann uns nun keine faktische Selbstbeobachtung Aufschluß geben; denn gegeben (worauf doch allein die Beobachtung geht) werden wir uns in diesem Zustande nie; sondern wir können uns dazu nur machen, indem wir uns selbst ja nur als Leben, keineswegs als ein totes Sein gegeben sind.«

an der ersten primitivsten Stufe alles Bewußtseins läßt sich dieser Doppelcharakter aufweisen. Denn schon die Empfindung, die für die gewöhnliche Auffassung lediglich als der passive »Eindruck« gilt, den das »Ding« auf uns macht, schließt, wie die schärfere Betrachtung zeigt, eine eigentümliche Synthesis des Tuns und Leidens in sich. Sie erscheint in der bestimmten Beschaffenheit ihrer einzelnen, nicht weiter ableitbaren Qualitäten freilich zunächst als ein Fremdartiges: und eben dieses »in sich Finden« des Fremdartigen ist es, worauf ihr Begriff und ihr Name beruht. So wahr indessen in ihr das Finden selbst und das Gefundene nicht einerlei ist, so wahr mit anderen Worten das Ich den Inhalt, den es in sich findet, auf sich beziehen und ihn sich dadurch selbsttätig zu eigen machen muß: so wahr treten wir auch in ihr bereits aus dem Zustand der bloßen Bestimmtheit in den Prozeß einer fortschreitenden Bestimmung ein. Die weitere Aufgabe besteht darin, zu zeigen, wie der Prozeß, der hier angebahnt ist, nach einem notwendigen, a priori durchschaubaren Gesetz weiterschreitet. Wir gelangen zuerst von der Empfindung zur Anschauung, die sich demjenigen, was in jener ersten Phase gegeben ist, insofern frei gegenüberstellt, als sie die besonderen Inhalte nach einem bestimmten Gesichtspunkte betrachtet und durchläuft und sie damit in die Einheit einer bestimmten Ordnung aufnimmt. Aber diese Ordnung selbst kann ihr, da sie hierbei auf ihr eigenes Tun nicht wiederum reflektiert, nicht anders, denn als die Ordnung des Gegenstandes erscheinen. »Das Ich betrachtet ein Nicht-Ich, und es kommt ihm hier nichts weiter zu, als das Betrachten. Es setzt sich in der Betrachtung als solches völlig unabhängig vom Nicht-Ich; es betrachtet aus eigenem Antriebe ohne die geringste Nötigung von außen; es setzt durch eigene Tätigkeit und mit dem Bewußtsein eigener Tätigkeit, ein Merkmal nach dem anderen in seinem Bewußtsein. Aber es setzt dieselben als Nachbildungen eines außer ihm Vorhandenen.« Somit muß notwendig auch hier das Ich in dem Objekte seiner Tätigkeit sich selbst vergessen: und wir haben eine Tätigkeit, die dennoch lediglich als ein Leiden erscheint. Eben diese Handlung ist es, die wir mit dem Namen der »Anschauung« bezeichnen, — einer »stummen bewußtseinlosen Kontemplation, die sich im Gegenstande verliert«[1].

Nun aber führt der Weg weiter, indem wir ein Bewußtsein postulieren, das sich zur Anschauung selbst ebenso, wie diese zur

---
[1] Grundriß des Eigentümlichen der Wissenschaftslehre (1795); § 2 und 3, S.W. I, 335 ff., 349.

Empfindung verhält. Der Inhalt des Angeschauten müßte somit für dieses Bewußtsein lediglich als das Material gelten, mit dem es schalten und das es zu verschiedenen Gestaltungen synthetisch vereinigen kann. Von der einzelnen Anschauung eines Objekts erheben wir uns zu dem Gesetz der Funktion selbst; von dem Geschauten zur Art des Schauens. Die »Empfindung« und »Anschauung« wird damit zum »Bild«. Man muß, um diese Bezeichnung zu verstehen, auf die Bedeutung zurückblicken, die der Begriff des Bildes in Kants Lehre vom Schematismus und von der »produktiven Einbildungskraft« erhalten hatte. Das »Schema« erscheint hier nicht als ein Abbild vorhandener empirischer Gegenstände, sondern als apriorisches Vorbild zu möglichen empirischen Synthesen, die von ihm als notwendiges Gesetz beherrscht und bestimmt werden. Die tatsächliche empirische Anschauung ist selbst nicht möglich, ohne daß wir sie auf diesen gedanklichen »Entwurf« des Bildes beziehen und in ihm fixieren[1]. Alle Anschauung eines Gegebenen und Wirklichen ist insofern nur ein bestimmter Anwendungsfall jenes »Vermögens« des ursprünglichen Gestaltens und Bildens selbst, in welchem für uns, wie Fichte hervorhebt, nicht nur die Formen des Raumes und der Zeit, sondern auch alle reinen Kategorien wurzeln. Von hier aus versteht man die beherrschende Stellung, die die Lehre von der Einbildungskraft in Fichtes erster Darstellung der Wissenschaftslehre einnimmt. Fichte selbst hat in seinen späteren Darlegungen wiederholt und energisch vor dem Mißverständnis gewarnt, das der psychologische Nebensinn dieses Begriffs nahelegt. Wer das Gesetz des ursprünglichen »Bildens«, das im Charakter des Wissens selbst gegründet und insofern der Ausdruck seiner höchsten Objektivität ist, nicht anders denn als ein bloßes willkürliches »sich Einbilden« zu fassen vermag — der steht außerhalb der transzendentalen Grundansicht. Um dieses »platte Mißverständnis des Idealismus durch die Unphilosophie[2]« abzuwehren, zieht Fichte später vor, den Terminus der Einbildungskraft durch den prägnanteren der reinen »Bildungskraft« zu ersetzen. Denn es handelt sich hier nicht um ein *liberum arbitrium indifferentiae*, um eine bloße Willkür des Vorstellens, sondern umgekehrt um seine Fixierung und Zusammenfassung in bestimmten Grundgestalten. Hier tritt daher die eigentümliche Beziehung zwischen Freiheit

---

[1] S. hrz. Bd. II, S. 714 f.
[2] S. die Vorlesungen über die »Tatsachen des Bewußtseins« (1813). Nachgel. Werke I, 493; vgl. bes. S.W. II, 568 f.

und Gebundenheit, die in irgend einer Form an jeder Funktion des Bewußtseins aufweisbar ist, in besonderer Klarheit hervor. Das Bilden ist frei, sofern es sich nicht auf das jeweils gegebene Material beschränkt, sondern gemäß einem selbstgewählten Prinzip dieses Material gestaltet, aber es gehorcht hierbei zugleich seiner eigenen immanenten Regel, in der es sich selber bindet. So entsteht ihm eben jene Welt apriorischer Formen, die das Schema und Modell für alles bestimmte empirische Dasein darstellt[1].

In der speziellen Ableitung dieser Formen ist Fichte selbst freilich zu keinem einheitlichen Ergebnis gelangt. Die Aufgabe wird stets von neuem und mit immer anderen Begriffsmitteln in Angriff genommen, ohne je zu einem abschließenden Resultat zu führen. Für das Verständnis des Ganzen seiner Philosophie aber handelt es sich nicht sowohl um diese Einzelheiten, als vielmehr um die Grundabsicht, von der diese gesamte Deduktion geleitet wird. Und diese Absicht ist von den ersten Anfängen von Fichtes philosophischer Entwicklung an die gleiche geblieben. Indem von der Empfindung zur Anschauung, von der Anschauung zur Einbildungskraft, von der Einbildungskraft zum Verstand und zur Urteilskraft übergegangen wird, in welcher das freie Bilden in bestimmten Begriffen fixiert und damit gleichsam zum Stehen gebracht wird, ersteht damit vor uns das Bild der Erkenntnis als einer organischen Einheit, in welcher kein Glied ohne das andere sein kann, in der aber insofern eine bestimmte Ordnung und Abfolge sich angeben läßt, als wir einsehen, daß die niederen Stufen um der höheren willen da sind und in ihnen erst ihre wahrhafte Erfüllung finden. Die Erkenntnis soll für uns, die Beschauer, dasjenige werden, was sie ihrem reinen Wesensbegriff nach von Anfang an ist: denn in jeder noch so unentwickelten Stufe ist das Ganze ihrer Funktionen und Bedingungen implizit enthalten. Alles Zerlegen und Auseinanderbreiten ihrer Einheit in eine Mannigfaltigkeit von Einzelphasen kann demnach nicht in dem Sinne verstanden werden, als handle es sich hier um getrennte, für sich bestehende Elemente, aus denen wir das Wissen allmählich hervorgehen und sich zusammensetzen lassen wollten. Vielmehr dient all diese Vielheit der Ansatzpunkte immer nur dazu, die eine Anschauung des Ganzen fortschreitend zu vermitteln. Die Wissenschaftslehre bleibt in der ganzen Länge und Ausdehnung, die man ihr durch den successiven Vortrag gibt, doch immer nur »ein und derselbe unteilbare Blick, der nur aus dem

---
[1] Vgl. bes. den Grundriß des Eigentümlichen der Wissenschaftslehre S.W. I, 374 ff.

Zero der Klarheit, in welchem er bloß ist, aber sich nicht kennt, successiv und geradweise erhoben wird, zur Klarheit schlechthin, wo er sich selbst innigst durchdringt, und in sich selbst wohnt und ist«. Ihre Methode ist demnach nicht vorwärts folgernd, in einer einfachen Reihe, gleichwie in einer Linie nach dem Gesetze der Konsequenz, sondern sie ist allseitig und wechselseitig folgernd, immer von Einem Zentralpunkte aus nach allen Punkten hin und von allen Punkten zurück, gleichwie in einem organischen Körper[1].« Rein materiell wird durch diese Art der Betrachtung dem Gebiete der Erscheinung nicht ein einziger neuer Zug hinzugefügt und demnach kein neues Dasein ergrübelt; aber was wir erreichen, ist ein neues Sichverstehen der Erscheinung — ein neues Licht gleichsam, das sich von dem Verunftzweck, auf den alles Einzelne nunmehr bezogen wird, über dies Einzelne ausbreitet. »Die Wissenschaftslehre sieht die Vereinigung der Erscheinung mit der Verstandesform werden; in diesem Gesichte hat sie die Erscheinung, durchaus nur in einem leeren Bilde und ohne allen realen Gehalt... und muß sie so haben: der Gehalt nur absolut faktisch, sie aber genetisch. In der Wissenschaftslehre erscheint darum in der Tat Nichts; es ist in ihr nur die Verstandesform sichtbar, ohne alles Verstandene. Sie muß darum immer wieder in das Leben verweisen und kann nicht etwa durch sie dasselbe ersetzen oder stellvertreten... Sie macht das Leben klar und lehrt das Wahrhafte vom Schein unterscheiden, das Reale von der Form... Darin aber besteht der Erfolg dieser Klarheit, daß den Menschen das Licht aufgeht über die einzige Realität im Leben, den sittlichen Willen und daß alle andern vorgeblichen Realitäten, mit welchen die im Dunkeln Tappenden sich mühen, mit mathematischer Evidenz ihnen sich verwandelt in bloße Schemen des Verstandes zur Verständlichkeit eben jenes einigen Realen und Wahrhaftigen in der Erscheinung des sittlichen Willens[2]«. Diese Sätze, die einer der letzten Vorlesungen Fichtes entnommen sind, bezeichnen die Grundansicht, die er von den ersten Entwürfen der Wissenschaftslehre bis zu Ende unverändert festgehalten hat. Alle Entwicklungen, die die einzelnen Ergebnisse und die insbesondere die Darstellungsform von Fichtes Lehre erfahren hat, lassen sich von einem einheitlichen Prinzip aus übersehen, wenn man sie auf dieses Grundmotiv bezieht und von ihm aus beurteilt.

---
[1] Vgl. hrz. den »Sonnenklaren Bericht«, S. W. II, 347, sowie vor allem die Wissenschaftslehre von 1801, S. W. II, S. 11 f.
[2] S. die Vorles. über die »Tatsachen des Bewußtseins« (1813); Nachgel. W. I, 568 f.

II. Der Atheismusstreit und die Grundlegung von Fichtes Religions= philosophie.

Die Frage, ob der Ausbau der Wissenschaftslehre ihrer Grund= legung entspricht, ob hier ein geschlossenes, nach einem einheit= lichen Plane ausgebautes Ganzes vorliegt oder ob die Lehre Fichtes innere Umbildungen erfahren habe, die sie allmählich von ihrem ersten Ausgangspunkt völlig entfernten, ist früh aufgeworfen wor= den. Und je mehr die geschichtliche Forschung sich mit dieser Frage beschäftigte, um so mehr schien sie sich zu komplizieren. Während man zunächst die Schriften zum Atheismusstreit, die den Jahren 1798 bis 1800 angehören, als die Grenzscheide an= sah, die die erste und zweite Epoche von Fichtes Philosophie von= einander trennt, schien bei näherer Betrachtung schon für die erste Periode eine nicht minder bezeichnende systematische Trennung sich zu ergeben. Schon innerhalb der älteren Wissenschaftslehre — also in der literarischen Produktion, die etwa die Jahre 1794 bis 1798 umfaßt — glaubte man nunmehr einen Umschwung zu erkennen, der keineswegs bloße Nebenpunkte der Lehre, sondern ihre erkenntnis= theoretische Grundlegung betrifft. Es ist die völlig veränderte Stellung zum Problem der Irrationalität, die man als markantes Zeichen für diesen Umschwung ansieht. Für die ersten Schriften, insbesondere für die »Grundlagen« vom Jahre 1794, ist allem An= schein nach dieses Problem nicht vorhanden: die besondere Materie der Erkenntnis geht vollständig in ihrer Form auf und läßt sich ohne den geringsten Rest aus ihr ableiten. Schon die nächsten Jahre aber scheinen hierin eine entscheidende Wendung zu bringen. Das »Gegebene« gewinnt seine positive, auf die bloße Vernunftform nicht reduzierbare Bedeutung. Das Mannigfaltige soll auch jetzt noch kraft der Einheit dieser Form begriffen, aber es soll keines= wegs mehr aus ihr produziert und erzeugt werden: die »emana= tistische« Logik, die die Konzeption der Wissenschaftslehre be= herrschte, wird durch die »analytische« Logik, die die Grundform der »Kritik der reinen Vernunft« ausmacht, zurückgedrängt und in Schranken gehalten. Und die Umbildung in dieser Richtung geht schließlich so weit, daß Fichte, wie man annimmt, zuletzt ge= radezu zu einem »transzendentalen Empirismus und Positivismus« hingeleitet wird, für welchen die »Tatsachen«, die sich uns im Gefühl und in der Wahrnehmung offenbaren, ein schlechthin letztes und unableitbares Datum darstellen: — bis endlich der Umschwung, der zur letzten »metaphysischen« Epoche von Fichtes Philosophie hinführt, auch diese klare Grenze wieder verwischt und das Ganze der Lehre auf einen völlig neuen Boden stellt.

Die Entscheidung darüber, ob dieses Bild der philosophischen Entwicklung Fichtes, das Lask in seiner Schrift über »Fichtes Idealismus und die Geschichte[1]« gezeichnet hat, den geschichtlichen Tatsachen entspricht, kann indessen nicht getroffen werden, wenn nicht zuvor der Mittelpunkt festgestellt ist, um den dieser gesamte Gedankenprozeß sich bewegt. Der Grund der widerstreitenden Urteile, die in der Frage nach der Einheit und Kontinuität der Wissenschaftslehre gefällt worden sind, liegt vor allem darin, daß Fichtes eigene Darstellung diesen Mittelpunkt keineswegs von Anfang an klar hervortreten läßt. Der beständige Wechsel der Ausdrucksform, der Fichte eigen ist, hat immer wieder den Eindruck einer veränderten Fassung des Grundgedankens selbst erweckt. Fichte selbst hat diesem Wechsel keine Bedeutung beigelegt, weil er all die mannigfachen Formen und Formeln, die sich ihm hier ergaben, immer nur als zufällige und äußere Hüllen des Gedankens, nicht als seine adäquate logische Bezeichnung ansah[2]. Die Einheit der Grundansicht war für ihn nicht sowohl durch einen fest umschriebenen Inhalt und eine bestimmte Darstellungsform verbürgt, als durch die spezifische Methode, deren er sich bedient. Und hier liegt in der Tat der Punkt, an dem auch jede historische Fragestellung einsetzen muß, wenn sie das System aus seinen eigenen immanenten Bedingungen verstehen und beurteilen will. Keiner der Gegensätze, mit denen das System operiert – der Gegensatz des Ich und Nicht-Ich so wenig, wie der des »Wissens« und des »Lebens«, der »Erscheinung« und des »Absoluten« – wird seinem

---

[1] Tübingen und Leipzig 1902.
[2] Vgl. Fichtes Brief an Reinhold vom 21. März 1797: »Meine Theorie ist auf unendlich mannigfaltige Art vorzutragen. Jeder wird sie anders denken müssen, um sie selbst zu denken. Je mehrere ihre Ansicht derselben vortragen werden, desto mehr wird ihre Verbreitung gewinnen. Ihre eigene Ansicht, sage ich, denn das Gerede, das hier und da über Ich und Nicht-Ich, über Ichenwelt und Gott weiß wovon noch sich erhebt, hat mich herzlich schlecht erbaut... Über meine bisherige Darstellung urteilen Sie viel zu gütig, oder der Inhalt hat sie die Mängel der Darstellung übersehen lassen. Ich halte sie für äußerst unvollkommen. Es sprühen Geistesfunken, das weiß ich wohl, aber es ist nicht eine Flamme. Ich habe sie diesen Winter für mein Auditorium... ganz umgearbeitet, so als ob ich sie nie bearbeitet hätte und von der alten nichts wüßte. Wie oft werde ich sie nicht noch bearbeiten! Für Ermangelung der Pünktlichkeit hat die Natur durch Mannigfaltigkeit der Ansicht und ziemliche Leichtigkeit des Geistes mich schadlos halten wollen.«

vollen Gehalt nach verständlich, wenn man ihn nicht auf das Urproblem der Genesis und der genetischen Konstruktion bezieht. Denn der reine »genetische Blick« als eine bestimmte Weise des Sehens, nicht aber ein besonderes Gesehenes ist es, was nach Fichte den Idealismus charakterisiert und auszeichnet[1]. Die Frage nach der Einheit von Fichtes System wird daher gleichbedeutend mit der Frage nach der Einheit in diesem Grundbegriff der Genesis selbst. Nun müßte man freilich auch an der eindeutigen Bestimmtheit dieses Begriffs irre werden, wenn man ihn in demjenigen Sinne nimmt, der ihm in den Darstellungen von Fichtes Philosophie zumeist gegeben worden ist. Denn das »Werden«, dem wir in der Wissenschaftslehre zusehen, würde danach nichts Geringeres besagen, als eine reale Schöpfung, in welcher das Nicht-Ich aus dem Ich entsteht. In einer Reihe unbewußter, an sich wirklicher Vorstellungsakte würde das Ich den gesamten Inbegriff dessen, was wir Erfahrung nennen, bis hinab zu den besonderen Sinnesempfindungen, produzieren. Die Einbildungskraft als ein »blindes« Vermögen würde in freiem d. h. grundlosem Gestaltungsdrang die Gesamtheit des empirischen Wissens und damit des empirischen Seins aus sich heraus entwickeln. Nimmt man diese Deutung an, so bliebe nur die eine Frage offen, vermöge welcher seltsamen und unbegreiflichen Selbsttäuschung Fichte in einer derartigen Lehre noch eine Fortbildung der Kantischen Philosophie erblicken konnte. Denn hier ständen wir ja mit der ersten Frage, die wir stellen, im Gebiet einer Metaphysik, die mit jeder ihrer Festsetzungen über den Umkreis des Wissens und seine Bedingungen hinausgreift: der Einheitsbegriff der transzendentalen Kritik wäre von Anfang an durch den der romantischen Metaphysik ersetzt.

Eins indessen wird bei dieser Auslegung zweifellos übersehen: daß Fichte nämlich, wenn er vom »Absoluten« spricht, hierbei zunächst und prinzipiell immer nur das Absolute des Wertes, nicht das der Existenz, das Absolute des Sollens, nicht das des bloßen Seins, im Auge hat. Alle seine Deduktionen bewegen sich um diesen einen Punkt. Der Freiheitsbegriff des kategorischen Imperativs aber kann mit dem der romantischen Ironie nicht verwechselt werden. Demgemäß muß auch die erste und grundlegende Bedeutung des Verfahrens der genetischen Ableitung eine andere sein, als sie hier

---

[1] Vgl. hrz. bes. die Einleitungsvorlesungen in die Wissenschaftslehre aus d. J. 1813; Nachgel. Werke I, S. 11–17 sowie die Vorl. über die »Tatsachen des Bewußtseins« (1813). N.W. I, 493.

erscheint. Wir sahen bereits, daß das Problem dieser Ableitung in erster Linie auf den Sinn des Gegebenen, nicht auf sein bloßes Dasein geht — daß sie nicht nach seinem letzten »Warum« und »Woher«, sondern nach seinem »Wozu«, nach seinem letzten Telos fragt. Was der gemeinen Auffassung als das schlechthin Gegebene, unmittelbar Daseiende erscheint: das stellt sich dem »genetischen Blick« der Wissenschaftslehre als ein seiner Bedeutung nach durchaus Bedingtes und Vermitteltes dar. Den kürzesten und prägnantesten Ausdruck hierfür bieten vielleicht die Vorlesungen, die Fichte im Jahre 1812 über das Verhältnis der Logik zur Philosophie gehalten hat; aber der Sachverhalt selbst steht schon vorher unzweideutig fest. Die transzendentale Logik — so wird in diesen Vorlesungen ausgeführt — hat, im Unterschied von der gemeinen, das faktisch gegebene Wissen nicht hinzunehmen, sondern es durch Nachweisung des Denkens in ihm entstehen zu lassen. »Ich sage: durch genetisches Entstehenlassen, nicht als ob es etwa wirklich entstände, in der Tat ist es. Das Entstehenlassen ist bloß das Sichtbarmachen des Gesetzes und der Art und Weise dieses Seins. Darüber haben auch Mißverständnisse obgewaltet; wir haben ihnen stets widersprochen... Es ist gar keine historische oder faktische Kausalität, sondern eine lediglich intelligibele der Gesetze[1]«. Auch sonst wird Fichte nicht müde, über diejenigen zu spotten, die diese Darstellungsform eines »intelligiblen« Zusammenhangs in eine realistische Erzählung umdeuten und die damit die Wissenschaftslehre in die »Lebensgeschichte eines Menschen vor seiner Geburt« verwandeln. Nur der unwissenschaftliche Verstand glaubt hier eine Erzählung zu hören, weil er freilich seiner Grundform nach, die an das Gegebene gebunden ist, nichts anderes als Erzählungen faktischer Begebenheiten zu denken vermag. Die Transzendentalphilosophie dagegen läßt sich auf die Frage, ob wirklich eine ursprüngliche Konstruktion des Bewußtseins vor allem Bewußtsein vorhergegangen sei, nicht ein; ja diese Frage ist für sie ohne allen Sinn. Sie betrachtet die Daten des Bewußtseins, wie der Geometer eine bestimmte empirisch-räumliche Gestalt betrachtet, die es zu messen gilt. Gleichwie diese Messung nicht anders möglich ist als dadurch, daß wir die empirische Figur mit dem ideellen Schema der Geometrie zusammenhalten und daß wir sie demnach so betrachten, als ob sie rein konstruierbar wäre, so löst sich das Mannigfaltige für den transzendentalen Blick in einen

---
[1] N.W. I, 195.

Komplex von Bedingungen auf, deren erste die zweite, deren zweite die dritte fordert u. s. f. Das absolut Vorhandene »läßt sich *behandeln* und *beurteilen, gleich als ob* es durch eine ursprüngliche Konstruktion entstanden sei«: aber »dieses *gleich als ob* für ein kategorisches *daß*, diese Fiktion für die Erzählung einer wahren, irgend einmal zu irgendeiner Zeit eingetretenen Begebenheit zu halten, ist ein grober Mißverstand[1].« Der Vergleich mit dem Verfahren der Geometrie ist hier besonders bezeichnend und aufklärend. Die konstruktive »Erzeugung« des Gegebenen ist für die Methodik der Wissenschaftslehre eine Hypothese und ein Durchgangspunkt: das eigentliche Ziel aber, um dessentwillen diese Hypothese aufgestellt wird, ist die »Messung« des Empirischen an den idealen apriorischen Grundwerten.

Damit aber ist eine Aufgabe gestellt, die Fichte in allen Entwicklungsphasen seiner Philosophie gleichmäßig und ohne wesentliche Änderungen festgehalten hat. Was insbesondere seine Stellung zum Problem der »Irrationalität« betrifft, auf die Lask den eigentlichen Nachdruck gelegt hat, so besteht hier zwischen den einzelnen Perioden keine scharfe Grenzscheide. Denn sofern dieses Problem vom Standpunkt der Wissenschaftslehre überhaupt gestellt und anerkannt wird, ist es schon in der »Grundlage der gesamten Wissenschaftslehre« vom Jahre 1794 im gleichen prinzipiellen Sinn, wie später entschieden. Schon hier ist ausgesprochen, daß sich die theoretische Philosophie als solche gegenüber der Frage nach dem Grunde der bestimmten Mannigfaltigkeit des Gegebenen überhaupt »ihrer Unwissenheit bescheiden« muß. Empfindung und Anschauung, Vorstellung und Begriff lassen sich als allgemein notwendige Stufen im Aufbau des Wissens nachweisen; daß aber für ein bestimmtes Individuum in diesem bestimmten Zeitpunkt dieser besondere Bewußtseinsinhalt tatsächlich gegeben ist: dafür fehlt es an jeder Möglichkeit einer theoretischen Deduktion[2]. Nur insofern kann diese Frage gelöst werden, als sie in einem völlig neuen Sinne gestellt wird: das Mannigfaltige, das in seiner Besonderung nicht aus den allgemeinen Denkformen ableitbar ist, wird für uns verständlich, wenn wir es in seiner praktischen Funktion, als die notwendige Individualisierung der ethischen Vernunftaufgabe, begreifen. Die Gesichtspunkte der »Rationalität« und der »Irratio-

---
[1] Sonnenklarer Bericht, S. W. II, 377 ff., 397 ff.
[2] S. ob. S. 153 ff.; vgl. jetzt hierzu die Bemerkungen bei Dietrich H. Kerler, Die Fichte-Schellingsche Wissenschaftslehre. Ulm 1917, S. 445 f.

nalität« schließen demnach bei Fichte einander nicht aus, sondern sie fordern sich wechselseitig: und diese Wechselbestimmung konstituiert erst die Einheit der Erkenntnis — nicht als Einheit eines abgeschlossenen Begriffs, sondern als Einheit einer Idee, die sich zeitlich nur im Bilde eines unvollendbaren Prozesses für uns darstellen kann[1].

[1] Wenn Lask als eine neue Einsicht, die die Schriftengruppe von 1797—99 kennzeichnet, den Gedanken hervorhebt, daß die »vollendete Rationalität nicht Prinzip, sondern nur Idee des Idealismus sein könne«, so ist hiergegen zu erinnern, daß dieser Gedanke das Grundprinzip bildet, auf dem schon die ersten Anfänge von Fichtes Spekulation beruhen und das insbesondere im dritten Teil der »Grundlage«, in der »Grundlage der Wissenschaft des Praktischen« zu schärfstem Ausdruck gelangt ist«. (S. ob. S. 154 f; vgl. S. W. I, 254 ff., 269 f., sowie I, 117, 178.) Auch der Unterschied zwischen dem »Wissen überhaupt« und dem »Wissen von Etwas«, den Lask gleichfalls der späteren Phase vorbehält, ist hier, wie sich gezeigt hat, bereits in klarer Durchbildung vorhanden. Demgemäß hat Fichte in seinem späteren Kampfe gegen den vorkantischen Rationalismus mit Recht betont, daß der Versuch das »Gegebene« nicht nur zu verstehen, sondern es im Sinne dieses Rationalismus aus bloßen Begriffen zu »erräsonnieren«, seiner eigenen Lehre von Anfang an völlig ferngelegen habe. »Die Philosophie selbst vollendet, kann die Empfindung nicht geben, noch ersetzen; diese ist das einige wahre innere Lebensprinzip. Dies hat ihnen schon Kant gesagt, und es ist der Begriff und innige Geist seiner Philosophie, ist das, worauf er immer zurückkommt. Dies hat Jacobi ganz unabhängig von ihm und glaubend, daß er mit ihm uneins sei, gesagt im Streite gegen Mendelssohn, der auch ein Parteiführer dieser erschaffenden Philosophie war. Dies habe endlich ich gesagt, so vernehmlich als möglich, schon seit den ersten Erklärungen über den Begriff meines Systems.« (S. W. V, 343 f.) Auf der andern Seite wird auch nach diesen Erklärungen — also in den Schriften der Jahre 1797—1800 — genau wie in der ersten Wissenschaftslehre daran festgehalten, »daß unsere *gesamte Erfahrung* nichts ist als das Produkt unseres Vorstellens« (Appellation an das Publikum gegen die Anklage des Atheismus [1799], S. W. V, 210). Und es wird innerhalb desselben gedanklichen Zusammenhanges ebenso nachdrücklich betont, daß die Bestimmtheit der Erfahrung von uns nur »gefunden«, nicht »erzeugt« werden könne, wie andererseits unbedingt daran festgehalten wird, daß das Wesen der Wissenschaftslehre, wie aller Philosophie überhaupt rein und lediglich im Deduzieren bestehe. (Schriften zum Atheismusstreit 1799—1800; S. W. V, 358 und 395). Von einem transzendentalen »Positivismus« oder »Empirismus« kann daher, streng genommen, auch auf dieser Stufe nicht gesprochen werden. Die beiden Bestimmungen werden miteinander vereinbar, wenn man erwägt, daß »Rationalität« und »Irrationalität« für Fichte nicht — wie für Lask — durchgehende systematische Gegensätze bilden, sondern daß sie in der spezifischen Bedeutung, die er der Methode der »Genesis« gibt, für ihn zu einer eigentümlichen Einheit verschmelzen. Eben die reine Faktizität des Gegebenen selbst ist es, die uns in dem genetischen »Blick« der Wissenschaftslehre in einem neuen Lichte erscheinen soll. Alles Faktische muß genetisch verstanden werden, alles genetische Konstruieren des Wissens muß auf die

Als eine völlig falsche Orientierung und als verhängnisvolles Mißverständnis der Grundabsicht Kants erscheint es Fichte daher, wenn man die Trennung zwischen »Erfahrung« und »Denken«, die die Kritik der reinen Vernunft aus methodischen Gründen durchführt, in der Weise versteht, daß dadurch das Gesamtgebiet des Wissens in zwei heterogene Teile zerlegt wird, deren einem der Charakter des »Apriorischen«, deren anderem der Charakter des »Aposteriorischen« zugeschrieben wird. Denn bei jeder derartigen Auffassung bliebe das eigentliche Rätsel, wie denn der eine dieser Bestandteile zu dem andern passen und sich in ihn fügen möge, unverändert bestehen. In Wahrheit aber ist nach Fichte diese Frage nach dem »Bande« zwischen Apriori und Aposteriori, zwischen Erfahrung und Denken nicht minder leer und bedeutungslos, als es die Frage nach dem Bande zwischen Subjekt und Objekt ist. Die Entgegensetzung des apriorischen und des aposteriorischen Faktors der Erkenntnis läßt sich nicht auf einen Gegensatz zweier getrennter Seinssphären — etwa auf den Gegensatz des an sich bestehenden »Gemüts« und der an sich bestehenden Dinge — zurückführen, sondern sie drückt rein und ausschließlich einen Gegensatz in unserer Form der Betrachtung aus. Es handelt sich hier nur um einen verschiedenen »Blick«, mit welchem wir das eine Datum und die einheitliche Bestimmtheit der Bewußtseinsinhalte auffassen. Nehmen wir diese Bestimmtheit, so wie sie sich uns unmittelbar darbietet, so verfahren wir empirisch; zerlegen wir sie, kraft der Reflexion, die wir auf sie richten, in ihre Strukturelemente und bauen wir sie aus ihnen wieder auf, so verfahren wir logisch und apriorisch. Beide Gesichtspunkte sind nicht nur für diesen oder jenen Teil, sondern für den Gesamtumfang des Wissens überhaupt, ohne Einschränkung durchzuführen. Nichts ist demnach a priori, das nicht eben darum notwendig a posteriori wäre, und nichts kann a posteriori sein, außer darum, weil es a priori ist. Am Erfahrungsinhalt und an der Bestimmtheit dieses Erfahrungsinhalts erfaßt das

---

faktische Bestimmtheit der Erfahrung gerichtet sein. Je nach dem Gegner, den er vor sich hat, pflegt Fichte die erste oder zweite Hälfte dieses Satzes stärker zu betonen: aber in keiner Epoche seiner Philosophie hat er eines der beiden Momente aufgegeben und dem anderen aufgeopfert. Die »Wahrnehmung« gilt als die erste Potenz des Wissens; aber sie erscheint eben damit nur als eine erste Potenz, über die das Wissen sich mit Freiheit zu erheben und die es erst vermöge dieser Erhebung in ihrem Wahrheitsgehalt zu erfassen vermag. Die Philosophie vermag somit zwar das »Leben« nicht zu ersetzen, aber sie macht erst den Gehalt dieses Lebens ihm selbst offenbar.

Wissen zugleich sich selbst und seine notwendigen Gesetze; am »Dies« und »Das« der Inhalte ergibt sich ihm das Bewußtsein seiner einheitlichen und allgemeinen Form. Es begreift demnach so wenig die leere Denkform ohne alle Inhaltlichkeit — denn alles Denken ist nur ein Schematisieren, d. h. ein Beschränken und Bilden einer für unser Gemüt beim Denken vorauszusetzenden Grundlage[1] — als es irgendeinen Inhalt abgelöst von den systematischen Beziehungen und Zusammenhängen der Denkform begreift. Die Erfahrung ist somit genau in demselben Sinne das Ziel und das eigentliche Objekt der Wissenschaftslehre, als es die notwendigen »Handlungen der Intelligenz« sind: denn eben dies soll hier aufgezeigt werden, daß beides nur miteinander setzbar und seinem Sinne nach bestimmbar ist. »Es kommt nichts von außen in den Menschen hinein: er ist Intelligenz, ist sonach für sich vermöge seines Wesens (sein Sein ist ein Wissen). Aber er kann nach den Gesetzen dieses seines Wesens nicht für sich sein, ohne daß noch ein bestimmtes System von Anderem für ihn sei ... Wie er nur ist, findet er sich; aber wie er sich findet, findet er *dies*. Es ist kein Gemüt und nichts im Gemüt vor der Erfahrung da. Sieht man auf diesen Akt des Findens, so ist alles mögliche, was für ihn ist, und er selbst nur in der Erfahrung da (a posteriori). Sieht man darauf, daß alles in seinem Wesen notwendig gegründet sei, so ist dasselbe a priori[2].« Den Organismus der Erfahrung können wir nicht anders beschreiben, als indem wir ihn successiv aus seinen Elementen, die wir durch Zerlegung an ihm bestimmen können, hervorgehen lassen; aber wir behaupten darum keineswegs, daß eine derartige Beschreibung das eigentliche Leben dieses Organismus ersetzen könne[3]. »Der Chemiker setzt einen Körper, etwa ein bestimmtes Metall, aus seinen Elementen zusammen. Der gemeine Mann sieht das ihm wohl bekannte Metall; der Chemiker die Verknüpfung des Körpers und der bestimmten Elemente. Sehen denn nun beide etwas anderes? Ich dächte nicht; sie sehen dasselbe, nur auf eine andere Art. Das des Chemikers ist das a priori, er sieht das Einzelne: das des gemeinen Mannes ist das a posteriori, er sieht das Ganze[4].« Das Ganze im Einzelnen, das Einzelne im Ganzen zu erblicken, beide aber dennoch nicht gegeneinander zu isolieren und als für sich

---

[1] Gerichtl. Verantwort. gegen die Anklage des Atheismus, S. W. V, 259.
[2] Annalen des philosophischen Tones (1797), S. W. II, 473—479.
[3] Vgl. bes. den »Sonnenklaren Bericht«, S. W. II, 348 ff.; sowie S. W. V, 341.
[4] Erste Einleitung in die Wissenschaftslehre, S. W. I, 449.

seiende Einzelheiten einander gegenüberzustellen, ist die Aufgabe, die die Philosophie sich stellt. Diese Aufgabe führt ebenso wie zu der Aufstellung der reinen Vernunftformen zur Aufstellung der reinen Empirie zurück und kann nur in dieser doppelten Richtung der Betrachtung erschöpfend gelöst werden[1].

Nur wenn man sich diese theoretische Gesamtanschauung Fichtes gegenwärtig hält, kann man die Stellung verstehen, die er im Atheismusstreit eingenommen und die Umbildung, die seine Lehre zwar nicht dem Gehalt, wohl aber der Form nach in diesem Streit erfahren hat. Fichte selbst hat mit Recht darüber geklagt, daß keiner seiner Gegner auch nur den eigentlichen Streitpunkt richtig erfaßt und bestimmt bezeichnet habe. »Was offenbar keiner, der in dieser Sache gegen mich geschrieben, besessen hat und was denn doch allein entscheidet, ist die Kenntnis des wahren Wesens und der Tendenz der kritischen oder der Transzendentalphilosophie[2].« In der Tat zeigt es sich bei näherer Betrachtung, daß der Mittelpunkt, um den sich der Kampf bewegt, an einer völlig anderen Stelle liegt, als dort, wo die theologischen und philosophischen Gegner Fichtes ihn gesucht haben. Denn es ist nicht der Gottesbegriff, sondern vielmehr der Seinsbegriff, der hier in erster Linie in Frage steht. Wie bekannt, war es ein Aufsatz Forbergs über den Begriff der Religion, durch den Fichte zuerst zu einer genaueren Darlegung der Grundlagen seiner eigenen Religionsphilosophie bewogen wurde. Forberg hatte den Nachweis versucht, daß der praktische Sinn und die praktische Geltung der religiösen Wahrheiten davon völlig unabhängig sei, ob wir den Begriffen, die in sie eingehen, eine reelle Bedeutung geben. Was diese Wahrheiten im ethischen Sinne zu leisten vermögen, das leisten sie, gleichviel ob wir in ihnen Existenzaussagen sehen oder ob wir sie im theoretischen Sinne lediglich als Fiktionen betrachten. Indem Fichte an diese Problemstellung anknüpft, ändert sich ihm doch sogleich die wesentliche Tendenz der Unterscheidung zwischen theoretischer und praktischer Vernunft. Denn für ihn hat die Annahme einer praktischen Notwendigkeit, der dennoch im Theoretischen nichts als eine leere Stelle entsprechen würde, die wir nach Willkür mit beliebigen Annahmen besetzen und ausfüllen können, keinen verständlichen

---

[1] S. die Vergleichung des von Herrn Prof. Schmid aufgestellten Systems mit der Wissenschaftslehre (1795), S. W. II, 456; vgl. bes. den »Sonnenklaren Bericht«, S. W. II, 355; über die Anerkennung dieser »reinen Empirie« in Fichtes System. vgl. jetzt besond. Hielscher, Das Denksystem Fichtes, Berlin o. J., S. 64 ff.
[2] Rückerinnerungen, Antworten, Fragen etc. (1799), S. W. V, 339.

Sinn. Er kennt und fordert vielmehr einen übergreifenden einheitlichen Wahrheitsbegriff, der, in der sittlichen Gewißheit des Sollens wurzelnd, von hier aus auch alle theoretische Gewißheit erst feststellt und begründet[1]. Alles, was in dem reinen sittlichen Vernunftgesetz als dessen Bedingung und dessen Folge eingeschlossen liegt, »ist« daher nicht in einem geringeren, sondern in einem höheren Sinne, als die sinnliche Wahrnehmungswirklichkeit, die wir in dem räumlich-zeitlichen Schema erfassen. Von hier aus erhält der Gottesbegriff sogleich seine eindeutig bestimmte Stelle: nicht als Ausdruck eines einzelnen substantiellen Daseins, sondern als Ausdruck einer intelligiblen Ordnung von Begebenheiten ist er allein zu fassen. Die Gewißheit des sittlichen Gesetzes ist für uns unmittelbar mit der Gewißheit eines andersartigen Zusammenhanges unserer Handlungen verknüpft, als desjenigen, den die empirisch-zeitliche Abfolge der Naturursachen und Naturwirkungen uns darbietet. Das »Sein« Gottes annehmen heißt nichts anderes als die unbedingte Sicherheit dieses intelligiblen Zusammenhanges behaupten. Wer dagegen über die moralische Zweckordnung hinaus nach einer Existenz fragt, die sie schützt und garantiert: der hat bereits ihren tiefsten Gehalt vernichtet. »Jene lebendige und wirkende moralische Ordnung ist selbst Gott; wir bedürfen keines anderen Gottes und können keinen anderen fassen. Es liegt kein Grund in der Vernunft, aus jener moralischen Weltordnung herauszugehen, und vermittelst eines Schlusses vom Begründeten auf den Grund noch ein besonderes Wesen als die Ursache desselben anzunehmen; der ursprüngliche Verstand macht sonach diesen Schluß sicher nicht, und kennt kein solches besonderes Wesen; nur eine sich selbst mißverstehende Philosophie macht ihn. Ist denn jene Ordnung ein Zufälliges, welches sein könnte, oder auch nicht, – so sein könnte, wie es ist, oder auch anders; daß ihr ihre Existenz und Beschaffenheit erst aus einem Grunde erklären, erst vermittelst Aufzeigung dieses Grundes den Glauben an dieselbe legitimieren müßtet? Wenn ihr nicht mehr auf die Forderungen eines nichtigen Systems hören, sondern euer eigenes Inneres befragen werdet, werdet ihr finden, daß jene Weltordnung das absolut Erste aller objektiven Erkenntnis ist, gleichwie eure Freiheit und moralische Bestimmung das absolut Erste aller subjektiven: daß alle übrige objektive Erkenntnis durch sie begründet und bestimmt

---

[1] S. ob. S. 153 ff.; vgl. auch H. Rickert, Fichtes Atheismusstreit und die Kantische Philosophie, Kantstudien IV (1899), S. 137 ff.

werden muß, sie aber schlechthin durch kein anderes bestimmt werden kann, weil es über sie hinaus nichts gibt[1].«

Alle diese Sätze mußten den Gegnern Fichtes im günstigsten Falle als eine enthusiastische Metapher erscheinen: während sie in Wahrheit nichts anderes als die Konsequenz jener ersten methodischen Umkehrung bilden, kraft deren bei Fichte der Naturbegriff auf den Freiheitsbegriff, die Gewißheit des Seins auf die Gewißheit bestimmter »intelligibler« Verknüpfungen gegründet wurde. Die »Realität« dieser Verknüpfungen selbst wiederum in irgendeiner Art von Dasein sichern zu wollen, wäre von diesem Standpunkte aus das seltsamste ὕστερον πρότερον. Was unter dem »Sein« Gottes zu verstehen ist, das läßt sich nicht anders feststellen, als indem wir uns zunächst der objektiven Bedeutung der Gottesidee versichern: und nur der naive Dogmatismus, dem die Dingform etwas schlechthin Letztes und Absolutes ist, kann versuchen, umgekehrt wiederum diese Bedeutung in einer für sich bestehenden Substanz zu hypostasieren[2]. Man erkennt an diesem Punkte, daß das religionsphilosophische Problem dem allgemeinen Problem des Verhältnisses von Wissen und Gegenstand völlig analog gestaltet ist und daß es nur noch einmal und in energischer Zusammenfassung die allgemeine Frage stellt, die dort aufgeworfen worden war. Wie dort das »Ding« nicht als ein vor aller Beziehung zum Wissen an und für sich Vorhandenes angesehen wurde, sondern die Objektivität als ein Wert erschien, der nur durch die Erkenntnis und im Verhältnis zu ihr zu definieren ist, so gilt das Gleiche für das Verhältnis von Gott und Sittlichkeit. Gott ist kein für sich gegebenes Sein, das die sittliche Ordnung ins Werk zu setzen hätte, sondern er ist lediglich ein anderer Name für die innere unbedingte Gewißheit dieser Ordnung selbst. Fichtes »Appellation an das Publikum« versucht immer von neuem diese Grundansicht, mit der in der Tat seine Religionslehre steht und fällt, in helles Licht zu setzen. »Nach mir ist die Beziehung der Gottheit auf uns als sittliche Wesen das unmittelbar Gegebene; ein besonderes Sein dieser Gottheit wird gedacht lediglich zufolge unseres endlichen Vorstellens, und in diesem Sein liegt schlechthin nichts anderes als jene unmittelbar gegebenen Beziehungen; nur daß sie darin in die Einheit des Begriffs zusammengefaßt sind. Nach meinen Gegnern sollen jene Beziehungen der Gottheit auf

---
[1] Über den Grund unseres Glaubens an eine göttliche Weltregierung, S.W. V, 186.
[2] Vgl. hrz. bes. die »Appellation an das Publikum«, S. W. V, 208 f.

uns erst gefolgert und abgeleitet sein aus einer unabhängig von diesen Beziehungen stattfindenden Erkenntnis des Wesens Gottes an und für sich; und in dieser Erkenntnis soll überdies noch, nach einigen mehr, nach anderen weniger liegen, das gar keine Beziehung auf uns hat. Ich bekenne von Wärme oder Kälte nur dadurch zu wissen, daß ich wirklich erwarme oder friere; sie kennen, ohne je in ihrem Leben eine Empfindung von dieser Art gehabt zu haben, die Wärme und Kälte als Dinge an sich und bringen erst nun zufolge dieser Erkenntnis Frost oder Hitze in sich hervor durch die Kraft ihrer Syllogismen. Mein Unvermögen, dergleichen Syllogismen zu machen ist es, was sie meinen Atheismus nennen[1].« Die Kritik des Gottesbegriffs stützt sich somit auf die Kritik des traditionellen Weltbegriffes: wie denn Fichte selbst hervorhebt, daß sein System im Sinne der Gegner nicht sowohl als Atheismus, wie als Akosmismus zu bezeichnen wäre[2]. Wer einmal begriffen hat, daß das, was wir Existenz, was wir Dasein nennen, kein einfaches und unzweideutiges Wahrnehmungsdatum, sondern ein durchaus vermittelter Begriff ist, dessen Inhalt nur vom Begriff des Gesetzes aus zu verstehen und zu durchdringen ist: der hat nach Fichte damit ebensowohl die Sicherheit gegenüber aller dogmatischen Religion wie gegenüber aller dogmatischen Metaphysik gewonnen. Innerhalb des dogmatischen Seinsbegriffs freilich kann die Ordnung des Wirklichen — die theoretische oder die sittliche — immer nur als ein Nachträgliches gedacht werden, das zu der fertigen Existenz in irgendeinem äußerlichen Sinne hinzutritt. Sie erscheint alsdann als ein gemachtes und fertiges Nebeneinandersein und Nacheinandersein eines Mannigfaltigen; — vergleichbar etwa dem Hausrat in einem Zimmer, in welchem jedem Stück eine ganz bestimmte Stellung zugewiesen ist. In den Umkreis der Wissenschaftslehre hingegen kann, wie Fichte betont, eine derartige stehende, ruhende und tote Bestimmtheit gar nicht eintreten. In ihr ist alles Tat, Bewegung und Leben; sie findet nichts, sondern sie läßt alles unter ihrem Auge entstehen. Sie kennt demnach auch die Ordnung nicht als ein Accidens des Seins, sondern lediglich als eine Regel und Bestimmung des Tuns: nicht als *ordo ordinatus*, sondern als *ordo ordinans*. Diese Ordnung hat »objektive« Geltung und Bedeutung: denn sie läßt sich nicht will-

---

[1] Appellation an das Publikum, S. W. V, 214.
[2] a. a. O. S. 223; vgl. Gerichtl. Verantwortung gegen die Anklage des Atheismus, S. W. V, 269.

kürlich setzen oder aufheben, sondern offenbart sich dem, der in ihr steht und von ihr ergriffen ist, als eine unverbrüchliche, von allem subjektiven Belieben unabhängige Gewißheit; als eine Gewißheit jedoch, die nur dadurch »ist«, daß sie sich ständig von neuem bewährt[1].

Damit tritt freilich die kritische Religionsphilosophie, die ihren Standort rein im ethischen Urteil und im ethischen Handeln selbst nimmt, in schärfsten Widerstreit zu aller »Theologie«, wie immer diese im einzelnen bestimmt sein mag. Denn eben dies charakterisiert jedwede Theologie: daß in ihr irgendein Begriff der göttlichen Existenz, irgendwelche bestimmte Merkmale von ihr angenommen werden und aus ihnen sodann durch Folgerung eine Beziehung zwischen dieser Existenz und dem Leben und Tun des sittlichen Menschen abgeleitet werden soll. In Wahrheit aber ist eben jene Beziehung das allein Bekannte, ist sie das, worin alle Realität des Gottesbegriffs wurzelt, während alle sonstigen »Eigenschaften« des Göttlichen ein leerer Zusatz des willkürlich schematisierenden Denkens sind[2]. »Der Begriff Gottes läßt sich überhaupt nicht durch Existenzialsätze, sondern nur durch Prädikate eines Handelns bestimmen[3].« Man erkennt in diesem Grundprinzip von Fichtes Religionsphilosophie die eigentümliche Methodik der Wissenschaftslehre, die Methode der »Genesis« in ihrer doppelten Bestimmung wieder. Auf der einen Seite bleibt kein Zweifel darüber bestehen, daß alles Philosophieren über die Religion eine bestimmte »Grundlage« voraussetzt, auf die das Denken sich fortdauernd bezieht, die es selbst indes nicht willkürlich zu erschaffen vermag. »Die Philosophie kann nur Fakta erklären, keineswegs selbst welche hervorbringen, außer daß sie sich selbst als Tatsache hervorbringt.« So wenig es dem Philosophen einfallen wird, die Menschen zu bereden, daß sie doch hinfüro die Objekte ordentlich als Materie im Raume und die Veränderungen derselben ordentlich als in der Zeit aufeinanderfolgend denken möchten: so wenig lasse er sich einfallen, ihnen die Gewißheit des sittlichen Gesetzes und der damit verknüpften intelligiblen Ordnung des Handelns, die den Grundbestand der religiösen Überzeugung ausmacht, »andemonstrieren« zu wollen. Alles, was er vermag, ist, dieses Faktum

---

[1] Rückerinnerungen, Antworten, Fragen, S. W. V, 361; vgl. bes. Aus einem Privatschreiben S. W. V. 381 f.
[2] Gerichtliche Verantwortung S. W. V, 265 ff.
[3] Rückerinnerungen etc., S. W. V, 371.

des Bewußtseins aufzuweisen und mit anderen Fakten, wie etwa dem der Wissenschaft, in eine systematische Beziehung zu setzen. »Man hat die religiöse Bildung überhaupt nicht zu betrachten als etwas, das in den Menschen hineingebracht werden solle — denn was in ihn hineingebracht wird von solchen Dingen, ist sicher falsch — sondern das schon in ihm liegt und was nur entwickelt, woran er nur erinnert werden soll, was nur in ihm zu verklären und zu beleben ist[1].« Der Sinn dieser Belebung aber besteht darin, daß wir das, was im bestimmten Sinne vor allem Philosophieren »ist«, im Philosophieren vor uns »entstehen« lassen. Alles Denken gewinnt somit seinen Halt in einem letzten »objektiven« Fundament: aber wir begreifen nunmehr, daß dies Fundament nicht in irgendwelchen absoluten Dingen, gleich denen der dogmatischen Spekulation, besteht, sondern in einer ursprünglichen Form des Lebens, die mit der Form des Wissens fortschreitend zu durchdringen ist. Noch einmal zeigt sich hierin die innere Einheit, die alle Schriften Fichtes in dieser ersten, bis zum Jahre 1800 reichenden Epoche miteinander verknüpft: denn was hier als Endergebnis der Schriften zum Atheismusstreit ausgesprochen wird, ist nichts anderes, als der prägnante Ausdruck des Verfahrens, das die Wissenschaftslehre von Anfang an für sich in Anspruch genommen und in welchem sie ihre eigentümliche Fragestellung begründet hatte.

III. Das Absolute und das Wissen

Wenn sich die erste Periode von Fichtes Philosophie als die stetige und konsequente Entwicklung eines Grundgedankens bezeichnen läßt, der im Kampf gegen gegnerische Ansichten zu immer schärferer Aussprache gelangt, so scheint mit den ersten Bestimmungen der Wissenschaftslehre von 1801 dieser Zusammenhang abgebrochen. Hier zum mindesten scheint der Faden der bisherigen Deduktionen zerrissen: wir stehen nicht nur vor einem veränderten Ergebnis, sondern vor einer spezifisch veränderten Form der Fragestellung. Wenn es ein Resultat gab, das allen Schriften der ersten Periode gemeinsam ist und das hier in immer neuen Wendungen eingeschärft wurde, so war es dies: daß der Ausgangspunkt der Philosophie nicht im Sein, sondern im Wissen zu nehmen ist. Jede andere Wahl des Standorts der Betrachtung war

---

[1] Rückerinnerungen, S. W. V, 371; Über den Grund unseres Glaubens, S. W. V, 178 f.

für Fichte mit einem Rückfall in den Dogmatismus gleichbedeutend. »Daß ich es bei dieser Veranlassung einmal ganz klar sage« — so heißt es z. B. in der »Zweiten Einleitung in die Wissenschaftslehre« — »darin besteht das Wesen des transzendentalen Idealismus überhaupt und das der Darstellung in der Wissenschaftslehre insbesonders, daß der Begriff des Seins gar nicht als ein **erster** und **ursprünglicher** Begriff, sondern lediglich als ein **abgeleiteter** und zwar durch Gegensatz der Tätigkeit abgeleiteter, also nur als ein **negativer** Begriff angesehen wird. Das einzig Positive ist dem Idealisten die Freiheit; Sein ist ihm bloße Negation der ersteren. Unter dieser Bedingung allein hat der Idealismus eine feste Grundlage und bleibt mit sich selbst übereinstimmend[1].« Das Sein **vor** allem Wissen und als seine **Bedingung** gesetzt ist demnach nichts als eine Illusion: eine dialektische Täuschung, die überwunden wird, indem wir sie uns in ihrer Entstehung verdeutlichen. Schon beim Eingang in die Wissenschaftslehre von 1801 aber zeigt sich dieses Grundverhältnis geändert: das Sein ist das Positive, die Freiheit das Negative geworden. **Der Anfang des Wissens ist reines Sein.** Denn schon durch den bloßen Begriff des absoluten Wissens ist klar, daß dieses Wissen selbst nicht — *das Absolute* ist. »Jedes zu dem Ausdrucke: das absolut gesetzte zweite Wort hebt die Absolutheit schlechthin als solche auf... Das Absolute ist weder Wissen, noch ist es Sein, noch ist es Identität, noch ist es Indifferenz beider, sondern es ist durchaus bloß und lediglich das Absolute[2].« Die Wissenschaftslehre muß demnach — wie jetzt gelehrt wird — freilich vom absoluten Wissen **ausgehen**; aber sie kann niemals bei ihm stehen bleiben. Indem vielmehr das Wissen sich als Wissen vernichtet, entsteht ihm der Gedanke eines Etwas, das ihm als Ursprung vorausliegt. Dieser Gedanke ist seiner Form nach allerdings negativ: denn das Denken kann dieses sein eigenes Jenseits von seinem Standpunkt aus nicht anders als durch lauter verneinende Prädikate bezeichnen. Das Wissen kann seinen ihm vorausliegenden Grund nur erfassen, indem es zum Wissen seines eigenen Nichtseins wird; — indem es in einem letzten **Gegenstand**, zu dem es fortschreitet, alles das negiert, was der Wissensfunktion als solcher wesentlich und eigentümlich ist. Diese »Abstraktion« der Erkenntnis von sich selbst und ihren Bedingungen gilt jetzt nicht nur als möglich, sondern als gefordert. »Das Wissen fin-

[1] Zweite Einleitung 1797; S. W. I, 498 f.
[2] Wissenschaftslehre von 1801; § 5, § 26; S. W. II, 12 f.; 63.

det in sich und durch sich sein absolutes Ende und seine Begrenzung: in sich und durch sich, sage ich; es dringt wissend zu seinem absoluten Ursprunge (aus dem Nichtwissen) vor, und kommt so durch sich selbst (d. i. infolge seiner absoluten Durchsichtigkeit und Selbsterkenntnis) an sein Ende[1].« Für den Begriff ist der Gehalt, zu welchem wir hier hingeführt werden, demnach in der Tat nichts anderes, als seine absolute Negation = 0; an und für sich dagegen ist eben dieser Widerspruch zu aller Begreiflichkeit die allerhöchste Position, denn er bezeichnet und umschreibt die höchste Form des Lebens des Geistes, von der auch alles Erkennen gehalten und getragen wird[2]. Wenn hier die Elemente der Betrachtung die gleichen geblieben sind, so haben sich doch die Vorzeichen völlig geändert: die bisherige Position und die bisherige Negation, die Freiheit und das Sein, das Wissen und das Absolute scheinen die Rollen durchaus miteinander vertauscht zu haben.

Für diesen Übergang nach irgendeiner Erklärung d. h. nach einer geschichtlichen oder systematischen Vermittlung zu suchen, scheint ein völlig vergebliches Bemühen zu sein: denn Fichte selbst hat immer wieder betont, daß es in der Frage nach dem Verhältnis von Denken und Sein keine sogenannten vermittelnden Standpunkte, sondern nur ein einfaches Entweder-Oder geben kann. Wird demnach jetzt die Priorität des Seins behauptet, so muß damit die gesamte bisherige Form des Systems verkehrt und vernichtet scheinen. Aber selbst durch die Annahme einer derartigen Umkehrung wird das Rätsel, das uns diese zweite Hauptepoche von Fichtes Philosophie aufgibt, noch keineswegs gelöst. Denn das eigentlich Befremdende und Verwirrende liegt darin, daß neben den neuen Formulierungen die älteren unberührt stehen bleiben. Bis in die letzten Jahre hinein finden sich Sätze, die die Methodik und den Gegenstand der Wissenschaftslehre genau in demselben Sinne, wie die frühesten Schriften bestimmen. Auch jetzt wird betont, daß es den Grundcharakter des Wissens, der in seiner Freiheit liegt, aufheben hieße, wenn man diese Freiheit an irgendein Substrat, das ihr zu Grunde liegt, geheftet denken würde[3]. Und die Einleitungsvorlesungen in die Wissenschaftslehre, die Fichte im Jahre 1813, ein Jahr vor seinem Tode, gehalten hat, bestimmen

---
[1] Wissenschaftslehre von 1801, S. W. II, 63 (§ 26).
[2] Man vgl. bes. die Wissenschaftslehre von 1804 (Nachgel. Werke II, 161 ff.)
[3] S. bes. die Tatsachen des Bewußtseins (1810–11), S. W. II, 550 f.

dieses Moment wiederum geradezu als das Kriterium des richtigen Verständnisses. »Wessen natürlichem, sich selbst überlassenen inneren Auge gar kein Sein mehr sich darstellt, sondern überall nur das, was zum Sein wird; wem das Sein gar nicht mehr als seiend, sondern als werdend begreiflich und erklärbar erscheint, der hat sie (die Wissenschaftslehre) verstanden. Wer dagegen darauf besteht, daß man nur von einem Sein wissen könne, wie alle Naturphilosophie, ist nicht nur blind, sondern verstockt in seiner Blindheit... Wem die Voraussetzung des Seins auf irgendeine Weise in den Weg kommt und der dieselbe noch zu bestreiten hat, der ist bloß noch auf dem Wege durch Ablegung seiner alten Natur zum Verständnisse . . hindurchzudringen. Daran wird man darum jeden, der es über sich nimmt, in dieser Sache zu reden, beurteilen können und jeder, der nur redlich ist, sich selbst beurteilen[1].« Wie mit diesen markanten Sätzen die Bestimmung der Wissenschaftslehre von 1801, daß der Anfang und Ursprung alles Wissens im reinen Sein liege, zu vereinbaren sei: dies scheint zunächst schlechthin unerfindlich.

Aber gerade diese Zuspitzung des Widerspruchs zeigt wenigstens insofern einen Weg der Lösung, als sie deutlich macht, daß der Begriff des Seins selbst hier in einem dialektischen Prozeß begriffen ist, der die Grenzen seiner Bedeutung verschiebt. Nur wenn man diesen Prozeß schrittweise verfolgt, und wenn man auf jeder Stufe den bestimmten Wert einsetzt, den das »Sein« für Fichte gewonnen hat, läßt sich die zweite Phase der Wissenschaftslehre als ein zusammenhängendes Ganze verstehen. Vor allem zeigt es sich alsbald, daß, wenn Fichte den Seinsbegriff hier zur Charakteristik seiner eigenen Grundanschauung aufnimmt und verwendet, dies nicht darum geschieht, weil er sich dem Standpunkt des dogmatischen »Realismus« nunmehr näher fühlt — sondern umgekehrt darum, weil er ihn jetzt so völlig hinter sich gelassen zu haben glaubt, daß er ohne Gefahr des Mißverständnisses die Sprache dieses Realismus sprechen zu dürfen glaubt. Daß dabei Begriff und Terminus des Seins in einem Sinne zu verstehen sind, der mit den allgemeinen Prinzipien der Wissenschaftslehre allein verträglich ist, gilt als stillschweigende, keiner weiteren Erläuterung bedürftige Voraussetzung. Was aber Fichte überhaupt bewog, diesen Begriff von neuem zu analysieren und ihn mehr als es bisher geschehen, in den Mittelpunkt des Systems zu rücken: das war offenbar die

---
[1] Nachgel. Werke, I, 20 f.

subjektivistische Umdeutung des Grundgedankens der Wissenschaftslehre, der er sich von allen Seiten her ausgesetzt sah. Gegen keinen Einwand hat sich Fichte mit größerer Heftigkeit und Leidenschaftlichkeit gewehrt, als gegen den Vorwurf Schellings und Hegels, daß die Wissenschaftslehre auf einem bloßen Reflektierstandpunkt hängen geblieben sei und daher die Sphäre des endlichen empirischen Ich nicht prinzipiell überschritten habe. »Die Notwendigkeit, vom Sehen auszugehen« — so schreibt Schelling an Fichte im Jahre 1801 — »bannt Sie mit Ihrer Philosophie in eine durch und durch bedingte Reihe, in der vom Absoluten nichts mehr anzutreffen ist.« Und er überbietet diesen Vorwurf, indem er — freilich mit offenbarer Mißdeutung — eine Stelle der ersten »Wissenschaftslehre« dafür anführt, daß nach Fichtes System im Grunde eines jeden Ich die absolute Substanz sein und bleiben muß[1]. Und wie in diesen Worten Schellings, so trat Fichte weiterhin nicht nur bei den Wortführern des »gesunden Menschenverstandes«, wie Nicolai, sondern auch bei Männern wie Reinhold immer wieder das gleiche »Gespenst der Wissenschaftslehre« entgegen[2]. Sein System war und blieb ein Idealismus, in welchem vom empirischen Ich ausgegangen und diesem bestimmte »Wirkungen«, ja zuletzt die Produktion der gesamten materiellen Wirklichkeit zugeschrieben wurde. In Wahrheit aber geht die Wissenschaftslehre — wie Fichte gegen Schellings Einwand erwidert — so wenig vom psychologischen Individuum aus, daß sie streng genommen in der ganzen Reihe ihrer Ergebnisse zu ihm nicht einmal hingelangt[3]. Denn ihr Standort liegt nicht in der empirischen Ansicht der Dinge, der auch die Ansicht des empirischen Einzel-Ich angehört, sondern in dem Einen unmittelbaren geistigen Leben des Wissens als solchen. Wer dieses universelle Leben und seine Gesetzesform nicht losgelöst von irgendeinem Substrat denken kann: der zeigt nur, daß für ihn die Vernunft selbst und ihr Grundprinzip noch nicht innerlich lebendig geworden ist. »Keine Vernunft sich denken können, als eine solche, welche das Individuum besitzt als sein Accidens, heißt eben überhaupt sich keine denken können. Wohl dem Individuum, das von der Vernunft besessen wird.« Gerade dies also charakterisiert nach Fichte die Wissenschaftslehre

---

[1] Brief an Fichte vom 3. Oktober 1801; Leben u. Briefw. II, 350; vgl. hrz. Löwe, Die Philosophie Fichtes nach dem Gesamtergebnisse ihrer Entwicklung u. in ihrem Verhältnis zu Kant und Spinoza, Stuttgart 1862, S. 232 ff.
[2] Vgl. Fichtes Schreiben an Reinhold 1801, bes. S. W. II, 510.
[3] An Schelling, 7. August 1801, Leben u. Briefw. II, 345.

und weist ihr ihren eigentümlichen historischen Platz an, daß in ihr von Anfang an in voller Bestimmtheit das Bewußtsein als Bewußtsein eines alle Individualität in sich fassenden und aufhebenden Lebens gedacht wird. »Hierin ist die Wissenschaftslehre die erste und so die erste, daß, als sie es schon getan, niemand es ihr abgemerkt, sondern sie jeder auch für einen Individualismus gehalten, wobei sie jedoch im Vorbeigehen soviel bewirkt, daß man an ihr zuerst inne geworden, daß es nicht also sein soll[1].«

Aus diesem Gesamtzusammenhang ergibt sich für die Schriften der zweiten Periode eine klare und bestimmte Aufgabe: die Form der universellen Vernunft ist so zu bestimmen, daß sie vor der Verwechslung sowohl mit der Dingform, wie mit der individuellen Ichform geschützt bleibt. Diese Doppelaufgabe bildet den Mittelpunkt, um welchen sich die neue Entwicklung des Seinsbegriffs bewegt. Es könnte zunächst freilich als ein vergebliches Bemühen erscheinen, ein Wissen zu fixieren, das als solches aus der Bedingtheit des empirisch-psychologischen Bewußtseins heraustritt und sich in seiner Geltung über sie erhebt. Aber ein einziger Blick auf irgendeine Form notwendiger Erkenntnis, wie sie z. B. in der Mathematik vorliegt, genügt, um hier jeden Zweifel auszuschließen. Wer wirklich im Ernst behaupten wollte, daß das Wissen gar nicht anders denn als Eigenschaft und Accidens eines vorausgesetzten substantiellen Menschen »bestehe«, der wüßte auch den reinen Sinn der Mathematik nicht an sich zu bringen. Die Geometrie erfordert hier genau die gleiche »Abstraktion«, die die Wissenschaftslehre nur in einem weiteren und umfassenderen Sinne übt und durchführt[2]. Die Wahrheit, die sie behauptet, gibt sich nicht als die Wahrheit irgend Jemandes oder als die Wahrheit von irgend Etwas, sofern darunter ein wirklich existierendes Ding gedacht wird. Sie ist vielmehr schlechthin aus sich und durch sich: gehalten lediglich durch die eigene innere Konsequenz und keiner anderen Stütze bedürftig. Und so wäre schon hier in der Tat ein Standpunkt erreicht, der weder im »Subjekt«, noch im »Objekt« befestigt ist, sondern über beiden hinaus liegt[3]. Wer vom reinen Wissen, von der Wahrheit und Gewißheit an sich, im Unterschied von allem Bewußtsein im psychologistischen Sinne, ausgeht — und dies und nur dies ist der Standpunkt der Transzendentalphilosophie,

---
[1] »Die Tatsachen des Bewußtseins« (1810—11); S. W. II, 607, 609, 624.
[2] Die Tatsachen des Bewußtseins (1810—11); S. W. II, 688 f.
[3] Vgl. hrz. z. B. das Antwortschreiben an Reinhold, S. W. II, 517.

den Kant entdeckt hat — für den ist daher die Frage sinnlos, ob man vom Subjekt oder Objekt auszugehen habe. Denn er sieht ein, daß in dieser ganzen Entgegensetzung Sein und Denken, Gegenstand und Bewußtsein immer nur als Hälften eines Ganzen gedacht werden: welches Ganze zu ergreifen und in seiner ursprünglichen Einheit allein, vor aller Unterscheidung und Entzweiung festzuhalten, somit wohl als die eigentliche Grundaufgabe der Philosophie erscheinen muß[1].

Indem wir uns indessen nunmehr in diesen Mittelpunkt der »Gewißheit an sich« versetzen, — in welcher also das Wissen weder als ein Wissen von einem Dinge, noch auch als ein psychischer Akt in einem Bewußtsein gedacht, sondern von beiden Bestimmungen prinzipiell abgesehen ist — zeigt sich uns schon hier sogleich ein

---

[1] S. die Wissenschaftslehre von 1804 (Nachg. W. II, 95 f.): »So viel aus allen Philosophien bis auf Kant klar hervorgeht, wurde das Absolute gesetzt in das Sein, in das tote Ding, als Ding; das Ding sollte sein das Ansich... Nun kann doch jeder, wenn er sich nur besinnen will, inne werden, daß schlechthin alles Sein ein Denken oder Bewußtsein desselben setzt: daß daher das bloße Sein immer nur die Eine Hälfte zu einer zweiten, dem Denken desselben, sonach Glied einer ursprünglichen und höher liegenden Disjunktion ist, welche nur dem sich nicht Besinnenden und flach Denkenden verschwindet. Die absolute Einheit kann daher ebensowenig in das Sein, als in das ihr gegenüberstehende Bewußtsein; ebensowenig in das Ding, als in die Vorstellung des Dinges gesetzt werden; sondern in das soeben von uns entdeckte Prinzip der absoluten Einheit und Unabtrennbarkeit beider, das zugleich, wie wir ebenfalls gesehen haben, das Prinzip der Disjunktion beider ist, und welches wir nennen wollen reines Wissen, Wissen an sich... Dies entdeckte nun Kant und wurde dadurch der Stifter der Transzendentalphilosophie... Wem auch nur diese höhere Einheit wirklich innerlich eingeleuchtet, der hat schon... eine Einsicht in den wahren Ort des Prinzips der einzig möglichen Philosophie erlangt, welche dem philosophischen Zeitalter fast ganz fehlt; zugleich hat er einen Begriff von der Wissenschaftslehre und eine Anleitung, sie zu verstehen, bekommen, an der es auch durchaus fehlt. Nachdem man nämlich vernommen, daß die Wissenschaftslehre sich selber für Idealismus gebe; so schloß man, daß sie das Absolute in das oben so genannte Denken oder Bewußtsein setze, welchem die Hälfte des Seins als die zweite gegenübersteht, und welches daher durchaus ebensowenig das Absolute sein kann, als es sein Gegensatz sein könnte. Dennoch ist diese Ansicht der Wissenschaftslehre bei Freund und Feind gleich rezipiert, und es gibt kein Mittel, sie ihnen auszureden.« Vgl. an Schelling (31. Mai, 7. August 1801) Leben u. Briefw. II, 342. — Es ist von geschichtlichem Interesse, hier zu bemerken, daß der Begriff der »Wahrheit an sich«, der für die moderne Logik und Erkenntnislehre so folgenreich geworden ist, in dieser terminologischen Fassung zuerst von Fichte — im Anschluß an Bardilis »Grundriß der ersten Logik« — in die philosophische Diskussion eingeführt worden ist. Vgl. noch Wissenschaftslehre von 1804, Nachgel. W. II, 98.

doppeltes Moment, das wir symbolisch etwa durch den Gegensatz von Freiheit und Bindung bezeichnen können. Wieder können wir uns diese Doppelheit am klarsten vergegenwärtigen, wenn wir auf die Eigentümlichkeit des geometrischen Wissens reflektieren. Alle geometrische Erkenntnis beruht auf dem freien konstruktiven Entwerfen der Grundgestalten der räumlichen Anschauung und gelangt zur Mannigfaltigkeit ihres Inhalts erst in diesem fortschreitenden Verfahren der Konstruktion. Wir beginnen etwa mit der Festsetzung eines Punktes als eines einfachen ursprünglichen Lageelements; aber wir gehen über diese erste Setzung alsbald hinaus, indem wir in einer stetigen Wiederholung dieses Grundaktes, in einem unendlichen Prozeß des »Quantitierens« den einfachen Punkt zu einer stetigen Linie erweitern. Dieses »Linienziehen« kann als Ausdruck aller geometrischen Konstruktion überhaupt dienen; denn es enthält im Keime die Gesamtheit aller späteren Operationen, vermöge deren wir von der Linie zur Fläche, von der Fläche zum Körper fortschreiten. Immer handelt es sich hierbei gegenüber dem Anfangsinhalt, von dem wir ausgehen, um einen Fortschritt ins Unendliche, der jedoch durch eine bestimmte Regel beherrscht und vermöge ihrer übersehen wird[1]. Auf diese Weise entsteht uns der Raum als der Inbegriff der Elemente, die in diesem freien Fortgang des Quantitierens sich gewinnen lassen und als deren gedachte und hingeschaute Einheit. Hier aber entdeckt sich nun für uns, sobald wir die Analyse weiter fortgehen und tiefer eindringen lassen, ein neuer Gesichtspunkt. Die Geometrie kennt den »Raum« in einem doppelten Sinne: denn er ist für sie einmal das letzte Ergebnis aller ihrer Konstruktionen, das andere Mal das Fundament, auf dem sie ruhen. Denn ohne die Anschauung des »Beisammen« überhaupt als eines bleibenden konstanten Grundgesetzes würde sich für uns kein neues Element den vorhergehenden anfügen und mit ihnen in einer Einheit des Blicks zusammengehen. Dieses Gesetz ist also ein gleichsam »Stehendes« und Objektives, das in der Freiheit des Konstruierens nicht erst hervorgebracht wird, sondern dieser Freiheit vielmehr selbst zum Grunde liegt. Wir konstruieren im strengen Sinne nicht den Raum, sondern wir konstruieren vermittelst des Raumes als einer sich gleichbleibenden Einheit die unbegrenzte Mannigfaltigkeit seiner Bestimmungen. Die Einzelgestalten erscheinen in aller ihrer Fülle dennoch gebunden durch den gemeinsamen Ursprung in dieser stehenden An-

[1] Vgl. hrz. z. B. die »Bestimmung des Menschen«, S. W. II, 226 ff.

schauung des Einen absoluten Raumes: sie sind »eine Mannig= faltigkeit, die sich in einem ruhenden Lichte selbst hält, ewig und unaustilgbar dieselbe.« Denn die Reflexion auf die eigene Tätigkeit lehrt jeden, »daß er im Raume durchaus keine Konstruktion, welche immer eine Agilität ist, vornehmen könne, wenn ihm der Raum nicht ruht oder stille steht... Keiner kann eine Linie konstruieren, ohne daß ihm in dieser Konstruktion Etwas in die Linie hinein= komme, das er nimmer konstruiert, noch zu konstruieren vermag; das er sonach gar nicht vermittelst des Linienziehens in die Linie hineinbringt, sondern vermittelst des Raumes vor allem Linienziehen voraus bei sich geführt hat: es ist die Gediegenheit der Linie.«

Diese Gediegenheit der Linie ist dasjenige, was der Geometer ihre Kontinuität nennt. In dem Prozeß des unendlichen Quan= titierens, durch den sich für unsern geistigen Blick Punkt an Punkt in unbeschränkter Folge reiht, tritt das spätere Element doch immer nur als ein diskretes Einzelnes zu den bereits gegebenen hinzu. Daß es bei dieser Diskretion nicht bleibt, daß vielmehr in jedem Punkte zugleich das stetige Ganze »des« Raumes, als eine in sich ge= schlossene Einheit, mitgedacht und mitgegriffen wird, ist ein logisch völlig neues Moment. Aber dieses Moment kommt offenbar nicht isoliert von dem ersten vor, sondern muß sich mit ihm rein und vollständig durchdringen: die Stetigkeit ist nicht ohne Diskretion, die Diskretion nicht ohne Stetigkeit möglich. »Es ist daher klar, daß eins durchaus nicht ohne das Andere ist, noch sein kann: kein Raum ohne Konstruktion desselben, ohnerachtet nicht er, sondern nur sein Bewußtsein dadurch erzeugt werden soll (ideales Verhält= nis); keine Konstruktion, ohne ihn vorauszusetzen (reales Ver= hältnis)... Die reine Richtung der Linie ist Resultat des letzten Gliedes, der Freiheit der Konstruktion, ihre Konkretion Resultat des stehenden Raumes[1].« Die reine Tätigkeit des Quantitierens ver= sichert uns der unendlichen Teilbarkeit der Ausdehnung: denn sie zeigt, daß das Vermögen, Punkt an Punkt zu reihen, Punkte zwischen Punkte zu setzen, an sich schrankenlos ist. Aber daß diese Setzungen nicht gleichsam ins Leere fallen, daß sie untereinander, so viele ihrer immer sein mögen, von vornherein in einem System befaßt sind, ist die zweite schlechthin erforderliche Voraussetzung. Diese Forderung des Systems für alle möglichen Stellen überhaupt macht gleichsam die »Substanz« des Raumes aus: wobei wir nicht mehr in Gefahr sind, dieses Wort im Sinne eines dinglichen Substrats

---

[1] Zum Ganzen s. Wissenschaftslehre von 1801, § 33, S. W. II, 90 ff.

mißzuverstehen, sondern in ihm lediglich das wechselseitige Gehaltensein und die Gebundenheit der Elemente durch ein umfassendes objektives und feststehendes Gesetz denken.»Der substantielle gediegene und ruhende Raum ist nach dem Gesagten das ursprüngliche Licht, vor allem wirklichen Wissen, nur denkbar und intelligibel, nicht aber sichtlich und anschaubar durch die Freiheit erschaffen. Das Konstruieren des Raumes, nach dem zweiten Gliede der Synthesis, ist ein innerhalb des Wissens selbst vollzogenes Sichergreifen dieses Lichtes, Sichdurchdringen desselben immer aus Einem Punkte: es ist ein sekundärer Lichtzustand, den wir zum Unterschiede Klarheit, den Akt Aufklären nennen wollen[1].«

Übertragen wir nunmehr, was sich uns hier im Beispiel und am Bilde des Raumes ergab, auf das Ganze des Wissens überhaupt: so haben wir die Tendenz des neuen Fichteschen Seinsbegriffs unmittelbar vor uns. Der Gedanke des Seins ist nur der allgemeinste Ausdruck für das objektive Gehalten- und Gebundensein der konstruierenden Tätigkeit. Eben dieses Gebundensein aber kann nirgends anders als an der Tätigkeit selber aufgewiesen werden: nur indem sie sich vollzieht, ergreift sie sich in diesem Vollzug zugleich als durch ein Gesetz bestimmt. Dies erst gibt den vollkommenen, in sich vollendeten Standpunkt des Wissens: das freie Licht, das sich erblickt, als seiendes; das seiende, das auf sich ruht, als freies[2]. In ein- und demselben untrennbaren Grundakte geht das Wissen sich selbst auf: als die Freiheit, wodurch das Sein beschrieben und als das Sein, das beschrieben wird. »Ob du das Sein von der Freiheit oder die Freiheit von dem Sein ableitest, ist es immer nur die Ableitung desselben von demselben, nur verschieden angesehen; denn die Freiheit oder das Wissen ist das Sein selbst; und das Sein ist das Wissen selbst, und es gibt durchaus kein anderes Sein. Beide Ansichten sind unzertrennlich voneinander, und sollten sie denn doch getrennt werden ... so sind es nur verschiedene Ansichten Eines und desselben[3].« Der Gegensatz dieses »Idealismus« zu dem »Realismus« der Naturphilosophie liegt daher, wie Fichte betont, an einer völlig anderen Stelle, als an der man ihn gesucht hat. Auch für die Wissenschaftslehre ist das freie Konstruieren des Geistes kein bloßes, ungebundenes Tun, sondern es ist das Nachkonstruieren objektiver Zusammenhänge: in dem-

---

[1] a. a. O. S. W. II. 94.
[2] Wissenschaftslehre von 1801, § 15, S. W. II, 31.
[3] a. a. O. § 17, S. W. II, 34 f.

selben Sinne wie die Konstruktion der geometrischen Mannigfaltigkeit den Raum als objektive Systemform voraussetzt[1]. Nicht darin also, daß sie einen höheren »Grund« des Wissens überhaupt leugnet, sondern vielmehr darin, daß sie ihn anders bestimmt, liegt der Unterschied der Wissenschaftslehre gegen die Systeme der Gegner. Dieser Grund darf und muß anerkannt werden: »nur sollen sie zu diesem Grunde nicht machen ein anderes objektives Sein, außer dem Objektiven in der Anschauung... Denn dadurch drücken sie uns, wie Lessing sagt, wie Kindern nur denselben Zahlpfennig noch einmal in die Hand, daß wir glauben sollen, wir hätten ihrer zwei. Ein Gesetz (des Sehens nämlich) ist dieser Grund und zu diesem müssen sie sich erheben[2].« Diese Worte, die sich in einer der spätesten Darstellungen der Wissenschaftslehre finden, erleuchten noch einmal den Weg, den sie zurückgelegt hat und bestimmen in aller Schärfe, was unter dem »Realismus« ihrer zweiten Epoche zu verstehen und nicht zu verstehen ist. Das Sein, auf das als letztes Fundament verwiesen wird, ist nicht das Sein der Dinge, sondern das Sein der Wahrheit, das von der Erfassung eben dieser Wahrheit im Akt des individuellen Bewußtseins unterschieden und ihr als Grund gegenübergestellt wird. Auf diese Art also ist das Sein mit dem Wissen verbunden: indem das Wissen selbst sich als ein absolutes und unveränderliches Sein auffaßt. »Die Freiheit ist selbst nichtfrei, d. i. sie ist gebundene Freiheit, diese in Form der Notwendigkeit, – wenn einmal ein Wissen ist[3].« Der ursprüngliche Sinn der »Genesis« und der »genetischen Konstruktion« ist also gewahrt: wenngleich er denen gegenüber, die ihn als »bloße« Konstruktion, als ein willkürliches Schalten und Walten der »subjektiven« Er-

---

[1] Vgl. die Wissenschaftslehre von 1804 (Nachg. W. II, 236) in der Prüfung von Jacobis Lehre: »Wir können nur nachkonstruieren das ursprünglich Seiende.« Dieser Satz, der bei Jacobi fast nur als Postulat steht, ist von uns eben selber aufgestellt und genau bestimmt worden: das ursprüngliche in seinem Inhalte bestimmte Sehen wird bei unverändertem Inhalte formaliter genetisch und dadurch Einsicht eines Zusammenhanges; und diese Genesis, die in Beziehung auf den wahrhaft ursprünglichen Inhalt nur Nachkonstruktion, in Beziehung auf die faktisch hinzugefügten Glieder wahre ursprüngliche Konstruktion und Schöpfung aus Nichts ist, schreiben wir uns zu.«
[2] Wissenschaftslehre von 1812, Nachg. W. II, 423 f., vgl. bes. II, 466: »Nur wer in seinem faktischen Sehen stehen bleibt, sieht ein Sein und kann es gar nicht anders an sich bringen. Wer die Sichtbarkeit vom Lichte unterscheidet (und auf diesem Unterschiede beruht eben die Philosophie), der sieht, daß überall nur Gesetze sind.«
[3] Wissenschaftsl. von 1801; § 22; S. W. II, 49.

kenntnisformen mißverstanden, in völlig neuer Art bezeichnet ist. Das freie Denken ist das formale, Lichtentzündende; aber es ist nicht das Erzeugende des Materialen, des Soseins: dies ist vielmehr jenem vorauszusetzen. Nun ist aber beides durchaus dasselbe, und der Unterschied liegt nur im Standpunkt der Reflexion. »Das Wissen kann sich nicht erzeugen, ohne sich schon zu haben und es kann sich nicht für sich und als Wissen haben, ohne sich zu erzeugen. Sein eigenes Sein und seine Freiheit sind unzertrennlich[1].« Man kann die Wahrheit nicht außer und ohne Wissen auffassen, um nur nachträglich etwa sein Wissen nach ihr einzurichten — aber man kann auch umgekehrt nicht wissen, ohne Etwas, ohne eben — die Wahrheit zu wissen[2]. Ihr Bestand verwirklicht sich nur in ihrem Vollzug; aber ihr Vollzug gilt nur kraft ihres Bestandes. Die Wissenschaftslehre erklärt somit in Einem Schlage und aus Einem Prinzipe sich selbst und ihren Gegenstand: das absolute Wissen ist selbst der höchste Focus, die Selbstvollziehung und Selbsterkenntnis des absoluten Wissens als solchen und trägt daran das Gepräge eigener Vollendung[3].

Wir mußten diese Entwicklungen der Wissenschaftslehre von 1801 hier ihrem ganzen Umfange nach überblicken: denn in ihnen erst tritt der für Fichte bezeichnende Weg zum Absoluten und damit der charakteristische Sinn eben dieses Absoluten selbst bestimmt hervor. Es beruht auf einer völligen Verkennung der Tendenz dieser zweiten Epoche der Fichteschen Philosophie, wenn man gesagt hat, daß Fichte, während er zuvor alle Realität in Funktionen aufgelöst habe, hier wieder zu der Ansicht des gemeinen Bewußtseins zurückgekehrt sei, welche das Tun an ein ursprüngliches und absolutes Sein anheftet[4]. In einem »Bericht über den Begriff der Wissenschaftslehre und die bisherigen Schicksale derselben« aus dem Jahre 1806 hat Fichte selbst ausdrücklich jeder derartigen Deutung widersprochen. Alles Sein — so wird hier abermals betont — kann nur gelebt, nicht aber auf andere Weise vollzogen werden. Jede wahrhaft lebendige Philosophie muß demnach vom Leben fortgehen zum Sein: während der umgekehrte Weg vom Sein zum Leben völlig verkehrt ist und ein in allen seinen Teilen irriges System erzeugen muß. Auch in der Wissenschaft kann man

---

[1] a. a. O. § 27, S. W. II, 67 f.
[2] a. a. O. § 28, S. W. II, 72.
[3] a. a. O. § 29; S. 77.
[4] Windelband, Gesch. d. neueren Philosophie[3]; II, 289.

das Absolute nicht **außer** sich anschauen, welches ein reines Hirn=
gespinst gibt, sondern man muß in eigener Person das Absolute
sein und leben[1]. An dieser Grundrichtung, in welcher geradezu
die charakteristische Denkform Fichtes besteht, hat auch die Wen=
dung, die mit der Wissenschaftslehre von 1801 einsetzt, nichts ge=
ändert. Denn auch hier geht der Schluß, den Fichte vollzieht, nicht
vom Tun auf das Sein, als dessen absoluten Urgrund, sondern er
verläuft, schärfer betrachtet, in genau entgegengesetztem Sinne.
Was Fichte findet, was seine Analyse tatsächlich aufdeckt und nach=
weist, das ist das rein ideale Sein, das ist der ideelle »Bestand« der
Wahrheit. Aber weil nun für ihn, gemäß der überall festgehaltenen
Voraussetzung seines Idealismus, aller Bestand überhaupt nur in
der Form des Lebens gedacht werden kann: darum ist die absolute
Wahrheit, die »Gewißheit an sich«, die er ergriffen hat, ihm die
unmittelbare Gewähr für eine Absolutheit des Lebens selbst. Der
Gehalt des reinen Wahrheitsbegriffs setzt sich mit einem Schlage
in den Gehalt des Gottesbegriffs um. Weil alle echte Wahrheit
strenge Identität, weil sie unbedingte Notwendigkeit, weil sie All=
gemeinheit und streng überindividuelle Geltung in sich schließt:
darum offenbart sich in ihr ein Leben und Tun, dem alle diese Prä=
dikate zukommen, — das über alle individuelle Beschränkung und
Zersplitterung erhaben, in reiner wandelloser Einheit sich vollzieht.
Nicht ein dingliches »Ens«, sondern ein »Esse in mero actu« ist
es, das wir hier ergreifen[2]. Das Wissen gelangt, indem es sich seiner
eigenen freien Bewegung überläßt, an seine Grenze: zur Anschau=
ung eines ursprünglichen Lebens, das noch jenseits seiner selbst
liegt. Wir stehen hier in einem Gedankenkreis, der seine nächsten

---

[1] S.W. VIII, 370 ff.
[2] Vgl. hrz. besonders die »Parallele mit dem Spinozismus« und die Kritik am
Spinozismus, die die W. L. von 1801 (§ 32, W. II, 87 ff.) durchführt. S. auch die
Einleitungsvorlesungen in die W. L. (1813); Nachgel. W. I, 101: »Sollte nun aber
Sehen an sich betrachtet, nicht absolut Erstes sein können, so ist es Bild, aber
nur nicht wieder des Seins, sondern des absoluten Lebens; also setzten wir
darum auch keinen toten Gott, keinen Leichnam, sondern einen schlechthin
Lebendigen. Dies ist nun das absolut Neue unserer Lehre; aber gerade in dieser
Rücksicht ist sie kaum vernommen worden: dieses Dreifache, daß der absolute
Anfang und Träger von Allem reines Leben sei; alles Dasein und alle Erschei=
nung aber Bild oder Sehen dieses absoluten Lebens sei, und daß erst das Produkt
dieses Sehens sei das Sein an sich, die objektive Welt und ihre Form. Welcher
Abstand demnach zwischen ihr und Spinoza sei, kann eine Vergleichung Beider
zeigen; auch ihm ist das Höchste, wovon gewußt werden kann, das Sein, die
absolute Substanz.«

geschichtlichen Analogien nicht mehr bei Kant oder bei Spinoza, sondern bei Platon und im Neuplatonismus besitzt. Wie für Platon das Denken in seinem stetigen Aufstieg zuletzt zu dem Unbedingten, dem ἀνυπόθετον einer höchsten Einheitsidee gelangt; — wie noch »jenseits des Seins« die Idee des Guten als letzte Norm erblickt wird, so gilt das Gleiche auch hier. Aber es handelt sich in dieser Behauptung des höchsten Seins nicht um ein Erlöschen des Tuns, sondern um seine höchste Potenzierung und Steigerung. Das »Absolute«, zu dem wir hier geführt werden, ist freilich einfach, sich selbst gleich, unwandelbar und unveränderlich: in ihm ist »kein Entstehen, noch Untergehen, kein Wandel und Spiel der Gestaltungen, sondern immer nur das gleiche ruhige Sein und Bestehen[1]«. Aber eben dieses reine »Bestehen« ist für Fichte nichts anderes als der reine Akt: der *actus purus*, der von allen zufälligen Schranken und Hemmungen, die ihm innerhalb des Endlichen anhaften, frei ist.

Vor der Verwechslung mit einem »Ding« der gemeinen Anschauung oder mit einem metaphysischen »Ding aller Dinge«, wie es sich in der Spinozistischen Substanz darstellt, aber ist dieses Absolute, gemäß der Form seiner Ableitung, nicht nur geschützt — sondern es muß sich jetzt sogar umgekehrt das Bedenken erheben, ob von ihm zur Sphäre der »Dinge« überhaupt noch ein Weg zurückführt, ob zwischen beiden noch eine mögliche Beziehung und Vermittlung besteht. Denn wenn das Absolute als reiner Ausdruck des Lebens und Tuns gefaßt war, so sind dagegen die »Dinge« das schlechthin Tote, das durch und durch Unselbständige. Das eben erscheint Fichte als der tiefste und verhängnisvollste Mangel der Schellingschen Naturphilosophie, daß sie dieses Verhältnis nicht durchschaut, daß sie in die Natur selbst ein Prinzip des Lebens hineingelegt und sie unter der Form des Lebens zu begreifen versucht hat. »Lassen Sie sich« — so heißt es in den Vorlesungen über das Wesen des Gelehrten — »darum ja nicht blenden oder irre machen durch eine Philosophie, die sich selbst den Namen der Natur=Philosophie beilegt, und welche alle bisherige Philosophie dadurch zu übertreffen glaubt, daß sie die Natur zum Absoluten zu machen, und sie zu vergöttern strebt. Von aller Zeit her haben sowohl alle theoretischen Irrtümer, als alle sittlichen Verderbnisse der Menschheit darauf sich gegründet, daß sie den Namen des Seins und Daseins wegwarfen an dasjenige, was an sich weder ist, noch da ist, und das Leben und den Genuß des Lebens bei dem=

---
[1] Anweisung zum seligen Leben, W.V, 405.

jenigen suchten, was in sich selber den Tod hat. Jene Philosophie ist daher — weit entfernt, ein Vorschritt zur Wahrheit zu sein, lediglich ein Rückschritt zu dem alten und verbreitetsten Irrtum[1].« So kann von einem unmittelbaren Übergang, von einer Entwicklung Gottes zur Natur und in der Natur nicht die Rede sein. Der Hiatus, die Kluft zwischen dem Lebendigen und dem Toten ist nicht zu schließen. Das Problem, das sich im theologischen Begriff der »Schöpfung« aussprach, hat vom Standpunkt der Wissenschaftslehre aus seinen Sinn verloren. Es löst sich, indem wir einsehen, daß nach einer Genesis der Welt, der Dinge in Raum und Zeit nicht zu fragen ist, eben weil diese angeblichen Dinge etwas schlechthin Nichtiges, durch und durch Irreales sind. An dem Maßstab des vollkommenen und reinen Lebens des Absoluten gemessen, ist die Welt des Veränderlichen durchaus nicht: sie ist das reine Nichts. »So paradox dies ungeweihten Ohren tönet — so betont bereits die Wissenschaftslehre von 1801 — so offenbar ist es dem, der nur einen Augenblick mit höherem Sinne über sie nachdenkt, — und ich kann mir durch die stärksten Ausdrücke nicht Genüge tun. Wer in dieser Form hängen bleibt, ist vom Scheine zum Sein, von dem Meinen und Wähnen zum Wissen noch nicht durchgedrungen[2].« Ihr sagt — so heißt es weiter in den Einleitungsvorlesungen in die Wissenschaftslehre aus dem Jahre 1813 — Idealismus = Nihilismus. Wie Ihr entzückt seid, ein Wort gefunden zu haben, von dem Ihr hofft, daß wir darüber erschrecken werden! Wie denn, wenn wir, nicht so blöde, uns dessen rühmten und das eben als das Vollendete und Durchgreifende unserer Ansicht, daß sie eben Nihilismus sei, strenge Nachweisung nämlich des absoluten Nichts, außer dem Einen unsichtbaren Leben, Gott genannt[3].«

Aber wie selbst in der Eleatischen Seins- und Einheitslehre, deren Sprache hier anzuklingen scheint, das Problem entstand, nicht nur das Sein, sondern auch das Nicht-Sein in irgendeiner Form zu begreifen — wie Parmenides auf die Erklärung des wahren und reinen Seins die Erklärung des Scheins folgen lassen mußte: so ergibt sich nunmehr die gleiche Aufgabe auch hier. Die Natur, die materielle Welt in Raum und Zeit mag immerhin ein bloßes »Nichts

---

[1] W. VI, 363 f.; vgl. Wissenschaftslehre von 1812 (Nachgel. W. II, 331): »Die Naturphilosophie macht das Faktische zum Absoluten, den eigentlichen Charakter desselben, die Nicht-Genesis, durchaus verkennend, und geht mit diesem sodann um, wie Spinoza.«
[2] Wissenschaftslehre von 1801, § 32, W. II, 86.
[3] Nachgel. W. I, 39; vgl. z. B. Wissenschaftslehre von 1804, N.W. II, 331 u. ö.

des Nichts«, ein bloßer »Schatten des Schattens« sein[1]: so bildet doch unser Bewußtsein von diesem durch und durch phänomenalen Inhalt, unser Glaube an die Selbständigkeit eines derartigen Schattendaseins noch immer ein Grundproblem der philosophischen Spekulation. Die Richtung, in der dieses Problem zu lösen ist, aber steht für Fichte seit seinen ersten Arbeiten an der Wissenschaftslehre, seit der »Grundlage« von 1794, fest. Was wir »Natur«, was wir die sinnlichen Objekte in Raum und Zeit nennen, das wurzelt, wie hier gezeigt werden sollte, rein und ausschließlich in den Grundakten der Intelligenz. Indem das freie Tun der Intelligenz sich selbst nach einem durchgehenden Gesetze fortschreitend beschränkt, tritt damit dem Bewußtsein sein »Gegenstand«, dem Ich das »Nicht-Ich« gegenüber. Die Schranke, die die unendliche Tätigkeit sich selber setzt, ist es, die ihr äußerlich als dinglich-bestimmte und gesetzlich-geordnete Mannigfaltigkeit der Natur erscheint. In diesem Sinne ist die Natur nichts anderes als das Ergebnis der »Bildungskraft« der Intelligenz, des freien und dennoch geregelten »Schematisierens« des Verstandes. Wir sehen jetzt, warum es unmöglich ist, nach einem unmittelbaren Bande, nach einem direkten Übergang zwischen der Natur und Gott auch nur zu fragen. Denn dabei wird die entscheidende Funktion, auf der alles Vorstellen der Natur beruht — und all ihr angebliches Sein geht in ihrer Vorstellung auf — umgangen und ausgeschaltet. Nur von dieser Funktion des Verstandes, des »absoluten Wissens« in seiner freien Notwendigkeit kann gefragt werden, wie es sich zum Absoluten verhalte. Ist dies Verhältnis einmal festgestellt, dann ergibt sich, wenn man diese Feststellung mit den früheren Resultaten der Wissenschaftslehre zusammenhält, der Gehalt der Natur, der Sinnenwelt in Raum und Zeit, als ein durchaus bedingtes und sekundäres Produkt. Daß wir das, was lediglich die reine Reflexionsform des Wissens selbst ist, daß wir sein beständiges Setzen und Wiederaufheben von Schranken nur im Bilde einer sinnlichen Welt festzuhalten und anzuschauen vermögen, — das hat seinen Grund darin, daß dem Geist neben seiner ins Unendliche gehenden Tätigkeit zugleich eine bestimmte »Trägheitskraft« eigen ist. »Wahrhaft an sich — so fassen die »Einleitungsvorlesungen in die Wissenschaftslehre« vom Jahre 1813 diese Entwicklungen zusammen — ist nur ein Leben durchaus in ihm selber, und ein Anderes ist gar nicht da ... Dieses Eine, reine Leben stellt sich nun (so ist es absolut) in einem Wissen, einem

---
[1] S. Reden an die deutsche Nation, W. VII, 376.

Bilde seiner selbst dar. Was nimmt nun das Bild für eine Verwandlung mit ihm vor, setzt ihm zu u. dergl.?... Das Wissen stellt das Leben vor sich hin, es anhaltend und befestigend. Das also, das Befestigen, — also einen Gegensatz, ein Nichtleben, eine *vim inertiae* mit hineinzubringen—ist das Eine Grundgesetz des Wissens. Auf der Verbindung dieses Gegensatzes mit der Form des Lebens beruhen alle Gestaltungen des Wissens und lassen systematisch sich darauf zurückführen: insbesondere und ganz eigentlich die Gediegenheit und das absolute Nichtleben, selbst das Sein, die gegebene Natur oder wie man es nennen will. Das Wissen hängt gleichsam dem absoluten Leben Gewichte an, um es fassen und bildlich machen zu können[1].«

Aber nicht nur die Vereinzelung in die empirischen »Dinge«, sondern auch die Vereinzelung in die empirischen Individualitäten steht prinzipiell auf der gleichen Stufe und erweist sich somit nicht als ein ursprüngliches Datum, sondern als ein durchaus abgeleitetes Ergebnis. Die Schriften der späteren Periode verweilen mit besonderem Nachdruck auf dieser Konsequenz, die immer von neuem eingeschärft wird. Wenn Kants »Widerlegung des Idealismus« in der zweiten Auflage der Vernunftkritik auf dem Nachweis beruht, daß die »innere« Erfahrung weder zeitlich noch logisch der »äußeren« vorangeht, daß vielmehr beide sich in demselben einheitlichen Prozeß der Erkenntnis konstituieren und demnach vom Standpunkt der transzendentalen Betrachtung in gleicher Weise als bedingt zu gelten haben[2]: so wird dieses Resultat von Fichte durchaus angenommen. Das empirische Ich ist Produkt, nicht Produzent des Wissens: es entsteht durch die gleichen Akte der Setzung, der Unterscheidung und Trennung, denen auch das empirische Objekt sein phänomenales Dasein verdankt. Will man daher die reine Tätigkeit der Intelligenz, will man das reine Sehen überhaupt an ein Substrat heften: so kann dieses keinesfalls im individuellen Ich, — so kann es nicht in der Existenz des psychologischen Subjekts, sondern nur in der reinen logischen Form des Wissens überhaupt gesucht werden. Nicht das Ich, sondern das Wissen denkt[3]. Von diesem »Wissen« ist auch das Individuum immer nur Resultat, weil es nur unter seinen Bedingungen zur Anschauung der ge-

---

[1] N. W. I, 72.
[2] Vgl. Bd. II, S. 725 ff.
[3] S. Über das Verhältnis der Logik zur Philosophie oder transzendentale Logik, bes. N. W. I, 122 ff.

trennten Individualität, zur Anschauung eines »Ich«, dem ein »Du« gegenübersteht, kommen kann. Nimmt man demnach den Satz, daß der Begriff der Grund der Wirklichkeit sei, in dem Sinne, daß er Grund »vermittelst einer denkenden und kräftigen Substanz, etwa in den Menschen« oder in einem menschlichen Bewußtsein sei: so ist das Mißverständnis des Idealismus fertig. »Im Bewußtsein, — das habe nur ich, also in meinem Bewußtsein kommt der Begriff so vor, durch mich, durch irgendein Ich, und vermittelst desselben ist er Grund. Aber wie denn, wenn gerade die Prämisse dieses Schlusses die eigentliche Grundverkehrtheit wäre? Wie wenn nicht Ich Bewußtsein, sondern das Bewußtsein das Ich hätte und aus sich erzeugte[1]?« Faßt man das Verhältnis im entgegengesetzten Sinne, so wird nicht nur der logische, sondern auch der ethische und religiöse Sinn der Wissenschaftslehre verkehrt. »Es ist der größte Irrtum und der wahre Grund aller übrigen Irrtümer, welche mit diesem Zeitalter ihr Spiel treiben — so schildern die »Grundzüge des gegenwärtigen Zeitalters« diese Verkehrung — wenn ein Individuum sich einbildet, daß es für sich selber dasein und leben und denken und wirken könne, und wenn einer glaubt, er selbst, diese bestimmte Person, sei das Denkende zu seinem Denken, da er doch nur ein einzelnes Gedachtes ist aus dem Einen allgemeinen und notwendigen Denken[2].« Die Wissenschaftslehre, die als reine Einheitslehre kein anderes Ziel als die Anschauung des Einen wandellosen und in sich ungebrochenen Lebens kennt, kann die Individualität, die selbst nur der Ausdruck der unendlichen Gebrochenheit des Einen ist, nicht als ursprünglich und wahrhaft anerkennen[3]: In diesem Sinne verkündet die spätere Epoche, die überall auf den radikalsten Ausdruck hindrängt, geradezu die »unbedingte Verwerfung aller Individualität« als Grundprinzip der Fichteschen Philosophie[4].

Auch die Sprache und Terminologie des Idealismus erfährt von hier aus eine bezeichnende, für die gesamte Fortentwicklung der Spekulation bedeutsame Verschiebung. Wenn bei Kant die Gegenstände der äußeren und inneren Erfahrung als Erscheinungen bezeichnet werden, so gibt Fichte diesem letzteren Begriff, indem er

---
[1] System der Sittenlehre (1812); N.W. III, 11.
[2] S. W. VII, 23 f.
[3] Vgl. hrz. Die Tatsachen des Bewußtseins, W. II, 640 f.; — System der Sittenlehre (1812); N. W. III, 43 u. ö.
[4] Grundzüge des gegenwärtigen Zeitalters, V. (S.W. VII, 69).

ihn aufnimmt, eine völlig andere Wendung. Kein Gegenstand, kein Ding kann als solches »Erscheinung« heißen: denn die Erscheinung will doch immer Äußerung und Offenbarung des Einen absoluten Lebens sein, von der in der Sphäre der besonderen Objekte und der besonderen »Iche«, die nur »Schatten von Schatten« enthält, keine Rede sein kann. Nicht das Produkt des Wissens, als welches jetzt die Gegenstände, — die empirischen Objekte wie die empirischen Subjekte — erkannt sind, sondern nur sein Prinzip bildet die wahr= hafte Grunderscheinung. So ist es der Verstand, so ist es das Wis= sen selbst, das jetzt mit diesem Namen bezeichnet wird. Denn »es ist, außer Gott, gar nichts wahrhaftig und in der eigentlichen Be= deutung des Wortes da, denn — das *Wissen*... Alles andere, was noch als Dasein uns erscheint, — die Dinge, die Körper, die Seelen, wir selber, inwiefern wir uns ein selbständiges und unabhängiges Sein zuschreiben, — ist gar nicht wahrhaftig und an sich da, son= dern es ist nur da im Bewußtsein und Denken, als Bewußtes und Gedachtes und durchaus auf keine andere Weise.« In diesem Zu= sammenhange ergibt sich freilich sofort, daß das Wissen oder der Begriff, wenn sie als »Bild« des absoluten Lebens, als »Bild Gottes« genommen werden, als ein primäres, nicht als sekundäres Dasein, als »ein reines selbständiges Bild, nicht Abbild oder Nachbild« auf= zufassen sind[1]. Sollen beide zum Absoluten überhaupt irgendein unmittelbares Verhältnis besitzen, wie es der Ausdruck der »Er= scheinung« andeutet, so ist dies nur dadurch möglich, daß jede Art Verdinglichung von ihnen ausgeschlossen wird — daß sie also selbst nicht etwa als irgendwelche konkrete Gebilde, sondern als die reine Funktion der »Bildungskraft« verstanden werden[2]. Das Wissen als Bild, als Erscheinung ist — um den Spinozistischen Aus= druck zu brauchen — nicht gleich dem »toten Gemälde auf einer Tafel«, sondern es ist das sich Auswirken der Tätigkeit des Ge= staltens und Bildens selbst; — es ist nicht sowohl objektivierende Intuition als ein sich selbst »intuierend Machen« in wirklicher freier Lebendigkeit[3]. Die drei Stufen, von deren genauer Unterscheidung

---

[1] S. System der Sittenlehre (1812); N.W. III, 1f.
[2] Zur Bildungskraft s. oben S. 158.
[3] Vgl. Wissenschaftslehre von 1804, Nachg. W. II, 308. »In diesem sich schlecht= hin, in wirklicher Lebendigkeit und Existenz intuierend Machen besteht nun das rein an sich klare und durchsichtige Licht (= Vernunft), erhaben über alle objektivierende Intuition, als selber ihr Grund, und füllt nun durchaus den Hiatus zwischen Objekt und Subjekt... Dies ist die Vernunft, so gewiß sie ist: aber sie ist schlechthin; nun ist sie ein unmittelbares sich Machen...«

nach Fichte jede strenge Bestimmung des Seins wie des Wissens abhängig ist, stehen jetzt in Schärfe vor uns: das reine »Sein« des Absoluten, als sein reines und unteilbares Tun, seine »Reflexion« im Sehen, durch welche die Möglichkeit und das Prinzip einer Mannigfaltigkeit entsteht: und endlich die Objektivierung des Sehens selbst zu Gestalten und Gebilden einer sichtbaren Welt[1]. Dieser Unterschied des »Absoluten« und des »Bildes«, des »Lebens« und »Sehens«, des »Seins« und des »Daseins«, als des Seins für uns, bringt nach Fichte erst wahrhafte Klarheit und Sicherheit in die höchsten Elemente der Erkenntnis. Daß das Dasein sich selber als bloßes Dasein fasse, erkenne und bilde — und daß es eben hierdurch dem absoluten Sein gegenüber sich vernichte: dies ist Inhalt und Ziel aller philosophischen Selbstbesinnung[2].

Aber eben an diesem Punkte, der das eigentliche Zentrum der Fichteschen Spekulation bezeichnet, mehren sich nun freilich die systematischen Verwicklungen. Denn selbst wenn wir alle kritischen Einwendungen gegen den bisherigen Gang der Deduktion, in welchem das Absolute erreicht und sichergestellt werden sollte, vorerst noch beiseite setzen: so befindet sich doch schon die einfache Deutung von Fichtes Gedanken hier in einer eigentümlichen Schwierigkeit. Zwei verschiedene, auf den ersten Blick miteinander unvereinbare Bestimmungen über das Verhältnis des »Seins« und des »Daseins«, des Absoluten und des Wissens stehen bei Fichte einander gegenüber. Auf der einen Seite handelt es sich darum, dem Absoluten das unbedingte logische und sachliche Prius zu sichern, also es mit keinem irgendwie abgeleiteten Prädikate und Merkmal — und wäre es das höchste — zu behaften. Denn nur auf diese Weise: wenn wir es also rein durch sich selber und ohne jede weitere Determination, ohne jeden gedanklichen Zusatz denken, erscheint es im Charakter wahrer Selbständigkeit und Selbstgenügsamkeit. Der Satz »*omnis determinatio est negatio*« wird auch von Fichte als leitende Maxime anerkannt. »Das Absolute« — so hatte wie wir uns erinnern, bereits die Wissenschaftslehre von 1801 erklärt — »ist weder Wissen, noch ist es Sein, noch ist es Identität, noch ist es Indifferenz beider, sondern es ist durchaus bloß und lediglich das Absolute[3].« Verharrt man in dem Kreise,

---

[1] Am deutlichsten ist diese Dreiteilung ausgesprochen in den Einleitungsvorlesungen in die W.-L. vom Jahre 1813; Nachg. W. I, 71 ff. (vgl. ob. S. 189 f.).
[2] Anweisung zum seligen Leben; W.V, 441 f.
[3] W. II, 63 (vgl. ob. S. 175).

in den diese tautologische Bestimmung uns bannt, so kann es ersichtlich keine »Erklärung« und Ableitung des Wissens aus dem Absoluten geben. Das Wissen tritt vielmehr, sofern es überhaupt gesetzt ist, zu dem unbedingten Sein als eine zufällige Bestimmung: als ein Etwas, das auch nicht sein könnte, hinzu. Wirklich hat Fichte wiederholt und unzweideutig die Beziehung zwischen beiden in diesem Sinne gefaßt und ausgesprochen. Im reinen Denken des absoluten Seins und in der Erkenntnis der Zufälligkeit des Wissens ihm gegenüber liegt, wie er betont, der »Augpunkt der Wissenschaftslehre«. Ein »Entspringen« des Wissens kann es daher nur in dem Sinne geben, daß es »ein reines Entspringen durchaus aus Nichts« ist, daß es schlechthin auf einem Akt der Freiheit beruht. Daß überhaupt ein Wissen sei, »hängt nur ab von absoluter Freiheit, und es könnte daher ebensowohl auch keines sein.« Das Wissen ist demgemäß das absolut Zufällige oder das zufällige Absolute — es ist die Seite der Zufälligkeit oder Accidentalität des Absoluten[1]. Aber freilich ist dieser Begriff der Freiheit als Zufälligkeit, als »Entspringen aus Nichts«, selbst erst nur ein negativer und verlangt eine tiefere positive Ergänzung. Daß außerhalb des reinen Seins das Wissen vom Sein ist und besteht: dafür ist freilich nach keinem kausalen Grunde zu fragen — denn jeder derartige Grund würde uns in die Reihe des Bedingten und Abhängigen verstricken —: wohl aber muß der teleologische Sinn dieses scheinbar bloß Faktischen sich angeben und bestimmen lassen. Was im Begriff und in der Abstraktion notwendig als Zweiheit, als Spaltung und Entgegensetzung erscheint: das muß doch zuletzt in einer höchsten Lebenseinheit umschlossen sein. Fichtes Religionsphilosophie strebt daher beständig danach, die Trennung, die die Wissenschaftslehre an diesem Punkte bestehen zu lassen schien, wiederum aufzuheben. »Das reale Leben des Wissens« — so versichert sie — »ist in seiner Wurzel das innere Sein und Wesen des Absoluten selber und nichts anderes; und es ist zwischen dem Absoluten oder Gott und dem Wissen in seiner tiefsten Lebenswurzel gar keine Trennung, sondern beide gehen völlig ineinander auf[2].« Demgemäß ist die Erscheinung, ist das »Bild« des Wissens, »schlechthin alles, was sie ist aus dem Absoluten, ohne alles eigene Werk und Begründung, und weiter liegt nichts in ihr, als das erscheinende Absolute[3]«. Der

---
[1] Wissenschaftslehre von 1801, bes. § 24 und 48; W. II, 51 ff., 157 ff.
[2] Anweisung zum seligen Leben; W. V, 443.
[3] Einleit. in die W.-L. (1813); Nachg. W. I, 200.

Gegensatz und die Schranke, die wir zunächst zu erkennen glaubten, fällt für die wahrhafte spekulativ-religiöse Ansicht fort. Das inwendige Leben des Lichtes selber von sich, aus sich, durch sich, ohne alle Spaltung, in reiner Einheit, ist und hat sich nur im mittelbaren Leben und sonst nirgends. »Es lebe, so wird es eben leben und erscheinen und außerdem gibt es keinen Weg dazu[1].« Betrachtet man dieses Verhältnis des Absoluten zu seiner Erscheinung als ein faktisches, weil es eben begrifflich nicht weiter ableitbar und begründbar ist, so gesteht Fichte völlig zu, daß in diesem Sinne ein ursprüngliches Faktum die Quelle aller Spekulation bilde[2]. Unterscheiden wir das Sein, wie es innerlich und in sich ist, von der Form, die es dadurch, daß es da ist und erscheint, annimmt, so ist doch klar, daß wir bei dieser Unterscheidung nicht zwei voneinander trennbare und ablösbare Momente des Wirklichen bezeichnet haben. Nennen wir das Sein A und die Form B, so ist das wirkliche Dasein $A \times B$ und $B \times A$, A bestimmt durch B und gegenseitig. Hier und hier allein erfassen wir nach Fichte den »organischen Einheitspunkt aller Spekulation«. Gott selbst, d. i. das innere Wesen des Absoluten, kann diese Verschmelzung nicht aufheben: »denn selbst sein Dasein, was nur dem ersten lediglich faktischen Blicke als faktisch und zufällig erscheint, ist ja für das allein entscheidende wahrhaftige Denken nicht zufällig, sondern da es ist und es außerdem nicht sein könnte, es muß notwendig folgen aus dem innern

---

[1] Wissenschaftslehre von 1804; Nachg. W. II, 150.
[2] Wissenschaftslehre von 1812, Nachg. W. II, 344: »Alles unser Wissen geht schlechthin aus von einem absoluten Faktum, dem eben, daß die Erscheinung von sich weiß, sich erscheint. Alle Deduktion, Einsicht, Verständigung etc., die ja nur im Wissen möglich, bedarf darum dessen als einer Voraussetzung, als Grundfaktum ... Es ist viel darüber gestritten worden. Jacobi behauptet, alle Philosophie beruhe auf dem Faktischen, Wirklichen; ihre Aufgabe sei, Dasein zu enthüllen; sie könne darum nicht ihm a priori Gesetze geben, sondern müsse zusehen und in seinem Sein treu es abbilden. Recht hat er, wenn er behauptet, die Philosophie ruhe auf dem Wissen als Faktum, aber dem einzigen Faktum. Dies hat sie zu verstehen, d. h. aus seinem Gesetze abzuleiten, welches sie freilich ihm nicht gibt, sondern die Erscheinung bildet, versteht sich eben selbst schlechthin in ihrem Gesetze, und dies vollzogene Sichverstehen aus ihrem Gesetze ist die Wissenschaftslehre. Die ganze Bemerkung ist wichtig in historisch-kritischer Beziehung. Setzt man die Erscheinung des Absoluten als ein zufälliges, wohl noch dazu historisch, als ein solches, das nicht war und einmal wurde, so setzt man sie in die Zeit und bekommt eine Zeit, in der Gott nicht erschien und eine andere, in der er erschien. Dies ist nun der gewöhnliche Begriff einer Schöpfung. Dadurch verfällt man in absolute Unbegreiflichkeit. Nach uns ist die Erscheinung schlechthin bei Gott und unabtrennlich von ihm.«

Wesen. Zufolge Gottes innerem Wesen demnach ist dieses innere Wesen mit der Form unabtrennlich verbunden und durch sich selber eingetreten in die Form; welches für die, die es zu fassen vermögen, die vom Anfange der Welt bis auf den heutigen Tag obgewaltete höchste Schwierigkeit der Spekulation leicht auflöst[1].«

Nur eine Frage läßt sich gegenüber all diesen Entwicklungen nicht länger zurückdrängen: ob und inwiefern nämlich dieses Ende der Fichteschen Spekulation noch mit ihrem Anfang zusammenstimmt? Spricht Fichte hier noch die Sprache der Wissenschaftslehre oder lediglich die Sprache der Logoslehre des Johannes-Evangeliums, auf das er sich für seine Grundansicht ausdrücklich beruft? Bewegen wir uns hier noch im Gebiet dessen, was a priori gewiß und beweisbar und auf transzendentalem Wege begründbar ist? Fichte selbst hat niemals aufgehört, es zu behaupten. Wie er versichert hat, daß seine Lehre sich in all ihren wesentlichen Ergebnissen von Anfang bis zu Ende gleich geblieben sei, so hat er auch stets nur eine einheitliche Methode für sie anerkannt. Jede Abbiegung vom »Wissen« zum »Glauben«, wie sie Jacobi forderte, vom »Begriff« zum »Gefühl«, hat er in aller Schärfe abgewehrt. Wenn die mittlere Periode der Fichteschen Philosophie, die durch die Schrift über die »Bestimmung des Menschen« bezeichnet wird, hierüber einen Zweifel aufkommen lassen kann, so wird er durch die endgültige Gestaltung der Fichteschen Religionslehre völlig zerstreut. So sehr es Fichte über alle Reflexion hinaus zum Absoluten, über alles Denken hinaus zur ursprünglichen Form des Lebens hindrängt; so bleibt doch die Überzeugung unerschüttert, daß das Element des Lebens selbst im Gedanken liegt. Auch der wahre Gott und die wahre Religion können nur durch reines Denken ergriffen werden, und es gibt für sie schlechthin kein anderes geistiges Organ. Auch eine Seligkeitslehre kann daher nichts anderes sein denn eine Wissenschaftslehre, indem es außer der Wissenslehre überhaupt keine andere Lehre gibt[2]. Mit der Aufstellung dieses Maßstabes hat Fichte selbst deutlich den Weg bezeichnet, den jede immanente geschichtliche Kritik seiner Philosophie innehalten muß. Wir haben bisher diese Philosophie in der Entwicklung ihrer wesentlichen Ergebnisse verfolgt und dargestellt: jetzt entsteht die Aufgabe, sie bis zu ihrer letzten Quelle zurückzuleiten und noch einmal in Schärfe das methodische Prinzip zu bezeichnen, aus dem sie entspringt. Fichtes Lehre will metaphy-

---
[1] Anweis. zum seligen Leben, W. V, 509 f.
[2] Anweisung zum seligen Leben, W. V, 410, 417 ff., 444 ff. u. s.

sische Einheitslehre sein, — aber in ihrer idealistischen Grundvoraussetzung liegt es begründet, daß sie diese Forderung nur dann wahrhaft erfüllen kann, wenn sich ergibt, daß ihr gesamter Gehalt aus einer einheitlichen Denkart stammt und diese immer schärfer und genauer zum Ausdruck bringt.

IV. Problem und Methode der Fichteschen Philosophie.

Man hat die Lehre Fichtes bald als metaphysischen, bald als erkenntnistheoretischen Monismus bezeichnet; aber so treffend hierdurch bestimmte Momente an ihr ausgedrückt sind, so ist damit ihre unterscheidende Eigenart und das neue gedankliche Motiv, das sie in die Entwicklung der Philosophiegeschichte hineinbringt, noch nicht erfaßt und bestimmt. Näher würde man dieser Eigenart kommen, wenn man das System als ethischen Monismus bezeichnete: denn nicht der herkömmliche Gegensatz von »Subjekt« und »Objekt«, von »Ich« und »Nicht-Ich«, von »Denken« und »Sein«, sondern die Schranke, die die gemeine Weltansicht wie die Philosophie bisher zwischen Sein und Sollen behauptet hatte, ist es, die Fichte durchbrechen und überwinden will.

Der Gegensatz von Natur und Freiheit ist es, der Fichtes gesamtes philosophisches Denken vor der entscheidenden Wendung, die es durch Kant erfährt, gefangen nimmt. Der Naturbegriff — so glaubt er zu erkennen — ist nur möglich, wenn wir an den Gedanken der durchgängigen und lückenlosen Determination des Geschehens ohne jede Einschränkung festhalten: eben dieser Gedanke aber hebt den Begriff des Willens und der sittlichen Welt auf. Gegenüber dieser, bis dahin unlösbar erscheinenden Antinomie bringt erst Kants »Kritik der praktischen Vernunft« für Fichte die Lösung und Rettung. »Ich lebe in einer neuen Welt« — so schreibt er damals — »seitdem ich die ‚Kritik der praktischen Vernunft' gelesen habe. Sätze, von denen ich glaubte, sie seien unumstößlich, sind mir umgestoßen; Dinge, von denen ich glaubte, sie könnten mir nie bewiesen werden, z. B. der Begriff einer absoluten Freiheit, der Pflicht usw., sind mir bewiesen, und ich fühle mich darüber nur um so froher. Es ist unbegreiflich, welche Achtung für die Menschheit, welche Kraft uns dieses System gibt.« »Der Einfluß, den diese Philosophie, besonders aber der moralische Teil derselben, der aber ohne Studium der ‚Kritik der reinen Vernunft' unverständlich bleibt, auf das ganze Denksystem eines Menschen hat, die Revolution, die durch sie besonders in meiner ganzen Denkungsart entstanden ist, ist unbegreiflich[1].« Die Übereinstimmung zwischen den Forderungen des Denkens und Wollens, zwischen Herz und Kopf war ihm jetzt für immer gesichert[2]. In der Tat gibt es fortan über diesen Punkt bei Fichte kein Schwanken mehr. Noch am Ende seiner philosophischen Laufbahn hat er die allgemeine Tendenz seiner Lehre fast mit den gleichen Worten wie an ihrem Anfang bezeichnet. Der Name »Freiheit« — so führen die Einleitungsvorlesungen in die Wissenschaftslehre vom Herbst 1813 aus — war in der vorkantischen Philosophie zu einem leeren Zeichen geworden. Demgegenüber zu einer bestimmten Anschauung von Freiheit und von Leben jenseits aller Natur, jedoch als Grund und einziges Mittel der Begreiflichkeit einer Natur, hinzuführen, ist das Ziel, das die Wissenschaftslehre sich stellt: und dieses möchte wohl der neue Sinn sein, den sie mit sich führt und den sie im Leser erwecken will.

Aber wenngleich Fichte in diesem »neuen Sinn« und somit im Grundinhalt der Lehre völlig mit Kant übereinzustimmen glaubt, — so ist es doch die Form der Darstellung der Kantschen Gedanken, an der er im methodischen Sinne Anstoß nimmt. Was Kant lehrt, ist die Einheit der Vernunft in allen ihren Betätigungen; — aber was seine Schriften unmittelbar geben, ist eine Trennung der Vernunft in verschiedene »Vermögen« und eine gesonderte Kritik, die an jedem dieser Vermögen, an der theoretischen Vernunft, der praktischen Vernunft, der Urteilskraft durchgeführt wird. Gegenüber dieser Betrachtungsweise erhebt Fichte den Einwand, daß Kant im Grunde in jedem der drei kritischen Hauptwerke sich auf einem veränderten methodischen Standpunkt befinde oder daß er — wie dieser Einwand in der Sprache des späteren Systems lautet — ein »dreifaches Absolute« anzuerkennen scheine[3]. An diesem Punkt setzt Fichte ein, und von hier aus bestimmt er sich seine eigene neue Aufgabe. Das Ideal der »Deduktion«, das er Kants Analyse gegenüberstellt, geht nicht in erster Linie auf die Ableitung der Erfahrungsinhalte aus der reinen Denkform oder auf die Ableitung der Mannigfaltigkeit der Bewußtseinsinhalte aus dem reinen Ich: sondern was es vor allem erstrebt, ist, das Gesetz der Vernunft als solches, das allen besonderen Anwendungen der

---
[1] Briefe an Achelis und Weißhuhn (Leben und literar. Briefwechsel I, 107, 109).
[2] Vgl. Fichtes Brief an Reinhold vom 2. VII. 1795; Briefw. II, 212.
[3] Wissenschaftslehre von 1804; Nachg. W. II, 103 ff.

Vernunft vorausliegt, und den Grund für sie bildet, bestimmt und vollständig auszusprechen. Bis auf Kant — so führt ein Aufsatz aus dem Jahre 1806 aus — wären alle Denker und Bearbeiter der Wissenschaft ohne Ausnahme durch den verborgenen Strom der innern Verwandlungen der Erkenntnis herumgezogen, und mit sich selber und anderen in Widerstreit versetzt worden. »Kant war der erste, der diese Quelle aller Irrtümer und Widersprüche glücklich entdeckte und den Vorsatz faßte, auf die einzig wissenschaftliche Weise, durch systematische Erschöpfung jener Modifikationen und, wie er es nannte, durch Ausmessung des ganzen Gebiets der Vernunft, sie zu verstopfen. Die Ausführung blieb jedoch hinter dem Vorsatze zurück, indem die Vernunft oder das Wissen nicht in seiner absoluten Einheit, sondern schon selbst in verschiedene Zweige gespalten, als theoretische, als praktische, als urteilende Vernunft der Untersuchung unterworfen, auch die Gesetze dieser einzelnen Zweige mehr empirisch gesammelt und durch Induktion als Vernunftgesetze erhärtet wurden, als daß eine wahre Deduktion aus der Urquelle sie erschöpft und als das, was sie sind, sie dargelegt hätte. Bei diesem Stande der Sachen ergriff die Wissenschaftslehre die durch jene Kantische Entdeckung an die Menschheit gestellte Aufgabe; zeigend, was der Wissenschaftsweg in seiner Einheit sei, sehr sicher wissend und darauf rechnend, daß aus dieser Einheit heraus die besondern Zweige derselben sich von selbst ergeben und aus ihr würden charakterisiert werden können[1].«

Dieser echte und letzte Einheitspunkt aller Spekulation aber kann wiederum, wie sich aus dem Anfang von Fichtes Philosophie unmittelbar ergibt, nirgends anders als im Praktischen liegen. Die Normen des Wissens und die des Tuns gehen aus ein und derselben Wurzel hervor: denn alles echte Wissen ist selbst ein Tun, alles wahrhafte Spekulieren ein Handeln[2]. Ist dem aber so, so ist es der Begriff der Freiheit, auf dem ebensowohl die Möglichkeit der logischen Denkgesetze, wie die der ethischen Willensgesetze beruht. Die Freiheit des Willens bedeutet, daß unser Selbst nicht in dem Strome des äußeren Geschehens oder der eigenen sinnlichen Affekte und Neigungen vorwärts getrieben wird, sondern daß es sich gegenüber all diesen äußeren Bestimmungen als ein einheitliches Prinzip des Tuns, daß es sich gegenüber der unendlichen Mannigfaltigkeit der besonderen Zeitmomente und der besonderen zeitlichen An-

---
[1] Nachg. W. III, 350.
[2] S. Fichte an Jacobi, Briefw. I, 179.

triebe als eine konstante, mit sich selber identische Norm und Regel behauptet. In der Einheit dieser Regel besteht dasjenige, was wir im sittlichen Sinne die Einheit des Charakters nennen und was wir als allgemeinen und intelligiblen Bestimmungsgrund der Handlungen, im Gegensatz zur passiven Bestimmtheit durch den jeweiligen äußeren Anreiz, denken. Demgemäß besitzt nicht etwa unser Ich Freiheit, so daß diese als accidentelles Merkmal zu dem, was es seiner Substanz nach schon ist, hinzuträte – sondern kraft der Freiheit entsteht erst der Gedanke des Ich selbst. Dieses »Ich bin«, diese Tathandlung, die aus dem Zentrum des sittlichen Willens hervorbricht, aber erleuchtet nicht nur die ethische, sondern auch die gesamte logische Sphäre – und sie erweist sich auch hier als die eigentliche Bedingung, unter der diese Sphäre allein möglich ist. Die bloße Wahrnehmung als solche bleibt in der passiven Gebundenheit stehen und ist insofern nur die Vorstufe, die »erste Potenz des Lebens«[1]. Das wahre Leben des Geistes aber wird erst dort erreicht, wo das Bewußtsein nicht mehr diesem bloßen Zuge der Wahrnehmungen folgt oder sich dem Mechanismus der Vorstellungsassoziation überläßt, sondern wo es ihm unterscheidend, wählend und richtend gegenübertritt. In diesem Akte des Urteils erst kommt es zum theoretischen Selbstbewußtsein und zum theoretischen Wahrheitsbewußtsein. Jetzt ist deutlich, daß der Begriff der Wahrheit und der des selbständigen ethischen Willens ein und derselben geistigen Synthesis ihren Ursprung verdanken. Jede Philosophie, die nicht bis zu dieser letzten Wurzel des Seins sowohl wie des Geltens zurückdringt, bleibt unvollkommen. Der Gedanke vom »Primat des Praktischen«, den Kant verkündet hatte, hat nach Fichte erst hier seine wahrhaft radikale Aussprache und Begründung gefunden. Wird vom Theoretischen, wird von der »Natur«, als einem irgendwie Vorhandenen und Gegebenen, ausgegangen, so bleibt schlechterdings kein Weg zur Begründung der Freiheit und des Sollens übrig. Denn in der Natur – das eben besagt ihr Begriff – gibt es keinen besonderen Bezirk, der sich dem Prinzip der durchgängigen Bestimmung, als dem obersten Grund für alle Möglichkeit des Wissens, entzöge. Die wahre Lösung besteht in der Einsicht, daß das Reich der Freiheit nicht ein Teilgebiet der Natur für sich in Anspruch nimmt, sondern daß die Freiheit schlechthin das absolute Prius der Natur sei: daß durch sie

---

[1] S. hrz. die Analyse des Wahrnehmungsbewußtseins im »Sonnenklaren Bericht«, W. II, 342 ff.

erst das theoretische Ich und damit mittelbar das Phänomen einer Natur möglich wird. —

Der entscheidende Mittelbegriff aber, der die beiden verschiedenen Pole der Betrachtung vereint, der Sein und Sollen gleichmäßig umschließt, ist der Begriff des Gesetzes. Er ist es daher, der von Anfang an in das Zentrum der Wissenschaftslehre rückt und der bei all ihren inhaltlichen Wandlungen in diesem Zentrum beharrt. »Dies ist die wesentliche Form der wahren Philosophie« — so erklärt Fichte noch in einer seiner letzten Vorlesungen — »ein Auge für faktisches Sein eigentlich gar nicht zu haben, sondern nur für Gesetz. Es ist gar nicht mehr sichtbar irgendein faktisches Sein für und durch sich; dergleichen ist aus ihrem Gesichtskreise ganz verschwunden; ihre Welt sind die Gesetze: das faktische Sein sieht sie darum nur mittelbar, inwiefern es aus dem Gesetze kommt[1].« Diese Bedeutung des Gesetzesbegriffs stammt daher, daß sich in ihm, als einem wahrhaften geistigen Grund- und Urphänomen, das Ineinander und die wechselseitige Bedingtheit von Freiheit und Bindung darstellt. Wiederum tritt dies am deutlichsten im Gebiet des sittlichen Willens heraus. Sittliche Freiheit — das ist das Resultat, das Fichte aus der »Kritik der praktischen Vernunft« übernimmt — bedeutet nicht Bestimmungslosigkeit des Handelns, sondern umgekehrt seine Bestimmung durch das höchste kategorische Vernunftgebot. Hier besteht die genaueste Korrelation. Jegliches Sollen — so formuliert Fichtes eigenes »System der Sittenlehre« diesen Sachverhalt — ist nur dadurch möglich, daß ich »die Freiheit denke als bestimmend das Gesetz, das Gesetz als bestimmend die Freiheit. Eins wird ohne das andere nicht gedacht, und wie das eine gedacht wird, wird auch das andere gedacht. Wenn du dich frei denkst, bist du genötigt, deine Freiheit unter ein Gesetz zu denken; und wenn du dieses Gesetz denkst, bist du genötigt, dich frei zu denken... Die Freiheit folgt nicht aus dem Gesetze, ebensowenig als das Gesetz aus der Freiheit folgt. Es sind nicht zwei Gedanken, deren einer als abhängig von dem anderen gedacht würde, sondern es ist Ein und eben derselbe Gedanke; es ist ... eine vollständige Synthesis[2].« Denn eben dies, daß die Vernunft sich selbst, unabhängig von etwas außer ihr, durch absolut eigene Spontaneität ein Gesetz gebe, ist der einzig richtige Begriff der transzendentalen Freiheit[3]. Übertragen wir nun diese Einsicht

---
[1] Einleitungsvorles. in die W.-L. (1813). Nachg. W. I, 393.
[2] System der Sittenlehre (1798); W. IV, 52.
[3] Versuch einer Kritik aller Offenbarung (1792); W. V, 32.

wieder vom Wollen auf das Wissen — so erhellt sich damit erst die wesentliche Schwierigkeit, die uns durch das gesamte Gebiet der theoretischen Spekulation hindurch begleitet hat. Wie es innerhalb der unendlichen Tätigkeit der Intelligenz zu einer Begrenzung und damit erst zur Vorstellung einer objektiven »Welt« kommen könne, wie das »Absolute« zur »Erscheinung« wird, — wie aus der Form des absoluten Wissens das individuelle Bewußtsein sich ergibt: dies alles waren Fragen, für die sich kein rein theoretischer Erklärungsgrund mehr geben ließ[1]. Wir mußten uns begnügen, die Schranke aufzuweisen, ohne sie weiter begreifen zu können. Aber es drückt sich darin nur aus, daß wie für den Begriff des Ich, so auch für sein notwendiges Gegenglied die letzte Deutung nur im Praktischen zu finden ist. Wie wir hier mit höchster Gewißheit einsehen, daß ich »durch das Wesen der Freiheit selbst genötigt bin, bei jeder freien Handlung mich zu beschränken[2]«: so führt uns die »transzendentale Logik« zu der Erkenntnis, daß alle Form und Möglichkeit des Wissens davon abhängt, daß das Ich sich bilde als aufgebend seine Freiheit — daß also dies Ich sich als frei zum Nichtfreisein bilde, als schlechthin sich bestimmen könnend zum sich nicht Machenden und Bestimmenden[3]. Von neuem ergibt sich hier, wie nach Fichte aus dem Inhalte und der prinzipiellen Struktur des Sollens unmittelbar die Struktur des Wissens begreiflich wird — wie es aber andererseits einen anderen Weg als diesen, um beides faßbar und verständlich zu machen, nicht gibt und geben kann.

Nun aber scheint sich freilich dieser Ausgangspunkt der Fichteschen Spekulation, von dem aus sie ihr Licht und ihre innere Einheit erhält, mit ihrem weiteren Fortschritt mehr und mehr zu verschieben. Der Gedanke und die Forderung einer der bloßen Ethik übergeordneten und überlegenen Religionsphilosophie und Metaphysik tritt jetzt immer bestimmter hervor. In einem Briefe an Jacobi aus dem Jahre 1806 findet sich die merkwürdige Äußerung Fichtes, die Sittenlehre selbst sei etwas Beschränktes und Untergeordnetes: — anders habe er es nie genommen, und auch Kant nehme es auf dem Gipfel seiner Spekulation als Kritiker der Urteilskraft nicht anders[4]. Aber wenn Kant in der »Kritik der Urteilskraft« im Phänomen des Schönen eine neue Synthese zwischen

---

[1] Vgl. bes. ob S. 154 ff.
[2] System der Sittenlehre W. IV, 223.
[3] Einleitungsvorles. in die Wissenschaftslehre (1813); Nachg. W. I, 220.
[4] Leben und Briefw. II, 178.

»Natur« und »Freiheit« entdeckt und damit das »intelligible Substrat der Menschheit« auf anderem Wege als bisher zu bestimmen sucht: — so bedeutet für Fichte auch das Schöne nur ein abgeleitetes Ergebnis, nur eine einzelne Äußerung und Offenbarung jenes »Absoluten«, auf das im Fortschritt seiner Spekulation sein Interesse und seine Leidenschaft sich immer bestimmter und bis zum Ausschluß aller anderen Fragestellungen richtet. »Gottes inneres und absolutes Wesen tritt heraus als Schönheit, es tritt heraus als vollendete Herrschaft des Menschen über die ganze Natur, es tritt heraus als der vollkommene Staat und Staatenverhältnis, es tritt heraus als Wissenschaft[1].« Gegenüber der Erfassung dieses inneren und absoluten Wesens muß auch das Sittengesetz an universeller spekulativer Bedeutung und Geltung zurückstehen: denn die Sittlichkeit ist immerhin nur eine bestimmte Stufe seiner Äußerung, nur ein besonderer Durchgangspunkt auf dem Wege, der zu seiner Anschauung hinführt. Fichtes ausgebildete Religionslehre unterscheidet fünf verschiedene Phasen, in denen unsere Erkenntnis des Absoluten sich entwickelt. Die sinnliche Ansicht und die sinnliche Liebe zu den einzelnen empirischen Objekten steht an der ersten und niedersten Stelle; aber unmittelbar über ihr erhebt sich die ethische Ansicht: die Ansicht des Sollens und des kategorischen Imperativs. Sie besteht darin, daß wir die Welt nicht mehr unter der Form des dinglichen Daseins, sondern unter der Form des Tuns, und daß wir sie somit als ein Gesetz der Ordnung in einem System vernünftiger Wesen denken. »Ein Gesetz und zwar ein ordnendes und gleichendes Gesetz für die Freiheit mehrerer ist dieser Ansicht das eigentliche Reale und für sich selber Bestehende; dasjenige, mit welchem die Welt anhebt und worin sie ihre Wurzel hat. Falls hierbei jemand sich wundern sollte, wie denn ein Gesetz, das ja, wie ein solcher sich ausdrücken würde, ein bloßes Verhältnis und lediglich ein Abstraktionsbegriff sei, für ein Selbständiges gehalten werden könne, so käme einem solchen die Verwunderung lediglich daher, daß er nichts als real fassen könnte, außer der sichtbaren und fühlbaren Materie... Ein Gesetz, sage ich, ist für diese Weltansicht das Erste, was da allein wahrhaftig *ist* und durch welches alles andere, was da ist, erst da ist. Freiheit und ein Menschengeschlecht ist ihr das Zweite..., eine Sinnenwelt endlich ist ihr das Dritte: diese ist lediglich die Sphäre des freien Handelns der Menschen; vorhanden dadurch, daß ein freies Handeln Objekte dieses Handelns not-

---
[1] Anweis. zum seligen Leben, W. V, 526.

wendig setzt«. Der eigentlich religiösen Ansicht aber erweist sich nunmehr auch dieses unbedingt gebietende Gesetz, eben weil es keine andere Form als die des bloßen Gebietens kennt, als ungenügend. Sie steht auf einem Standort, an welchem sie diese ganze Welt des Befehlens und Gehorchens, diesen ganzen Gegensatz zwischen dem sinnlichen Willen und dem reinen Vernunftgebot, tief unter sich erblickt. Denn ihr hat sich das Absolute nicht in der bloßen Form des Gebots, sondern in der Form der Anschauung erschlossen; ihr bedeutet es keinen Befehl aus einer anderen und transzendenten Ordnung der Dinge, sondern die einzig wahrhaft gewisse Wirklichkeit, in der wir ruhen und sind. Sie fordert nicht, sondern sie schaut und weiß: — sie weist nicht auf ein unendliches und somit ewig fernes Ziel hinaus, sondern sie hat und ist unmittelbar das Göttliche selbst in reiner Vollendung und Seligkeit[1].

Dennoch handelt es sich auch in dieser bedeutsamen Wandlung der Fichteschen Philosophie mehr um eine Accentverschiebung als um eine Veränderung in ihrer Grundabsicht; mehr um einen Wechsel des subjektiven persönlichen Affekts als des objektiven Gehalts. Denn immer wenn Fichte diesen Gehalt näher zu bestimmen und positiv auszusprechen sucht, sieht er sich, bis in die letzten Entwicklungen der Wissenschaftslehre hinein, auf seinen ersten Ausgangspunkt: auf den Grundbegriff und die Grundgewißheit der Freiheit zurückgeführt. Wenn das Denken des Lebens — so führen z. B. die »Tatsachen des Bewußtseins« vom Jahre 1810/11 aus — sich darauf ansieht, ob es in sich selbst begründet sei, so findet es zwar, daß es zu seinem Grunde nicht irgendein Faktum machen könne — denn das Leben ist selbst gedacht als Prinzip aller Fakten — wohl aber daß es, da es nicht in sich selber begründet ist, einen Endzweck als Grund des Lebens denken könne und müsse. Dieser also ist der Grund des Daseins sowohl formaliter, als des Soseins, qualitativ, des Lebens[2]. »Das Leben ist überhaupt, und es ist, wie es ist in seinen ursprünglichen Bestimmungen, weil es sein soll und so sein soll. Hier liegt die absolute Vereinigung und das wahre Mittelglied der beiden Welten, der unsichtbaren und der sichtbaren[3].« Das Leben selbst ist damit in seiner geistigen Einheit nichts anderes als die »Anschaubarkeit des Sittengesetzes«: und es selbst wird angeschaut keineswegs um seiner selbst willen als ein leeres

---

[1] S. Anweisung zum seligen Leben, V, 465 ff., 499 ff. u. s.
[2] Die Tatsachen des Bewußtseins (II, 658 f.).
[3] a. a. O., W. II, 665.

und gehaltloses Schauspiel, sondern damit in ihm das Sittengesetz angeschaut wird. Aber über dieses bisherige Endglied der teleologischen Reihe drängt es nun Fichte noch einen Schritt weiter hinaus. Denn selbst dem Sittengesetz gegenüber kann noch die Frage sich erheben, was es denn selbst sei und woher es seinen Ursprung habe. Und hier findet sich denn, daß es gleichfalls nur Anschaubarkeit und Anschauungsform eines abermals höher liegenden Prinzips ist. »Das Leben muß angeschaut werden, damit das Sittengesetz angeschaut werden könne und das Sittengesetz muß angeschaut werden, damit das Absolute angeschaut werden könne: dies wäre die aufsteigende Reihe unserer Betrachtung[1].« Nun erst ist das wahre δός μοι ποῦ στῶ gefunden: denn das rastlose Streben, das allem sittlichen Wollen wesentlich ist und das zu immer neuen Zielen fortdrängt, ist in einem wahrhaft Bleibenden und Vollendeten zur Ruhe gelangt. Alles Drängen, alles Ringen, das dem Leben der Sittlichkeit seinen Stempel aufprägt, wird nun zur »ewigen Ruh' in Gott dem Herrn«. Dieser Gegensatz zwischen der religiösen und der ethischen Gesamtstimmung bildet die eigentliche Grenzscheide zwischen den beiden Epochen der Fichteschen Philosophie. Die erste Epoche kennt nur das Tun um des Tuns willen, kennt das Unendliche immer nur als Aufgabe des Willens, niemals als Inhalt der Anschauung — die zweite hält an dieser Grundform des Tuns fest und geht durch sie hindurch: aber hinter dem »Absoluten« der Freiheit und des Sollens erhebt sich ihr noch ein »Hyperabsolutes«[2]. Wenn Platon das Ideenreich mit der Idee des Guten als dem letzten noch Sichtbaren abschließen läßt, so trägt Fichtes Lehre hier deutlich die Züge des Neuplatonismus, der vom Sein zum »Übersein«, vom Einen zum »Übereinen« zurückzudringen sucht. —

Aber freilich ist mit diesem letzten Schritt auch jene Korrelation gelöst, die sich uns bisher als das eigentliche Lebensprinzip der Wissenschaftslehre erwiesen hat. Wird erst einmal eine Einheit jenseits aller Vielheit und als ihre absolute Verneinung gesetzt, so ist nicht mehr zu begreifen, wie es überhaupt noch zu einer Welt der Vielheit, zu einer erscheinenden Mannigfaltigkeit kommen soll. Das ethische Prinzip der Freiheit ist ein Prinzip der Weltgestaltung, während Fichtes religiöses Prinzip, konsequent durchgeführt, nur ein Prinzip der Weltvernichtung sein kann. In der Tat hat Fichte selbst, wie wir sahen, den Vorwurf eines derartigen »Nihi-

---
[1] a. a. O. II, 656 f.
[2] Vgl. zu diesem Begriff insbes. die Wissenschaftslehre von 1804.

lismus« nicht gescheut. Gerade dies hob er als wesentliches Verdienst seiner Lehre hervor: die strenge Nachweisung des absoluten Nichts außer dem Einen unsichtbaren Leben, Gott genannt[1]. Solange wir noch innerhalb der ethischen Fragestellung standen und durch sie die Richtlinien der Betrachtung erhielten, konnte der »Akosmismus« Fichtes[2] nicht bis zu diesem Punkte vordringen. Denn die ethische Aufgabe läßt sich immer nur am »Gegebenen«, die reine Form des Sollens läßt sich nur an einem widerstrebenden »Material« aufweisen. Die Freiheit erhält durch die Schranke, die sie fortschreitend überwindet, die sie aber eben deshalb nicht schon als überwunden und als nicht-bestehend denken darf, erst ihren eigenen positiven Gehalt und Sinn. Und das gleiche Verhältnis wie im Ethischen zeigt sich innerhalb des rein logischen Gebiets: denn auch hier ist das Allgemeine nur im Besonderen, die Einheit nur an der Vielheit, die reine Form des Vernunftgesetzes nur an der »Erfahrung« aufzeigbar[3]. Die Metaphysik Fichtes aber müßte, wenn sie sich selbst treu bleiben will, alle diese Brücken, die zur Welt des Endlichen hinführen, hinter sich abbrechen. Sie steht und fällt mit dem Gedanken des schlechthin einheitlichen und eben deshalb schlechthin bestimmungslosen Absoluten: — mit dem Satze: »Eines ist, und außer diesem Einen ist schlechthin Nichts[4]«. Aber dieser Satz, der ihren Anfang ausmacht, müßte freilich streng genommen zugleich ihr Ende bedeuten. Daß dies nicht der Fall ist: — daß sie sich in eine Reihe von Folgebestimmungen entfaltet und entwickelt: dies wird nur dadurch möglich, daß sie in ihren Grund- und Leitbegriff unversehens wieder Momente aufnimmt, die aus der Ethik und Logik, aus dem Phänomen des Wissens und Wollens entlehnt sind. Auf diesem Wege — und nur auf ihm — ließ sich die Charakteristik des Absoluten als reine und schrankenlose Tätigkeit, ließ sich seine Ableitung aus dem »Gegenstand« des Wissens und aus der Grundform der Wahrheit selbst verstehen[5]. In Fichtes eigener Darstellung aber nimmt nun dieser gedankliche Prozeß die genau entgegengesetzte Richtung an. Nicht wie von der Erscheinung des Vielen zum Gedanken und zur Idee des Einen, sondern wie von dem an und für sich seienden Einen zum Vielen zu gelangen ist, lautet nunmehr die eigentliche spekulative Grundfrage. Damit

---

[1] Einleitungsvorl. in die W.-L. (1813); N.W. I, 39 (s. ob. S. 188).
[2] S. hrz. ob. S. 172.
[3] Vgl. ob. S. 167 ff.
[4] W.-L. von 1804, N.W. II, 331.
[5] Vgl. hrz. ob. S. 180 ff.

aber stehen wir an dem Punkte, der sich als die eigentliche Peripetie des Kantischen Idealismus bezeichnen und von dem aus sich die gesamte weitere Entwicklung der nachkantischen Spekulation vorweg in ihren methodischen Hauptzügen übersehen läßt. —

Der Begriff des »Absoluten« wird in der »Kritik der reinen Vernunft« als Grenzbegriff eingeführt und begründet: er entsteht, indem wir den Gebrauch des Verstandes und einzelner seiner Kategorien von jeder Bedingtheit und Schranke, die ihm innerhalb eines bestimmten Gebiets der Erfahrung anhaften, befreien und ihn ins Unbedingte erweitern. Aber eben weil das Absolute hier immer nur als Grenze einer unendlichen Reihe gedacht wird, weist es noch die charakteristische Bestimmtheit auf, die der Reihe selbst zu eigen ist. Nur von den Reihengliedern aus und vermittelst ihrer spezifischen Eigentümlichkeit kann das Grenzglied gedacht werden. So gelangen wir nicht nur zu einer verschiedenen Fassung und Deutung des Absoluten, je nachdem wir es von der ethischen, von der ästhetischen oder theoretischen Sphäre aus erreichen: sondern auch innerhalb dieser letzteren selbst ist eine solche verschiedene inhaltliche Bestimmtheit möglich und notwendig, je nach der Besonderheit der Schlußform, mittels deren wir zu ihm aufsteigen. So ergibt die systematisch-unbedingte Anwendung der kategorischen Schlußform das Absolute der Seelenidee, die der hypothetischen Schlußform das Absolute der Weltidee, die der disjunktiven Schlußform endlich das Absolute der Gottesidee. Diese qualitative Differenzierung des Absoluten widerspricht, vom Standpunkt der Kritik der reinen Vernunft aus gesehen, seinem Begriff keineswegs: denn dieser ist eben nicht der Begriff von einem Dinge jenseits der Erfahrung, sondern von einem methodischen Verfahren der Vernunft, das jedoch an dem verschiedensten empirischen Material ausgeübt werden kann und demgemäß, unbeschadet der eigenen formalen Einheit, zu verschiedenen Ergebnissen führen muß. Schon die »Kritik der reinen Vernunft« selbst aber weist, indem sie diesen Weg der Ableitung des »Absoluten« beschreibt, zugleich auf die »natürliche Illusion« hin, die mit ihm unausweichlich verbunden ist. »Die Vernunft bezieht sich niemals geradezu auf einen Gegenstand, sondern lediglich auf den Verstand und vermittelst desselben auf ihren eigenen empirischen Gebrauch, schafft also keine Begriffe (von Objekten), sondern ordnet sie nur und gibt ihnen diejenige Einheit, welche sie in ihrer größtmöglichen Ausbreitung haben können ... Ich behaupte demnach: die transzendentalen Ideen sind niemals von konstitutivem Gebrauche, so daß dadurch Begriffe gewisser Gegenstände gegeben würden, und in dem Falle, daß man sie so versteht, sind es bloß vernünftelnde (dialektische) Begriffe. Dagegen aber haben sie einen vortrefflichen und unentbehrlich = notwendigen regulativen Gebrauch, nämlich den Verstand zu einem gewissen Ziele zu richten, in Aussicht auf welches die Richtungslinien aller seiner Regeln in einem Punkt zusammenlaufen, der, ob er zwar nur eine Idee *(focus imaginarius)*, d. i. ein Punkt ist, aus welchem die Verstandesbegriffe wirklich nicht ausgehen, indem er ganz außerhalb der Grenzen möglicher Erfahrung liegt, dennoch dazu dient, ihnen die größte Einheit neben der größten Ausbreitung zu verschaffen. Nun entspringt uns zwar hieraus die Täuschung, als wenn diese Richtungslinien von einem Gegenstande selbst, der außer dem Felde empirisch möglicher Erkenntnis läge, ausgeschossen wären (so wie die Objekte hinter der Spiegelfläche gesehen werden), allein diese Illusion (welche man doch hindern kann, daß sie nicht betrügt) ist gleichwohl unentbehrlich notwendig, wenn wir außer den Gegenständen, die uns vor Augen sind, auch diejenigen zugleich sehen wollen, die weit davon uns im Rücken liegen, d. i. wenn wir, in unserem Falle, den Verstand über jede gegebene Erfahrung (den Teil der gesamten möglichen Erfahrung) hinaus, mithin auch zur größtmöglichen und äußersten Erweiterung abrichten wollen[1].«

Der Illusion, die der Kritiker der reinen Vernunft hier mit so meisterhafter Prägnanz und Klarheit aufdeckt, ist auch Fichte in seiner Lehre vom »Absoluten« und »Hyperabsoluten« nicht entgangen. Er glaubte sich vor allem Rückfall in den Dogmatismus geschützt, er glaubte auf dem rein »transzendentalen« Wege zu bleiben, indem er daran festhielt, daß der Inhalt des Absoluten immer nur in einem Tun und Leben, niemals in einem toten dinglichen Sein gesucht werden dürfe. Aber nicht die Inhaltsbestimmung des Absoluten ist hier das entscheidende Moment, sondern die formale Stellung, die ihm im System der Erkenntnis zugewiesen wird. Und hier ist Fichtes Lehre in ihrer letzten und endgültigen Gestaltung unverkennbar wieder jener Täuschung erlegen, einem ideellen Punkt, auf den die Richtlinien der Erfahrung uns hinweisen, für den Ort eines Gegenstands zu halten, von dem aus diese Linien tatsächlich ausstrahlen. Solange er vom Phänomen des Sittengesetzes aus oder vom Phänomen des Wissens, seiner

[1] Kritik der reinen Vernunft, 2. Aufl., S. 671 ff.; zum Ganzen vgl. Bd. II, S. 755 ff.

Allgemeinheit und seiner »Wiederholbarkeit« aus, das »Absolute« zu ergreifen und zu beschreiben sucht: so lange haben seine Deduktionen, gleichviel ob man sie in formeller Hinsicht als schlüssig ansieht oder nicht, doch immer einen festen sachlichen Bestand und einen unverlierbaren Kern. Wird aber, um das Absolute desto sicherer zu ergreifen, auch dieser Zusammenhang und diese Relation mit der Wissens- und Willenswelt abgebrochen, so verliert die Spekulation in der Tat allen sicheren Boden. Was wir jetzt noch ergreifen, ist das bloße bestimmungslose Eins, von dem nur noch versichert, aber nicht mehr begreiflich gemacht werden kann, daß es Grund und Ursprung aller Vielheit sei.

Betrachten wir — um hier nur das markanteste Problem herauszugreifen — etwa das Verhältnis des Einen absoluten Seins zum individuellen Leben und Selbstbewußtsein: so läßt sich, wenn wir vom letzteren als Phänomen und Datum ausgehen, der Weg, der uns schrittweise zur Aufhebung der individuellen Schranken führt, in der Tat methodisch verfolgen und aufweisen. Im Wissen wie im Wollen wird das Individuum unmittelbar zur Erfassung und Anerkennung einer Notwendigkeit hingeführt, die es in eine neue Sphäre des Allgemeinen und Unbedingten erhebt. Das eigentliche Telos des Individuums, sein wahrhaftes »Warum« und »Wofür«, erweist sich erst in diesem Zusammenhange und kraft seiner als bestimmbar. Die Zerteilung des Einen Lebendigen in eine Mehrheit von Individuen — so vermögen wir jetzt einzusehen — besteht, »damit an ihr und in dem Streite mit ihr die Einheit des Lebens, die nach der göttlichen Idee ist und sein soll, mit Freiheit sich bilde: das menschliche Leben ist nicht Eins geworden durch die Natur, damit es sich selber lebe zur Einheit, und damit alle die getrennten Individuen durch das Leben selber zur Gleichheit der Gesinnung zusammenschmelzen[1].« In dem Augenblick aber, wo an Stelle dieser ideellen Rechtfertigung der Individualität, an Stelle der Bedeutung, die ihr im allgemeinen »Plan der Vernunft« zukommt, der Versuch tritt, sie aus einer realen metaphysischen Potenz herzuleiten, verdunkelt sich für uns der Sachverhalt. Denn alles, was jetzt über die Notwendigkeit des »Sichkontrahierens des Einen« gesagt wird, aus der alle Individualität hervorgehend gedacht werden müsse[2], kommt über eine bloße metaphysische Me-

---
[1] Über das Wesen des Gelehrten und seine Erscheinungen im Gebiete der Freiheit, W. VI, 369.
[2] Vgl, hrz. z. B. die »Tatsachen des Bewußtseins«; W. II, 639 ff.

tapher nicht hinaus: Was sich einsehen, was sich methodisch verstehen läßt, ist der Fortgang vom empirischen Sein der Menschheit zu ihrem »intelligiblen« Sein: denn im Prinzip des Sittlichen, im Gedanken des kategorischen Imperativs, liegt bereits die Tatsache, daß unser Leben in allen Zeitpunkten seines Daseins, im Gegensatz mit dem göttlichen Leben, beschränkt sei, daß es aber diese Schranken immerfort durch sein steigendes Leben durchbrechen, entfernen und in wahrhaftes Leben verwandeln müsse[1]. Hier kann daher keine Ungewißheit und Dunkelheit zurückbleiben; aber diese stellt sich sofort wieder ein, sobald wir nicht nach dem Wege vom Menschen zu Gott, sondern nach dem Weg von Gott zu dem Menschen fragen — sobald sich uns also das Problem der Ethik in das der metaphysischen Theologie und Theophanie verwandelt. Denn die Notwendigkeit für das Eine, sich in das Viele zu zerspalten, die Notwendigkeit für Gott, zur »Welt« zu werden, läßt sich aus seinem eigenen Grund nicht mehr begreiflich machen. Fichte selbst hat hier, wie sich gezeigt hat, zwischen zwei verschiedenen Deutungen geschwankt, nach deren einer die »Erscheinung« ein schlechthin Zufälliges und Accidentelles ist, das demgemäß auf einen Akt absoluter Freiheit zurückgeht, während sie nach der anderen im Wesen des absoluten Seins selber gegründet und schon in seiner eigenen »Lebenswurzel« gesetzt sein soll[2].

Tiefer betrachtet handelt es sich hier freilich um keine vereinzelte Schwierigkeit, sondern um ein Dilemma, das in den ersten Voraussetzungen von Fichtes System seinen Ursprung hat und das daher innerhalb dieses Systems nicht gelöst und behoben werden kann. Es fehlt bei Fichte nicht an Versuchen, die Zweckbetrachtung und die metaphysische Seinsbetrachtung: den Weg der teleologischen und den der ontologischen Deduktion bestimmt voneinander zu scheiden. Aber alle diese Bemühungen müssen zuletzt fruchtlos bleiben, weil sie dem eigentlichen Prinzip von Fichtes Spekulation zuwiderlaufen, kraft dessen Sollen und Sein aus einer Wurzel zu erklären und herzuleiten sind. Hier schließt sich für uns der Kreis der Betrachtung: das Ende der Fichteschen Philosophie kehrt in ihren Anfang zurück. Das »Absolute« wird von Fichte als Inbegriff der höchsten Wertbestimmungen gesetzt und erreicht — aber vermittelst der methodischen Indifferenz von Wert und Wirklichkeit gilt es damit zugleich als Ausdruck und Inbegriff

---
[1] Über das Wesen des Gelehrten; W. VI, 362 f.
[2] S. ob. S. 192 ff.

alles Seins. Das Intelligible der Idee wird zum Intelligiblen des Seinsgrundes. So verschiebt sich allmählich innerhalb der Lehre Fichtes der Grund- und Hauptbegriff der »Genesis« selbst. Die genetische Betrachtung geht ihrer anfänglicher Konzeption nach auf die Ableitung alles bloß »Faktischen« aus dem »Gesetz«: auf die Begründung des Besonderen und Einzelnen in der Geltung der universellen logischen und ethischen Wahrheiten. Durch diese Ansicht der Dinge — so lehrte Fichte — wird der Mensch selbst von innen her verändert und neu gebildet: sie ergibt eine Erweiterung des Menschen über sein natürliches und gegebenes Dasein zum Sein mit Freiheit und zum Selbstbewußtsein derselben[1]. Aber während für den Ethiker Fichte mit diesem Ausblick in die Welt der Freiheit die Betrachtung schließen müßte — während es für ihn in der Tat »nichts wahrhaft Reelles, Dauerndes und Unvergängliches« gibt und geben kann, »als diese beiden Stücke: die Stimme meines Gewissens und mein freier Gehorsam«, — fordert und ersinnt Fichtes Metaphysik und Religionsphilosophie noch ein Jenseits zu beiden, — ein Absolutes, das über diese ethische Grundrelation der freien Persönlichkeit zum sittlichen Gesetz hinausgeht. Erst im Begriff des Einen wandellosen göttlichen Lebens scheinen Wert und Wirklichkeit nicht nur aufeinander bezogen, sondern in ihrem Gehalt miteinander eins geworden: womit erst die Spekulation geschlossen und ihr Ziel erreicht ist. —

Die geschichtliche Beurteilung des Systems wird freilich auch hier zwischen dem eigentlichen Gehalt von Fichtes Idealismus und der Form seiner logischen und metaphysischen Begründung scharf unterscheiden müssen. Der Grundgedanke des Systems, der Gedanke, daß die Aufgabe des Idealismus darin bestehe, einen neuen Sinn über alles gegebene und faktische Dasein zu verbreiten, bleibt seinem Inhalt nach von dem metaphysischen Ausdruck, den er bei Fichte zuletzt gefunden hat, unabhängig. Sobald in dieser Weise »Sein« und »Sinn« getrennt und dennoch korrelativ einander zugeordnet werden, stehen wir außerhalb und über den Antinomien, die sich im Begriff des »Absoluten« zusammenfassen. Denn jetzt stehen das Empirische und das Intelligible, die Erscheinung und das Absolute sich nicht mehr wie zwei verschiedene, zu einander gegensätzliche Hälften einer Wirklichkeit gegenüber: sondern es ist eine neue Bedeutung und damit ein neuer Wert, den das empirische Dasein selbst durch die Idee und durch

---
[1] S. Einleitungsvorl. in die W.-L. (1813); N. W. I, 9.

den Idealismus erhalten sollen. Jede andere Philosophie als der Idealismus, — so führt Fichte selbst aus — hält das wirkliche Sein für den zureichenden und erschöpfenden Ausdruck des Seins überhaupt. Was sie »möglich« nennt, ist ihr ein bloßes Complementum der Wirklichkeit, über dessen Bestehen sie weiter keine Rechenschaft gibt; — und auch die sogenannte »Notwendigkeit« wird von ihr nur als eine entbehrliche Zierde der Wirklichkeit betrachtet. Dem Idealismus hingegen geht dort, wo die Welt des Wirklichen zu Ende ist, die seine erst an. Ihm ist das eigentlich Seiende durchaus nicht das Wirkliche, sondern das absolut und rein Überwirkliche als Prinzip aller Wirklichkeit. »Vom Staube, den ein Wind bewegt bis zu den weltverheerenden Kriegen ganzer Nationen, falls in diesen kein Übersinnliches das bewegende Prinzip ist, ist Alles dasselbe Nichts, derselbe rohe Stoff, der nur dazu da ist, daß der übersinnliche Begriff ihm aufdrücke sein Gepräge[1].« Damit ist das entscheidende Wort gesprochen. Das wahrhaft und prinzipiell Neue des Idealismus besteht in dem neuen Gepräge, das die Welt durch ihn erhält. Wie er im Wissen das bloß Gegebene und Faktische in einen neuen Zusammenhang fügt und ihm damit die Form der Notwendigkeit aufdrückt, so baut sich ihm über dieser ersten logischen Form fortschreitend der sittliche, der ästhetische, der religiöse Zusammenhang des Wirklichen als eine selbständige ideelle Ordnung auf. Und hierin eben besteht die Wurzel und das innigste Wesen des Organs für Philosophie: Sinn zu haben für den Sinn, schlechthin als etwas Anderes, denn alles Mögliche, was in einem Sinne genommen wird[2]. Das Prinzip des Wertes: das ist jenes Überwirkliche«, das doch alle Wirklichkeit erst erhellt und für uns sinnvoll und verständlich macht. Dem dogmatischen Realismus ist das Sein das Erste, das Gegebene und Feststehende, während die Ansicht des Seins ihm nur eine äußere und zufällige Zutat bedeutet Dem Idealismus aber ist eben diese »Ansicht«, wie sie sich in der Wissenschaft, in der Sittlichkeit, in der Religion gestaltet, das alleinige Medium, durch das er das Sein selbst erst besitzt. Sie ist es, die, indem sie durch Freiheit gebildet und erschaffen wird, auch das Bild der Wirklichkeit ständig für uns verändert[3]. Diese Grundanschauung ist es, die Fichte in der Entwicklung seiner Wissenschaftslehre, seiner Sittenlehre, seiner

---

[1] Die Tatsachen des Bewußtseins (1813); N. W. I, 423, 515.
[2] S. Über das Verh. der Logik zur Philosophie (1812), N. W. I, 137.
[3] S. Einleitungsvorl. in die W.-L. (1813); N. W. I, 30ff.

Geschichts- und Religionsphilosophie festzuhalten versucht: aber in seiner Metaphysik des Absoluten hat er sie freilich nicht bis zu Ende durchzuführen vermocht[1]. Hier waltet auch geschichtlich ein

[1] Die hier gegebene Darstellung des Fichteschen Systems liegt bereits mehrere Jahre zurück: sie konnte daher nur in gelegentlichen nachträglichen Hinweisungen auf die Fichte-Literatur der jüngsten Zeit Rücksicht nehmen. Ich möchte indes wenigstens am Schluß näher auf das Werk von Dietrich H. Kerler, Die Fichte-Schellingsche Wissenschaftslehre, Ulm 1917, eingehen, das die umfassendste und gründlichste Detailuntersuchung darbietet, die die Wissenschaftslehre bisher erfahren hat. Kerlers Werk ist seiner Grundabsicht nach von der hier versuchten Darstellung Fichtes völlig verschieden: denn es behandelt die geschichtliche Ergründung und Erörterung der Lehre Fichtes als außerhalb seiner Aufgabe liegend. »Von dem unveräußerlichen Recht freier Problemstellung Gebrauch machend« lehnt es Kerler von Anfang an ab, »sogenannte positive Kritik zu treiben«, d. h. das System Fichtes aus seinen historischen Motiven und aus den intellektuellen und sittlichen Grundtendenzen heraus, die in Fichtes Persönlichkeit liegen, zu verstehen und zu beurteilen. Sein Absehen ist vielmehr lediglich auf den Inhalt der Lehre als solchen gerichtet, der nach festen sachlichen Maßstäben gemessen und kritisch geprüft werden soll. (Vorr. S. X f., XVI f.) Und diese Kritik gelangt überall, im ganzen wie im einzelnen, zur schärfsten Verwerfung der Fichteschen Lehre. Diese Lehre soll als das »durchaus unhaltbare System« erwiesen werden, als das schon Kant sie erkannt habe; es soll gezeigt werden, daß sie nicht, wie Fichte behauptet, auf logischer Analyse beruht und sich in strengen logischen Deduktionen bewegt, sondern daß der Fortgang ihrer einzelnen Sätze und Begründungen fast überall das Spiel »elendester logischer Aequivokationen und anderer logischer Ungeheuerlichkeiten« sei.

Auf die Einzelheiten der kritischen Darlegungen Kerlers kann hier nicht eingegangen werden; es muß genügen, das Prinzip und die geschichtlichen Ergebnisse dieser Kritik kurz zu betrachten. Wenn K. gegen Fichte vor allem den Vorwurf erhebt, daß er die methodische Grenze zwischen »Sein« und »Sollen«, die nach Cohen den »Grund- und Eckstein aller geisteswissenschaftlichen Methodik« bilde, überall verwischt habe, so stimme ich hierin, wie die obige Darstellung zeigt, mit ihm völlig überein. In bezug auf die Richtung aber, in der diese Gleichsetzung von Sein und Sollen, von Wirklichkeit und Wert bei Fichte erfolgt sein soll, vermag ich seiner Auffassung und Beurteilung nicht zu folgen. Fichte — so führt Kerler aus — besitze nicht das geringste Recht, aus dem gänzlich bestimmungslosen »Absoluten« ein geistiges Wesen zu machen. Alle seine Festsetzungen in dieser Hinsicht seien rein erschlichen und verdankten lediglich sprachlichen und begrifflichen Zweideutigkeiten ihre Entstehung. Schon indem Fichte das Absolute als »Leben«, als »reine Tätigkeit«, als »absolutes Leben und Werden aus sich, von sich, durch sich« bezeichne, habe er damit den Kreis der logischen Begründung verlassen und statt dessen mit bloßen Versicherungen begnügt. »Ist es von den Voraussetzungen Fichtes aus schon unzulässig, das Absolute auch nur als Tätigkeit zu bestimmen, so fordert es den schärfsten Protest und die entschiedene Zurückweisung jedes intellektuell Redlichen heraus, wenn Fichte einerseits das Absolute bis zur Prädikatlosigkeit aller Bestimmungen beraubt, dermaßen, daß es »vor lauter Absolutheit schließlich beinahe zu gar

neues Motiv, das sich seit der Wende des Jahrhunderts immer bestimmter bei ihm geltend macht. Dem Kantischen Einfluß hält fortan der Schellingsche Einfluß die Wage. Fichte hat bis in die letzte Zeit hinein mit steigendem Eifer und in leidenschaftlichem

nichts kommt«, wenn er anderseits aber und gleichzeitig aus dem Absoluten heraus in die Erscheinung verlegte und damit phänomenal, irreal, Schein gewordene Bestimmtheiten ethisch-religiösen Charakters nach Taschenspielermanier ohne die Spur eines Begründungsversuches plötzlich wieder aus bloßer Phänomenalität, aus Schein zu Realität werden läßt und sie aus der Sphäre der Erscheinung, der »Nichtigkeit« in die des Absoluten, des einzig und wahrhaft Wirklichen hinüberschmuggelt... Das ist kein »ehrlicher und gründlicher Vortrag« mehr, das ist nichts anderes als frommer Betrug, wenn auch ein unbewußter und von einem großen und gewaltigem Manne herrührender« (S. 48 f.). »Vom Wissen aus glaubt die Wissenschaftslehre zum Absoluten, zu Gott vorgedrungen zu sein ... Aber ihr Gott ist ein reiner Begriff, nicht einmal der Begriff des Absoluten, nicht einmal, obwohl beansprucht, der Begriff der Totalität des Seins, sondern nur der des Gegenstands überhaupt... Diesen unbestimmten Gegenstand überhaupt hat Fichte nicht bloß zur Totalität des Seins, sondern zum Absoluten erhoben und, je nach Bedarf, wird gleichzeitig aus dem Absoluten ein geistiges Wesen, und zwar ungeheuerlicherweise zu allem hin noch im positiven Sinne des geistig Wertvollen (also nicht ein teufliches, sondern ein göttliches Wesen) gemacht ... Hätte Fichte behauptet, das Absolute sei das Absurde und das Ungeistige, dann wäre das nicht inkonsequenter und nicht willkürlicher gewesen. Also in den leeren Begriff des unbestimmten Gegenstandes als Korrelates des Wissens hat Fichte die ganze Fülle der Gottheit hineinerlebt und auf diese Weise den lebendigen Gott lediglich erschlichen.« (S. 90 f.; cf. S. 50 ff.).

Gegen diese Kritik Kerlers ist zu erwidern, daß sie formell, gegenüber gewissen Beschreibungen und Begriffsbestimmungen, die Fichtes spätere Lehre vom »Absoluten« versucht hat, im Recht sein mag, daß sie aber den geistigen Tendenzen, aus denen Fichtes Lehre heranwächst, und ihrer eignen inneren Meinung in keiner Weise gerecht wird. Denn ein Absolutes als bloß unbestimmten »Gegenstand überhaupt« hat eben Fichte niemals tatsächlich gedacht, noch nach den Voraussetzungen seiner Lehre zu denken vermocht. Der Vorwurf, daß er die blutlose Abstraktion des leeren Seins erst nachträglich mit dem Schein des Lebens erfüllt habe, ist demnach in dieser Form völlig ungegründet. Fichte geht aus von der Sphäre des Werts und der Geltung, — und jeder seiner Begriffe und Sätze wurzelt in dieser Sphäre und empfängt erst aus ihr seinen Sinn und Gehalt. Die logische und ethische Evidenz, die Gültigkeit der »Wahrheit« und die unbedingte Sicherheit des sittlichen Gesetzes: das sind die Phänomene und Daten, auf denen seine Betrachtung ruht und in denen sie allein ihren festen Halt besitzt. Nur durch das Medium des Wertes hindurch läßt sich, nach der Grundvoraussetzung des Fichteschen Idealismus, das »Sein« erblicken und bestimmen. Und deshalb besteht auch inhaltlich zwischen beiden Momenten eine reine Korrelation: ein Sein, das von jeder Grundlage im Wert gelöst wäre, würde kein Sein mehr, sondern ein reines Nichts bedeuten. Man kann das Recht einer derartigen Korrelation von »Sein« und »Sollen« natürlich mit kritischen Gründen bestreiten — und Kerler hat dies scharfsinnig und gründ=

Ingrimm die Schellingsche Naturphilosophie, die den Götzen eines »toten Seins« verehre, von sich abgewehrt; — aber in der Form seiner eigenen Metaphysik und seiner religiösen Alleinheitslehre lich getan —; aber man darf nicht behaupten, daß der Zusammenhang, der sich hier ausspricht, erkünstelt und durch ein »Taschenspielerkunststück« erschlichen sei, da er vielmehr im Prinzip und im ersten methodischen Ausgangspunkt der Wissenschaftslehre selbst gegründet ist. Weil gemäß diesem Ausgangspunkt »Sein« und »Sollen« und weiterhin »Sein« und »Leben« sich niemals getrennt haben, — weil sie von Anfang an Wechselbegriffe waren und geblieben sind: darum bedurfte es für sie auch keiner nachträglichen künstlichen Zusammen⸗ fügung. —

Die Vermischung und die methodische Gleichsetzung erfolgt, mit andern Worten, bei Fichte nicht in der Art, daß vom Sein als dem erst Gegebenen zum Sollen, sondern in der Art, daß vom Sollen zum Sein übergegangen wird. Es wird nicht ein nacktes und bloßes Sein nachträglich mit Wortprädikaten aus⸗ gestattet: wohl aber wird, insbesondere in der letzten Periode, der Inbegriff der Werte zu einem absoluten metaphysischen Sein hypostasiert. Das Absolute der reinen Idee wandelt sich in das Ontologisch⸗Absolute (s. ob. S. 205 ff.). Aber auch dies letztere wird für Fichte nicht auf dem Wege der gewöhnlichen formal⸗logischen Abstraktion erreicht, die freilich nur ein »caput mortuum« zurücklassen würde, sondern dadurch, daß alle Bedingtheit, alle Begrenzung und Vereinzelung des Wertes selbst aufgehoben und eine unbedingte Einheit und Totalität der Werte postuliert wird. Weiter als bis hierher verlangt seine Betrach⸗ tung nicht zurück und dringt sie nicht zurück: die formell⸗mögliche logische Abstraktion findet hier an bestimmten inhaltlichen Voraussetzungen der »Trans⸗ szendentalphilosophie« ihre Schranke. (Vgl. hrz. Fichtes Vorlesungen über das Verhältnis der Logik zur Philosophie, 1812, bes. Nachg. W. I, 113 ff.; 127 ff.). »In letzter Hinsicht« — so urteilt Kerler — »ist immer das Sein für Fichte der Aus⸗ gangspunkt. Totalität des Seins ist Wert; Partialität, Vielheit, Trennung ist das Böse ... Als Werte, bezw. Unwerte darf sonach Fichte nur noch die Derivate der genannten Seins⸗Grundwerte, bezw. Unwerte kennen. Tatsächlich aber mengt Fichte unter die Seins⸗Werte geistige Werte; Werte, die für ihn, will er konsequent bleiben, gar nicht Werte sein dürfen. In der Tat gilt auch Fichtes Liebe in Wahrheit dem Sein und nicht dem geistigen Wert ... Trotzdem aber, obwohl es für Fichte ausschließlich nur Seinswerte geben darf, werden doch auch wieder die Geisteswerte, die Ideale ästhetischer, intellek⸗ tueller, persönlicher Kultur, und zwar nach ihrem Vollgehalt, keineswegs nur insofern, als sie sich allenfalls mehr oder weniger gewaltsam zu Abkömm⸗ lingen des Seinswertes umdeuten lassen, den Seinswerten beigemischt.« (S. 115.) Hier überschreitet Kerler selbst die Grenze, die er seiner Darstellung ursprüng⸗ lich gezogen hatte: er will nicht nur systematische Kritik und systematische Widerlegung der Fichteschen Lehre geben, sondern er fragt nach ihrem geschicht⸗ lichen und ihrem psychologischen Grundmotiv. Aber daß dieses Motiv von ihm nicht erfaßt wird: daran kann, wenn man das Ganze von Fichtes Spekulation, wenn man ihren Anfang und ihr Ende gleichzeitig überblickt, kein Zweifel sein. Auch Fichtes Religion ist aus der Erweiterung und Steigerung seines ethischen Grunderlebnisses und seiner ethischen Grundforderungen hervorgewachsen. Sein Gottesbegriff entsteht, indem der Gedanke der absoluten Vollkommenheit

tritt doch immer deutlicher die Nachwirkung jenes methodischen Ideals zutage, das Schelling in dem Entwurf der **Identitäts= philosophie** gezeichnet hatte.

aus der Wertform in die Seinsform, nicht umgekehrt von dieser in jene umgesetzt wird. Wenn Fichtes Liebe dem »reinen Sein« gilt, so ist doch eben dieses Sein niemals das Sein der nackten oder, wie Hegel sagt, der »faulen Existenz«: sondern es liegt dabei die Voraussetzung zugrunde, daß die allein wahrhafte **Realität** im Sollen und im sittlichen Gesetz gegründet sei — daß es »nichts wahrhaft Reelles, Dauerndes, Unvergängliches, als die Stimme meines Gewissens und meinen freien Gehorsam« gebe. Auch das »Absolute« entsteht — wie wir Schritt für Schritt verfolgen konnten — nur in der fortschreitenden **Deutung** des ur= sprünglichen Pflichtgebots: einer Deutung freilich, die zuletzt das Gebiet der reinen Idee und der ideellen Geltung verläßt, um alle Geltung in einem höchsten Sein, im »absoluten Leben Gottes« zu verankern und zu begründen.

Drittes Kapitel

Schelling

I. Die Grundlegung der Naturphilosophie und das System des transzendentalen Idealismus

In der Gestalt, in der Schellings Lehre zuerst hervortritt, scheint sie sich durch keinen einzigen charakteristischen Zug von Fichtes Wissenschaftslehre zu unterscheiden. Sie gleicht ihr sowohl in der Bestimmung des Objekts, wie in der Bestimmung der Methode der Philosophie. Mit voller Sicherheit und Entschiedenheit ergreift der junge Schelling diese Methode nach den ersten Andeutungen, die Fichte von ihr gegeben hatte, um sie sich sogleich nach dem ganzen Umfang und der Breite ihrer Anwendungen zu entwickeln und ihre Ergebnisse ungeduldig vorwegzunehmen. Seine geistige Beweglichkeit und seine Gabe der feinsten intellektuellen Nachempfindung bewährt sich an diesem spröden Stoff, den er, noch früher als Fichte selber, in eine klare systematische und literarische Form zwingt. So bilden Schellings erste Schriften »über die Möglichkeit einer Philosophie überhaupt«, »vom Ich als Prinzip der Philosophie« und besonders die »Philosophischen Briefe über Dogmatismus und Kritizismus« einen idealen Kommentar der Wissenschaftslehre. Nichts deutet darauf hin, daß zwischen ihnen und dem Gegenstand, den sie darstellen, irgendeine wesentliche sachliche Differenz bestehe. Aber schon kurze Zeit darauf zeigt sich der erste Keim jenes Zwiespalts, der in der weiteren Entwicklung zwischen Fichtes und Schellings Lehre unaufhaltsam zutage getreten ist. Für die Geschichte unseres Problems aber ist dieser Zwiespalt von besonderer Bedeutung: denn es zeigt sich bei genauerer Betrachtung, daß er nicht sowohl im Gehalt, als vielmehr in der Form der Schellingschen Philosophie, nicht in ihrem Resultat, sondern schon in ihrer Problemstellung seinen Grund hat. Die neue Wendung der Metaphysik, die sich bei Schelling vollzieht, schließt eine neue Stellung zum Gesamtproblem der Erkenntnis in sich und wird durch sie wesentlich mitbedingt.

Nun ist es freilich nicht sowohl der Erkenntnisbegriff als vielmehr der Naturbegriff, an dem die Differenz des Fichteschen und Schellingschen Systems zum Ausdruck und zum Austrag kommt. In seiner Logik, in der reinen »Wissenschaftslehre« folgt Schelling auf eine weite Strecke hin dem Gang von Fichtes Deduktionen; aber er trennt sich von ihnen in der endgültigen Bestimmung des objektiven Seins. Bei der durchgängigen Korrelation jedoch, die hier zwischen der Lehre vom Subjektiven und der Lehre vom Objektiven, zwischen dem »Idealen« und dem »Realen« besteht, wäre auch eine solche Trennung im Ergebnis nicht möglich, wenn sie nicht schon in der Grundansicht vom Wissen selbst irgendwie gesetzt und vorbereitet wäre. Für Fichtes Wissenschaftslehre gibt es keine selbständige Philosophie der Natur, weil auch die Natur selbst nur ein Negatives, weil sie lediglich die Schranke der Freiheit bedeutet. Sie ist das bloße Material, an dem sich die Idee der Freiheit fortschreitend empirisch verwirklicht. Und dieses Verhältnis spiegelt sich nun auch innerhalb der rein theoretischen Betrachtung wieder. Die Natur erkennen heißt, sie als solche, als selbständige Realität verneinen. Es gibt kein Wissen von ihr außer dadurch, daß wir ihre gegebene Mannigfaltigkeit in reine logische Einheit verwandeln, — daß wir sie in die Einheit der Vernunftform aufheben. Diese Aufhebung gelingt in dem Maße, als wir als die wahren Inhalte unserer Naturerkenntnis nicht die konkreten Dinge, sondern die allgemeinen Gesetze der Natur begreifen. Dies ist daher der einzige Weg der Naturbetrachtung und der Naturforschung, den Fichtes Philosophie kennt und zuläßt: der Weg vom besonderen Fall zur allgemeinen Regel, vom Experiment zum Gesetz. Jedes Verfahren, das außerhalb dieses Weges liegt, jeder Versuch, der Natur den Schein einer unabhängigen Wirklichkeit und eines eigenen inneren Lebens zu verleihen, gilt Fichte als deutlichstes Kennzeichen der Schwärmerei und Willkür[1]. In der analytischen Reduktion auf die allgemeinen Gesetze erschöpft sich alles, was die Natur an Idealität, an reiner Geistigkeit in sich birgt. Schellings Begriff der philosophischen Naturerkenntnis aber stellt dieser negativen Fassung Fichtes eine neue positive Fassung des Naturbegriffs gegenüber. »Über die Natur philosophieren« — so betont bereits der erste Entwurf eines Systems der Naturphilosophie — »heißt die Natur schaffen[2].« Und dieses Erschaffen der Natur im philosophischen

---

[1] Vgl. hrz. bes. die »Grundzüge des gegenwärtigen Zeitalters«; W. VII, 112 ff.
[2] Sämtl. Werke (Cottasche Ausgabe, Stuttgart und Augsburg 1856 ff., Abt. 1; III,13).

Begriff und in der intellektualen Anschauung — so betont Schelling nunmehr gegen Fichte — wäre nicht möglich, wenn die Natur nicht einen selbständigen geistigen Wert und Ursprung besäße, wenn nicht auch ihr selbst eine eigentümliche schöpferische Kraft innewohnte, die derjenigen der reinen Intelligenz verwandt und analog ist. So empfängt uns an der Schwelle von Schellings Philosophie ein neues spekulatives Grundproblem und eine neue Aufgabe, die sich im Fortgang seiner Lehre immer bestimmter entfaltet.

In den frühesten Schriften Schellings, vom Jahre 1795, ist freilich diese Richtung des Denkens noch kaum erkennbar: denn hier scheint er noch völlig im Banne von Fichtes »praktischem« Idealismus zu stehen[1]. In der Gewißheit des Freiheitsbegriffs liegt auch für ihn das erste Datum aller Philosophie. Das empirische Bewußtsein und die gemeine wissenschaftliche Weltansicht unterscheiden sich nach Schelling von der transzendentalen Ansicht wesentlich darin, daß sie das »Ich« in eine gegebene Dingwelt hineinstellen und daß sie es den Gesetzen dieser Dingwelt unterworfen denken. Was es ist und bedeutet, — das soll es nur kraft der Objekte sein, deren Einwirkungen es unterliegt und in deren Mechanismus es als ein einzelnes Glied eingefügt ist. Es ist der erste Schritt und die erste Leistung der echten Spekulation, daß sie diesen Zirkel der dinglichen Notwendigkeit, in den das Bewußtsein eingeschlossen scheint, durchbricht: nicht indem sie sich hierbei auf ein angebliches psychologisches Faktum des Selbst- und Freiheitsbewußtseins beruft, sondern indem sie den Begriff der Dingwelt selbst einer schärferen Analyse unterwirft. Jetzt zeigt es sich, daß, was wir Objekt nennen, nur das Produkt und der Reflex eines ursprünglichen Tuns ist; daß somit die Gewißheit des Gegenstandes die Gewißheit der Freiheit voraussetzt und nur in

---

[1] Die Schrift »vom Ich« und die »Philosophischen Briefe über Dogmatismus und Kritizismus« werden im Folgenden als Ausdruck einer einheitlichen sachlichen Grundanschauung betrachtet. Die methodischen Unterschiede, die auch zwischen diesen beiden Schriften bestehen, und auf die insbesondere Wilh. Metzger (Die Epochen der Schellingschen Philosophie von 1795—1802, Ein problemgeschichtlicher Versuch, Heidelberg 1911, S. 23 ff.) hingewiesen hat, sollen damit nicht geleugnet werden; nur handelt es sich in ihnen, wie ich glaube, mehr um Unterschiede des Accents und der Betonung, als um solche der philosophischen Gesamtansicht. In der Schrift »vom Ich« tritt gemäß dem Problem, das sie sich stellt, mehr die ontologische Ansicht, in den »Philosophischen Briefen« mehr die ethische Ansicht der Schellingschen Lehre hervor: aber selbst der Ontologismus Schellings ist, im Gegensatz zur späteren Entwicklung, hier noch wesentlich ethisch orientiert und begründet.

ihr Sinn und Halt gewinnt. Die vollständige kritische Aufhellung des Dingbegriffs selbst führt somit unmittelbar zu einem Punkt, an welchem dieser Begriff seine Geltung und seine Anwendbarkeit verliert. Mit dieser Einschränkung des Dingbegriffs aber stehen wir nunmehr bereits direkt vor seiner positiven Ergänzung und seinem Gegenpol: dem Begriff des Dinges tritt der Gedanke des »Unbedingten« gegenüber. »Die philosophische Bildung der Sprachen« — so bemerkt die Schrift »vom Ich« — die vorzüglich noch an den ursprünglichen sichtbar wird, ist ein wahrhaftes durch den Mechanismus des menschlichen Geistes gewirktes Wunder. So ist unser ... deutsches Wort Bedingen nebst den abgeleiteten in der Tat ein vortreffliches Wort, von dem man sagen kann, daß es beinahe den ganzen Schatz philosophischer Wahrheit enthalte. Bedingen heißt die Handlung, wodurch etwas zum Ding wird, bedingt, das, was zum Ding gemacht ist, woraus zugleich erhellt, daß nichts durch sich selbst als Ding gesetzt sein kann, d. h. daß ein unbedingtes Ding ein Widerspruch ist. Unbedingt nämlich ist das, was gar nicht zum Ding gemacht ist, gar nicht zum Ding werden kann. Das Problem also, das wir zur Lösung aufstellten, verwandelt sich nun in das bestimmtere, etwas zu finden, das schlechterdings nicht als Ding gedacht werden kann[1].« Dieses Etwas aber kann nur im absoluten Ich gesucht werden; denn nur hier ergreifen wir ein reines Tun, welches, indem es schlechterdings in sich selbst zurückgeht und auf sich selbst ruht, jeden Gedanken eines gegenständlichen Substrats ausschließt und abweist. Die Handlung, in der das Ich sich selbst aus absoluter Kausalität setzt und weiß, ist der Quell und die einzige, unmittelbar gewisse Rechtfertigung für den Gedanken des Unbedingten. Von ihr gelten alle jene Bestimmungen, die der Spinozismus vergeblich für eine höchste Substanz, für ein Ding aller Dinge zu erweisen suchte. Sie ist unendlich — denn alles endliche Sein ist nur durch sie und unter ihrer Voraussetzung möglich —; sie ist unteilbar, unveränderlich und lediglich durch sich selbst bestimmt. Nur dann können ihr indes alle diese Momente wahrhaft zugeschrieben werden, wenn sie schlechthin in der reinen Unmittelbarkeit des Tuns selber erhalten wird. Jede Objektivierung, jede Verwandlung des Aktes in ein Dasein würde zugleich seine Begrenzung und Verendlichung in

---

[1] Vom Ich als Prinzip der Philosophie oder über das Unbedingte im menschlichen Wissen (1795); § 3, S. W. I, 166.

sich schließen und damit seinen Grundcharakter aufheben. Der Dogmatismus, der an dieser Stelle den Begriff des Seins einsetzt, zerstört den lebendigen Prozeß, in welchem allein die Evidenz und Wahrheit dieses Grundaktes besteht.

Freilich kann dieser Anfang alles Philosophierens niemandem andemonstriert und durch abgeleitete Begriffe verdeutlicht werden; sondern Jeder hat ihn in freier Selbstanschauung für sich zu erzeugen. Die Philosophie beginnt daher nicht mit einem Faktum, sondern mit einer Forderung. »Der Zweck des Verfassers« — so spricht Schelling selbst sich über die Schrift »Vom Ich« aus — »war kein anderer als dieser: die Philosophie von der Erlahmung zu befreien, in welche sie durch die unglücklichen Untersuchungen ü b e r e i n e n e r s t e n G r u n d s a t z d e r P h i l o s o p h i e unausbleiblich fallen mußte, zu beweisen, daß wahre Philosophie nur mit freien Handlungen beginnen könne und daß abstrakte Grundsätze an der Spitze dieser Wissenschaft der Tod alles Philosophierens seien: die Frage, von welchem (abstrakten?) Grundsatze die Philosophie anfangen müsse, schien ihm eines freien Mannes, der sich selbst fühlt, unwürdig... Das erste Postulat aller Philosophie, frei auf sich selbst zu handeln, schien ihm so notwendig, als das erste Postulat der Geometrie, eine gerade Linie zu ziehen; so wenig der Geometer die Linie beweist, ebensowenig sollte der Philosoph die Freiheit beweisen[1].« Ist doch alle Materie des Wissens, die die Freiheit einschränken könnte, vielmehr selbst erst durch Freiheit gegeben: da es ohne die ursprüngliche Tat, in welcher das Ich sich von allem objektiven Bestand und allem objektiven Geschehen unterscheidet, keinen Inhalt des Wissens gibt. Diese Unterscheidung rein und in voller Strenge durchzuführen, ist die einzige Aufgabe, in der Philosophie besteht und mit der sie sich vollendet. Das Ich »ist« nur, indem es sich beständig in der Entgegensetzung gegen die ruhende »Existenz« der Dinge für sich selbst konstituiert. Sei! — ist die höchste Forderung des Kritizismus[2]. Wer indes diese Forderung auf irgendeiner Stufe der Erkenntnis für abschließend erfüllt oder nur für erfüllbar ansieht, der zeigt damit, daß er sich ihren Sinn nicht zu eigen gemacht hat. Wer vom absoluten Ich sagen kann: es ist wirklich, weiß nichts von ihm[3]. Nur als Streben nach un-

---
[1] S. W. I, 242, vgl. bes. die Abhandlungen zur Erläuterung des Idealismus der Wissenschaftslehre (1796 97) I, 417 ff.
[2] Philosophische Briefe über Dogmatismus und Kritizismus (1795), Brief 9, S. W. I, 335, vgl. »Vom Ich«, S. W. I, 199.
[3] Vom Ich, S. W. I, 209; vgl. Philosoph. Briefe (IX), S. W. I, 331.

veränderlicher Selbstheit, unbedingter Freiheit und uneingeschränkter Tätigkeit kann innerhalb der kritischen Grenzen das Postulat des absoluten Seins sich erfüllen. Es gibt demnach — und dies ist ein charakteristisches und für diese Epoche der Schellingschen Philosophie schlechthin bestimmendes Wort — im Grunde »überhaupt keinen Idealismus in der theoretischen Philosophie«. Denn die Identität zwischen Ich und Nicht-Ich kann nicht als schon bestehende Identität aufgezeigt, sondern nur als Idee des letzten Endzwecks in praktischer Absicht gedacht werden[1]. Im Grundphänomen des sittlichen Willens erfassen wir eine Einheit als notwendig, die wir im theoretischen Erkennen niemals als tatsächlich erweisen können. In dieser Hinsicht hat nach Schelling auch die Kritik der reinen Vernunft, als Kritik der theoretischen Philosophie, den Streit zwischen Dogmatismus und Kritizismus nicht endgültig entschieden. Sie hat nur den Gegensatz selbst auf seinen schärfsten Ausdruck gebracht; sie hat gezeigt, daß nur zwei konsequente Systeme denkbar sind, von denen das eine mit der Setzung der absoluten Existenz, das andere mit der Setzung der absoluten Freiheit beginnt. Zwischen diesen Systemen läßt sie uns die Wahl — die zuletzt nur durch einen Imperativ, durch ein kategorisches Sollen bestimmt werden kann. Die Gewißheit dieses Sollens muß in uns lebendig geworden sein, damit wir den Gedanken des »Absoluten« mit einem bestimmten Sinn erfüllen. Wir müssen im ethischen Sinn sein, wofür wir uns theoretisch ausgeben wollen. Der Gedanke des Unbedingten führt also über alle Schranken des Wissens hinaus in eine Region, wo ich nicht schon festes Land finde, sondern es selbst erst hervorbringen muß, um darauf fest zu stehen. In diesem Sinne ist jeder noch so scheinbare Beweisgrund für das Recht und die Notwendigkeit der idealistisch-kritischen Denkart nur eine Antizipation der allein möglichen praktischen Entscheidung. Das »Absolute«, wie es die theoretische Philosophie aufstellt, ist ein proleptischer Gedanke: es erleuchtet den Weg des Geistes, aber es fixiert auf diesem Wege keinen letzten willkürlichen Endpunkt[2].

So lange Schelling innerhalb dieser Grundanschauung verharrt, — so lange ihm, wie er an Hegel schreibt, die Freiheit »das A und O aller Philosophie ist«: so lange befindet er sich offenbar mit Fichte in voller systematischer Übereinstimmung. Auch der Spinozistische Einschlag

---
[1] Vom Ich § 15, S. W. I, 211.
[2] S. bes. die Philosophischen Briefe V, VI und VII, vgl. bes. S. W. I, 302 ff., 311 ff.

der Schrift »vom Ich« ändert hieran nichts: denn der jugendliche Ehrgeiz Schellings, »ein Gegenstück zu Spinozas Ethik aufzustellen[1],« hat hier ersichtlich mehr die Form der Darstellung als den Gedankeninhalt selbst beeinflußt. Gibt es, wie sich gezeigt hat, nur zwei mögliche Wege zu einer klaren Entscheidung über das Verhältnis von Ich und Welt zu gelangen; müssen wir entweder die Welt gegenüber dem Ich oder das Ich gegenüber der Welt vernichten: so bedeutet der Spinozismus, der diesen letzteren Weg zuerst konsequent verfolgt hat, eine typische und notwendige Form des philosophischen Denkens überhaupt. Indem das Ich sich dem Absoluten hingibt, verwandelt es sich gemäß der Lehre Spinozas in dieses Absolute selbst. Aber indem hier die intellektuelle **Anschauung** des Seins zugleich als die intellektuelle **Liebe** zu eben diesem Sein beschrieben wird, tritt nach Schelling schon in diesem Zuge deutlich hervor, daß auch das System des Spinozismus nicht allein auf seiner Logik beruht. Es ist auch hier eine latente sittliche Forderung, die der Lehre vom Sein und der Lehre vom Wissen zugrunde liegt. Das Ich soll sich selbst zerstören; nicht durch eine eigene Kausalität des Subjekts — denn diese eben soll aufgehoben werden —, sondern durch das Gewährenlassen einer äußeren absoluten Kausalität. An die Stelle des sittlichen Kampfes tritt die freiwillige und darum nicht minder sittliche Unterwerfung: die Ruhe im reinen Sein, in dem jedes eigene Tun erlischt[2]. An der Liebe, mit der Schelling sich hier in die letzten ethischen und religiösen Motive des Spinozismus versenkt, glaubt man zu spüren, wie sehr er selbst bereits innerlich von ihnen ergriffen ist. Aber noch widerstrebt das Pathos der reinen Freiheitsidee der Hingabe an diesen Gedankenkreis. Unsere praktische **Bestimmung** fordert nicht das Aufgeben des Kampfes, sondern seine unbeschränkte Fortdauer. Nicht die tatlose Anschauung des Seins, als eines objektiv Feststehenden, sondern die stete Umschaffung alles Geschaffenen ist die Aufgabe, die uns gestellt ist. »Der Dogmatismus ist **theoretisch** unwiderlegbar, weil er selbst das theoretische Gebiet verläßt, um sein System **praktisch** zu vollenden. Er ist praktisch **widerlegbar**, dadurch, daß man ein ihm schlechthin entgegengesetztes System in sich **realisiert**. Aber er ist unwiderlegbar für den, der ihn selbst **praktisch** zu realisieren vermag, dem der Gedanke erträglich ist, an seiner eigenen Vernichtung zu arbeiten, jede freie

---

[1] »Vom Ich« (Vorrede zur ersten Auflage), S. W. I, 159.
[2] Philosoph. Briefe VIII—X, S. W. I, 313 ff.

Kausalität in sich aufzuheben und die Modifikation eines Objekts zu sein, in dessen Unendlichkeit er früher oder später seinen (moralischen) Untergang findet[1].« Dem absoluten Idealismus scheint freilich in seiner Vollendung das gleiche Nichts zu drohen wie dem absoluten Realismus; — denn wenn dem letzteren das Ich, so scheint dem ersteren das Objekt und damit eine nicht minder unentbehrliche Bedingung jedes empirisch-endlichen Handelns zu entschwinden. Aber der Widerspruch, der hierin zu liegen scheint, löst sich, wenn man in Strenge daran festhält, daß die absolute Identität, die der Leitbegriff dieses Idealismus ist, nur in der Form der Aufgabe wahrhaft erfaßt und gedacht werden kann. Diese Form aufheben, hieße Sinn und Wesen dieser Identität vernichten, — hieße das »Unbedingte« wieder an die Welt der Dinge verlieren.

Es ist zunächst nicht ersichtlich, wie von diesem Standpunkt aus, der die »Welt« nur als Material und Gegenstand des ethischen Sollens kennt, die Möglichkeit eines Übergangs zu einer selbständigen »Naturphilosophie« besteht. Denn schon der Gedanke einer solchen Naturphilosophie scheint die Antithese, auf deren schärfste Zuspitzung die »Philosophischen Briefe über Dogmatismus und Kritizismus« gerichtet sind, wiederum abzustumpfen. Zwischen Natur und Freiheit, zwischen dem absoluten Sein und dem absoluten Ich — so war hier aufs bestimmteste ausgesprochen worden — gilt es zu wählen. Jeder Versuch, zwischen ihnen zu vermitteln, ist lediglich eine Sophisterei der moralischen Trägheit, die über das Problem einen neuen Schleier zu ziehen sucht, um der Selbstverantwortlichkeit eines klaren und endgültigen Ja oder Nein überhoben zu sein. »Es ist das höchste Interesse der Philosophie, die Vernunft durch jene unveränderliche Alternative ... aus ihrem Schlummer aufzuwecken. Denn wenn sie durch dieses Mittel nicht mehr geweckt werden kann, so ist man alsdann wenigstens sicher, das Äußerste getan zu haben. Der Versuch ist umso leichter, da jene Alternative, sobald man sich über die letzten Gründe seines Wissens Rechenschaft zu geben sucht, die einfachste, begreiflichste — ursprünglichste Antithese aller philosophierenden Vernunft ist[2].« Schon die erste Einführung des Problems der Naturphilosophie in den »Ideen zu einer Philosophie der Natur«, — die von den »Philosophischen Briefen« nur durch einen Zeitraum von zwei Jahren getrennt sind — aber zeigt, daß hier von neuem versucht wird, den

---
[1] Philos. Briefe X, S. W. I, 339.
[2] a. a. O. S. W. I, 338.

Kreis, der durch diesen Fundamentalgegensatz ein für allemal geschlossen schien, zu durchbrechen. Denn an Stelle der Entgegensetzung von »Sein« und »Freiheit« ist jetzt der andere von »Natur« und »Geist« getreten. Zwischen den Gliedern dieses letzteren Gegensatzes aber besteht kein wahrhaft antithetisches Verhältnis mehr, da die Natur selbst nichts anderes als eine Stufe in der Entwicklung und Selbstrealisierung des Geistes bedeuten soll. Das Leben der Natur stellt ein Analogon der Freiheit dar, während es auf der anderen Seite als seiner selbst nicht bewußtes Leben, in das Gebiet des bloßen Seins herabreicht. Man erkennt, daß hier in der Tat eine Umgestaltung in der entscheidenden philosophischen Fragestellung stattgefunden hat, die nur dadurch zu erklären ist, daß inzwischen völlig neue Problemkreise und Probleminteressen in den Gesichtskreis Schellings eingetreten sind.

Das empirische Interesse an der Natur und die empirisch-naturwissenschaftlichen Studien Schellings in den Leipziger Jahren, auf die man als eines der wesentlichen Motive der Umbildung hingewiesen hat[1], bieten hier freilich keinen genügenden Erklärungsgrund. Denn die Empirie ist für Schelling kaum jemals mehr gewesen, als die nachträgliche Bestätigung einer geistigen und ideellen Richtung,

---

[1] S. Metzger, a. a. O. S. 8 ff.; 20 ff. — Eine scharf abgegrenzte Epoche des »kritischen Idealismus« und des »transzendental fundierten Positivismus«, in der Schelling als »Schüler der kritischen Erkenntnistheorie« versucht habe, die Grundgedanken dieser Theorie für die Methodik der Naturwissenschaft im Einzelnen durchzuführen und fruchtbar zu machen, vermag ich bei Schelling nicht zu erkennen: — und vollends unwahrscheinlich erscheint es mir, daß Schelling dieser Tendenz zur »kritischen Empirie« nur durch den äußeren Umstand seiner Berufung nach Jena entfremdet worden sein soll. »Soviel ist sicher« — schreibt Metzger — »daß Schelling zur Zeit seiner Berufung nach Jena ... noch durchaus in empirischen Gedankenkreisen befangen, noch mit der Lichtung und Erweiterung von Fachkenntnissen beschäftigt war. So möchte sich ... die Hypothese rechtfertigen lassen, daß Sch. 1799 noch nicht zum panlogistischen Universalismus gekommen wäre — wenn er nicht Professor der Philosophie geworden wäre. Ohne Mithilfe dieses äußeren Faktums wäre es ihm vielleicht überhaupt nicht gelungen, die tief wurzelnden empiristisch-positivistischen Tendenzen so energisch zurückzudrängen, wie dies im Identitätssystem geschah«. (S. 22.) Die Kraft der anfänglichen empirischen Tendenzen bei Sch. scheint mir hier stark überschätzt, die der allgemeinen und durchgehenden spekulativen Tendenz dagegen erheblich unterschätzt zu werden (vgl. bes. a. a. O. S. 44 ff.) Daß mit Sch.s Übertritt von der »Spekulation« zur »Erfahrung« die spekulativen Erkenntnisse von 1795 keineswegs außer Kraft gesetzt werden, — daß es sich hier nicht um zwei verschiedene Philosophien, sondern um zwei integrante Hälften ein und derselben Philosophie handelt, wird übrigens von Metzger selbst zugestanden und hervorgehoben (S. 44).

die er zuvor von einem allgemeinen spekulativen Gesichtspunkt aus genommen hatte. Auch der Ursprung der Naturphilosophie weist im geschichtlichen wie im systematischen Sinne auf diesen Zusammenhang hin. Alle wesentlichen geistigen Grundtendenzen der Zeit sind an ihm beteiligt und fassen sich hier zu einer neuen gedanklichen Einheit zusammen. Auf den entscheidenden Einfluß der »Kritik der Urteilskraft« hat Schelling selbst immer wieder verwiesen. Schon die Schrift »vom Ich« erklärt, daß, wer die Kantische Deduktion der Kategorien und die »Kritik der teleologischen Urteilskraft« mit dem Geiste lese, mit dem alles von Kant gelesen werden müsse, eine Tiefe des Sinnes und der Erkenntnis vor sich sehe, die beinahe unergründlich scheinen müsse[1]. Schon hier werden also die beiden Enden der Kantischen Philosophie unmittelbar aneinandergeknüpft. Die logische Grundlegung des Kritizismus erscheint als ein Moment der Vorbereitung für das kritische System der Teleologie — für die Analyse des Zweckgedankens und des Problems des Organismus. Damit aber ist bereits das abstrakte Prinzip der Freiheit, an welchem als dem eigentlichen Grund- und Leitgedanken festgehalten wird, auf ein neues konkretes Anwendungsgebiet bezogen. »Bei Gelegenheit Kants« — so urteilt Schelling in der »Allgemeinen Übersicht der philosophischen Literatur« — »hat man mehrmals gefragt, wie theoretische und praktische Philosophie zusammenhängen; ja man hat sogar gezweifelt, ob sie überhaupt in seinem Systeme zusammenhängen. Wenn man sich aber an die Idee der Autonomie gehalten hätte, die er selbst als Prinzip seiner praktischen Philosophie aufgestellt, so hätte man leicht gefunden, daß diese Idee in seinem System der Punkt ist, durch welchen theoretische und praktische Philosophie zusammenhängen, und daß in ihr eigentlich schon die ursprüngliche Synthesis theoretischer und praktischer Philosophie ausgedrückt ist[2].« Kant mußte das Prinzip des Übersinnlichen, das er durchgehend anerkennt, innerhalb der Grenzen der »Kritik der reinen Vernunft« zunächst bloß negativ und symbolisch — durch den Begriff der »Dinge an sich« — bezeichnen, ehe er es seinem positiven Gehalt nach in der »Kritik der praktischen Vernunft« entdeckte und im Gedanken der freien Selbstgesetzgebung des Willens aussprach. Der vollkommenste Ausdruck seines Grundprinzips und damit die vollendete Harmonie seiner Lehre aber ergab sich ihm erst dort,

---

[1] S. W. I, 232; vgl. bes. I, 242.
[2] S. W. I, 396 f.

wo er jenseits des Gegensatzes des »Theoretischen« und »Prak≠ tischen«, jenseits des Dualismus von »Natur« und »Freiheit« stand. Zwei Grundphänomene: das Phänomen der Kunst und das des organischen Lebens waren es, an denen er diese neue Weite und Freiheit der Betrachtung gewann. Die Autonomie des sittlichen Willens empfing nun ein völlig neues Licht, indem ihr die Auto≠ nomie des Lebens einerseits, die Autonomie des künstlerischen Schaffens andererseits zur Seite trat. Indem Schelling sich die Grund≠ fragen der Kantischen Spekulation in dieser Weise gliedert und formuliert, steht er damit genau an dem Punkte, an dem kurz zuvor Schiller gestanden hatte. Und es scheint in der Tat keinem Zweifel zu unterliegen, daß jetzt die Begriffe, die Schiller in seinen ästhetischen Schriften geprägt hatte, immer entschiedeneren Einfluß auf ihn gewonnen haben. »Schönheit« — so hatte Schiller in den Kallias≠Briefen an Körner vom Jahre 1793 gelehrt, und der Ge≠ danke ist, wenngleich in veränderter Fassung, in die »Briefe über die ästhetische Erziehung des Menschen« übergegangen — »ist Freiheit in der Erscheinung«, ist Autonomie im Gegenbild des sinnlich≠objektiven Daseins angeschaut. Und die gleiche Einheit, wie beim Produkt der Kunst, tritt uns am organischen Naturpro≠ dukt entgegen. Beide, das Kunstprodukt wie das Naturprodukt, erscheinen uns zugleich als frei und als notwendig: weil beide Ausdruck einer Regel sind, die ihnen nicht von außen her aufge≠ drängt ist, sondern die sie sich selber gegeben zu haben scheinen. Die Autonomie des Schönen und die des Organischen stammen aus ein und demselben Grunde: und in diesem erfassen wir nun≠ mehr das oberste Einheitsprinzip des Idealismus überhaupt[1].

Und nun erst läßt sich in Schärfe und Klarheit das systematische Problem und die systematische Tendenz bezeichnen, durch die Schelling von Fichtes Philosophie des Ich zur Philosophie der Natur weitergedrängt wird. Schon die »Allgemeine Übersicht der philosophischen Litteratur« vom Jahre 1796/97 hat hier den Schritt getan, der die eigentliche methodische Entscheidung mit sich führt. Fichtes Gedanke, daß das Ich sich selber in seinem Produzieren anschaue und daß ihm in dieser Selbstanschauung erst das Bild einer geordneten empirischen »Wirklichkeit« entsteht, wird hier in dem

---
[1] Näheres zu Schillers Lehre von der »Autonomie des Organischen« s. in m. Schrift Freiheit und Form, Studien zur deutschen Geistesgeschichte, 2. Aufl., Berlin 1918, S. 443 ff. Neben Schiller scheint besonders Fr. Heinr. Jacobi auf die Herausbildung von Schellings Begriff des Organischen gewirkt zu haben (vgl. Metzger, a. a. O. S. 85 f.).

Sinne weitergebildet, daß der Gegenstand, der auf diese Weise vor uns hintritt, inhaltlich durch kein anderes Moment als das der produktiven Kraft bestimmt sein könne. Wie die Intelligenz in der tätigen Hervorbringung ihrer eigenen Vorstellungen von sich selbst wechselseitig Ursache und Wirkung ist, so vermag sie sich auch in ihrem objektiven Gegenbilde nur dann zu erkennen, wenn dieses eben diesen charakteristischen Grundzug mit ihr teilt. Die Natur, in der sich das Ich objektiv wird, kann also nicht anders, denn als eine sich selbst organisierende Natur gedacht werden. »Im Zweck= mäßigen durchdringt sich Form und Materie, Begriff und An= schauung. Eben dies ist der Charakter des Geistes, in welchem Ide= ales und Reales absolut vereinigt ist. Daher ist in jeder Organisation etwas Symbolisches, und jede Pflanze ist sozusagen der ver= schlungene Zug der Seele.« Und dieser Gedanke geht sogleich aus der Form der Andeutung in die der bestimmtesten Versicherung über: denn es ist, wie Schelling hinzufügt, »hier kein Grund mehr, in Be= hauptungen furchtsam zu sein«. Alles, was täglich, was vor unseren Augen geschieht, macht uns das Dasein produktiver Kraft in den Dingen unzweifelhaft. »Der stete und feste Gang der Natur zur Organisation verrät deutlich genug einen regen Trieb, der mit der rohen Materie gleichsam ringend, jetzt siegt, jetzt unterliegt, jetzt in freieren, jetzt in beschränkteren Formen sie durchbricht. Es ist der allgemeine Geist der Natur, der allmählich die rohe Materie sich selbst anbildet. Vom Moosgeflechte an, an dem kaum noch die Spur der Organisation sichtbar ist, bis zur veredelten Gestalt, die die Fesseln der Materie abgestreift zu haben scheint, herrscht ein und derselbe Trieb, der nach einem und demselben Ideal von Zweckmäßigkeit zu arbeiten, ins Unendliche fort ein und dasselbe Urbild, die reine Form unseres Geistes auszudrücken bestrebt ist[1].« Diese »Autonomie in der Erscheinung« ist es, die wir mit dem Begriff »Leben« zum Ausdruck bringen[2]. Man überblickt jetzt deutlich den Weg, den Schelling seit seiner Schrift »Vom Ich als Prinzip der Philosophie« durchmessen hat. Die neue Form des spekulativen Idealismus, zu der er sich hingeführt sieht, wurzelt in einer veränderten Auffassung der Idee selbst. Die Idee, die bisher, solange Schelling Fichte folgte, nur als ein Gebilde des Sollens, nur

---

[1] S. W. I, 386 f.
[2] »Leben ist die Autonomie in der Erscheinung, ist das Schema der Freiheit, in= sofern sie in der Natur sich offenbart.« Neue Deduktion des Naturrechts (1795), § 9, S. W. I, 249.

als Aufgabe und Forderung verstanden war, ist jetzt als schöpferische Kraft, als Prinzip der Gestalt und der Gestaltung gedacht. Und darin erst scheint die wahrhafte Synthese zwischen »Ich« und »Nicht-Ich« gefunden. Alle Versuche der dogmatischen Philosophie — so führt die Einleitung zu Schellings »Ideen zu einer Philosophie der Natur« aus — mußten daran scheitern, daß hier eine Wechselwirkung zwischen »Vorstellung« und »Gegenstand«, zwischen »Subjekt« und »Objekt« gesucht wurde, die doch niemals im Bereich der Erfahrung durch irgendein Beispiel zu verdeutlichen und in ihrer Möglichkeit zu erweisen war. Denn die Erfahrung kennt eine derartige Wechselwirkung nur zwischen gleichartigen Elementen: während das Ich und der Gegenstand als das »Ding« und das »Unbedingte« das schlechthin Heterogenste sind. So bleibt innerhalb dieser Betrachtungsweise der Geist eine ewige Insel, zu der man durch noch so viele Umwege von der Materie aus nie ohne Sprung gelangen kann[1]. Und dennoch läßt sich eine Stelle aufweisen, an der die Einheit beider, die nach bloßen dogmatischen Begriffen ewig unverstanden und unverständlich bleibt, in der unmittelbaren Anschauung erfaßt werden kann. Diese Einheit, die nicht ergrübelt, sondern real ist, die nicht bloß logisch in Gedanken gesetzt wird, sondern sich in tatsächlichen Veränderungen und Wirkungen erweist, liegt in jeder organischen Entwicklung unverkennbar zutage. In jeder geprägten Form, die sich lebend entwickelt, tritt die Macht eines reinen gestaltenden Prinzips über den bloßen Stoff, die Macht einer »geistigen« Einheit über die Vielheit der materiellen Bildungen hervor. Was Leben hat, das können wir nicht als von außen gebildet ansehen, sondern wir müssen in ihm eine individuelle Kraft der Selbstbildung wirksam denken, die alle äußeren Reize in einer bestimmten spezifischen Richtung umprägt. Es handelt sich hierbei nicht — wie es in der Kantischen Analyse und Ableitung des Zweckbegriffs scheinen könnte — um einen bloßen Reflexionsbegriff, den wir mittelst einer falschen Projektion in die Dinge selbst hineinverlegen, sondern um die Beschreibung und Anerkennung eines Phänomens, das sich uns in aller Naturbetrachtung unmittelbar aufdrängt und das erst den eigentlichen konkreten Gehalt des Naturgeschehens selbst ausmacht. Hier tritt die »Idee« in reiner Sichtbarkeit hervor: »hier zuerst überfiel den Menschen eine Ahndung seiner eigenen Natur, in welcher An-

---

[1] Ideen zu einer Philosophie der Natur (1797); S. W. II, 17 ff., 25 f., 53; vgl. System des transzendentalen Idealismus, S. W. III, 429.

schauung und Begriff, Form und Gegenstand, Ideales und Reales ursprünglich eines und dasselbe ist. Daher der eigentümliche Schein, der um diese Probleme her ist, ein Schein, den die bloße Reflexions= philosophie, die nur auf Trennung ausgeht, nie zu entwickeln ver= mag, während die reine Anschauung oder vielmehr die schöpferische Einbildungskraft längst die symbolische Sprache erfand, die man nur auslegen darf, um zu finden, daß die Natur um so verständ= licher zu uns spricht, je weniger wir über sie bloß reflektierend denken[1].«

Wie aber diese Ansicht der Natur von der Anschauung, nicht vom Begriff ihren Ausgang nimmt, so muß dieser Zusammenhang auch in all ihren abgeleiteten Ergebnissen, in allem mittelbaren Wissen von der Natur, wenn es wahrhaft Geltung besitzen soll, aufrecht erhalten bleiben. Wir dürfen die Natur nicht in der Art sehen, wie unsere gewöhnlichen empirischen Gattungsbegriffe sie uns zeigen: denn in dieser Betrachtungsweise zerfällt sie uns in getrennte dingliche Elemente, die, gleich den Atomen der Physik und Chemie nicht mehr durch innere Beziehungen, sondern ledig= lich durch äußere Wirkungen aneinander gebunden sind. Wir kön= nen diese Elemente in Klassen gliedern und nach Arten sondern und abgrenzen: aber das System, das auf diese Weise entsteht, ist ein durchaus künstliches, in dem alle Realität zerstört ist. Denn echte Wirklichkeit eignet nicht dem getrennten Dasein der Einzel= dinge oder den besonderen festen Merkmalen, durch die wir sie zu unterscheiden suchen, sondern dem stetigen Prozeß der Ent= wicklung, kraft dessen für die lebendige Anschauung die Dinge selbst erst werden und sind. Eben dieser Prozeß aber ist es, der unseren gewöhnlichen empirischen Art= und Klassenbegriffen ewig unfaßbar und unzugänglich bleibt. Er erschließt sich erst einer an= deren, wahrhaft spekulativen Betrachtungsweise, die die Natur nicht als bloßes Produkt, sondern die sie in ihrer freien Produk= tivität erfaßt. In dem »ersten Entwurf eines Systems der Natur= philosophie« und in der »Einleitung zu dem Entwurf eines Systems der Naturphilosophie« vom Jahre 1799, die beide den »Ideen« gegenüber durch ein klareres methodisches Bewußtsein über die Stellung und die Aufgaben der neuen Disziplin ausgezeichnet sind, rückt Schelling diesen Gedanken energisch in den Mittelpunkt. Jedes Naturprodukt — so wird hier dargelegt — müssen wir uns allerdings unter dem Prädikat des Seins denken; aber dieses Sein

---

[1] Ideen zu einer Philos. der Natur, S. W. II, 40—47.

selbst ist von einem höheren Standpunkt angesehen nichts anderes als eine kontinuierlich-wirksame Naturtätigkeit, die in ihrem Produkte erloschen ist. Erlischt unser Denken nun gleichfalls in diesem Produkt, — bleiben wir bei ihm stehen und glauben daran, als an ein festes, nicht weiter ableitbares Resultat: so ist unser Tun Empirie, nicht Philosophie. Denn philosophisch ist nur diejenige Betrachtung, die die Dinge nicht in ihrer Gegebenheit hinnimmt, sondern die sie in ihrem Ursprung durchschaut. Über die Natur philosophieren heißt somit, die Natur schaffen: es heißt, die Natur aus dem totem Mechanismus, worin sie befangen erscheint, herausheben, sie mit Freiheit gleichsam beleben und in eigene freie Entwicklung versetzen — es heißt, sich selbst von der gemeinen Ansicht losreißen, welche in der Natur höchstens das Handeln als Faktum, nicht das Handeln selbst im Handeln erblickt. In dem gewöhnlichen empirisch-wissenschaftlichen Begriff wird die sinnliche Ansicht nicht sowohl überwunden, als vielmehr festgehalten und logisch sanktioniert. Denn die Vereinzelung und die schematische Absonderung, in der uns die Sinne die Natur zunächst darzubieten scheinen, ist auch für ihn bezeichnend. Er ist immer nur ein Organ, das Stehende und Bleibende zu beschreiben und zu vergleichen; er kennt keine andere Form, die Natur zu verstehen, als sie in diskrete und starre Bestandteile zu zerfällen. In Wahrheit aber gilt es einzusehen, daß alles, was wir beharrlich nennen, der bloßen Oberflächenansicht angehört; — daß es immer nur einen relativen und vorläufigen Haltpunkt in dem allein wahrhaften stetigen Werden bedeutet. In dieser Grundeinsicht kehren wir erst wieder von der »natura naturata« zur eigentlich-schöpferischen Natur, zur »natura naturans« zurück. »Die Natur als bloßes Produkt (natura naturata) nennen wir Natur als Objekt (auf diese allein geht alle Empirie). Die Natur als Produktivität (natura naturans) nennen wir Natur als Subjekt (auf diese allein geht alle Theorie). Da das Objekt nie unbedingt ist, so muß etwas schlechthin Nicht-Objektives in die Natur gesetzt werden, dieses absolut Nichtobjektive ist eben jene ursprüngliche Produktivität der Natur. In der gemeinen Anschauung verschwindet sie über dem Produkt; in der philosophischen verschwindet umgekehrt das Produkt über der Produktivität[1].«

---

[1] Einleitung zu dem Entwurf eines Systems der Naturphilosophie (1799), § 6, S. W. III, 284; vgl. bes. Erster Entwurf eines Syst. der Naturphilos. (1799), S. W. III, 13 ff.

Für den Einblick in die Methodik Schellings ist es vor allem wesentlich, den Grundgedanken festzuhalten, der hier zwischen den beiden Epochen der Schellingschen Philosophie vermittelt. Der »erste Entwurf eines Systems der Naturphilosophie« geht von dem gleichen Begriff, wie die Schrift »Vom Ich«: von der gleichen scharfen Antithese zwischen dem »Ding« und dem »Unbedingten« aus. »Das Unbedingte kann überhaupt nicht in irgendeinem einzelnen Ding, noch in irgend etwas gesucht werden, von dem man sagen kann, daß es ist. Denn was ist, nimmt nur an dem Sein Teil, und ist nur eine einzelne Form oder Art des Seins. — Umgekehrt kann man vom Unbedingten niemals sagen, daß es ist. Denn es ist das Sein selbst, das in keinem endlichen Produkte sich ganz darstellt, und wovon alles Einzelne nur gleichsam ein besonderer Ausdruck ist«[1]. Der entscheidende Schritt aber, der jetzt geschehen ist, liegt darin: daß, wenn bisher die Sphäre des Nicht-Dinglichen lediglich durch den Gedanken der Freiheit bestimmt und ausgefüllt war, nunmehr die Natur, in philosophischer und spekulativer Bedeutung, in diese Sphäre aufgenommen ist. Man begreift in diesem Zusammenhang, daß die Abwendung von Fichte, die sich hier vorbereitet, für Schelling zunächst fast unmerklich bleiben konnte: ist es doch der Grundgedanke Fichtes selbst, mit dem er den Fortgang zur Naturphilosophie vollzieht und kraft dessen er ihn vor sich selbst rechtfertigt. Die Grenze zwischen dem Gebiet der Freiheit und dem Gebiet der »Dinge« bleibt unverrückt, und das Verhältnis, das die Wissenschaftslehre zwischen beiden festgesetzt hatte, bleibt unangefochten: — nur das Eine wird bestritten, daß die Natur, in ihrem höchsten Sinne genommen, dazu verurteilt bleiben müsse, in bloßer Dinglichkeit aufzugehen. Denn sie ist nicht an und für sich Ding, sondern wird es erst in einer einseitigen und isolierenden Betrachtung. Nur die Reflexion und der abstrakte Begriff prägt ihr den Charakter des Starren und Unveränderlichen und in diesem Sinne »Objektiven« auf. Die Intuition hingegen, die diese Schranke durchbricht, ergreift und findet auch in der Natur nichts anderes als die Unendlichkeit des Prozesses, also das Symbol und Gegenbild der Freiheit selbst. Noch bekundet sich die Einwirkung der Fichteschen Gedankenrichtung und der Fichteschen Terminologie darin, daß dieser unendliche Prozeß als das eigentliche »Subjektive« der Natur bezeichnet und kraft dieser Bezeichnung von allen ihren endlichen objektiven Produkten unterschieden wird. In Wahr-

---

[1] Erster Entwurf, »Erster Satz«, S. W. III, 11.

heit aber steht schon hier, wie sich deutlich erkennen läßt, der Gedanke Schellings in einer neuen Phase. Denn das Subjekt, von dem hier die Rede ist, ist nicht mehr das Subjekt der Freiheit und der ethischen Selbstbestimmung, sondern es ist das Subjekt des »Lebens« schlechthin. In der Anschauung dieses Lebens stehen wir vor einem Realen, das dennoch ein nicht-Dingliches ist. Und damit ist die Entgegensetzung von Ich und Nicht-Ich im Fichteschen Sinne überwunden. Für Fichte ist es Aufgabe der Spekulation, wie Aufgabe des sittlichen Willens, alles »Nicht-Ich« in das Ich aufzuheben. Das Nicht-Ich ist »Materie« in einem doppelten Sinne: sofern es einerseits den praktischen Ausgangspunkt für die Tätigkeit des Individuums, andererseits die gegebene Bestimmtheit und Besonderung des Vorstellungsinhalts bezeichnet. Jetzt hingegen ist ein neuer Gegensatz und zugleich eine neue Korrelation zwischen dem »Ideellen« und »Reellen« entstanden. Die individuelle organische »Form« beharrt im Wechsel aller materiellen Gestaltungen als rein geistige und insofern ideelle Einheit: aber diese Idealität drückt zugleich das objektive Gesetz des organischen Geschehens selbst aus. Sie gilt nicht nur vom Standpunkt eines fremden Betrachters und Zuschauers, sondern vom Standpunkt der Natur selbst. »Nicht wir kennen die Natur, sondern die Natur ist a priori, d. h. alles Einzelne in ihr ist zum Voraus bestimmt durch das Ganze oder durch die Idee einer Natur überhaupt[1].« Nur weil in der Natur das Ganze vor den Teilen, weil ihre unendliche Produktivität vor allen Produkten ist: nur darum kann auch die Erkenntnis in ihre Gesetze eindringen und den Stufenbau ihrer Formen nach einem allgemeinen Plane überblicken. –

Mit diesem allgemeinen Gedanken ist zugleich die Richtung, die die Deduktion im Einzelnen nehmen wird, bestimmt vorgezeichnet. Nicht darum kann es sich handeln, den Lebensprozeß als solchen zu »erklären«: – bildet er doch das schlechthin erste Datum, hinter das keine Forschung zurückgehen kann, wenn sie nicht irgendein Abgeleitetes zum Grund des Ursprünglichen machen will. Was der Erklärung bedürftig ist, ist nicht die Produktivität als solche, sondern die Hemmung dieser Produktivität: nicht das stetige Werden der Natur, sondern der Schein der Ruhe, der uns gleichfalls in ihr entgegentritt. Denn eine »Natur« im empirischen Sinne gibt es für uns freilich nur im Wechselspiel und Widerstreit dieser beiden Tendenzen, deren eine auf die stete Auflösung alles Festen und

---
[1] Einl. zu dem Entwurf eines Systems der Naturphilosophie, § 4, S. W. III, 279.

Fertigen, deren andere auf die Erhaltung und Permanenz bestimmter Gestaltungen gerichtet ist. Die reine Produktivität geht ursprünglich auf Gestaltlosigkeit; denn als unendlich muß sie jede einmal erreichte Grenze wiederum verneinen und aufheben. Eben darum aber ist sie an und für sich unfähig, sich in irgendeiner einzelnen konkreten Erscheinung zu verkörpern. Nur dort, wo die Bedingungen einer Selbstbeschränkung gegeben sind, entsteht das besondere Phänomen in seinem objektiven Dasein; — nur die begrenzte Produktivität gibt den Ansatz zum Produkt. Der Widerstreit zwischen diesen beiden Forderungen kann nur dadurch gelöst werden, daß wir den Gedanken einer Produktivität fassen, die auf dem Übergang ins Produkt begriffen ist—wie andererseits den Gedanken eines Produkts, in dem die Produktivität nicht erloschen ist, sondern ins Unendliche weiterwirkt. Wir setzen auf diese Weise zwar eine be stimmte Grundgestalt; — aber wir nehmen sie nur als Ausgang und Ansatzpunkt einer Metamorphose, die ins Unbegrenzte neue Gestalten aus sich hervorgehen läßt. Diese Metamorphose zu verfolgen, wird nunmehr das ewige und unerschöpfliche Thema aller echten spekulativen Naturbetrachtung. Man fühlt sogleich, daß es Goethes Begriff der Natur ist, der hier konstruiert und transzendental verstanden werden soll. Wie für Goethe, so besteht für Schelling die höchste Offenbarung über die Natur, die uns zuteil werden kann, in der Einsicht »wie sie das Feste läßt zu Geist verrinnen, wie sie das Geisterzeugte fest bewahre«. Es muß gezeigt werden, wie die Produktivität allmählich sich materialisiert und sich kraft einer dynamischen Stufenfolge in immer fixiertere Produkte verwandelt, und wie andererseits in allen diesen der Trieb zum Heraustreten aus den eigenen Grenzen lebendig bleibt [1].

Die einzelnen »Kategorien«, in denen Schelling diesen dynamischen Prozeß zu schildern versucht hat, haben mancherlei Umformungen erfahren, während die Grundtendenz der Ableitung im Wesentlichen unverändert geblieben ist. Sie tritt bereits in der ersten Darstellung der »Ideen zu einer Philosophie der Natur« hervor, wenngleich hier das Ideal und die spezifische Methode der Naturphilosophie noch nicht zu voller Bestimmtheit entwickelt sind. Die Betrachtung folgt hier in ihren Hauptzügen noch dem Vorbild, das Kants Konstruktion der Materie in den »Metaphysischen Anfangsgründen der Naturwissenschaft« gegeben hatte. Nur für die oberflächliche An-

---

[1] Vergl. zum Ganzen bes. die Einleitung zu dem Entwurf eines Systems der Naturphilosophie § 6, S. W. III, 289 ff.

sicht »ist« die Materie ein Etwas, das als Substrat verschiedener physischer Qualitäten und Kraftwirkungen zu denken wäre. Denn in dieser Ablösung des Substrats von seinen Eigenschaften und Wirksamkeiten wiederholt sich das $\pi\varrho\tilde{\omega}\tau o \nu\ \psi\varepsilon\tilde{\upsilon}\delta o \varsigma$ alles Dogmatismus; die Erfahrung wird durch ein Unerfahrbares, das Bekannte und Zugängliche durch ein prinzipiell Unzugängliches erklärt. Die Materie ist kein »Ding«, an dem in irgendeiner, nicht näher verständlich zu machenden Weise Kräfte »haften«: sondern sie ist nur der Ausdruck für ein reines Verhältnis eben dieser Kräfte selbst. Was hier über Kant hinaus noch geleistet werden kann, ist lediglich der Nachweis, wie der Gegensatz zwischen anziehenden und abstoßenden Kräften, auf welchem die Möglichkeit einer Materie überhaupt beruht, in einem ursprünglichen Gegensatz innerhalb der reinen Funktionen der Intelligenz selbst gegründet ist. Wie die allgemeine Form des objektiven Daseins gemäß den Prinzipien der Wissenschaftslehre nur dadurch zustande kommt, daß das Ich sich selbst in seiner unendlichen Tätigkeit beschränkt, so muß auch die Qualität und bestimmte Eigenart dieses Seins aus diesem Grundakt verständlich sein. Der Antagonismus, der uns in der Erscheinung der Materie, in dem Wechselspiel zwischen Attraktion und Repulsion entgegentritt, ist in der Tat nichts anderes als die Form, in welcher jener Widerstreit zwischen der Unendlichkeit des absoluten Ich und seiner notwendigen Selbstbeschränkung nach außen tritt. Die gegensätzlich gerichteten Tätigkeiten des Ich werden als Kräfte angeschaut, die, indem sie sich miteinander ins Gleichgewicht setzen, den Schein eines ruhenden Objekts hervorbringen.

Die nächste Aufgabe der Deduktion besteht darin, den ersten Ansatz, der hier gewonnen ist, dadurch zu ergänzen, daß wir die Frage nach der Möglichkeit der besonderen Qualitäten der Materie der gleichen methodischen Betrachtung unterwerfen. Denn zu einem empirischen Gegenstand der Natur gelangen wir nur dadurch, daß wir nicht bei der Vorstellung des Materiellen, die uns ein bloß schematisches Gemeinbild vom Objekt liefert, stehen bleiben, sondern daß wir dieses Schema mit einem bestimmten individuellen Gehalt erfüllen. Der Begriff der Materie, als eines Konflikts von Kräften, liefert uns nur den Umriß des Wirklichen, weist uns aber kein Mittel an, wie wir über diesen Umriß hinaus zu der Fülle der besonderen Gestaltungen der Natur gelangen können. Solange wir bei ihm stehen bleiben, ist daher unser Bewußtsein bloß formal. Nun scheint freilich die gewöhnliche Ansicht ein einfaches

Mittel darzubieten, um das formale Bewußtsein zum realen, zum Bewußtsein des »Wirklichen« zu erweitern. Die **Empfindung** ist es, von der man behauptet, daß sie diesen Übergang vollzieht und vertritt. Die besondere Eigenart des Objekts — so meint man — wird uns durch die spezifische Beschaffenheit der Empfindung vermittelt und »gegeben«, wodurch nunmehr die Natur in ihrem **chemischen Begriff** als ein Ganzes bestimmter **Stoffe** mit eigentümlichen Reaktionen und Wirkungsweisen gewonnen ist. Die empirische Physik und Chemie folgt dieser Anschauung, wenn sie für je eine besondere Gruppe von Phänomenen, die durch sinnliche Merkmale voneinander unterschieden sind, je ein besonderes Agens, einen bestimmten »Grundstoff« als Ursache einsetzt. Denn alle diese »Grundstoffe«, die man als Erklärungen der Erscheinungen ausgibt, sind doch in Wahrheit nichts anderes als irgendwelche wahrgenommenen Eigenschaften der Materie selbst, die man zu selbständigen substantiellen Existenzen verdinglicht hat. Die Frage wird also hier nicht gelöst, sondern nur in einer dunkleren und unverständlicheren Fassung nochmals zurückgegeben. Eine wahrhafte **Theorie** der Physik und Chemie kann demnach auf diesem Wege nicht gewonnen werden. Denn eine solche hat zwei Bedingungen zu erfüllen: sie muß einmal das Problem, das die Empfindung in ihrer Besonderheit stellt, anerkennen, auf der anderen Seite aber irgendein Verfahren enthalten, um diese sinnliche Differenziertheit in einem allgemeinen Prinzip darzustellen. Dieses Prinzip nun wird gefunden, wenn wir erwägen, daß, wie die Materie an und für sich nichts anderes als ein Verhältnis von Kräften ist, auch jede ihrer Besonderungen lediglich in der Besonderung dieses Verhältnisses gegründet sein kann. Alle Qualität der Körper beruht auf dem quantitativen (gradualen) Verhältnis ihrer Grundkräfte, d. h. auf der verschiedenen Intensität, mit der sie gegeneinander wirken. Diese Größenrelation im Einzelnen zu bestimmen, ist — nach der Ansicht, an der die »Ideen zu einer Philosophie der Natur« festhalten — Sache der Erfahrung: aber die theoretische Deduktion gibt ihr hierfür den allgemeinen Leitfaden an die Hand, indem sie, im Gedanken der intensiven Größe der Grundkräfte, an die Stelle des lediglich subjektiven Begriffs der Qualität, der in der Empfindung gegeben ist, einen allgemein-verständlichen objektiv anwendbaren Begriff setzt. Freilich kann es nicht Aufgabe der Philosophie sein, die Beschaffenheit unserer Empfindung zu »erklären«, wohl aber muß sie fordern, daß für diese Beschaffenheit irgendein allgemeingültiger

Begriffsausdruck gefunden werde, den wir sodann je nach den besonderen empirischen Bedingungen im Einzelnen näher bestimmen. Indem Schelling hier den Gedanken weiter verfolgt, den die Kritik der reinen Vernunft im Grundsatz der »Antizipationen der Wahrnehmungen« begründet hatte, steht die Naturphilosophie an dieser Stelle der kritischen Auffassung des Realitätsproblems und der Wissenschaft näher, als an irgendeinem späteren Punkte ihrer Entwicklung. Die Kritik, die hier an den hypothetischen »Grundstoffen« der zeitgenössischen Physik und Chemie geübt wird, hat sich in der Tat auch für den empirischen Fortschritt beider als unmittelbar förderlich erwiesen, wie im Einzelnen die zentrale Stellung, die hier den elektrischen Phänomenen gegeben wird, dem elektrodynamischen Begriff der Materie vorgearbeitet hat [1].

Indessen sind freilich derartige empirisch-wissenschaftliche Interessen und Zusammenhänge für die eigentliche Absicht der Naturphilosophie nicht entscheidend. Je klarer sie sich vielmehr ihrer eigenen Tendenz bewußt wird, um so allgemeiner und von allen speziellen Aufgaben der Erfahrung abgewandter stellt sich ihr ihre »spekulative« Grundforderung dar, das »Objektive« der Natur in das »Subjektive«; alles, was an ihr Produkt ist, in reine Produktivität zu verwandeln. Die Möglichkeit der Natur selbst beruht, wie sich gezeigt hat, auf diesem steten Oszillieren zwischen Beharrung und Veränderung. Daher muß sich der Gegensatz zwischen diesen beiden Grundrichtungen, der sich uns zunächst in der Materie darstellte, auch auf allen höheren Stufen des Naturprozesses in irgendeiner Form widerholen. In diesem Sinne bilden der **Magnetismus**, die **Elektrizität** und der **chemische Prozeß** nur verschiedene Phasen, in welchen der eine identische Charakter des Naturgeschehens successiv immer deutlicher heraustritt. Zu wahrhafter Klarheit aber gelangt der Sinn dieses Geschehens, wie auch hier wieder betont wird, erst in jener höchsten Potenzierung, in welcher es in der Form des **Organismus** heraustritt. Hier finden sich alle Einzelzüge, die uns bisher gesondert entgegentraten, zusammengefaßt und in konzentrierter Gestalt. Wir sehen das Wechselspiel zwischen dem Streben zur Permanenz und dem Streben zur Veränderung unmittelbar vor uns: denn Organisation ist nur dort vorhanden, wo der Strom des Geschehens in seinem einförmigen Ablauf gleichsam gehemmt und zurückgehalten wird. Der Aus-

---
[1] Zum Ganzen vgl. Ideen zu einer Philos. der Natur, besonders S. W. II, 194 ff., 219 ff., 267 ff., 298, 317.

druck der organischen Gestalt ist Ruhe, obgleich das beständige Reproduziertwerden der ruhenden Gestalt nur durch einen kontinuierlichen inneren Wechsel möglich ist. Daher ist denn auch der Gegensatz, der sich auf der früheren Stufe zwischen der Natur als Produkt und der Natur als Produktivität kundgab, hier in ein rein korrelatives Verhältnis aufgelöst. Alles Organische steht mit sich selbst in Wechselwirkung, ist also zugleich Produzierendes und Produkt: und eben dies ist das Prinzip aller organischen Naturlehre, aus welchem alle weiteren Bestimmungen der Organisation a priori abgeleitet werden können.« »Der Grundcharakter des Lebens insbesondere wird darin bestehen, daß es eine in sich selbst zurückkehrende, fixierte und durch ein inneres Prinzip unterhaltene Aufeinanderfolge ist, und so wie das intellektuelle Leben, dessen Bild es ist, oder die Identität des Bewußtseins nur durch die Kontinuität der Vorstellungen unterhalten wird, ebenso das Leben nur durch die Kontinuität der inneren Bewegungen; und ebenso wie die Intelligenz in der Succession ihrer Vorstellungen beständig um das Bewußtsein kämpft, so muß das Leben in einem beständigen Kampf gegen den Naturlauf oder in dem Bestreben, seine Identität gegen ihn zu behaupten, gedacht werden.« Das Verhältnis der Polarität, das durch alles Geschehen hindurchgeht, stellt sich auf dieser höchsten Stufe im Geschlechtsunterschied dar und gelangt in ihm gleichsam zur anschaulichen Verkörperung. Die Trennung der Geschlechter gibt das deutlichste Bild dafür, wie die Natur sich in sich selber differenzieren und spalten muß, um zur Wirklichkeit ihres einheitlichen Produkts zu gelangen. Die weitere Entwicklung, die die drei Grundmomente des organischen Lebens mit den drei Kategorien der Physik verknüpft, die also die Sensibilität dem Magnetismus, die Irritabilität der Elektrizität, den produktiven Trieb dem Licht und dem chemischen Prozeß entsprechen läßt, braucht hier nicht weiter verfolgt zu werden [1]. Denn gerade diese Einzelausführungen, die sich zuletzt völlig in ein willkürliches und phantastisches Analogienspiel verlieren, verhüllen den Grundgedanken der Naturphilosophie mehr, als sie ihn erleuchten, indem sie die Beziehung, in welcher dieser Gedanke zum mindesten in seiner Konzeption noch zu den allgemeinen Fragen der Methodik der Erkenntnis steht, mehr und mehr zurücktreten lassen.

---

[1] Zum Ganzen s. bes. den »Ersten Entwurf eines Systems der Naturphilosophie« (1799); vgl. System des transzendentalen Idealismus (1800), bes. S. W. III, 491—496.

In größerer Klarheit aber tritt diese Beziehung wiederum in Schellings reifster und systematisch geschlossenster Schrift: im »System des transzendentalen Idealismus« hervor. Hier wird noch einmal der gesamte Weg überschaut, den Schelling von seinen ersten philosophischen Anfängen an durchmessen hat. Und noch einmal wird versucht, die beiden Hauptstadien dieses Weges zu einem einzigen kontinuierlichen Gedankenprozeß zusammenzufassen. Transzendentalphilosophie und Naturphilosophie beziehen sich auf ein und dasselbe Ganze der Erkenntnis, das sie nur von verschiedenen Seiten her betrachten und durchschreiten. Eben dieser Unterschied der Richtung läßt die fundamentale Einheit des Inhalts deutlich hervortreten: denn die Betrachtung, die vom »Objekt« zum »Subjekt«, von der Natur zum Selbstbewußtsein fortgeht, findet in einem neuen Zusammenhang lediglich dieselben Bestimmungen wieder, die die transzendentale Analyse aus dem Grundakt entwickelt, in welchem das Ich sich selber setzt und ein Nicht-Ich sich gegenübersetzt. Hier erst fällt volles Licht auf jene »Harmonie« des Subjektiven und Objektiven, die alle bisherige Philosophie gefordert, keine aber ihrem vollen Umfang nach zu begründen und zu verwirklichen gewußt hat. Auf dem Standpunkt, auf welchen uns die Naturphilosophie gestellt hat, braucht sie nicht erst gesucht und durch künstliche Vermittlungen hergestellt zu werden; sie liegt vielmehr jedem ihrer Sätze als erste anschauliche Gewißheit zugrunde. Der Begriff des Lebens und der des Wissens lassen sich, wie sich gezeigt hat, nur gemeinsam, nur mit- und durcheinander fassen und entwickeln. Hier handelt es sich also nicht mehr darum, das eine Moment in das andere irgendwie aufzunehmen, das »Leben« im »Wissen« abzubilden. Vielmehr ist das eine von Anfang an als das andere, das andere als das eine erkannt: das Wissen ist das zur Klarheit und Einsicht gelangte Leben, wie das Leben nur das verhüllte, noch nicht zum Bewußtsein über sich selbst gelangte Wissen ist. Die Frage, wie der Gedanke zu der Wirklichkeit »komme«, ist müßig: denn es gibt keine andere Wirklichkeit als die, die er in sich selbst hat und ist. Die Aufgabe der Theorie der Erkenntnis kann nicht darin bestehen, diese fundamentale Identität zu erklären — denn jeder Erklärungsversuch müßte sie bereits voraussetzen — sondern nur darin, sie im Einzelnen darzustellen und aufzuweisen. Es gilt, dem Parallelismus in der Geschichte des »Geistes« und in der Geschichte der »Natur« in allen seinen Besonderungen nachzugehen und auf diese Weise die erste Grundgewißheit, auf der alles Erkennen ruht, mit konkretem anschaulichen Gehalt zu erfüllen. Von diesem Gesichtspunkt aus unternimmt das »System des transzendentalen Idealismus« nochmals die Konstruktion der beiden Grundreihen, der realen wie der idealen Reihe. Beide drücken symbolisch den gleichen Gehalt aus, der sich demnach auch auf ihren verschiedenen Stufen in übereinstimmender, wenngleich nicht identischer Weise darstellen muß. Der Fortgang des Ich von der ursprünglichen Empfindung bis zur produktiven Anschauung, von der produktiven Anschauung bis zur Reflexion, von der Reflexion bis zum absoluten Willensakt enthält zugleich das allgemeine Grundschema für die Ordnung und Gestaltung der objektiv-gegenständlichen Natur. Schon die »Allgemeine Übersicht der philosophischen Literatur« vom Jahre 1796/97 hatte ausgesprochen, daß die äußere Welt vor uns aufgeschlagen liege, um in ihr die Geschichte unseres Geistes wieder zu finden [1]. Was hier ein bloßes Aperçu geblieben war, soll jetzt philosophisch in die Tat umgesetzt werden. In der Durchführung dieser Grundabsicht greift Schelling freilich wieder — mehr, als es in den unmittelbar voraufgehenden Schriften der Fall gewesen war — auf Motive und Formeln der Wissenschaftslehre zurück. Aber in der Gesamtansicht bleibt dennoch zwischen ihm und Fichte eine entscheidende Differenz; denn das Ausgehen vom Selbstbewußtsein gilt ihm nicht mehr als durch eine unbedingte sachlogische Notwendigkeit gefordert, sondern als ein frei gewählter Standpunkt, von dem daher in einer anderen Behandlungsweise wiederum abstrahiert werden kann. Die Transzendentalphilosophie als solche kennt freilich keine andere Aufgabe und darf keine andere kennen als die, eine Wissenschaft des Wissens zu sein; aber sie steht eben damit von Anfang an unter einer freiwilligen Beschränkung, die sie sich selber auferlegt [2]. Diese Schranke darf nicht durchbrochen werden, indem wir in die transzendentalphilosophische Betrachtung willkürlich Bestandteile hineinnehmen, die einer anderen Methodik angehören; aber sie muß als solche eingesehen werden. Und damit ergeben sich wiederum zwei gleichberechtigte Ansichten, die erst, indem wir jede von ihnen rein für sich und unbekümmert um die andere durchführen, das Ganze der Philosophie konstituieren. Der Naturphilosoph, der vom bewußtlosen Leben seinen Ausgang nimmt, um zu verfolgen, wie es sich in stetiger Potenzierung zum

---
[1] S. W. I, 383.
[2] S. System des transzendentalen Idealismus; S. W. III, 354f., 357.

Bewußten steigert — und der Transzendentalphilosoph, der die Gesetze aufweist, nach denen dem Ich in der Selbstbeschränkung seiner eigenen Tätigkeit die Gesamtheit einer objektiven Vorstellungswelt entsteht, sind zuletzt auf ein und dasselbe identische Grundverhältnis gerichtet, dessen Aufstellung das durchgängige Thema aller Philosophie überhaupt ausmacht.

Damit aber stehen wir bereits unmittelbar an der Schwelle der **Identitätsphilosophie**, deren Grundgedanke in der Tat schon im »System des transzendentalen Idealismus« latent ist. Denn der »Parallelismus« der transzendentalphilosophischen und der naturphilosophischen Ansicht kann nicht durchgeführt werden, ohne daß sich der Gedanke sogleich aufgefordert fühlt, gleichsam den unendlich-fernen Punkt zu fixieren, den diese beiden Parallelen bestimmen. Erst indem wir uns bis zu diesem Punkte forttreiben lassen, verlassen wir damit, wie es scheint, die Einseitigkeit und Relativität eines einzelnen, willkürlich eingenommenen »Standpunktes«, und finden uns damit erst der absoluten Wirklichkeit selbst gegenüber. Diese Wirklichkeit wäre weder subjektiv noch objektiv, weder bewußt noch bewußtlos, weder real noch ideal, sondern sie wäre schlechthin die **Indifferenz** aller dieser gegensätzlichen Momente. Die Forderung einer solchen Indifferenz muß freilich solange als eine leere logische Formel erscheinen, als nicht ein Gebiet aufgewiesen ist, in welchem sie sich tatsächlich erfüllt und sich damit zugleich in ihrer »Möglichkeit« erweist. Schon das »System des transzendentalen Idealismus« hat indes dieses Gebiet erschlossen, indem es als Abschluß und Vollendung der Entwicklung des Geistes die Stufe der künstlerischen Produktivität bezeichnete. Denn in dieser ist in der Tat das Unbegreifliche getan — ist eine neue »Welt« geschaffen, die von dem Gegensatz des Bewußten und Unbewußten, des Realen und Idealen nicht mehr berührt wird. »Es ist gleichsam, als ob in den seltenen Menschen, welche vor andern Künstler sind im höchsten Sinne des Wortes, jenes unveränderlich Identische, auf welches alles Dasein aufgetragen ist, seine Hülle, mit der es sich in andern umgibt, abgelegt habe und so wie es unmittelbar von den Dingen affiziert wird, ebenso auch unmittelbar auf alles zurückwirke. Es kann also nur der Widerspruch zwischen dem Bewußten und dem Bewußtlosen im freien Handeln sein, welcher den künstlerischen Trieb in Bewegung setzt, sowie es hinwiederum nur der Kunst gegeben sein kann, unser unendliches Streben zu befriedigen und auch den letzten und äußersten Widerspruch in uns aufzulösen.« Dem Produkt der echten Kunst gegenüber verliert die Frage, ob es mit Bewußtsein oder ohne Bewußtsein hervorgebracht sei, jeden Sinn, da es sich von Anfang an gänzlich außerhalb dieser Alternative hält. Es ist zugleich Produkt der höchsten Freiheit, wie der reinsten Natur. In dieser Beziehung bildet es ein Verhältnis nach, das uns bereits am Problem des Organismus entgegentrat, das aber hier von einer neuen Seite her und damit erst in voller Klarheit erfaßt wird. Der Organismus wie das Kunstwerk weisen beide ihrem reinen Gehalt nach eine neue spezifische Einheit zwischen Notwendigkeit und Freiheit auf; aber sie bringen diese Einheit in zwei verschiedenen Richtungen zum Ausdruck. Die Natur fängt bewußtlos an und endet bewußt; ihre Produktion ist nicht zweckmäßig, nicht von der Vorstellung eines bestimmten Zieles geleitet, wohl aber weist ihr Produkt alle Züge der höchsten zweckmäßigen Einheit auf. Dagegen beginnt das Ich in seiner künstlerisch-schöpferischen Betätigung allerdings bewußt, aber es endet damit, einen Inhalt aus sich herauszustellen, der nunmehr, aller subjektiven Willkür enthoben, ein eigenes objektives Sein, weil ein unabhängiges selbstgenügsames Leben besitzt. Das Ich ist daher in der Erzeugung des Kunstwerks bewußt der Produktion nach, bewußtlos in Ansehung des Produkts. In dieser doppelten Bestimmung besteht und vollzieht sich das Schaffen des Genies. Denn eben darin liegt der Charakter aller Genialität, daß in ihr die höchste Absicht waltet und daß dennoch ihr Erzeugnis d u r c h Absicht niemals zu erreichen und zu erklären ist. In dem vollendeten Werk des Genies liegt ein unendlicher objektiv gewordener Sinn vor: ein Sinn, der durch keine bloße Reflexion, und somit auch nicht durch die Reflexion des schaffenden Individuums selbst zu fassen und auszuschöpfen ist. Dem Genie selbst erscheint daher dieser Gehalt nicht als ein von ihm erdachter oder hergestellter, sondern als ein selbständig Gewachsenes und Gewordenes. »Ebenso wie der verhängnisvolle Mensch nicht vollführt, was er will oder beabsichtigt, sondern was er durch ein unbegreifliches Schicksal, unter dessen Einwirkung er steht, vollführen muß, so scheint der Künstler, so absichtsvoll er ist, doch in Ansehung dessen, was das eigentlich Objektive in seiner Hervorbringung ist, unter der Einwirkung einer Macht zu stehen, die ihn von allen andern Menschen absondert und ihn Dinge auszusprechen oder darzustellen zwingt, die er selbst nicht vollständig durchsieht, und deren Sinn unendlich ist. Da nun jenes absolute

Zusammentreffen der beiden sich fliehenden Tätigkeiten schlechthin nicht weiter erklärbar, sondern bloß eine Erscheinung ist, die, obschon (vom Standpunkt der bloßen Reflexion) unbegreiflich, doch nicht geleugnet werden kann, so ist die Kunst die einzige und ewige Offenbarung, die es gibt und das Wunder, das, wenn es auch nur einmal existiert hätte, uns von der absoluten Realität jenes Höchsten überzeugen müßte.« Die ästhetische Anschauung ist die objektiv gewordene intellektuelle und die Kunst somit das einzige wahre und ewige Organon zugleich und Dokument der Philosophie, welches immer und fortwährend aufs neue beurkundet, was die Philosophie äußerlich nicht darstellen kann, nämlich das Bewußtlose im Handeln und Produzieren und seine ursprüngliche Identität mit dem Bewußten [1].

Betrachtet man lediglich den Inhalt dieser Sätze, so scheint diese letzte Stufe der Schellingschen Philosophie nur der Ausdruck einer Lehre zu sein, die in der »Kritik der Urteilskraft« bereits vollständig und abgeschlossen gegeben war. Schellings Grundansicht der Kunst enthält begrifflich keinen einzigen Zug, der nicht in Kants Ästhetik vorgebildet wäre. Hier fand sich bereits jene synthetische Vereinigung, wie jene antithetische Entgegensetzung zwischen dem Kunstgebilde und dem Gebilde der organischen Natur ausgesprochen, die die Grundlage für Schellings dialektische Entwicklungen wird. Die Natur ist schön, wenn sie zugleich als Kunst aussieht und die Kunst kann nur schön genannt werden, wenn wir uns bewußt sind, sie sei Kunst und wenn sie uns doch als Natur aussieht. Wie diese Sätze schon für Schiller zur ersten entscheidenden Anregung geworden sind [2], so bilden sie weiterhin den latenten Mittelpunkt, um den sich die Poetik der romantischen Schule bewegte. Ein Lyzeumsfragment Friedrich Schlegels vom Jahre 1797 betont, daß die einfachsten und nächsten Fragen der Theorie der Dichtkunst, wie z. B. die Frage, ob man Shakespeares Werke als Kunst oder als Natur beurteilen solle, sich nicht beantworten lassen, ohne die tiefste Spekulation [3]. Diese Spekulation in ihrem gesamten Umfang darzustellen und bis zu ihrer Vollendung fortzuführen, ist das Ziel, das Schellings »System des transzendentalen Idealismus« sich stellt. Damit aber treten die Kantischen Sätze, so wenig sie inhaltlich

---

[1] System des transzendentalen Idealismus, Sechster Abschnitt, § 1–3, S. W. III, 612 ff.
[2] Vgl Schillers Brief an Körner vom 23. Februar 1793 (Briefe [Jonas] III, 276 ff.).
[3] Friedr. Schlegel, Kritische Fragmente (Jugendschriften, ed. Minor, II, 201).

verändert scheinen, in einen neuen geistigen Zusammenhang ein, in welchem sie sogleich eine andere gedankliche Wendung erhalten. Was für Kant lediglich die Antwort auf eine Frage war, die die Methodik des ästhetischen Urteils ihm stellte, das wird für Schelling zur letzten Auskunft über den Sinn des absoluten Weltprozesses. Das Mysterium, das dem sittlichen Willen, wie der spekulativen Naturbetrachtung im letzten Grunde unlöslich bleiben mußte, wird in jedem einfachsten Phänomen künstlerischen Schaffens und künstlerischer Betrachtung enthüllt. Denn die Kunst geht hinter die Trennung, hinter die Urdifferenz zurück, die für jene beiden unaufheblich bleibt, weil sie ein konstitutives Moment ihres eigenen Begriffs bildet. »Die Kunst ist eben deswegen dem Philosophen das Höchste, weil sie ihm das Allerheiligste gleichsam öffnet, wo in ewiger und ursprünglicher Vereinigung gleichsam in Einer Flamme brennt, was in der Natur und Geschichte gesondert ist und was im Leben und Handeln, ebenso wie im Denken ewig sich fliehen muß. Die Ansicht, welche der Philosoph von der Natur künstlich sich macht, ist für die Kunst die ursprüngliche und natürliche. Was wir Natur nennen, ist ein Gedicht, das in geheimer wunderbarer Schrift verschlossen liegt. Doch könnte das Rätsel sich enthüllen, würden wir die Odyssee des Geistes darin erkennen, der wunderbar getäuscht, sich selber suchend, sich selber flieht; denn durch die Sinnenwelt blickt nur wie durch Worte der Sinn, nur wie durch halbdurchsichtigen Nebel das Land der Phantasie, nach dem wir trachten.« In diesen Hymnus klingt jetzt Schellings Philosophie aus – und in ihm bekundet sich zugleich unmittelbar die Gedankenstimmung, in welcher sie sich gegenüber dem Problem der wissenschaftlichen Erkenntnis befinden muß. Dieses Problem muß aus seiner zentralen Stellung verschwinden: denn es schließt freilich das Land der Phantasie nicht auf, dem Schellings Lehre zustrebt. Soll dennoch die Einheit der Philosophie als Einheit des Wissens gewahrt werden, so bleibt jetzt nur der umgekehrte Weg: die Lehre vom Wissen muß eine innere Umgestaltung erfahren, indem sie aus ihrer abstrakten theoretischen Isolierung heraustritt und sich mit den neuen Elementen erfüllt, die ihr durch die universelle ästhetische Anschauung zugeführt werden.

Und hier erst trennt sich nunmehr Schelling endgültig von Fichte. Man kann der bitteren und ungerechten Polemik, die jetzt von beiden Seiten her einsetzt, nur dann einen fruchtbaren sachlichen Sinn abgewinnen, wenn man sie als Ausdruck dieses prinzipiellen Gegensatzes versteht, der freilich für beide Gegner durch Momente von geringerer und nebensächlicher Bedeutung häufig verdeckt wird. Immerhin führt Schellings Abgrenzung seiner Lehre, die er in dem Aufsatz »über das Verhältnis der Naturphilosophie zur Philosophie überhaupt« (1802) vollzieht, sogleich auf den entscheidenden Punkt, indem sie die ethische und die künstlerische Ansicht der Natur durchgehend kontrastiert: ein Kontrast, den die spätere »Darlegung des wahren Verhältnisses der Naturphilosophie zu der verbesserten Fichteschen Lehre« sodann mit einer außerordentlichen Kraft der Ironie erleuchtet. Für die Ansicht des Ethikers »i s t« die Natur nur, um durch die fortschreitende sittliche Arbeit beseitigt, um schließlich überwunden und aufgehoben zu werden. Alles Leben, das ihr zu eignen scheint, ist lediglich der Reflex, der von der sittlichen Aufgabe her, welcher allein wahrhafte Realität zukommt, auf sie zurückfällt. Unternimmt man es von diesem Standpunkt aus, ein theoretisches Gesamtschema der Natur aufzustellen, so müssen aus ihm alle Züge einer selbständigen und selbstgenügsamen Wirklichkeit herausfallen. Die Natur löst sich in eine Summe von Empfindungen, als subjektiven Zuständen des Ich, und in die Objektivierung dieser Empfindungen durch abstrakte Allgemeinbegriffe auf. Und dies ist in der Tat der einzige Begriff, der innerhalb der Fichteschen Lehre für sie zurückbleibt. Sinnliche Qualitäten, wie Glattheit, Rauheit, Süßigkeit oder Bitterkeit werden kraft eines bestimmten Mechanismus der Intelligenz in den Raum versetzt, über Flächen verbreitet und damit zu den konkreten »Dingen« der Erfahrung ausgebildet. Nun mag man zugeben, daß diese Beschreibung auf dasjenige zutrifft, was die populäre Weltansicht unter ihren »Dingen« versteht: aber in keinem Falle wird damit, wie Schelling betont, jene Wirklichkeit getroffen, die die Naturphilosophie behauptet und in Anspruch nimmt. Denn diese Wirklichkeit ist eben dadurch charakterisiert, daß sie über alle bloße Dinglichkeit hinausgeht. Die festen und starren Gegenstände erscheinen dem Blick des Naturphilosophen lediglich als die Oberfläche, hinter der der kontinuierliche Strom des Geschehens als das allein Reale sich verbirgt. Dieser stetige Prozeß der Gestaltung aber, der in keiner einzelnen Gestalt jemals zur Ruhe kommt, erschließt sich in seiner Totalität und Unbedingtheit lediglich der ästhetischen Anschauung. Weil Fichte diese Anschauung verschlossen bleibt, vermag er — wie Schelling ihm vorwirft — niemals bis zum eigentlichen Kern der neuen Wirklichkeitsauffassung der Naturphilosophie vorzudringen — muß er in ihr, die lediglich darauf geht, das »Intelligible« der Natur lebendig und sichtlich zu machen, einen bloßen Rückfall in den »Realismus« der gewöhnlichen Weltansicht sehen[1]. In Wahrheit aber ist er es, der der Natur eine Materialität, eine bloße Stofflichkeit zuschreibt, die die Naturphilosophie nicht kennt und nicht versteht. Denn mag immerhin die Natur in seiner Lehre nur als Objekt der sittlichen Betätigung gelten: so ist doch eben damit ihr Sein als Schranke des Sittlichen gefordert, also als ebenso notwendig, wie diese Betätigung selber gedacht. Mit der Vernichtung der Schranke wäre der sittliche Wille selbst um seinen Gegenstand und damit um seinen Sinn gebracht. Der Ethiker Fichte braucht die Natur — wäre es auch nur, um sie mit Füßen zu treten, um im Bewußtsein der Erhabenheit der moralischen Aufgabe über sie triumphieren zu können. Dieser Hochmut der Erhabenheit über die Natur ist es, den Schelling insbesondere in Fichtes »Bestimmung des Menschen« ausgeprägt und heilig gesprochen findet[2]. Und wieder ist es das universelle Mitempfinden mit der Natur, ist es das romantische Weltgefühl, das sich hiergegen in ihm auflehnt. Schellings Philosophie fühlt sich hier zugleich als die Prophezeiung und als die Erfüllung einer neuen Zeit. »Die Vorzeit — so verkündet sie triumphierend — hat sich wieder aufgetan, die ewigen Urquellen der Wahrheit und des Lebens sind wieder zugänglich. Der Geist darf sich wieder freuen und frei und kühn in dem ewigen Strom des Lebens und der Schönheit spielen. Es regt sich in allem Ernste eine in bezug auf die zunächst vorhergegangene völlig neue Zeit, und die alte kann sie nicht fassen, und ahndet nicht von ferne, wie scharf und lauter der Gegensatz sei.. Herr Fichte ist die philosophische Blüte dieser alten Zeit und insoferne allerdings ihre Grenze.. Hat ihn die Zeit gehaßt, so ist es, weil sie die Kraft nicht hatte, ihr eigen Bild, das er, kräftig und frei, ohne Arg dabei zu haben, entwarf, im Reflex seiner Lehre zu sehen[3].« In dieses freie Spiel mit dem Sein der Natur und Geschichte aber wird nunmehr auch die wissenschaftliche Erkenntnis hineingezogen: denn die Natur »erkennen«, heißt nach dem Ideal, das hier herrschend ist, nichts anderes, als ihre unendliche Gestaltenfülle innerlich nachzuleben. Ist diese Aufgabe aber

---

[1] Über das Verhältnis der Naturphilosophie zur Philosophie überhaupt (1802 3); vgl bes. S. W. V, 110 ff.
[2] S. Schellings Rezension der Fichteschen Schrift über das Wesen des Gelehrten, S. W. III, 16 ff; vgl die »Darlegung des wahren Verhältnisses der Naturphilosophie zu der verbesserten Fichteschen Lehre«, S. W. VII, 36, 111 ff.
[3] Darlegung etc. S. W. VII, 50.

einmal erfaßt, so kann sie nicht wieder verloren gehen: »nie wird, es müßte denn die ganze Zeit sich wandeln, Philosophie wieder die ewige Beziehung auf die Natur von sich ausschließen können und mit dem einseitigen Abstraktum der intelligenten Welt das Ganze umfassen wollen«.[1]

Mißt man freilich die Ausführung des Schellingschen Identitätssystems an diesen dithyrambischen Verheißungen, so muß man sich enttäuscht fühlen. Denn hier, wo die ästhetische Phantasie die Lücken des systematischen Zusammenhanges nicht nur überfliegen, sondern wahrhaft ausfüllen soll, sieht sie sich notwendig wieder auf die Mithilfe und die nüchterne Arbeit des Begriffs zurückgewiesen. Die Totalität der Seinsgestaltungen soll aus einem Prinzip der Vernunft begriffen und konstruiert werden. Schelling knüpft hierfür zunächst an Spinozas Ethik an, deren Deduktionen er oft bis in alle Einzelheiten übernimmt und selbst sprachlich und terminologisch nachahmt. Aber der Gehalt, der hier zum Ausdruck gebracht werden soll, steht mit dieser philosophischen Form in einem inneren Widerstreit. Die »Darstellung des Systems der Philosophie« vom Jahre 1801, die Schelling selbst als die eigentliche authentische Quelle für seine Lehre bezeichnet, beginnt mit der allgemeinen Erklärung der Vernunft. »Ich nenne Vernunft die absolute Vernunft, oder die Vernunft, insofern sie als totale Indifferenz des Subjektiven und Objektiven gedacht wird.« Man gelangt, wie hinzugefügt wird, zu diesem Begriff durch die Reflexion auf das, was sich in der Philosophie zwischen Subjektives und Objektives stellt und was offenbar ein gegen beide indifferent sich Verhaltendes sein muß. Das Denken der Vernunft ist jedem anzumuten; aber es erschließt sich in seiner wahren Reinheit und Absolutheit nur dem, der in ihm zugleich von dem Denkenden, als dem Subjektiven, und von dem Gedachten, als dem Objektiven, zu abstrahieren vermag. Die Vernunft wird durch jene Abstraktion zu dem wahren An sich, welches eben in den Indifferenzpunkt des Subjektiven und Objektiven fällt[2]. Nimmt man diese Sätze — wie Schelling selbst es hier fordert — als den Anfang seiner Philosophie, so kann es kaum etwas Leereres und von aller Anschauung Entfernteres geben als sie. Denn der Gedanke des Absoluten, wie der der Indifferenz, wird hier ohne jede vorangehende sachliche Vermittlung und Vorbereitung durch eine bloße Worterklärung eingeführt. Auf welchem

---

[1] Aphorismen zur Einleitung in die Naturphilosophie (1806); S. W. VII, 145.
[2] Darstellung meines Systems der Philosophie (1801), § 1, S. W. IV, 114 f.

Wege es möglich sein soll, diese Nominaldefinition mit einem bestimmten Sinn zu erfüllen, — auf welche Weise und kraft welcher Methode wir zu jenem »Denken« gelangen, das jegliche Beziehung zum Denkenden sowohl, wie zum Gedachten abgestreift hat, — wird nirgends angedeutet. Und die weitere Entwicklung löst diesen Zweifel nicht, sondern folgert, unbekümmert um kritische Bedenken, von dem einmal festgesetzten Anfange aus weiter. Aus ihm ergibt sich unmittelbar, daß außer der Vernunft nichts ist, vielmehr alles in ihr sein müsse. Denn gäbe es etwas außer ihr: so müßte es entweder für sie selbst außer ihr sein, womit sie relativ zu ihm als das Subjektive gesetzt würde; oder aber es wäre nicht für sie selbst, wohl aber an sich außer ihr, in welchem Falle sie sich aber zu ihm wie ein Objektives zu einem anderen Objektiven verhalten, also selbst objektiv sein müßte. Beides aber widerstreitet in gleicher Weise der ersten Voraussetzung der »Indifferenz«. Die Vernunft ist somit schlechthin Eine und schlechthin sich selbst gleich; das höchste Gesetz für ihr eigenes Sein, wie — da außer ihr nichts ist — für alles Sein überhaupt ist das Gesetz der Identität. Der Satz $A = A$ ist, weil er allein das Wesen der Vernunft ausdrückt, auch der einzige unbedingt gewisse. Demnach gibt es vom Standpunkt der Vernunft aus keine Endlichkeit, sowie keine Verschiedenheit und Mannigfaltigkeit der Dinge. »Da es die Natur der Philosophie ist, die Dinge zu betrachten, wie sie an sich, d. h. insofern sie unendlich und die absolute Identität selbst sind, so besteht also die wahre Philosophie in dem Beweis, daß die absolute Identität (das Unendliche) nicht aus sich selbst herausgetreten und alles, was ist, insofern es ist, die Unendlichkeit selbst sei; — ein Satz, welchen von allen bisherigen Philosophen nur Spinoza erkannt hat, obgleich er den Beweis dafür nicht vollständig geführt, noch auch ihn so deutlich ausgesprochen hat, daß er nicht hierüber fast allgemein mißverstanden worden wäre[1].«

Wie aber stimmt nun zu dieser immer wiederholten Versicherung, daß ein Herausgehen des Absoluten aus sich selbst, es werde bestimmt, auf welche Weise es wolle, schlechthin undenkbar sei[2], der dynamische Charakter der Schellingschen Philosophie? Die Ausschaltung der Zeit als eines Faktors der »Imagination« ist bei Spinoza verständlich, da diesem die Form der Vernunft mit der

---
[1] Darstellung § 2—14, S. W. IV, 115—120.
[2] Vgl. z. B. Fernere Darstellungen aus dem System der Philosophie (1802); § III, S. W. IV, 390; ferner S. W. VII, 7, 158 u. ö.

Form der Geometrie zusammenfällt, welche wiederum — kraft der mechanischen Konstruierbarkeit aller Naturvorgänge — die Form alles realen Naturgeschehens ist. Schellings Grundbegriff des organischen Werdens aber scheint jeder derartigen Reduktion zu widerstreben. Daher droht der Inhalt seiner Philosophie stets von neuem in Widerstreit mit den abstrakten Formeln des Identitätssystems zu geraten. Er selbst hält früheren und gleichzeitigen Lehren vor, daß sie im Wesen des Absoluten nichts als eitel Nacht zu sehen vermögen, »es schwindet vor ihnen in eine bloße Verneinung der Verschiedenheit zusammen und ist für sie ein rein privatives Wesen, daher sie es klüglich zum Ende ihrer Philosophie machen«. Die echte Aufgabe aller Philosophie aber bestehe darin, zu zeigen, wie sich jene Nacht des Absoluten für die Erkenntnis in Tag verwandle[1]. Betrachtet man hingegen die ersten Grundbestimmungen des Identitätssystems näher, so sieht man, daß auch sie für die Lösung dieser Aufgabe nichts enthalten und ergeben. Denn die »Indifferenz« gegenüber allen Gegensätzen, die sich im endlichen Sein finden, ist selbst ein lediglich negatives Prädikat. Sie unterscheidet das Absolute vom Sein der Natur, wie vom Sein des subjektiven Geistes; aber sie enthält nicht die geringste Erklärung dafür, wie aus jenem, von allen Gegensätzen unberührten Urgrund die gegensätzliche Wirklichkeit des Geistes und der Natur sich entfaltet. Die Lehre, daß der Grund aller Endlichkeit in der **quantitativen Differenz des Subjektiven und Objektiven** zu suchen sei und daß diese quantitative Differenz sich in verschiedenen »Potenzen« darstelle, in deren einer der subjektive, in deren anderer der objektive Faktor überwiegt — ist ersichtlich nicht mehr als eine Metapher. Gebraucht man für die quantitative Indifferenz die Formel $A = A$, für jedes Sein aber, in dem eine überwiegende Subjektivität oder Objektivität gesetzt ist, die Formel $A = B$, so soll die absolute Identität unter dem Bilde einer Linie gedacht werden, die gleich dem Magneten zwei verschiedene Pole hat

$$\overset{+}{A} = B \qquad\qquad A = \overset{+}{B}$$
$$A = A$$

Denken wir irgendein gegebenes Sein gleichsam auf dieser Linie aufgetragen, so bestimmt sich seine Eigenart danach, ob es dem Indifferenzpunkt ($A = A$) oder aber einem der beiden Pole

$$(\overset{+}{A} = B \text{ oder } A = \overset{+}{B})$$

---
[1] Fernere Darstellungen (§ IV), S. W. II, 403 f.

näher steht[1]. Dieser Gedanke, der in Schellings Potenzenlehre eine kombinationsreiche Ausführung erhalten hat, leistet indessen im Grunde nichts für das Problem, zu dessen Lösung er aufgestellt ist. Denn ein Überwiegen des einen oder des anderen »Faktors«, ein Vorherrschen des Moments des »Geistigen« oder »Natürlichen«, des Ideellen oder Reellen, des Bewußten oder Unbewußten läßt sich allenfalls verstehen, nachdem einmal diese Gegensätze, sei es empirisch übernommen, sei es spekulativ eingeführt worden sind: die Art aber, wie sie überhaupt und ursprünglich aus der Indifferenz hervorgehen, kann durch eine derartige Betrachtung in keiner Weise aufgehellt werden.

In der Ausführung des Einzelnen sieht sich daher Schelling unwillkürlich von dem Wege der rein logischen Deduktion alsbald wiederum abgedrängt und auf die ästhetische Anschauung, als das einzige positive inhaltliche Substrat seiner Gesamtansicht, zurückgewiesen. Die Art, wie in dem ursprünglich Einen das Mannigfaltige und Viele ruht, und wie dennoch dieses Eine durch die Berührung und Behaftung mit dem Mannigfaltigen nicht in die empirisch-endliche Zeitform verstrickt wird, wird verständlich, wenn wir das Verhältnis der ästhetischen I d e e zur sinnlichen Erscheinung ins Auge fassen. Keine tatsächliche Erscheinung in Raum und Zeit bringt die Wahrheit und Einheit der Idee zum adäquaten Ausdruck; sondern diese bleibt, von aller Veränderlichkeit unberührt, ein ewiges in sich geschlossenes und in sich ruhendes Sein. Und dennoch ist dieses reine und ewige Vorbild, das in allem künstlerischen Bilden und Betrachten lebendig und leitend ist, kein bloßes unterschiedloses Allgemeines, sondern es stellt bei aller Allgemeinheit, die es gegenüber seinen wandelbaren und zufälligen Verkörperungen innerhalb der Erscheinungswelt besitzt, dennoch zugleich eine charakteristische B e s o n d e r u n g dar. Der ideale »Typus«, der uns nach Schelling in jedem Kunstgebilde, wie in jedem Gebilde der organischen Natur entgegenleuchtet, bildet demnach eine absolute Einheit des Allgemeinen und Besonderen, der höchsten Universalität und der höchsten Individualität. Hier und hier allein begreifen wir wahrhaft, wie Beides sich nicht ausschließt, sondern sich wechselseitig bedingt und fordert. Und damit ist der weitere Weg vorgezeichnet. Das spekulative Weltproblem wird gelöst sein, wenn es gelingt, den Begriff der Welt restlos in das hier bezeichnete Schema aufgehen zu lassen. Dieser Versuch ist es, den die Schriften, die sich unmittelbar an

---
[1] S. Darstellung meines Systems § 37—50, S. W. IV, 131 ff.

die ersten systematischen Darstellungen des Identitätssystems anschließen, unternehmen und durchführen. Das Universum muß bis in seine letzten Einzelzüge hinein als Organismus und als göttliches Kunstwerk begriffen werden können, — wenn anders es dem rationalen und spekulativen Begriff überhaupt zugänglich sein soll.

Diese Stufe des Schellingschen Systems wird durch den Dialog »Bruno oder über das göttliche und natürliche Prinzip der Dinge« (1802) gekennzeichnet. Die starre Hülle der Spinozistischen Systemform ist hier durchbrochen, und hinter ihr tritt als eigentlicher Inhalt des Identitätssystems die Ideenlehre in ihrer Neuplatonischen Fassung und Wendung heraus. Insbesondere ist es Plotins Lehre vom intelligiblen Schönen, die jetzt in den Mittelpunkt tritt. Wie zuvor die künstlerische Produktion von Schelling als die Indifferenz zwischen bewußter und unbewußter Tätigkeit bestimmt wurde, so wird sie nun in einer zugleich erweiterten und verschärfenden Charakteristik als die Einheit zwischen dem Allgemeinen und Besonderen und somit als Einheit des Anschauens und Denkens bezeichnet. In dieser Einheit des Anschauens und Denkens aber ist zugleich die des Endlichen und Unendlichen und damit der Sinn des Weltprozesses überhaupt aufgeschlossen. Denn was in der künstlerischen Idee in reinster geistiger Form erfaßt wird, das ist im Schaffen der Natur in den ewigen Musterbildern aufweisbar, die durch alles Werden hindurchgehen. »Jene ewigen Urbilder der Dinge sind gleichsam die unmittelbaren Söhne und Kinder Gottes, daher auch in einer heiligen Schrift gesagt wird, daß die Kreatur sich sehne und verlange nach der Herrlichkeit der Kinder Gottes, welche die Vortrefflichkeit jener ewigen Urbilder ist... Es ist also auch auf der Erde kein Mensch, kein Tier, kein Gewächs, kein Stein, dessen Bildnis nicht in der lebendigen Kunst und Weisheit der Natur weit herrlicher leuchtete, als in dem toten Abdruck der geschaffenen Welt. Da nun dieses vorgebildete Leben der Dinge weder jemals angefangen hat, noch je aufhören wird, das nachgebildete dagegen unter dem Gesetz der Zeit nicht frei und bloß seiner eigenen Natur gemäß, sondern unter dem Zwange der Bedingungen entsteht und wieder vergeht, so werden wir also zugeben müssen, daß, so wenig als in seinem ewigen Dasein irgend etwas unvollkommen und mangelhaft ist, so wenig auf zeitliche Art irgendeine Vollkommenheit, welche sie sei, entstehen könne und daß vielmehr, zeitlich angesehen, notwendig alles unvollkommen und mangelhaft sei... Wenn du also ein Werk oder Ding schön nennest, so ist nur dieses Werk entstanden, die Schönheit aber nicht, welche ihrer Natur nach, also mitten in der Zeit ewig ist[1].«

Der rein spekulative Ertrag dieser Bestimmungen aber liegt darin, daß nunmehr erst die wahrhafte Vermittlung zwischen der absoluten Identität und der Mannigfaltigkeit gefunden scheint. Die Welt der ästhetischen Ideen bietet diese Vermittlung, indem sie mit dem Absoluten den Charakter der Ungewordenheit, mit der empirischen Welt den Charakter vollendeter Besonderung teilt. Diese Vereinigung eben ist es, die nach der Definition, die Schellings »Philosophie der Kunst« aufstellt, das Wesen der Idee überhaupt ausmacht; »die besonderen Dinge, sofern sie in ihrer Besonderheit absolut, sofern sie also als Besondere zugleich Universa sind, heißen Ideen[2].« Erst die Ideen schließen daher das Absolute auf: denn nur in ihnen ist eine positive, zugleich begrenzte und unbegrenzte Anschauung des Absoluten. Das Absolute für sich bietet keine Mannigfaltigkeit dar, es ist insofern für den Verstand eine absolute bodenlose Leere. Leben und Mannigfaltigkeit oder überhaupt Besonderung ohne Beschränkung des schlechthin Einen ist ursprünglich und an sich nur durch das Prinzip der göttlichen Imagination oder in der abgeleiteten Welt nur durch die Phantasie möglich, die das Absolute mit der Begrenzung zusammenbringt und in das Besondere die ganze Göttlichkeit des Allgemeinen bildet. »Dadurch wird das Universum bevölkert; nach diesem Gesetz strömt vom Absoluten, als dem schlechthin Einen, das Leben aus in die Welt; nach demselben Gesetz bildet sich wieder in dem Reflex der menschlichen Einbildungskraft das Universum zu einer Welt der Phantasie aus, deren durchgängiges Gesetz Absolutheit in der Begrenzung ist[3].«

Wie man sieht, ist freilich auch hier die Antinomie zwischen dem Allgemeinen und Besonderen, die das absolute Identitätssystem von Anfang an drückt, nicht logisch bewältigt, sondern nur einer anderen methodischen Instanz zugewiesen. So wird das »Mysterium«, um welches Schellings Philosophie sich dauernd bewegt, auch an dieser Stelle nicht enthüllt; wohl aber hat Schelling hier, indem er die letzte Klarheit über das Absolute und sein Verhältnis zur empirischen Wirklichkeit gewonnen zu haben glaubt, mittelbar

---
[1] Bruno, S. W. IV, 223 ff.; vgl. 241 ff.
[2] Philosophie der Kunst (1802 03), § 27, S, W. V, 390.
[3] a. a. O., § 30, S. W. V, 393 ff.; vgl. hrz. bes. die Vorles. über die Methode des akademischen Studiums (1803), XI, S. W. V, 317 ff.; sowie die »Ferneren Darstellungen aus dem System der Philosophie« (1802), § 4, S. W. IV, 405.

das Erkenntnisideal und das Erkenntnisprinzip seiner Lehre in einem allgemeinsten und abschließenden Ausdruck zusammengefaßt. Von hier aus läßt sich daher am deutlichsten die Einsicht in die Methode gewinnen, die für Schellings Philosophie bestimmend und eigentümlich ist, und die sie in all ihren inhaltlichen Wandlungen unverändert bewahrt hat.

II. Das Erkenntnisprinzip der Schellingschen Philosophie.

Schellings Philosophie enthält keine »Erkenntnistheorie« als einen gesonderten und für sich bestehenden Teil des Systems. Denn jede dem Erkennen selbst vorhergehende Untersuchung über die Bedingungen seiner »Möglichkeit« gilt ihr als ein fruchtloses Bemühen. Das kritische Unternehmen Kants wird in dieser Hinsicht als eine bloße Selbsttäuschung betrachtet. Bestünde die Forderung eines »Erkennens des Erkennens« im Kantischen Sinne zu Recht, so müßte sie, wie Schelling einwendet, folgerecht auch auf Kants eigene Untersuchungen ausgedehnt werden[1]. Diesem unendlichen Regreß läßt sich nur entgehen, wenn ein Punkt im Wissen bestimmbar ist, an welchem das Wissen selbst und sein »Gegenstand« unmittelbar in Eins fallen. Die höchste Wahrheit muß gemäß der Spinozistischen Grundforderung zugleich sich selbst und den Irrtum erhellen: nicht vermöge eines diskursiven Beweises, sondern kraft einer anschaulichen Gewißheit, die ihr unverlierbar und unbezweifelbar eignet. Als der Punkt, in dem diese Forderung sich erfüllt, war in der ersten Epoche der Schellingschen Philosophie die intellektuelle Selbstanschauung des Ich bezeichnet. Hier ist jede Schranke zwischen dem Erkennen und seinem Gegenstand geschwunden: denn das Ich »ist« nur, sofern es sich weiß und ist nur das, als was es sich weiß. Mit dem Übergang zur Naturphilosophie aber mußte auch dieses Kriterium sich erweitern. Denn die Identität des Idealen und Realen bleibt jetzt nicht auf die Sphäre des subjektiven Selbstbewußtseins beschränkt, sondern sie gilt überall dort, wo überhaupt Züge eines selbständigen Lebens sich offenbaren. Alles Leben, gleichviel ob es sich im reinen Denken reflektiert oder nicht, trägt seine eigene Gewißheit in sich selbst. Es bedarf keines »Beweises« von außen her, sondern hat sich selbst und bewährt sich vor sich selbst, indem es eben lebt und da ist. Die Frage der Erkenntnis ist damit scharf abgegrenzt: es handelt sich in ihr nicht darum, eine Realität jenseits des Lebens zu gewinnen,

---

[1] S. Münchener Vorlesungen zur Geschichte der neueren Philosophie, S. W. X, 79.

sondern den Weg anzugeben, vermöge dessen wir im Denken die Wirklichkeit des Lebens erfassen und uns zugänglich machen.

Hier aber zeigt es sich freilich alsbald, daß die Aufgabe unlösbar wäre und daß somit die Skepsis gegenüber jeglicher Form der Wirklichkeitserkenntnis Recht behielte, wenn das Denken lediglich jene Funktion besäße, die wir ihm in der empirischen Wissenschaft zuzuweisen pflegen. Denn der Sinn dieser Wissenschaft erschöpft sich in der Klassifikation und in der übersichtlichen systematischen Anordnung des »Gegebenen«. Die Dinge werden in der Art, wie sie einmal »sind«, d. h. wie sie sich uns in der empirischen Wahrnehmung darstellen, hingenommen und nach der Übereinstimmung oder Nicht-Übereinstimmung einzelner ihrer Merkmale in Klassen abgeteilt. Dieses Verfahren des Begriffs geht somit auf eine durchgängige Diskretion und Sonderung innerhalb des Gegebenen aus. Es zerteilt das Sein in letzte dingliche Urelemente. Aber daß uns auf diese Weise das Leben in seiner Grundform entflieht, ist unmittelbar ersichtlich: denn »Leben« bedeutet, wie wir uns aus den ersten methodischen Anfangsbestimmungen der Naturphilosophie erinnern, eine unendliche Produktivität, die in keinem Produkt jemals vollkommen aufgeht. Der empirisch-physikalische Begriff aber gibt uns im günstigsten Falle das Produkt in seiner Ähnlichkeit oder Verschiedenheit von anderen Produkten. Er ist die Methode, kraft deren wir die Unendlichkeit des Naturprozesses in einzelne starre Daseinspunkte, das stete Werden in ein fixes Gewordenes, wenngleich vergeblich, umzubilden streben. Dieser Begriff und das Sein bleiben einander ewig inadäquat; — und diese Unangemessenheit ist keine bloß relative und zufällige, die im Fortschritt der Erkenntnis behoben werden könnte, sondern sie beruht auf einem schlechthin unaufheblichen Widerstreit, der im Wesen beider begründet ist[1].

Soll also überhaupt ein Wissen der Wirklichkeit möglich sein, so muß die Erkenntnis neben dem empirischen Begriff ein anderes Organ besitzen, das sie, ohne alle Vermittlung durch die Objekte, unmittelbar in den Mittelpunkt des produktiven Prozesses selbst versetzt und sie damit von der »natura naturata« zur »natura naturans« erhebt. Diese Forderung erfüllt sich in der »intellektuellen Anschauung«, die damit zum methodischen Mittelpunkt des philosophischen Wissens überhaupt wird. Schon durch diesen Zusammen-

---

[1] Vgl. hrz. besonders die Einleitung zu dem Entwurf eines Systems der Naturphilosophie (1799), § 4, S. W. III, 275 ff. (s. ob. S. 230 ff.).

hang wird das Vorurteil beseitigt, als ob es sich in der Annahme der intellektuellen Anschauung um irgendein nicht weiter definierbares »mystisches« Vermögen handle. Schelling selbst hat gegen diese Deutung beständig protestiert. Was seine Philosophie als intellektuelle Anschauung bezeichnet — so erklärt er — das werde mit nicht mehr Grund als etwas Unbegreifliches und Geheimnisvolles angesehen, als etwa die reine Anschauung des Raumes, die der Geometrie zugrunde liegt[1]. Wie immer man daher über das sachliche Recht und die sachliche Tragweite des neuen Prinzips schließlich urteilen mag: das Eine steht jedenfalls von Anfang an fest, daß es als Prinzip innerhalb einer bestimmten methodischen Grundansicht und kraft einer bestimmten methodischen Begründung eingeführt wird. Sein Charakter läßt sich hierbei zunächst am kürzesten und prägnantesten in negativer Fassung bezeichnen. Wie für Fichte, so liegt für Schelling die Grunddifferenz zwischen sinnlicher und intellektueller Anschauung darin, daß die letztere sich von dem Zwange der dinglichen Ansicht befreit, in welcher jene erste befangen bleibt. Sie sieht nicht »Objekte«, sondern ein schlechthin Nicht-Objektives und in diesem Sinne »Unbedingtes«. Ihr Verfahren ist daher ursprünglich und notwendig genetisch: sie muß ihren Gegenstand, um ihn überhaupt erblicken zu können, zuvor in ein reines Werden aufgelöst haben. In dieser Forderung bleibt Schelling mit Fichte eins. Aber die genetische Methode weist im System beider eine charakteristische Verschiedenheit auf. Für Fichte, der vom Primat des Sollens ausgeht, dem alles Sein nur dann als wahrhaft gegründet gilt, wenn es auf einen Akt der Freiheit zurückgeführt ist, bedeutet auch die »Genesis« nichts anderes als die Reduktion des Gegebenen auf einheitliche Grundnormen, auf unbedingt gewisse logische oder ethische Werte. Es ist das höchste Gebot der Vernunft, daß alles bloß Bestehende und Daseiende sich für sie in einen sinnvollen teleologischen Zusammenhang wandelt, in welchem jedes Glied nicht nur ist, sondern um des anderen willen und für die Gesamtheit der anderen notwendig sein muß. Was die gewöhnliche Ansicht als »Natur«, was sie als die Realität der Objekte bezeichnet, — das verliert für den »genetischen Blick« der Philosophie seinen absoluten Bestand und Selbstwert und wird zu einem bloßen Moment in der stetigen Verwirklichung der Idee herabgesetzt. Die Idee tritt als Freiheitsidee den Scheinwerten des gegebenen empirischen Daseins gegenüber und formt dieses nach

---
[1] *Fernere Darstellungen aus dem System der Philosophie* (§ II), S. W. IV, 369.

ihrem imperativen Maßstab um. Wissen und Wollen stehen in dieser Hinsicht gleich: beide bedeuten die Behauptung und Durchsetzung der Identität der reinen Vernunftform. Auch Schelling geht, wie wir sahen, von dieser Grundansicht aus; aber er sucht die Idealität dieser Ansicht im »realistischen« Sinne zu ergänzen. Soll das genetische Verfahren der Philosophie wahrhaft begründet werden, so muß gezeigt werden, daß es nicht nur im Tun des Subjekts, sondern auch im Wesen des Objekts selbst wurzelt. Wir können die Natur nur deshalb in Akten der Intelligenz verstehen und schrittweise für uns aufbauen, weil sie an sich selbst kein totes und beharrendes Sein, sondern ein selbsttätiges Handeln, weil sie ein stetig fortschreitender dynamischer Prozeß ist. Wir k e n n e n die Natur nur darum a priori, weil sie a priori i s t — weil in ihr das allgemeine Prinzip der Organisation vor allen einzelnen besonderen Gestaltungen hervorgeht[1]. So wird für die genetische Betrachtungsweise und durch sie die Natur zum »Geist«, zu einer Entwicklungsreihe, in der sich ein eigenes selbständiges Leben der Dinge offenbart und entfaltet. Und eben dies macht nun die eigentümliche Kraft der »intellektualen Anschauung« aus, daß sie uns im Gegensatz zur bloßen Oberflächenansicht des getrennten Daseins der Dinge in diese Einheit ihres Ursprungs zurückführt. Für sie gibt es nichts Einzelnes, nichts abgesondert Bestehendes, sondern nur einen einzigen Zusammenhang des Gesamtgeschehens, in welchem alles Besondere nur durch seine spezifische Stelle bestimmt ist. Diese Stelle als eine rein individuelle zu erfassen und sie dennoch, in demselben unteilbaren Akt, als n o t w e n d i g e Stufe und Phase zu begreifen: das ist die eigentliche und wahrhafte Leistung, die durch die intellektuale Anschauung und nur durch sie vollbracht wird.

Diese Anschauung verharrt daher nirgends in bloßer Passivität, sondern sie ist, gemäß ihrem Prinzip und ihrer Aufgabe, immer zugleich die reine K o n s t r u k t i o n des Seins. Daß diese Konstruktion nicht etwa nur diesen oder jenen Teilbestand der Erkenntnis und der Wirklichkeit betreffen, sondern daß sie schlechthin auf das Ganze der Erfahrung gehen und keines ihrer Elemente außerhalb ihres Planes stehen lassen dürfe — darüber ist Schelling wiederum von Anfang an mit Fichte einig. Der Dualismus der »Kantianer«, die »Erfahrung« und »Denken«, »Stoff« und »Form«, »Aposteriori« und »Apriori« als reinlich getrennte Sphären betrachten, deren eine im »Gemüt«, deren andere in den »Dingen an

---
[1] S. ob. S. 233.

sich« ihren Ursprung hat, wird von ihm mit den gleichen Gründen und den gleichen Sarkasmen wie bei Fichte bekämpft. Es hat nie ein System existiert — so betont Schelling — das lächerlicher oder abenteuerlicher wäre. Denn es gibt so wenig eine »Erfahrung«, ein Gegebenes ohne das Moment des Denkens, wie es ein Denken abgelöst von jeder Beziehung auf Erfahrung, auf das Problem des Empirisch=Mannigfaltigen geben kann. »Der Satz: die Naturwissenschaft müsse alle ihre Sätze a priori ableiten können, ist zum Teil so verstanden worden, die Naturwissenschaft müsse die Erfahrung ganz und gar entbehren und ohne alle Vermittlung der Erfahrung ihre Sätze aus sich selbst herausspinnen können, welcher Satz so ungereimt ist, daß selbst Einwürfe dagegen Mitleid verdienen. Wir wissen nicht nur dieses oder jenes, sondern wir wissen ursprünglich überhaupt nichts als durch Erfahrung und mittels der Erfahrung, und insofern besteht unser ganzes Wissen aus Erfahrungssätzen. Zu Sätzen a priori werden diese Sätze nur dadurch, daß man sich ihrer als notwendiger bewußt wird, und so kann jeder Satz, sein Inhalt sei übrigens welcher er wolle, zu jener Dignität erhoben werden, da der Unterschied zwischen Sätzen a priori und a posteriori nicht etwa, wie mancher sich eingebildet haben mag, ein ursprünglich an den Sätzen selbst haftender Unterschied, sondern ein Unterschied ist, der bloß in Absicht auf unser Wissen und die Art unseres Wissens von diesen Sätzen gemacht wird[1].« Nicht der Inhalt einer bestimmten Erkenntnis, sondern ihre systematische Stellung und die Form ihrer systematischen Begründung gibt ihr somit die »Dignität« des Apriorischen oder Aposteriorischen. Je nach der Blickrichtung, je nach der Richtung der intellektuellen Synthesis scheiden sich für uns die beiden Bestimmungen. Und hierin stellt sich wieder, neben der methodischen Einheit im Grundgedanken, die besondere methodische Differenz zwischen Fichte und Schelling dar. Wenn Fichte sich in der Grundlegung des Naturrechts vermißt, Luft und Licht a priori zu konstruieren, — so bedeutet diese Konstruktion die rein ethisch=teleologische Ableitung beider. Diese Elemente der Erfahrung sind als notwendig eingesehen und somit a priori erwiesen, wenn sich zeigen läßt, daß sie zu den Mitteln gehören, vermöge deren die Gemeinschaft sittlichvernünftiger Wesen sich konstituiert. Das endliche Vernunftwesen kann sich selbst eine freie Wirksamkeit in der Sinnenwelt nicht

---

[1] S. W. I, 361; III, 277; vgl. die genau entsprechenden Bestimmungen bei Fichte; ob. S. 167 ff.

zuschreiben, ohne sie auch anderen zuzuschreiben, mithin auch andere endliche Vernunftwesen außer sich anzunehmen; — aber um diese Annahme zu realisieren, muß es weiterhin jedem von ihnen einen materiellen Leib zuschreiben und Luft und Licht als die Bedingungen setzen, unter denen eine physische Wirksamkeit zwischen diesen Leibern und daher mittelbar auch die intellektuelle Gemeinschaft zwischen den Vernunftwesen selbst allein möglich ist[1]. Schellings Begriff der Konstruktion aber hat insofern einen anderen Gehalt, als in ihm eine andere geistige Tendenz wirksam ist. Das Verständnis und die Rechtfertigung des Einzelnen erfolgt hier nicht dadurch, daß wir es einem ethischen Zweck als Mittel unterordnen, sondern daß wir es als ein notwendiges Element in die Anschauung eines ästhetischen Ganzen einordnen. Nicht die Idee des Sollens, sondern die Idee des Organismus ist auch hier das leitende Prinzip. Das Universum »konstruieren« heißt, es als durchgängigen Vernunftorganismus begreifen. So hebt die Konstruktion keineswegs das Besondere selbst, wohl aber das Moment der Einzelheit und Vereinzelung an ihm auf. Alle Irrtümer des Verstandes entspringen aus einem Urteil über die Dinge in der Nichttotalität gesehen. Man zeige sie ihm wieder in der Totalität und er selbst wird seinen Irrtum begreifen und bekennen. »Als Copernicus aufstand und lehrte, daß die Sonne nicht um die ruhende Erde, sondern diese um die ruhige Sonne wandle: das war dem Verstand ein hartes Ding und konnt' es nicht begreifen. Er hatte das Planetensystem angesehen in seiner Nicht-Totalität, wie es vom einzelnen Standpunkt der Erde und des Menschen erscheint. Als ihn jener hieß, in das Zentrum sich stellen, und ihm von da aus alles und sogar der notwendige Grund des eigenen Irrtums deutlich wurde, so begab er sich des Widerspruches und ist über diesen Punkt nun längst der Vernunft versöhnt[2].«

Durch diese Verknüpfung und Ineinsfassung des bestimmten Einzelfalles mit der Totalität der Erscheinungen erweist sich jede echte Konstruktion als reine Einheit des Abstrakten und Konkreten, des Allgemeinen und Besonderen[3]. Und so wahr diese Einheit Inhalt und Ziel alles Wissens ausmacht: so wahr ist die intellektuelle

---
[1] S. Fichte, Grundlage des Naturrechts nach Prinzipien der Wissenschaftslehre, § 3, § 5, § 6; S. W. III, 30 ff.
[2] Darstellung des wahren Verhältnisses der Naturphilosophie zur verbesserten Fichteschen Lehre; S. W. VII, 42.
[3] Vgl. hrz. bes. die Abhandlung »Über die Konstruktion in der Philosophie« (1802); S. W. V, 125 ff.

Anschauung nicht nur vorübergehend, sondern bleibend, als unveränderliches Organ, die Bedingung des wissenschaftlichen Geistes überhaupt und in allen Teilen des Wissens. Denn sie allein stellt das Endliche im Unendlichen, das Unendliche im Endlichen dar. »Der Anatom, welcher eine Pflanze oder einen tierischen Leib zergliedert, glaubt wohl unmittelbar die Pflanze oder den tierischen Organismus zu sehen, eigentlich aber erblickt er nur das einzelne Ding, das er Pflanze oder Leib nennt; die Pflanze in der Pflanze, das Organ im Organ und mit einem Wort den Begriff oder die Indifferenz in der Differenz zu sehen, ist nur durch intellektuelle Anschauung möglich.« Sie kennt daher »Dinge« nur, sofern sie ihr zugleich Symbole des Gesamtzusammenhangs, Symbole des Universums sind. Denn alle wahre Betrachtung, auch des Einzelnen ist Intuition aktueller Unendlichkeit[1]. Der Philosoph konstruiert somit nicht die Pflanze, nicht das Tier, sondern das Universum in Gestalt der Pflanze, das Universum in Gestalt des Tieres. Die Bestimmtheit, die er setzt, ist keine analytische, die auf der Trennung und Absonderung der Elemente gegeneinander beruht, sondern eine synthetische, die keine Teilung zuläßt, sondern in jedem angeblichen »Teil« unmittelbar wieder das Ganze erblickt[2]. In diesen Sätzen ist freilich das Ergebnis der Schellingschen Philosophie nicht sowohl von einer neuen Seite her begründet, als vielmehr lediglich wiederholt. Denn es ergibt sich jetzt ein Zirkel in der Darstellung und Beweisführung: wie die intellektuelle Anschauung den ersten Ansatzpunkt für die Naturphilosophie bildete, so soll andererseits die letztere in ihrer Durchführung den Beweis für die Wahrheit dieses Anfangs erbringen. Gäbe es nur jene zerstückelte Art, die Natur anzusehen, wie sie in der mechanischen Naturbetrachtung der Brauch ist, so ließe sich keine Notwendigkeit einsehen, über den analytisch-diskursiven Begriff hinauszugehen. Erst die dynamische Naturansicht zeigt, daß dieser Fortgang unumgänglich und in welcher Art er vollziehbar ist. In ihr ist, analog wie im künstlerischen Schaffen, die intellektuelle Anschauung zur Tat geworden, so daß sie sich fortan jedes Erweises ihrer »Möglichkeit« überheben kann. Dennoch fehlt es im Ganzen von Schellings Lehre — insbesondere in den Schriften, die der Grundlegung des Identitätssystems gewidmet sind — nicht an Versuchen, diese Möglichkeit auch auf dem Wege der rein methodischen Reflexion, durch eine

---

[1] Aphorismen zur Einleitung in die Naturphilosophie (1806); § 81, S. W. VII, 159
[2] Fernere Darstellungen etc., § 4, S. W. IV, 399 f.; vgl. bes. IV, 411.

Vergleichung und Abgrenzung der verschiedenen Erkenntnisarten, darzutun. Das nächste paradoxe Ergebnis dieser Überlegung aber scheint es zu sein, daß durch sie der Einheitsbegriff der »mathematischen Naturwissenschaft«, auf den sich Kants Untersuchung bezog und stützte, kritisch zersetzt und aufgelöst wird. Dieser Begriff — so zeigt sich jetzt — besteht aus völlig ungleichartigen Bestandteilen: sofern nämlich, wie Schelling darzulegen sucht, das empirische Moment der Physik mit jenem Moment, auf dem die Möglichkeit der mathematischen Erkenntnis beruht, innerlich unvereinbar ist und bleibt. Der Erkenntnistypus der Mathematik ist dem des empirischen Wissens aufs schärfste entgegengesetzt. Die empirische Physik kennt kein anderes Mittel, die Erscheinungen zu begreifen und zu »erklären«, als sie auf einen gleichförmigen Schematismus von Ursachen und Wirkungen zurückzuführen. Es ist freilich leicht einzusehen, daß sie sich hierbei innerhalb einer durchaus bedingten Sphäre bewegt, in welcher jedes Einzelglied immer nur auf ein anderes bezogen wird, ohne daß über den Sinn und die Bedeutung der Gesamtreihe irgend etwas ausgemacht wird, — aber das empirische Denken nimmt an dieser durchgängigen Relativität, die eben seinen grundsätzlichen Charakter ausmacht, keinen Anstoß. Es verfügt nur über diese eine Form des Begreifens, kraft deren es ein »Ding« vermöge der Kategorie der Kausalität immer wieder an ein anderes hängt und anheftet. Für den philosophischen Blick hingegen liegt eben in diesem beständigen Zurückgetriebenwerden der deutlichste Beweis für die Nichtigkeit des gesamten Gebiets, in dem sich dieser Prozeß bewegt. »Ein Nichtwesen sucht in dem anderen seine Realität, das selbst wieder keine in sich hat und sie in einem andern sucht. Das unendliche Anhängen der Dinge aneinander durch Ursache und Wirkung ist selbst der Ausdruck und gleichsam das Bewußtsein der Eitelkeit, der sie unterworfen sind, und ein Zurückstreben in die Einheit, worin allein alles wahrhaft ist.« Daß diese Erkenntnisart innerhalb ihrer Sphäre den Verstand bald mehr, bald weniger braucht und sich damit ein bald mehr oder weniger philosophisches Ansehen gibt, kann das Gesamturteil über sie nicht ändern. Sie ist falsch dem Prinzip nach und eine ewige und unversiegbare Quelle des Irrtums. Nicht ihre Form nur müßte verändert, sondern die ganze Ansicht muß völlig umgekehrt werden, ehe über die Gegenstände, welche sich diese Erkenntnisart genommen hat, ein Wissen entstehen kann[1].

---

[1] Fernere Darstellungen etc., § 1, § 4, S. W. IV, 343 ff., 397 u. s.; vgl. den Dialog Bruno, S. W. IV, 308 f.

Diese Umwandlung aber — und dies ist die neue Waffe, die jetzt gegen die empirisch-kausale Betrachtungsweise gekehrt wird — vollzieht sich nicht erst in der philosopischen, sondern bereits in der mathematischen Konstruktion. Beide Arten der Konstruktion — so verschieden sie untereinander sein mögen — stimmen dennoch in einem Punkte: in ihrem durchgängigen Gegensatz gegen das eben geschilderte Verfahren des »Empirismus« völlig überein. Denn die Abwendung von dem Kausalgesetz und derjenigen Welt, in welcher es gültig ist, macht auch den Grundzug der Mathematik und das eigentümliche Moment ihrer Gewißheit aus. Die Geometrie z. B. erklärt nicht, wie es komme, daß in einem Dreieck dem größeren Winkel immer die größere Seite gegenüber liege, sondern sie stellt diesen Zusammenhang einfach als einen notwendigen hin. Sie geht nicht hinter das anschauliche Gebilde, das ihr vorliegt, zurück, um es, wie dies in der mechanistischen Physik geschieht, durch etwas völlig anderes zu ersetzen; sondern sie verharrt rein in der Anschauung selbst, wobei sie indes die einzelne Anschauung mit anderen zur Form eines Systems, d. h. einer in sich geschlossenen und gegründeten Totalität von Gestalten zusammenfaßt. In dieser Erkenntnis bleiben wir somit in der »Indifferenz des Denkens und Anschauens« stehen, aus welcher wir in der empirisch-kausalen Betrachtung durch »die Wut alles zu erklären, nichts nehmen zu können, wie es ist in seiner Totalität, sondern nur auseinandergezogen in Ursache und Wirkung« beständig herausgerissen werden. Es gibt demnach in Wahrheit nur ein einziges Prinzip aller Konstruktion, wenngleich dies Prinzip verschiedene Anwendungen zuläßt. Dem Geometer ist es die allenthalben gleiche und absolute Einheit des Raumes, dem Philosophen ist es die Einheit des Absoluten selbst, die ihm zur Leitung und Richtschnur dient. Wie der Geometer, um die Eigenschaften seiner Figuren zu beweisen, nicht etwa zu dem Dasein der Körper hinausgeht, wie er vielmehr in der Form des reinen Raumes verharrt, und dennoch eben hier zu seinem Besonderen gelangt, so entwirft auch der Philosoph das reine Bild der Ideenwelt und ihrer Besonderung aus seinem Urprinzip der intellektuellen Anschauung[1]. Er »erklärt« nicht in dem Sinne, in welchem von Erklärung in der empirischen Wissenschaft gesprochen wird, sondern er konstruiert; allein eben bei diesem Verfahren wird

---

[1] Über die Konstruktion in der Philosophie, S. W. V, 139; Fernere Darstellungen § 1; S. W. IV, 344 f.

er am Ende mit der vollkommenen und geschlossenen Totalität der Gegenstände überrascht[1].

Die Analogie, die sich hier zwischen der mathematischen und der philosophischen Konstruktion ergibt, aber erleuchtet zugleich einen anderen wesentlichen Punkt von Schellings Methodik. So wenig wie die mathematische, so geht auch die philosophische Erkenntnisart jemals unmittelbar auf die Dinge der räumlich-zeitlichen Erfahrung, sondern immer nur auf ihre ewigen und unwandelbaren Urbilder. Wie die Mathematik sich lediglich innerhalb der Welt der reinen Gestalten und Zahlen hält und jede Rücksicht auf die empirisch-sinnliche Existenz der Körper von sich weist, so kann auch die Philosophie, ohne sich selbst zu verlieren, aus dem Universum der Ideen nicht heraustreten. In der ersten Phase der Schellingschen Naturphilosophie konnte es noch scheinen, als versenke sich die Anschauung des Naturphilosophen in das unmittelbare Leben der Dinge selbst, in den reinen Ablauf des zeitlichen Geschehens als solchen. Dieses Geschehen sollte auf bestimmte organische Einheitstypen als Richtkräfte zurückgeführt werden; aber diese Kräfte, die als ein »Permanentes« aus dem Fluß der Erscheinungen herausgehoben schienen, blieben doch andererseits dem zeitlichen Werden verhaftet, da sie nur an ihm und in ihm zur Sichtbarkeit zu gelangen vermochten. Erst die Epoche des Identitätssystems hat hier die Grenze schärfer gezogen. Innerhalb des Einen, schlechthin identischen und unwandelbaren Absoluten zeigt sich jetzt eine Mannigfaltigkeit und Besonderung, die dennoch rein ideeller Natur und von der empirischen Zertrennung der Dinge in Raum und Zeit aufs strengste zu unterscheiden ist. Die reine Einheit des Wesens des Absoluten ist mit der reinen Mannigfaltigkeit seiner Form zugleich; seine »Identität« ist nur in und mit seiner Totalität. Erst das System der Ideen als reiner Typen schließt den Gehalt des Absoluten auf[2]. Aber wenn sich auf diese Weise die reine Vielheit der Seinsgestaltungen, in ihrer ideellen Bedeutung, mit dem Einen als unzertrennlich verknüpft erweist, wenn sie »der dem Absoluten eingeborene Sohn und gleich ewig mit ihm« ist[3] — so fällt doch eben damit die Erscheinung in Raum und Zeit völlig aus ihm heraus. Sie ist, weil sie aus dem Absoluten nicht mehr deduziert und gerechtfertigt werden kann, eben deshalb

---

[1] Philosophie der Kunst, § 42; S. W. V, 418.
[2] S. ob. S. 252.
[3] S. S. W. IV, 327.

völlig nichtig: sie ist leerer Schein, der dem Sein und der Wahrheit des Absoluten und der Idee entgegensteht. In dieser Hinsicht hat Schelling die Konsequenz seines »absoluten Idealismus« mit derselben Schärfe gezogen, wie Fichte es in seiner zweiten Epoche getan hatte[1]. Aber freilich: schon die Möglichkeit dieses Scheins weist jetzt deutlich auf eine Schranke hin, die der Methode der intellektuellen Anschauung und der philosophischen Konstruktion gesetzt ist. Wie es überhaupt zu diesem Schein, wie es zu dieser Trennung des Reiches der empirischen Dinge vom Reich der reinen »Wesen« kommt: das ist auf keine Weise mehr verständlich zu machen. Jeglicher Versuch, auch diesen Übergang noch zu »konstruieren«, muß notwendig scheitern: denn alle Konstruktion bewegt sich nur innerhalb der idealen Sphäre und läßt die der empirisch-räumlichen Erscheinung außer und unter sich[2]. Der »Abfall« der Erscheinung von der Idee ist daher, wenngleich ein Faktum, ein rational in keiner Weise zu ergründendes, ja kaum zu bezeichnendes Faktum. Zwischen der Vollkommenheit des Absoluten und dem erscheinenden All ist — wie insbesondere die Schrift »Philosophie und Religion«, die den Übergang zur letzten Phase des Schellingschen Systems bildet, mit aller Bestimmtheit ausspricht — alle Stetigkeit abgebrochen: der Gedanke vermag von einem zum andern nur durch einen Sprung zu gelangen[3]. Wir stehen hier vor einem Akt der Freiheit, der aber mit einem Akt des schlechthin irrationalen Zufalls gleichbedeutend ist[4].

---

[1] S. ob. S. 188 ff.
[2] S. Über die Konstruktion in der Philosophie; S. W. V, 134 ff.
[3] Philosophie und Religion (1804); S. W. VI, 36 ff.
[4] Eine wenigstens mittelbare Erklärung des Übergangs der reinen Idee in die Sphäre der Räumlichkeit und Zeitlichkeit hat Schelling freilich versucht. Sie ist geschichtlich und systematisch besonders dadurch interessant, daß sie innerhalb der »realistischen« Reihe der Nachkantischen Philosophie ein genaues methodisches Gegenbild besitzt. Wie Herbart die räumlich-zeitliche Mannigfaltigkeit zwar nicht direkt aus den unräumlichen und unzeitlichen »Realen«, wohl aber aus den wechselnden Verhältnissen dieser Realen hervorgehen läßt (vgl. unten Kap. 5) — so soll bei Schelling die Relation der Ideen, die Platonische κοινωνία τῶν γενῶν, als letzter Grund der erscheinenden Vielheit nachgewiesen werden. Die Idee jeglichen Dinges ist rein für sich lediglich Position: sie ist lautere Selbstbejahung, die über alle Verneinungen und Schranken erhaben ist. Die Dinge nach den Ideen betrachten, heißt daher, sie ihrer Position nach betrachten, wie sie in Gott an sich selbst sind, ohne Relation aufeinander. Treten wir indessen in den Kreis dieser Relationen ein, so empfängt uns alsbald ein Bild des Seins, das durch und durch mit negativen Bestimmungen vermischt ist. Dieses Scheinbild (simulacrum) ist es, was wir das empirisch Wirkliche

Ist nunmehr die systematische Bedeutung und zugleich die systematische Grenze des Prinzips der intellektualen Anschauung festgestellt — so bleibt, um das volle Verständnis dieses Prinzips zu gewinnen, vor allem übrig, seine geschichtlichen Voraussetzungen und Vorbedingungen näher zu betrachten. Sie lassen sich in drei Namen, in die Namen: Spinoza, Kant und Goethe zusammenfassen. Die drei Welten, die sich in diesen Namen ausdrücken, unter einem einzigen methodischen Gedanken zu begreifen und aus ihm heraus zu versöhnen, bildete von früh an die geheime Triebfeder und den Ehrgeiz der Schellingschen Philosophie. Was Schelling zu Spinoza hinzog, war hierbei nicht sowohl der Inhalt, als die Form des Spinozistischen Systems. Von dem Inhalt bleibt er, selbst in jener Phase des Identitätssystems, in welchem er sich ihm am meisten nähert, durch die dogmatisch-realistische Durchführung, die Spinoza seinem Grundgedanken gibt, getrennt. Er selbst betont, daß der eigentliche Mangel des Spinozismus keineswegs darin liege, daß er die Dinge in Gott setzt, sondern darin, daß es eben Dinge sind, die hier in Gott gesetzt werden [1]. Auch zu nennen pflegen. Die Einheit der Idee wird in ihm auseinandergezogen in eine Verschiedenheit zeitlich aufeinanderfolgender Momente. An Stelle des organisch-teleologischen Zusammenhanges der Einzelglieder, vermöge dessen sie nach einem gemeinsamen Grundplane, wie die Teile eines Kunstwerkes im Geiste des Künstlers, zusammenhängen, tritt ihre Getrenntheit in Bedingung und Bedingtes, in Ursache und Wirkung. Auch diese Betrachtungsweise hat freilich noch irgendwie an den reinen und absoluten Wesenheiten teil, — denn sonst wäre sie überhaupt nicht — aber sie erfaßt sie nur in inadäquater Weise, nur in ihrer Relation aufeinander, also in ihrer Mischung oder ihrem Zusammenfluß. Diese Mischung ist es die die Möglichkeit des Wiederauseinandertretens der Elemente und damit den Keim des Todes in sich trägt. Geburt, Zeitleben und Tod gibt es nicht im All, wohl aber in den Beziehungen der einzelnen Elemente: denn diese drücken eben das aus, was jedes Element nicht durch sich selbst, sondern durch ein anderes ist und was daher an ihm wiederum aufhebbar ist. Die aktuelle Unendlichkeit der Formen, die sämtlich zumal und miteinander gesetzt sind, verwandelt sich hier kraft der Imagination in die empirische des Neben- und Nacheinander. »Das reine Compositum, oder die Relation für sich, wäre als ein bloßes *Ens imaginationis* ohne alle Realität und könnte nicht gesehen werden ohne das Positive, das in ihm widerleuchtet. Mit dem Positiven der durchleuchtenden Idee verbunden erzeugt es aber ein Doppelbild; wir sehen die Position mit dem, was an sich nichts ist, dem bloßen Compositum zugleich; also eine Mischung von Realität und Nichtrealität, ein wahres Scheinbild, das so wenig Wesentlichkeit hat als das *Spectrum solare*.« (Aphorismen zur Einleitung in die Naturphilosophie (1806), Nr. 81—152; S. W. VII, 159 ff.)

[1] Philosophische Untersuchungen über die menschliche Freiheit (1809); S. W. VII, 349.

die Form von Spinozas Ethik ist indes für Schelling nicht in d e m Sinne bestimmend geworden, daß der mathematische Fortschritt im Beweisgang für ihn als Vorbild gedient hat. Er hat sich freilich wie in fast allen philosophischen Darstellungsarten, auch in dieser, auch in der Demonstration »*more geometrico*« versucht; aber sie ist bei ihm ersichtlich nur eine äußere Hülle des Gedankens, die seinen eigentlichen Gehalt mehr verbirgt als bezeichnet. Der tiefere Zusammenhang ergibt sich erst, wenn man jene allgemeinsten Züge der Spinozistischen Methodik ins Auge faßt, die Spinoza selbst im »Tractatus de intellectus emendatione« entwickelt hat. Dem unbedingten Sein der Einen Substanz — so wird hier gezeigt — entspricht die unbedingte Wahrheit und Gewißheit der höchsten Wissensform. Wie in der göttlichen Substanz, kraft ihrer Definition, E s s e n z und E x i s t e n z zusammenfallen, wie in ihr die Form des allgemeinen Begriffs und die durchgängige konkrete Bestimmung unmittelbar Eins sind: so dürfen auch in der Erkenntnis, die diesem höchsten Sein adäquat sein soll, Anschauung und Begriff, Wirklichkeit und Notwendigkeit nicht mehr voneinander geschieden sein. Kraft dieser Bedingung wird die Erkenntnisstufe der I n t u i t i o n bei Spinoza mit gleicher Schärfe gegenüber der empirischen, wie gegenüber der rationalen Form des Wissens abgegrenzt. Das empirische Wissen ist dadurch ausgezeichnet, daß es auf durchaus bestimmte, konkrete Inhalte geht; aber es erfaßt diese Inhalte nur in ihrer Isolierung und in der Zufälligkeit ihrer jeweiligen, hier und jetzt gegebenen Merkmale. Der rationale Begriff hingegen sucht zwar diese Zufälligkeit zu überwinden; aber er vermag dies nur durch die Aufhebung der individuellen Besonderung der Gegenstände zu erreichen, an deren Stelle er ein gänzlich unwirkliches allgemeines Schema setzt. Beide Schranken des Wissens — die leere Allgemeinheit wie die zufällige Besonderheit — gilt es zu beseitigen, wenn wir zu seinem höchsten Typus vordringen wollen. In der echten intuitiven Erkenntnis ist diese Forderung erfüllt. Sie geht ausschließlich auf durchgängig bestimmte konkrete Wissensinhalte; aber sie erfaßt alle diese Inhalte selbst als ein streng geschlossenes, systematisches G a n z e s und prägt ihnen dadurch die Form der N o t w e n d i g k e i t auf. Die Behandlung schweift hier niemals in abstrakte Gattungsvorstellungen und Gemeinbegriffe ab, sondern geht von realen Wesenheiten aus, um sie gemäß der »Reihe der Ursachen« mit anderen realen Wesenheiten zu verknüpfen. Aber diese Reihe der Ursachen ist mit der Reihe der endlichen und veränderlichen Einzeldinge, deren Abfolge das empirische Wissen zu beschreiben und festzuhalten trachtet, nicht einerlei. Was in ihr erfaßt wird, sind vielmehr die »festen und ewigen Dinge« und deren Gesetze, in denen, als den wahrhaften Gesetzbüchern, die gesamte Ordnung eingeschrieben ist, nach welcher alles Einzelne ist und wird. »Denn die veränderlichen Dinge hängen derart innerlich und wesentlich von jenen festen und ewigen ab, daß sie ohne diese weder sein noch begriffen werden können: und so werden uns die festen und ewigen Dinge, obwohl sie besondere sind, dennoch wegen ihrer Allgegenwart und wegen ihrer überallhin sich ausdehnenden Macht doch gleichsam Universalien sein, nämlich die Gattungen der Definitionen der veränderlichen Einzeldinge und die nächsten Ursachen aller Dinge«[1]. Je mehr wir in der Anschauung des Besonderen und Realen, in der wir gleichwohl beharren, den Zwang des rein Faktischen, des räumlich-zeitlich Einzelnen, abstreifen — je mehr wir das Besondere selbst mit dem Gedanken der genetischen Definition erfüllen und es damit in seinem notwendigen Zusammenhang erkennen: um so reiner prägt sich in unserem Wissen das Urbild jenes unendlichen Intellekts aus, für den Denken und Anschauen, Allgemeines und Besonderes Eins sind.

An diese Gedankenreihe hat die »Kritik der Urteilskraft« in jenem bekannten Paragraphen angeknüpft, von welchem Schelling in der Schrift »Vom Ich als Prinzip der Philosophie« geurteilt hat, daß vielleicht niemals auf so wenigen Blättern so viele tiefe Gedanken zusammengedrängt worden seien wie hier[2]. Die ganze Weite und Freiheit des Kantischen Geistes bekundet sich in der Tat in der Schärfe und eindringenden Genauigkeit, mit der er hier ein Erkenntnisideal charakterisiert und würdigt, das dem seinigen in seinen letzten Ergebnissen diametral entgegengesetzt zu sein scheint. Dem menschlichen Verstande — so beginnt Kants Betrachtung — ist es unumgänglich notwendig, Möglichkeit und Wirklichkeit der Dinge zu unterscheiden: denn für ihn setzt sich alle Erkenntnis aus zwei ganz heterogenen Stücken, aus Verstand und sinnlicher Anschauung zusammen. Versetzen wir uns hingegen in den Standpunkt eines Intellekts, der den Gegenstand nicht lediglich mittelbar durch die Beziehung der Kategorie auf das gegebene Mannigfaltige der Sinnlichkeit bestimmt, sondern der ihn selbsttätig hervorbringt und in dieser Hervorbringung anschaut: so müßte

---

[1] Tractatus de intellectus emendatione, § 99 ff; zum Ganzen s. Band II, S. 87 ff.
[2] Vom Ich, S. W. II, 242.

für diesen aller Gegensatz des Möglichen und Wirklichen entfallen. Und eben dieser Gedanke eines »anschauenden Verstandes« ist es, der, wenngleich uns unsere Erkenntnisweise für ihn nirgends eine konkrete Erfüllung bietet, nichtsdestoweniger eine »unnachlaßliche Forderung der Vernunft« bleibt. Es ist freilich nach der Grundeinsicht der kritischen Lehre eine rein regulative Bedeutung, die dieser Idee innewohnt: nicht ein »hyperphysisches« Objekt soll durch sie außerhalb aller Grenzen der möglichen Erfahrung gesetzt, sondern die Erfahrung selbst soll als unendlicher Prozeß verstanden und damit in ihrem eigenen Begriff erst vollendet werden. Demnach geht auch das Ideal der intuitiven Erkenntnis, das hier entworfen wird, nicht darauf aus, sich in einem neuen Gegenstandsgebiet mit positivem Inhalt zu erfüllen, sondern wird vielmehr nur als das Gegenbild gebraucht, an welchem die Bedingtheit des endlichen und »diskursiven« Verstandes um so klarer und schärfer zum Bewußtsein gebracht werden soll. Diese Bedingtheit spricht sich darin aus, daß das Besondere, welches die Urteilskraft unter das Allgemeine der Verstandesbegriffe bringen soll, ihm gegenüber stets den Charakter der Zufälligkeit behält. Unser Verstand hat die Eigenschaft, daß er in seiner Erkenntnis vom Analytisch-Allgemeinen des Begriffs zum Besonderen der gegebenen empirischen Anschauung gehen muß, wobei er also in Ansehung der Mannigfaltigkeit dieser letzteren nichts bestimmt, sondern diese Bestimmung von der Subsumption der empirischen Anschauung unter den Begriff erwarten muß. »Unser Verstand hat also das Eigene für die Urteilskraft, daß in der Erkenntnis durch denselben durch das Allgemeine das Besondere nicht bestimmt wird, und dieses also von jenem allein nicht abgeleitet werden kann; gleichwohl aber dieses Besondere in der Mannigfaltigkeit der Natur zum Allgemeinen (durch Begriffe und Gesetze) zusammenstimmen soll, um darunter subsumiert werden zu können, welche Zusammenstimmung unter solchen Umständen sehr zufällig und für die Urteilskraft ohne bestimmtes Prinzip sein muß... Nun können wir uns aber auch einen Verstand denken, der, weil er nicht, wie der unsrige diskursiv, sondern intuitiv ist, vom Synthetisch-Allgemeinen (der Anschauung eines Ganzen als eines solchen) zum Besonderen geht, d. i. vom Ganzen zu den Teilen, der also und dessen Vorstellung des Ganzen die Zufälligkeit der Verbindung der Teile nicht in sich enthält, um eine bestimmte Form des Ganzen möglich zu machen, die unser Verstand bedarf, welcher von den Teilen als allgemein gedachten

Gründen zu verschiedenen darunter zu subsumierenden möglichen Formen als Folge fortgehen muß... Es ist hierbei auch gar nicht nötig, zu beweisen, daß ein solcher *intellectus archetypus* möglich sei, sondern nur, daß wir in der Dagegenhaltung unseres diskursiven, der Bilder bedürftigen Verstandes *(intellectus ectypus)* und der Zufälligkeit einer solchen Beschaffenheit auf jene Idee (eines *intellectus archetypus*) geführt werden, diese auch keinen Widerspruch enthalte[1].«

Es ist, wie bekannt, diese Kantische Stelle gewesen, durch die der tiefere Anteil, den Goethe an der kritischen Philosophie genommen hat, sich zuerst begründete und entschied. Hier fand er das eigene Ideal der »*scientia intuitiva*«, das er sich aus dem Studium Spinozas und aus der eigenen Forscher- und Künstlertätigkeit entwickelt hatte, bestätigt und gerechtfertigt; hier sah er sich, bei aller Festhaltung der kritischen Grenzen, den »liberalsten Äußerungen« Kants gegenüber, die für seine Form der Naturbeobachtung nicht nur äußere Toleranz verhießen, sondern die sie erst wahrhaft über sich selbst aufklärten und sie dadurch mit der philosophischen Spekulation versöhnten. Nun glaubte er zu begreifen, daß der Weg zur echten Gottesidee im Intellektuellen kein anderer sein könne, als im Praktischen und Sittlichen: daß Gott nicht als ein abgelöster substantieller Gegenstand der Erkenntnis gesetzt und beschrieben werden könne, sondern daß wir die einzige, uns mögliche Anschauung von ihm erreichen, indem wir uns »durch das Anschauen einer immer schaffenden Natur zu geistiger Teilnahme an ihren Produktionen immer mehr und mehr würdig machen.« Dieses »Abenteuer der Vernunft« mutig zu bestehen, war er jetzt, unter der Duldung und Leitung des »Alten vom Königsberge«, entschlossen[2]. Aber indem nunmehr das, was die kritische Philosophie als regulative Maxime gelehrt hatte, sich unmittelbar in der lebendigen Tat des Forschers und Künstlers darstellte, schien damit auch die philosophische Spekulation selber vor ein neues Faktum gestellt. In dieser Phase des Problems greift Schellings Philosophie ein. Ihre gesamte Erkenntnislehre bezieht sich letzten Endes auf das Urphänomen, das ihm hier unmittelbar vor Augen stand: auf das Phänomen der Goetheschen Naturanschauung. Wie

---
[1] Kritik der Urteilskraft, § 76t; näheres über die spekulative Vorgeschichte des Kantischen Gedankens des »intellectus archetypus« s. in. m. Schrift Kants Leben und Lehre, Berlin 1918, S. 294 ff.
[2] S. den Aufsatz »Anschauende Urteilskraft«, Goethes Naturw. Schriften (Weimarer Ausgabe) XI, 54 f.

Kant zu Newton, so steht Schelling zu Goethe. Wie das System der synthetischen Grundsätze, das die »Kritik der reinen Vernunft« aufstellt, nur der reine und abstrakte Ausdruck dessen sein will, was in Newtons Prinzipien und in seinen *Leges motus in concreto* vorliegt: so ist die Struktur und die feinere Gliederung der Grundbegriffe bei Schelling nur dann verständlich zu machen, wenn man ihnen Goethes organische Naturansicht als Gegenbild gegenüberstellt.

Denn Goethe ist für Schelling — wie es die Rede »über das Verhältnis der bildenden Künste zur Natur« ausspricht — der würdigste Kenner, dem die Götter die Natur und die Kunst zum Königreich gegeben haben. Ihm war es vergönnt, »zuerst wieder zu den Urquellen der Poesie zurückzugehen und einen neuen Strom zu öffnen, dessen bildende Kraft das ganze Zeitalter erfrischt hat und der die ewige Jugend in der Wissenschaft und Kunst nicht wird sterben lassen[1].« Wie er, so sucht nunmehr Schellings Philosophie sich mitten in diesem Strom, in dieser Dynamik des Lebensprozesses zu erhalten, und dennoch in ihr zugleich rastlos auf die Anschauung eines Urbildlichen und Typischen zu drängen. Wie er, so betrachtet Schelling es als den Grundcharakter und den methodischen Vorzug der echten ideellen Denkweise, »das Ewige im Vorübergehenden schauen zu lassen[2]«. Auch für Schelling wird jetzt der Gedanke der Metamorphose, in seinem weitesten »symbolischen« Sinne gefaßt, zum Grundprinzip nicht nur aller Naturbetrachtung, sondern aller Vernunftbetrachtung: denn »die Vernunft ist auf das Werdende, der Verstand auf das Gewordene angewiesen ... sie erfreut sich am Entwickeln, er wünscht alles festzuhalten, damit er es nutzen könne«. Nicht die Dinge, nicht die einzelnen Erscheinungen der Natur gilt es als starre, abgelöste und gesonderte Einheiten zu betrachten, wie wir in einem Mosaikbild einen fertigen Stift neben den andern setzen, sondern die Art ihrer charakteristischen Aktionen soll verfolgt und als ein kontinuierliches Geschehen aufgewiesen werden. So sieht die wahrhaft spekulative Betrachtung, die den Philosophen und den großen Künstler auszeichnet, in der Natur nicht mehr »Dinge« und »Eigenschaften«, sondern Kräfte und deren Ansatz- und Hemmungspunkte. Sie geht nicht darauf aus, das Lebendige in Gattungen und Klassen abzuteilen, sondern es, in Reihen gesondert und zu typischen Gestalten zusammen-

---
[1] S. W. VII, 307.
[2] Zur Morphologie, Goethes Naturwiss. Schriften VII, 120.

gefaßt, vor dem inneren Blick des Forschers vorüberziehen zu lassen. Alle Abstraktionen sollen sich wieder auflösen in die un= mittelbare freundliche Anschauung; das Höchste soll wieder ein Spiel und Lust der Einfalt, das Schwerste leicht, das Unsinnlichste das Sinnlichste werden, auch der Mensch soll wieder »frei und froh in dem Buch der Natur selbst lesen, dessen Sprache ihm durch die Sprachenverwirrung der Abstraktion und der falschen Theorien längst unverständlich geworden ist [1]«.

Aber freilich: gerade an diesem Punkte, an welchem die Ver= wandtschaft des Schellingschen und des Goetheschen Ideals der Naturerkenntnis unmittelbar ersichtlich wird, erkennt man zugleich die scharfe Differenz in der Ausführung und Durchführung des ge= meinsamen Grundgedankens. Wenn Goethe rein in der Anschau= ung selbst verharrt, wenn ihm auch die Ideen und Typen noch reine Gestalten sind und bleiben, so tritt bei Schelling, nament= lich in den späteren Phasen seiner Philosophie, an die Stelle des reinen Schauens mehr und mehr die Methode der begrifflichen »Konstruktion«. Wenn jener sich des »wahren Scheins«, des leben= digen Spieles erfreut, — so tritt für diesen »das Formende und die höhere Form« mehr und mehr »in eine vor unserem äußern und innern Sinn verschwindende Einheit« zurück [2]. Zwar glaubt sich Schelling auch hier noch mit Goethe in innerem Einklang: denn wie dieser von der Theorie nichts anderes forderte und ihr nichts anderes zugestand, als daß sie uns an den Zusammenhang der Erscheinungen glauben mache, so will Schelling auch den Be= griff der »Konstruktion« innerhalb dieser Grenze erhalten wissen. »Die Gegenstände« — so betont er — »treten unmittelbar durch die Konstruktion selbst an ihre Stelle und diese wahre Stelle, die sie in der Konstruktion erhalten, ist zugleich ihre einzig wahre und richtige Erklärung. Es braucht nun nicht weiter von der ge= gebenen Erscheinung auf ihre Ursache zurückgeschlossen zu wer= den; sie ist diese bestimmte, weil sie an diese Stelle tritt und umge= kehrt, sie nimmt diese Stelle ein, weil sie diese bestimmte ist. Nur

---

[1] Darlegung des wahren Verhältnisses der Naturphilosophie zur verbesserten Fichteschen Lehre; S.W. VII, 64f.; weitere Belege für Schellings Naturphilo= sophie s. ob. S. 230ff.; für Goethe s. meine Darstellung in »Freiheit und Form, Studien zur deutschen Geistesgeschichte«, 2. Aufl. Berlin 1918, Kap. 4.
[2] Vgl. Goethes Bemerkung über Plotin und die Methode des spekulativen Idealismus überhaupt, die sich mittelbar auch gegen Schelling wendet: Maximen und Reflexionen, hg. von Max Hecker, Nr. 642 u. 643.

bei solchem Verfahren ist Notwendigkeit[1].« Dennoch versucht Schelling vergeblich, sich streng in dieser Richtung zu halten. Immer aufs neue tritt der Konflikt zwischen »Erfahrung« und »Idee«, tritt der methodische Dualismus beider Welten bei ihm hervor. Als er im Jahre 1803 die »Ideen zu einer Philosophie der Natur« neu herausgibt — da hebt er hervor, daß die Prinzipien der Naturphilosophie ohne alle ihr etwa durch die Erscheinungen vorgeschriebene Richtung an sich selbst gewiß sein müssen: ihre Richtung liege in ihr selbst und je getreuer sie dieser bleibe, desto sicherer ergebe sich ihr der notwendige Zusammenhang, den sie sucht[2]. Eine solche Antithese zwischen der Richtung auf die Idee und der Richtung auf die Erfahrung kennt Goethe nicht. Beide bilden ihm vielmehr die Glieder einer reinen und vollkommenen Korrelation: »durch die Pendelschläge wird die Zeit, durch die Wechselbewegung von Idee zu Erfahrung die sittliche und wissenschaftliche Welt regiert.« Diese Wechselbewegung kann durch keinen bloß einseitigen und einsinnigen Fortgang von dem einen Glied zum andern ersetzt werden, sondern sie bildet einen einheitlichen Gesamtprozeß, dessen gegensätzliche Phasen sich voneinander so wenig wie Ausatmen und Einatmen trennen lassen. Am farbigen Abglanz der Erscheinung haben wir das Leben der Idee und des Geistes selbst. Schelling indes wird im Fortgang von der Naturphilosophie zur reinen Identitätsphilosophie mehr und mehr aus dieser Bahn gedrängt. Zwar bleibt ihm auch hier das »Wesen« des Absoluten unmittelbar mit einer bestimmten »Form« behaftet; — zwar entfaltet sich ihm das schlechthin Eine und Identische zur Mannigfaltigkeit und zum Universum besonderer Ideen. Aber zwischen dieser idealen Mannigfaltigkeit und der Welt der räumlich-zeitlichen Erscheinungen ist jede Vermittlung abgebrochen. Die Erfahrungswirklichkeit erhält damit den Charakter des schlechthin Nichtigen und Wesenlosen. Sie ist das Nicht-Sein, das $\mu\grave{\eta}$ ὄν im Neuplatonischen Sinne, das nunmehr — insbesondere in der letzten religionsphilosophischen Phase des Systems — schlechthin dem Bösen gleichgesetzt wird. Damit aber ist in Schellings Philosophie ein Element eingetreten, das ihrer eigenen ursprünglichen Tendenz widerstreitet. »Wessen ich mich rühme?« — so schreibt er noch im Jahre 1806 — »des Einen, das mir gegeben ward, daß ich die Göttlichkeit auch des Einzelnen, die mögliche Gleichheit aller Er-

---
[1] Philosophie der Kunst, § 42; S. W. V, 418.
[2] S. W. II, 70 f.

kenntnis ohne Unterschied des Gegenstandes und damit die Unendlichkeit verkündigt habe.« Denn »mit dem Ernst der Wissenschaft jene Gesetze darstellend, in denen, nach dem Ausdruck eines Alten, der unsterbliche Gott lebt, aber mit gleicher Liebe das Besondere, das Einzelnste selbst umfassend, das All in ihm darzustellen, und so das Allgemeine und Besondere auf unendliche Weise ineinsbildend ist der Geist wahrer Philosophie[1]«. In Wahrheit ist jedoch, in dem Augenblick, in dem sich Schelling in die religionsphilosophischen und theosophischen Grundfragen versenkt, dieser heitere Geist der reinen Naturbetrachtung bereits von ihm gewichen. Jetzt wird es ausdrücklich ausgesprochen, daß der Grund der Endlichkeit nur in einem rein Negativen, nur in einem ursprünglichen »Sündenfall« bestehen kann[2]. Alles bloß Relative verfällt diesem Verdikt: denn »die Beziehung, welche (im Absoluten) die eine Position auf andere Positionen hat, ist von Gott und in Gott ewig als nichtig gesetzt, ist unerschaffen von Gott, wie die Schwere zwar den Körper schafft, seiner Realität nach, aber nicht den Schatten, den er auf andere wirft oder von anderen empfängt (denn diesen kann er nicht schaffen, weil er nichts ist)[3]«. Von dem Goetheschen Weg der Naturbetrachtung sind wir hier bereits weit verschlagen. Die innere Tragik des Schellingschen Denkens liegt eben darin, daß er, der von Anfang an um eine künstlerische Anschauung des Seins ringt und der in der Kunst das eigentliche »Organon« aller Philosophie erblickt, mehr und mehr von der Wirklichkeit zur schematischen Konstruktion, von der Erfahrung in ein abstraktes Jenseits des Begriffs geführt wird. Freilich drückt sich hierin nicht nur die individuelle und zufällige Richtung seines Denkens, sondern eine allgemeine methodische Notwendigkeit aus. Schelling war, nach einem Worte A. W. Schlegels, davon ausgegangen, Luft, Feuer, Wasser und Erde zu »poetisieren«: er hatte sich vermessen, als Philosoph mit den Mitteln des Begriffs zu leisten, was nur dem großen Künstler zu leisten vergönnt ist. Er hatte den Weg zu den »Müttern«, zu den ewigen Urbildern aller Gestaltung und Schönheit gesucht; aber dieser Weg führte ihn »ins Unbetretene, nicht zu Betretende« des Absoluten, der abstrakten Identität. Er selbst blieb freilich bis zuletzt davon überzeugt, daß sein System in der eso-

---

[1] Aphorismen zur Einleitung in die Naturphilosophie, § 14, 19; S. W. VII, 142 ff.
[2] Vgl. bes. Philosophie und Religion, S. W. VI, 38.
[3] Aphorismen zur Einleitung in die Naturphilosophie, § 89; S. W. VII, 160; vgl. ob. S. 263, Anm.

terischen Form des reinen Wissens den gleichen Gehalt in sich schließe, den die Kunst nur in exoterischer und verhüllter Form darzustellen vermöge[1]. Aber eben dieser Anspruch erweist sich zuletzt als eine Selbsttäuschung. Denn während es der Dichtung, während es Goethes Kunst- und Naturbetrachtung vergönnt war, eine reine Symbolik des Wirklichen zu schaffen, endet Schellings Philosophie zuletzt in einem bloß subjektiven und zufälligen Spiel begrifflicher Allegorien. Vielleicht war es das Bewußtsein dieses Grundmangels, das Schelling zuletzt bewog, über die anfängliche ästhetische Richtung des Philosophierens hinauszugehen und in den Problemen der Religionsphilosophie einen neuen Mittelpunkt des Systems zu suchen. —

Zugleich aber kann von hier aus das Verhältnis Schellings zu Kant und die Beziehung, die zwischen dem Grundprinzip beider obwaltet, in größerer Schärfe bestimmt werden. Die »Kritik der reinen Vernunft« wird nicht müde, immer wieder zu versichern, daß »uns Menschen wenigstens« keine andere als sinnliche Anschauung beiwohne, und daß jeder Versuch, die Grenzen dieser Anschauung zu überspringen, die Erkenntnis nicht erweitere, sondern innerlich zerstöre. An Schellings Begriff der intellektualen Anschauung kann man sich mit besonderer Deutlichkeit den rein methodisch-transzendentalen Sinn dieser Sätze zum Bewußtsein bringen. Kant geht von der sinnlichen, d. h. der räumlich-zeitlichen Anschauung als der gegebenen Basis der Erkenntnis aus. Sie ist ihm der Ausdruck des reinen Faktums der Erfahrung, das analysiert und auf die »Bedingungen seiner Möglichkeit« zurückgeführt werden soll, nach dessen »Erklärung« und nach dessen metaphysischem Ursprung aber nicht weiter gefragt werden kann. Innerhalb dieses Faktums wird der notwendige systematische Weg aufgezeigt, der von der sinnlichen Anschauung zum reinen Verstandesbegriff und von diesem zur Idee als reinem Vernunftbegriff weiterleitet. Die Idee ist somit nichts anderes, als der Grenzbegriff der Erfahrung selbst: sie wird in diesem Sinne erst durch diese letztere definiert und steht zu ihr in unlöslicher Korrelation. Wo dagegen mit der intellektualen

---
[1] Vgl. Bruno (S. W. IV, 231): »Insofern der Hervorbringende das Göttliche nicht erkennt, erscheint er notwendig mehr wie ein Profaner als wie ein Eingeweihter; obgleich er es aber nicht erkennt, übt er es doch von Natur aus und offenbart, ohne es zu wissen, denen, die es verstehen, die verborgensten aller Geheimnisse... Werden wir aber nicht jede Erkenntnis, welche die Ideen nur an den Dingen, nicht an sich selbst zeigt, exoterisch, dagegen die, welche die Urbilder der Dinge an sich und für sich selbst, mit Recht eine esoterische nennen?«

Anschauung begonnen, wo sie als Prinzip jeglicher Spekulation und Konstruktion an die Spitze gestellt wird: da wird der Übergang von dem intelligiblen Sein, das sich in ihr darstellt zu dem empirischen Sein in Raum und Zeit zum völligen Rätsel. Es wiederholt sich hier die gleiche prinzipielle Frage, die uns bereits in Fichtes Begriff des Absoluten und im Verhältnis dieses Absoluten zum absoluten Wissen und zur Erscheinungswelt entgegengetreten ist[1]. Auch Schellings scheinbarer logischer Monismus findet an diesem Punkte seine Schranke. Die Kluft zwischen Ideenwelt und Sinnenwelt läßt sich im reinen konstruktiven Denken selbst und kraft desselben nicht schließen. Der Panlogismus hat hier sein Ende erreicht: die absolute Vernunft trifft auf ein schlechthin Irrationales, das sie weder ablehnen, noch aus sich verstehen und begründen kann.

III. Der Ausgang der Schellingschen Philosophie

Wenn Schelling entgegen der Ansicht der philosophischen Geschichtsschreibung und des philosophischen Publikums immer wieder betont hat, daß sein System in allen seinen Phasen mit sich selbst übereinstimmend geblieben sei — so ist diese Behauptung wenigstens insoweit zutreffend, als das Problem, das zu der späteren Umbildung seiner Lehre führt, ihm als solches von Anfang an vor Augen steht. Schon die »philosophischen Briefe über Dogmatismus und Kritizismus« vom Jahre 1795 geben der kritischen Grundfrage nach der Möglichkeit synthetischer Urteile a priori die eigentümliche Wendung: daß es sich in dieser Frage letzten Endes darum handle, zu begreifen, wie wir aus dem Absoluten herausgehen können, um uns etwas schlechthin entgegen zu setzen. Das Absolute ist hierbei als die Sphäre der reinen Identität, als die Sphäre des analytischen Urteils gedacht, die wir bereits verlassen haben müssen, um irgendeine Aussage über die Objekte der Erfahrung und ihre Beziehungen zu tun. Aller Streit der philosophischen Systeme beginnt erst mit diesem Übergang, so daß, wer diesen Gegensatz aus seinem wahrhaften Mittelpunkte verstehen und schlichten will, vor allem das Rätsel zu lösen hat, das in diesem Fortschritt liegt. Auf der anderen Seite indessen gilt eben dies als das Resultat der »Kritik der reinen Vernunft«, daß kein System jenen Übergang vom Unendlichen zum Endlichen realisieren, und die

---
[1] S. ob. S. 205 ff.

Kluft, die zwischen beiden befestigt ist, ausfüllen kann[1]. Die einzige mögliche Lösung liegt auf praktischem Gebiete: in der Form des Sollens und des sittlichen Imperativs stellt sich die Verknüpfung zwischen dem Absoluten und dem endlichen bedingten Sein her, die wir aus rein theoretischen Begriffen vergeblich zu erklären suchen.

Aber es wird hier zugleich klar, das auf diesem Wege, den die Wissenschaftslehre zuerst beschritten hat und den Schellings »System des transzendentalen Idealismus« weiter verfolgt, zwar die allgemeine Struktur der Erfahrung, nicht aber die Besonderheit ihres Inhalts abgeleitet werden kann. Daß ich — als empirisches Ich — begrenzt bin, ist aus der unendlichen Tendenz des Ich, sich Objekt zu werden, erklärbar; aber die Begrenztheit überhaupt läßt die bestimmte Begrenztheit völlig frei, wenngleich beide durch einen und denselben Akt entstehen. »Beides zusammen genommen, daß die bestimmte Begrenztheit nicht bestimmt sein kann durch die Begrenztheit überhaupt und daß sie doch mit dieser zugleich und durch Einen Akt entsteht, macht, daß sie das Unbegreifliche und Unerklärbare der Philosophie ist. So gewiß freilich, als ich überhaupt begrenzt bin, muß ich es auf bestimmte Art sein, ... nicht also, daß ich auf bestimmte Art begrenzt bin, sondern die Art dieser Begrenztheit selbst ist das Unerklärbare[2].« Beim Übergang zum Identitätssystem scheint es freilich, als solle auch diese Schranke des Begreifens fallen. Denn alles, was ist, ist die absolute Identität selbst; muß also seiner Wesenheit nach aus ihrer reinen Grundform, die durch den Satz A = A ausgedrückt ist, begriffen werden können[3]. Was daher anfangs noch als eine ungelöste Aufgabe gelten konnte, das muß jetzt als eine bloße Täuschung erscheinen. Ein »Herausgehen« des Absoluten aus sich selbst findet in Wahrheit nirgends statt. Wo von einem solchen Herausgehen gesprochen wird, da stehen wir noch im Banne einer inadäquaten Erkenntnis, die die Differenzen der bloßen subjektiven Reflexionsform dem objektiven Sein aufheftet. Der Pantheismus dieser Epoche ist daher reiner Panlogismus: »indem wir zwar von sehr vielen Dingen, Handlungen usw. nach dem gemeinen Schein urteilen mögen, daß sie unvernünftig seien, setzen wir nichtsdestoweniger voraus und nehmen an, daß alles, was ist oder was geschieht, ver-

---

[1] Philosophische Briefe III und VI, S. W. I, 294, 310, 314.
[2] System des transzendentalen Idealismus, S. W. III, 410.
[3] Darstellung meines Systems der Philosophie § 6 ff., S. W. IV, 117 ff.

nünftig, und die Vernunft mit einem Wort der Urstoff und das Reale alles Seins sei[1].« Die scheinbaren Irrationalitäten des Seins lösen sich demnach sämtlich in Irrationalitäten unseres eigenen subjektiven Verhaltens auf, vermöge deren wir an Stelle der reinen gedanklichen Ansicht die imaginative und empirische setzen.

Und dennoch enthält das Identitätssystem selbst, in seiner Grundform als reiner ästhetischer Pantheismus, ein Motiv, das über diesen Gedankenkreis hinausweist. Neben den reinen Ideen, als den Urbildern der Schönheit der Dinge steht ihr abbildliches Dasein in Raum und Zeit. In diesem letzteren aber scheinen wir es überall mit einer widerstrebenden Potenz zu tun zu haben, die das Heraustreten der reinen Musterbilder in der Erscheinung irgendwie hemmt und durchkreuzt. Das in den Ideen vorgebildete Leben der Dinge hat weder jemals angefangen, noch wird es je aufhören: das nachgebildete hingegen entsteht und vergeht, nicht frei und bloß seiner eigenen Natur gemäß, sondern unter dem Zwange fremder Bedingungen. Woher aber dieses Fremde stammt und welches der eigentliche Grund seines Daseins ist: darauf erteilt das Identitätssystem keine Antwort. Denn sein Grundprinzip der intellektuellen Anschauung reicht nur bis zur Konstruktion des Hervorgehens der Ideen aus dem Absoluten: zwischen der idealen und der empirisch-zeitlichen Welt aber bleibt ein Hiatus für alles konstruktive Denken und Schauen zurück[2]. Indem Schelling in der gegen Eschenmayer gerichteten Schrift »Philosophie und Religion« vom Jahre 1804 diesen Hiatus zuerst unumwunden aufstellt, geht hier bereits seine bisherige ästhetische Symbolik in eine mythisch-religiöse Symbolik über. Die große Absicht der gesamten Welterscheinung drückt sich in der Geschichte aus. In ihr als einem Epos, im Geiste Gottes gedichtet, stellt sich dar, wie die Ideen, die Geister von ihrem Centro abfallen, sich in der Natur, der allgemeinen Sphäre des Abfalls, in die Besonderheit einführen, damit sie nachher, als besondere, in die Indifferenz zurückkehren und, ihr versöhnt, in ihr sein könnten, ohne sie zu stören[3]. Dieser Abfall ist übrigens so ewig (außer aller Zeit) als die Absolutheit selbst und als die Ideenwelt: nichtsdestoweniger aber, von Seiten des Absoluten und der Idee aus betrachtet, ein bloßes Accidens, da der Grund von ihm weder in jenem, noch in dieser an sich liegt, son-

---

[1] Fernere Darstellungen aus dem System der Philosophie § 3, S. W. IV, 390.
[2] S. ob. S. 262 f.
[3] S. W. VI, 57.

dern ein anderes Prinzip zur Voraussetzung hat. Indem Schelling als dieses Prinzip die Freiheit bezeichnet, kehrt er damit zu dem ersten Ursprung und Ausgangspunkt seiner Lehre zurück: aber freilich hat sich nunmehr die ethische Behandlung des Freiheits: problems in eine fast ausschließlich mythologische gewandelt. Das Eigentümliche der Absolutheit liegt darin, daß sie selbst noch ihrem Gegenbild zugleich mit dem Wesen von ihr selbst auch Selb: ständigkeit verleiht. Dieses in:sich:selbst:Sein ist Freiheit, und von jener ersten Selbständigkeit des Gegenbildes fließt aus, was in der Erscheinungswelt als Freiheit wieder auftritt. »Das Gegenbild als ein Absolutes, das mit dem ersten alle Eigenschaften gemein hat, wäre nicht wahrhaft in sich selbst und absolut, könnte es nicht sich in seiner Selbstheit ergreifen, um als das andere Absolute wahrhaft zu sein. Aber es kann nicht als das andere Absolute sein, ohne sich eben dadurch von dem wahren Absoluten zu trennen oder von ihm abzufallen.« Die Freiheit in ihrer Lossagung von der Notwendigkeit ist daher das wahre Nichts und kann eben deshalb auch nichts als Bilder ihrer eigenen Nichtigkeit, d. h. die sinnlichen und wirklichen Dinge produzieren[1].

So schwer es sein mag, diesen Ausführungen einen genauen, begrifflich faßbaren Sinn abzugewinnen: so läßt sich doch jeden: falls das Eine verstehen, was Schellings System durch die Ein: setzung des Freiheitsproblems an dieser Stelle methodisch zu er: reichen sucht. Der Übergang vom Absoluten zum Endlichen wird damit freilich nicht »erklärt« — denn er ist ein schlechthin erstes und unableitbares »Faktum« — aber er wird zum mindesten in ein Gebiet verlegt, in welchem die beiden Gegensätze, die sich hier gegenüberstehen, sich in einer unleugbaren Grunderfahrung un: mittelbar berühren. Die Einzelheit des endlichen empirischen Din: ges erscheint der Totalität gegenüber, die die »Form« des absolut Einen bildet, schlechthin leer und nichtig; die Individualität der Persönlichkeit aber birgt, obwohl auch sie nur dadurch zustande kommt, daß das Ich sich auf sich selbst stellt und in einer willkür: lichen Loslösung von der Gesamtheit des Seins auf sich selbst be: harrt, den Keim eines spezifisch neuen Wertes in sich. Dieser Ab: fall weist daher bereits auf eine künftige »Erlösung« hin, zu der von dem bloßen Einzeldinge her kein Weg ersichtlich wäre. Das Prinzip der Selbstheit des Menschen, in dem freilich seine Tren: nung vom Absoluten ausgesprochen liegt, ist zugleich das Prinzip

---
[1] a. a. O. S. 38 ff.

seiner eigentümlichen Geistigkeit. Schellings »Philosophische Untersuchungen über das Wesen der menschlichen Freiheit« geben die Durchführung dieses Grundthemas. Das Problem, das bisher als ein Problem des Seins gefaßt wurde, ist nunmehr rein und vollständig in die Sphäre des Willens gehoben. Denn es gibt, wie jetzt ausgesprochen wird, in der letzten und höchsten Instanz gar kein anderes Sein als Wollen. »Wollen ist Ursein, und auf dieses allein passen alle Prädikate desselben: Grundlosigkeit, Ewigkeit, Unabhängigkeit von der Zeit, Selbstbejahung. Die ganze Philosophie strebt nur dahin, diesen höchsten Ausdruck zu finden[1].« Die Frage nach der Differenzierung des Seins fällt demgemäß mit der nach der Differenzierung des Willens zusammen. Jede Kreatur ist bestimmt durch ihren Eigenwillen, der, sofern er noch nicht zur vollkommenen Einheit mit dem Licht, als Prinzip des Verstandes, erhoben ist, bloße Sucht oder Begierde d. h. blinder Wille ist, — der aber zugleich die Möglichkeit in sich trägt, als Partikularwille mit dem Urwillen Eins zu werden. »Diese Erhebung des allertiefsten Centri in Licht geschieht in keiner der uns sichtbaren Kreaturen außer im Menschen... Der Mensch hat dadurch, daß er aus dem Grunde entspringt (kreatürlich ist), ein relativ auf Gott unabhängiges Prinzip in sich; aber dadurch, daß eben dieses Prinzip — ohne daß es deshalb aufhörte dem Grunde nach dunkel zu sein — in Licht verklärt ist, geht zugleich ein Höheres in ihm auf, der Geist... Indem die Seele lebendige Identität beider Prinzipien ist, ist sie Geist, und Geist ist in Gott. Wäre nun im Geiste des Menschen die Identität beider Prinzipien ebenso unauflöslich als in Gott, so wäre kein Unterschied; d. h. Gott als Geist würde nicht offenbar. Diejenige Einheit, die in Gott unzertrennlich ist, muß also im Menschen zertrennlich sein — und dieses ist die Möglichkeit des Guten und Bösen[2].« Das Problem der ursprünglichen Entzweiung des Absoluten in sich selbst ist hier in derjenigen Form gelöst, in welcher es nach Schellings jetziger Grundanschauung allein lösbar ist: es ist, indem es im Mysterium der Freiheit verankert wird, zwar nicht rational und begrifflich durchdrungen, wohl aber auf eine Tatsache zurückgeführt, die uns in jedem einfachsten Grundakt des Willens unmittelbar faßbar und zugänglich scheint.

---

[1] Philos. Untersuchungen über das Wesen der menschlichen Freiheit (1809); S. W. VII, 350.
[2] a. a. O., S. W. VII, 363.

Wir brauchen indessen hier den Weg der Schellingschen Religionsphilosophie nicht im einzelnen zu verfolgen, sondern können uns damit begnügen, seine allgemeine Richtung zu bezeichnen: denn innerhalb der Grenzen unseres Problems haben wir es nicht sowohl mit dem Inhalte von Schellings Lehre, als mit ihrem charakteristischen Erkenntnisprinzip und den Wandlungen dieses Prinzips zu tun. Am deutlichsten kommt die Umbildung, die Schellings Philosophie in dieser Hinsicht erfährt, dort zum Ausdruck, wo er seine endgültige kritische Auseinandersetzung mit dem Hegelschen System vollzieht. Denn in dieser Auseinandersetzung — und dies macht ihren eigentlichen Wert aus — handelt es sich keineswegs lediglich um eine polemische Abrechnung mit einer gegnerischen Lehre, sondern um eine neue Stellung, die Schelling zu seiner eigenen philosophischen Vergangenheit gewinnt. Noch glaubt er den sachlichen Gehalt seiner früheren Lehren aufrecht erhalten zu können: aber er sieht ihn nunmehr in einem völlig veränderten methodischen Licht. Die gesamte Vorstellung des Weltprozesses als einer Selbstoffenbarung Gottes gibt er als Vorstellung Hegel völlig zu; aber er wirft ihm vor, daß er, was als ideelle Bestimmung Sinn und Wert hat, in eine reelle Bewegung verwandelt und umgedeutet habe. Hegels Logik hätte sich, um sich außer allen Widerspruch zu setzen, als Wissenschaft bekennen müssen, in der von Existenz von dem, was wirklich existiert und also auch von Erkenntnis in diesem Sinn gar nicht die Rede ist, sondern nur von den Verhältnissen, welche die Gegenstände im bloßen Denken annehmen. Und da Existenz überall das Positive ist, nämlich das, was gesetzt, was versichert, was behauptet wird, so hätte sie sich als rein negative Philosophie bekennen, aber eben damit den Raum für die Philosophie, welche sich auf die Existenz bezieht, d. h. für die positive Philosophie außer sich frei lassen müssen[1]. Die Existenz ist somit dasjenige, was durch jene ideellen Begriffssysteme zwar beschrieben wird, sofern ihr bestimmte Bedingungen auferlegt werden, was aber niemals von ihnen wahrhaft erfaßt und ausgeschöpft wird, sondern vielmehr ewig außerhalb ihrer Grenzen stehen bleibt. Sie ist das letzte Faktische, was sich auf keine Weise mehr in eine abstrakte Denkbestimmung verwandeln läßt. Denn alles Denken ist hypothetischer Art: es sagt aus, welche Folgerungen gelten, wenn bestimmte Voraussetzungen einmal gesetzt sind. Es betrifft daher stets nur das Was der Wirklichkeit, d. h. es schreibt

---
[1] Münchener Vorles. zur Gesch. der neueren Philosophie, S. W. X, 124f.

ihr gewisse Eigenschaften vor, die sie besitzen und gewisse Relationen, die sie erfüllen muß, während ihr »Daß« aus anderen Quellen her feststehen muß. Schon Aristoteles habe diesen Unterschied hervorgehoben, indem er die Frage, was ein Seiendes sei (quid sit), von dem Wissen, daß es ist (quod sit) aufs bestimmteste getrennt habe. Von diesen beiden Fragen richtet sich, wie Schelling ausführt, allein die erste an die Vernunft, wogegen die letztere Erkenntnis nur durch die Erfahrung gewährt werden kann. Die reinen Begriffsverhältnisse gehen auf die Wesenheiten der Dinge, die als solche bestehen bleiben, auch wenn wir alle Existenz aufgehoben denken: in derselben Weise, wie es für das geometrische Denken gleichgültig ist, ob Gebilde, die seinen definitorischen Bestimmungen genügen, wirklich vorhanden sind oder nicht. Aus der einfachen Besinnung auf diesen Sachverhalt ergibt sich, daß es unmöglich ist, mit dem rein Rationalen an die Wirklichkeit heranzukommen. Zwar kann die Philosophie mit nichts anderem, als dem notwendig zu Denkenden (d.h. aber eigentlich dem nicht nicht-zu-Denkenden) beginnen; aber sie gewinnt in ihm nicht mehr als eine Bedingung, unter welcher das Wirkliche steht, keineswegs aber dieses Wirkliche selbst. Das Apriorische ist in dieser Hinsicht nur das Negative der Erkenntnis, nicht ihr Positives: es ist das, ohne welches nichts ist, das aber nur durch einen offenbaren Paralogismus als dasjenige, wodurch alles ist, angesehen werden kann.

In Hegels eigenem System tritt, wie Schelling darlegt, der Fehlschluß dadurch zutage, daß es nur scheinbar seiner eigenen Methode treu bleiben kann. Es beginnt mit dem reinen abstrakten Begriff des Seins; — aber es könnte von ihm aus nicht den geringsten Schritt vorwärts tun und nicht den mindesten neuen Inhalt aus der dialektischen Bewegung hervorzaubern, wenn nicht in diesem Sein bereits stillschweigend ein »Seiendes« supponiert worden wäre, das als solches nicht mehr durch den bloßen Begriff, sondern durch die Anschauung gesetzt ist. In der Tat ist es ein eitles Bemühen, das Wirkliche als einen dialektischen Prozeß darstellen zu wollen, wenn nicht zuvor ein letztes Subjekt dieses Prozesses, das sich in ihm und durch ihn entfaltet, bestimmt ist. Ein solches Subjekt hat die Identitätsphilosophie — die freilich über die Schranke der bloß negativen Philosophie gleichfalls nicht herausgekommen ist — in ihrem Absoluten, das ein unmittelbar Lebendiges sein sollte, gedacht und anerkannt. »Wenn aber das rein Rationale, nur nicht nicht zu Denkende, reines Subjekt ist, so ist jenes Subjekt, welches auf die angenommene Weise sich steigernd von jeder Objektivität nur zu höherer Subjektivität fortschreitet, das Subjekt **mit dieser Bestimmung** ist nicht mehr das bloße nicht nicht zu Denkende, rein Rationale, sondern eben diese Bestimmung war eine durch lebendige Auffassung der Wirklichkeit oder durch die Notwendigkeit, sich des Mittels eines Fortschreitens zu versichern, dieser Philosophie aufgedrungene **empirische** Bestimmung. Dieses Empirische hat ein später Gekommener, den die Natur zu einem neuen Wolffianismus für unsere Zeit prädestiniert zu haben schien, gleichsam instinktmäßig, dadurch hinweggeschafft, daß er an die Stelle des **Lebendigen, Wirklichen**... den logischen Begriff setzte, dem er durch die seltsamste Fiktion der Hypostasierung eine ähnliche, notwendige Selbstbewegung zuschrieb.« Die echte und vollständige Philosophie aber entsteht nur dann, wenn man ihre beiden Teile zugleich aufs bestimmteste sondert und sie nach dieser Sonderung wiederum zum Ganzen einer Leistung verknüpft: wenn man also neben das Apriorische, als das schlechthin Allgemeine und Notwendige, ohne welches nichts sein kann, das Positive, nur tatsächlich Aufzuweisende setzt, **durch welches alles ist**. In diesem Sinne — so beschließt Schelling diese Betrachtungen — steht der Philosophie noch eine große, aber in der Hauptsache letzte Umänderung bevor, welche einerseits die positive Erklärung der **Wirklichkeit** gewähren wird, ohne daß andererseits der **Vernunft** das große Recht entzogen wird, im Besitz des absoluten Prius, selbst des der Gottheit zu sein. Hierbei wird auch der Gegensatz von Rationalismus und Empirismus in einem viel höheren Sinne als bisher zur Sprache und zur Entscheidung kommen: denn der echte Empirismus wird dann nicht mehr als bloßer Sensualismus und als ein alles Allgemeine und Notwendige in der menschlichen Erkenntnis leugnendes System gedacht, sondern in dem tieferen Verstande gefaßt werden, in welchem man sagen kann, daß Gott selbst nicht das bloße allgemeine Wesen, sondern selbst zugleich ein besonderes oder empirisches sei[1].

Es ist ein merkwürdiger Weg, auf welchem Schelling hier, am Ende seiner philosophischen Laufbahn, zu dieser Rechtfertigung und

---

[1] S. hrz. die Vorrede zu einer philosophischen Schrift des Herrn Victor Cousin (1834), S.W. X, 203 ff.; sowie die Gesamtdarstellung des Hegelschen Systems in den Münchener Vorlesungen zur Geschichte der Philosophie; S.W. X, 126—164. Vgl. bes. Schellings Berliner Vorlesungen. Sämtl. Werke, 2. Abteilung, Bd. III, S. 57 ff. u. E. v. Hartmann, Schellings positive Philosophie als Einheit von Hegel und Schopenhauer, Berlin 1869, S. 13 ff.

Wiedereinsetzung des »Empirischen« gelangt: doppelt merkwürdig, wenn man dem neuen Prinzip, das er hier vertritt, die konkrete Anwendung gegenüberstellt, die er von ihm in seinen Vorlesungen über die Philosophie der Mythologie und Offenbarung macht. Denn in ihnen spürt man keinen Hauch jenes Wirklichkeitssinnes, der von Schelling prinzipiell als die Ergänzung jeder abstrakten Begriffsdialektik gefordert wird. Was sie geben, ist vielmehr ein trübes Gemisch von mythologischer Phantasie und von spekulativer Begriffsdichtung: eine Art phantastischer Scholastik, in welcher nicht nur das Bild der Wirklichkeit, sondern auch der religiöse Glaubensinhalt nur in seltsamer Verzerrung erscheint. Dennoch darf der offensichtliche Mangel in Schellings Durchführung der »positiven Philosophie« die Würdigung des allgemeinen methodischen Gedankens, der ihr zugrunde liegt, nicht hindern. Jetzt erst ist Schelling in der Charakteristik des Erkenntnisprinzips der Philosophie zu einer Einsicht gelangt, um die er zuvor vergebens gerungen hatte. Das »Faktische« bedeutet gegenüber der Welt der reinen Idee nicht lediglich ein Nichtiges und Schattenhaftes, sondern es erhält eine eigene, aus dem bloßen logischen Begriff nicht ableitbare, wenngleich durch ihn fort und fort bestimmbare Positivität. Damit ist zwischen dem Rationalen und Faktischen nunmehr prinzipiell ein neues Wechselverhältnis anerkannt. Beide sind gleich notwendige und gleich ursprüngliche Momente, so daß keines aus dem andern sich ableiten und »deduzieren« läßt: aber beide stellen sich in der realen Erkenntnis nur mit- und durcheinander dar.

Mit dieser Wendung glaubt Schelling noch zuletzt der vielgeschmähten Empirie seinen Zoll zu entrichten. Aber die methodische Wandlung, die sich jetzt in ihm vollzieht, kommt freilich zu spät, um den Gehalt seiner Lehre entscheidend umzugestalten. Zur »Wirklichkeit« der Natur und der Naturwissenschaft führt ihn sein Weg nicht zurück; was vielmehr jetzt sein Interesse fast ausschließlich fesselt, ist die geschichtliche Realität. Aber auch sie vermag er nicht mehr rein und unbefangen in sich aufzunehmen, sondern er sieht sie nur im Lichte der theologischen Symbolik und des Offenbarungsglaubens, und damit wie durch ein trübes Medium gebrochen. So zieht sich die Wirklichkeit, die er noch immer mit aller Energie des Denkens sucht, mehr und mehr von ihm zurück. Von diesem Gesichtspunkt aus gesehen erscheint die Entwicklungsgeschichte der Schellingschen Philosophie als ein wahrhaft tragischer Prozeß. Als Schelling in seiner bekannten Münchener Antrittsvorlesung im Jahre 1827 auf die ersten Jahrzehnte seiner philosophischen Tätigkeit zurückblickte: da schien ihm das eigentümliche Verdienst, das er sich erworben, darin zu liegen, daß er als Erster die Spekulation wiederum mit der Wirklichkeit versöhnt habe. »Als ich vor bald dreißig Jahren zuerst berufen wurde, in die Entwicklung der Philosophie tätig einzugreifen, damals beherrschte die Schulen eine in sich kräftige, innerlich höchst lebendige, aber aller Wirklichkeit entfremdete Philosophie. Wer hätte es damals glauben sollen, daß ein namenloser Lehrer, an Jahren noch ein Jüngling, einer so mächtigen und ihrer leeren Abstraktheit ohnerachtet doch an manche Lieblingstendenzen der Zeit sich eng anschließenden Philosophie sollte Meister werden? Und dennoch ist es geschehen — freilich nicht durch sein Verdienst und seine besondere Würdigkeit — sondern durch die Natur der Sache, durch die Macht der unüberwindlichen Realität, die in allen Dingen liegt, und er kann den Dank und die freudige Anerkennung, die ihm damals von den ersten Geistern der Nation zuteil wurde, nie vergessen, wenn auch heutzutage wenige mehr wissen, wovon, von welchen Schranken und Banden die Philosophie damals befreit werden mußte, daß der Durchbruch in das freie, offene Feld objektiver Wissenschaft, in dem sie sich jetzt ergehen können, diese Freiheit und Lebendigkeit des Denkens, deren Wirkung sie selbst genießen, damals errungen werden mußte[1].« Diese Tendenz, das Leben der Natur nicht nur im Gedanken abzubilden, sondern es unmittelbar zu fassen und nachzuleben, war es in der Tat gewesen, die Schelling über den wissenschaftlichen Naturbegriff Kants, wie über den abstrakten ethischen Gehalt der Fichteschen Lehre hinausgetrieben hatte. Aber er ist, indem er die Vermittlung des Begriffs verschmähte, damit nur anderen und gefährlicheren, weil schwerer zu durchschauenden, Medien verfallen. Zwischen sein Denken und die Wirklichkeit schiebt sich immer von neuem gleichsam ein magischer Schleier. Wie er innerhalb seiner ersten Epoche die Natur in ein reines Bild der ästhetischen Phantasie zu verwandeln strebte, hierbei aber zuletzt doch nur ein Spiel mit allegorischen Schemen zurückbehielt, so wandelt sich ihm in der letzten Phase die Geschichte des Geistes in ein religiöses Epos, das er nach eigenen subjektiven Voraussetzungen denkt und auslegt. Je sehnsüchtiger er um den echten Gehalt der Wirklichkeit ringt, um so dichter zieht sich um ihn das Gespinst der eigenen dogmatischen Begriffe zusammen, die ihm ihr Bild ver-

---
[1] S. W. IX, 366.

decken und trüben. Aber die Geschichte der Philosophie wird dennoch die Lehre Schellings niemals bloß als eine seltsame Anomalie der geistigen Gesamtentwicklung betrachten und sie als solche zur Seite schieben dürfen; denn durch alle Verhüllungen und Verdunklungen hindurch erkennt man auch in ihr die allgemeinen Grundfragen wieder, die für die Methodik der Natur- und Geisteswissenschaft und damit für die Methodik der Philosophie bestimmend sind.

Viertes Kapitel

Hegel

I. Der Begriff der Synthesis bei Kant und Hegel

Es war das geschichtliche Schicksal der Kantischen Philosophie, daß sie in der Absicht und Meinung, die Metaphysik kritisch zu beschränken, in Wahrheit den letzten geistigen Grundmotiven der Metaphysik eine neue Kraft und eine neue Resonanz verlieh. Denn die »Kritik der reinen Vernunft« befreite nicht nur die empirische, sondern auch die metaphysische Erkenntnis von den Schranken des dogmatischen Dingbegriffs. Jetzt brauchte auch die Metaphysik, um ihre Aufgabe zu erfüllen, kein Wissen von den absoluten Dingen mehr zu sein, die als schlechthin äußere in einem transzendenten Bezirk »jenseit« des Geistes bestehen: sondern ihr eigentliches Ziel lag in dem vollständigen Begriff von der Organisation des Geistes selbst. Je nach den Voraussetzungen und nach dem Ausgangspunkt, von welchem aus sie diese Organisation zu bestimmen suchen, unterscheiden sich nunmehr die großen spekulativen Systembildungen. Wenn Fichte hierfür auf das Grundproblem der Ethik, auf den zentralen Begriff der Freiheit verweist; — wenn Schelling in seiner Gesamtansicht eine Synthese seiner Anschauung des Lebensprozesses und seiner Anschauung vom Gehalt und Wesen des Kunstwerks geben will, so stehen für Hegel von Anfang an die religiösen und die theologischen Grundfragen im Mittelpunkt. Die gleiche entscheidende Bedeutung, die für Fichte die »Kritik der praktischen Vernunft«, für Schelling die »Kritik der Urteilskraft« gewonnen hatte, gewinnt für den jungen Hegel Kants »Religion innerhalb der Grenzen der bloßen Vernunft«. Aber seine spekulative Kraft beweist sich sogleich darin, daß er von der Besonderheit dieses Anfangs alsbald wieder zu den allgemeinsten theoretischen Grundgedanken vorzudringen strebt. An der Religion und innerhalb ihrer enthüllt sich ihm erst der eigentlich konkrete Sinn der kritischen »Revolution der Denkart«. Und nun ergibt sich eine eigentümliche Wechselbewegung des Gedankens: bald sind es die speziellen religionsphilosophischen Begriffe und Probleme, die in die Sprache des abstrakten logischen Denkens gefaßt werden, bald nehmen die allgemeinen Prinzipien, auch wo sie rein für sich entwickelt zu werden scheinen, durch die neue systematische Aufgabe, die sie zu erfüllen haben, eine veränderte Form und Prägung an. In diesem Ineinandergreifen von Motiven entsteht und begründet sich jene erste Form des Hegelschen Systems, die uns in den Skizzen und Entwürfen der Jugendzeit entgegentritt; und diese Form muß man zugrunde legen, wenn man die Entwicklung der Hegelschen Philosophie und ihr endgültiges Resultat historisch zu begreifen versucht. —

Die allgemeinste Fassung des Kantischen Problems liegt im Begriff des synthetischen Urteils vor uns. Hier liegt die Frage, von der aus sich das neue Verhältnis von »Wissen« und »Wirklichkeit«, von Denken und Sein bestimmt. Die »Synthesis a priori« bedeutet eine Einheit der Erkenntnis und ihres Gegenstandes, die über jede bloße Zusammenfassung und Verknüpfung übrigens getrennter Elemente hinausgeht: eine Einheit, die nicht aus den Teilen erwächst, weil sie ihnen vielmehr als notwendige Bedingung vorausliegt. Die Frage, wie das Wissen ohne den Gegenstand, also vor seiner objektiven Bestimmung oder wie der Gegenstand ohne das Wissen und losgelöst von den Bedingungen desselben beschaffen sei — erscheint jetzt als völlig sinnleer. Denn die Apriorität der Synthesis erweist sich eben darin, daß sie als solche ursprünglich und somit unaufheblich ist. Solange man die Erkenntnis sich nach dem Gegenstand »richten« läßt, in dem Sinne, daß dieser ein Ziel bezeichnet, das für sie bei aller noch so großen Annäherung doch immer ein äußerliches ist und bleibt; — solange bleibt die Zusammenstimmung des »Subjektiven« und des »Objektiven« ein unbegriffenes Wunder. Dieses Wunder schwindet erst mit der Einsicht, daß die echte apriorische Erkenntnis den Gegenstand nicht als etwas ihr selbst Fremdartiges ergreift oder hat, sondern daß sie — in einem bestimmt definierten Sinne — dieser Gegenstand selbst »ist«. Sie trägt den Charakter der Allgemeingültigkeit und Notwendigkeit und besitzt damit die wahrhafte Gegenständlichkeit als ein logisches Geltungsmoment in ihr selbst. Das Besondere und das Allgemeine, der gegebene Einzelfall und das Verstandesgesetz, aus dem er begriffen wird, durchdringen sich hier in einer Weise, daß jeder Versuch einer Trennung beider sich sogleich als eine bloße Täuschung der Abstraktion erweist. Denn nur in und vermöge der

Formen des reinen Wissens kann für die Erkenntnis irgend etwas, wie immer es auch beschaffen sein mag, »gegeben« sein — und nur an den besonderen Gegebenheiten »erscheinen« auf der anderen Seite jene allgemeinen Formen und machen ihre Notwendigkeit kenntlich. Diese Art der Einheit ist vom Wissen nicht nachträglich hergestellt, sondern in ihm vermöge seines eigentümlichen Wesens ursprünglich gesetzt. Der Schein, daß die Erkenntnis und ihr Objekt sich irgendwie als getrennte Naturen, sich ewig suchend und sich ewig fliehend, gegenüberstehen, löst sich auf: denn indem das Wissen, in seinem vollendeten kritischen Selbstbewußtsein, seine eigenen Bedingungen durchschaut, gewinnt und besitzt es in ihnen die Form der Dinge, die Form des Wirklichen selbst.

Schon innerhalb des Kantischen Systems selbst bildet diese Lehre von der synthetischen Einheit den Ansatzpunkt für jene immanente Entwicklung, die das Denken Kants im Fortgang der drei großen Kritiken erfährt. Die Einheit zwischen der Erkenntnis und ihrem Gegenstand, die das Ziel der kritischen Lehre bildet, scheint zunächst innerhalb der Kritik der reinen Vernunft selbst noch nicht vollständig und unzweideutig aufgewiesen. Die Betrachtung steht hier von Anfang an unter dem doppelten Gesichtspunkt, der durch die innerlich zwiespältige Bedeutung des Dingbegriffs gefordert wird. Der Gegenstand der Erfahrung wird in der Tat als das reine Korrelat der synthetischen Funktionen des Verstandes dargestellt: aber hinter diesem Gegenstand erhebt sich im Begriff des »Dinges an sich« eine neue Welt der Objektivität, an der die Erkenntnis ihre endgültige Schranke zu finden scheint. Hier verliert somit die Synthesis a priori die Kraft des schlechthin einheitlichen, alle Einzelgegensätze umspannenden »obersten Grundsatzes«, und der Dualismus der phänomenalen und noumenalen Welt scheint wiederum das letzte unaufhebliche Ergebnis. Indessen zeigt schon innerhalb der Grenzen der Kritik der reinen Vernunft die fortschreitende Betrachtung, daß selbst dieser Dualismus nunmehr einen anderen Sinn und Inhalt als in der dogmatischen Weltansicht erhalten hat. Sofern eine ursprüngliche Zweiheit behauptet wird, wird sie in der Sprache der Erkenntnis und als ein Gegensatz der eigentümlichen Geltungswerte der Erkenntnis selbst fixiert. Die Antithese zwischen Ding an sich und Erscheinung geht in die kritische Grenzscheidung zwischen Ideenerkenntnis und Kategorienerkenntnis, zwischen »Vernunft« und »Verstand« über. Und unter diesem Gesichtspunkt hört nunmehr das »Ding an sich« auf, lediglich die starre Schranke der Erkenntnis zu bedeuten, sondern wird zu der Bezeichnung eines Systems von Aufgaben, die an der Grenze des theoretischen Wissens nicht nach Zufall und Willkür, sondern mit strenger einsehbarer Notwendigkeit entstehen. Die Grenzbestimmung des Verstandes erfolgt unter seinem eigenen Prinzip und Gesetz. Die Kritik der praktischen Vernunft bringt diese Einsicht zum Abschluß: denn der positive Sinn des »Noumenon« enthüllt sich hier in der Idee der Freiheit, die ihrerseits nichts anderes als der höchste Ausdruck der Autonomie, der Selbstgesetzlichkeit der Vernunft ist. Und die weitere Vermittlung zwischen Naturgesetz und Freiheitsgesetz, zwischen »Sein« und »Sollen« vollzieht sich, indem die Betrachtung der Kunst und die Betrachtung des Organismus uns ein Gebiet aufweisen, in welchem beide Momente sich unmittelbar aufeinander beziehen und sich wechselweise durchdringen. Jetzt wird ein Standpunkt gewonnen, auf dem die Natur selbst unter dem Gesichtspunkt der Freiheit, die Idee der Freiheit selbst unter dem Gesichtspunkt der Natur erscheint. Erst in dieser höchsten Synthese gewinnt das Objektivitätsproblem der kritischen Philosophie seinen wahrhaften Abschluß. Der Wirklichkeitsbegriff der mathematischen Naturwissenschaft erweist sich nunmehr als eine, freilich notwendige und in ihrer Geltung unantastbare Abstraktion: der wahrhafte konkrete Gesamtinhalt des »Wirklichen« aber wird erst durch den Gesamtgehalt der synthetischen Einheitsfunktionen, durch den systematischen Inbegriff der logischen, ethischen und ästhetischen Grundwerte bestimmt.

An diesen völlig entfalteten und durchgebildeten Wirklichkeitsbegriff, der im Ganzen der drei Kritiken vorliegt, knüpft Hegels Lehre an. Die Stellung des Gedankens zur Objektivität, in welcher der Gedanke das Objekt nur als ein Äußeres, ihm selbst Fremdes kennt und weiß, erscheint hier bereits als eine Betrachtungsweise, die wir allenfalls als psychologisches Vor- und Anfangsstadium gelten lassen können, bei der aber das System der Philosophie als solches nicht mehr zu verweilen hat. Der Gegensatz zwischen dem »Geist« und der »Wirklichkeit« muß schon mit der ersten Frage der philosophischen Erkenntnis überwunden sein. Daß das Objekt nichts anderes ist, als der Ausdruck und die Zusammenfassung von Gesetzen, die das Wesen des Geistes selbst und seiner Funktionen ausmachen: das gilt als das unerschütterliche, fortan keiner weiteren Begründung bedürftige Grundergebnis der Vernunftkritik. Die eigentliche Aufgabe aber ist freilich mit diesem Anfang nicht bereits gelöst, sondern erst gestellt. Denn die Spaltung und Antithese, von der alle philosophische Betrachtung ausgeht, erweist ihre Bedeutung und Tiefe erst darin, daß sie sich im Leben des Geistes selbst wiederholt. »Dinge« mögen als solche immerhin getrennt bleiben, da sich von ihnen nicht unbedingt und a priori Harmonie und Zusammenstimmung fordern läßt. Seine spezifische Form und seine spezifische Schärfe aber gewinnt der Gegensatz dort, wo er sich auf dem Grund einer ursprünglichen Einheit entfaltet und wo er durch sie selbst notwendig gesetzt erscheint. Und eben in dieser Art der Entgegensetzung liegt der Charakter alles geistigen Seins. Alles konkrete geistige Dasein, von dem wir wissen, stellt sich in der Besonderung und Begrenzung eines individuellen Lebens dar; aber es weiß sich als ein Geistiges zugleich nur dadurch, daß es diese Begrenzung in sich negiert. Dieses Grundverhältnis bildet die zentrale Frage, zu der Hegels philosophische Jugendwerke in den mannigfaltigsten Ansätzen und von verschiedenen Richtungen her immer wieder zurückkehren. Jetzt handelt es sich also nicht in erster Linie darum, im Sinne der theoretischen Erkenntnis die Beziehung zwischen dem Ich und dem »äußeren« Gegenstande festzustellen: sondern die wesentliche Bestimmung liegt in dem Verhältnis des »Ich« zu einer universellen geistigen Lebensform. Die Person wird zur Persönlichkeit, sie erlangt ein wahrhaftes Bewußtsein ihres Selbst erst dadurch, daß sie in sich eine Entgegensetzung zu der Gesamtsphäre des geistigen Lebens vollzieht, um sie zugleich wiederum beständig in sich aufzuheben. Und hier ist zugleich für Hegel der Kernpunkt aller Religion und aller religiösen Entwicklung bezeichnet. Die Religion kennt, in ihrer spekulativen Tiefe gefaßt, keine andere Aufgabe, als die Darstellung und die Lösung dieses ursprünglichen Widerstreites. Darin wurzelt ihre wahrhafte Universalität, die sie über alle Bedingtheit und Besonderung ihrer zeitlich-empirischen Einzelformen hinaushebt. Das Auseinanderfallen des Lebens in eine Mehrheit konkret persönlicher, voneinander geschiedener Sphären ist das Faktum, von dem die Religion ausgeht; die Wiederherstellung des Lebens als einer Totalität des geistigen Seins, in welcher jener Unterschied aufgehoben und versöhnt ist, ist das Ziel, dem sie zustrebt.

Man versteht es nunmehr, inwiefern für Hegel die Grundfrage seiner Religionsphilosophie zugleich den Ausdruck für die idealistische Lehre als solche in ihrer höchsten Entfaltung und Vollendung, bildet. Fichte hat es Kant gelegentlich vorgehalten, daß seine Lehre ein »dreifaches Absolute« besitze[1]. Diese drei verschiedenen Absoluta Kants, wie sie im Gebiet der Erkenntnis, in dem der Sittlichkeit und in dem der Kunst festgestellt sind, fassen sich nunmehr für Hegel in das eine Absolutum der Religion zusammen. Denn in jeder Analyse des reinen Gegenstandsbewußtseins, wie des sittlichen oder ästhetischen Bewußtseins finden wir jene Trennung und Vereinigung von Momenten, die das durchgehende und wesentliche Thema der Religionsphilosophie bildet. Im sittlichen Bewußtsein erkennen wir die kategorische Forderung der Pflicht als Ausdruck der reinen Autonomie der Vernunft; aber zugleich bleibt hier das Gesetz vom Standpunkt des wollenden und handelnden Subjekts eine abstrakt-allgemeine Form, die als ein leeres Sollen, als ein zwingendes Gebot dem Ich gegenübersteht. Und auch im Objekt der reinen künstlerischen Anschauung erblickt und genießt das Ich zwar nur den Widerschein der eigenen Harmonie seiner »Gemütskräfte«: aber andererseits erscheint hier diese Harmonie zugleich im Gegenstand der ästhetischen Betrachtung gebunden und kann nicht anders, als durch diese Bindung und Vermittlung zur Erscheinung kommen. Das religiöse Bewußtsein erst ist die wahrhafte Überwindung dieser Zweiheit und dieser Schranke. Erst in ihm stellt sich die reine Rückkehr des Geistes in sich selbst, stellt sich die wahrhafte Form der Vereinigung von Freiheit und Notwendigkeit dar. Die Hingabe des Ich ist hier zugleich seine Erhaltung; seine Selbstentäußerung ist zugleich seine Selbstvollendung. Hegels theologische Jugendschriften schildern diesen Doppelprozeß des Sich-Verlierens und Sich-Findens des Ich zunächst noch ganz in der Sprache, die die Mystik für den Ausdruck dieses religiösen Grundverhältnisses geschaffen hatte. Die Liebe ist der höchste Ausdruck für die zur Einheit zurückstrebende Entzweiung. Denn sie ist — wie noch Hegels spätere Vorlesungen über Religionsphilosophie erklären — »das Bewußtsein von sich, sein eigenes Selbstbewußtsein im Selbstbewußtsein des Anderen zu haben«. »Ich habe mein Selbstbewußtsein nicht in mir, sondern im Andern; aber dieses Andere, in dem ich nur befriedigt bin, meinen Frieden mit mir habe — und ich bin nur, indem ich Frieden in mir habe: habe ich diesen nicht, so bin ich der Widerspruch, der auseinandergeht — dieses Andere, indem es ebenso außer mir ist, hat sein Selbstbewußtsein nur in mir, und beide sind nur dieses Bewußtsein ihres

---

[1] Vgl. ob. S. 198.

Außersichseins und ihrer Identität[1].« Hier erst sind alle Entgegensetzungen, an die der Verstand und seine Reflexion gebunden bleibt, zunichte geworden. Die Liebe »ist nicht Verstand, dessen Beziehungen das Mannigfaltige immer als Mannigfaltiges lassen und dessen Einheit selbst Entgegensetzungen sind; sie ist nicht Vernunft, die ihr Bestimmen dem Bestimmten schlechthin entgegensetzt; sie ist nichts Begrenzendes, nichts Begrenztes, nichts Endliches; sie ist ein Gefühl, aber nicht ein einzelnes Gefühl; aus dem einzelnen Gefühl, weil es nur ein Teilleben, nicht das ganze Leben ist, drängt sich das Leben durch Auflösung zur Zerstreuung in der Mannigfaltigkeit der Gefühle und um sich in diesem Ganzen der Mannigfaltigkeit zu finden. In der Liebe ist dies Ganze nicht als in der Summe vieler Besonderer, Getrennter enthalten; in ihr findet sich das Leben selbst, als eine Verdoppelung seines Selbst und Einigkeit desselben; das Leben hat von der unentwickelten Einigkeit aus durch die Bildung den Kreis zu einer vollendeten Einigkeit durchlaufen. In der Liebe ist das Getrennte noch, aber nicht mehr als Getrenntes — als Einiges; und das Lebendige fühlt das Lebendige[2].«

Das also erscheint hier als der Ausgangspunkt von Hegels Gedankenwelt und als der Kern ihres historischen Verhältnisses zu Kant: daß das Problem der Synthesis und der synthetischen Einheit durch Hegel von dem Boden der reinen Erkenntnis auf denjenigen des konkreten geistigen Lebens, in der Totalität seiner Äußerungen, versetzt wird. Innerhalb der Beziehungen aber, die das Individuum mit der Gesamtheit dieses Lebens verknüpfen, tritt schon hier neben dem religiösen Motiv ein anderes als mitbestimmend hervor. Der Zusammenhang zwischen dem Einzelleben und dem Gesamtleben stellt sich in gleicher Bestimmtheit, wie im Verhältnis des Ich zu Gott in seinem Verhältnis zum Staate dar. Daß es diese tiefste Bedeutung der Staatsidee nicht nur gedanklich erfaßt, sondern daß es sie *in concreto* gefühlt und gelebt hat: das macht nach Hegel den entscheidenden weltgeschichtlichen Vorzug des Griechentums aus. Die Ansicht, die Hegels Jugendschriften vom Griechentum entwickeln, bewegt sich ganz innerhalb der allgemeinen Grundauffassung, die durch den deutschen klassischen Humanismus, durch Herder, Schiller und W. v. Humboldt geschaffen worden war; aber sie gewinnt ihre unterscheidende Eigen-

---
[1] Vorles. über Religionsphilos. Werke XI, 227.
[2] Hegels theologische Jugendschriften, hg. von Hermann Nohl, Tübingen 1907, S. 378 f. zu dem Fragment »die Liebe« vgl. Dilthey, Die Jugendgeschichte Hegels, Berlin 1905, S. 106 ff.

art durch den Nachdruck, mit welchem Hegel die griechische Polis in den Mittelpunkt der Betrachtung stellt. Nicht das verlorene künstlerische, sondern das verlorene politische Paradies ist es, das er in Griechenland vor sich sieht. Als freier Mensch gehorchte der Bürger des griechichen Staats Gesetzen, die er sich selbst gegeben, gehorchte er Obern, die er selbst eingesetzt, führte er Kriege, die er selbst beschlossen hatte. »Die Idee seines Vaterlandes, seines Staates war das Unsichtbare, das Höhere, wofür er arbeitete, das ihn trieb; dies war sein Endzweck der Welt oder der Endzweck seiner Welt, den er in der Wirklichkeit dargestellt fand oder selbst darzustellen und zu erhalten mithalf.« Vor dieser Idee verschwand die Individualität des Einzelnen. Nur für sie, nicht für sich selbst verlangte das Individuum Unsterblichkeit und Fortdauer. Cato wandte sich erst zu Platons Phaedon, als ihm das, was bisher für ihn die höchste Ordnung der Dinge war, als ihm seine Welt, seine Republik zerstört war. In dieser Grundform des antiken Lebens gab es so wenig ein abstraktes Moralgebot, das den Willen des Individuums unbedingt unter sich zwang, wie eine absolut herrschende und verpflichtende Religiosität. Der Mensch stand nicht nur seinesgleichen, sondern auch seinen Göttern frei gegenüber. Erst als dieses Bild der im Staate realisierten und objektiv gewordenen Sittlichkeit aus der Seele des Einzelnen schwand, bedurfte und suchte dieser nunmehr einen neuen Halt. »Den Republikaner überlebte die Republik, und ihm schwebte der Gedanke vor, daß sie, seine Seele, etwas Ewiges sei;« — aber nachdem nun dieser Gedanke vernichtet war, mußte sich die Idee des Allgemeinen jene neue Form geben, die sie im Christentum gefunden hat. »Die Vernunft konnte es nie aufgeben, doch irgendwo das Absolute, das Selbständige, Praktische zu finden; in dem Willen der Menschen war es nicht mehr anzutreffen; es zeigte sich ihr noch in der Gottheit, die die christliche Religion ihr darbot, außerhalb der Sphäre unserer Macht, unseres Wollens, doch nicht unseres Flehens und Bittens.« Aber auch damit war die Entzweiung in ihrem Grunde nicht aufgehoben: denn die Gottheit, die sich auf diesem Wege dem Bewußtsein darbietet, bleibt ihm ein schlechthin Transzendentes und Jenseitiges. Das Göttliche zieht sich von der Welt zurück, die nunmehr ihrer eigenen Verderbnis anheimfällt. Daher ist das Religiöse hier nicht mehr, wie im Griechentum, der Ausdruck eines für sich bestehenden Lebens, sondern seine Vernichtung. Damit aber hat die Religion in dieser ihrer geschichtlichen Ausprägung nicht nur den Menschen, sondern auch sich selbst und ihren eigentlichen und höchsten Zweck zerstört. Denn dieser besteht in der Erhebung des endlichen Lebens zum unendlichen Leben, die vereitelt wird, sobald die eine Seite des Gegensatzes der anderen derart aufgeopfert wird, daß ihr selbständiger Gehalt verloren geht. Die endgültige Vermittlung und Versöhnung kann, nach der Grundüberzeugung, die durch Hegels philosophische Jugendwerke hindurchgeht, wiederum nur auf dem Boden des Staates und kraft einer neuen Form des staatlichen Lebens gewonnen werden. Hier liegt die wesentliche ideelle Aufgabe der neueren Geschichte. Die Darstellung des Ideellen, deren der Mensch bedarf, darf nicht bloßer Gedanke bleiben, sondern muß zur »machthabenden Allgemeinheit« werden, die sich geschichtlich zu verkörpern und zu verwirklichen vermag. In dieser Verkörperung erst wäre das Besondere im Allgemeinen, das Allgemeine im Besonderen wahrhaft aufgegangen: — in ihr wäre das Vernünftige wirklich, das Wirkliche vernünftig geworden [1]. —

Die Fortbildung, die diese Grundmotive des künftigen Hegelschen Systems in den Schriften der Jugendperiode erfahren, braucht hier nicht im einzelnen verfolgt zu werden: — nur insoweit mußte auf sie hingedeutet werden, als sie zugleich für die Stellung des Erkenntnisproblems innerhalb der Lehre Hegels charakteristisch und bestimmend sind. Jetzt erst tritt deutlich heraus, daß es eine neue Fassung des Objektivitätsbegriffs und des Objektivitätsproblems ist, wovon Hegel seinen Ausgang nimmt. Der Umfang dieses Problems ist nach Hegel keineswegs auf das Gebiet der logischen und wissenschaftlichen Erkenntnis beschränkt. Es besteht vielmehr überall dort, wo das Einzelbewußtsein sich in irgendeiner Form durch ein Allgemeines bestimmt und gebunden weiß, — wo ein besonderes Leben sich als Glied eines Ganzen erfaßt, das es umfängt und beherrscht. Jede derartige Bindung muß zunächst und für die unmittelbar-erste Betrachtung als Entzweiung des Subjekts mit sich selbst empfunden werden: das Gesetz des Ganzen fordert die Unterordnung und in dieser die Negation des partikularen Selbst. Aller Fortschritt des geistigen Lebens aber besteht darin, daß diese Negativität sich immer reiner und selbständiger in Positivität auflöst. Als bloßes äußeres »Ding« gedacht, scheint der Gegenstand dem Ich

---

[1] Die Belege zu dieser Darstellung s. bes. in den Theologischen Jugendschriften S. 26 ff., 70 f., 219 ff., 345 ff.; vgl. bes. Hegels Entwurf der Vorrede zu der Schrift über die deutsche Verfassung, Schriften zur Politik u. Rechtsphilosophie, hg. von Georg Lasson, Leipzig 1913, S. 136 ff.

ewig fremd bleiben zu müssen; — aber diese Fremdheit schwindet, je tiefer wir ihn als den Ausdruck der allgemeinen Formen des Geistes selbst ergreifen, wie sie sich in Recht und Staat, in Sittlichkeit und Kunst, in Philosophie und Religion darstellen. Schon das Systemfragment von 1800, das die erste Epoche der Hegelschen Philosophie abschließt, stellt diese Gesamtansicht in ihren allgemeinen Umrissen auf. Daß das Ganze des Geistes sich nur als Entwicklung darstellen, daß sein Anfang und sein Ende nicht einfach in abstrakter Identität zusammenfallen können, sondern daß sein Sein sich nur in seinem Werden enthüllt: dies wird hier unmittelbar aus dem Begriff des Lebens selbst gefolgert. »Der Begriff der Individualität schließt Entgegensetzung gegen unendliche Mannigfaltigkeit und Verbindung mit demselben in sich; ein Mensch ist ein individuelles Leben, insofern er ein anderes ist als alle Elemente, und als die Unendlichkeit der individuellen Leben außer ihm; — er ist nur, insofern das All des Lebens geteilt ist, er der eine Teil, alles übrige der andere Teil; er ist nur, insofern er kein Teil ist, und nichts von ihm abgesondert. Das Leben kann somit niemals als Vereinigung und Beziehung allein, sondern muß ebensosehr unmittelbar als die Aufhebung beider begriffen werden. Es ist ein unendlich Endliches, ein unbeschränkt Beschränktes; es ist: die Verbindung der Verbindung und Nichtverbindung[1].« Die gesamte Anschauung, die Hegel vom Sinn des religiösen und staatlichen Lebens gewonnen hat, drängt sich in diese abstrakte Formel zusammen, deren Widerspruch und deren Paradoxie nunmehr zum Ansatzpunkt jener dialektischen Begriffsarbeit wird, in welcher sich für Hegel der Aufbau der »Phänomenologie des Geistes« und der Logik vollzieht.

II. Die Kritik der Reflexionsphilosophie

Die Aufgabe der Philosophie muß, wie die Skizzen und Entwürfe aus Hegels Jugendjahren festgestellt haben, darin bestehen, daß sie das, was im Staat, als dem Organismus der Sittlichkeit, und in der Religon begonnen ist, zur Vollendung bringt. Die Versöhnung zwischen dem Besonderen und Allgemeinen, zwischen dem Endlichen und Unendlichen, die dort geleistet ist, soll in ihr und durch sie zur Einsicht und zum Selbstbewußtsein gelangen. Aber diese Forderung bleibt so lange unerfüllt, als die Philosophie selbst noch in einem der beiden zu vermittelnden Gegensätze steht. Die

[1] S. das Systemfragment von 1800, Theolog. Jugendschriften, S. 345 ff.

erste kritische Aufgabe muß demnach darauf gerichtet sein, in den bisherigen geschichtlichen Formen der Philosophie überall dieses Prinzip ihrer Einseitigkeit aufzudecken und zu überwinden. »Die Gegensätze, die sonst unter der Form von Geist und Materie, Seele und Leib, Glauben und Verstand, Freiheit und Notwendigkeit usw. und in eingeschränkteren Sphären noch in mancherlei Arten bedeutend waren und alle Gewichte menschlicher Interessen an sich anhenkten, sind im Fortgang der Bildung in die Form der Gegensätze von Vernunft und Sinnlichkeit, Intelligenz und Natur, für den allgemeinen Begriff, von absoluter Subjektivität und absoluter Objektivität übergegangen. Solche festgewordene Gegensätze aufzuheben, ist das einzige Interesse der Vernunft. Dies ihr Interesse hat nicht den Sinn, als ob sie sich gegen die Entgegensetzung und Beschränkung überhaupt setzte; denn die notwendige Entzweiung ist Ein Faktum des Lebens, das ewig entgegensetzend sich bildet: und die Totalität ist in der höchsten Lebendigkeit nur durch Wiederherstellung aus der höchsten Trennung möglich. Sondern die Vernunft setzt sich gegen das absolute Fixieren der Entzweiung durch den Verstand, und um so mehr, wenn die absolut Entgegengesetzten selbst aus der Vernunft entsprungen sind[1].«

In positiver wie in negativer Hinsicht sieht Hegel dieses Verhältnis am reinsten in der Kantischen Philosophie dargestellt. Denn die Lehre Kants hat auf der einen Seite den absolut höchsten Einheitspunkt alles Wissens in voller Klarheit und Schärfe bestimmt, indem sie als Prinzip aller besonderen Verstandesbegriffe die ursprünglich-synthetische Einheit der Apperzeption aufstellt. Diese Einheit will — in der Art, wie Kant selbst sie faßt — kein Aggregat zusammengelesener Mannigfaltigkeiten sein: denn außerhalb der Synthesis der »produktiven Einbildungskraft« gibt es für das Denken so wenig ein Vieles, als ein Eins; sowenig ein anschaulich Gegebenes, wie seine Bestimmung durch den Verstand. Die Frage, wie synthetische Urteile a priori möglich seien, läßt demnach in der Vernunftkritik selbst nur eine einzige wahrhaft abschließende Antwort zu: sie sind es nur kraft einer ursprünglichen absoluten Identität von Ungleichartigem, aus welcher, als dem Unbedingten, sie selbst sich in die Zweiheit von Subjekt und Prädikat erst sondern. Wenn indessen diese Sonderung die Einheit, aus der sie hervorgeht, nicht sowohl zersprengen, als vielmehr näher determinieren

---
[1] Differenz des Fichteschen und Schellingschen Systems der Philosophie (1801), W. I, 174.

und inhaltlich erfüllen soll: so muß gefordert werden, daß die bei=
den Glieder des Gegensatzes sich nicht nur äußerlich in einem
Dritten, als ihrem Produkt, berühren, sondern daß sie sich in jeder
Phase des Erkenntnisprozesses wechselweise und vollständig durch=
dringen. Die allgemeine Form darf daher den besonderen Inhalt
nicht nur in der Weise umfassen, daß sie nur einen Teil von ihm,
nur ein einzelnes Merkmal an ihm bestimmte, — von allem an=
deren dagegen als von einer gleichgültigen Materie abstrahierte.
Vielmehr muß die Bestimmung zur konkreten Besonderheit als ein
in der Kategorie selbst liegendes und durch sie gefordertes Moment
erkannt und aufgewiesen werden. Die Kategorie darf, mit anderen
Worten, nicht länger das Besondere nur unter sich enthalten und
es demgemäß als unterhalb ihrer eigenen Sphäre stehend ansehen,
sondern sie muß in ihrer eigenen immanenten Entfaltung zu ihm
hinführen. Die Kantische Deduktion löst nach Hegel diese Auf=
gabe nicht: denn ihr Ergebnis besteht vielmehr umgekehrt darin,
daß alle Bestimmung, die sie als Funktion des Verstandes aufweist,
an ein »Gegebenes« der Sinnlichkeit, als eine feste und undurch=
dringliche Schranke gebunden bleibt. Der Verstand mag dieses
Gebiet des »Gegebenen« immer mehr seiner logischen Form unter=
werfen: so bleibt es doch stets seinem Ursprung nach das schlecht=
hin Andere und Fremde, das ihm als unaufheblicher Gegensatz
gegenübersteht.

Für dieses Andere muß demnach von Kant auch eine völlig neue
Quelle des Seins und der Erkenntnis angenommen werden. Die
»Affektion« der Sinnlichkeit gründet sich im »Ding an sich« — also
in einer Weise der Objektivität, die schon in ihrer bloßen Setzung
die analytische Scheidung zwischen Gegenstand und Erkenntnis,
die der Gedanke der synthetischen Einheit aufzuheben bestimmt
war, von neuem aufrichtet. Die Form der synthetischen Erkennt=
nis bleibt nunmehr, da sie nur einen anderweit gegebenen und ge=
gründeten Bestand gleich einer bloßen Hülse umfaßt, ohne spezi=
fischen Gehalt, während andererseits dieser Bestand, als ein Etwas
vor aller Form, zu einer ungegliederten chaotischen Masse herab=
sinkt. »Eine solche formale Identität hat unmittelbar eine unendliche
Nichtidentität gegen oder neben sich, mit der sie auf eine unbegreif=
liche Weise koaleszieren muß. So kommt denn auf eine Seite das Ich
mit seiner produktiven Einbildungskraft, oder vielmehr mit seiner
synthetischen Einheit, die so isoliert gesetzt, formale Einheit des
Mannigfaltigen ist, neben dieselbe aber eine Unendlichkeit der

Empfindungen und, wenn man will, der Dinge-an-sich; welches Reich, insofern es von den Kategorien verlassen ist, nichts anderes als ein formloser Klumpen sein kann, obschon es auch nach der Kritik der Urteilskraft, als ein Reich der schönen Natur, Bestimmtheiten in sich enthält, für welche die Urteilskraft nicht subsumierend, sondern nur reflektierend sein kann. Aber weil doch Objektivität und Halt überhaupt nur von den Kategorien herkommt, dies Reich aber ohne Kategorien und doch für sich und für die Reflexion ist: so kann man sich dasselbe nicht anders vorstellen, als wie den ehernen König im Märchen, den ein menschliches Selbstbewußtsein mit den Adern der Objektivität durchzieht, daß er als aufgerichtete Gestalt steht — welche Adern der formale transzendentale Idealismus ihr ausleckt, so daß sie zusammensinkt, und ein Mittelding zwischen Form und Klumpen ist, widerwärtig anzusehen; und für die Erkenntnis der Natur und ohne die von dem Selbstbewußtsein ihr eingespritzten Adern, bleibt nichts als die Empfindung[1].«

Hegel kann sich nicht verhehlt haben — und schon seine eigene Erinnerung an die »Kritik der Urteilskraft« verrät dies — wie wenig mit dieser Pointierung das Ganze der Kantischen Lehre getroffen wird; aber es ist ihm auch an dieser Stelle nicht sowohl um dieses Ganze in seiner geschichtlichen Totalität als vielmehr darum zu tun, einen bleibenden Typus aller »Reflexionsphilosophie« schematisch und konstruktiv aufzustellen. Und denselben Typus findet er nunmehr in Fichtes Wissenschaftslehre wieder. In dieser ist die ursprüngliche Beschränkung des Ich freilich lediglich in das Ich selbst verlegt, so daß die Gesamtheit der Wirklichkeit aus dem reinen Selbstbewußtsein abgeleitet scheint. Aber es verschlägt wenig, ob die Schranke, sofern sie nur als notwendig und unaufheblich anerkannt bleibt, in das Selbst oder außerhalb dasselbe gesetzt wird. Sie bleibt ihrem Charakter nach dieselbe: sofern sie die Vollendung der Vernunft niemals als eine wahrhaft vollzogene und abgeschlossene zuläßt, sondern sie in einen endlosen Prozeß hinausschieben muß, der als solcher sein Ziel und damit seinen Sinn beständig außer sich hat. So tritt bei Fichte dem Sein das »Sollen« entgegen: ein Sollen indes, das im Wirklichen selbst niemals Gestalt gewinnt und demgemäß, analog der Leere der abstrakten Verstandesform, die Leere eines bloß abstrakten Ideals besitzt. Dieses Ideal glaubt der Verstricktheit in das Empirische und Sinnliche überhoben zu sein; aber es vermag in Wahrheit seine eigene Aufgabe nur in beständigem

---
[1] Glauben und Wissen, W. I, 29f.

Hinblick auf diese verschmähte und dem Anschein nach fallen gelassene Sphäre zu bestimmen. Die Schranke der Vernunft wird daher hier nicht sowohl beseitigt, als vielmehr befestigt und »perenniert«. Die Forderung, daß Ich gleich Nicht-Ich sein soll, ist der Kulminationspunkt des Systems; aber es ist kein Indifferenzpunkt in ihm zu erkennen, an welchem das bloße Postulat seine Erfüllung fände. Fichte beginnt mit der Setzung des bloßen Ich, mit der Gewißheit und Wahrheit des reinen Selbstbewußtseins. Aber indem dieses Selbstbewußtsein gesetzt wird, erscheint es sogleich als ein Unvollständiges, durch etwas anderes Bedingtes. Diese erkannte Unvollständigkeit des absoluten Prinzips und die daraus erkannte Notwendigkeit eines Fortgehens zu einem Anderen ist das Prinzip der Deduktion der Sinnenwelt. Dies Prinzip spielt auf diese Art die doppelte Rolle: das eine Mal absolut, das andere Mal schlechthin endlich zu sein und in letzterer Qualität ein Anfangspunkt für die ganze empirische Unendlichkeit werden zu können. Aber in Wahrheit gilt jetzt vielmehr das Umgekehrte: die gesamte auf diese Art produzierte Unendlichkeit trägt die Beschränkung in sich, die ihr von ihrem ersten Ausgangspunkt her eignet. Fichtes Philosophie macht die Zufälligkeit des gemeinen Bewußtseins methodisch; aber sie nimmt diesem dadurch nichts von seiner Zufälligkeit und Gemeinheit. Sie erhebt den Anspruch, den Geist auf ewig von der Notwendigkeit der Dinge zu erlösen, indem sie die Dinge aus der Freiheit des Denkens selbst hervorgehen läßt: — als ob er nicht in einer und derselben Gefangenschaft seines Zustandes wäre, die, ungeachtet sie nicht mehr als ein äußeres Objekt vorhanden ist, dennoch mit eben derselben Wirklichkeit, Willkürlichkeit und Zufälligkeit, als eine Reihe von Affektionen und Zuständen existiert[1].

Man würde auch hier den Inhalt, sowie den Ton und die Schärfe dieser Kritik nicht verstehen, wenn man sich nicht Hegels eigene positive Grundanschauung vergegenwärtigte, die durch seine polemischen Erörterungen bereits überall bestimmt hindurchscheint. Die eigentliche und tiefere Differenz tritt erst dort heraus, wo Hegel sich der Kritik des Fichteschen Naturrechts zuwendet. Denn an der konkreten Fassung des Rechts- und Staatsbegriffs entscheidet sich für ihn die theoretische Fassung des Vernunftbegriffs überhaupt. Die vollkommenste Organisation, die die Vernunft sich im Wirklichen geben kann, liegt in ihrer Selbstgestaltung zu einem Volk vor uns.

---
[1] S. Glauben und Wissen, W. I, 117 ff; Differenz des Fichteschen und Schellingschen Systems, W. I, 215 ff.

In der Fichteschen Konstruktion jedoch tritt, wie Hegel ihr vorwirft, an die Stelle d i e s e r Gestaltung der Entwurf eines Verstandes=Staates, in welchem vermöge der alleinigen Herrschaft des kategorischen Sittengesetzes das Lebendige der Naturtriebe zu vollständiger Knechtschaft herabgedrückt wird. »Jener Verstandesstaat ist nicht eine Organisation, sondern eine Maschine, das Volk nicht der organische Körper eines gemeinsamen und reichen Lebens, sondern eine atomistische lebensarme Vielheit, deren Elemente absolut entgegengesetzte Substanzen, teils eine Menge von Punkten (den Vernunftwesen), teils mannigfaltig durch Vernunft (d. h. in dieser Form: durch Verstand) modifikable Materien sind; — Elemente, deren Einheit ein Begriff, deren Verbindung ein endloses Beherrschen ist.« Es gilt freilich auch hier, daß — da das Sittengesetz lediglich die reine Form des Ich selbst ausdrückt, — dies Verhältnis von Gebieten und Gehorchen kein bloß äußerliches bleiben soll, sondern in das Bewußtsein selbst verlegt wird. Aber eben damit wird die innere Harmonie des Menschen weit radikaler, als bei seiner Unterwerfung unter einen fremden Willen, zerstört. Der Zwiespalt, der zuvor nur als ein von außen Aufgedrungenes und insofern Zufälliges erschien, ist jetzt in ihn selbst hineingetragen und damit für immer befestigt. Die Entgegensetzung bleibt auch in der Beschönigung des unendlichen Progresses absolut fixiert: »sie kann sich weder für das Individuum in den Indifferenz=Punkt der Schönheit des Gemüts und des Werks, noch für die vollständige lebendige Gemeinschaft der Individuen in eine Gemeinde wahrhaft auflösen.« In der G e m e i n d e jedoch erfüllt sich erst das zugleich religiöse und politische Ideal, das die Grundlage und die latente Triebkraft der Hegelschen Kritik ausmacht. In dem Bewußtsein, das sich innerhalb ihrer vollzieht und bildet, sind das Allgemeine und Besondere derart Eins geworden, daß beide sich in jedem Punkte des konkreten Tuns wechselseitig durchdringen. Es genügt freilich nicht, wenn dieses Grundverhältnis nur so ausgesprochen wird, daß man, in der psychologistischen Sprache des herkömmlichen Naturrechts, zu den individuellen Neigungen den Trieb der Geselligkeit einfach hinzutreten läßt. Denn was damit erreicht wird, ist lediglich eine trübe Mischung heterogener Bestandteile; — ein einfaches Abwechseln zwischen Motiven, deren jedes für sich seiner Natur nach das andere ausschließt und vernichtet. »Die absolute Idee der Sittlichkeit enthält dagegen den Naturstand und die Majestät (des Rechtszustandes) als schlechthin identisch; indem die letztere selbst nichts anderes als die absolute sittliche Natur ist ... In der Idee ist die Unendlichkeit wahrhaftig, die Einzelnheit als solche Nichts, und schlechthin Eins mit der absoluten sittlichen Majestät — welches wahrhafte lebendige und unterwürfige Einssein allein die wahrhafte Sittlichkeit des Einzelnen ist.« Der Einzelne trägt in seinem Bewußtsein das Bewußtsein des Ganzen und drückt es aus, wie dieses Bewußtsein des Ganzen sich nicht anders als in dieser organischen Vielheit darstellen kann. Die Sittlichkeit des Einzelnen ist ein Pulsschlag des ganzen Systems und selbst das ganze System. In diesem Sinne tritt die absolute Sittlichkeit, als ein rein Allgemeines, dennoch nur in dem konkreten Geist eines Volkes hervor. Das Volk ist nach dem Worte des Aristoteles, der Natur nach früher als der Einzelne — und das Gemeinschaftsbewußtsein, das sich in den Sitten offenbart und sich in ihnen einen festen Körper gibt, daher der Anfang der Sittlichkeit selbst, — in ihrer nicht bloß geforderten und fingierten, sondern wahrhaft reellen Gestalt[1].

In diesem Kampf gegen den »formalen« Charakter der Kantischen und Fichteschen Ethik scheint Hegel sich am nächsten mit Jacobi zu berühren, auf den er sich in der Tat in diesem Zusammenhang beruft. Aber er schreitet von diesem Punkte aus in entgegengesetzter Richtung wie dieser fort: denn wenn bei Jacobi die Formel des kategorischen Imperativs bestritten wird, um damit für die empirische Individualität einen größeren Wert und Spielraum zu erringen, so ist Hegels Kritik umgekehrt von Anfang an darauf gerichtet, für das Sittliche eine neue und vermeintlich festere und tiefere Objektivität aufzuweisen. Jacobis Lehre gilt ihm daher nur als das dritte große Beispiel der Reflexionsphilosophie überhaupt, da sie, von der Subjektivität ihres Urhebers affiziert, ein Eigentümliches und Besonderes bleibt. »An dem Ring, dem Symbol der Vernunft, den sie darbietet, hängt ein Stück Haut von der Hand, die ihn reicht, -· das man entbehren will, wenn die Vernunft wissenschaftliche Beziehung und mit Begriffen zu tun hat.« Jacobis Klage gegen den transzendentalen Idealismus läuft darauf hinaus, daß er die Welt, d. h. das Ganze der empirisch-sinnlichen Dinge in bloße Erscheinung verwandle und sie damit vernichte. Aber nicht hierüber war der Kritizismus in Anspruch zu nehmen, sondern vielmehr

---

[1] Über die wissenschaftlichen Behandlungsarten des Naturrechts, seine Stelle in der praktischen Philosophie und sein Verhältnis zu den positiven Rechtswissenschaften. (1802/3), W. I, 323 ff; vgl. Differenz des Fichteschen und Schellingschen Systems, W. I, 236 ff.

darüber, daß er diesen Prozeß nicht bis zu Ende durchgeführt hat. Das Endliche als Endliches soll in der Tat in seiner Nichtigkeit aufgezeigt werden. In der echten spekulativen Erkenntnis, in welcher das Ewige nicht nur geglaubt, sondern gedacht und geschaut wird, ist die ganze ihm entgegengesetzte Sphäre der Endlichkeit, des Selbst-Etwas-Seins, der Sinnlichkeit versunken: »alle Mücken der Subjektivität verbrennen in diesem verzehrenden Feuer, und selbst das Bewußtsein dieses Hingebens und Vernichtens ist vernichtet.« Der Glaube Jacobis hingegen will, indem er das Unendliche sich gegenüberstellt, in Wahrheit an diesem Gegenhalt immer nur sich selbst genießen und kommt über diese Sentimentalität und Qual der Selbstbeschauung niemals hinaus. Es sind Gefühl und Instinkt, die hier der Regel der Sittlichkeit entgegengesetzt werden. Auf diesem Wege aber vermag die religiöse Sehnsucht nicht versöhnt, noch aus ihrem Jenseits zurückgerufen zu werden. Hier wendet sich Hegel zugleich gegen Schleiermachers »Reden über die Religion«, in denen er die gleiche subjektivistische Enge und Beschränkung wiederfindet. Die Virtuosität des religiösen Künstlers soll in den tragischen Ernst der Religion ihre Subjektivität einmischen dürfen, die lyrische Stimmung des Religiösen soll seine großen objektiven Gestaltungen, mit denen es in der Geschichte heraustritt, ersetzen. Damit wird die »Kunst ohne Kunstwerk« perenniert, und die Freiheit der höchsten Anschauung geht in der Einzelheit und in dem Für-sich-etwas-Besonderes-Haben auf[1].

Mit dieser Betrachtung lenkt Hegels Kritik der »Reflexionsphilosophie« wieder in die allgemeine Kritik des religiösen Bewußtseins ein und kehrt damit zu ihrem eigentlichen Ausgangspunkt und Grundinteresse zurück. Was sich uns in den drei wesentlichen Typen der Reflexionsphilosophie in der Lehre Kants, Jacobis und Fichtes darstellt, das ist, wie Hegel anerkennt, in der Tat das »Prinzip des Nordens« und, religiös angesehen, des Protestantismus. Die Religion baut im Herzen des Individuums ihre Tempel und Altäre und zieht sich dahin zurück: das Objektive dagegen wird gemieden, weil die Gefahr besteht, daß es sich wiederum in das Sinnlich-Dingliche wandeln könnte. Aber sollte diese Furcht vor dem Objektiven wirklich das letzte Wort der spekulativ-philosophischen Erkenntnis bilden müssen? Gibt es für sie keine andere Kategorie der Objektivität selbst, als die der gemeinen Dinglichkeit, die freilich von ihr negiert und aufgehoben werden muß? Wäre dies der Fall, so

---
[1] Zum Ganzen s. Glauben und Wissen bes. W. I. 59ff; 73ff; 102ff; 110ff.

wären Idee und Leben, so wären das Prinzip des protestantischen Nordens und das Grundprinzip des antiken Lebens nicht zu versöhnen. Wie man sieht, steht Hegel am Abschluß seiner ersten kritischen Epoche wieder genau an demjenigen Punkt, den die politischen und theologischen Jugendwerke als den Anfang der Philosophie festgestellt hatten. Jetzt gilt es für ihn, das Ganze des bisher Erreichten zusammenzufassen: nachdem der vollkommene Überblick über die Vorbedingungen, die in der Geschichte der Philosophie und in der zeitgenössischen Spekulation liegen, erreicht ist, setzt der positive Aufbau des Systems der Philosophie des Geistes ein.

III. Die geschichtliche und systematische Stellung der dialektischen Methode

In der philosophischen Frühzeit, in der Hegel an der Seite Schellings den Kampf gegen die »Reflexionsphilosophie« führt, scheint er der Lehre Schellings nicht nur ihrem Inhalt, sondern auch ihrem methodischen Grundprinzip nach rückhaltlos beizustimmen. Der einzige Weg, sich des Absoluten als Gegenstandes der Philosophie zu bemächtigen, ist der Weg der intellektuellen Anschauung. Jede andere Form seiner Begründung oder Rechtfertigung muß abgewiesen werden: denn sie würde unfehlbar aus dem Kreise der reinen »esoterischen« Spekulation herausfallen und einen Maßstab einführen, der durch die Philosophie gerade beseitigt und in seiner Nichtigkeit erwiesen werden soll. Nirgends hat sich der »vornehme Ton« des Philosophierens, den Kant bekämpft, in solcher Schärfe und Schroffheit, wie in den programmatischen Sätzen des »Kritischen Journals der Philosophie« vernehmen lassen, mit denen Hegel seine Wirksamkeit als philosophischer Schriftsteller eröffnet. »Die Philosophie ist ihrer Natur nach etwas Esoterisches, für sich weder für den Pöbel gemacht, noch einer Zubereitung für den Pöbel fähig; sie ist nur dadurch Philosophie, daß sie dem Verstande und damit noch mehr dem gesunden Menschenverstande, worunter man die lokale und temporäre Beschränktheit eines Geschlechtes der Menschen versteht, gerade entgegengesetzt ist; im Verhältnis zu diesem ist an und für sich die Welt der Philosophie eine verkehrte Welt[1].« Gegenüber dem Absoluten, das in der intellektuellen Anschauung ergriffen wird, muß daher jede vorgebliche »Kritik«

[1] Über das Wesen der philosophischen Kritik (Krit. Journal der Philosophie) 1802; S.W. XVI, 45.

dieses endlichen Verstandes sich bescheiden. Die absolute Identität der höchsten Idee und der absoluten Realität bedarf keines mittelbaren Beweises, sondern sie muß als solche »mit völlig mißtrauensloser Selbstgenügsamkeit« erfaßt und eingesehen werden[1].

Die »Phänomenologie des Geistes« bedeutet den endgültigen Bruch mit dieser methodischen Grundansicht. In der Wertschätzung und Wertordnung zwischen Begriff und Anschauung scheint sich jetzt eine völlige Umkehr vollzogen zu haben. Die Gestalt, in welcher die Wahrheit existiert — so wird nunmehr festgestellt — kann allein das wissenschaftliche System derselben sein: dieses aber hat keine andere Ausdrucks- und Daseinsform als die Form des Begriffs. Wer diese Form schmäht oder herabsetzt, der hat daher zugleich den eigentlichen Gehalt der Philosophie vernichtet. Wenn das Wahre in das gesetzt wird, was man als Anschauung oder als unmittelbares Wissen des Absoluten oder als Religion bezeichnet, — so ist damit an Stelle der Einsicht die bloße Erbauung getreten. Ein solcher Romantizismus, der die »kalt fortschreitende Notwendigkeit der Sache« durch eine gärende Begeisterung, der den Begriff durch die Ekstase ersetzen zu können vermeint, vermag aus sich so wenig Philosophie zu erzeugen, wie er jemals echte Poesie erzeugt hat. Auf diesem Wege entstehen nur Gedanken, die weder Fisch noch Fleisch, weder Poesie noch Philosophie sind. »Wer nur Erbauung sucht, wer die irdische Mannigfaltigkeit seines Daseins und des Gedankens in Nebel einzuhüllen und nach dem unbestimmten Genusse dieser unbestimmten Göttlichkeit verlangt, mag zusehen, wo er dies findet; er wird leicht selbst sich etwas vorzuschwärmen und damit sich aufzuspreizen die Mittel finden. Die Philosophie aber muß sich hüten, erbaulich sein zu wollen.«

So bleibt zwar das Absolute nach wie vor der höchste, der einzige Gegenstand der Philosophie; aber es bildet nicht mehr ihren unmittelbaren Anfang, sondern ihr Ende; nicht mehr ihre Voraussetzung, sondern ihr Resultat. Eben weil und sofern das Absolute Wahrheit hat und die Wahrheit selbst ist, kann es keine geprägte Münze bedeuten, die als solche ausgegeben und eingestrichen werden kann. Alle echte Wahrheit besteht nur, sofern sie sich aus ihrem Gegenteil, dem Falschen, herstellt. Sie ist nur in diesem logischen Prozeß ihrer Selbsterzeugung und Selbstbehauptung. Der Inhalt und die konkrete Erfüllung der Wahrheit liegt niemals in ihrem bloßen »Was«, sondern erst in ihrem »Wie«: in der Gesamt-

---
[1] S. Glauben und Wissen (1802); S. W. I, 38 f.

heit der Mittelglieder, durch die sie gewonnen und begründet wird. Der begriffliche Fortschritt, die Notwendigkeit, die innerhalb dieses Weges der Vermittlung waltet: dies allein ist daher das echte Prinzip des Wahren. Dieser dynamische Charakter des Denkens und des wahren Begriffs ist es, der, nach Hegel, im Terminus der »intellektuellen Anschauung« verkannt war und der jetzt, in einem neuen umfassenden Sinne, wiederhergestellt werden muß. Es ist eine falsche Objektivität, es ist selbst noch eine Nachwirkung der alten, nur scheinbar überwundenen dinglichen Weltansicht, wenn man das Sein des Absoluten und der Wahrheit als ein fixes und unbewegliches Sein ansieht. In dieser Form des intellektuellen Anschauens fällt man nur wieder in die »träge Einfachheit« und in die leere Passivität zurück. Das Leben Gottes mag als solche ungetrübte Gleichheit und Einheit mit sich selbst geschildert werden: aber diese Einheit in ihrem reinen »Ansich« besteht noch nicht für das Bewußtsein und ist insofern nur eine abstrakte Allgemeinheit, die nicht zur Erkenntnis durchgedrungen ist. In die angebliche Selbstgenügsamkeit der Anschauung müssen daher die Trennungen des Verstandes, muß der Schmerz, die Geduld und Arbeit des Negativen wieder eingeführt werden. »Gerade weil die Form dem Wesen so wesentlich ist, als es sich selbst, ist es nicht bloß als Wesen, d. h. als unmittelbare Substanz oder als reine Selbstanschauung des Göttlichen zu fassen und auszudrücken, sondern ebensosehr als Form und im ganzen Reichtum der entwickelten Form; dadurch wird es erst als Wirkliches gefaßt und ausgedrückt.« Der Geist, der sich so entwickelt als Geist weiß, ist die Wissenschaft: sie ist seine Wirklichkeit und das Reich, das er sich in seinem eigenen Elemente erbaut.

Was jedoch die »Phänomenologie des Geistes« betrifft, so ist es nicht ihre Aufgabe, dieses System der Wissenschaft in objektiver Vollständigkeit darzulegen; sondern sie beschränkt sich darauf, das Einzelbewußtsein fortschreitend und auf einem gesicherten methodischen Wege zum Standpunkte des Wissens und der philosophischen Spekulation hinzuleiten. Das Individuum hat das Recht, zu fordern, daß die Wissenschaft ihm die Leiter wenigstens zu diesem Standpunkt darreiche, da nur auf diese Weise jener Standpunkt für es ein Gewußtes, da er nur so ein Ausdruck seiner Überzeugung werden kann. Das alte Platonisch-idealistische Grundmotiv der ἀνάμνησις tritt hier in neuer Gestalt zutage. Aller Erwerb des Wissens, der sich im Individuum vollzieht, bedeutet nur ein immer reineres und vollständigeres Sich-Erinnern: ein Innewerden dessen, was der Geist seiner objektiven Wesenheit nach ist. Wie der Weltgeist nur dadurch, daß er die Allheit seiner besonderen Formen durchlief und in jeder den ganzen Gehalt, deren sie fähig ist, herausgestaltete, das Bewußtsein über sich erreichen konnte: so kann der Sache nach auch das Individuum mit keiner geringeren Leistung sich selbst und seine Substanz begreifen. Die Arbeit, die es vollzieht, ist nichts als die Erneuerung und zugleich die Abbreviatur der Gesamtarbeit des Geistes, die es vor sich liegen hat. Damit gelangt das Bewußtsein zu einer Erkenntnis seiner selbst in einfachen Gedankenbestimmungen; aber in ihnen besitzt es zugleich den Wahrheitsgehalt für alle seine wesentlichen Einzelbestimmungen und deren immanentes Gesetz. —

Bevor indes auf die konkrete Entfaltung und Durchführung dieses Grundgedankens in der »Phänomenologie des Geistes« eingegangen wird, gilt es wiederum, die neue Methodik, die Hegel hier verkündet, in ihrer geschichtlichen und systematischen Eigenart zu bestimmen. Trotz der polemischen Schärfe, mit der sich Hegel jetzt gegen Schelling, wie früher gegen Kant und Fichte, wendet, kann kein Zweifel daran bestehen, daß auch die dialektische Methode in streng kontinuierlicher Entwicklung aus den für die gesamte Nachkantische Philosophie gemeinsamen Prämissen hergeleitet ist. Es ist der Fichtesche Grundgedanke der »Genesis«, der uns hier in neuer Gestalt entgegentritt. In diesem Gedanken liegt der prinzipielle Einheitspunkt des Fichteschen, Schellingschen und Hegelschen Systems. Das genetische Verfahren, das Fichte für den Aufbau des Wissens und für die Einsicht in seine Notwendigkeit gefordert hatte, wird von Schelling auf die Natur und ihre Betrachtung übertragen. Die Natur bildet nicht in der Bestimmtheit ihrer Produkte, sondern in der Eigenart ihres Produzierens den Inhalt der spekulativen Betrachtung. Die Dinge der Natur und ihr festes Sein sind das schlechthin Abgeleitete und Sekundäre, während ihr Ursprung in dem dynamischen Prozeß ihres Werdens zu suchen ist. Eben dies erscheint als die Grundfunktion der intellektuellen Anschauung, daß sie diesen Ursprung des Seins im Werden aufzeigt und bloßlegt[1]. So ist das Werden für Fichte zur eigentlichen logischen Kategorie, für Schelling zur eigentlichen Naturkategorie geworden; so bestimmt und organisiert es bei jenem das gesamte »subjektive«, bei diesem das gesamte »objektive« Ge-

---

[1] Vgl. ob. S. 230 ff., 255 ff.

biet. Aber eben hierin beweist sich nunmehr, nach Hegel, daß es von beiden nur einseitig und unvollkommen gefaßt wird. Soll es in wahrhafter Reinheit und Ursprünglichkeit genommen werden, so darf es die Trennung von Subjekt und Objekt, von Denken und Sein nicht voraussetzen, sondern muß in den Einheitspunkt zurückgehen, der dieser Trennung vorausliegt. Es muß weder der Natur als solcher noch dem Geist als solchem, sondern schlechthin dem Absoluten angehören. An diesem Punkte war Schellings Philosophie gescheitert: das »Absolute« des Identitätssystems ist lediglich die leere Indifferenz und die starre bewegungslose Einheit jenseits alles Mannigfaltigen und aller Bestimmung. Diese Starrheit und dieser Dualismus, diese Entgegensetzung eines »Diesseits« und »Jenseits« kann nur dann überwunden werden, wenn das Prinzip des Werdens nicht nur in die Sphäre der Natur oder in die des subjektiven Bewußtseins, sondern in die Sphäre des Begriffs selbst eindringt. Die Gedanken selbst müssen flüssig werden und ihre abstrakte Isolierung, ihr bloßes »fixes Sichselbstsetzen« aufgeben. »Diese Bewegung der reinen Wesenheiten macht die Natur der Wissenschaftlichkeit überhaupt aus... Der Weg, wodurch der Begriff des Wissens erreicht wird, wird durch sie gleichfalls ein notwendiges und vollständiges Werden, so daß diese Vorbereitung aufhört, ein zufälliges Philosophieren zu sein, das sich an diese und jene Gegenstände, Verhältnisse und Gedanken des unvollkommenen Bewußtseins, wie die Zufälligkeit es mit sich bringt, anknüpft.« Die Form des Gegenstandes und die des Begriffs gelangen erst hier zu wahrhaft innerem Einklang: im Werden des Begriffs drückt sich das Werden des Gegenstandes und damit er selber als organische Einheit aus.

Zugleich stellt nunmehr diese Grundanschauung für Hegel die eigentliche Synthese des modernen und des antiken Idealismus, die Synthese zwischen Kant und Platon dar. Daß Platons Dialektik für Hegel bestimmend und vorbildlich geworden ist, ist unverkennbar. Mit dem »Parmenides« und dem »Sophisten« zeigt er sich schon in der Frankfurter Periode völlig vertraut[1]. Insbesondere der letztere Dialog bot ihm für seinen eigenen Systemaufbau ein entscheidendes Motiv. Die erste Fassung der Platonischen Ideenlehre trennt das Eine und das Viele, die Idee und die Erscheinung, indem sie beides verschiedenen Welten zuweist. Sein und Werden, οὐσία und γένεσις stehen hier als schlechthin aus-

---
[1] S. Rosenkranz, Das Leben Hegels, S. 100.

schließende Gegensätze einander gegenüber. Aber der Fortgang des Platonischen Denkens führt zu einer völlig neuen Problem=
stellung: denn jetzt wird eine Form der »Bewegung«, der κίνησις entdeckt, die nicht mehr dem sinnlichen Dasein und Geschehen, sondern der Idee selbst angehört. Soll ein und dieselbe Erscheinung an verschiedenen Ideen »teilhaben«, sollen diese sich in ihr durch= dringen, so ist dies nur dadurch möglich, daß unter den Ideen selbst bereits eine ursprüngliche »Gemeinschaft« besteht, kraft deren die eine die andere bestimmt und die eine in die andere übergeht. Ohne diese rein ideelle Gemeinschaft, ohne diese κοινωνία τῶν γενῶν ist, wie der Sophistes darlegt, kein Wissen, keine Erkenntnis möglich. Wie aber das Werden Sein und Nicht=Sein als notwendige Mo= mente in sich schließt, so ergibt sich hieraus, daß auch das Nicht= Sein nicht schlechthin wesenlos ist, sondern daß es dem Wesen, daß es der reinen Idee selbst innewohnt. Entgegen der Eleatischen Alleinheitslehre und Allstillstandslehre, die auf der absoluten Gegensätzlichkeit von »Sein« und »Nicht=Sein« beruht, muß jetzt der Satz durchgefochten werden, daß »in gewisser Weise doch das Nicht=Seiende sei und das Seiende nicht sei«. Wenn indessen bei Platon dieses Wort im Ganzen als ein Rätsel stehen bleibt, so ist nach Hegel dieses Rätsel durch Kant gelöst. Im Gedanken der synthetischen Einheit und der Synthesis a priori ist die bloß ana= lytische Identität überwunden — ist gezeigt, wie alle Möglichkeit der Erkenntnis nicht auf der Einerleiheit des Identischen, sondern auf der notwendigen Verknüpfung des Verschiedenen beruht. Im synthetischen Urteil — so hatte Hegel schon in der Schrift »Glau= ben und Wissen« die Kantische Lehre interpretiert — tritt erst die Bedeutung des Urteils überhaupt, als einer Ur=Teilung, als einer Differenz, die das Subjekt in sich selber setzt und vollzieht, zu Tage. Subjekt und Prädikat, jenes das Besondere, dieses das Allgemeine, jenes in der Form des Seins, dieses in der Form des Denkens: — dieses Ungleichartige erweist sich hier als a priori identisch. »Die Möglichkeit dieses Setzens ist allein die Vernunft, welche nichts anderes ist, als die Identität solches Ungleichartigen[1].«

Einmal an diesem Punkte angelangt aber sieht sich der philoso= phische Gedanke nunmehr vor eine neue umfassende Aufgabe ge= stellt. Die platonische Dialektik geht darauf aus, die Verknüpfung und Trennung, die διαίρεσις und συμπλοκή in den Begriffen selbst aufzuweisen. Aber sie vermag dieser Forderung nur von Fall zu

[1] S. W. I, 21.

Fall, nicht aber prinzipiell zu genügen: sie zeigt, wie dieser oder jener Einzelbegriff mit einem anderen zusammenstimmt oder ihm widerstreitet, aber sie besitzt keine einheitliche Regel, die ein für allemal über die Form der Verknüpfung und Trennung der Begriffe und damit über die Organisation der Vernunft als Ganzes entscheidet. So treten hier die besonderen Kategorien, wie Einheit und Vielheit, Grenze und Unbegrenztes, Verschiedenheit und Zahl nur als bloße Elemente in einer beziehungslosen Mannigfaltigkeit auf. Und dieser Grundmangel ist auch bei Kant nicht überwunden: denn die einzelnen Kategorien sind zwar hier auf die »synthetische Einheit der Apperzeption« als gemeinsamen Mittelpunkt bezogen, aber sie bleiben nichtsdestoweniger diskrete Einzelheiten, da auch von Kant kein Prinzip angegeben wird, nach welchem sie als Gesamtheit aus jenem Focus ihrer Einheit hervorgehen. Soll die Vernunft als wahrhafte Allgemeinheit des Besonderen und im Besonderen sich konstituieren, so muß demnach ein anderer Weg eingeschlagen werden. Von einem bestimmten Element des Bewußtseins muß ausgegangen, in ihm selbst aber zugleich die Notwendigkeit aufgewiesen werden, kraft deren es aus sich zu einem andern herausgeht: — bis schließlich, indem dieser Übergang sich fort und fort wiederholt, das anfänglich gesetzte Element sich zum Ganzen des Seins erweitert und integriert hat.

Das allgemeine Verfahren der »Phänomenologie« ist damit bestimmt; — aber die besondere Ausführung des Werkes birgt freilich noch ein anderes, bisher nicht bezeichnetes Moment, durch welches der Gesamtplan erst verständlich wird. Die tiefste Schwierigkeit für das Verständnis der »Phänomenologie des Geistes« liegt darin, daß sie das psychologische und das historische Material völlig auf dieselbe Stufe stellt und beide als Glieder ein und derselben Entwicklung begreift. Bald ist es eine psychologische, bald eine geschichtliche Gestalt, die herausgehoben wird, bald eine Phase im Aufbau des individuellen Selbstbewußtseins, bald eine Phase des empirisch-geschichtlichen Werdens der Menschheit. Diese wechselseitige Reflexion, dieses beständige Ineinandergreifen und In-einander-Schillern der beiden Reihen macht geradezu die inhaltliche und stilistische Eigenart des Werkes aus. Aber auch dieser Zug ist in den Grundvoraussetzungen von Hegels Methode gegründet. Denn Hegels Dialektik ist, trotz der abstrakten Weite ihres Grundgedankens, schon in ihrem Ursprung ebensowohl logisch, wie historisch, ebensowohl in der Richtung auf den reinen Begriff, wie in der Richtung auf die Wirklichkeit konzipiert. Die Weltgeschichte als die Auslegung des Geistes in der Zeit, wie die Natur als Idee sich im Raume auslegt, bildet von Anfang an das große Thema der Hegelschen Philosophie. So prägt sich auch die Dialektik der Idee unmittelbar in der Eigenart des zeitlichen Werdens als solchen aus. Die Dialektik der zeitlichen Momente ist in sich selbst das Bild und der Widerschein der Dialektik der reinen Begriffsmomente. Jeder zeitliche Inhalt, jeder Augenblick hat sein Sein nur dadurch, daß er das Sein des vorhergehenden vernichtet; aber er vernichtet es nur, indem er zugleich seinen Gehalt in sich selber aufnimmt und aufbewahrt. Auch im Einzelnen zeigt sich, daß Hegels Anschauung des weltgeschichtlichen Prozesses ebensowohl durch seine methodische Grundkonzeption bestimmt ist, wie sie andererseits auf den Inhalt dieser Konzeption zurückwirkt. Die Form des geschichtlichen Werdens ist die Erfüllung und das vollendete Paradigma der logischen Form. Das geschichtliche Dasein entsteht nicht wie das bloß natürliche des organischen Lebens in dem harm- und kampflosen bloßen Hervorgehen, sondern in der harten unwilligen Arbeit des Geistes gegen sich selbst. Die Perioden des Glücks bilden als die Perioden der Zusammenstimmung und des fehlenden Gegensatzes die leeren Blätter im Buch der Geschichte. Jede wahrhafte geschichtliche Veränderung enthält zugleich das Moment des Todes und das des Lebens in sich, indem aus dem Leben Tod, aber aus dem Tod Leben hervorgeht. »Der Geist, die Hülle seiner Existenz verzehrend, wandert nicht bloß in eine andre Hülle über, noch steht er nur verjüngt aus der Asche seiner Gestaltung auf, sondern er geht erhoben, verklärt, ein reinerer Geist aus derselben hervor. Er tritt allerdings gegen sich auf, verzehrt sein Dasein, aber indem er es verzehrt, verarbeitet er dasselbe, und was seine Bildung ist, wird zum Material, an dem seine Arbeit ihn zu neuer Bildung erhebt[1].« Das Denken ist demnach in demselben Sinne antinomisch, wie das konkrete Leben des Geistes selbst es ist. In der Setzung und Aufhebung des Widerspruchs erst vermag es jene Einheit herzustellen und darzustellen, die nicht an sich, als ruhender Bestand, vorhanden ist, sondern sich erst aus der Entzweiung erzeugt. Die Idee dieser Einheit ist, wie sie das Ziel der Hegelschen Religionsphilosophie und seiner Geschichts- und Staatslehre war, auch der Mittelpunkt seiner Logik und Methodenlehre geblieben. Die »Phänomenologie des Geistes« umfaßt alle diese Betrachtungs-

---

[1] Vorlesungen über die Philosophie der Geschichte, Einleitung.

weisen, indem sie versucht, sie in notwendiger Stufenfolge auseinander hervorgehen zu lassen und damit jeder von ihnen zugleich mit ihrer Stelle im System ihr relatives Recht zu bestimmen.

IV. Die Phänomenologie des Geistes

Der Widerspruch, der nach der Grundansicht Hegels das beherrschende Prinzip aller Erkenntnis ist, findet seinen allgemeinsten zusammenfassenden Ausdruck bereits in der ersten Formulierung des Problems des Wissens überhaupt. Denn alles Wissen will Wissen vom Gegenstand sein: es befriedigt und erfüllt sich erst, wenn es seinen Gegenstand erreicht hat und mit ihm zur vollkommenen Deckung gelangt ist. Auf der anderen Seite aber ist die Bewegung des Wissens dadurch bedingt, daß seine beiden Grundmomente beständig auseinanderfallen und sich in ihrer Trennung erhalten. Sobald sie einmal vollständig ineinander aufgegangen wären, hätte die Erkenntnis in diesem ihrem Ziel zugleich ihr Ende gefunden. Somit zeigt sich als Charakter alles konkreten Wissens die Verknüpfung beider Gesichtspunkte: die Trennung von Wissen und Gegenstand muß gesetzt werden, um aufgehoben zu werden, und aufgehoben werden, um gesetzt zu werden. Das Bewußtsein hat auf jeder bestimmten Einzelstufe seinen Gegenstand außer sich; aber sein Fortschritt besteht eben darin, daß es ihn auf der nächsthöheren Stufe als seinen Gegenstand erkennt und insofern in sich zurücknimmt. Der Begriff der Gegenständlichkeit bezeichnet nichts anderes als die Gesamtheit des Weges, den es in der Entwicklung zur eigenen Selbsterkenntnis zu durchmessen hat. Dieser Weg erscheint in wechselnder Gestalt je nach dem besonderen Stadium, von dem aus er betrachtet wird: die Phasen, die vor dem erkennenden Bewußtsein liegen, erblickt es in einem anderen Licht, als diejenigen, die es hinter sich gelassen. Die phänomenologische Entwicklung aber schließt diese stetig wechselnden Perspektiven zur Einheit eines Bildes zusammen, in welchem kein einzelner Zug verloren ist, jeder aber durch den Zusammenhang mit dem Ganzen eine spezifisch-neue Bedeutung gewonnen hat.

In dem »Vorbegriff«, den Hegel seiner Behandlung der Logik in der »Enzyklopädie der philosophischen Wissenschaften« vorausgeschickt hat, unterscheidet er drei typische Stellungen des Gedankens zur Objektivität. Gegenüber den reichen und komplexen Entwicklungen der »Phänomenologie« stellt diese Unterscheidung freilich nur eine schematische Zusammendrängung dar, in der lediglich jene Stufen, die bereits eine ausdrückliche Formulierung in der Geschichte der Philosophie erfahren haben, zu gesonderter Heraushebung gelangen. Die erste Stellung ist das unbefangene Verfahren, das zwischen Sein und Denken noch keine Unterscheidung kennt und gelten läßt. Das Denken geht hier geradezu an die Gegenstände heran, reproduziert den Inhalt der Empfindungen und Anschauungen aus sich zu einem Inhalt des Gedankens und glaubt in diesem Inhalt die Wahrheit selbst, die Dinge, wie sie an sich sind, zu besitzen. Das Sein des Absoluten wird demnach in einer Mehrheit von Prädikaten ausgesprochen, deren jedes eine bestimmte Eigenschaft — wie Dasein, Einfachheit, Endlichkeit, Unendlichkeit — in abstrakter Isolierung festhält. Die Subjekte indes, denen all diese Merkmale beigelegt werden, sind nicht selbst im Urteil gesetzt und durch das Urteil begründet, sondern sie werden als fertig gegebene Gegenstände aus der Welt der Vorstellung aufgenommen. So entsteht eine Metaphysik von Seele, Welt, Gott, die, indem sie es als ein Faktum hinnimmt, daß Objekte dieser Art sind, nur ihr »Was« näher zu bestimmen sucht. Eine neue Form der Betrachtung aber wird gewonnen, wenn die Reflexion sich nunmehr bewußt auf dasjenige richtet, was in der ersten Ansicht nur als latente Voraussetzung zur Geltung kam. Bedarf die Metaphysik, um nur überhaupt die Subjekte ihrer Urteile zu gewinnen, das gewöhnliche Bewußtsein und seine »Vorstellungen« zur Beglaubigung, so wird dieses Gebiet damit zum substantiellen Grund und Halt des Ganzen. Es ist daher konsequent, diese Grundlage auch zur selbständigen Anerkennung zu bringen: was in der zweiten Stellung, die der Gedanke sich zur Objektivität gibt, im System des Empirismus geschieht. Hier gilt der Inhalt der Wahrnehmung, des Gefühls oder der Anschauung als das sichere und keiner weiteren Bestätigung bedürfende Fundament: und der Gedanke macht lediglich den Anspruch, diesen Inhalt in die Form allgemeiner Vorstellungen, Sätze und Gesetze zu erheben. Diesen allgemeinen Bestimmungen soll also keine weitere Bedeutung und Gültigkeit zugestanden werden, als diejenige, die in der Wahrnehmung selbst liegt: wobei freilich die Grundtäuschung darin besteht, daß von solchen Bestimmungen aus, also etwa von den Kategorien von Materie und Kraft, von Einem und Vielem fortgeschlossen wird, dabei aber jene Kategorien selbst wie auch die Formen des Schließens angewandt und vorausgesetzt werden, ohne daß der Gedanke sich zum Bewußtsein und zum Wissen von beiden erhebt. Die kritische

Philosophie verbessert diesen Fehler: aber sie geht ihrem Prinzip nach über die Stellung des Empirismus gleichfalls nicht hinaus. Denn auch sie sieht in der Erfahrung den einzigen Boden der Erkenntnis, wenngleich sie zugleich die Allgemeinheit und Notwendigkeit der Denkbestimmungen — aber gleichfalls nur als ein **Faktum**, das sich in der Analyse der Erfahrung selbst als solches aufweisen läßt — betont. Indem aber auf diese Weise die reinen Verstandesformen nur vorgefunden, nicht aber aus einem Prinzip heraus begriffen und entwickelt werden, behalten sie selbst den Schein der Zufälligkeit und fallen damit dem Gebiet des bloß »Subjektiven« anheim — dem in den »Dingen an sich« ein unerreichbares Objektives gegenüber- und entgegensteht. Aber etwas als absolute Schranke der Erkenntnis **wissen**, heißt im Grunde bereits darüber **hinaus** sein: denn die Schranke ist **als** Mangel nur bestimmt durch die Vergleichung mit der vorhandenen Idee des Allgemeinen als eines Ganzen und Vollendeten. »Es ist daher nur Bewußtlosigkeit, nicht einzusehen, daß eben die Bezeichnung von Etwas als einem Endlichen oder Beschränkten den Beweis von der **wirklichen Gegenwart** des Unendlichen, Unbeschränkten enthält, daß das Wissen von Grenzen nur sein kann, insofern das Unbegrenzte **diesseits** im Bewußtsein ist.«

Dieser Standpunkt der reinen Immanenz ist die letzte Stellung, die der Gedanke sich zur Objektivität gibt. Hier wird zunächst ein **unmittelbares Wissen** gefordert — das also in sich die Gewißheit seiner selbst und seines Gegenstandes enthalten soll. Der Inhalt dieses unmittelbaren Wissens aber wird im Gegensatz zu dem vermittelten Wissen, das nur auf Endliches eingeschränkt sein soll, als ein Unendliches bestimmt. Das, was dieses unmittelbare Wissen weiß, ist, daß das Unendliche, Ewige, Gott, das in unserer **Vorstellung** ist, auch **ist**; — daß im Bewußtsein mit dieser Vorstellung unmittelbar und unzertrennlich die Gewißheit ihres **Seins** verbunden ist. Der eigentliche Standpunkt der **philosophischen Erkenntnis** ist freilich auch damit noch nicht gewonnen. Denn so wenig es der Philosophie in den Sinn kommen kann, den Sätzen des unmittelbaren Wissens inhaltlich widersprechen zu wollen — so schließt doch die Form, die diese Sätze sich geben, die Weise der philosophischen Betrachtung und Begründung aus. Für diese nämlich gibt es so wenig ein bloß Vermitteltes, wie ein bloß Unmittelbares, so wenig ein bloß Gedachtes, wie ein bloß Faktisches: sondern das eine nur mit dem andern und korrelativ zu ihm. Was bisher bloß Voraussetzung und Versicherung war, muß mit dem Eintritt in die Wissenschaft bewiesen werden: dieser Beweis aber kann nirgends anders als im Wissen selbst und seiner durchgeführten Systematik geführt werden [1]. Die vollendete Ausführung dieser Systematik läßt erkennen, daß der Dualismus zwischen Denken und Sein, der von außen gesehen als unaufheblich erscheint, sich von innen her in der Entwicklung und Bewegung des Begriffs von selbst aufhebt. Der Gedanke kehrt zu sich selbst, von seinem ersten unentwickelten Anfang zum vollkommenen Ganzen seiner konkreten Bestimmungen zurück und begreift in dieser Totalität das Höchste der Wahrheit und der Objektivität.

Wenn hier die Stufenfolge der Erkenntnis nur in vereinzelten und diskreten Begriffsgestaltungen dargelegt wird, so besteht die umfassendere Aufgabe der Phänomenologie des Geistes darin, sie als ein stetiges Ganzes darzustellen, das von den ersten Anfängen des sinnlichen Bewußtseins bis zu dem höchsten Standpunkte des absoluten Wissens hinaufreicht. Dieser Fortgang darf nicht zufällig, darf dem Wissen nicht bloß durch ein äußerliches Ziel und einen äußerlichen Maßstab aufgedrängt sein; sondern der Anfang der sinnlichen Gewißheit selbst muß seine eigene Dialektik offenbaren, durch welche er über sich selbst hinausgetrieben wird. Der konkrete Inhalt der sinnlichen Gewißheit läßt sie unmittelbar als die reichste Erkenntnis, ja als eine Erkenntnis von unendlichem Reichtum erscheinen: denn im Raume und der Zeit, in deren Gebiet sich diese Erkenntnis bewegt, gibt es so wenig eine Grenze der Ausdehnung wie der Teilung. Sie erscheint außerdem als die wahrhafteste: denn sie hat von dem Gegenstande noch nichts weggelassen, sondern ihn in seiner ganzen Vollständigkeit noch vor sich. Die Sache zerfällt noch nicht in eine Mehrheit von Bestimmtheiten, sondern sie »ist« schlechthin: »sie ist, — dies ist dem sinnlichen Wissen das Wesentliche, und dieses reine Sein oder diese einfache Unmittelbarkeit macht ihre Wahrheit aus.« Ebenso ist das Bewußtsein lediglich Ich, weiter nichts, ein reines Dieses: der Einzelne weiß rein Dieses oder das Einzelne.

Drückt sich aber hierin der Anspruch der sinnlichen Gewißheit und das, was sie für ihre eigene Wahrheit nimmt, aus — so ist weiter zu betrachten, wie weit sie selbst diesem Anspruch treu zu bleiben und ihn in sich zu befriedigen vermag. Wenn sie von einem reinen »Diesem« in dem doppelten Sinne des Raumes und der Zeit, von

---
[1] Zum Ganzen s. Enzyklopädie § 26—78.

einem »Hier« und »Jetzt« spricht, so ist zu fordern, daß sie sich darüber erkläre, was sie in diesem ihrem Grundinhalt eigentlich besitzt. In dem Versuch jeder derartigen Erklärung aber schwindet ihr sogleich der Inhalt selbst, dem die Erklärung gilt. Während wir sie in unserer Aussage noch festzuhalten versuchen, ist die einzelne sinnliche Bestimmtheit schon vergangen, ist z. B. der zeitliche Inhalt, den wir »Nacht« nennen, zu dem zeitlichen Inhalt »Tag« geworden. Demnach bleibt nur die Form des »Hier« und »Jetzt« als solche sich selbst gleich, kann aber statt diesen oder jenen bestimmten, auch jeden anderen und entgegengesetzten Inhalt in sich aufnehmen. Was als Ausdruck höchster Besonderung gemeint war, zeigt sich also nunmehr umgekehrt als ein schlechthin Allgemeines: als eine bloße Hülle, die sich gleichgültig um jeden beliebigen konkreten Seinsgehalt legen kann. Das zuvor ungeteilte Sein der sinnlichen Gewißheit ist damit gespalten: denn eben die Individualisierung des Seienden, an welchem diese Erkenntnisweise festhält, kann nur durch die Beziehung auf ein Moment zustandekommen, das sich, sobald es sich einmal über sich selbst versteht, nur als eine höchste Abstraktion begreifen und aussprechen kann. »Das Allgemeine ist also in der Tat das Wahre der sinnlichen Gewißheit«: denn es ist das, was an ihr zum Vorschein kommt, sobald sie gezwungen wird, über das, was sie ist, Rede und Antwort zu stehen.

Schon in diesen ersten Sätzen erkennt man sowohl die Eigentümlichkeit, wie die Paradoxie der dialektischen Methode. Man könnte gegen diese Methode den Vorwurf erheben, daß sie die sinnliche Gewißheit, indem sie vorgibt, ihr zur einfachen Aussprache dessen was sie ist, zu verhelfen, in Wahrheit vielmehr verfälscht. Wenn eben dies der Grundcharakter der bloß sinnlichen Ansicht ist, daß sie bei dem ihr gegebenen Einzelinhalt stehen bleibt, ohne sich von ihm zu einem anderen, reflektierend und vergleichend, forttreiben zu lassen: so wird sie durch die »Bewegung«, die ihr hier zugemutet wird, nicht sowohl erkannt, als vielmehr in ihrer Eigenart vernichtet. In dem, was sie von sich selbst aussagt, — so könnte man einwenden — ist die sinnliche Gewißheit nicht mehr sie selbst: denn eben dieses »Sagen« unterwirft sie dem Gesetz der Sprache und dem Gesetz des reflektierenden Verstandes. Indessen kann gerade dieser Einwand dazu dienen, die Grundtendenz Hegels selbst in helleres Licht zu stellen. Für Hegel ist die Sprache kein äußerliches und totes Werkzeug des Gedankens, sondern in ihr enthüllt sich der Organismus der Vernunft selbst. In ihr wird daher auch die sinnliche Gewißheit, indem sie ihren ursprünglichen Standpunkt verläßt, sich erst über ihre eigene »Meinung« deutlich. Solange sie in einem bloßen dumpfen Weben innerhalb ihrer selbst verharrt, — solange ist sie noch nicht im eigentlichen Sinne als Prozeß des Bewußtseins bestimmt. Denn eben dies ist das Auszeichnende alles Bewußtseins, auf welcher Stufe es immer stehen mag, daß es danach strebt, sich über sich selbst zu erheben und in dem, wozu es hinausgeht, sich selbst offenbar zu werden. Diese Selbstoffenbarung wird ihm nur in der Sprache zuteil: aber in seinem »Spruch« enthüllt sich ihm zugleich sein »Widerspruch«. »Die Sprache ist ... das wahrhaftere: in ihr widerlegen wir selbst unmittelbar unsere Meinung; und da das Allgemeine das Wahre der sinnlichen Gewißheit ist und die Sprache nur dieses Wahre ausdrückt, so ist es gar nicht möglich, daß wir ein sinnliches Sein, das wir meinen, je sagen können.« Auf der Stufe des absoluten Wissens erst wird sich die Einheit des »Logos«, als Einheit von Vernunft und Sprache herstellen: hier ist die Vernunft das, als was sie sich ausspricht und spricht sich als das aus, was sie ist. —

In der sinnlichen Gewißheit selbst aber geht die dialektische Entwicklung zunächst dahin weiter, daß die gedanklichen Bestimmungen, die in ihr an sich gesetzt sind, als solche in expliziter Form heraustreten. Der erste Schritt auf diesem Wege besteht darin, daß sie sich mit dem Gedanken des »Dinges« und seiner »Eigenschaften« erfüllt. Die Allgemeinheit fällt hier nicht mehr, wie zuvor, mit der Besonderheit schlechthin zusammen; sondern beide bestimmen einander, indem sich jedes Moment nichtsdestoweniger in seiner ihm eigentümlichen Sphäre hält. Das Sinnliche selbst, aber nicht als das gemeinte Einzelne, sondern als Allgemeines genommen, ist das, was sich im Begriff der »Eigenschaft« ausspricht. Das Süße und Bittere, das Glatte und Rauhe, das Leichte und Schwere u. s. f. sind etwas anderes, wenn sie lediglich in dem Hier und Jetzt des jeweiligen Eindrucks erfaßt und wenn sie als bestimmte bleibende Eigenschaften eines Dinges angesehen werden. Was die Dingheit selbst betrifft, so bleibt sie, auf dieser Stufe der Betrachtung, von ihren eigenschaftlichen Bestimmtheiten unterschieden und frei; — sie ist das bloße Medium, worin diese Bestimmtheiten alle sind, sich also in ihr als in einer einfachen Einheit durchdringen, ohne sich aber zu berühren. Denn eben dadurch, daß sie lediglich durch ihr

Verhältnis zu diesem allgemeinen Bezugspunkt miteinander verknüpft sind, erweisen sie sich im übrigen als inhaltlich selbständig und gegeneinander gleichgültig. Dies Salz ist einfaches Hier und zugleich vielfach: es ist weiß und auch scharf, auch kubisch gestaltet, auch von bestimmter Schwere u. s. f. Alle diese Eigenschaften denken wir in jedem seiner Punkte einander durchdringend: aber sie bleiben nichtsdestoweniger bestimmt voneinander geschieden, da das Weiße das Kubische, beide nicht das Scharfe affizieren oder verändern. Doch ist diese Indifferenz freilich nur das eine Moment, das sogleich durch ein anderes ergänzt und berichtigt werden muß. Denn wenn jede der Eigenschaften, so wie sie am Ding gesetzt ist, wirklich gegen alles andere gleichgültig wäre und sich schlechterdings nur auf sich selbst bezöge: so würde sie in sich nicht bestimmt sein, da Bestimmtheit niemals in einer nackten Identität mit sich selber besteht, sondern erst dadurch zustande kommt, daß dasjenige, was sich identisch setzt, sich eben dadurch, kraft desselben Aktes, von einem anderen unterscheidet und sich in dieser Unterscheidung behauptet. So wenig also — nach der vorhergehenden Betrachtung — die eine Eigenschaft am Dinge die andere stört und negiert, beide sich vielmehr unberührt lassen, — so ist doch innerhalb der besonderen Eigenschaft jede einzelne Modifikation der anderen entgegengesetzt und hebt sie an demselben Dinge auf. Das »Ding« ist daher kein bloßes »Auch« — d. h. das Medium für das Nebeneinanderbestehen der verschiedenen Eigenschaften — sondern auch ein Eins, das entgegengesetzte Bestimmungen von sich ausschließt. In diesen Momenten ist es als das »Wahre der Wahrnehmung« vollendet.

Aber eben die neue »Wahrheit«, die sich damit eröffnet, enthält zugleich die Möglichkeit ihres Gegensatzes — eines Gegensatzes, der in dieser Form auf der ersten Stufe der bloß sinnlichen Gewißheit noch nicht vorhanden war. Indem der Gegenstand nunmehr als das Wahre und Allgemeine gilt und das Bewußtsein keine andere Aufgabe kennt, als ihn rein rezeptiv als das, was er ist, zu nehmen: so kann es ihm geschehen, daß es diese Aufgabe verfehlt, indem es Züge, die lediglich ihm selbst angehören, in die Betrachtung des Gegenstandes einmischt. Neben das Sein des Objekts für sich tritt jetzt sein Sein für ein anderes: und dieses »Andere« fällt als ein Veränderliches und Unwesentliches aus der Wahrheit und sich-selbst-Gleichheit des Dinges heraus. Eben durch diese Erkenntnis aber, daß die Unwahrheit, sofern sie besteht, dem wahrnehmenden Bewußtsein selbst zur Last fällt, wird dieses imstande, sie aufzuheben. Es unterscheidet sein Auffassen des Wahren von der Unwahrheit seines Wahrnehmens und korrigiert die letztere, indem es über die Wahrnehmung zur Reflexion hinausgeht. Jetzt ergibt sich ein beständiges Wechselspiel zwischen den beiden Standpunkten der Betrachtung. Setze ich die Einheit als zum Dinge gehörig und sein Wesen ausmachend, so muß ich die Vielheit seiner Bestimmungen lediglich in mein wahrnehmendes Bewußtsein setzen: das einheitliche Ding ist weiß nur, sofern es an mein Auge gebracht, scharf nur, sofern es meine Zunge berührt, kubisch nur, sofern es einen Eindruck auf meinen Tastsinn macht u. s. f. »Wir« sind somit das allgemeine Medium, worin diese vielfachen Momente sich erst absondern und für sich sind. Zugleich aber zeigt sich eine andere Weise der Auffassung, nach welcher die Vielheit dem Ding selbst angehört, während die Einheit vielmehr lediglich in die Reflexion fällt. Denn soll ein Ding ein an und für sich bestimmtes sein, so ist dies nur durch Merkmale möglich, durch die es sich von anderen unterscheidet. In dieser Unterscheidung aber erscheint die »Eigenschaft« eben als das »Eigene« des Dinges selbst. »Denn fürs erste ist das Ding das wahre, es ist an sich selbst; und was an ihm ist, ist an ihm als sein eigenes Wesen, nicht um anderer willen: also sind zweitens die bestimmten Eigenschaften nicht nur um anderer Dinge willen und für andere Dinge, sondern an ihm selbst; sie sind aber bestimmte Eigenschaften an ihm nur, indem sie mehrere sich voneinander unterscheidende sind; und drittens, indem sie so in der Dingheit sind, sind sie an und für sich und gleichgültig gegeneinander. Es ist also in Wahrheit das Ding selbst, welches weiß und auch kubisch, auch scharf u. s. f. ist, oder das Ding ist das Auch oder das allgemeine Medium, worin die vielen Eigenschaften außereinander bestehen, ohne sich zu berühren und aufzuheben, und so genommen wird es als das Wahre genommen.« Jetzt ist es also das Bewußtsein, das vielmehr die Einheit auf sich zu nehmen hat: in ihm allein erscheinen die Eigenschaften als verknüpft und ineinsgesetzt, die am Ding nur als eine Sammlung verschiedenartiger besonderer »Materien« zu denken sind.

In diesem möglichen Wechsel des Standpunkts aber hat sich zugleich erwiesen, daß die Aufhebung des Widerstreits, der sich innerhalb der sinnlichen Gewißheit auftut, nicht in der einfachen Weise erfolgen kann, daß die einander entgegengesetzten Aussagen auf verschiedene Gebiete bezogen, also die einen dem Ich, die andern dem Gegenstand zugerechnet werden. Vielmehr setzt sich die Dialektik innerhalb jedes dieser Gebiete fort und tritt an ihm im Besonderen zutage. Das Wahre selbst, das Ding zeigt sich auf gedoppelte Weise; das Wesen selbst ist in sich reflektiert und mit einem Gegensatz behaftet. Soll dieser Gegensatz rein in der eigenen Sphäre der Objektivität selbst überwunden werden, so bietet sich hierfür nur ein Weg: das Moment der Vielheit, wie das der Einheit müssen beide in das Gebiet des Dinges, aber, da beide selbst verschieden, nicht in dasselbe, sondern in verschiedene Dinge fallen. »Der Widerspruch, der an dem gegenständlichen Wesen überhaupt ist, verteilt sich an zwei Gegenstände. Das Ding ist also wohl an und für sich, sich selbst gleich, aber diese Einheit mit sich selbst wird durch andere Dinge gestört; so ist die Einheit des Dings erhalten und zugleich das Anderssein außer ihm.« Indessen werden wir auch von diesem Versuch der Lösung sogleich weitergetrieben. Denn man setze, daß das Ding an und für sich und seinem reinen Wesen nach Eins sei und daß alle Vielheit in ihm vielmehr nur durch den Zusammenhang mit anderem, also durch ein ihm selbst **unwesentliches** Verhältnis, vorhanden sei, so zeigt sich eben das, was hier als das Unwesentliche bezeichnet war, in anderer Hinsicht als ein schlechthin **Notwendiges**. Denn das Ding kann, was es **ist**, gar nicht anders ausdrücken und offenbaren, als darin, wie es sich zu andern **verhält**: das absolute Fürsichsein, die absolute Aufhebung jedes Verhältnisses würde demnach sein Wesen, in dem Bestreben, es rein darzustellen, vielmehr vernichten. Jetzt zeigt sich also der Gegenstand nicht mehr wie bisher in zwei verschiedenen Beziehungen, sondern in einer und derselben Rücksicht als das Gegenteil seiner selbst: er ist für sich, **insofern** er für anderes und für anderes, **insofern** er für sich ist. Und damit erst sind wir aus dem Bereich der Wahrnehmung wahrhaft in das **Reich des Verstandes** eingetreten. Die Wahrnehmung suchte den Widersprüchen, die in ihr und in dem, was sie ihr Objekt nennt, liegen, dadurch auszuweichen, daß sie das Ding in der einen »Hinsicht« dies, in der anderen »Hinsicht« ein anderes sein ließ — und auf diese Weise, durch eine stete Verschiebung des Standpunkts der Betrachtung, den eigentlichen Gegensatz beständig vor sich verbarg und von sich abwehrte. Der Standpunkt des Verstandes beginnt, wo wir uns nicht länger mit solcher Sophisterei, die zwischen dem Entgegengesetzten nur nach Willkür abwechselt, begnügen, sondern den Gegensatz als solchen verstehen und auf uns nehmen. Sobald dies geschieht, stehen wir vor einer neuen Ansicht der Objektivität überhaupt, die in neuen Kategorien ihren Halt und ihren Ausdruck sucht.

Das Reich der Dinge, das wir bisher betrachtet haben, gestaltet sich mit dem ersten Schritt, den wir in dieses Gebiet tun, zu einem Reich der Kräfte um. In der Kraft wird das »Wesen« gedacht — sofern es nicht in sich selbst verschlossen bleibt, sondern unmittelbar in seiner Äußerung ist und besteht. Zunächst freilich wird diese Äußerung derart vorgestellt, daß sie, um in die Erscheinung zu treten, selbst noch des Anstoßes von einem Anderen und Fremden bedarf: die Kraft ist nur wirksam, sofern jenes Andere an sie herantritt und sie »sollizitiert«. Indem aber dieses ihr Wirken ihr Sein ausmacht und beides nur in- und miteinander zu denken ist, ergibt sich daraus, daß sie das, was wir ihr anfangs als ein anderes Wesen entgegensetzten, in Wahrheit an ihr selbst hat. »Es muß zurückgenommen werden, daß sie als ein Eins und ihr Wesen, sich zu äußern als ein Anderes, zu ihr von außen Hinzutretendes gesetzt würde... Das, was als Anderes auftritt und sie sowohl zur Äußerung, als zur Rückkehr in sich selbst, sollizitiert, ist, wie sich unmittelbar ergibt, selbst Kraft... Die Kraft ist hiermit dadurch, daß ein Anderes für sie und sie für ein Anderes ist, überhaupt noch nicht aus ihrem Begriffe herausgetreten.« Denn auch der scheinbare inhaltliche Unterschied zwischen dem »Sollizitierten« und »Sollizitierenden« läßt sich als absoluter nicht aufrecht erhalten, sondern geht in eine rein wechselseitige relative Bestimmung über. »Das Spiel der beiden Kräfte besteht... in diesem entgegengesetzten Bestimmtsein beider, ihrem Füreinandersein in dieser Bestimmung und der absoluten unmittelbaren Verwechslung der Bestimmungen — einem Übergange, wodurch allein diese Bestimmungen sind, in denen die Kräfte selbständig aufzutreten scheinen.« Wie man sieht, ist es die Stufe der wissenschaftlichen Naturansicht, die wir in dieser Betrachtung erreicht haben. Denn eben dies charakterisiert diese Stufe und unterscheidet sie von der der sinnlichen Gewißheit, daß in ihr sich alle Objektivität in ein derartiges Verhältnis wechselseitiger funktionaler Bestimmtheit auflöst. Der Begriff der Kraft ist demgemäß nichts anderes, als der Ausdruck für den Begriff des Gesetzes, der ihn ablöst, indem er die Aufgabe, die jener sich gestellt hatte, zur Vollendung bringt. Die Wahrheit des Sinnlichen und Wahrgenommenen wird im Gesetz erreicht und fixiert, das aber selbst nicht wiederum sinnlich ist, sondern eine übersinnliche Bedeutung gewonnen hat.

Alles »Erklären« der Wissenschaft bedeutet nichts anderes und kann nichts anderes bedeuten wollen, als diese Umsetzung der sinnlichen Erscheinung in ihre ideale Gesetzes- und Bildform. Der Begriff der Kraft fügt in der Art, wie er in der Wissenschaft tatsächlich gebraucht wird, dieser Umformung nicht den geringsten neuen Zug hinzu. Eine einzelne Begebenheit — wie z. B. die des Blitzes — wird als Allgemeines aufgefaßt und dies Allgemeine als das Gesetz der Elektrizität ausgesprochen: die »Erklärung« faßt alsdann das Gesetz in die Kraft zusammen als das Wesen des Gesetzes. Fragen wir aber weiter nach der Beschaffenheit eben der Kraft selbst, so erhalten wir lediglich wieder den Inhalt des Gesetzes zur Antwort. Beide, Kraft und Gesetz, haben also denselben Inhalt: »der Unterschied als Unterschied des Inhalts, d. h. der Sache wird also auch wieder zurückgenommen.« Wenn der Verstand alle besonderen Bewegungserscheinungen, wie etwa den Fall der Körper auf der Erde und die Phänomene der Himmelsbewegungen, in den Gedanken der allgemeinen Attraktion zusammenzieht: so meint er damit ein allgemeines Gesetz gefunden zu haben, welches die allgemeine Wirklichkeit als solche ausdrücke; aber er hat in der Tat nur den Begriff des Gesetzes selbst gefunden, jedoch so, daß er zugleich damit aussagt, daß alle Wirklichkeit an ihr selbst gesetzmäßig sei. »Der Ausdruck der allgemeinen Attraktion hat darum insofern große Wichtigkeit, als er gegen das gedankenlose Vorstellen gerichtet ist, welchem alles in der Gestalt der Zufälligkeit sich darbietet und welchem die Bestimmtheit die Form der sinnlichen Selbständigkeit hat.« Im Gesetzesbegriff ist die Bestimmtheit nicht als ein Jenseits zur Erscheinung, sondern als solche der Erscheinung selbst gesetzt, zugleich aber in der Universalität ihrer reinen gedanklichen Form von der spezifischen Einzelheit des Wahrnehmungsinhalts unterschieden. In diesem Sinne und in ihm allein, enthüllt uns die Wissenschaft, die auf den Grundbegriffen der Kraft und des Gesetzes aufgebaut ist, das »Innere« des Seins. Im Innern der Erscheinung erfährt der Verstand in Wahrheit nichts anderes, als wiederum die Erscheinung selbst — aber nicht wie sie als Spiel der Kräfte ist, sondern wie sie in allgemeinen Regeln sich darstellt. Da aber diese Regeln der Natur in Wahrheit nichts anderes als Regeln des Verstandes sind, so erfährt er hier in der Erscheinung und durch sie hindurch in der Tat nur sich selbst. »Es zeigt sich, daß hinter dem sogenannten Vorhange, welcher das Innere verdecken soll, nichts zu sehen ist, wenn wir nicht selbst dahintergehen, ebensosehr damit gesehen werde, als daß etwas dahinter sei, das gesehen werden kann.« Die Dialektik der sinnlichen Gewißheit ist damit, soweit sie sich lediglich innerhalb des theoretischen Gebiets bewegt, zu ihrem Abschluß gelangt: denn der Gegenstand, der der ersten Stufe ein schlechthin Fremdes und Äußerliches bedeutete, ist in die Erkenntnis selbst und ihre Strukturgesetzlichkeit zurückgenommen.

Mit diesem Ergebnis ist zugleich der Weg bezeichnet, auf welchem ebenso wie bisher die Phänomenologie des Wissens, so die Phänomenologie des Wollens sich vor uns vollziehen wird. Die erste Stufe des Wollens, die sich im Trieb und in der Begierde kundgibt, ist analog der sinnlichen Gewißheit dadurch bestimmt, daß das Ich und das Objekt hier schlechthin auseinanderfallen. Das Objekt muß genossen und im Genuß vernichtet werden, damit das Ich hierin zu seiner eigenen Positivität, zum Bewußtsein seiner selbst gelangt. Aber eben in dieser Befriedigung macht es nunmehr zugleich die Erfahrung von der Selbständigkeit seines Gegenstandes. Indem es das Objekt als eine Schranke seines Wollens erfährt, wird es ihm selbst zum Ausdruck eines eigentümlichen Lebens, das seinem eigenen Leben gegenübersteht. In dem Prozeß der Aufhebung des Dinges erscheint ihm dies zugleich als ein sich selbst Behauptendes. Zu seiner wahrhaften Vollendung aber gelangt diese Verdoppelung des Bewußtseins, die schon im einfachen Trieb enthalten ist, erst dort, wo das Ich nicht mehr dem bloßen äußeren Objekt, sondern wo ein Ich dem anderen gegenübertritt. Diese Entzweiung, nicht in Ich und Objekt, sondern in Ich und Du macht die Grundform des Willens selbst aus. Die Aufgabe der Dialektik des Selbstbewußtseins besteht darin, von dieser Form aus wieder zu der absoluten Einheit vorzudringen, in der die ursprüngliche Entzweiung aufgehoben ist. Mannigfache Bestimmungen hierfür hatten bereits Hegels Jugendschriften ergeben, deren Resultate hier von der »Phänomenologie des Geistes« nur aufzunehmen und in einen systematischen Begründungszusammenhang einzustellen sind. Als Ziel der gesamten Bewegung steht auch hier jenes religiöse Grundverhalten des Ich zum Absoluten, wie es die theologischen Jugendwerke bestimmt hatten. Der Zwiespalt zwischen Ich und Du ist beendet im religiösen Gefühl der Liebe: denn dieses ist das »Bewußtsein von sich, sein eigenes Selbstbewußtsein im Selbstbewußtsein des anderen zu haben« (s. ob. S. 290). Bevor indes dieses Ziel erreicht ist, müssen Ich und Du durch alle Stufen der wechselseitigen Entfremdung hindurchgehen, die sich in den verschiedenen Formen und Abstufungen der sozialen Herrschaftsverhältnisse ausdrücken. Auf der ersten Stufe stellt sich lediglich die unbedingte Trennung dar: das eine Ich hat in dem anderen nur den Gegensatz zu sich selbst, den es vernichten muß, wenn es sich selbst erhalten will. Das Verhältnis beider ist also so bestimmt, daß sie sich selbst und einander durch den Kampf auf Tod und Leben bewähren müssen. Das Daransetzen des Lebens ist es, worin allein die wahrhafte Freiheit der Person und ihr Gegensatz zu aller physischen Abhängigkeit, die unter bloßen Dingen herrscht, sich darstellen kann. Das Ende des Kampfes aber kann hier nur in der völligen Unterwerfung des einen Willens unter den anderen, in einem Verhältnis absoluter Herrschaft und Knechtschaft bestehen. Nun aber setzt sogleich eine neue Bewegung ein. Es bleibt nicht bei der tatsächlichen Vernichtung und Auslöschung des einen Willens, sondern gerade aus ihr stellt sich das Bewußtsein der Freiheit, kraft einer neuen und tieferen Vermittlung, wieder her. Die Knechtschaft wird in ihrer Vollbringung zum Gegenteil dessen, was sie unmittelbar ist; sie kehrt sich zur wahren Selbständigkeit um. Denn gerade dadurch, daß hier der Gegenstand nicht im Genuß verbraucht wird, sondern daß das Objekt dem Knecht lediglich als Objekt der Arbeit entgegentritt, hat es dadurch eine reinere und höhere Bedeutung gewonnen. Die Arbeit ist gehemmte Begierde; in ihr verschwindet der Gegenstand nicht, sondern wird geformt und gebildet. Und diese Bestimmtheit des Objekts überträgt sich auf das Bewußtsein, das sich korrelativ auf es richtet. Das arbeitende Bewußtsein kommt in der Anschauung des selbständigen Seins zur Anschauung seiner selbst als eines Selbständigen. Es entsteht eine neue Gestalt des Bewußtseins, in der es als denkendes oder freies Selbstbewußtsein heraustritt. Losgelöst von dem materiellen Verbrauch und Genuß der Sache, der ihm entzogen ist, löst es sich damit zugleich aus der Abhängigkeit von der Sachwelt überhaupt. Nicht in den Dingen, sondern in den Gedanken über die Dinge findet es das Wesentliche und Unzerstörliche, findet es eine Sicherheit, aus der es nicht vertrieben werden kann.

Diese Freiheit des Selbstbewußtseins ist es, die als wirkliche Erscheinung in der Geschichte des Geistes unter dem Namen des Stoizismus aufgetreten ist. Die Denkart, die sich hierin ausspricht, konnte nur in der Zeit einer allgemeinen Furcht und Knechtschaft, aber auch nur in der Zeit einer allgemeinen Bildung zutage treten, welche das Bilden bis zum Denken gesteigert hatte. In einer anderen Form stellt sich diese Unabhängigkeit und Unerschütterlichkeit des Bewußtseins im Skeptizismus dar, in welchem der Gedanke sich nicht nur von dem gegenüberstehenden äußeren Sein in sich zurückzieht, sondern dieses Sein selbst aufhebt. Er wird zu dem vollständigen, das Sein der vielfach bestimmten Welt vernichtenden Denken. Indem das skeptische Selbstbewußtsein allen Inhalt, der sich für es befestigen will, zu einem bloß Veränderlichen und Wandelbaren herabsetzt, erfährt es hierin seine eigene Freiheit als durch sich selbst gegeben und erhalten: es ist sich diese Ataraxie des sich selbst Denkens, die unwandelbare und wahrhafte Gewißheit seiner selbst. Aber freilich löst sich für die Skepsis, indem sie sich in ihrem Fortgang ebenso gegen das Ich wie gegen die Welt richtet, auch jene Konstanz des Bewußtseins, die sie noch eben gewonnen zu haben glaubte, alsbald wiederum auf. Es bleibt ihr, in ihrer Leugnung jedes Kriteriums der Wahrheit, nur eine schlechthin zufällige Verwirrung, nur der »Schwindel einer sich immer erzeugenden Unordnung« zurück. Jeder These eines A tritt die Antithese eines B und jeder These eines B die Antithese eines A entgegen: es entsteht eine einfache Abwechslung dieser gegensätzlichen Bestimmungen, vermittelst deren der Skeptizismus sich in einem steten Zirkel herumtreibt. Werden aber weiterhin die beiden Gedanken, die hier auseinandergehalten sind, zugleich realisiert, so ist damit aus dem Skeptizismus jene neue Phase hervorgegangen, die Hegel als das »unglückliche Bewußtsein« charakterisiert. Für dieses Bewußtsein gibt es ein Wahres und Unwandelbares: aber dieses Wahre bleibt für es selbst ein für immer Jenseitiges. Die religiöse Sehnsucht richtet sich auf dieses Jenseits; aber indem sie es vor sich hinstellt, tritt damit die unüberbrückbare Kluft, die zwischen ihm und dem Bewußtsein bestehen bleiben muß, nur immer schärfer hervor. »Das Bewußtsein des Lebens, seines Daseins und Tuns ist nur der Schmerz über dieses Dasein und Tun, denn es hat darin nur das Bewußtsein seines Gegenteils als des Wesens — und der eigenen Nichtigkeit.« Keine der beiden Seiten, das Unwandelbare so wenig wie das Wandelbare, vermag das Bewußtsein aufzugeben; keine vermag es anders zu realisieren, als indem es sie mit ihrem eigenen Gegenteil behaftet. Das unwandelbare Bewußtsein behält damit selbst die Gestalt der Einzelheit: das Jenseits, das kein Denken zu erreichen vermochte, wird zum sinnlichsten Diesseits, das in eine dinglich-zufällige Form gefaßt und in ihr vorgestellt wird. Das religiös-andächtige Gefühl befriedigt sich, da es in keinem Begriff des Ewigen zur Erfüllung kommen kann, in diesem schlechthin Zufälligen und Äußerlichen, das ihm aber sogleich selbst wieder verschwindet und es in seiner früheren Leere des bloßen Sehnens zurückläßt. »Es wird diesem unendlichen reinen inneren Fühlen wohl sein Gegenstand, aber so eintretend, daß er nicht als begriffener und darum als ein Fremdes eintritt.«

Diese Fremdheit ist es, die auf der folgenden Stufe, auf der Stufe der Vernunft, successiv schwindet. Denn die Vernunft ist nach Hegel »die Gewißheit des Bewußtseins, alle Realität zu sein: so spricht der Idealismus ihren Begriff aus«. Diese Gewißheit entfaltet und befestigt sich in dem Maße, als sie selbst in der Mannigfaltigkeit ihrer Äußerungen heraustritt. Als »beobachtende Vernunft« bleibt sie zunächst auf die Natur, als organische und unorganische, hingewiesen, deren Struktur und Ordnung sie fortschreitend zu enthüllen strebt. Sie sucht die Natur, jedoch in dem Bewußtsein, in ihr nichts anderes, als ihre eigene Unendlichkeit, weil ihr eigenes Gesetz zu finden. Und sie sucht andererseits dieses Gesetz sich selbst gegenständlich zu machen, indem sie — wie in der Physiognomik und Schädellehre — das »Innere« im »Äußeren«, die Züge des Geistigen in den Zügen der körperlichen Gestaltung aufzufinden bemüht ist. Von hier aber kehrt sie zurück, indem sie begreift, daß die wahre Art, in der das Selbstbewußtsein sich gegenständlich werden kann, niemals in einem bloßen Dasein, sondern in seinem eigenen Tun zu suchen und zu begründen ist. Die »Verwirklichung des vernünftigen Selbstbewußtseins durch sich selbst« geschieht erst in der Richtung von der Beobachtung zur Handlung. Auch das Handeln nun glaubt zunächst die Dinge dadurch zu überwinden, daß es sie in Lust und Begierde an sich reißt, um sie in eine bloße Materie des Genusses aufzulösen und zu verflüchtigen. Aber eben hierin gelangt es zum Bewußtsein seiner unüberwindlichen Schranke: der individuelle Wille zerbricht an der Notwendigkeit der Dinge, die ihm, wie er selbst noch dumpf und gestaltlos ist, so nur als ein äußeres und unbegriffenes Schicksal erscheinen kann. Aus dieser Vernichtung aber stellt der Geist sich nunmehr in reinerer und allgemeinerer Gestalt wieder her, indem er sich den Dingen nicht mehr als ungebändigter und zügelloser Trieb, sondern als Forderung und Gesetz gegenüberstellt. Es entsteht eine neue Ansicht der Notwendigkeit, die nicht mehr, wie zuvor, in die Welt, sondern in das Selbstbewußtsein fällt. Frei von den Schranken der äußeren Wirklichkeit konstituiert sich das Gesetz des Herzens, das seine eigene Regel dem Weltlauf fortschreitend ein- und aufzuprägen sucht. Hier herrscht nicht mehr der Leichtsinn, der nur die eigene Lust will, sondern die Ernsthaftigkeit eines hohen Zwecks, die ihre Lust in der Darstellung ihres vortrefflichen eigenen Wesens und in der Hervorbringung des Wohls der Menschheit sucht. Und dennoch ist auch in dieser Gestaltung der sittlichen Individualität die Eigenheit selbst und mit ihr die Beschränkung auf ein Einzelnes und Zufälliges nicht gebrochen. Im Bewußtsein der eigenen Vortrefflichkeit verschließt sich der Wille in sich selbst: sein »unmittelbares ungezogenes Wesen« ist es, was er in dem, was er das Wohl der Menschheit nennt, zuletzt auszudrücken strebt. So meistert er das Weltgeschehen vom Standpunkt der eigenen Normen und Ideale; so glaubt er durch die Aussprache seiner Forderungen die Wirklichkeit erst zur Vernunft bringen zu müssen, statt zu begreifen, daß in dieser von Anfang an eine weit tiefere und »substantiellere« Vernünftigkeit, als in den subjektiven Reflexionen des weltverbessernden Individuums waltet. Wieder greift die Phänomenologie hier auf das klassische Beispiel dieser Substantialität der Vernunft im antiken Staate zurück. »Die antike Tugend hatte ihre bestimmte sichere Bedeutung, denn sie hatte an der Substanz des Volkes ihre inhaltsvolle Grundlage und ein wirkliches schon existierendes Gutes zu ihrem Zwecke; sie war daher auch nicht gegen die Wirklichkeit als eine allgemeine Verkehrtheit und gegen einen Weltlauf gerichtet.« Erst indem das Bewußtsein sich von seiner eigensinnigen Absonderung im »Gesetz des Herzens« wieder zu dieser Grundanschauung erhebt, wird die Vernunft an und für sich ihrer Realität gewiß. Der echte Begriff der Objektivität, der einzige, der für den Geist Wahrheit haben kann, ist hierin ausgesprochen und damit das Ziel erreicht, dem alle vorangehenden Entwicklungen zustrebten. Objektivität gibt es für den Geist nicht in der Form der bloßen Dinglichkeit, sondern nur in der Form einer allgemeinen Bindung, kraft deren er sich als Glied einer umfassenden lebendigen Gesamtheit weiß. In dieser Gesamtheit, die das individuelle Streben und Tun zu beschränken scheint, findet dieses individuelle Tun vielmehr erst seine Wahrheit und seine Erfüllung: denn es schwebt nun nicht mehr in dem bloßen Äther der Abstraktionen, sondern konstituiert sich selbst als Element der vernünftigen Wirklichkeit. Die Freiheit, zur Wirklichkeit einer Welt gestaltet, erhält selbst die Form von Notwendigkeit und tritt in dieser als »objektiver Geist« heraus[1].

Diese Gestaltungen des objektiven Geistes sind es, die uns in Gesetz und Sitte, im Recht und im Staat, in Familie und Gesellschaft entgegentreten. Aber noch einmal löst sich, innerhalb der phänomenologischen Entwicklung, der Geist aus dieser seiner reinen Objektivität, um sich ihr zu entfremden. Die Reflexion schafft sich, indem sie sich rein auf sich selbst stellt, ihr eigenes Reich und spricht es als das »Reich der Bildung« aus. Jenes unmittelbare Anerkanntsein und Gelten, wie es in der Sphäre des Rechts und der Sitte herrscht, ist hier aufgehoben: nichts gilt mehr, als dasjenige, was das reflektierende Bewußtsein als solches geprüft und mit dem Stempel seiner Wahrheit versehen hat. Die **Aufklärung** tritt als beherrschende Macht, die alles Bewußtsein und alle Wirklichkeit für sich in Anspruch nimmt, hervor; aber neben ihr bleibt als ihr Kontrast und Gegenbild eine andere Art der Gewißheit bestehen, die sich nicht in der Form des Begriffs, sondern nur in der Form des **Glaubens** aussprechen kann. In dem Kampf, der jetzt einsetzt, bleibt die Aufklärung siegreich: die Welt des Glaubens versinkt. Aber die Freiheit, die damit an die Stelle der bisherigen Bindungen tritt, hat lediglich den Charakter der leeren Negation. Wie überall im dialektischen Stufengang des Bewußtseins, so ist jedoch auch hier dieses völlige Ende ein neuer vollkommenerer Anfang. Erst nachdem er durch die Negativität der Reflexion hindurchgegangen, stellt sich der Geist als seiner selbst gewisser Geist wieder her. »Wie das Reich der wirklichen Welt in das Reich des Glaubens und der Einsicht übergeht, so geht die absolute Freiheit aus ihrer sich selbst zerstörenden Wirklichkeit in ein anderes Land des selbstbewußten Geistes über, worin sie in dieser Unwirklichkeit als das Wahre gilt, an dessen Gedanken er sich labt, insofern er Gedanke ist und bleibt und dieses in das Selbstbewußtsein eingeschlossene Sein als das vollkommene und vollständige Wesen weiß. Es ist die neue Gestalt des moralischen Geistes entstanden.« Wie diese Gestalt ihrerseits in einem unaufheblichen Dualismus befangen bleibt, der erst im religiösen Bewußtsein wahrhaft versöhnt und überwunden wird: das hatten schon die theologischen Jugendwerke sowie die ersten Schriften Hegels gegen die Reflexionsphilosophie zu erweisen gesucht; — die Phänomenologie nimmt hier nur diese früheren Entwicklungen wieder auf. Aber der letzte Rest des Dualismus ist

---
[1] Vgl. hrz. Enzyklopädie, 3. Aufl., § 483 f.; Ausg. von G. Lasson, S. 419.

auch in dieser Phase noch nicht völlig getilgt: denn die Religion faßt den Inhalt des Absoluten nur in der Form der Vorstellung auf. Der Begriffsgehalt ist in ihr in einen bestimmten Bildgehalt eingeschmolzen und kann aus ihm nicht rein herausgelöst werden. »Der Inhalt ist der wahre; aber alle seine Momente haben, in dem Elemente des Vorstellens gesetzt, den Charakter, nicht begriffen zu sein... Daß der wahre Inhalt auch seine wahre Form für das Bewußtsein erhalte, dazu ist die höhere Bildung des letzteren notwendig, seine Anschauung der absoluten Substanz in den Begriff zu erheben.« Diese Forderung erfüllt sich in der letzten und höchsten Gestalt des Geistes: im absoluten Wissen, in welchem sich der vollständige und wahre Inhalt zugleich die Form des Selbst gegeben hat. Der sich in Geistesgestalt wissende Geist oder das begreifende Wissen schließt die Reihe der Entwicklungen, indem er die Eigenart jeder Einzelstufe in sich aufgelöst und in sich erhalten hat. Er begreift sich in der doppelten Form der Geschichte und der Wissenschaft; aber in jener nur, sofern er sich in dieser weiß und erkannt hat. Beides zusammen, die begriffene Geschichte, bildet die Erinnerung und die Schädelstätte des absoluten Geistes: »aus dem Kelche dieses Geisterreichs schäumt ihm seine Unendlichkeit.«

Es ist nur ein knapper Umriß des Inhalts der »Phänomenologie des Geistes«, den wir hier zu geben versucht haben: aber gerade in ihm tritt klar heraus, wie sehr das Werk sich, bei all der verwirrenden Fülle und Vielgestaltigkeit seines Gehalts, von einem Grundgedanken beherrscht und durchdrungen zeigt. Die Phänomenologie ist nichts anderes, als die vollständige Entfaltung und Darlegung des Objektivitätsproblems in der neuen Fassung, die Hegel ihm gegeben hatte. Vom Begriff der Synthesis als des Zusammenschlusses und der absoluten Identität eines Ungleichartigen war Hegel ausgegangen. Dieser Gedanke aber bedeutete ihm keine bloße abstrakte Reflexionsbestimmung — sondern er hatte seinen bestimmten Hintergrund an jener Gesamtanschauung von der Eigenart des geistigen Lebens, die Hegel vor allem in der Betrachtung des religiösen Lebens zur Gewißheit geworden war. Alles Leben verlangt eine Einheit, die nicht im ruhenden Dasein zu fassen, sondern allein im Prozeß zu ergreifen ist: eine Einheit, die nur dadurch ist, daß sie sich aus einer ursprünglichen Entzweiung herstellt. Darin liegt der Begriff der Objektivität, der dem Geist allein angemessen ist. Eine bloße Summe von Einzelbestimmungen, deren jede gleichgültig und äußerlich neben der anderen besteht, mag dasjenige ausmachen, was wir als ein »Ding« und seine »Eigenschaften« zu bezeichnen pflegen: das Ganze der geistigen Wirklichkeit aber fordert zu seiner Darstellung andere und höhere Kategorien. Es besteht nur, indem es sich in der Allheit seiner Momente vollzieht und indem es in diesem Vollzug die Einheit der Momente nicht nur ist, sondern sich als solche Einheit zugleich weiß. Die Phänomenologie will das Bewußtsein bis zu dem Punkte hinführen, an welchem dieses Wissen erreicht ist, an welchem die »Substanz« zum »Subjekt« geworden ist. Sie will das Wesen des Geistes aussprechen, nicht so wie es vor aller Mannigfaltigkeit und Differenz als ein leeres »An sich« besteht, sondern wie es in der entwickelten Fülle seiner unterschiedenen und gegensätzlichen Formen heraustritt und in diesem Heraustreten sich selbst offenbar wird. Alle besonderen Gestaltungen der Phänomenologie sind nur die Ausprägung dieses einen Grundgedankens ihrer Methode, in welcher die Einheit von Denken und Sein in einem neuen Sinne begriffen werden soll.

V. Der Aufbau der Hegelschen Logik

Der wesentliche Ertrag der Phänomenologie besteht darin, daß sie das Verfahren gelehrt hat, kraft dessen das Ganze der geistigen Wirklichkeit von jenem Teil aus zu erreichen ist, den wir das natürliche und individuelle Bewußtsein nennen. Sie zeigt den Weg, auf welchem das Bewußtsein von einer einmal gesetzten, eingeschränkten Einzelbestimmung aus zur Einsicht und damit zur Überwindung aller Schranken gelangt, die in jener ursprünglich enthalten sind. Aber selbst wenn wir diesen Weg nunmehr in seiner Gesamtheit überblicken, so ist doch — auch wenn jede einzelne Phase desselben in ihrer strengen eindeutigen Notwendigkeit erwiesen sein sollte — ein Moment des »Zufälligen« in ihm zurückgeblieben, das sich nach den eigenen Kriterien des Systems als solches erkennen läßt. Denn das Anfangselement, von welchem dieser gesamte Aufbau seinen Ausgang nahm, ist hier nicht aus der Notwendigkeit des Begriffs erzeugt, sondern als ein gegebenes faktisches Dasein schlechthin hingenommen. Das »natürliche Bewußtsein«, von dem aus die Ableitung begann, ist ein Einfaches nur in dem populären Sinne, daß es als das psychologisch Bekannteste und Nächstliegende erscheint; vom Standpunkt des reinen Begriffs aber stellt es sich, wie jedes beliebige andere Einzelding oder Einzelfaktum, als ein Konkret-Mannigfaltiges, also als ein durch und durch Vermitteltes dar.

Soll daher ein wahrhafter Anfang gewonnen werden, so muß zunächst das komplexe Gebilde, das hier unter dem Namen des »Bewußtseins« zusammengefaßt wurde, in seiner Komplexion aufgewiesen und begriffen werden. Wie jedes Datum der sogenannten »Erfahrung« oder »Anschauung«, so ist auch das angeblich einfache Bewußtsein für den Gedanken lediglich ein Resultat, in welchem sich seine eigenen ursprünglichen Bestimmungen in einer zunächst nicht näher erkannten Weise durchdringen. Diese Bestimmungen — losgelöst von jeder Behaftung mit einem Einzelnen und Faktischen — rein für sich und allgemein herauszustellen, ist die eigentliche Aufgabe der Wissenschaft der Logik, im Vergleich zu der das Verfahren, dessen sich die Phänomenologie bedient hat, nunmehr nur wie eine propädeutische Einführung erscheint. Denn hier erst stehen wir nicht mehr in der Dialektik des Bewußtseins, sondern in der Dialektik der reinen begrifflichen Wesenheiten selbst — in einem Fortgang, in welchem aller Inhalt des Gedachten sich in systematisch strenger und eindeutiger Form aus den ursprünglichen Kategorien ableitet. »Das Bewußtsein ist der Geist als konkretes und zwar in der Äußerlichkeit befangenes Wissen; aber die Formbewegung dieses Gegenstandes beruht allein, wie die Entwickelung alles natürlichen und geistigen Lebens, auf der Natur der reinen Wesenheiten, die den Inhalt der Logik ausmachen. Das Bewußtsein, als der erscheinende Geist, welcher sich auf seinem Wege von seiner Unmittelbarkeit und äußerlichen Konkretion befreit, wird zum reinen Wissen, das sich jene reinen Wesenheiten selbst, wie sie an und für sich sind, zum Gegenstand gibt. Sie sind die reinen Gedanken, der sein Wesen denkende Geist. Ihre Selbstbewegung ist ihr geistiges Leben, und ist das, wodurch sich die Wissenschaft konstituiert und dessen Darstellung sie ist[1].«

Mit dieser streng objektiven Fassung der Logik, die jede Rücksicht auf das subjektive Denken fallen läßt, um lediglich die Verhältnisse der reinen Wesenheiten des »Gedachten« darzustellen, schwinden nach Hegel alle herkömmlichen Einschränkungen ihres Gebiets und ihres Geltungscharakters. Vor allem muß hier der hartnäckig sich behauptende Einwand, daß die Logik eine lediglich »formale« Disziplin sein und bleiben müsse, sich endgültig als nichtig erweisen: denn in ihm konzentriert sich nur jenes Vorurteil des gewöhnlichen Bewußtseins, das wir im bloßen Begriff der Wissenschaft bereits hinter uns gelassen haben müssen. Die reine Wissen-

---
[1] Wissenschaft der Logik, S. W. III, S. 8; vgl. bes. III, S. 40 ff.

schaft enthüllt den Gedanken, insofern er ebensosehr die Sache an sich selbst ist, oder die Sache an sich selbst, insofern sie ebensosehr der reine Gedanke ist. Sie ist daher so wenig formell, sie entbehrt so wenig der Materie zu einer wirklichen und wahren Erkenntnis, daß ihr Inhalt vielmehr allein das absolute Wahre, die wahrhafte Materie aller Erkenntnis ist: »eine Materie aber, der die Form nicht ein Äußerliches ist, da diese Materie vielmehr der reine Gedanke, somit die absolute Form ist [1].« Wo das Verhältnis anders genommen wird, da liegt entweder die oberflächlichste und äußerlichste Ansicht vom Verhältnis des Denkens zum Sein zugrunde, nach welcher die »Dinge« schlechthin gegeben sind und von ihnen die Begriffe nur wie ein beschränkter und ärmlicher Teilinhalt ihres Wesens »abstrahiert« werden — oder aber es herrscht jener enge kritizistische Gesichtspunkt, nach welchem die Kategorien zwar den Gegenstand bedingen und konstituieren, ihn aber zugleich auf den bestimmt begrenzten Bezirk der »Erscheinung« einschränken und somit das eigentliche Sein — unter der Bezeichnung des »Dinges an sich« — unberührt liegen lassen. Beide Voraussetzungen gelten für Hegel kraft des Objektivitätsbegriffs, den die Phänomenologie erarbeitet hat und der der Fassung der Logik bereits vorausliegt, als aufgehoben. Zwar sind auch vom Standpunkt dieses Begriffs die einzelnen Kategorien, in der Art, in welcher die Logik sie darbietet, »abstrakt« — sofern sie notwendige Momente des Wirklichen, aber nicht dieses selbst in der Totalität seines Gehalts darstellen. Das Reich der Logik ist und bleibt, auch unter diesem Gesichtspunkt, das »Reich der Schatten«, — die Welt der einfachen Wesenheiten von aller sinnlichen Konkretion befreit [2]. Aber die Abstraktion hat hier, gegenüber der populären Welt- und Begriffsansicht, eine veränderte Bedeutung erhalten, weil sie sich auf einen neuen und tieferen Begriff des »Negativen« stützt. Jedes losgelöste besondere Begriffsmoment strebt von sich selbst aus, kraft des ihm innewohnenden Widerspruchs, danach, über sich hinauszugehen und sich zum S y s t e m der Momente zu erweitern. Und dieses System als solches ist der vollendete und abgeschlossene Ausdruck der Objektivität selbst. Die Wahrheit, die der einzelnen abstrakten Denkbestimmung mangelt, ist nichts anderes, als der kontinuierliche Z u s a m m e n h a n g, der zwischen all diesen Bestimmungen in ihrer Gesamtheit besteht. Indem man die logischen Formen als feste, gegeneinander

---

[1] Wissenschaft der Logik. S. W. I, 35.
[2] a. a. O. S. W. I, 47.

gleichgültige Gebilde auseinanderfallen läßt, die nicht in organischer Einheit zusammengehalten werden, stellen sie sich insofern freilich als tote Formen dar. Der Inhalt aber, der hier an ihnen vermißt wird, kann trotzdem nicht außerhalb ihrer gesucht werden: sondern die logische Vernunft selbst ist das Substantielle oder Reelle, das alle abstrakten Bestimmungen in sich zusammenhält, und ihre gediegene absolut=konkrete Einheit ist[1]. Jede besondere Kategorie hat demnach ihre Wahrheit noch außer sich; aber im Fortgang stellt sich eben dies zunächst noch Außenstehende als das wissenschaftliche Ganze der Denkbestimmungen überhaupt her. In der Trennung von diesem Ganzen ist das Abstrakte das Unwahre, während es in der Tendenz auf dieses Ganze vielmehr den ursprünglichen Charakter aller Wahrheit an sich trägt. Das also ist der Sinn der wissenschaftlichen Logik, daß sie von den ersten und insofern ab= straktesten Gedankenbestimmungen aus den »Gegenstand« in seiner konkreten Totalität entwickelt und aufbaut -- nach einem Gesetz, das nicht lediglich in uns und in der subjektiven Reflexion, son= dern in ihm selbst gegründet ist und sein eigentümliches Wesen ausmacht.

Als die ursprünglichste dieser Bestimmungen, als die »einfache Unmittelbarkeit«, mit der zu beginnen ist, tritt uns hierbei der Ge= danke des reinen Seins entgegen. Denn wie immer dieser Anfang gefaßt werden mag: so steht durch die Methode der Logik jeden= falls das Eine fest, daß alle konkrete Bestimmung und Erfüllung von ihm fern zu halten ist. Alles bereits Bestimmte ist eben damit ein Abgeleitetes und Vermitteltes. Der erste Ursprung, den die Lo= gik fixiert, kann nicht selbst dem Gebiet, für welches der Ursprung gesucht wird, entnommen werden. Kein »Dieses« oder »Jenes« im Unterschied von einem andern würde einen wahrhaft radikalen Be= ginn bedeuten, sondern um diesen zu finden, muß ein Prädikat fest= gestellt werden, das gleichsam nichts anderes als die reine Prädi= zierbarkeit selbst ausdrückt. Ein solches ist das Sein, das ἔστι der reinen Logik, das jedem Was, jedem τί ἔστι voraus und zugrunde liegt. Der Gedanke des »a= oder b=Seins« ist ohne den Gedanken des reinen Seins, des Seins=schlechthin, hinfällig. Auf einem anderen Wege, den Hegel insbesondere in der Darstellung der »Enzyklo= pädie« bevorzugt, wird dieses Resultat erreicht, wenn wir erwägen, daß für die Feststellung des Anfangs kein anderes irgendwie schon gegebenes Datum, als eben die Forderung des Anfangs selbst zur

---

[1] a. a. O. S. 33.

Verfügung steht. Was der Anfang ist, das kann und darf sich lediglich daraus ergeben, daß es der Anfang sein soll, der hier gesucht wird. Insofern das Element, mit dem begonnen wird, ein bereits irgendwie Bestimmtes wäre, würde es als Vermitteltes, schon weiter Geführtes genommen: denn ein Bestimmtes enthält ein Anderes zu einem Ersten. »Es liegt also in der Natur des Anfangs selbst, daß er das Sein sei und sonst nichts. Es bedarf daher keiner sonstigen Vorbereitungen, um in die Philosophie hineinzukommen, noch anderweitiger Reflexionen und Anknüpfungspunkte[1].«

In diesen ersten Festsetzungen aber liegt nunmehr das entscheidende Moment, das über sie hinausführt, bereits deutlich zutage. Denn es hat sich gezeigt, daß das Mittel, das »reine Sein« festzustellen, lediglich in seiner abstrakten Loslösung von jedem, wie immer bestimmten, Inhalt bestand. Die einzige positive Bestimmung, die von ihm zu gewinnen war, lag in dieser durchgängigen und totalen Negation. In diesem seinem Grundcharakter des »Nicht-Etwas« aber fällt das reine Sein mit dem reinen Nichts zusammen. Beide Begriffe, das Sein und das Nichts, sind nicht getrennte Momente, deren eines vor dem anderen bestünde und in das andere »überginge«: sondern sie stellen nur zwei korrelative Ausdrücke desselben logischen Grundbestandes dar. Der Anfang als solcher ist nach der Seite seiner Bestimmbarkeit durch den Begriff des Seins, nach der Seite seiner Bestimmtheit durch den Begriff des Nichts zu bezeichnen. Seine logische Bestimmung – die einzige, die wir bisher von ihm kennen und kennen dürfen – liegt in seiner qualitativen Noch-nicht Bestimmtheit. Die Paradoxie der Hegelschen Darstellung besteht daher an diesem Punkte nicht sowohl darin, daß sie das »reine Sein« und das »reine Nichts« identisch setzt, als vielmehr darin, daß sie beide überhaupt in der Art für sich bestehender Einzelelemente behandelt, deren Synthese erst zu vollziehen und zu erreichen wäre. Was die Identifizierung betrifft, so kann Hegel den scheinbaren Widersinn, der in ihr liegt, als bloßes Mißverständnis von sich weisen. Bei den Einwänden hiergegen werde dem rein abstrakten Sinn des Seins und des Nichts fälschlich eine konkrete Bedeutung untergeschoben[2]. Seine eigene Entwick-

---

[1] Enzyklopädie § 86–88, Logik, S. W. I, 66 ff.
[2] »Es erfordert keinen großen Aufwand von Witz, den Satz, daß Sein und Nichts dasselbe ist, lächerlich zu machen oder vielmehr Ungereimtheiten vorzubringen mit der unwahren Versicherung, daß sie Konsequenzen und Anwendung jenes Satzes seien: z. B., es sei hiernach dasselbe, ob mein Haus, mein Vermögen, die

lung des Gegensatzes aber verfällt vielmehr der umgekehrten Gefahr: sie zerschlägt ein Verhältnis, das einzig und allein als Verhältnis Sinn und Bedeutung hat, in substantielle, scheinbar selbständige Elemente und sucht es, durch die In=Eins=Setzung dieser Elemente, erst nachträglich und künstlich wiederherzustellen. Daß das »Sein« des Anfangs »noch nichts« ist: dieser Satz wird gleichsam auseinandergezogen in die Doppelbestimmung, daß dem Anfang über das reine Sein hinaus noch das reine Nichts — als eine Art besonderer Beschaffenheit, die sich mit der ersten zu vereinigen habe — zukomme. Der weitere Fortgang besteht nun freilich darin, daß dieser erste Gesichtspunkt der Darstellung verlassen und überwunden wird. Die Wahrheit des Seins, wie des Nichts — so wird jetzt erklärt — liegt weder in dem einen noch in dem anderen, sondern lediglich in der wechselseitigen Bestimmung des einen durch das andere und des anderen durch das eine. »Was die Wahrheit ist, ist weder das Sein, noch das Nichts, sondern daß das Sein in Nichts und das Nichts in Sein — nicht übergeht — sondern übergegangen ist... Ihre Wahrheit ist also diese Bewegung des unmittelbaren Verschwindens des Einen in dem Anderen; das Werden; eine Bewegung, worin beide unterschieden sind, aber durch einen Unterschied, der sich ebenso unmittelbar aufgelöst hat[1].« Diese Bewegung führt nicht vorher getrennte Momente zusammen, um sie zu vereinen; sondern sie ist der schlechthin ursprüngliche einheitliche Grundakt der logischen Bestimmung, in welchem die Position zugleich Negation, die Negation zugleich Position ist.

Die Bezeichnung indessen, die hier diese ursprüngliche Kategorie erhält, zeigt alsbald die Schwierigkeit, die in diesen anfänglichen Bestimmungen zu bestehen ist, von einer neuen Seite. Das

---

Luft zum Atmen, diese Stadt, die Sonne, das Recht, der Geist, Gott sei oder nicht... Aber überhaupt sowie von einem Inhalte die Rede ist, so ist damit ein Zusammenhang mit anderen Existenzen, Zwecken u. s. f. gesetzt, die als gültig vorausgesetzt sind; von solchen Voraussetzungen ist es nun abhängig gemacht, ob das Sein oder Nichts in eines bestimmten Inhalts dasselbe sei oder auch nicht. Es wird ein inhaltsvoller Unterschied dem leeren Unterschied vom Sein und Nichts untergeschoben. Solche konkrete Gegenstände sind noch etwas ganz anderes als nur Seiende oder auch Nichtseiende; dürftige Abstraktionen, wie Sein und Nichts — und sie sind, weil sie eben nur die Bestimmungen des Anfangs sind, die allerdürftigsten, die es gibt — sind für die Natur jener Gegenstände ganz inadäquat; wahrhafter Inhalt ist längst über diese Abstraktionen und deren Gegensatz hinaus.« Enzyklopädie des Wissens § 88, vgl. Logik, S. W. I, 82 ff.
[2] Wiss. der Logik I, 78 f.

Werden, das hier als die Einheit des Seins und Nicht=Seins bestimmt ist, darf offenbar keinerlei zeitlichen Nebensinn in sich schließen: denn jede Beziehung auf die Zeit fällt aus dem Gange von Hegels Logik überhaupt heraus. Zeit und Raum treten erst mit der Naturphilosophie hervor, deren Gegenstand die »Idee in ihrem Anderssein« ist. Aber auch wenn man jede Rücksicht auf das konkrete zeitliche Geschehen aus dem abstrakt=logischen Begriff des Werdens ausschalten zu können glaubt, so scheint für ihn zum mindesten der Übergang von einem bestimmten Zustand in einen von ihm verschiedenen verlangt zu werden. Ein bestimmtes Element a muß als solches festgehalten und von einem »anderen« Element b unterschieden werden können, damit sich ein Werden, als ein Wechsel zwischen beiden Bestimmungen denken lasse. Auch diese Kategorie der bestimmten qualitativen Zuständlichkeit, die sich als »eine« gegen eine ihr gegenüberstehende »andere« verhält, kann indes auf der Stufe von Hegels Logik, auf der wir uns hier befinden, noch nicht vorausgesetzt werden: ihre Ableitung bildet vielmehr ein Ziel, das die Logik Hegels noch vor sich hat. Bevor dieses Ziel erreicht ist, fehlt dem »Werden«, von dem hier die Rede ist, sowohl der Ausgangs= wie der Endpunkt: der »terminus a quo« und der »terminus ad quem«. Die Schwierigkeit, die hierin unverkennbar liegt, ist in den Darstellungen der Hegelschen Logik von Seiten seiner Schüler und Anhänger gewöhnlich dadurch verdeckt worden, daß man das Problem umkehrte: das »Werden«, dem sich ein bestimmter konkreter Inhalt unterschob, wurde als Einheit von Sein und Nicht=Sein erwiesen, nicht die Einheit von Sein und Nicht=Sein als »Werden« abgeleitet[1]. Eben dies Letztere aber ist es, was gefordert werden muß, wenn der synthetisch deduktive Gang der Logik, der vom Abstrakten zum Konkreten fortschreitet, gewahrt bleiben soll. Vom Standpunkt dieser Forderung aus läßt die Kategorie des Werdens, wie sie hier eingeführt wird, nur eine Deutung zu, kraft deren sie mit den allgemeinen Voraussetzungen Hegels in Einklang bliebe. Wir müssen jeden Gedanken der Veränderung im Dasein von ihr fernhalten, um in ihr lediglich den Gedanken der ursprünglichen logischen Bestimmung festzuhalten. Die entscheidende Forderung der Dialektik lag eben hierin: daß kein Seiendes als an sich und unmittelbar gegeben angesehen werde, sondern daß

---

[1] Vgl. z. B. K. Fischer System der Logik und Metaphysik, 2. Aufl., Heidelberg 1865, § 78; s. auch McTaggart, A Commentary on Hegels Logic, Cambridge 1910, sect. 9 und 18.

es sich aus seinem Gegensatze heraus erst zu sich selbst, zu seinem eigenen Begriff bestimmen müsse. So »wird« es, aus seinem Nichtsein heraus, zu dem, was es »ist« und bedeutet. Wie daher die Kategorie des Seins nicht mehr enthalten sollte, als dasjenige, was im bloßen Gedanken des Anfangs überhaupt liegt: so enthält die Kategorie des Werdens ebenfalls nichts, als jene ursprüngliche Synthesis des ersten abstrakten Bestimmens selbst. Man hat für diese Kategorie den Namen »Übergang in das Dasein« vorgeschlagen[1], der ihren Sinn in der Tat schärfer als die von Hegel gewählte Bezeichnung zum Ausdruck bringen würde. Noch genauer wäre sie vielleicht als »Übergang zur Bestimmung« zu bezeichnen. Sie will gleichsam den logischen *status nascendi* jedes noch so allgemeinen Inhalts festhalten: das Sein, das einen Inhalt nicht »hat«, das jedoch im Begriff ist, ihn sich zu geben, indem es sich zu ihm macht.

Damit ist zugleich die Kategorie festgestellt, die das Resultat und Ende dieses Gesamtprozesses ausdrückt: das Sein als Ergebnis dieser Bestimmung gedacht, ist es, was wir mit dem Begriff des Daseins bezeichnen. Im Dasein denken wir das Werden fixiert und zum Stillstand gebracht; zugleich aber ist in ihm das Werden nicht schlechthin ausgelöscht, sondern begrifflich aufbehalten. Das Dasein ist Gewordensein — ist die Determination, die in sich ihren Abschluß gesetzt und gefunden hat. In der dialektischen Bewegung ist hier der erste relative Halt- und Ruhepunkt erreicht. Damit ist dasjenige entstanden, was die Sprache mit dem Namen der Qualität, des »Etwas« benennt. Das Dasein, wie es hier gefaßt wird, bezieht sich freilich nicht etwa auf ein »Ding« und ist nicht die Beschaffenheit und Eigenschaft an einem solchen — denn dieses Verhältnis setzt Bestimmungen voraus, die in ihrer Gesamtheit erst an einer weit späteren Stelle, im zweiten Teile von Hegels Logik, der die »Lehre vom Wesen« enthält, zur Darstellung gelangen können. Was hier erreicht ist, ist vielmehr ein einfaches »Was«; das x des in sich unterschiedslosen reinen Seins ist zum a geworden. Und dieser so entstandene Inhalt zeigt nun das dialektische Grundverhältnis auf einer neuen Stufe: denn wie das »reine Sein« mit dem »reinen Nichts« zusammenfiel, so bedeuten auch in der Kategorie des Daseins Positivität und Negativität nicht auseinanderfallende Bestandteile, sondern stellen sich in wechselseitiger vollkommener Durchdringung dar. Das gewöhnliche Denken pflegt allerdings in der Qualität zumeist lediglich das positive Moment, das mit dem

---
[1] S. McTaggart, a. a. O, sect. 20.

Namen der »Realität« belegt wird, hervorzuheben: aber in dieser Realität als Qualität ist es versteckt, daß sie die Bestimmtheit, also auch die Negation enthält. Ein Etwas = a ist nur dadurch bestimmt, daß es die entgegengesetzte Qualität non =a von sich ausschließt. Hier ist also nicht ein fixer Inhalt gegeben, der nachträglich in subjektiver Reflexion von anderen unterschieden wird: sondern die Unterscheidung selbst konstituiert das Dasein, wie das Dasein die Unterscheidung in sich schließt. Demnach ergibt sich das »Etwas« als durchgängig relativ: es ist nur als *ein* Etwas da, indem es sich gegen *ein anderes* begrenzt und abhebt. Und diese Beziehung ist eine rein umkehrbare: es ist gleichviel, ob der eine Inhalt a als der erste genommen und b ihm als der *andere* gegenübergestellt wird, oder ob umgekehrt mit diesem begonnen wird und jener als sein Anderes entsteht. Wie die Wahrheit weder im reinen Sein, noch im reinen Nichts, sondern im Werden bestand: so besteht sie weder in dem »Einen« noch in dem »Andern«, sondern in der wechselseitigen Bestimmung beider durch einander. Die bestimmte besondere Qualität »hat« nicht ein Verhältnis gegen andere, sondern sie ist dieses Verhältnis selbst und geht in ihm auf.

Das Sein der Qualität als solches, gegenüber der Beziehung auf anderes, ihr reines »Ansichsein« erweist sich somit als eine leere Abstraktion. »Ihr Dasein ist die Bestimmtheit eins mit dem Sein, welche zugleich als Negation gesetzt, Grenze, Schranke ist. Daher ist das Anderssein nicht ein Gleichgültiges außer ihm, sondern sein eigenes Moment. Etwas ist durch seine Qualität erstlich endlich und zweitens veränderlich, sodaß die Endlichkeit und Veränderlichkeit seinem Sein angehört[1].« Das Endliche charakterisiert sich eben dadurch, daß es seinen Halt und seine vollendete Bestimmtheit nicht in sich selber findet, sondern sie jenseits seiner eigenen Grenze suchen muß; was es jedoch in diesem »Jenseits« findet, das ist zunächst nur ein zwar inhaltlich anderes, aber ihm prinzipiell gleichartiges Element. Der Gedanke wird von dem einen a zu dem anderen b, von diesem wieder zu c und d weitergetrieben; aber er bewegt sich bei all diesem scheinbaren Wechsel stets nur in demselben Umkreis von schlechthin unselbständigen Inhalten. Das eine Etwas sucht sich in dem andern und durch das andere zu erfüllen; indem jedoch dieses selbst wiederum eines zweiten, das zweite eines dritten usw. bedarf, werden wir in die »schlechte Unendlichkeit« eines unabschließbaren Prozesses hin-

---
[1] Enzyklopädie § 91 u. 92.

eingezogen. Das Ziel, in welchem dieser Prozess zur Ruhe und zur Vollendung käme, steht als beständige Forderung vor uns: aber dieser Forderung bleibt die Erfüllung versagt. Die nähere Darlegung dieses Verhältnisses nimmt den Grundgedanken, den Hegel in seiner Kritik des Fichteschen Philosophie verfolgt hatte, wieder auf — und greift damit freilich proleptisch zu Bestimmungen über, die erst im Schlußteil der Logik, in der Lehre von der Idee zum vollen Verständnis gelangen können. Die gewöhnliche dualistische Entgegensetzung des Endlichen und Unendlichen, die beide in verschiedene Gebiete auseinanderreißt, deren eines dort beginnt, wo das andere aufhört, macht die einfache Betrachtung nicht, daß auf solche Weise das Unendliche nur das »Eine der Beiden« ist, also zu einem Besonderen und insofern Begrenzten gemacht ist. Die Ansicht, daß das Endliche das Unendliche außer sich hat — wie wir etwa ein endliches Raumgebilde von dem unendlichen Raum rings um es herum umschlossen denken — offenbart ihren dialektischen Widerspruch sogleich darin, daß sie den Sinn beider Termini, indem sie ihn behauptet, vielmehr in sein Gegenteil verkehren muß. Das Unendliche erweist sich als beschränkt: denn es erfüllt nicht die ganze Sphäre der Bestimmung, sondern schließt eben jenen Teil, in welchem das Endliche gesetzt ist, von sich aus und läßt ihn frei; — das Endliche dagegen wird zum Unendlichen, weil es gegenüber dem ewig Unfertigen des unabschließbaren Prozesses das einzige wahrhaft in sich Geschlossene und Vollendete ist. Das Bild dieses Progresses ist die gerade Linie, an deren beiden Grenzen nur das Unendliche ist und zwar immer nur dort, wo sie selbst, die Linie, nicht ist; — das Bild des echten Unendlichen dagegen der Kreis: »die sich erreicht habende Linie, die geschlossen und ganz gegenwärtig ist, ohne Anfangspunkt und Ende[1].« Der wahre Begriff des Unendlichen liegt nicht in der Endlosigkeit, sondern in der Vollendung, die von innen heraus durch die Natur und das eigentümliche Prinzip des Gegenstandes gesetzt wird. Hierdurch erst wird ein Sein erreicht, das sich nicht mehr, wie das endliche und veränderliche Sein, stets von neuem an ein anderes verliert, sondern das in sich seinen selbständigen Bestand und seinen Mittelpunkt gefunden hat.

Damit ist im Gedanken des Fürsichseins die höchste Stufe der Kategorien der Qualität erreicht. Und hier ist zugleich der Ort, an welchem sich der Gedanke der Einheit erst vollständig bestimmt:

[1] Logik, S. W. I, 163. Enzyklopädie § 93.

wie sich denn bereits bei Galilei ausgesprochen findet, daß Einheit und Unendlichkeit Wechselbegriffe sind, deren jeder seine endgültige Erklärung im anderen suchen muß. (Vgl. Bd. I, S. 422) Das »Fürsichsein« ergibt erst die wahrhafte Einheit, als die vollendete Bestimmung eines Inhalts in sich selbst. Diesem so gefaßten »Einen« steht das »Andere« nicht mehr gegenüber: denn sofern hier das Eins sich auf ein Mannigfaltiges bezieht, verhält sich dies Letztere zu ihm doch nicht wie ein fremder Bestand außerhalb seiner eigenen Grenzen, sondern wird aus ihm selbst heraus gefordert und durch sein eigenes Prinzip beherrscht. Als klarste geschichtliche Ausprägung dieses Gedankens kann der Leibnizische Begriff der Monade gelten: denn die Monade hat die Mannigfaltigkeit, auf welche sie sich bezieht, nicht neben und außer sich, sondern sie gibt sich diese Mannigfaltigkeit selbst und umschließt sie kraft ihres Gesetzes als einen Inhalt, der ihr ursprünglich zugehört. Sie ruht in sich selber und bedarf und duldet keinen äußeren Einfluß; aber sie besitzt in sich selbst zugleich einen unendlich-reichen qualitativen Vorstellungsgehalt. Aber wie nun der Begriff der Monade im Leibnizischen System die Vielheit der Monaden fordert: so geht auch der Gedanke des Eins, wie es hier gesetzt ist, in den Gedanken der *vielen Eins* über. Das Eins wird zu dem was es ist, nicht mehr lediglich durch sein Verhältnis zu einem »Anderen«, sondern besitzt in seinem Fürsichsein die Totalität einer lediglich auf sich selbst bezogenen und angewiesenen Welt. Gerade darin indessen, daß diese Welt, um sich zu konstituieren, des Ausschlusses aller übrigen bedarf, hat sie diese zugleich gesetzt. Hier ist daher nunmehr ein neuer Begriff der Vielheit entstanden. In der Sphäre des Daseins konnte das *a* nur bestimmt werden im Unterschied von einem *b* und *c*, die ihm als qualitativ verschiedene gegenüberstanden. Jetzt aber stehen wir vor einer Vielheit, in welcher diese qualitative Differenz ausgelöscht ist: an die Stelle der Reihe *a, b, c* usf. ist die Reihe *a, a, a* ... getreten. Die Elemente sind, gerade kraft der Selbständigkeit, vermöge deren sie sich wechselseitig ausschließen, zu gleichartigen Elementen geworden. Mit diesem Schritt aber haben wir das Gebiet der bloßen Qualität bereits verlassen und eine neue Form der Bestimmtheit erreicht: die gleichartigen und vielen Eins konstituieren dasjenige, was durch den Begriff und die Kategorie der Quantität zu bezeichnen ist.

Der Gedanke der »vielen Eins« enthielt zwei Bestimmungen, die sich in ihm nicht ausschlossen, sondern gegenseitig durchdrangen: die vielen Eins sind, wie sie einander gleichartig sind, so zugleich jedes gegen die übrigen gleichgültig. Diese Doppelheit setzt sich nunmehr in den Begriff der Größe fort: die Größe ist nur als das Ineinander gegensätzlicher Bestimmungen, als Einheit von Kontinuität und Diskretion zu denken. In der Kontinuität spricht sich hierbei der Grundzug der Gleichartigkeit aus, der die vielen Eins miteinander zusammenhält; in der Diskretion ihre gegenseitige Beziehungslosigkeit, vermöge deren jedes, nur auf sich selbst gestellt, ein »besonderes« Seiende ist. Schon aus dieser Ableitung ergibt sich, daß Kontinuität und Diskretion sich nicht wie Arten ein und derselben Gattung unterscheiden lassen — so daß der Allgemeinbegriff Größe in stetige und diskrete Größen als getrennte Unterarten zerfallen würde — sondern daß beide gleich notwendige, konstitutive Momente des Begriffs der Quantität selbst sind. Die gesamte Antinomie der unendlichen Teilung, wie die Kritik der reinen Vernunft sie in Thesis und Antithesis entwickelt, läßt sich nach Hegel von dieser Grundeinsicht aus sogleich beheben. Denn sie beruht lediglich darauf, daß in der Betrachtung der Größe der Gesichtspunkt des Diskreten und der des Kontinuierlichen abwechselnd angewandt und damit die Einheit beider, die eben den Begriff der Größe ausmacht, zerstört wird. Für die Kontinuität wie für die Diskretion gilt, daß sie beide, als Momente der Quantität, zugleich die ganze Quantität sind: weil jedes von ihnen als unterschieden dennoch nicht aus der Einheit mit seinem Gegensatz herausfällt[1]. Durchgängige Sonderung bei durchgängigem Zusammenhalt ist daher der Charakter jeder Größe als solcher, so daß keins von diesen beiden Merkmalen einer einzelnen Größenklasse ausschließlich oder auch nur vorzugsweise zukommt. Der stetige Raum und die stetige Zeit besitzen ihre Kontinuität nur kraft des Elements, das als Raum- oder Zeitpunkt aus ihnen herausgehoben und unterschieden wird: wie andererseits die »diskrete« Zahl nur als Stelle in einem lückenlosen systematischen Zusammenhang Bedeutung gewinnt. Analog also, wie wir das Etwas weder als unbestimmt schlechthin, noch als bestimmt schlechthin, sondern als die sich vollziehende Bestimmung selbst zu denken hatten: so entsteht uns auch das *Quantum* als bestimmte Größe, als ein sich selbst unterscheidendes und begrenzendes Kontinuum. Es stellt sich als extensive Größe dar, sofern an ihm von den beiden Momenten, die es konstituieren, dasjenige der Diskretion hervorgehoben, also auf die Zusam-

---

[1] Logik, S. W. III, 229.

mensetzung und Trennung, auf das »Wieviel« der Einheiten, als auf das Wesentliche gesehen wird; — während es als intensive Größe erscheint, sofern die Betrachtung sich vorzüglich dem Moment der Kontinuität, also der Einheit selbst, zuwendet. In der ersten Form erscheint es als Anzahl, in der zweiten als Grad. Der Grad ist bestimmte Größe, aber nicht zugleich Menge; denn er ist nur »Mehreres innerhalb seiner selbst«. »Seine Bestimmtheit muß zwar durch eine Zahl ausgedrückt werden als dem vollkommenen Bestimmtsein des Quantums; aber ist nicht als Anzahl, sondern einfach, nur Ein Grad. Wenn von 10, 20 Graden gesprochen wird, ist das Quantum, das so viele Grade hat, der zehnte, zwanzigste Grad, nicht die Anzahl und Summe derselben (— so wäre es ein Extensives —) sondern es ist nur Einer, der zehnte, zwanzigste Grad. Er enthält die Bestimmtheit, welche in der Zahl zehn, zwanzig liegt, aber enthält sie nicht als Mehrere, sondern ist die Zahl als aufgehobene Anzahl, als einfache Bestimmtheit[1].« Hier ist mit anderen Worten eine Weise der Größenbestimmung aufgezeigt, die als solche mit dem Verfahren der Aggregation, der bloßen Zusammensetzung der Einheiten nichts zu tun hat und über sie hinaus ist. Die einfachste Form dieser Bestimmung tritt in jedem Größenverhältnis hervor: denn das Verhältnis vollzieht sich zwar zwischen Elementen, die rein für sich als Anzahlen von Einheiten bestimmbar sind, aber es ist nicht selbst eine solche Anzahl. Seine beiden Seiten sind noch unmittelbare Quanta; in ihrer Beziehung aber, die den eigentlichen Sinn des Verhältnisses ausmacht, stellt sich ein Neues und Eigenes dar. Dies tritt besonders zu Tage, wenn man zu den komplexeren Formen des Verhältnisses, insbesondere zu dem »Potenzenverhältnis« fortschreitet, in dem sich für Hegel offenbar die Bedeutung des Funktionsbegriffs überhaupt konzentriert[2]. Denn in ihm stellt sich ein Gesetz dar, das sich zwar in der reinen Form der Zahl und des Quantums ausdrücken läßt, das aber eben hierin auch nicht mehr als seinen Ausdruck, seinen »Exponenten« besitzt, während sein logischer Sinn in einer anderen Richtung liegt. Das Gesetz der Abhängigkeit als solches ist eine gedankliche Bestimmtheit, die durch Vermehrung oder Verminderung nicht berührt wird. Der Gedanke der Qualität und der der Quantität, die sich bisher gegenüber- und entgegenstanden, sind also jetzt in eine neue Einheit zusammengegangen. In der Form der Isolierung, in der sie bisher ge-

---

[1] ibid. III, 254.
[2] Vgl. Logik I, 379ff., 389ff.; Enzyklopädie § 103—105.

nommen wurden, haben beide ihre eigentümliche Wahrheit noch nicht erreicht; sie erlangen sie vielmehr erst dann, wenn das eine Moment durch das andere bestimmt und vermittelt wird. Die Synthese, in der dies geschieht, und in der die bloße Quantität wie die bloße Qualität wiederum in dem zwiefachen Sinne aufgehoben wird, daß sie in ihr ebensowohl negiert als erhalten ist, spricht sich in der Kategorie das Maßes aus.

Denn der Gedanke des Maßes enthält eben dies: daß es keinen Inhalt gibt, der nicht in beiderlei Sinne, zugleich als Beschaffenheit und als Größe bestimmt wäre. Und zwar stehen beide Gesichtspunkte nicht bloß nebeneinander, sondern erweisen sich als voneinander abhängig. Das »Was« des konkreten Gegenstandes verhält sich zu seiner Größe nicht indifferent, sondern erfährt zugleich mit dieser eine charakteristische Wandlung. Eben darin stellt sich das Spezifische der Maßverhältnisse dar, kraft deren sie die Beschaffenheit, von der sie gelten, unmittelbar bedingen, wie denn der Begriff des »Modus« zugleich das Maß und die »Art und Weise« besagt. »Alles Dasein hat eine Größe, und diese Größe gehört zur Natur von Etwas selbst, sie macht seine bestimmte Natur und sein Insichsein aus. Etwas ist gegen diese Größe nicht gleichgültig, so daß, wenn sie geändert würde, es bliebe, was es ist, sondern die Änderung derselben änderte seine Qualität. Das Quantum hat als Maß aufgehört, Grenze zu sein, die keine ist; es ist nunmehr die Bestimmung der Sache, so daß diese, über dies Quantum vermehrt oder vermindert, zugrunde ginge[1].« In dieser konstitutiven Bedeutung, die das Quantum für die Bestimmung der »Sache« gewonnen hat, liegt zugleich die Einsicht in die allgemeine Möglichkeit einer »Mathematik der Natur[2]«. Die Logik Hegels steht hier an der Stelle, an der sich ihr die Möglichkeit darbietet, die Aufgabe einer Logik der mathematischen Naturwissenschaft anzuerkennen und deren Grundkategorie als integrierenden Bestandteil in sich selber aufzunehmen: ein Fortgang, den sich Hegel selbst freilich alsbald wieder dadurch verschließt, daß er die Polemik gegen Newton, die er als ein Erbteil der Schellingschen Philosophie übernommen hatte, auch hier wiederum aufnimmt und weiterspinnt[3]. Nichtsdestoweniger enthalten die Ausführungen, die Hegels Logik innerhalb der Entwicklungen der Kategorie des Maßes gibt, für

---

[1] Logik, S. W. III, 403 f.
[2] a. a. O. S. 400.
[3] S. 415 f.

seine Auffassung der Prinzipienlehre der mathematisch-physikalischen Erkenntnis wichtige und fruchtbare Bestimmungen, die bei einer unparteiischen geschichtlichen Prüfung von Hegels Stellung zur Naturwissenschaft über den Abenteuerlichkeiten seiner eigenen Naturphilosophie nicht übersehen werden sollten.

Das allgemeine Prinzip des Fortschritts innerhalb der einzelnen Kategorien des Maßes ist dadurch gegeben, daß die wechselseitige Durchdringung zwischen Quantität und Qualität, die die Bedeutung des Maßes als solchen ausmacht, sich stufenweise immer reiner und vollständiger durchführt. Auf der ersten Stufe stehen die Beschaffenheit, die es zu messen gilt, und das Maß selbst sich noch als fremdartige und äußerliche Momente einander gegenüber. Irgendeine bestimmte Inhaltlichkeit erweist sich als gebunden an bestimmte quantitative Werte, die sich durch die Vergleichung und Durchzählung ihrer einzelnen Exemplare ergeben. So kann — um ein spezielles Beispiel zu brauchen — für die Lebensdauer eines Menschen ein gewisser numerischer Wert errechnet werden; aber dieser stellt sodann eben nur einen gleichgültigen statistischen »Durchschnitt« dar, der für die Beschaffenheit des einzelnen konkreten Individuums nichts besagt und sie nicht bedingt. Das Maß ist in dieser ersten Bedeutung noch bloße Regel: eine Regel, der es wesentlich ist, daß sie die Ausnahme neben sich duldet und anerkennt. Ja auch dann, wenn wir von dieser äußerlichen Form der statistischen Zählung zur eigentlichen Form mathematisch-physikalischer Messung übergehen, scheint sich diese Äußerlichkeit des Verhältnisses von Quantität und Qualität zunächst nicht wesentlich zu verändern. Denn auch hier steht auf der einen Seite irgendein Gegenstand in seiner natürlichen Beschaffenheit und Bestimmtheit, auf der anderen Seite eine künstlich konstruierte Skala, mit der er verglichen wird. Eine Einheit des Gewichts, der Länge, der Temperatur wird kraft irgendeiner Konvention festgelegt, und eine gegebene Zahl derartiger Einheiten dem Objekt, mit dem wir es zu tun haben, als Merkmal zugesprochen. Der Mangel, der jeder derartigen Bestimmung noch anhaftet, zeigt sich darin, daß hier einerseits der Maßstab selbst rein willkürlich angenommen ist und daß auf der anderen Seite der Vergleich des Gegenstandes mit ihm nur einen äußerlichen Beziehungspunkt für unsere subjektive Reflexion abgibt, ohne das eigentümliche »Was« des Objekts zu bestimmen. Das tiefere Verhältnis zwischen den beiden Grundmomenten des Maßes stellt sich erst dort her, wo wir zu den Bestimmungen gelangen, die als im engeren Sinne spezifische Maße zu bezeichnen sind. Ein Körper hat nicht *seine* Temperatur und *seine* bestimmten Abmessungen — denn beides ist von äußeren Bedingungen abhängig und wechselt mit ihnen —, wohl aber hat er »*seine*« spezifische Wärme und »*sein*« spezifisches Volumen. »So ist die Temperatur eine Qualität, an der diese beiden Seiten, äußerliches und spezifiziertes Quantum zu sein, sich unterscheiden. Als Quantum ist sie äußerliche Temperatur und zwar auch eines Körpers als allgemeinen Mediums, von der angenommen wird, daß ihre Veränderung an der Skala der arithmetischen Progression fortgehe und daß sie gleichförmig zu- oder abnehme, wogegen sie von den verschiedenen, in ihr befindlichen besonderen Körpern verschieden aufgenommen wird, indem dieselben durch ihr immanentes Maß die äußerlich empfangene Temperatur bestimmen, die Temperatur-Veränderung derselben nicht der des Mediums oder ihrer untereinander im direkten Verhältnisse entspricht. Verschiedene Körper, in einer und derselben Temperatur verglichen, geben Verhältniszahlen ihrer spezifischen Wärmen, ihrer Wärmekapazitäten[1].« Hier erscheint also nicht die Qualität als eine Funktion der Quantität, so daß mit der Änderung gewisser Größen auch die Beschaffenheit eines Gegenstandes sich wandelt, sondern sie ist es, von der sich umgekehrt die Größenbestimmtheit als abhängig erweist. Die spezifische Natur des Körpers »reguliert« das Quantum der Wärme, das er in sich aufnimmt und dessen er für eine bestimmte Temperaturerhöhung bedarf. Zur Vollendung aber gelangt nunmehr der Begriff des Maßes, wenn diese Spezifikation nicht bloß der einen Seite angehört, sondern beide miteinander verglichenen Inhalte von ihr ergriffen und bestimmt sind. Wir besitzen alsdann nicht mehr wie bisher eine gewisse qualitative Beschaffenheit einerseits und ihr gegenüber ein einfaches homogenes Medium, das uns als gleichförmige Skala der Veränderung dient, sondern wir haben es beiderseits mit spezifischen Inhaltlichkeiten zu tun, die kraft ihrer Eigenart ein eindeutiges Größenverhältnis unter einander aufweisen. In dieser seiner reinsten und objektivsten Form ist das Maß zum »realen Maß« geworden. So zeigt das chemische Gesetz der multiplen Proportionen die bestimmte Art und Weise, nach welcher zwei Elemente sich gemäß ihrer beiderseitigen Natur allein zu verbinden vermögen, in einem quantitativen Ausdruck an. In einem noch umfassenderen Sinne könnte hier, um Hegels Gedanken zu verdeutlichen, auf die festen Aequivalenz-

[1] Logik, S. W. III, 410; vgl. Noel, La Logique de Hegel, Paris 1897, S. 44.

verhältnisse zwischen den verschiedenen Energieformen verwiesen werden. Die Zahlen, in welchen diese Verhältnisse fixiert sind, sind »reale Maße«: denn sie bezeichnen keine bloß abstrakten Quantitäten und keine bloß gleichgültigen Grenzen mehr, sondern stellen eine unverrückbare objektive Beziehung zwischen völlig bestimmten qualitativen Inhaltsgebieten dar. Genauer betrachtet handelt es sich hier, wie überall in der Anwendung der Kategorie des »realen Maßes«, nicht sowohl um ein Maß, als vielmehr um eine komplexe Reihe von Maßverhältnissen, die sich übereinander aufbauen. In dieser Stufenfolge und Gliederung ineinandergreifender Maßbeziehungen vollendet sich die Welt des »Daseins«, — um in dieser Vollendung eine neue fundamentale logische Bestimmung im Begriff des Wesens aus sich hervorgehen zu lassen.

Um diesen Begriff, dessen Entwicklung den zweiten Hauptteil von Hegels Logik ausmacht, zunächst vorläufig und vermöge seines Gegensatzes zu charakterisieren: so zeigt es sich, daß alle bisher entwickelten Kategorien nur das Sein in seiner unmittelbaren Bestimmtheit betrafen. Der Begriff des Werdens und des Daseins, der Begriff der Quantität wie der Begriff der Qualität und des Maßes gehen sämtlich in der Aussprache und näheren Determination dieser Bestimmtheit auf. Das Sein wird in ihnen als das, als was es sich selbst gibt, hingenommen: seine Elemente werden als solche festgestellt und aneinander gemessen, ohne daß die Frage nach ihrem »Ursprung« sich geltend macht. Sobald indes diese Frage einmal hervortritt, sind wir mit ihr in ein neues Gebiet eingetreten. Indem für die gesamte bisherige Welt der Unmittelbarkeit eine neue Vermittlung verlangt, indem zu ihrem *Grund* zurückgegangen wird, ist das Sein selbst in seiner ersten Gestalt aufgehoben, ist es als bloßes Sein »zu Grunde gegangen«. Seine Wahrheit liegt nicht mehr in ihm, sondern hinter ihm in dem neuen Fundament, das es sich selbst gegeben hat. Zwei verschiedene Sphären, ein »Innen« und ein »Außen«, das »Wesen« und seine Oberfläche sind damit entstanden. Und wieder besteht der Gang der logischen Entwicklung darin, beide vorerst in ihrer reinen Trennung, in ihrer absoluten Negation gegeneinander aufzufassen, bis zuletzt aus ihrer dialektischen Entgegensetzung ihre neue positiv bestimmte Einheit hervorgeht. Das Sein setzt sich, indem es das Wesen sich gegenüberstellt und sich an ihm vernichtet, zunächst zum bloßen wesenlosen

Schein herab. Indem aber in dieser Absonderung Wesen und Schein nebeneinander bestehen bleiben, zeigt es sich, daß keines von ihnen seinen eigentlichen Begriff erfüllt. Wie es sich in der traditionellen dualistischen Entzweiung des Endlichen und Unendlichen erwies, daß jeder der beiden Termini, in der Schroffheit dieser Absonderung, vielmehr zu seinem Gegenteil, daß das Endliche zum Unendlichen, das Unendliche zum Endlichen wurde: — so gilt dies auch von den beiden Gliedern der neuen Antithese. Jedes von ihnen schlägt selbst in das Gegenglied um, das es soeben verneint und von sich ausgeschlossen hat. So wird dem Skeptizismus das gegebene Dasein zur Scheinwelt; aber in der bloßen Anwendung des Begriffs der Welt selbst haben sich an ihr unvermerkt wieder die Bestimmungen des Wesens ergeben. Dem Inhalte, wie er sich in der Wahrnehmung darbietet, mag nach der Deutung des Skeptizismus immerhin kein Sein, kein Ding oder Ding an sich zugrunde liegen; er für sich bleibt nichtsdestoweniger, wie er ist; »er ist nur aus dem Sein in den Schein übersetzt worden, so daß der Schein innerhalb seiner selbst jene mannigfaltigen Bestimmtheiten hat, welche unmittelbar seiende andere gegeneinander sind. Der Schein ist also selbst ein unmittelbar Bestimmtes.« Der Skeptizismus hebt das »Ding an sich« auf: aber gerade weil der sinnliche Inhalt nunmehr ganz auf sich allein steht, weil er sich selbst kein Transzendentes mehr gegenüber hat, bedeutet er nun in seiner Bestimmtheit das allein Vorhandene und Wahrhafte. Der Schein ist, weil er das einzig Bestehende ist, eben dadurch das Wesen selbst geworden. Aus diesem unmittelbaren Zusammenfallen kommt es zu einer neuen Entgegensetzung erst dort, wo der Begriff des Scheines sich in den der *Erscheinung, des phaenomenon bene fundatum*, wandelt. Denn die »Erscheinung« wird so gedacht, daß sich hinter ihr das »Wesen« nicht verbirgt, sondern daß es sich in ihr vielmehr ausdrückt und als das, was es bedeutet, zutage tritt. Und dieser Ausdruck bleibt kein bloß eingeschränkter, so daß das Wesen in ihm nur einen Teil von sich hergäbe, sondern er wird auf der höchsten Stufe zur vollkommenen und totalen Selbstdarstellung des Wesens. Der Gegensatz von Wesen und Schein ist nunmehr im Begriff der Wirklichkeit zur Ruhe gekommen: denn »Wirklichkeit« ist das Wesen, das mit seiner Erscheinung eins geworden ist[1].

Sofern indessen diese Einheit nur aus der Trennung zustande gebracht werden kann, so erweist sich diese letztere als der ent-

---
[1] Logik, S. W. IV, S. 5 f.

scheidende und bestimmende Gesichtspunkt. Diese Trennung ist die charakteristische Leistung des Verstandes und seiner reflexiven Tätigkeit. Die Kategorien des Wesens sind mit den Kategorien der Reflexion gleichbedeutend. Die Reflexion ist eine Doppelbewegung des Denkens, vermöge deren vom Schein zum Wesen, vom Wesen zum Schein übergegangen und das eine im andern erkannt wird. Hier wurzelt daher alle Metaphysik des Verstandes: nicht nur diejenige, die sich selbst als solche weiß und bezeichnet, sondern vor allem auch die, die als latenter Bestand in jede Form der erklärenden Wissenschaft eingeht. Denn alle Wissenschaft im eigentlichen Sinne geht über das Konstatieren, Zählen und Messen bloß daseiender Bestimmtheiten hinaus, um ihnen einen »Grund« in Etwas zu suchen, was nicht selbst diesem unmittelbaren Dasein angehört. In den reinen Denkbestimmungen der Reflexion legt sich diese Tätigkeit der verstandesmäßigen Vermittlung systematisch auseinander. Das Wesen ist zunächst als einfache Beziehung auf sich selbst, als reine Identität zu fassen. Diese Bestimmung tritt erst jetzt auf; denn sie ist als solche der Sphäre des bloßen Seins fremd. Zwar will auch jede Qualität, jedes Etwas ein in sich Bestimmtes sein; aber diese Bestimmtheit ist noch nicht als identische gesetzt und gewußt. Die wahrhafte Identität ist eine reflexive Kategorie: denn sie ist nur dort vorhanden, wo sie durch die Negation, durch ihren eigenen Gegensatz hindurchgegangen ist und sich aus ihm wiederhergestellt hat. Eben deshalb ist der sogenannte »Satz der Identität«, gegen den hier der Kampf erneuert wird, nach Hegel leer und nichtig: denn indem er den Gedanken der Verschiedenheit gänzlich fallen zu lassen behauptet, hat er eben damit den Sinn der echten Identität zerstört, der sich nirgend anders als an der Verschiedenheit aufzeigen und bewähren läßt[1]. »Es wird zugegeben, daß der Satz der Identität nur eine einseitige Bestimmtheit ausdrücke, daß er nur die formelle, eine abstrakte, unvollständige Wahrheit enthalte. — In diesem richtigen Urteil liegt aber, daß die Wahrheit unmittelbar nur in der Einheit der Identität mit der Verschiedenheit vollständig ist, und somit nur in jener Einheit bestehe.« Näher entwickelt sich die Reflexionsbestimmung des Unterschiedes in die Kategorien der Verschiedenheit, des Gegensatzes und des Widerspruchs; — die letztere aber bildet weiterhin den Übergang zu dem Begriff des Grundes, denn eben weil und sofern die Dinge widersprechend

---
[1] Logik, S. W. IV, S. 33.

sind, besteht die Notwendigkeit, über sie selbst auf ihren Grund zurückzugehen, in dem der Widerspruch sich löst. An diesem Verhältnis tritt die Eigenart der Reflexion überhaupt am schärfsten hervor. In der Beziehung von Grund und Folge ist eine Einheit des »Wesens« gesetzt, die sich nicht anders als in der Form der Zweiheit, in dem Fortgang von der Bedingung zum Bedingten, und andererseits in dem Rückgang vom Bedingten auf die Bedingung darstellen kann. Der Grund ist daher zwar einerseits das, woraus das Dasein begriffen werden soll; umgekehrt aber wird von diesem auf ihn geschlossen und er aus dem Dasein begriffen. »Das Hauptgeschäfte dieser Reflexion besteht nämlich darin, aus dem Dasein die Gründe zu finden, das heißt, das unmittelbare Dasein in die Form des Reflektiertseins umzusetzen; der Grund, statt an und für sich und selbständig zu sein, ist somit vielmehr das Gesetzte und Abgeleitete.« Am deutlichsten tritt dieser Zirkel in den wissenschaftlichen Versuchen hervor, die gegebenen Phänomene dadurch zu »erklären«, daß wir ihnen irgendwelche rein begrifflich gesetzte Substrate — wie etwa die Moleküle oder den Äther — unterschieben; denn wenn solche Substrate nicht völlig willkürliche Annahmen sein sollen, so sprechen sich in ihnen nur die Verhältnisse der Erscheinungen selbst unter einem anderen Namen aus, — wobei zudem dieser Name die Gefahr in sich birgt, daß das, was lediglich eine reflektierte Bestimmung ist, mit unmittelbaren Daseinsbestimmungen unkritisch verwirrt und in Eins gesetzt wird[1].

Hier tritt uns demnach dieselbe Dialektik entgegen, die bereits die Phänomenologie unter den Titeln von Ding und Eigenschaft, Gesetz und Kraft, Inneres und Äußeres behandelt hatte[2]; ihren Mittelpunkt und ihren Oberbegriff aber haben all diese gegensätzlichen Momente nunmehr an dem zentralen Begriff der Erscheinung gewonnen. »Das Wesen muß erscheinen«: das bedeutet mehr, als daß ihm neben seinen inneren, für sich bestehenden und selbstgenügsamen Bestimmtheiten noch jenes Merkmal des Erscheinens in einem Anderen, als eine relativ zufällige und äußerliche Beschaffenheit, zukommt. Vielmehr drückt sich hierin die Notwendigkeit aus, daß das Wesen die Erscheinung nicht nur als ein Etwas, dessen es sich auch begeben und entäußern könnte, an sich hat, sondern daß es sie selber ist. Erst in der Erscheinung tritt das Wesen aus sich selbst heraus, bestimmt es sich selbst zum Sein:

---

[1] Logik, S. W. IV, 94 ff.
[2] S. ob. S. 320 f.

und dieses »wesentliche Sein« ist es, das wir im Begriff der Existenz denken. Das »Existieren« bedeutet eben dieses Sich-Herausstellen (exsistere) des Wesens: »die Wahrheit des Seins ist nicht ein erstes Unmittelbares, sondern das in die Unmittelbarkeit hervorgegangene Wesen zu sein.« Das Wesen behält hierin nichts von sich selbst und für sich ausschließlich zurück, sondern die Existenz ist seine vollständige und adäquate Entäußerung. Die Dialektik dieses Begriffsverhältnisses prägt sich am schärfsten in der Kategorie des Dinges und seiner Eigenschaften aus. In der Form des »Dinges an sich« gedacht, stellt sich das Ding nur als der feste undurchsichtige Kern dar, der sich hinter all den verschiedenartigen Hüllen der »Eigenschaften« verborgen hält. Die Eigenschaften geben nicht Kunde, sondern trennen uns vielmehr von dem, was es ist: denn das Ding hat, in dieser Fassung, keine bestimmte Mannigfaltigkeit an ihm selbst, sondern erhält sie erst, indem es an die äußerliche Reflexion gebracht wird. Es hat Farbe erst an das Auge, Geschmack erst an die Nase gebracht: und dieser Sachverhalt setzt sich durch all seine sinnlichen und begrifflichen Prädikate hindurch fort. Aber auch wenn auf diese Art sich jedwede Eigenschaft des Dinges in ein bloßes Verhältnis auflöst, so gilt doch andererseits, daß auch kein Verhältnis als ein schlechthin Äußerliches und Gleichgültiges neben dem Inhalt steht, der in dasselbe eingeht, sondern daß es in ihm selbst irgendwie gegründet sein muß. Demnach gibt das Ding in denjenigen Beziehungen, die wir seine »Eigenschaften« nennen, zwar nur einen Teil seiner selbst her; aber es ist doch eben ein Teil seiner, der sich hierin offenbart. Die Eigenschaft ist das ihm Eigene: sein charakteristisches Verhalten gegen alle andern, wodurch und worin es sich von allen andern unterscheidet. So betrachtet ist also das Ding nicht mehr eine jenseits seiner äußerlichen Existenz befindliche bestimmungslose Grundlage, sondern es ist in der konkreten Mannigfaltigkeit seiner Bestimmungen als Grund vorhanden und demnach »die Identität mit sich in seinem Gesetztsein«. Dem Dinge ohne seine Eigenschaften oder als dem bloßen indifferenten »Träger« derselben bliebe nur das abstrakte An-sich-sein. »Das wahrhafte Ansichsein aber ist das Ansichsein in seinem Gesetztsein; dieses ist die Eigenschaft. Damit ist die Dingheit in die Eigenschaft übergegangen[1].«

Wieder aber stellt sich die Bestimmung, die hier erreicht ist, in einer doppelten Form dar: denn wie das eine Mal die Eigenschaft

[1] Logik, S. W. IV, 133 ff; zum Ganzen s. IV, 119 ff; 129 ff.

nur eine einzelne dem Dinge »zukommende« und insofern unselb=
ständige Beschaffenheit bezeichnet, so wird sie andererseits in ihrer
Bestimmtheit als ein Selbständiges gedacht; und die Vielheit
dieser selbständigen Naturen ist es nunmehr, aus welcher wir das
Ding bestehen lassen. In dieser Auffassung gehen die verschiede=
nen Eigenschaften in ebensoviele, voneinander unabhängige Ma=
terien über: wie denn die Chemie — in der bestimmten zeitgenössi=
schen Form, die Hegel hier vor Augen hat — einen besondern Licht=
und Wärmestoff, eine besondere elektrische oder magnetische
Materie unterscheidet. Der Widerspruch, der sich hier ergeben hat
— daß nämlich auf der einen Seite das Ding als das eigentlich
Wesentliche den Eigenschaften vorausgehen und zu Grunde liegen,
auf der anderen Seite jedoch seinem Bestande nach erst aus ihnen,
als Materien, resultieren soll — löst sich in dem echten und wahr=
haften Begriff der Erscheinung. Denn in ihm ist die dualistische
Entgegensetzung von Kern und Schale, von Außen= und Innenseite
der Dinge überwunden und aufgegeben. Wenn gesagt wird, Etwas
sei nur Erscheinung in dem Sinne, als ob dagegen die unmittel=
bare Existenz die Wahrheit wäre: so ist vielmehr die Erscheinung
die höhere Wahrheit. »Wenn die Erscheinung wesenlos genannt
wird, so wird an das Moment ihrer Negativität so gedacht, als ob
das Unmittelbare dagegen das Positive und Wahrhafte wäre; aber
vielmehr enthält dies Unmittelbare die wesentliche Wahrheit noch
nicht an ihm. Die Existenz hört vielmehr auf, wesenlos zu sein,
darin, daß sie in Erscheinung übergeht[1].« Wie der neue und tiefere
Gehalt, den die Erscheinung hierdurch gewinnt, sich im Begriff
des Gesetzes gründet, und wie in diesem Begriff die Gegenwart
des Übersinnlichen im Sinnlichen sich darstellt: das hatte bereits
die Phänomenologie eingehend entwickelt. Sinnliches und Über=
sinnliches haben hier jene unlösliche Korrelation gewonnen, die
den allgemeinen Charakter des *wesentlichen Verhältnisses* aus=
macht. In verschiedenen Stufen prägt sich diese Form des Verhält=
nisses in dem Begriff des Ganzen und seiner Teile, in der Bezie=
hung der Kraft zu ihrer Äußerung und, in allgemeinster Fassung,
in der Wechselbestimmung des »Innern« und »Äußern« aus. Der
vollendete Zusammenschluß aller dieser Gegensätze, kraft dessen
jeder von ihnen sich im andern adäquat darstellt, und somit zwischen
dem Bestande der Innerlichkeit und ihrer Offenbarung im Äußern
keine Differenz mehr zurückbleibt, ist durch den Begriff der *Wirk=*
lichkeit zu bezeichnen.

[1] Logik, S. W. IV, 145.

Hier erst ist Hegels Logik bei demjenigen Grundbegriff angelangt, der die bestimmende Kategorie seines eigenen Systems bildet: wie er denn den Begriff des Wirklichen an dieser Stelle ausdrücklich dem Begriff des Absoluten gleichsetzt. Und so tritt der Sinn der neuen Bestimmung in der Tat am einfachsten und deutlichsten heraus, wenn man ihn am Grundgedanken der Hegelschen Lehre, am Begriff der Entwicklung mißt. Eben dies ist die Aufgabe der Entwicklung, ein Etwas, was zunächst nur als leere Möglichkeit, als abstraktes Ansich gegeben ist, in der konkreten Fülle seiner Gestaltungen zur Wirklichkeit zu bringen. Der erste und unbestimmte Ansatz, der zunächst vorliegt, muß sich auswirken zur Totalität der in ihm gelegenen Formen: die bloße Potenz muß zur Energie werden. So ist im Begriff der Wirklichkeit beides: das gestaltlose Wesen, wie die haltlose Erscheinung aufgehoben und eine neue Einheit des Wesens und der Existenz gesetzt. »Das Wirkliche ist darum Manifestation, es wird durch seine Äußerlichkeit nicht in die Sphäre der Veränderung gezogen, noch ist es Scheinen seiner in einem Andern, sondern es manifestiert sich; das heißt, es ist in seiner Äußerlichkeit es selbst und nur in ihr, nämlich nur als sich von sich unterscheidende und bestimmende Bewegung, es selbst«[1]. Die gesamte Phänomenologie des Geistes kann als Beleg und als fortschreitende Interpretation dieser Sätze gelten. Auch die Unterscheidung dieser Selbstoffenbarung des Absoluten, in seine drei Stufen: in die abstrakte Möglichkeit, in die bloße Existenz oder Zufälligkeit, und in die wahrhafte Wirklichkeit oder Notwendigkeit, findet in dem Entwurf und den allgemeinen Vorbegriffen der »Phänomenologie« ihre konkrete Erläuterung. Das Absolute, das, solange wir noch in den elementaren Kategorien des Wesens standen, nur von der äußern Reflexion ausgelegt wurde, legt jetzt als absolute Form oder als Notwendigkeit sich selbst aus: »dies Auslegen seiner selbst ist sein Sich-selbstsetzen und es ist nur dies Sich-Setzen[2].«

Hier finden denn auch die drei Grundverhältnisse, die man gewöhnlich lediglich als abstrakte Weisen der Relation überhaupt ausspricht, erst ihre vollständige Erfüllung. Substantialität, Kausalität und Wechselwirkung sind die Formen des »absoluten Verhältnisses«: denn sie stellen die drei Momente dar, nach welchen der Gesamtprozeß der Entwicklung sich auseinanderlegt.

---
[1] Logik S. W. IV, S. 184 ff, S. 201.
[2] a. a. O. S. 218; zum Ganzen vgl. ob. S. 317 ff.

Unter der Form der Substanz gefaßt, erscheint das Absolute als die beharrliche und ewige, zugleich schaffende und zerstörende Macht der die »Accidentien« als ohnmächtige Bestimmungen, die als solche kommen und gehen, entstehen und verschwinden, gegenüberstehen. Es ist der Weltbegriff des Spinozismus, der sich in dieser Kategorie ausdrückt. Die Accidenzen als solche — als existierende Dinge von mannigfaltigen Eigenschaften oder als Kräfte, die der Sollizitation durch einander bedurften und einander zur Bedingung haben — haben hier nicht den Wert selbständiger Wirklichkeit, so daß sie sich wechselweise setzen oder aufheben könnten; sondern es ist lediglich der eine konstante Urgrund der Substanz selbst, der bald das eine Accidens aus sich hervortreibt, bald ein anderes negiert und zum Verschwinden bringt. Aber eben darin zeigt sich, daß der Begriff der Notwendigkeit hier noch nicht zu seiner durchgreifenden Bedeutung gelangt ist, denn die Substanz ist nur insofern notwendig und ewig, als ihr das Zufällige und Wandelbare der Accidentien als unaufhebliche, weil durch ihren eigenen Begriff gesetzte, Schranke gegenübersteht. Dieser Widerspruch treibt zu der zweiten Form des absoluten Verhältnisses: zum Verhältnis der Kausalität weiter. Wenn das Accidens sich zur Substanz wie das absolut Nichtige zum absolut Gehaltvollen verhielt, so herrscht in der Beziehung von Ursache und Wirkung eine andere Rangordnung der Glieder. »Die Ursache ist in der Wirkung als ganze Substanz manifestiert«; sie setzt sich in die Wirkung fort und bekundet in ihr ihre eigene Wesenheit. So enthält hier das eine Glied des Verhältnisses nichts, was nicht das andere enthielte; die Ursache ist nichts als diese Bestimmung, eine Wirkung zu haben, und die Wirkung ist nichts, als dies, eine Ursache zu haben. »Insofern die Ursache noch nicht wirkte, oder insofern sie aufgehört hätte zu wirken, so wäre sie nicht Ursache; — und die Wirkung, insofern ihre Ursache verschwunden ist, ist nicht mehr Wirkung, sondern eine gleichgültige Wirklichkeit[1].« Auf der anderen Seite aber erweist sich in demselben Moment, das den Fortschritt über das Substantialitäts-Verhältnis darstellt, zugleich die Schranke der neuen Bestimmung. Denn indem die Ursache ihren Gehalt der Wirkung vollständig mitteilt, sich also in dieser erhält, ist sie damit zugleich in ihr erloschen. Es entsteht jetzt eine fortschreitende unendliche Reihe, in der das eine Glied in ein zweites, dieses wiederum in ein drittes u. s. f. übergeht, so daß das

---
[1] Logik S. W. IV, 223 ff.

letzterreichte die vorhergehenden zu enthalten und in sich zu schließen scheint. Die wahrhafte Form der Vereinigung aber ist hier noch nicht erreicht: denn die echte Unendlichkeit ist erst dort vorhanden, wo die Totalität der Glieder zumal, als geschlossener Kreis, nicht nur das jeweilig letzte Glied zur Verwirklichung gelangt ist. Ein Element darf daher hier nur derart in einem andern aufgehen, daß es sich zugleich vollständig wieder aus ihm zurückgewinnt. Diese Rückkehr in sich selbst aber ist nur dort möglich, wo die Ursache zugleich Wirkung, die Wirkung zugleich Ursache ist. In dieser Bestimmung der Wechselwirkung vollendet sich demgemäß das »absolute Verhältnis«. Hier erst ist der letzte Rest der Zufälligkeit und Äußerlichkeit getilgt und die reine Notwendigkeit als »enthüllte oder gesetzte Notwendigkeit« vorhanden. Die reine Form des Begriffs, wie die reine Form des Lebens haben sich durchdrungen: denn was hier als Gedanke der Notwendigkeit sich ergeben hat, fällt nach dem Grundprinzip von Hegels Lehre mit dem tiefsten Sinn der Freiheit zusammen. Die Substanz im Sinne des Spinozismus, »die Ursache, die in ihrem Fürsichsein nicht in sich eindringen lassen will, ist schon der Notwendigkeit oder dem Schicksal, in das Gesetztsein überzugehen, unterworfen, und diese Unterwerfung ist vielmehr das Härteste. Das Denken der Notwendigkeit ist dagegen vielmehr die Auflösung jener Härte«, denn es ist die Befreiung, welche nicht die Flucht der Abstraktion ist, sondern in der die Wirklichkeit sich selbst im Begriff und damit in ihrer eigenen reinen Geistigkeit erkennt. »Die große Anschauung der spinozistischen Substanz ist nur an sich die Befreiung von endlichem Fürsichsein; aber der Begriff selbst ist für sich die Macht der Notwendigkeit und die wirkliche Freiheit[1]«.

Das Gebiet des Seins wie des Wesens ist damit verlassen: denn jetzt haben wir nicht mehr, wie innerhalb des Seins, einen bloßen Fortgang von »Einem« zum »Andern«, noch wie innerhalb des Wesens das »Scheinen« des Einen im Anderen vor uns, sondern eine Entwicklung, in der sich Ausgangspunkt und Endpunkt als identisch erweisen. Der Begriff wird nicht zu einem von ihm Verschiedenen, sondern zur adäquaten Entfaltung und Erfüllung seiner selbst[2]. Hieraus ergeben sich sogleich seine drei Grundmomente,

---
[1] Enzyklopädie § 159.
[2] a. a. O. § 161.

kraft deren er sich als allgemeiner, als besonderer und als einzelner Begriff darstellt. In seiner einfachen Beziehung auf sich selber ist er absolute Bestimmtheit: eine Bestimmtheit aber, die, als unmittelbar einfache Identität, jede Besonderung von sich ausschließt. Er bedeutet in diesem Sinne ein Allgemeines, das sich gegen jede weitere Differenzierung gleichgültig verhält, — das die speziellen Unterschiede von sich abstößt, um sich rein in der abstrakten »Gleichheit mit sich selbst« zu erhalten[1]. Damit aber hat sich wieder jenes typische Verhältnis ergeben, das uns in allen Phasen von Hegels Logik gleichmäßig entgegengetreten ist: indem das Allgemeine sich von den besonderen Differenzen abscheidet, hat es sie damit nicht überwunden, sondern vielmehr in ihnen eine absolute Schranke für sich selbst aufgerichtet. Um diese Schranke zu beseitigen, muß der Begriff die Sphäre, die er bisher außer und neben sich liegen ließ, im weiteren Fortgang mit seinem eigenen Gehalt erfüllen. Das Allgemeine muß das mit sich Identische ausdrücklich in der Bedeutung darstellen, daß in ihm zugleich das Besondere und Einzelne enthalten sei; die Unterschiede dürfen in ihm nicht negiert, sondern sie müssen aus einem Prinzip heraus gesetzt und erzeugt werden. Die Gattung »ist« nicht in dem Sinne unterschieden, daß sie die Arten, die als feste und unbegreifliche Grenzen an ihr gegeben sind, einfach umschließt; sondern sie bestimmt sich kontinuierlich zu ihnen und besitzt sich selbst nicht anders als in dieser Totalität der Bestimmung. Die Besonderheit wird hierin nicht als ein »Jenseits« zum Allgemeinen, sondern als dessen eigenes immanentes Moment erkannt[2]. Das Besondere ist das bestimmte Allgemeine, das über das Allgemeine der Abstraktion hinausgewachsen ist, während das »Einzelne«, als Einzelnes des Begriffs, wiederum in der wechselseitigen Determination dieser beiden Grundmomente des Begriffs, des Allgemeinen und des Besonderen, entsteht. Es ist in diesem Sinne nicht gleich der isolierten Einzelheit des sinnlichen Daseins, sondern gleich dem Einzelnen als dem Element innerhalb eines durchgehenden und übergreifenden systematischen Zusammenhangs. Indem aber hier von der Bestimmtheit des Begriffs gesprochen wird, ist damit implizit bereits der Sinn und die Funktion des Urteils zur Geltung gekommen: denn das Urteil ist nichts anderes als die Bestimmtheit des Begriffs, sofern sie als solche gesetzt ist[3].

---
[1] Logik S. W. V, S. 12, Enzyklop. § 163.
[2] Logik, S. W. V, 41 ff., 60 ff.
[3] a. a. O. S. 65.

Die gewöhnliche Auffassung pflegt freilich das Urteil lediglich als eine äußerliche Beziehung zu nehmen, die sich zwischen zwei schon vorhandenen und als selbständig vorausgesetzten Gliedern, dem Subjekt und dem Prädikat, nachträglich herstellt. Schon die etymologische Ableitung des Urteils aber weist auf einen tieferen Sinn desselben; denn sie drückt die Einheit des Begriffs als das Erste und dessen Unterscheidung in zwei Elemente als das Spätere, als die »ursprüngliche Teilung« aus, die sich in ihm vollzieht [1]. Der psychologische Sinn des Urteils, nach welchem es lediglich der Ausdruck für die »Verbindung« zweier Vorstellungselemente, also die Darstellung eines Vorgangs in unserem subjektiven Denken ist, ist daher streng von seiner logisch-objektiven Bedeutung zu scheiden. In dieser ist es die Notwendigkeit des Begriffs und somit der Sache selbst, die den Fortgang vom »Subjekt« zum »Prädikat« bestimmt. »*Alle Dinge sind ein Urteil;* d. h. sie sind einzelne, welche eine Allgemeinheit oder innere Natur in sich sind; oder ein *Allgemeines*, das *vereinzelt* ist; die Allgemeinheit und Einzelheit unterscheidet sich in ihnen, aber ist zugleich identisch [2]«. Näher unterscheidet Hegels Logik das **Urteil des Daseins** oder das **qualitative Urteil**, das **Urteil der Reflexion**, das **Urteil der Notwendigkeit** und das **Urteil des Begriffs**, wobei das Prinzip der Einteilung in der verschiedenen Bedeutung des Prädikats zu suchen ist. Im **Urteil des Daseins** wird dem Subjekt ein Prädikat zugeordnet, welches eine unmittelbare, somit sinnliche Qualität ist. Das Einzelne »ist« das Allgemeine (die Rose ist rot) oder ist es nicht, so daß hier die Doppelform des positiven und negativen Urteils sich ergibt. Das **Reflexions-Urteil** gilt dort, wo das Prädikat in einer allgemeinen »wesentlichen« Bestimmung besteht, der das Subjekt sich unterordnet; wobei je nach der Art des Subjekts die Formen des singulären, partikularen und universellen Urteils unterscheidbar sind. Nach den Stufen des absoluten Verhältnisses, nach den Verhältnissen der Substantialität, der Kausalität und der Wechselwirkung gliedert sich das **Urteil der Notwendigkeit**, das demgemäß als kategorisches, hypothetisches und disjunktives Urteil erscheint. Im **Urteil des Begriffs** endlich besteht das Prädikat in einer allgemeinen Norm (wie gut oder schlecht, wahr oder unwahr, schön oder häßlich), an der wir bestimmte Einzelinhalte messen. Das Urteil wird hier zur Beurteilung: in dem prägnanten und auszeichnenden

---
[1] Enzyklopädie § 166.
[2] Enzyklopädie § 167.

Sinne, den die Sprache des gemeinen Lebens diesem Ausdruck gibt. Als eine bloße Versicherung gefaßt, ist eine derartige Beurteilung zunächst lediglich eine subjektive Partikularität, der die entgegengesetzte Behauptung, daß es sich auch anders verhalten könne, mit gleichem Recht gegenübersteht: das assertorische Urteil erweist in dieser seiner Gegenseite sogleich, daß es vielmehr ein nur problematisches Urteil ist. Die Wahrheit des Urteils des Begriffs hingegen wird erst dort erreicht, wo es, als apodiktisches Urteil, in sich selbst seine Begründung und den Erweis seiner objektiven Gültigkeit enthält. Erst hier ist in der Tat die Einheit des Subjekts und Prädikats als der Begriff selbst, gesetzt; »er ist die Erfüllung des leeren »Ist« der Copula und indem seine Momente zugleich als Subjekt und Prädikat unterschieden sind, ist er als Einheit derselben, als die sie vermittelnde Beziehung gesetzt — der Schluß[1].«

Wiederum bedeutet der Schluß, in diesem Sinne verstanden, offenbar nicht die Operation des subjektiven Denkens, vermöge deren verschiedene Urteile zu einem »zusammengefaßt« werden, sondern ein rein objektives Verhältnis. Er ist die Definition des Absoluten selbst, soweit sie auf dieser Stufe der logischen Entwicklung sich ergeben hat. Denn das Wirkliche ist ein Einzelnes, das durch die Besonderheit sich in die Allgemeinheit erhebt und sich identisch mit sich macht: und dieser Kreislauf der Vermittlung seiner Momente ist es, der sich im Schluß ausspricht und darlegt[2]. In seiner dreifachen Gliederung, die den Formen des Urteils entspricht: als Schluß des Daseins, als Schluß der Reflexion und als Schluß der Notwendigkeit vollzieht sich daher in ihm bereits der Fortgang zu der nächsten Hauptgruppe der Kategorien, die durch den Oberbegriff der Objektivität ausgedrückt und systematisch zusammengehalten werden. Hier treten zunächst jene Momente hervor, auf denen jeder wie immer bestimmte Weltbegriff beruht: denn »Welt« bedeutet in diesem Zusammenhange nicht lediglich das materielle Ganze der Körper, sondern jegliche in sich gegliederte und hierdurch zu einem einheitlichen Zusammenhang, zu einem Kosmos geordnete Ganzheit. Die Kategorien der Objektivität stellen die Grundverhältnisse dar, die ein derartiges systematisches Ganze fortschreitend konstituieren und aufbauen. Innerhalb ihrer aber vollzieht sich der Fortgang wiederum völlig analog

---

[1] Enzyklopädie § 180; zum Ganzen s. Enzyklopädie § 172—180, Logik, S. W. V, 75—118.
[2] Enzyklopädie, § 181.

den drei Formen, die sich bereits als die Grundarten des »absoluten Verhältnisses« bestimmt haben. Dem Stufengang von Substantiali≠tät, Causalität und Wechselwirkung entsprechen die Kategorien des Mechanismus, des Chemismus und der Teleologie. Denn wie die Substanz sich nur im Gegensatz zu einem »Accidens« denken ließ, mit dem sie äußerlich behaftet war: so besteht das Verhältnis des Mechanismus darin, daß ein Objekt von einem anderen eine Einwirkung empfängt, die an ihm selbst lediglich in der Form einer passiven Bestimmtheit zum Ausdruck kommt. Es ist ein fremdar≠tiger, durch seine eigene Natur nicht geforderter, sondern nur ge≠duldeter Bestand, der hierdurch an ihm hervorgebracht wird. »Dies macht den Charakter des Mechanismus aus, daß, welche Beziehung zwischen den Verbundenen stattfindet, diese Beziehung ihnen eine fremde ist, welche ihre Natur nichts angeht, und wenn sie auch mit dem Schein eines Eins verknüpft ist, nichts weiter als Zusam≠mensetzung, Vermischung, Haufen u. s. f. bleibt. Wie der materielle Mechanismus, so besteht auch der geistige darin, daß die im Geiste Bezogenen sich einander und ihm selbst äußerlich bleiben[1].« Der erste Schritt zur Aufhebung dieser Äußerlichkeit vollzieht sich im Chemismus: denn hier treten zwei Elemente ein≠ander gegenüber, die zwar zunächst noch als selbständig gesetzt sind, deren jedes aber des anderen bedarf, weil es erst in ihm seine eigene Natur vollständig erfüllen kann. »Das chemische Objekt unterscheidet sich von dem mechanischen dadurch, daß das letztere eine Totalität ist, welche gegen die Bestimmtheit gleichgültig ist, bei dem chemischen dagegen gehört die Bestimmtheit, somit die Bezie≠hung auf Anderes, und die Art und Weise dieser Beziehung, seiner Natur an ... Indem es auf diese Weise an sich der ganze Begriff ist, so hat es an ihm selbst die Notwendigkeit und den Trieb, sein entge≠gengesetztes, einseitiges Bestehen aufzuheben und sich zu dem realen Ganzen im Dasein zu machen, welches es seinem Begriffe nach ist[2].« Indem jedes der beiden Objekte des chemischen Verhältnisses durch seinen Begriff im Widerspruch gegen die eigene Einseitigkeit seiner Existenz steht, ist darin unmittelbar das Streben gesetzt, diese Einseitigkeit, sowie die des andern aufzuheben und durch diese gegenseitige Ausgleichung die Realität dem Begriffe, der beide Momente enthält, gemäß zu setzen. Der Prozeß, der hiermit einge≠leitet ist, aber erlischt in seinem Ergebnis; — die beiden Elemente,

---

[1] Logik S. W. V. S. 180.
[2] a. a. O. S. W. V, 201 f.

die zuvor in wechselseitiger Spannung zueinander standen und deren jedes in eben dieser Spannung selbst bestand, haben sich nunmehr »neutralisiert« und sind in ein gleichgültiges Nebeneinander zurückgekehrt. Die Aufhebung des Mechanismus durch den Chemismus erweist sich damit als eine in sich selbst unvollkommene: denn gerade in dem, was sein letztes Resultat bildet, sinkt der Chemismus wieder in den Mechanismus zurück. Die wahrhafte Synthese beider offenbart sich daher erst in der letzten Kategorie dieser Stufe: in der Kategorie des Zweckverhältnisses.

Die Zweckmäßigkeit zeigt sich gegenüber den Kategorien der Objektivität, die ihr vorhergehen, zunächst insofern als ein Höheres, als in ihr, gemäß der gewöhnlichen Auffassung, ein Verstand gesetzt ist, der die Mannigfaltigkeit der Objekte durch eine an und für sich seiende Einheit bestimmt: die Vielheit der Dinge wird, im Begriff des Zwecks, auf eine Einheit des Gedankens bezogen und ihr unterworfen. Aber noch behalten die Dinge selbst, auch in dieser Unterwerfung, zunächst ihre volle Selbständigkeit. Sie bilden ein bloßes Material, an welchem und gegen welches der Zweck sich durchzusetzen versucht. Damit aber ist die Teleologie selbst nur erst bis zur äußeren Zweckmäßigkeit gelangt. Die Welt der Objekte besteht, — nicht als die Erfüllung des Zweckgedankens, sondern vielmehr als der gegebene gleichgültige Stoff, an dem dieser Gedanke seine Schranke findet. Es ist nach Hegel das entscheidende Verdienst der »Kritik der Urteilskraft«, die Mängel und Widersprüche dieser beschränkten Form der Teleologie, in der der Begriff des Zwecks in den borniertеn »Nutzen« übergeht, durchgehend erwiesen und damit den höheren Begriff des Lebens und der Idee, die beide in einer »inneren Zweckmäßigkeit« bestehen, erst wahrhaft aufgeschlossen zu haben[1]. Der erste Schritt auf dem Wege zu dieser Verinnerlichung besteht darin, daß die Welt der Objekte, statt das bloße Substrat oder der leere Schauplatz für die Verwirklichung des Zwecks zu bedeuten, vielmehr als das Mittel für diese Verwirklichung erscheint. In dieser Ansicht ist der Gegenstand bereits zu einem Moment des teleologischen Prozesses selbst geworden; beides stellt sich, wie durch den »Mittelbegriff« eines Schlusses hindurch, als notwendig aufeinander bezogen dar. Das Mittel ist das, was zwischen dem subjektiven Zweck und seiner Durchführung und Realisierung in der Mitte liegt. Insofern ist es bereits ein Höheres, als der endliche und äußerliche Zweck selbst,

---
[1] Logik S. W. V. 211 ff.

zu dem es hinführt. »Der Pflug ist ehrenvoller, als unmittelbar die Genüsse sind, welche durch ihn bereitet werden ... Das Werkzeug erhält sich, während die unmittelbaren Genüsse vergehen und vergessen werden. An seinen Werkzeugen besitzt der Mensch die Macht über die äußerliche Natur, wenn er auch nach seinen Zwecken ihr vielmehr unterworfen ist[1].« Das Werkzeug ist selbst bereits der Übergang zum Werk, d. h. zu dem Zweck, der nicht mehr in der Subjektivität verharrt, sondern selbst Wirklichkeit geworden ist. Dieser Zweck, der die Objektivität nicht mehr außer sich hat, sondern der sie sich vielmehr gibt, indem er sich ins Werk setzt, ist die Idee, als die absolute Einheit des Begriffs und der Objektivität. »Ihr ideeller Inhalt ist kein anderer als der Begriff in seinen Bestimmungen; ihr reeller Inhalt ist nur seine Darstellung, die er sich in der Form äußerlichen Daseins gibt und diese Gestalt in seine Idealität eingeschlossen, in seiner Macht, so sich in ihr erhält[2].«

So ist die Idee erstlich das Leben: denn alles organische Leben ist dadurch charakterisiert, daß sich in ihm in der Form des objektiven körperlichen Seins eine Einheit des Zwecks, ein Prinzip der Gestaltung darstellt. Als Organismus stehen Pflanze und Tier unter einem Einheitsbegriff, der sich im materiellen Geschehen, in den Formen der mechanischen und chemischen Wandlungen darlegt und durchsetzt. Der Zweck ist hier als Selbstzweck gesetzt, der an der Objektivität als solcher sein Mittel besitzt, aber in diesem Mittel immanent und darin der realisierte, mit sich identische Zweck ist[3]. Wie dieses Ineinander möglich, wie das Eins des Lebens schlechterdings nur die Vielheit der besonderen und bestimmten Gestaltungen, und das begriffliche »Innere« das reale »Äußere« ist — dies ist freilich mit den gewöhnlichen Denkbestimmungen, die auf der Stufe der bloßen Reflexion verharren, nicht zu fassen. »Am Leben, an dieser Einheit seines Begriffs in der Äußerlichkeit der Objektivität, in der absoluten Vielheit der atomistischen Materie, gehen dem Denken, das sich an die Bestimmungen der Reflexions-Verhältnisse und des formalen Begriffs hält, schlechthin alle seine Gedanken aus; die Allgegenwart des Einfachen in der vielfachen Äußerlichkeit ist für die Reflexion ein absoluter Widerspruch, und insofern sie dieselbe zugleich aus der Wahrnehmung des Lebens auffassen, hiermit die Wirklichkeit dieser Idee zugeben muß, ein unbegreifliches

---

[1] Logik, S. W. V, 226.
[2] Enzyklopädie § 213.
[3] Logik S. W. V, 243.

Geheimnis, weil sie den Begriff nicht erfaßt, und den Begriff nicht als die Substanz des Lebens[1].« Im Gedanken des Selbstzwecks erweisen sich in der Tat alle bisher entwickelten Bestimmungen insofern als überwunden, als sie sich in eigentümlicher Weise in- und gegeneinander verkehren. Hier ist das Ende der Anfang, die Folge der Grund, die Wirkung die Ursache; hier läßt sich sagen, daß in dem Prozeß, der den Zweck verwirklicht, nur das schon Existierende in die Existenz komme: »das heißt, daß überhaupt alle Verhältnisbestimmungen, die der Sphäre der Reflexion oder des unmittelbaren Seins angehören, ihre Unterschiede verloren haben, und was als ein Anderes, wie Ende, Folge, Wirkung u. s. f. ausgesprochen wird, in der Zweckbeziehung nicht mehr die Bestimmung eines Andern habe, sondern vielmehr als identisch mit dem einfachen Begriffe gesetzt ist[2].« Dieser einfache Begriff, auf den jedes organische Leben hinweist, spricht sich im Gedanken der Seele aus. Die Seele bezeichnet den Zweck eines lebendigen Geschehens, zu dem sich der Leib als Mittel, als Organ verhält. So ist sie der Ausdruck der immanenten Vernünftigkeit dieses Geschehens; des »Logos«, der in ihm gebunden liegt. Das freie Heraustreten dieses »Logischen« ist es sodann, das die zweite Stufe der Idee ausmacht, in der sie sich in der Form der theoretischen und praktischen Erkenntnis, als Erkennen und Wollen, darstellt. Die Grundform des Lebens ist hier zur Grundform des Geistes geworden. Wenn das Leben, wie es sich zuerst darstellte, eine objektive Welt zur Voraussetzung hatte, so ist es die Art des endlichen, subjektiven Geistes, sich eine solche Welt zur Voraussetzung zu machen. Aber seine Tätigkeit besteht weiterhin eben darin, diese Voraussetzung wiederum aufzuheben. Die objektive Welt wird für ihn zur Idealität, in der er sich selbst erkennt[3]. Die Welt der Dinge erscheint auf der ersten Stufe lediglich als ein Gegebenes, dem der Geist sich zu assimilieren und das er in sich aufzunehmen hat. Und als Formen für diese passive Aufnahme bleiben die eigenen Begriffsbestimmungen des Erkennens, die sogenannten Kategorien des Verstandes, ebensosehr dem »Stoffe« ein Äußerliches und Fremdes, wie sie andererseits selbst in der bloßen beziehungslosen Verschiedenheit gegeneinander auftreten. Diese Erkenntnis behält, indem sie das Unterschiedene als ein Vorgefundenes, ihr gegenüberstehendes Sei-

---

[1] ibid. V, 247.
[2] Logik, S. W. V. 228.
[3] a. a. O. V, 243, Enzyklopädie § 222 ff.

endes voraussetzt, auch für sich selbst nur die Abstraktion zurück, vermöge deren das gegebene Konkrete aufgelöst, dessen Unterschiede vereinzelt und in der Form der Allgemeinheit ausgesprochen werden. Dieser abstraktiven Analysis tritt sodann die synthetische Methode gegenüber, in der umgekehrt von der Setzung einer allgemeinen Bestimmtheit, von der Definition begonnen wird und dieser Anfang sodann durch mannigfache Vermittlungen zu einem Ganzen von Theoremen und Beweisen fortgebildet wird. Beide Verfahrungsweisen aber, von so glänzendem Erfolge sie in ihrem eigentümlichen Felde sein mögen, enthalten philosophisch beurteilt, denselben Grundmangel; da die eine die Mannigfaltigkeit der Tatsachen, die andere die Mannigfaltigkeit der »Definitionen« und »Axiome« als ein Feststehendes und Grundloses hinnimmt[1]. Auf der anderen Seite hat jedoch das endliche Erkennen in dieser höchsten Spitze, in welche es im Beweis ausläuft, seinen eigenen Anfangspunkt bereits negiert; denn es hat hierin das Vorfinden und Gegebensein seines Inhalts verlassen[2]. Der Gedanke ist aus der Form des Bestimmtseins in die aktive Form des Bestimmens übergegangen. Damit aber ist er über jene Stellung zum Objekt, in der er sich ihm unterwirft, um es lediglich auszudrücken und nachzubilden, hinaus. Die Rezeptivität wandelt sich in Produktivität; das theoretische Erkennen geht in das praktische Gestalten über. Die vorausgesetzte Objektivität wird nicht mehr als einfacher Bestand hingenommen, sondern sie wird im Wollen negiert und der Forderung der Idee, der Idee des Guten, unterworfen. Aber die unaufhebliche Dualität, die hier nichtsdestoweniger zwischen Idee und Wirklichkeit bestehen bleibt, findet ihren Ausdruck sogleich darin, daß das Gute als Sollen bestimmt und damit dem Sein gegenüber- und entgegengesetzt wird. An die Stelle der wahrhaften Identität der beiden Momente ist daher wiederum der bloße unendliche Prozeß, der unabschließbare Weg zu einem unerreichbaren Ziele, getreten. So ergibt sich die Notwendigkeit einer letzten und höchsten Synthese, in der Erkennen und Wille, das Wahre und das Gute, das Sein wie das Sollen nicht mehr als zwei einander ausschließende und sich wechselseitig abstoßende Sphären erscheinen, sondern in eine absolute Einheit zusammengegangen sind. In dieser Identität der theoretischen und praktischen Idee hat die Idee selbst ihr Ziel und ihre Vollendung erreicht, ist sie zur »absoluten Idee« geworden. —

[1] Logik, S. W. V, 278 ff; Enzyklopädie § 227—231.
[2] Enzyklopädie § 232.

Betrachtet man den letzten Abschluß, den Hegels Logik sich in diesem Gedanken gibt, so darf nicht erwartet werden, daß in ihm, gegenüber den vorangehenden Entwicklungen, ein **inhaltlich** Neues gesetzt und gewonnen sei. Der Inhalt, zu dem wir hier gelangen, kann vielmehr nichts anderes als die Gewißheit und Wahrheit des Weges selbst sein, den die Logik in ihrer Gesamtheit durchmessen hat. Der Schluß tritt zu den vorhergehenden Bestimmungen nicht als ein gegen sie selbständiges **Ende** hinzu, sondern er ist lediglich der **Zusammenschluß** dessen, was sie in ihrer systematischen Totalität bedeuten und sind. Als die letzte und höchste Bestimmtheit ist daher nichts anderes als die **Methode selbst** zurückgeblieben: eine Bestimmtheit, die nicht die Gestalt eines Inhalts hat, sondern schlechthin **als Form** zu fassen ist. »Die Methode ist deswegen als die ohne Einschränkung allgemeine, innerliche und äußerliche Weise und als die schlechthin unendliche Kraft anzuerkennen, welcher kein Objekt, insofern es sich als ein Äußerliches, der Vernunft fernes und von ihr unabhängiges präsentiert, Widerstand leisten, gegen sie von einer besonderen Natur sein und von ihr nicht durchdrungen werden könnte. Sie ist darum **die Seele und Substanz**, und irgend etwas ist nur begriffen und in seiner Wahrheit gewußt, als es der Methode vollkommen unterworfen ist; sie ist die eigene Methode jeder Sache selbst, weil ihre Tätigkeit der Begriff ist[1].« Vermöge dieser Natur der Methode stellt sich die Wissenschaft der Logik als ein in sich geschlungener **Kreis** dar, in dessen Anfang die Vermittlung das Ende zurückschlingt; »dabei ist dieser Kreis ein **Kreis von Kreisen**, denn jedes einzelne Glied, als Beseeltes der Methode, ist die Reflexion-in-sich, die, indem sie in den Anfang zurückkehrt, zugleich der Anfang eines neuen Gliedes ist«[2]. Die »absolute Idee« ist nichts anderes, als das vollständige Sichbegreifen und Sichumfassen ihrer einzelnen Momente, die bisher als Sein und Nicht-Sein, als Qualität und Quantität, als Erscheinung und Wirklichkeit, als Leben und Erkennen u. s. f. gesetzt waren. Sie bewahrt sie insgesamt in ihrer intensiven Totalität und hebt zugleich jedes einzelne von ihnen in seiner Einseitigkeit kraft dieser Totalität auf. Nichts ist in ihr dahinten gelassen, sondern sie trägt alles Erworbene bereichert und verdichtet in sich. »Die Wissenschaft schließt auf diese Weise damit, den Begriff ihrer selbst zu fassen, als der reinen Idee, für welche die Idee ist.« Die

---

[1] Logik S. W. V, 330.
[2] a. a. O. V, 351.

absolute Idee ist der Begriff, der sich zum Gegenstand hat und der, indem er sich als Gegenstand durchläuft, sich zum Ganzen seiner Realität ausbildet.

VI. *Kritischer und absoluter Idealismus*

Wir haben den methodischen Grundgedanken der Hegelschen Logik nicht nur seiner allgemeinen Bedeutung, sondern auch seiner konkreten Entfaltung nach und in der ganzen Breite seiner Anwendungen darzulegen versucht: denn nur auf diese Weise läßt sich der ständig wiederholten Forderung Hegels gerecht werden, daß das Absolute, sofern es wahrhaft gedacht werden solle, in der Totalität seiner Bestimmungen erfaßt werden müsse, daß nur in der Gesamtheit seiner »Formen« das reine allgemeine »Wesen« sich darstellen läßt. Die einzig adäquate Weise, in der die Wahrheit existiert, kann nach Hegel allein das wissenschaftliche System derselben sein; — die Sache dieses Systems aber erschöpft sich nicht in dem bloßen Zweck, sondern lediglich in der Ausführung des Zweckes. Das Absolute läßt sich so wenig als einfacher Anfang, wie als nacktes Resultat aussprechen. »Wo wir eine Eiche in der Kraft ihres Stammes und in der Ausbreitung ihrer Äste und der Massen ihrer Belaubung zu sehen wünschen, sind wir nicht zufrieden, wenn uns an Stelle dieser eine Eichel gezeigt wird. So ist die Wissenschaft, die Krone einer Welt des Geistes, nicht in ihrem Anfang vollendet. Der Anfang des neuen Geistes ist das Produkt einer weitläufigen Umwälzung von mannigfaltigen Bildungsformen, der Preis eines vielfach verschlungenen Weges und ebenso vielfacher Anstrengung und Bemühung.« Dennoch ist auf der anderen Seite dieser gesamte so vielfältig verschlungene Weg nichts anderes als die Ausführung des einen Grund- und Urmotivs, das sich uns in Hegels Auffassung der Synthesis und der synthetischen Einheit ergeben hat. Unter diesem Gesichtspunkt löst sich die Fülle der Einzelbestimmungen der Hegelschen Logik in einen Fortgang auf, der einem relativ einfachen, ja eintönigen Schema folgt. Jedes Einzelmoment fordert, indem es sich als unvermögend erweist, das Ganze der Wirklichkeit zu umspannen und auszusprechen, seinen Gegensatz heraus, der selbst wieder in einer neuen korrelativen Einheit des Gegensätzlichen überwunden werden muß. Das Problem dieser fundamentalen Entzweiung und Einigung hatte sich für Hegel zunächst in der Form der Religion dargestellt: jetzt hat es, durch die Logik, seinen allgemeinen begrifflichen Ausdruck erhalten.

Diese ist daher der reine Exponent aller Geistigkeit: sie ist die Wahrheit des Lebens, das der Geist in all seinen Grundformen vollzieht. Die Philosophie hat mit Kunst und Religion denselben Inhalt und denselben Zweck; aber sie ist die höchste Weise diesen Zweck zu verwirklichen, weil ihr Mittel das vollendetste, weil es der Begriff selbst ist. »Das Logische der absoluten Idee kann auch eine Weise desselben genannt werden; aber indem die Weise eine besondere Art, eine Bestimmtheit der Form bezeich= net, so ist das Logische dagegen die allgemeine Weise, in der alle besonderen aufgehoben und eingehüllt sind[1].«

Die eigentliche Brücke zwischen Philosophie und Religion aber bildet jener spekulative Gottesbegriff, der schon in der Aristote= lischen Definition Gottes als »Denken des Denkens« als νόησις νοήσεως sich ausspricht. Hegel nimmt diesen Begriff in der neuen Fassung auf, die Kant ihm in der »Kritik der Urteilskraft« gegeben hatte. In der Tat muß man, um in den Kern der dialektischen Methode einzudringen, geschichtlich wieder zu den Fundamental= sätzen zurückgehen, in welchen Kant hier die Eigenart des »in= tellectus archetypus« und des »intellectus ectypus«, des intuitiven und des diskursiven Verstandes, einander gegenübergestellt hatte. Dieser hat ein sinnlich Mannigfaltiges sich gegenüber, das er zwar fortschreitend durch die reinen Einheiten des Denkens bestimmen, das er aber niemals völlig in sie aufheben kann; — jener kennt alle Vielheit nur als Entfaltung und nähere Bestimmung der ursprüng= lichen Einheit, die er selbst ist. Dieser geht von der Vergleichung getrennter Einzelfälle aus und sucht von ihnen zum Analytisch=All= gemeinen der Gattung aufzusteigen; — jener geht vom Synthe= tisch=Allgemeinen eines höchsten, schlechthin universellen Prinzips aus und zeigt, wie in ihm alle besonderen Fälle der Anwendung beschlossen sind. Dieser setzt den Gegenstand durch das Denken zwar als bestimmbar, aber dennoch fällt ihm beides, fällt ihm Sein und Begriff beständig auseinander — für jenen ist das Denken und das Gedachte eins geworden, so daß auch die Schranke, die unser empirischer Verstand notwendig zwischen dem Wirklichen und dem bloß Möglichen setzen muß, für ihn aufgehört hat zu bestehen[2]. Hält man den Grundriß von Hegels Logik, wie wir ihn hier zu zeichnen versuchten, mit diesen Sätzen zusammen, so erkennt man sofort, wie genau beides sich aufeinander bezieht. Was Kant als

---
[1] Logik, S. W. V, 328.
[2] Kritik der Urteilskraft, § 76 u. 77; vgl. ob. S. 13 ff.

»problematischen Gedanken« aufgestellt hat, das wird für Hegel zur apodiktischen Grundforderung der Philosophie. Seine Logik ist die Logik des intuitiven Verstandes; — eines Verstandes, der nur das ausser sich hat, was er selbst aus sich erzeugt. Sie kennt keine Brechung und Trübung, die dieser Verstand durch ein fremdes Medium, durch eine »Sinnlichkeit« neben oder unter ihm, erfährt. In diesem Sinne läßt sich sagen, daß der Inhalt der Logik »die Darstellung Gottes« sei, wie er in seinem ewigen Wesen vor der Erschaffung der Natur und eines endlichen Geistes ist[1].« Die Schöpfungsgedanken des absoluten Geistes selbst werden in der Logik nachgedacht und nachgezeichnet. Hier stehen wir an einem Punkt, an dem die Abteilung und Abgrenzung in endliche Dinge, nach denen unser Begriff sich »richten« müßte, ihren Sinn verliert; wo wir statt der »Gegenstände« ihren Ursprung und ihre ideelle Norm vor uns haben. —

Auch für den kritischen Idealismus freilich ist der Verstand der »Urheber der Natur«; — auch er erklärt die Möglichkeit des Apriori dadurch, »daß wir nur das von den Dingen a priori erkennen, was wir selbst in sie legen[2].« Aber die Spontaneität des Verstandes bedeutet hier nicht die des Erschaffens, sondern die des Bestimmens. Die Erkenntnis bildet freilich den Gegenstand nicht ab, sondern sie »konstituiert« ihn — aber dies bedeutet nur, daß sie die allgemeinen Bedingungen aufstellt, an die jedes gegenständliche, jedes objektiv-gültige Urteil gebunden ist. Jedes derartige Urteil beansprucht, eine notwendige Verknüpfung der Inhalte darzustellen; — alle notwendige Verknüpfung aber steht unter Regeln und Grundsätzen, die sich ein für allemal systematisch fixieren und überblicken lassen. Aber obwohl der Gegenstand, als Gegenstand der möglichen Erfahrung, diesen Regeln unbedingt entspricht und gehorcht, so wird er doch seiner konkreten Inhaltlichkeit nach durch sie niemals erschöpft. Die besonderen empirischen Gesetze

---

[1] Logik, Einleitung, S. W. III, 35 f.
[2] Als Ergänzung zu der folgenden Gegenüberstellung des »absoluten« und des »kritischen« Idealismus vgl. mein kritisches Referat über die moderne Hegel-Literatur in dem Bericht über Erkenntnistheorie nebst den Grenzfragen der Logik. (Jahrbücher der Philosophie, hg. von Max Frischeisen-Köhler, Erster Jahrgang, Berlin 1913, S. 29 ff.) Zu den hier besprochenen Schriften von Croce, Ebbinghaus und Brunstäd, die die Frage vom Standpunkt Hegels behandeln, sind neuerdings zwei wertvolle Schriften getreten, die es vom Standpunkt Kants und der »transzendentalen Methode« aus erörtern: die Schrift von S. Rubinstein »Eine Studie zum Problem der Methode« (Dissertation, Marburg 1914) und Siegfried Marck, Kant und Hegel, Tübingen 1917.

gehen niemals in die allgemeinen auf: sie sind durch sie zwar fort und fort bestimmbar, aber auf keiner Stufe der Erkenntnis tatsächlich zu Ende bestimmt. Das Material, das die Erkenntnis vor sich hat, bildet für sie keine absolute Schranke und Hemmung, denn es erweist sich durch die Formen der Erkenntnis als begreiflich; es wird durch sie zu immer vollkommenerer Einheit zusammengeschlossen. Aber es ist und bleibt andererseits, so weit wir hierin auch fortschreiten mögen, ein Material, das, wenn es in diesen Formen faßbar ist, doch niemals vollständig a u s ihnen abgeleitet werden kann. Nur die notwendigen Prinzipien, die im Fortschritt aller Erkenntnis obwalten, vermag die kritische Analyse aufzustellen: nicht dagegen vermag sie den Umfang der Erkenntnis, als die vollständige konkrete Erfüllung dieser Prinzipien, gedanklich vorwegzunehmen. Eben diese Vorwegnahme aber ist es, die Hegel von der Philosophie fordert. Soll die Philosophie das wahrhafte und adäquate Bewußtsein des Geistes von sich selbst sein – so genügt es nicht, daß sie einige dürftige abstrakte Regeln über das allgemeine Funktionieren des Geistes aufstellt. Sie muß vielmehr alle schöpferische geistige Arbeit überhaupt, sie muß das Ganze des »objektiven Geistes«, wie es sich in der Religion und in der Kunst, in der Sittlichkeit und im Recht, in der Wissenschaft und im Staat darstellt, wahrhaft in sich fassen: – sie muß nicht nur die Bedingungen der geistigen Kultur bezeichnen, sondern deren gesamten Gehalt, in der Form des Denkens, bewahren. Nur so geht sie nicht von den Teilen zum Ganzen, sondern von dem Ganzen zu den Teilen; – nur so wird sie nicht zur bloß formellen Regel, sondern zur Totalität und zum konkreten Inbegriff der Kultur selbst. Es genügt nach Hegel nicht die »mögliche Erfahrung« – dies Wort in seinem weitesten Sinne genommen – zu umgrenzen und zu bedingen: sondern die wirkliche will begriffen, will aus der reinen Idee abgeleitet sein. Es genügt nicht, den Sinn der Vernunft in »regulativen Prinzipien« zu sehen, die sie für den Verstandesgebrauch und seinen unendlichen Fortschritt aufstellt, – sondern das Ziel dieses Fortschritts muß als ein in sich vollendetes Ganze erfaßt werden. Hier, auf der höchsten Stufe des Geistigen, darf nicht mehr von einem bloßen Sollen, von einer nie zu endenden und zu bewältigenden Aufgabe die Rede sein – »die Idee ist präsent, der Geist ist unsterblich, d. h. er ist nicht vorbei und ist nicht noch nicht, sondern er ist wesentlich itzt[1].«

---
[1] Vorles. über die Philos. der Geschichte, Einleitung.

Niemand, dem überhaupt der Gedanke des Idealismus lebendig geworden ist, wird das tiefe Grundmotiv dieses logischen Enthusi=asmus verkennen. Aber doch tritt bei nüchterner kritischer Prüfung sogleich hervor, daß gerade das System Hegels den geschichtlichen Beweis für die Unlösbarkeit der Probleme enthält, mit denen schon Hegels Ausgangspunkt und Fragestellung die Philosophie belastet. Diese Widersprüche sind an Hegels Naturphilosophie am deut=lichsten zutage getreten; aber sie wurzeln keineswegs in seiner speziellen Auffassung der Natur, sondern in seiner allgemeinen methodischen Grundkonzeption. Man könnte unter diesem Ge=sichtspunkt versucht sein, die dialektische Methode selbst dialek=tisch zu behandeln und sie sich von innen her auflösen zu lassen. In der Tat ist die wesentliche Absicht der Dialektik darauf gerichtet, das Denken nicht in seinen starren Gebilden und Ergebnissen, son=dern in seiner reinen Selbstbewegung, in seinem dynamischen Prozeß vor uns hinzustellen. Aber bei schärferer Betrachtung erweist sich eben diese angebliche Bewegung der Begriffe in Hegels Logik als bloßer Schein. Achtet man auf das Prinzip des Fortschritts, das bei Hegel tatsächlich obwaltet und das ihn durch die gesamte Reihe der untergeordneten Momente bis zur höchsten Idee hinaufführt, so sieht man, daß hier die einfache Richtung des deduktiven Fortgangs, den Hegels Methode verlangt, sich ungenügend erweist, irgendein Neues hervorzubringen. Nach der Grundvoraussetzung Hegels soll jedes einmal gesetzte Moment sich selbst negieren und durch diesen Widerspruch das Denken zu einem andern und höheren hinaus=treiben. Das »Sein« trägt in sich selbst das »Nichts«: und diesen seinen innern Widerstreit kann es nur dadurch bewältigen und überwinden, daß es sich zum »Werden«, als der Einheit des Sein und Nichts, wandelt. Aber daß Sein und Nichts identisch sind — das kann auf der anderen Seite gar nicht anders, als vom Werden her deutlich gemacht werden. Ohne den Begriff des Werdens schon als Kriterium und Maßstab anzuwenden, ließe sich der Widerspruch im Sein, ließe sich sein Zusammenfallen mit dem Nichts niemals aufzeigen. Nicht weil es ein »Sein« und in diesem das »Nichts« gibt, besteht ein Werden: — sondern weil der Gedanke des Werdens, als unabweislich notwendiger, feststeht, kann das Sein nur korrelativ zum Nichts, das Nichts nur korrelativ zum Sein gesetzt werden. Das Sein wird von Hegel nur als »Nichts« begriffen, indem er es als »noch Nichts« deutet: nämlich als noch nicht die konkretere Bestimmung, zu der es im Werden übergehen soll. Daß aber die

letztere auf diese Weise nicht sowohl abgeleitet, als vielmehr vorausgesetzt, daß sie aus einem anderen, als dem Prinzip der dialektischen Methode selbst entnommen wird, ist ersichtlich. Allgemein
ist es, nach eben diesem Prinzip, die jeweilig konkretere Phase, von
der aus die abstraktere erst in ihrer »Wahrheit« und somit in ihrer
eigentlichen Bedeutung erfaßt werden kann. Das Absolute soll
wesentlich Resultat sein, also erst am Ende des Gesamtprozesses
heraustreten: aber eben dieses Resultat wirkt schon in jeder Phase
des Prozesses, in jedem neuen Übergang als das eigentlich bestimmende und vorwärtstreibende Prinzip. Nur von der schon vollendeten Anschauung des Ganzen aus kann die Einseitigkeit der
Teile, der besonderen Momente überwunden werden. Solange ein
Begriffselement nur in sich selber verharrt, solange es sich nur als
das gibt, was es unmittelbar ist: solange offenbart sich an ihm auch
kein Widerspruch, sondern es bleibt hier nur die nackte Tautologie,
nur das A = A übrig. Widersprechend ist es nicht an sich, sondern
nur sofern es auf das systematische Ganze der Wirklichkeit bezogen
und sein Anspruch, dieses Ganze darzustellen, als nichtig und
unwahr erkannt wird. Die einzelne Kategorie hebt also nicht sich
selbst dialektisch auf, sodaß sie gleichsam in ihrem eigenen Schoße
den Keim zu ihrer Vernichtung enthielte: — sondern ihr Widerspruch
liegt in ihrer Loslösung und Beschränkung, in dem falschen Schein
der Selbstgenügsamkeit, mit dem sie sich dem Ganzen gegenüberstellt und sich gegen dasselbe zu behaupten sucht. So ist es nicht
irgendein ihnen selbst immanenter Widerspruch, der die Bewegung
der Begriffe bestimmt, sondern dieser Widerspruch ist nur der
Ausdruck dafür, daß der Gedanke sich bereits von seiner Stelle bewegt hat, daß er aus der anfänglichen Isolierung und Abstraktion
eines einzelnen Moments herausgetreten ist und sich zu einer erweiterten Anschauung integriert hat. Das Absolute ist Anfang und
Ende des dialektischen Prozesses: — ist sein Ziel und sein $\pi\varrho\tilde{\omega}\tau o\nu$
$\varkappa\iota\nu o\tilde{\upsilon}\nu$. In diesem Sinne betont Hegel selbst, daß es zwar Resultat,
aber »Resultat von sich selbst« sei. Dann aber ist es nur scheinbar
durch die Bewegung des Gedankens erreicht, sondern es liegt ihr
voraus und zugrunde. Das Nacheinander der Momente würde
dann — entgegen Hegels Versicherung, daß es sich im Aufbau seiner
Logik keineswegs um den Fortgang einer bloß subjektiven Reflexion,
sondern um den objektiven »Gang der Sache selbst« handle — nur
für uns, nur für einen Zuschauer bestehen, der den Gehalt des Absoluten nicht auf einmal zu erfassen vermag, sondern ihn sich in

getrennte successive Momente zerlegen muß. Damit aber fiele die gesamte Bewegung des Begriffs aus der Idee selbst heraus. Sie wäre nur noch ein subjektiv=methodisches Mittel, die an sich ruhende und in der Gesamtheit, in der Wechselbeziehung ihrer Momente beharrende Wirklichkeit dem endlichen Verstande faßbar und zugänglich zu machen. **Der Dualismus zwischen Denken und Sein**, der in den ersten Voraussetzungen von Hegels Dialektik in der Tat latent ist[1], träte damit unaufhaltsam zutage. Das »Denken« käme wieder auf die eine, das Gedachte, der Gegenstand, auf die andere Seite zu stehen: und alle Behauptung einer völligen sachlichen **Identität im Inhalt** beider vermöchte die Entgegensetzung zwischen den beiderseitigen **Prinzipien** nicht zu verdecken. —

Aber wenn hier der Möglichkeit der Selbstbewegung des Begriffs die Schwierigkeit im Wege steht, daß sie, um beginnen zu können, ihr eigenes Resultat voraussetzen und vorwegnehmen müßte — wenn hier also ihr **Anfang** problematisch wird: so droht ihr auf der andern Seite von ihrem **Ende** her eine noch stärkere Gefahr. In diesem Ende sollen alle Einzelstadien, die die Bewegung durchlaufen hat, rein erhalten und aufbewahrt sein; aber in Wahrheit droht doch in ihm die Eigenart dieser Vorstufen vielmehr zu verschwinden und zu verlöschen. Der ganze Prozeß faßt sich in eine einzelne höchste Spitze zusammen, um derentwillen die gesamte vorangehende Entwicklung allein da war und mit deren Erreichung sie daher ihre selbständige Bedeutung verloren zu haben scheint. Was Hegel als Vollendung des dynamischen Prozesses ansieht, das bedeutet demnach gerade die Aufhebung seines reinen Prozeß-Charakters. Am deutlichsten tritt diese Gesamtanschauung in Hegels Auffassung der Geschichte der Philosophie und in seiner Ansicht von der Stellung seines eigenen Systems innerhalb dieser Geschichte hervor. Seine Philosophie will als die letzte das Resultat aller früheren sein; nichts soll in ihr verloren, alle Prinzipien sollen in ihr erhalten sein. »Es scheint, daß es dem Weltgeiste jetzt gelungen ist, alles fremde gegenständliche Wesen sich abzutun und endlich sich als absoluter Geist zu erfassen ... Der Kampf des endlichen Selbstbewußtseins mit dem absoluten Selbstbewußtsein, das jenem außer ihm erschien, **hört auf.** Es ist die ganze bisherige Weltgeschichte überhaupt und die Geschichte der Philosophie insbesondere, welche uns diesen Kampf darstellt und da an ihrem Ziele zu sein scheint,

---

[1] Vgl. hierzu die vortreffliche kritische Analyse dieser Voraussetzungen bei Rubinstein, a. a. O., s. S. 26ff; 58ff.

wo dies absolute Selbstbewußtsein, dessen Vorstellung sie hat, aufgehört hat, ein Fremdes zu sein, wo also der Geist als Geist wirklich ist... Das ist nun der Standpunkt der jetzigen Zeit, und die Reihe der geistigen Gestaltungen ist für jetzt damit geschlossen.« Das Ziel, an welches die Entwicklung des Geistes gelangt, bedeutet also zugleich ihren Stillstand und hebt sie damit, als Entwicklung, auf. Hier erkennt man die Schwierigkeit und die innere Zweideutigkeit des Wortes, daß die Idee nicht in einem unendlichen Fortgang bestehe, sondern daß sie präsent, daß sie »wesentlich itzt« sei. Denn dem Jetzt der reinen Idee und ihrer Selbstvollendung droht sich beständig ein einzelnes empirisches Jetzt als seine Erfüllung und sein adäquater Ausdruck unterzuschieben; — eine bestimmte zeitliche Gegenwart droht sich an die Stelle der »Substanz, die immanent und des Ewigen, das gegenwärtig ist« zu setzen. Man weiß, wie diese Gefahr besonders in Hegels Philosophie des Staates hervorgetreten ist, die geradezu als eine Philosophie der Reaktion, als eine Rechtfertigung des Bestehenden als vernünftig, gedeutet werden konnte. Man kann die eigentliche Meinung Hegels gegen diese Auslegung zu verteidigen suchen; man kann darauf hinweisen, wie bestimmt er die echte Wirklichkeit von der bloßen »faulen Existenz« geschieden hat[1] — aber der tiefere methodische Zwiespalt, der hier zugrunde liegt, wird damit nicht beseitigt und überwunden. Indem Hegel sich im Ganzen seiner Lehre nicht damit begnügt, Prinzipien und Richtlinien des geistigen Lebens aufzustellen, das im übrigen seinem eigenen unendlichen Fortgang überlassen bleibt; — indem er den Gesamtgehalt dieses Lebens vorwegnehmen und in ein abschließendes Ergebnis zusammenfassen will, muß er es eben damit notwendig beschränken, muß er ein Einzelnes und Zufälliges zum Absoluten erheben. Hier steht der absolute Idealismus in der Tat seinem systematischen Widerspiel, dem absoluten Empirismus gegenüber und droht ständig in ihn umzuschlagen. Unter dem Vorgeben, daß die Vernunft »alles Wirkliche« sei, wird ein jeweilig erreichtes und bestimmtes Wirkliches als schlechthin vernünftig erklärt. Vor dieser Gefahr schützt nur die Wiederherstellung der Idee nicht als einer Gegebenheit, sondern als einer unendlichen Aufgabe und als reines Sollen — was jedoch Hegel beständig als den

---

[1] Für Hegels Staatsphilosophie, auf die in diesem Zusammenhang nicht näher eingegangen werden kann, sei ergänzend auf die Darstellung in m. Schrift »Freiheit und Form, Studien zur deutschen Geistesgeschichte«, S. 557ff. verwiesen.

Grundirrtum einer falschen »Reflexionsphilosophie« und als die typische Form des »schlechten Unendlichen« bekämpft hat. — Gerade durch den scharfen Gegensatz, in dem wir hier den absoluten und den kritischen Idealismus erblicken, tritt indessen die Eigenart des letzteren noch einmal in voller Klarheit und Schärfe hervor. Auch die transzendentale Methode verlangt eine vollständige, auf apriorischen Grundsätzen beruhende Systematik der Grundbegriffe; — aber sie enthält kein systematisches Ableitungsprinzip, kraft dessen sich ein Begriff aus dem anderen entwickelt. Die einzelnen Erkenntnisbedingungen wie der Raum, die Zeit, die Kategorien werden hier nur durch ihre gemeinsame Beziehung auf die »Möglichkeit der Erfahrung«, als das einheitliche Grundproblem der Erkenntnis, zusammengehalten. Eine Ableitung des Inhalts des einen Moments aus dem Inhalt des andern ist hier weder möglich, noch ist sie erforderlich: denn ihre Einheit liegt nicht im Inhalt, der als solcher von völlig unaufheblicher, irreduzibler Verschiedenheit ist, sondern in ihrer Funktion: in der gemeinsamen Leistung, zu welcher sie sich zusammenschließen. Die Einheit der wissenschaftlichen Erfahrung ist das »Ganze«, das aus seinen Teilen nicht aufgebaut zu werden braucht, sondern aus dem vielmehr umgekehrt die Teile erst durch die kritische Analyse nachträglich gesondert und herausgelöst werden. Dieses Ganze ist freilich zunächst nur als faktische Einheit, als das »Faktum der Wissenschaft« gegeben. Und in dieser reinen Mannigfaltigkeit der Grundformen der Erkenntnis, die nur als einfache Tatsächlichkeit aufgewiesen werden kann, scheint allerdings ein Moment der Zufälligkeit zu liegen. Der Abschnitt von der »Disziplin der reinen Vernunft im dogmatischen Gebrauche« in der »Kritik der reinen Vernunft« führt demgemäß ausdrücklich aus, daß die ganze reine Vernunft in ihrem bloß spekulativen Gebrauche nicht ein einziges direkt-synthetisches Urteil aus Begriffen enthalte. »Denn durch Ideen ist sie... gar keiner synthetischen Urteile, die objektive Gültigkeit hätten, fähig; durch Verstandesbegriffe aber errichtet sie zwar sichere Grundsätze, aber gar nicht direkt aus Begriffen, sondern immer nur indirekt durch Beziehung dieser Begriffe auf etwas ganz Zufälliges, nämlich mögliche Erfahrung, da sie denn, wenn diese (etwas als Gegenstand möglicher Erfahrung) vorausgesetzt wird, allerdings apodiktisch gewiß sind, an sich selbst aber (direkt) a priori gar nicht einmal erkannt werden können[1].« Für die Durchführung der

---

[1] Kritik der reinen Vernunft, 2. Aufl., S. 764 f.; vgl. Cohen, Kants Theorie der Erfahrung, 3. Aufl., S. 636.

rationalen Methodik der Vernunftkritik bedeutet jedoch die Form der Zufälligkeit, die hier anerkannt wird, keine Schranke und Hemmung. Denn die wahre, die einzige Notwendigkeit, die hier gesucht und anerkannt wird, ist die Notwendigkeit in der Erfahrung, nicht die Notwendigkeit der Erfahrung selbst. Die Erfahrung und das System der synthetischen Grundsätze, auf dem sie ihrer Möglichkeit nach beruht, kann nicht mehr von etwas anderem, Höheren abgeleitet und aus ihm, als einer Vernunft höherer Art, gerechtfertigt werden: — wohl aber läßt sich zeigen, wie nur kraft dieser Grundsätze die Notwendigkeit der empirischen Verknüpfung selbst, und damit die »Gegenständlichkeit« des Wissens, erreichbar ist. Auch Kants kritische Theorie besitzt freilich in der »transzendentalen Einheit der Apperzeption« einen höchsten Einheitsbegriff, auf den sich alle Elemente der Erkenntnis, auf den sich die Formen der Sinnlichkeit, wie die Kategorien des reinen Verstandes gleichmäßig beziehen. Aber niemals wird von diesem »höchsten Punkt, an welchen sich die Transzendentalphilosophie anknüpfen läßt«, die Vielheit der Formen deduktiv hergeleitet; sondern die Einheit der Apperzeption stellt sich unmittelbar zugleich als ein Ineinander verschiedener Erkenntnisfunktionen dar, von denen keine die erste und keine die letzte ist, weil sie sich alle korrelativ durchdringen[1].

---

[1] Der rein logischen Ordnung nach geht freilich auch in dieser Betrachtung die eine Form der anderen »voran«. So ist der Raum in diesem Sinne »früher« als die Kausalität: weil die Geometrie zwar eine Bedingung der Physik, aber nicht diese eine Bedingung von jener ist. Aber die reine Korrelativität erweist sich hier sofort durch die mögliche Umkehrung des Verhältnisses, sobald wir es vom Standpunkt der objektiven Gültigkeit und Gegenständlichkeit der Erkenntnisse erwägen. Hier »bedingt« vielmehr die Physik die Mathematik: denn selbst der Raum und die Zeit, so rein diese Begriffe auch von allem Empirischen sind, und so gewiß es auch ist, daß sie völlig a priori im Gemüte vorgestellt werden, würden doch ohne objektive Gültigkeit und ohne Sinn und Bedeutung sein, wenn ihr notwendiger Gebrauch an den Gegenständen der Erfahrung nicht gezeigt würde ... Ob wir daher gleich vom Raume überhaupt oder den Gestalten, welche die produktive Einbildungskraft in ihm verzeichnet, so vieles a priori in synthetischen Urteilen erkennen ... so würde doch dieses Erkenntnis gar nichts, sondern die Beschäftigung mit einem bloßen Hirngespinst sein, wäre der Raum nicht als Bedingung der Erscheinungen, welche den Stoff zur äußeren Erfahrung ausmachen, anzusehen« (Kritik d. r. Vern., 2. Aufl., S. 195 f.). Die Erklärung des eigentümlichen Doppelverhältnisses, das hier zwischen den Bedingungen der Erkenntnis obwaltet, findet Kant darin, daß der reine Verstandesbegriff durch seine Beziehung auf die Anschauung zwar »restringiert«, aber zugleich durch sie auch erst »realisiert« wird. Was in der logischen Ordnung als das Besondere und insofern Untergeordnete erscheint, das ist in der Ordnung des gegenständlichen Wissens vielmehr das objektiv-begründende Moment. Es kommt daher lediglich

Und das gleiche Verhältnis, das sich hier für die reinen theoretischen Erkenntnisformen zeigt, ergibt sich weiterhin für die Gesamtheit der geistigen Kulturformen. Für Hegel bilden diese Kulturformen eine einzige aufsteigende Reihe, die zuletzt in der Philosophie ihre höchste Spitze und ihren Abschluß findet. In dieser ist somit alles gesetzt und aufbehalten, was in jenen, was z. B. in Kunst und Religion nur gefordert war. Die Philosophie begnügt sich hier nicht, das eigentümliche ideelle Gestaltungsprinzip, das in der Wissenschaft oder der Sittlichkeit, in der Religion oder der Kunst waltet, aufzuweisen und zu verstehen; sondern sie setzt ihre Ergebnisse, als die höheren und abschließenden, den untergeordneten Ergebnissen der anderen Kulturformen entgegen. So erklärt Hegel ausdrücklich, daß seine Philosophie dem Gegenstand nach mit der Religion zusammenfalle; aber sie soll diesen Gegenstand, der dort nur in der Form der Vorstellung und des Glaubens gesetzt ist, zur Form des Begriffs und des Wissens erheben. Religion und Philosophie haben die Wahrheit zu ihrem Gegenstande, und zwar im höchsten Sinne, – in dem, daß Gott die Wahrheit und er allein die Wahrheit ist[1]. Aber wenn von irgend etwas, so gilt es von der Wahrheit, daß sie nur dort im eigentlichen Sinne besteht und »ist«, wo sie in ihrer adäquaten Form gewußt wird: – dies aber ist nach Hegel nicht in der Religion, sondern einzig in der Philosophie der Fall. Daher begründet die Philosophie hier die übrigen Kulturformen nur in dem Sinne, daß sie sie zugleich erledigt, daß sie ihnen ihre autonome und selbständige Geltung entzieht, um sie dem eigenen Systemzweck einzufügen und unterzuordnen. Auch hierin tritt der Gegensatz zu Kant hervor, dessen wesentliche Absicht auf die Erhaltung dieser Autonomie gerichtet ist. Die transzendentale Kritik – so betont Kant – will nicht den Inhalt des praktischen, des religiösen, des ästhetischen Bewußtseins durch einen anderen und höheren ersetzen; sondern sie sucht für diesen Inhalt und seinen faktischen Bestand lediglich die reine Formel zu gewinnen. Aber diese Formel ist ihr freilich mehr als eine dürftige Abstraktion; denn sie will für den Gehalt, der in der Wissen-

---

auf den ideellen Gesichtspunkt der Betrachtung an, ob von den im System der Gesamterkenntnis aufeinander wechselweise bezogenen Formelementen das eine als das »frühere« oder »spätere« gesetzt wird. Nicht um einen fortschreitenden »Übergang« vom Abstrakteren zum Konkreteren, oder auch von diesem zu jenem, handelt es sich, sondern um ein gegenseitiges Sich-Halten und Sich-Bedingen der Einzelbestimmungen im Gesamtsystem der »möglichen Erfahrung«.

[1] Enzyklopädie, Einleitung, § 1.

schaft, in der Kunst, in der Sittlichkeit vorliegt, keinen leeren Gattungsbegriff aufstellen, sie will nicht nur einen Teil dieses Gehalts willkürlich herausheben, sondern die konstitutive Regel finden, die das Ganze beherrscht und bildet. Die kritische Philosophie erkennt diese Regel, ohne sie als solche zu erschaffen: — ihre Aufgabe besteht auch hier nicht darin, die Mannigfaltigkeit der Kulturformen und des geistigen Kulturbesitzes bis in die letzten Einzelheiten aus der Vernunft abzuleiten, sondern die Einheit der Vernunft in ihren verschiedenen Grundrichtungen, im Aufbau und in der Gestaltung der wissenschaftlichen, der künstlerischen, der sittlichen und religiösen Welt, als solche zu erweisen. Die konkrete Erfüllung und die konkrete Bewährung dieser Einheit aber glaubt sie nicht in den Begriffen irgendeines philosophischen Systems, sondern lediglich in der unabschließbaren Arbeit der geistigen Kultur selbst finden zu können, deren Wahrheit und Wirklichkeit sich nicht anders als im Tun und durch das Tun beweisen kann[1].

Aber wenn der absolute Idealismus sich dort, wo es sich um den Aufbau und die Bestimmung der geistigen Kultur, wo es sich um die Kunst und die Religion, den Staat und die Geschichte handelt, zum mindesten noch innerhalb seines eigentümlichen, ihm gemäßen Gebiets bewegt, so tritt sofort ein anderes und schwierigeres Verhältnis ein, sobald der Übergang zu den Grundfragen der Naturphilosophie vollzogen wird. Denn in der Natur stellt sich nach Hegel die Idee nicht mehr in ihrer reinen und ursprünglichen Grundgestalt, sondern nur in der Entfremdung von sich selber dar.

---

[1] Eine große Zahl der Einwände, die Hegel gegen Kant und die »Reflexionsphilosophie« erhebt, erledigt sich unter dem Gesichtspunkt der logischen Systematik durch die Bemerkung, daß Hegel den Standpunkt des »diskursiven Denkens«, den Kant einnimmt, mit dem des abstraktiven Denkens verwechselt. Kant schränkt das Denken auf das »Analytisch-Allgemeine« ein: aber dieses Analytisch Allgemeine ist für ihn nicht das Allgemeine des Gattungsbegriffs sondern des Funktions- und Gesetzesbegriffs. Das Allgemeine des Gesetzesbegriffes enthält das Besondere der Einzelfälle nicht nur, wie die Gattung, unter sich, sondern wahrhaft in sich: es bestimmt an ihnen nicht nur einen Teil, der willkürlich herausgehoben wird, sondern unterwirft sie in ihrer Gesamtheit der Regel einer notwendigen Verknüpfung, wenngleich auch hier die Besonderheiten der Anwendung (die besonderen »Konstanten« des Einzelfalls) nicht nach der Weise des Synthetisch-Allgemeinen aus der Gesetzesform als solcher herleitbar sind. Die Gesetzes- und Funktionsbegriffe stellen so diejenige Art der »konkreten Allgemeinheit« dar, die innerhalb des Analytisch-Allgemeinen dem diskursiven Denkens allein erreichbar ist. (Näheres hierüber s. in meiner Schrift »Substanzbegriff und Funktionsbegriff, Untersuchungen über die Grundfragen der Erkenntniskritik«, Berlin 1911.)

Auch die Natur resultiert freilich aus der Idee, außerhalb deren kein Sein besteht: aber sie ist nur die »Idee in ihrem Anderssein«; sie ist Geist, der aus der reinen Form der Innerlichkeit in die Form der Äußerlichkeit herausgetreten ist. Die dialektische Methode als solche bietet indes keine genügende Handhabe mehr, um auch dieses Heraustreten, bei dem es sich nicht mehr um den Fortschritt von einem Moment der Idee zu einem anderen, sondern um das Transponieren aller in der Idee gesetzten Bestimmungen in ein neues Gebiet handelt, noch rational begreiflich zu machen. Die absolute Idee, mit deren Darstellung Hegels Logik schließt, sollte nicht allein Sein, unvergängliches Leben, sich wissende Wahrheit, sondern sie sollte, wie ausdrücklich betont wurde, alle Wahrheit sein[1]. Ist diese Allheit — so muß man fragen — noch irgendeiner Erweiterung fähig? Und dennoch wird nun die reine Wahrheit als letztes Resultat zugleich der »Anfang einer anderen Sphäre und Wissenschaft«. »Indem die Idee sich nämlich als absolute Einheit des reinen Begriffs und seiner Realität setzt, somit in die Unmittelbarkeit des Seins zusammennimmt, so ist sie als die Totalität in dieser Form — Natur. Diese Bestimmung ist aber nicht ein Gewordensein und Übergang ... Die reine Idee, in welcher die Bestimmtheit oder Realität des Begriffes selbst zum Begriffe erhoben ist, ist vielmehr absolute Befreiung, für welche keine unmittelbare Bestimmung mehr ist, die nicht ebensosehr gesetzt und der Begriff ist; in dieser Freiheit findet daher kein Übergang statt; das einfache Sein, zu dem sich die Idee bestimmt, bleibt ihr vollkommen durchsichtig und ist der in seiner Bestimmung bei sich selbst bleibende Begriff. Das Übergehen ist also hier vielmehr so zu fassen, daß die Idee sich selbst frei entläßt, ihrer absolut sicher und in sich ruhend Um dieser Freiheit willen ist die Form ihrer Bestimmtheit ebenso schlechthin frei — die absolut für sich selbst ohne Subjektivität seiende Äußerlichkeit des Raumes und der Zeit[2].«

An dieser entscheidenden Stelle, die den Zugang zur Naturphilosophie eröffnen soll, schlägt, wie man sieht, die Sprache des Hegelschen Panlogismus unvermittelt in die Sprache des Mythos um. In dieser Darstellung der Idee, die sich in eine ihr fremde und andersartige Welt entlassen und die dennoch hierbei ganz bei sich selbst verharren und nichts von ihrem Wesen aufgeben soll, klingen in der Tat altbekannte religiös-mythische Motive, klingen

---
[1] Logik, S. W. V, 328.
[2] Logik, S. W. V, 352 f.; vgl. Enzyklopädie § 244.

Vorstellungen vom Werden der geschaffenen Welt aus dem urbild-lichen Sein Gottes nach[1]. Schon bei Schelling war das Heraus-treten der Ideen in die Form der Räumlichkeit und Zeitlichkeit als ein »Abfall« von ihrer eigenen Wesenheit bezeichnet worden, der auf einem ursprünglichen Akt der Freiheit beruhen sollte[2]. Aber wenn Schelling durch diesen Gedanken tiefer und tiefer in den Irrationalismus seiner letzten Epoche hineingeführt wird, — so han-delt es sich für Hegel darum, diese Klippe zu vermeiden. Die Natur soll, wenngleich in die Äußerlichkeit des Raumes und der Zeit ent-lassen, doch in ihr noch das genaue Gegenbild der Idee sein. Ihre empirisch-zeitlichen Entwicklungen werden begriffen, indem wir in ihnen die reine und allgemeine Grundform der dialektischen Ent-wicklung wiederfinden. Wo diese Form in ihr nicht rein hervortritt, da ist die Schuld hieran nicht sowohl der »Ohnmacht des Begriffs«, als vielmehr der »Ohnmacht der Natur« beizumessen. Denn der Begriff bedeutet hier nicht den Zielpunkt und das Ergebnis der Analyse und Forschung, die ihn aus dem bloß »Faktischen« heraus-zuarbeiten haben, sondern er ist das an sich seiende hüllenlose Ab-solute, das seiner Entäußerung gegenübersteht. So ergibt sich hier jene Umbildung der Form des organischen Werdens in die Form des logischen Werdens, an der Goethe vor allem Anstoß genommen hat. Die Sätze aus Hegels Logik, in denen ausgeführt wird, daß die Knospe in dem Hervorbrechen der Blüte verschwinde, und daß man daher sagen könne, daß jene von dieser widerlegt wird, wie auch die Frucht die Blüte für ein »falsches Dasein der Pflanze« erkläre: diese Sätze erschienen ihm schlechthin monströs; — sie muteten ihn an, als wenn man die ewige Realität der Natur

---

[1] Die Dunkelheit, die diesen Punkt in Hegels System umgibt, ist durch die Er-klärungen seiner Schüler und Interpreten nicht behoben, sondern zumeist noch verstärkt worden. So sieht sich Kuno Fischer hier gezwungen, das System, entgegen seiner panlogistischen Grundtendenz, ganz nahe an den Irrationalismus Schopenhauers heranzurücken. »Nichts anderes« — so erklärt er — »ist die lo-gische Idee in ihrer Vollendung als der Wille zur Welt, der Wille zur Natur. Zwischen dem Willen zum Dasein, zum Leben ... und dem Dasein, dem Leben selbst auf der anderen Seite besteht nach Schopenhauers tiefsinniger und rich-tiger Lehre keinerlei Übergang, keinerlei wechselseitige Kausalität, sondern beide sind völlig eins und identisch. Ganz ebenso (!) verhält sich nach Hegels wohl-verstandener Lehre die absolute Idee zu ihrer Verkörperung, der Wille zur Welt, zur Natur, zur Materie auf der einen, zur Welt, zur Natur, zur Materie selbst auf der andern Seite.« K. Fischer, Hegels Leben, Werke und Lehre, Heidelberg 1901, S. 576.
[2] S. ob. S. 276 ff.

durch einen schlechten sophistischen Spaß vernichten wollte[1]. Aber innerhalb Hegels System sind sie in der Tat völlig konsequent. Denn hier ist für die Anerkennung der Raum- und Zeitform als eines Eigenen und Selbständigen, als eines irreduzierbar-»Gegebe-nen« im Sinne des Kritizismus, kein Raum. Die Zufälligkeit, die Äußerlichkeit, in die sich die Idee frei entließ, muß wieder auf-gehoben werden; — die Natur muß als die notwendige Vermittlung zwischen der reinen Idee und dem selbstbewußten Geiste erkannt werden. Wie sie keine eigene endgültige Wahrheit hat, sondern nur einen vorläufigen Durchgangspunkt bildet, so sind auch alle ihre besonderen Gestaltungen nur der Reflex und die doppelte Spiegelung allgemein-logischer und konkret-geistiger Grundver-hältnisse. Damit die Idee zur sich denkenden Idee, zur wissenden Wahrheit werde: dazu bedarf es des Schlusses, welcher das Logische zum Grunde als Ausgangspunkt und die Natur zur Mitte hat. »Das Logische wird zur Natur und die Natur zum Geiste. Die Natur, die zwischen dem Geiste und seinem Wesen steht, trennt sie ... nicht zu Extremen endlicher Abstraktion, noch sich von ihnen zu einem Selbständigen, das als anderes nur andere zusammenschlösse; denn der Schluß ist in der Idee und die Natur wesentlich nur als Durch-gangspunkt und negatives Moment bestimmt und an sich die Idee[2].« Diese Form der spekulativen Naturbetrachtung, die un-mittelbar aus der Idee kommt und zur Idee wieder zurückstrebt, darf den Weg über die mathematische und empirische Wissen-schaft der Natur verschmähen. An die Stelle der Aufweisung der Bedingungen der Naturerkenntnis soll hier wieder die Einsicht in das »Innere der Natur«, als geistiges Innere, treten. Die Aus-führung von Hegels Naturphilosophie aber hat freilich gezeigt, wie diese scheinbare Wendung zu einer konkreteren Betrachtung in Wahrheit nur zu einer dialektischen Verflüchtigung des Inhalts der Natur führt: wie die Eigengesetzlichkeit der geistigen Kulturgebiete, so geht nunmehr in noch weit höherem Maße die Eigengesetzlich-keit der Natur und der Erfahrung verloren. —

Hier tritt noch einmal hervor, worin die geschichtliche Bedeu-tung und die geschichtliche Schranke des Hegelschen Systems liegt. Hegel geht darauf aus, den letzten Rest des »Dualismus« aus der Kantischen Grundauffassung zu tilgen. Er will die »Zweiwelten-

---

[1] Goethe an Seebeck, 28. November 1812; Werke (Weimarer Ausg.), IV. Abteil. Bd. XXIII, 180.
[2] Enzyklopädie, § 575.

theorie«, die Kant in seiner Kritik des Objektivitätsproblems, in seiner Zurückführung des Gegenstandes der Erkenntnis auf die synthetische Einheit prinzipiell überwunden hatte, völlig beseitigen, indem er jenen Überrest der dinglichen Weltansicht, der bei Kant noch im »Ding an sich« erhalten schien, vernichtet. Das echte »An sich« läßt sich nicht in der Form des »Dinges«, in der Form eines Transzendenten und Jenseitigen, sondern nur in der Grund- und Urform des geistigen Lebens selbst erfassen. In der Richtung auf diesen Gedanken liegt das Verdienst, das Hegels System sich um die Fortbildung des Idealismus erworben hat. Aber mit der Aufhebung der metaphysischen Schranke zwischen Subjekt und Objekt, zwischen Geist und Wirklichkeit, sollen auch die rein immanenten Geltungsunterschiede innerhalb der Erkenntnis, soll auch alle Spannung und aller methodische Gegensatz zwischen der »Form« und der »Materie« der Erkenntnis, zwischen dem Allgemeinen und Besonderen, dem Rationalen und Empirischen, dem Vernünftigen und dem Wirklichen beseitigt sein. Die Trennungen des »endlichen Verstandes« sollen kraft eines neuen Erkenntnisideals, kraft der dialektischen Methode, die die Selbstbewegung des göttlichen Logos selbst darstellt, als nichtig, als überwunden aufgezeigt werden. Und zugleich soll sich hier alle Fülle und alle konkrete Besonderheit des Wirklichen fortschreitend vor uns entfalten. Aber Hegels Naturphilosophie wie seine Geistesphilosophie hat die Undurchführbarkeit dieses programmatischen Grundgedankens gezeigt. In dem Bestreben, die methodische Dualität zwischen dem Ideellen und Faktischen, die aber zugleich reine methodische Wechselbeziehung zwischen beiden ist, in metaphysische Identität aufzuheben, hat Hegel schließlich in der Geistesphilosophie das Ideelle an das Faktische, in der Naturphilosophie das Faktische an das Ideelle verloren.

Fünftes Kapitel

Herbart

I. Die Methode der Beziehungen

Wenn man in der geschichtlichen Betrachtung vom System Hegels zu Herbarts Lehre übergeht, so scheint damit das Problem der Erkenntnis auf einen völlig neuen Boden verpflanzt zu werden. Die Kontinuität des spekulativen Denkens, wie sie, bei allem Gegensatz in den einzelnen Ergebnissen, zwischen Fichte, Schelling und Hegel unverkennbar ist, bricht hier unvermittelt ab: nicht nur die Lösungen der Philosophie, sondern ihr Problem und ihr Begriff ist ein durchaus anderer geworden. Wenn dort die »Genesis« aus dem Denken der Maßstab und das leitende Prinzip war, so tritt jetzt das »Gegebene« wieder in seine Rechte und wird zum bestimmenden Grunde aller philosophischen Wahrheit: dem »Idealismus« des Gedankens tritt der »Realismus« der Erfahrung gegenüber. Und in diesem »realistischen« Erfahrungsbegriff will sich Herbart nicht nur von der Reihe der spekulativen Systeme, sondern auch von Kants kritischer Philosophie unterscheiden. Die Formen der Verknüpfung, die Kant der Subjektivität preisgegeben hat, sollen wieder in ihrem objektiven Bestand gesichert und auf ihre objektiven Grundlagen zurückgeführt werden: die Aufgabe der »transzendentalen Logik« bildet sich wieder zur Aufgabe einer allgemeinen Ontologie, einer metaphysischen Seinslehre um. Vom Sein als erstem Fundament war freilich auch Hegels Logik ausgegangen, aber sie hatte in ihm nur die abstrakteste und somit inhaltleerste Bestimmung des Denkens gefunden. Hier dagegen soll es wieder in seine eigentliche Rechte eingesetzt, soll es so gefaßt werden, daß es in seinem reinen »An sich«, losgelöst von aller Eigentümlichkeit und allen Idiosynkrasien des Denkaktes, hervortritt und sich uns in seiner für sich bestehenden Wahrheit enthüllt.

Aber schon der erste Schritt, den Herbart auf diesem Wege tut, zeigt freilich, daß er sich, wenngleich seine Aufgabe eine andere ist, in der allgemeinen Methodik von den Systemen, die er bekämpft, keineswegs völlig gelöst hat. Nicht die Wiedergabe, sondern die »Bearbeitung« der Erfahrung ist ihm der Inhalt der Metaphysik: diese Bearbeitung aber ist unumgänglich, weil die Erfahrung, in der Form der sinnlichen Empfindung, in der sie uns zunächst entgegentritt, den grundlegenden und unverrückbaren Forderungen des Begriffs widerstreitet. Ein »Realismus« aber, der den Anspruch erheben wollte, nicht etwa nur über die Bestimmtheit der Sinneswahrnehmung oder über die Bestimmtheit einzelner gedanklicher Verknüpfungsformen — wie etwa der empirischen Raum- und Zeitform — hinauszugehen, sondern der sich zugleich von den Gesetzen des Denkens unabhängig dünkte, wie sie sich in der allgemeinen Logik aussprechen — ein solcher Realismus wäre auch nach Herbart ein vollendeter Widersinn. Denn jede Spekulation, sie heiße nun Theorie, System oder wie man will, sucht eine Konstruktion von Begriffen, welche, wenn sie vollständig wäre, das Reale darstellen würde, wie es dem, was geschieht und erscheint, zum Grunde liegt[1]. Das erste Kriterium der Gültigkeit einer solchen Konstruktion aber kann selbst nur ein begriffliches sein: nämlich die Aufhebung des Widerspruchs sein, der in den unmittelbaren Erfahrungsdaten zutage tritt. Die bloße Vorstellung eines den Erscheinungen »zu Grunde liegenden« ist daher nicht weniger, aber auch nicht mehr als ein notwendiger Gedanke. Ein solches Fundament ist keineswegs gegeben — »es ist hinzugedacht auf eben die Weise, wie wir überhaupt zu dem, was geschieht, Ursachen hinzuzudenken pflegen. Es gehört also selbst zu den Vorstellungsarten, die wir nach den Gesetzen unseres Denkens bilden und die keine von uns unabhängige Realität haben. *Wir können überhaupt gar nicht aus unserem Vorstellungskreise herausgehn,* wir haben gar keinen Gegenstand des Wissens, als unsere Vorstellungen und uns selbst; und die ganze Anstrengung unseres Denkens kann nur darauf gerichtet sein, daß uns der notwendige Zusammenhang des Selbstbewußtseins mit den Vorstellungen einer äußeren Welt in allen Punkten klar werde.« Die Gültigkeit und reale Bedeutung dessen, was wir über das Seiende in einem notwendigen Denken festsetzen, kann gar nicht bezweifelt werden, weil dieser Zweifel selbst nichts anders wäre, als ein Versuch, sich dem notwendigen Gedanken zu entziehen. »Wir sind in unsern Begriffen völlig eingeschlossen; und *gerade darum, weil* wir es sind, entscheiden Begriffe über die reale Natur der Dinge. Wer dies für

---

[1] Allgemeine Metaphysik, zweiter Teil, erster Abschnitt: Methodologie § 163. — Herbarts sämtl. Werke, hg. von Hartenstein, IV, S. 14.

Idealismus hält (wovon es ganz und gar verschieden ist), der muß wissen, daß nach seinem Sprachgebrauche es kein anderes System gibt als Idealismus[1].«

Der Einwurf, daß auch die »Realen«, die Herbarts Metaphysik als Grundlage der Erscheinungen behauptet, wohl nur »Gedankendinge« sein möchten, ist demnach nach Herbart, sofern er als Einwurf gefaßt wird, gänzlich leer und verfehlt sein Ziel. Denn das sind sie ganz unfehlbar: »es ist gar nicht nötig und nicht angemessen, dieses bloß zweifelnd auszudrücken; vielmehr verrät der Zweifel hier, mehr als irgendwo, den Anfänger.« »Wo der Verfasser vom Realen redet« — so erklärt daher Herbart kategorisch — »da besinnt er sich zugleich an sein Denken desselben und verlangt von einem andern, höhern, der Skepsis in diesem Punkte überlegenen Realen kein Wort mehr zu hören.« Zwischen dem vollendeten und in sich geschlossenen System der Wahrheit und dem vollendeten System der Wirklichkeit gibt es also für Herbart sowenig einen Sprung oder einen Abstand, als es ihn für Hegel gibt: beides fällt ihm unmittelbar in Eins zusammen.

Und noch enger scheint sich dieser Zusammenhang zwischen dem absoluten Idealisten und dem absoluten Realisten zu gestalten, wenn man erwägt, daß auch für Herbart der Widerspruch im unmittelbaren »Dasein« und in der unmittelbaren Erkenntnis zur treibenden Kraft jeglicher philosophischen Spekulation wird. In der Vorrede zum zweiten Teile seiner Metaphysik hat Herbart selbst in diesem Sinne auf Hegel verwiesen, der auf die Widersprüche im Weltbild des gewöhnlichen Bewußtseins ein so helles, ja grelles Licht geworfen habe, daß sie, wie sehr auch die Gegner sich sträuben, doch endlich auch das blödeste Auge werde sehen müssen. Man dürfe nicht versuchen, diese Widersprüche durch scheinbare Vermittlungen auszugleichen und abzustumpfen: »denn die vollkommene Notwendigkeit, im Denken vorwärts zu gehen — so wird hier fast mit Hegels Worten erklärt — findet sich nur da, wo das, was man schon denkt, sich selbst aufhebt[2].« Für Herbart, wie für Hegel, ist somit die Dialektik das große Instrument der Philosophie: aber wo Hegel die immanente Dialektik des Begriffs selbst sich entfalten sieht, da erblickt Herbart die Dialektik der Erfahrung und der empirischen »Gegebenheiten« vor sich. Der Stoff, die

---

[1] Lehrbuch zur Einleitung in die Philosophie § 124 u. 136; S. W. I, 191 u. 221
[2] a. a. O. § 136; I, 222 Anm.; I, 223.
[3] Allgemeine Metaphysik, Vorrede, IV, 7; § 183, IV, 46.

»Materie« des Wirklichen, liegt vor uns; wir können von ihm, wie er sich uns in den Wahrnehmungen und ihren direkt gegebenen Verbindungen darstellt, weder etwas hinwegnehmen noch ihm etwas hinzufügen. Aber ebensowenig ist es möglich, bei ihm stehen zu bleiben; denn er bedeutet in der Art, wie er sich hier gibt, nichts Geringeres als die Aufhebung der notwendigen Form der Vernunft, an die wir in allem Denken und Fragen gebunden sind. Solange diese beiden Momente, solange Erfahrungsinhalt und Vernunftinhalt in sich selbst verschlossen bleiben und jedes unwandelbar nur auf sich selbst beharrt, ist der Konflikt zwischen ihnen unlösbar. Denn noch weniger als vom Inhalt der Erfahrung, läßt sich vom Inhalt der Vernunft und des reinen Gedankens etwas abdingen. Die Notwendigkeit, die hier waltet, läßt keinen Kompromiß zu: sie ist ganz und unbedingt oder gar nicht vorhanden. Den Widerspruch also in die Sphäre des Begriffs aufnehmen und ihm hier eine zweideutige Geltung zugestehen, heißt den Sinn und die Kraft des Denkens selbst zunichte machen. So bleibt hier nur ein Weg offen, um die Philosophie als Wissenschaft zu begründen; – um den Gedanken zugleich in strenger Übereinstimmung mit der Erfahrung, wie mit seinem eigenen unverbrüchlichen Gesetz zu halten. Die Variabilität, die wir in die reine Denkform nicht aufnehmen konnten, muß sich in einem neuen Sinne an dem Stoff des »Gegebenen« als möglich erweisen. Nicht in der Weise freilich kann sie behauptet werden, als könne über diesen Stoff nach Belieben geschaltet werden – denn dann hätte er eben den Charakter der »Gegebenheit« eingebüßt –, wohl aber muß es möglich sein, seine Bestimmtheit, ohne sie willkürlich abzuändern, in einer andern Ausdrucksform, als in der Sprache der unmittelbaren Wahrnehmung auszusprechen. Diese doppelte Aufgabe ist es, die Herbarts Metaphysik erfüllen soll. Sie sucht die Form der Erfahrung als die Form des Seins zu erweisen: aber sie zeigt zugleich, daß diese Form der Erfahrung selbst nichts schlechthin und von Anfang an Bekanntes ist, sondern erst in der durchgängigen Deutung und Bestimmung der gegebenen Elemente gemäß den Forderungen des Begriffs ermittelt werden muß.

In diesem Ausgangspunkt seiner Philosophie scheint Herbart zunächst noch völlig auf dem Boden der Vernunftkritik zu stehen. Denn auch für Kant bilden die reinen Verstandesbegriffe das Mittel, kraft dessen wir »Erscheinungen buchstabieren« müssen, um sie als Erfahrungen lesbar zu machen; auch für ihn löst sich das Problem des Gegenstandes in das Problem der Synthesis und dieses wieder in eine systematische Reihe allgemeingültiger Grundsätze auf, durch die in der unbestimmten Mannigfaltigkeit der Empfindung eine objektive Einheit der Verknüpfung hergestellt wird. In der Tat würde Herbart zum mindesten die ursprüngliche Verwandtschaft seines Problems mit Kants allgemeiner Frage schärfer empfunden und betont haben, wenn er nicht Kants Lehre von vornherein unter einer bestimmten und einseitigen geschichtlichen Perspektive betrachtet hätte, die ihm den Blick für das Ganze ihres Gehalts verschloß. Er sieht in Kant nicht sowohl den Kritiker der Erfahrung, als vielmehr den Kritiker der Erkenntnis, — wenn man dieses letztere Wort in dem Sinne nimmt, daß es die Analyse der Akte und Vorgänge bedeutet, durch welche das Ich dazu gelangt, sich aus den Elementen der Wahrnehmung vermöge bestimmter in ihm bereitliegender »Formen« des Verstandes, das Bild der Erscheinungswirklichkeit zu gestalten. Die Vernunftkritik, wie Herbart sie versteht, geht also nicht auf die Analyse des Bestandes der Erfahrung, um an diesem das Notwendige vom Zufälligen, das Bleibende vom Veränderlichen zu scheiden, sondern sie richtet sich auf die Erklärung des Zustandekommens des empirischen Weltbildes. In Übereinstimmung mit Fries betont Herbart, daß das Fundament Kants in nichts anderem als in der empirischen Psychologie bestehe[1]. Und von dieser, für ihn unbezweifelten Voraussetzung aus argumentiert er nun gegen das, was er als Kants Lösung des Erkenntnisproblems ansieht, wie man zugestehen muß, mit wahrhafter begrifflicher Schärfe und Gründlichkeit. In dieser Kritik tritt ein erstes und wesentlich bestimmendes Motiv von Herbarts »Realismus« heraus. Der Realismus, den er bekennt, will der Gegensatz und der Schutz gegen den Psychologismus sein, in welchen die Kantische Lehre, nach Herbart, uns unvermeidlich verstricken würde. Denn sind einmal die Kategorien als »Seelenvermögen« gedacht: so ist in der Tat der Schluß zwingend, daß damit alle objektive Sicherheit des Wissens aufgehoben, und alle logische Bestimmtheit in eine bloß anthropologische aufgelöst sei. Jedes Wissen, das sich als allgemeingültig und notwendig ausgibt, besitzt nunmehr diese Eigenschaften immer nur relativ zu dem besonderen Subjekt und im Hinblick auf seine spezifische »Organisation«: eine andere Form dieser physischgeistigen Organisation würde eine andere Form der Wahrheit und Gegenständlichkeit zur Folge haben. Eben dieser Gedanke aber ist

[1] Allgemeine Metaphysik § 39, Zweite Anmerkung, S. W. III, 155.

es, den Herbart mit allem Nachdruck bekämpft. Die Vernunft, deren systematische Struktur uns durch die philosophische Erkenntnis aufgewiesen wird, ist Eine — sie ist nicht das Eigentum eines bestimmten »Subjekts«, das seiner Beschaffenheit nach auch anders geartet sein könnte, sondern sie bezeichnet ein an sich bestehendes unwandelbares Seinsgesetz[1]. Das ist der zweite Grundzug, in welchem Herbarts Lehre sich vollendet und in dem sie sich selbst ihre Stellung gegen die vergangene und zeitgenössische Metaphysik abzugrenzen sucht. Daß das Sein, auf dessen Bestimmung die Erkenntnis sich richtet, sich nicht anders als in Vernunftbegriffen aussprechen lasse, ist die unbezweifelte Prämisse, von der Herbart ausgeht — aber es ist nicht »unsere« Vernunft, sondern die des »Realen« selbst, es ist keine relative, sondern eine absolute Norm, die mit diesem Ausdruck gefordert und bezeichnet wird.

Betrachtet man unter diesem Gesichtspunkt das Ganze der Erkenntnismittel und ihren systematischen Aufbau, so zeigt sich, daß die Scheidung zwischen Elementen von »objektivem« und solchen von bloß »subjektivem« Werte in der Art, in der sie gewöhnlich gefaßt wird, undurchführbar ist. Denn kein einzelnes Erkenntnismittel — es sei die Empfindung oder Wahrnehmung oder der reine Begriff — gibt als solches schon den realen Gegenstand; und keines ist andererseits so abgetrennt von ihm, daß es nicht in irgendeiner Weise auf ihn hinwiese und ihn in bestimmter Hinsicht »bedeutete«. Es gibt keine bloß »formellen« Bestandteile in unserer Erkenntnis, die lediglich die Beschaffenheit des erkennenden Subjekts, nicht die des Wirklichen zum Ausdruck brächten — wie auf der andern Seite auch die vollkommenste Erkenntnis des absoluten Seins durch eine Stufenfolge bloß relativer Bestimmungen vermittelt werden muß. Die schematische Einteilung des Gesamtinhalts des Wissens in eine »reine Form«, die schlechthin nichts anderes als Form und in eine »reine Materie«, die nichts anderes als Materie sein soll, wird daher von Herbart von Anfang an abgewiesen. Was

---

[1] Vgl. hrz. die Kritik an Kant, Allgem. Metaphysik, § 39, S. W. III, 152. »Abgesehen von dem, was aus Kants Lehre gemacht worden, bemerkt man leicht, daß in seinem eigenen Geiste die Meinung von den Seelenvermögen an allem schuld ist. Gibt es besondere Augen und Ohren des Geistes, wie des Leibes; kann das Erkenntnisvermögen auf verschiedenen Planeten verschiedene Einrichtungen haben; ist keine wesentliche Verbindung, keine allgemeine Gesetzmäßigkeit in der Bildung jedes Wissens, *wer auch der Wissende sei:* so wird Alles subjektiv; und von Wahrheit läßt sich dann eigentlich nicht reden, sondern nur von gleichartiger Täuschung, die nicht viel mehr bedeutet, als was eine konventionelle Sittlichkeit und ein nationaler Glaube bedeuten können.«

er gegen diese Abtrennung einwendet, ist vor allem dies, daß sie den Erkenntnisinhalt und den Erkenntnisprozeß in seiner Besonderheit und seiner charakteristischen Bestimmtheit niemals wahrhaft zur Darstellung zu bringen vermag. Fragen wir etwa nach dem Grund und Ursprung unserer räumlichen Erfahrung, so hilft es uns nichts, wenn man uns zur Antwort gibt, daß die Raumform als solche »in unserem Gemüte bereit liege« und daß sie der Materie der Empfindungen fertig aufgeprägt werde. Denn, wenn wir eine wirkliche Einsicht in die Struktur unserer Anschauungswelt gewinnen wollen, so handelt es sich nicht darum, zu wissen, woher die Räumlichkeit überhaupt stammt, sondern worauf die bestimmte Gliederung und Anordnung der Inhalte im Raume beruht. »Man mag Raum und Zeit, Kategorien und Ideen als im Gemüt liegende Bedingungen der Erfahrung ansehen: damit erklärt sich nicht die Bestimmtheit jedes einzelnen Dinges in der Erscheinung. *Das Gemüt hält für alles Gegebene dieselben und die sämtlichen Formen bereit.* Will man jedem Gegebenen überlassen, sich nach *seiner* Art diese Formen gehörig zu bestimmen oder *auszuwählen*: so müssen im Gegebenen *gerade so viele Beziehungen auf unsere Formen* vorkommen, als wir Figuren, Zeiträume, zusammengehörige Eigenschaften Eines Dinges, zusammengehörige Ursachen und Wirkungen usw. in der Erfahrung bestimmt finden. Da nun das Gegebene (die Materie der Erfahrung) am Ende von den Dingen an sich hergeleitet wird: so bekommen diese eine ebenso große Mannigfaltigkeit von Prädikaten als wir mannigfaltige Bestimmungen in der Erscheinung wahrnehmen: wider den Kantischen Satz, daß wir die Dinge an sich nicht erkennen.[1]« Herbarts Kritik lenkt hier auf jenes allgemeine Problem zurück, das in der Entwicklung der Kantischen Lehre überall entscheidend hervortrat und das z. B. für Maimons Skepsis die eigentliche Grundlage bildete. Die abstrakte Zerlegung des Erkenntnisinhalts in Materie und Form, in einen apriorischen und aposteriorischen Bestandteil, bleibt ungenügend, da bei ihr die besonderen Gesetze der Erfahrung und ihre konkreten Einzelbestimmungen immer als ein schlechthin unbegriffener Rest stehen bleiben. Der spekulative Idealismus hatte versucht, diese Lücke dadurch auszufüllen, daß er den gesamten Inhalt der Erkenntnis, von einem höchsten, durch sich selbst gewissen Ausgangspunkt aus, in einer einzigen lückenlosen Deduktion abzuleiten unternahm. Herbart geht den entgegengesetzten

---
[1] Lehrbuch zur Einleitung in die Philosophie § 150; S. W. I, 258.

Weg. Er will den deduktiv-synthetischen Gang des reinen Denkens, durch eine Betrachtung ersetzen, die rein und ausschließlich im Gegebenen wurzelt, — die aber zugleich dieses Gegebene nicht in der Art, in der es sich zunächst darbietet, hinnimmt, sondern es in ein innerlich zusammenhängendes, in all seinen Teilen übereinstimmendes Ganze umbildet. Diese Analysis, die sich ebensosehr auf die Erkenntnisform und auf den Erkenntnisinhalt, auf die Beschaffenheit der Grundelemente des Wissens, wie auf die Eigenart seiner Beziehungsfunktionen erstreckt, soll vollständig durchgeführt werden: als ihr Ertrag wird sich nach Herbart ein Bild der Erfahrung ergeben, das gleich sehr von Willkür, wie von Widerspruch frei ist, das den Begriff inhaltlich bindet und das dennoch zugleich allen prinzipiellen Forderungen und Notwendigkeiten des Begriffs durchweg gemäß ist.

Beginnen wir in dieser Analyse mit dem unmittelbaren Inhalt der Empfindung selbst, so tritt an ihm der Doppelcharakter jeder Erkenntnis und gleichsam dasjenige, was man als ihr positives und ihr negatives Moment bezeichnen könnte, mit besonderer Deutlichkeit hervor. Denn die Empfindung kann je nach dem Gesichtspunkt, unter dem man sie betrachtet, dem realen Sein am nächsten oder am fernsten genannt werden. Sie steht ihm am nächsten — sofern ohne sie der Gedanke des Realen selbst unfaßbar und ohne Inhalt bliebe. Nur weil wir empfinden und weil wir uns im Akt der Empfindung der passiven Bestimmtheit der Erkenntnis bewußt werden, gibt es für uns ein »Etwas«, gibt es ein Grundelement des Seins überhaupt. In diesem Sinne ist und bleibt das Sein »absolute Position«, die keinem Bewußtsein durch mittelbare Beweise andemonstriert werden kann. Ein Bewußtsein, das die spezifische Gebundenheit, die sich in der Empfindung äußert, nicht in sich vorfände, vermöchte niemals zu begreifen oder zu erschließen, was mit dem Ausdruck des »Realen« oder des Objekts gemeint sei. Wenn indessen auf diese Weise die Empfindung das reine »Daß« der Realität begründet, wenn sie den letzten Erkenntnisgrund dafür abgibt, daß überhaupt etwas »ist« — so bestimmt sie andererseits in keiner Hinsicht die nähere Beschaffenheit dieses Seienden. Sobald wir vielmehr versuchen, die Qualitäten der Empfindung selbst als die Qualitäten des Realen zu denken, geraten wir in eine Welt unentwirrbarer Widersprüche. Es genügt, um sich dieser Widersprüche bewußt zu werden, an all die dialektischen Einwände zu erinnern, die seit dem Erwachen des bewußten logischen Denkens, seit den

Tagen der Eleatik und der antiken Skepsis, gegen die sinnliche Wahrnehmung erhoben worden sind. Gleich Hegel ist Herbart ein Meister in der Aufdeckung dieser Dialektik des »wahrnehmenden Bewußtseins«. Jede Setzung, die wir in ihm vollziehen, fordert, wie er zeigt, zugleich ihr Gegenteil heraus und schließt es unmittelbar in sich. Jedes »Sosein«, das die Empfindung ausspricht, erscheint ihr selbst alsbald als ein »Anderssein«, jedes Feste als ein Fließendes, jedes Eins als ein Vieles auseinanderfallender Bestimmungen. Dennoch kann der Schritt, den wir in der Empfindung einmal getan haben, nicht wieder zurückgetan werden. Der Anspruch, den sie erhebt, bleibt bestehen — wenngleich er innerhalb ihrer Grenzen niemals zur Erfüllung gebracht werden kann. So formuliert sie die grundlegende Frage; aber die Antwort auf diese Frage muß sie, sobald sie über ihren eignen Gehalt, über ihren »Sinn« und »Widersinn« klar geworden ist, einem anderen Element der Erkenntnis zuschieben. Sie erweist sich als »Schein« — denn ihre Aussagen heben sich wechselseitig selbst auf — aber in diesem Charakter des Scheinens selbst hält sie noch die Forderung eines bleibenden, in sich geschlossenen, eindeutig-bestimmten Seins aufrecht, das dem Schein als Grundlage dient. »Leugne man alles Sein, so bleibt zum wenigsten das unleugbare Einfache der Empfindung. — Aber das Zurückbleibende, nach aufgehobenem Sein, ist Schein. Dieser Schein, als Schein, hat Wahrheit; das Scheinen ist wahr. Sein Inhalt, sein Vorgespiegeltes wird in dem Begriff: Schein verneint. Damit erklärt man ihn ganz und gar für Nichts, sofern man ihm nicht von neuem (ganz fremd dem, was durch ihn vorgespiegelt wird) ein Sein wiederum beifügt, aus welchem man dann noch das Scheinen abzuleiten hat. — Demnach: wieviel Schein, soviel Hindeutung aufs Sein[1].«

Vom Standpunkt der wissenschaftlichen Weltansicht, vom Standpunkt der mathematischen Naturwissenschaft aus kann freilich die Meinung entstehen, als bedürfte es für diese »Hindeutung« keiner weiteren Ausführung und Erläuterung mehr. Für sie ist das »Sein«, ist die »empirische Realität« des Gegenstandes nicht in den Empfindungen selbst, wohl aber in den meß- und zählbaren Elementen gegeben, die wir in der wissenschaftlichen Betrachtung an ihre Stelle treten lassen. In ihnen glaubt sie jene Konstanz und Eindeutigkeit zu finden, die der bloßen Wahrnehmung als solcher versagt bleibt. Dem Reich der Wahrnehmungsqualitäten tritt ein Reich von Größen und Zahlen gegenüber, in welchem nunmehr aller objektive

---
[1] Hauptpunkte der Metaphysik (1808); S.W. III, 13f.

Gehalt der Empfindung aufbewahrt, zugleich aber aller Wider­spruch, der in ihr liegt, ausgetilgt erscheint. Auch für Herbart ist der Übergang, der sich hier vollzieht, ein Schritt, den er in seiner Geltung und in seiner Notwendigkeit rückhaltlos anerkennt. Von der Empfindung als solcher — so betont er — wird Niemand, wenn nicht gänzlich ohne Überlegung, verlangen, sie solle die Beschaffen­heit der Dinge aussagen; Jedermann kennt ihre durchaus subjektive Natur. Schon der ganz gemeine Verstand ist darüber hinaus, die wahrhaft erste, unmittelbare Position des *Empfundenen* so stehen zu lassen, wie sie ursprünglich war. »Die Dinge, welche er für real hält, sind Komplexionen von Merkmalen; und diese *Form* der Er­fahrung, noch vor aller Skepsis, hat schon das Empfundene in Ad­jektiva verwandelt, welche den Dingen zwar beigelegt werden, aber nicht *die Dinge selbst* sind. Die wahrhaft erste Position lag in den Adjektiven; aber sie hat sich herausgezogen, um die Substantive zu denselben zu bilden. Und von diesem ersten Schritte, vermöge des­sen die Bestimmung dessen, was man setzt, verändert wird, ob­gleich die Setzung selbst beibehalten wird — ist die fernere Wande­rung des Begriffs vom Sein, welche in den Systemen verschiedene Wege nimmt, nur die Fortsetzung.« Der erste Schritt besteht darin, das Sein nicht mehr durch die Empfindungsqualität selbst, als schwer, oder gelb, oder dehnbar zu bezeichnen, sondern es als ein »Schweres«, ein »Gelbes«, ein »Dehnbares« zu denken, als ein »Et­was«, dem diese Eigenschaften »zukommen«, das sich aber in ihnen nicht erschöpft. Bei weiterer Bestimmung aber wird auch in diesem Etwas nicht ein Absolutes, sondern ein Relatives, ja nichts anderes als ein Ausdruck für einen Gesamtkomplex von Relationen erkannt. Das Reale rückt von den Empfindungen in die Verhältnisse der Empfindungen zurück. Wir stellen fest, daß *Etwas* und zwar *Vieles* und Verschiedenes *da ist,* und daß unter seinen Qualitäten, die wir ihrem reinen Ansich nach nicht kennen, *Verhältnisse* stattfinden, welche den Winken der Erfahrung gemäß gehörig zu bestimmen, die ganze Angelegenheit unseres theoretischen Wissens ausmacht. Dieses Wissen ist somit ein rein formales: es bildet Verhältnisse ab, *ohne die Verhältnisglieder einzeln zu kennen,* weil es von sol­chem Gegebenen ausgeht, worin nicht die Beschaffenheit der Dinge, sondern nur ihr Zusammen und Nicht-Zusammen sich abbildet[1].

Von dem Mißverständnis, dieses Formale in ein bloß Subjek­tives zu verflüchtigen, werden wir auch hier wiederum durch die

---
[1] Allgemeine Metaphysik, § 327; S.W. IV, 314 ff.

Einsicht bewahrt, daß die Verhältnisse, die die Erfahrung uns darbietet, nicht nach Belieben veränderlich und verschiebbar sind, sondern daß sie gleich dem materialen Empfindungsinhalt selbst eine Bestimmtheit aufweisen, an die die Vorstellung schlechthin gebunden ist. Die Erfahrung zeigt uns niemals eine rohe formlose Materie des Gegebenen und noch weniger die synthetische »Handlung« des Verknüpfens an einem noch formlosen Stoffe, sondern sie weist beide Charaktere immer nur in ihrer Einheit, sie weist durchgängig-bestimmte Elemente mit schon vorhandenen durchgängig-bestimmten Verknüpfungen auf[1]. Das letztere Moment »ist« in genau demselben Sinne als das erstere: es enthält eine »Position«, die als solche, gleich derjenigen der Empfindung, notwendig erhalten bleiben muß, wenngleich sie in ihrem endgültigen Ausdruck notwendig verändert werden muß. Eben dies gilt Herbart als ein Grundmangel, den Kant mit der alten Metaphysik noch teilt, daß beide die Bezeichnung der »Gegebenheit« immer nur auf Empfindungen, statt zugleich auf Begriffe und Begriffsverhältnisse anwenden. Sie sprechen von Begriffen so, als ob man sie alle willkürlich machen und aus ihren Merkmalen zusammensetzen könnte, — während es sich gerade darum handelt, einzusehen, daß die Erfahrung selbst bestimmte Form- und Ordnungsverhältnisse implizit in sich schließt, so daß es für das Denken nur noch darauf ankommt, sie zu entwickeln und von innern Widersprüchen zu befreien. »Größe, Gestalt und Dauer werden nicht bloß gegeben, sondern sogar scharf beobachtet und gemessen: Nicht unsere Willkür, nicht der Wechsel unserer Zustände (seltene Ausnahmen abgerechnet) verhindern uns zu bemerken, daß, nachdem man sich die Sachen *anders gedacht* hat, wie bisher, alsdann die Notwendigkeit eintritt, sie wiederum so zu *nehmen*, wie sie sich *geben*. Wie wir nun an Gestalt und Dauer gebunden sind, so auch an die Beschaffenheiten ... Die Erfahrung *schreibt vor*, welche Merkmale hier, welche dort zusammengefaßt werden, um von wirklichen Substanzen Kenntnis zu erlangen. — *»Aber wo liegt denn diese Vorschrift?«* Wir haben es schon gesagt, sie liegt in der *Erfahrung,* nicht in uns, nicht im Verstande, nicht in Kategorien, nicht in irgendeiner Metaphysik oder Vernunftkritik. Freilich liegt sie auch nicht in den einzelnen sinnlichen Empfindungen der einzelnen Merkmale. Aber *diese Materie der Erfahrung* ist eben nicht die *ganze* Erfahrung; sondern die Erfahrung hat auch ihre *gegebenen Formen.*

---
[1] S. Lehrbuch zur Einleitung in die Philosophie, § 150; S. W. I, 259f.

Und in diesen gerade liegt das Dringende des Gedankens: ein Reales müsse vorhanden sein, das für den Zuschauer solche Formen annehme[1].«

Raum und Zeit, Zahl- und Größenverhältnisse, Substantialität und Kausalität bedeuten demnach keine äußere Hülle, die der Verstand den Gegenständen überzieht, sondern sie sind sämtlich ein Grundmoment ihres realen Bestandes. Aber freilich bleibt dieser »Realismus« der Wissenschaft ebensosehr auf halbem Wege stehen, als es der naive Sensualismus in seiner Verwechslung von Ding und Empfindungsinhalt tat. Die echte Methodenlehre der Metaphysik hat beiden gegenüber die doppelte Aufgabe zu erfüllen: einerseits vor Verfälschungen des Gegebenen zu warnen und dessen Sicherheit oder Unsicherheit zu prüfen, andererseits im Gegebenen selbst die Antriebe des fortschreitenden Denkens nachzuweisen, vermöge dessen man sich dem Realen ohne Sprung nähern könne[2]. Was für die Wissenschaft der Halt und Ruhepunkt, das ist demnach für die Metaphysik der eigentliche Anfangspunkt. Denn unmöglich kann das philosophische Denken die Widersprüche übersehen, die in denjenigen Begriffen selbst enthalten sind, die uns von der wissenschaftlichen Empirie als letzte Lösungen dargeboten werden. Man braucht, um diese Widersprüche vollständig vor sich zu haben, nur daran zu erinnern, daß die Grundantinomie zwischen Einheit und Vielheit, zwischen der Form der Stetigkeit und der Form der diskreten Zahl, in die Verhältnisordnungen von Raum und Zeit in ihrer vollen Schärfe eingeht und sich von hier aus auf alle anderen Systeme erstreckt, die durch diese Ordnungen vermittelt sind. In der Aufdeckung und Darstellung dieser Antinomien hat Herbart die ganze analytische Schärfe seines Denkens bewährt[3]. Wie aber sollen wir uns nun diesem Widerstreit gegenüber verhalten — da auf der einen Seite das Denken die Begriffe des Stetigen und Diskreten, die Begriffe von Raum, Zeit und Zahl als »gegebene« Begriffe nicht von sich weisen, und sie auf der anderen Seite, ohne auf sich selbst und sein grundlegendes Prinzip zu verzichten, nicht bestehen lassen kann? Hier bleibt nur übrig, daß es den gegebenen A n s a t z festhält, aber die versuchte L ö s u n g dieses Ansatzes aufhebt. Wie der Standpunkt der Wissenschaft zu dem

---

[1] Allg. Metaphysik § 118; S. W. III, 345 f.
[2] a. a. O. § 164; S. W. IV, 17.
[3] Vgl. den ganzen Abschnitt der »Synechologie« (Allgemeine Metaphysik, Teil II, Abschnitt 3; S. W. IV, 147 ff.).

der unmittelbaren Sinneswahrnehmung, so verhält sich daher der Standpunkt der Metaphysik zu dem der Wissenschaft. Wie dort die Weisung, die die Empfindung gab, befolgt, eben damit aber zu Elementen fortgeschritten wurde, die ganz außerhalb ihres Bereichs lagen, so muß hier der reine Grundgehalt der Erfahrungsformen — der Formen des Nach- und Nebeneinander, sowie der Verknüpfung zu Dingen und Eigenschaften, zu Ursachen und Wirkungen — anerkannt, zugleich aber in Setzungen einer anderen und höheren Stufe erst begreiflich gemacht und begründet werden. Wenn in diesem Sinne die Metaphysik eine »Konstruktion« der Erfahrung in sich schließt, — so ist es doch dem Prinzip nach keine andere Konstruktion, als diejenige, die wir bereits dann ausüben, wenn wir ein Beisammen von Wahrnehmungen in das Gefüge eines wissenschaftlichen Urteils bringen. Für ein konsequentes Denken erweist sich der eine Schritt so notwendig als der andere. Die Metaphysik erfindet nichts, sondern sie spricht nur das Gegebene aus; — aber nicht in vorläufigen Setzungen, die sich selbst wechselseitig aufheben, sondern in endgültigen Bestimmungen, die der Kritik des Denkens standhalten.

Bevor jedoch der Inhalt dieser Bestimmungen aufgewiesen werden kann, gilt es vor allem, sich der eigentümlichen Methode zu versichern, durch die wir zu ihm vordringen können. Herbart selbst hat versucht, von dem Gang dieser Methode zunächst eine abstrakte Einsicht und eine abstrakte Rechtfertigung zu gewinnen, ehe er sie in ihrer Ausführung und in ihrem konkreten Gebrauch hinstellt. Widersprüche im Gegebenen sind es, durch welche die Arbeit des metaphysischen Denkens überhaupt herausgefordert wird — und das logische Verfahren, das allgemein der Vermittlung von Widersprüchen dient, wird es demnach sein müssen, das uns auch hier den Weg weist. Die Trägheit des Denkens fühlt sich freilich versucht, wenn sie einmal einen Widerspruch in den Anzeigen der wirklichen Erfahrung entdeckt hat, ihn nicht sowohl zu entwickeln, als ihn vielmehr zu verdunkeln und sich bei einer verworrenen Gesamtansicht, die die gegensätzlichen Momente ineinanderfließen läßt, zu begnügen. In der Metaphysik aber setzt man den Willen zu denken und den unbedingten Entschluß, diesem Willen Folge zu leisten, voraus: wenn sich daher findet, daß das Gegebene uns an einen Punkt führt, an dem ein Denken aufhören muß — so tritt ein anderes an seine Stelle. »Wenn ein Gegebenes nicht kann gedacht werden, so ist es deshalb nicht verurteilt, weggeworfen zu werden, sondern es muß im Denken anders gefaßt werden[1].« Diese andere Fassung wird durch das Verfahren ermöglicht, das Herbart als die »Methode der Beziehungen« bezeichnet. Nehmen wir an, die Erfahrung führe uns vor einen Sachverhalt, der in seinem logischen Ausdruck sich selbst aufhebt: — sodaß also, wenn wir ihn im Urteil zu bestimmen versuchen, ein Urteil von der Form: A ist B und ein anderes von der Form A ist non-B sich ergibt. Hier sind zwei Urteile, deren keins allein einen Widerspruch enthält; sondern dieser entsteht erst, wenn wir beide in einer wahrhaften Einheit zusammennehmen oder wenn wir, mit andern Worten, die beiden entgegengesetzten Prädikate auf ein und dasselbe identische Subjekt beziehen wollen. Verzichten wir auf diese Einheit des Subjekts, — lösen wir also dasjenige, was sich uns zunächst als ein bloßes undifferenziertes A ergab, in eine Mehrheit A', A''... $A_{(n)}$ auf — so erblicken wir dort, wo wir zuvor einen Widerspruch sahen, eine bloße Verschiedenheit von Bestimmungen — und zwar eine Verschiedenheit, die keine bloße unbestimmte Mannigfaltigkeit ist, sondern deren Glieder nach einer vom Denken selbst geforderten Regel auseinander hervorgehen und miteinander zusammenhängen. Indessen ist hiermit die eigentliche Schwierigkeit freilich noch nicht beseitigt. Es hilft uns nichts, daß wir statt e i n e s A nun deren mehrere haben: denn jedes e i n z e l n e dieser Subjekte ergibt, wenn es unmittelbar mit dem Prädikat zusammengefaßt wird, den gleichen ungelösten Widerspruch, von dem wir ausgegangen waren. Wir sehen somit, daß wir, um zur wahrhaften Lösung vorzudringen, die Art des Angriffs ändern müssen. »Wenn mehrere M statt eines einzigen gesetzt sind, so mag immerhin jedes einzeln genommen mit N einen Widerspruch bilden; wir werden uns nicht bemühen, jedes insbesondere, wie wir uns zuvor dachten, zu verfolgen und zu zerschlagen. Wir können jetzt die M *anders* fassen, als einzeln, — das heißt sie *zusammenfassen*. Da wir es *können* und überdies uns *nichts anderes übrig bleibt*, wenn wir sie nicht wegwerfen und das Gegebene damit ebenfalls wegwerfen wollen... so *müssen* wir das tun, was wir können. Wir müssen annehmen, *in der Verbindung der M entspringe N*; oder was dasselbe sagt, jedes M, nicht einzeln, sondern als zusammen mit den anderen M, sei gleich N. Und hier, bei dieser Distinktion, sind wir am Ende. Nicht mit der Auflösung irgendeines Problems, sondern mit der allgemeinen Be-

---

[1] Allgem. Metaphysik § 184, S. W. IV, 47; vgl. Lehrb. zur Einleit. in die Philosophie § 116, S. W, I, 173 ff.

ziehung der Methode, wie man nach der Auflösung suchen müsse, insofern dieses bloß daraus, daß in dem Gegebenen überhaupt ein Widerspruch liegt, kann geschlossen werden[1].«

Entwickeln wir uns diese ganz allgemeine Anweisung der Herbartschen Methode an einer konkreten Einzelfrage: – so bietet etwa die Erfahrung uns Verhältnisse dar, die wir im wissenschaftlichen Begriff nicht anders bezeichnen können, als dadurch, daß wir bestimmte »Dinge« setzen, die mit verschiedenartigen Merkmalen behaftet sind, oder daß wir »Veränderungen« annehmen, die sich an einer Substanz vollziehen. Die genauere Analyse aber lehrt uns den Widersinn kennen, in den wir mit diesen Scheinlösungen verfallen sind. Ein Ding, das Merkmale »hat«, ist ein Eins, das zugleich Vieles ist; eine Substanz, die zu etwas »wird«, ist ein Unwandelbares, das doch in keinem Momente sich selbst gleich ist. Wir müssen also den Schritt, den wir getan, wieder zurücktun, – aber wir scheinen in dieser Aufhebung unseres ersten Gedankens auch das Gegebene selbst aufheben, wir scheinen die empirische Mannigfaltigkeit der »Eigenschaften« und die Tatsächlichkeit des »Geschehens« überhaupt leugnen zu müssen. An diesem Punkte setzt die »Methode der Beziehungen« ein. Sie erkennt den »Schein« der vielfältigen Eigenschaften und der wandelbaren Accidentien an; aber sie sieht in ihm nicht die Realität selbst, sondern die bloße »Hindeutung aufs Reale«. Sie nimmt das Verhältnis von Ding und Eigenschaft, von Grund und Folge auf; aber sie befreit es von dem ihm immanenten Widerspruch, indem sie an die Stelle eines Dinges mit vielen Eigenschaften, eines Grundes mit mehreren Folgen einen Inbegriff und Gesamtkomplex realer Wesen setzt, die zueinander in bestimmten Beziehungen stehen. Jedes dieser Wesen ist, für sich betrachtet, lediglich es selbst und verharrt durch alle Folge der Zeiten in der reinen Identität mit sich selbst; aber indem sie zusammentreten, erzeugen sie für den Zuschauer den Anschein einer Veränderung, die in ihnen von Statten gegangen wäre. Dieser Anschein hat eine bedingte Objektivität – sofern nämlich für jeden Zuschauer, unabhängig von seiner besonderen Eigentümlichkeit, das gleiche Bild sich notwendig erzeugen muß – aber er besitzt keine absolute metaphysische Wahrheit – sofern nämlich, vom Standpunkt der einzelnen Substanz gesehen, all dasjenige, was ihr nicht an sich, sondern nur im Verhältnis zu einer andern zukommt, nur als »*zufällige Ansicht*« von ihr gelten kann. »Wie die Mathematiker – so schließt Herbart diese

[1] Allgemeine Metaphysik § 183ff; vgl. bes. S. W. IV, 51.

Erörterung ab — ihre Größen nach dem Bedürfnisse transformieren, ja fast jeden Augenblick mit den Ausdrücken wechseln — und wie sie ohne solchen Wechsel nicht rechnen können: so werden wir eine ähnliche Kunst nötig haben. Eine Kunst der *zufälligen Ansichten!* Ohne diese möchte mit der Methode der Beziehungen schwerlich etwas anzufangen sein.« Dem Mathematiker ist etwa die quadratische Gleichung $x^2 + ax + b = 0$ gegeben; aber sie ist in der Form, in der sie sich ihm hier darstellt, nicht unmittelbar auflösbar. Aber die Lösung erhellt sofort, wenn man den Ausdruck $x^2 + ax$ als einen Rest betrachtet, der sich aus der Verminderung eines rein-quadratischen Ausdrucks um ein bestimmtes Glied ergibt; wenn man also, anstelle der ersten Fassung, $x^2 + ax$ als eine Differenz zweier Größen, nämlich als

$$\left(x + \frac{1}{2}a\right)^2 - \frac{1}{4}a^2,$$

ansieht. Diese Ansicht ist dem einzelnen Begriff, dem bestimmten mathematischen Ausdruck gegenüber, auf den sie sich bezieht, »zufällig« (denn dieser ist ein in sich beschlossener, absoluter Wert, für den die Darstellung als Differenz nur eine äußerliche Beziehung ist) aber sie ist dennoch notwendig an dem Orte, an welchem sie in die Rechnung eingreift. Nur durch ihre Vermittlung läßt sich die implizite Größenrelation, die wir hier vor uns haben, in eine explizite verwandeln — läßt sich die »Wurzel« der Gleichung bestimmen. Das gleiche Verfahren, das die Mathematik hier gebraucht, gilt auch für die Metaphysik — mit dem Unterschied jedoch, daß, wenn dem Mathematiker eine außerordentlich große Zahl solcher »zufälliger Ansichten« zur Verfügung steht, zwischen denen er nach Belieben wählen kann, dem Metaphysiker durch die Aufgabe und die Methode seiner Wissenschaft ein bestimmter Weg vorgeschrieben wird. Wie sein Ansatzpunkt: das Gegebene und seine Widersprüche feststeht, so ist ihm auch die Regel der fortschreitenden Konstruktion gegeben — und beides vereint führt zu einem Resultat, das aus seinen Prämissen eindeutig und notwendig bestimmt ist[1].

In dieser Form und mit diesem Anspruch tritt Herbarts Metaphysik vor uns hin. Sie richtet sich rein auf die gegenständliche Struktur des Wirklichen — während sie die Frage nach den psychologischen Prozessen, in welchen wir uns dieses Wirkliche zum Bewußtsein bringen, zwar keineswegs vernachlässigen will,

---
[1] Zum Ganzen s. Allgem. Metaphysik § 174, 176, 189 ff; S. W. IV, 31 ff., 56 ff.

aber sie als eine Sonderfrage in die Psychologie verweist. »Wer in einer Untersuchung über das Gedachte und die hierin liegenden Schwierigkeiten — so bemerkt Herbart — abspringt zu einer Reflexion über den Aktus des Denkens, der verläßt seinen Gegenstand, den er vielmehr festzuhalten sich gewöhnen sollte[1].« Diese Bemerkung gilt, wie für die theoretische, so auch für die praktische und die ästhetische Erkenntnis. Wie es in der Logik nötig ist, alles Psychologische zu ignorieren und von allen geistigen Ereignissen in uns abzusehen, weil hier lediglich diejenigen Formen der möglichen Verknüpfung des Gedachten nachgewiesen werden sollen, welche das Gedachte selbst nach seiner Beschaffenheit zuläßt: — so können auch in der Ästhetik die echten Prinzipien nicht gefunden werden, wenn man sich von der Betrachtung der reinen Formverhältnisse, also von der Struktur der ästhetischen Gegenstände, zu der Untersuchung über die ästhetischen Erregungen und ihre Ursachen ablenken läßt[2]. Auch die Grundlagen des Sittlichen wird der nicht finden, der sie aus den Erfahrungen über die »menschliche Natur« zu abstrahieren sucht[3]. Im Gegensatz hierzu rühmt Herbart von seiner Metaphysik, daß sie nicht auf der einzigen Spitze des »Ich« stehe, sondern daß ihre Basis so breit sei als die gesamte Erfahrung[4]. Soviel Formen es gibt, unter denen sich Dinge und Dingverhältnisse begreifen lassen, — soviel einzelne Ansätze gibt es für diese Metaphysik. Allgemein aber handelt es sich darum, dort, wo die empirische und exakte Wissenschaft nur zu Gesetzen und Beziehungen gelangt, — wo sie von Größen und Maßbestimmungen, von der Ordnung im Nebeneinander und Nacheinander, vom Geschehen und der Abhängigkeit seiner einzelnen Phasen spricht — zu den selbständigen Elementen vorzudringen, aus denen alle diese Komplexe sich zusammensetzen. Denn die Abstreifung aller Beziehungen gibt erst die wahrhafte Realität. Wer die absolute Position festhalten, wer das Sein schlechthin, wie es in sich, nicht wie es für ein anderes ist, denken will — der wird sich insbesondere vor seinem Gegenteil: vor allen Negationen und Relationen hüten müssen[5]. Denn erklären, daß A *sei,* heißt nichts anderes als erklären, daß es bei dem einfachen Setzen des A sein

---
[1] Lehrb. zur Einleitung in die Philosophie § 13; S. W. I, 55.
[2] Lehrb. zur Einleitung in die Philosophie § 13, 34, 86; S. W. I, 55, 78, 132.
[3] Lehrb. zur Einleitung in die Philosophie § 98; S. W. I, 148 f.
[4] Psychologie als Wissenschaft (Einleitung); vgl. S. W. V., 225 ff.
[5] Allgem. Metaphysik § 205; S. W. IV, 81.

Bewenden haben solle. Jede komplexere und vermittelte Form der Setzung soll hier ferngehalten werden: denn sie müßte sich notwendig zerlegen lassen, in diese oder jene besondere Setzungsart, die aber, um als solche gefaßt zu werden, bereits ein Moment des Unterschiedes, also ein Moment des Nicht- oder Andersseins, in sich enthalten würde. Der Begriff des Seins schließt demnach, in seiner wahrhaften Strenge genommen, von demjenigen, *das* da ist, allen Zusammenhang mit irgendeinem Andern aus, um es gleichsam ganz auf seine eigenen Füße zu stellen. In diesem Sinne kann man ihn das Zeichen der Null in der Metaphysik nennen: — denn wie die Null der Zahlenreihe birgt er noch keinen bestimmten spezifischen Einzelgehalt in sich und wie sie gibt er doch gleichsam den Ausgangspunkt aller Zählung, aller Bestimmung verschiedener Elemente an [1].

Demnach hat das *Wesen,* d. h. dasjenige, dem das Sein zugesprochen wird, an sich weder Vielheit noch Allheit, weder eine Größe, noch einen Grad; weder Unendlichkeit, noch Vollkommenheit. Wie, auch nur im übertragenen Sinne, Größenbegriffe darauf anwendbar werden könnten — das läßt sich an der Stelle der Betrachtung, an welcher wir hier stehen, noch gar nicht einsehen. Der Faden der Spekulation droht daher abzureißen, kaum daß wir begonnen haben, ihn anzuknüpfen. Das spekulative Denken bietet uns in der Tat nichts anderes, als die nackte Bestimmung, die in der absoluten Position als solcher liegt: das bloße »*Es ist*«, das sich immer nur wiederholen, nicht aber durch andere Momente ergänzen und mit konkreterem Gehalt erfüllen läßt. Eben hier aber gilt es nun, sich daran zu erinnern, daß die eigentliche Quelle der Metaphysik nicht in den bloßen Möglichkeiten des Denkens, sondern in der Wirklichkeit der gegebenen Erfahrung liegt. In dieser aber ist das Moment der Vielheit und der Veränderung von Eigenschaften als Problem unmittelbar aufgegeben. Wir können an diesem Problem nicht vorbeigehen, — und wir dürfen andererseits die reine Einfachheit des Seienden, die wir als logisches Postulat eingesehen haben, nicht aufopfern. Als der einzig mögliche Ausweg ergibt sich daher, daß wir die Merkmale, in ihrer Mannigfaltigkeit und Wandelbarkeit, aufs Sein zurückführen, aber vom Wesen ausschließen — daß wir, um dies klarer und schärfer auszudrücken, nicht das einzelne Reale, wohl aber das vielfältige Verhältnis, in das ein Reales zum andern treten kann, für sie verantwortlich machen. Dieses Ver-

---
[1] Hauptpunkte der Metaphysik (1808), § 1; S. W. III, 15.

hältnis ist, von jedem Einzelglied aus gesehen, das in dasselbe eingeht, nur eine »zufällige Ansicht« (denn sein reines »Was« ist gegen jede Beziehung gleichgültig); aber in ihm konstituiert sich, wenn nicht das Wesen selbst, so doch das Bild von ihm, das uns als Zuschauern allein zugänglich ist. Mag man dieses Bild, sofern es ein solches ist, »subjektiv« nennen, — so muß doch andererseits betont werden, daß diese Form der Subjektivität seine Notwendigkeit nicht ausschließt: denn völlig unabhängig von der spezifischen Natur des Betrachtenden ergibt es sich aus dem reinen Zusammen der Wesen selbst, deren jedes freilich in dieser Relation nicht aufgeht, sondern losgelöst von ihr als ein Selbständiges und Eigenes zu denken ist[1].

II. Die Lehre von den »Realen«

Betrachtet man das methodische Verfahren, durch welches Herbart in rein begrifflicher und rein empirischer Analyse zu dem Grundbegriff seiner Metaphysik hingeleitet wird, so versteht man daraus den eigentümlichen Doppelcharakter, den dieser Grundbegriff besitzt. Die Mannigfaltigkeit der Erscheinungen wird von Herbart auf eine ursprüngliche Vielheit der an sich bestehenden »Realen« zurückgeführt. Jedes dieser Realen bezieht sich unmittelbar lediglich auf sich selbst und verharrt gleichsam in seiner eigenen Sphäre. Denken wir es in dieser Weise nehmen wir es in diesem reinen Grundakt seiner Selbsterhaltung — so haben wir es damit im Gesetz seines Wesens und somit in seiner metaphysischen Wahrheit gefaßt. Aber indem nun neben dieser absoluten Wahrheit die relative Wahrheit der Erfahrungsphänomene ihr Recht fordert, sehen wir uns, durch diesen zwiefachen Gesichtspunkt, zu einer gedanklichen Konstruktion gedrängt, in welcher ein »Zusammen« der realen Elemente gesetzt und nichtsdestoweniger ihre Selbständigkeit, also ihre reine Absonderung gegeneinander, nicht preisgegeben werden soll. Jedes von ihnen — so müssen wir annehmen — teilt sich den andern mit; aber keines verliert sich, ganz oder zum Teil, an das andere. Zwischen ihnen herrscht, bildlich gesprochen, eine scheinbare, niemals aber eine wirkliche Berührung und Durchdringung. Kein Element vermag in die Sphäre des andern einzugreifen; aber doch verhalten sie sich so, als ob ein derartiger Eingriff möglich wäre. Und indem nun jedes Reale gegen eine solche, bloß mögliche, Störung sich behauptet, entsteht diejenige

[1] Zum Ganzen s. bes. Hauptpunkte der Metaphysik, § 3 u. 4; S. W. III, 18 ff.

Erscheinung, die wir in der Sprache der Erfahrung, als »Veränderung« an ihm bezeichnen. Das allgemeine Problem entscheidet sich jetzt dahin: »daß es wirklich eine Menge von Wesen außer uns gibt, deren eigentliches und einfaches Was wir zwar nicht erkennen, über deren innere und äußere Verhältnisse wir aber eine Summe von Einsichten erlangen können, die sich ins Unendliche vergrößern läßt.« Die Frage nach der Möglichkeit der Veränderung und der mehreren Eigenschaften Eines Dinges wird aufgelöst durch die Theorie von den Störungen und Selbsterhaltungen der Wesen. »Nämlich von dem an sich unerkennbaren, einfachen Was der Wesen läßt sich soviel bestimmen, daß dasselbe nicht bloß bei verschiedenen verschieden sei, sondern daß es auch konträre Gegensätze bilde. Diese Gegensätze sind nun an sich nicht reale Prädikate der Wesen; daher muß noch eine formale Bedingung, das Zusammen mehrerer Wesen, hinzukommen, damit die Gegensätze einen realen Erfolg haben können. Der Erfolg ist Leiden und Tätigkeit zugleich, ohne Übergang irgendeiner Kraft aus dem einen ins andere. Die Wesen erhalten sich selbst, jedes in seinem eignen Innern, und nach seiner eignen Qualität, gegen die Störung, welche erfolgen *würde*, wenn das Entgegengesetzte der mehreren sich aufheben könnte. Die Störung gleicht also einem Drucke, die Selbsterhaltung einem Widerstande [1].«

Noch aber fehlt, um die Theorie des Geschehens, wie sie sich für Herbart darstellt, in ihrer Vollständigkeit auszusprechen, ein entscheidender Mittelbegriff. Von einem »Zusammen« der einfachen Realen mußten wir ausgehen, um uns das Phänomen der Veränderung begreiflich zu machen — alles Zusammen aber läßt sich für uns nur unter dem Bilde des Raumes denken. In das Mißverständnis freilich, diesen Raum, der lediglich ein Sinnbild für metaphysische Verhältnisse bedeuten will, mit dem geometrischphysikalischen Raume der empirischen Gestalten und Bewegungen zu verwechseln, werden wir hierbei nicht verfallen. Denken wir uns vielmehr jedes einzelne Reale, wegen seiner absoluten Einfachheit, durch einen »Punkt« ausgedrückt, so können wir die mannigfachen Beziehungen, in welche die einzelnen »Positionen« zueinander treten können, durch verschiedene »Lagen« der Punkte gegeneinander bezeichnen und den Inbegriff dieser Verhältnisse zu einem »intelligiblen Raum« zusammenfassen. Nichts anderes also liegt hier zugrunde, als der höchst einfache Gedanke, daß ein paar ein-

[1] Lehrbuch zur Einleitung in die Philosophie, § 152; S. W. I, 263.

fache Wesen, die wir A und B nennen können, *zusammen sein,* aber auch *nicht zusammen sein können.* Nehmen wir an, A und B seien n i c h t zusammen: so bietet die Möglichkeit, daß sie es dennoch sein könnten, sich uns sogleich von zwei Seiten her dar. Dem A fehlt B, dem B fehlt A; indem wir das eine zum Gegenstand unserer Betrachtung machen, gehen wir damit in Gedanken sogleich zum andern, oder in entgegengesetzter Richtung von diesem zu jenem über. Mit dem *wirklichen* A (oder B) haben wir also hier einen an sich nur *möglichen,* d. h. bis jetzt noch leeren, Gedanken an B (oder A) verbunden: — dem wirklichen A haben wir das Bild von B (oder umgekehrt) hinzugefügt. Aus zwei Begriffen sind somit jetzt deren vier geworden: »aus A und B wurden noch zwei leere Bilder, weil jedes von beiden einerseits als wirklich, andrerseits aber als mangelnd dem Zusammen mit dem andern gedacht wird. Die bloße Vorstellung dieses Mangels ist selbst der Ursprung des leeren Bildes von *dem, was mit dem andern verknüpft sein könnte.* Man denkt es hinzu, eben indem man es vermißt. *Man denkt es zu dem andern hinzu, bei welchem man es vermißt.* Aber nur als ein leeres Bild denkt man es hinzu, weil man es vermißt.«

Indem wir mit dieser Konstruktion fortfahren, gelangen wir weiterhin — durch Mittelglieder, die hier übergangen werden können — dazu, zu den »Bildern«, die sich uns bisher ergeben haben, auch eine bestimmte O r d n u n g u n t e r d e n B i l d e r n zu gewinnen — und damit haben wir nun alle wesentlichen Stücke in der Hand, kraft deren wir die Seinsverhältnisse, um deren Bestimmung es sich handelt, in der m e t a p h o r i s c h e n Sprache räumlicher Verhältnisse zum Ausdruck bringen können. Denn daran, daß wir uns hier in der Gegend der Fiktionen befinden, — daß die Raumbegriffe, wie sie in diesem Zusammenhang abgeleitet werden, nichts anderes als Gedankendinge sind, kann freilich kein Zweifel bestehen. Den Verdacht aber, als würde in dieser Konstruktion des Intelligiblen die Form des reinen Anschauungsraumes bereits vorweggenommen und stillschweigend vorausgesetzt, sucht Herbart ausdrücklich von sich abzuwehren. Das »Zusammen«, von dem er ausgeht, — so betont er — bedeutet kein örtliches, sondern ein dynamisches Zusammen: es bezeichnet lediglich das Kausalverhältnis, in dem die beiden einfachen Wesen gedacht werden. Und solche rein dynamischen Abhängigkeiten sind es auch weiterhin, die den gesamten Aufbau des »intelligiblen Raumes« beherrschen. Erst ein weiterer Schritt, der durch die Gesetze des psychischen Mechanismus erklärt werden kann und muß, ist es, durch den wir, die erkennenden Subjekte, dazu gelangen, die Beziehungen der an sich bestehenden Realen in der Form des empirischen Raumes und der materiellen Bewegungen anzuschauen. Diese Art der Anschauung ist gleichsam ein Schein zweiter Ordnung: wie wir uns von den schlechthin einfachen Realen schon dadurch entfernen, daß wir sie nicht in ihrer reinen absoluten Position, sondern in ihrem Verhältnis zueinander denken, — so fassen wir dieses Verhältnis selbst noch in einer bestimmten Weise auf, die uns nicht nur durch seine eigene Beschaffenheit, sondern zugleich durch die Eigenart unserer geistigen Organisation vorgeschrieben wird. Freilich bleibt auch dieser Schein insofern objektiver Schein, als er zwar vom Zuschauer abhängt, die Person des Zuschauers aber in ihm keine Rolle spielt: für jeden Zuschauer, wenn wir in ihm nur die allgemeinen Gesetze, die die Psychologie für die Entstehung und Ausbildung der »Reihenformen« entdeckt, wirksam denken, muß auf Grund bestimmter und gegebener Seinsdaten dasselbe Bild der Körperwelt und ihrer Bewegungen sich ergeben. »Das Raumverhältnis, worin die Objekte sich zeigen, ist nicht im mindesten ein wahres Prädikat, das irgendeinem unter ihnen könnte beigelegt werden, denn es beruht lediglich auf dem Zusammentreffen ihrer Bilder in der sie abspiegelnden Intelligenz. Dennoch wird es gegeben; und die Intelligenz ist daran gebunden, nicht minder wie an jede qualitative Bestimmung des Gegebenen. Das Raumverhältnis ist daher *Schein*, aber nicht subjektiver Schein, denn die Größe der Entfernung und der Unterschied der Ruhe oder Bewegung unter den Objekten hängen gar nicht ab von der Intelligenz; sie nimmt, was sie findet[1].«

Wir mußten die Entwicklung der Herbartschen Metaphysik bis zu diesem Punkte verfolgen: denn jetzt erst haben wir, wenn nicht ihren vollständigen Inhalt, so doch das gedankliche Rüstzeug vor uns, mit dem er gewonnen ist. Nun aber kehren wir wieder zu unserer anfänglichen Frage: zu der Frage nach der Methode zurück, durch die sich Herbart ebensosehr vom spekulativen Idealismus wie von dem bloßen Empirismus der Erfahrungswissenschaften unterscheidet. Es gibt vielleicht in der gesamten Geschichte der Philosophie kein System, in welchem das Moment des »Gegebenen« und das Moment des konstruktiven Denkens, in welchem sich Spekulation und Erfahrung in so merkwürdiger und paradoxer Weise

---

[1] Zum Ganzen s. Hauptpunkte der Metaphysik § 6, 7; S. W. III, 25 ff.; Allgemeine Metaphysik § 245 ff.; S. W. IV, 159 ff.; § 292; S. W. IV, 248 ff.

miteinander durchdringen, als es in Herbarts System der Fall ist. Bleibt man bei den schematischen Gegensätzen der philosophiegeschichtlichen Klassifikation stehen, so kann man Herbart in der Tat mit gleich guten Gründen als »Realisten« oder »Idealisten«, als »Rationalisten« oder »Empiriker«, als Metaphysiker oder als exakten Analytiker bezeichnen. Er selbst freilich glaubt, außerhalb aller dieser Gegensätze zu stehen, weil er sie von innen her durch ein neues Prinzip überwunden habe. Und dieses Prinzip besitzt für ihn seine unmittelbare Beglaubigung und Rechtfertigung darin, daß es nichts anderes sein will, als die vollständige Durchführung des Gedankens, auf dem jedwede Deutung des Gegebenen durch den Begriff, auf dem die Theorie als solche, sie mag sich nun wissenschaftlich oder metaphysisch nennen, beruht. Wenn es klar ist, daß wir bei der bloßen Konstatierung von Empfindungsqualitäten nicht stehen bleiben können, — daß wir schon in unserem gewöhnlichen Weltbild, indem wir in ihm die Kategorien von »Ding« und »Eigenschaft«, von »Ursache« und »Wirkung«, von »Beharrung« und »Veränderung« gebrauchen, zu Metaphysikern werden und werden müssen — was vermöchte uns zu hindern, diesen Weg bis zu Ende zu durchschreiten? Und wir gelangen an kein Ende, solange wir uns noch in denjenigen Formen des Denkens bewegen, die der Erfahrungsgebrauch uns unmittelbar an die Hand gibt. Denn jede dieser Formen ist in sich selbst zwiespältig und fordert ihr Korrelat, d. h. aber nichts anderes als ihren Gegensatz heraus. Jedes »Eins«, das wir auf diesem Boden gewinnen können, ist immer zugleich und unmittelbar ein »Vieles«, jedes Einfache ist ein Zusammengesetztes, jedes Selbständige ein von anderen Abhängiges. Das Denken gelangt erst zur Ruhe, wenn es auch diesen letzten Widerstreit, den es nicht auf die Empfindung abwälzen kann, sondern den es in sich selber birgt, überwunden hat. Wer ihm hierin eine Grenze setzen wollte, der würde nur den Widerspruch verewigen. Die relativen wissenschaftlichen Bestimmungen fügen sich erst zum System, wenn wir durch sie und vermittelst ihrer auf die absoluten Positionen der Metaphysik hinblicken. Daß wir diese Positionen nicht in ihrem reinen »Ansich« erkennen daß wir immer nur ihre wechselseitigen Beziehungen zueinander aussprechen können, ist kein Einwand gegen die Wahrheit ihres Bestandes. Denn was auf Grund der Gegebenheiten der Erfahrung notwendig gedacht werden muß: das »ist« — in dem einzig verständlichen Sinne, in dem der Terminus des Seins überhaupt genommen werden kann.

Von der kritischen Lehre unterscheidet sich daher Herbarts Ansicht offenbar nicht darin, daß sie etwa ein transzendentes Dasein »außerhalb des Gedankens« suchte, — sondern dadurch, daß sie dort, wo die Vernunftkritik die definitiven Formen des Gedankens aufgestellt zu haben glaubte, nur vorläufige Zusammenfassungen des Begriffs anerkennt. Will man Herbart an dem Maßstab messen, den er selbst aufgestellt hat, so muß bei der Prüfung seiner Ergebnisse aller Nachdruck auf dieses Moment gelegt werden. Ist es ihm gelungen, über die »Säulen des Herakles« hinauszuschreiten, über jene Grenzmale, die, nach dem Kantischen Ausdruck, die Vernunft selbst aufgestellt hat, um die Fahrt unserer Vernunft nur so weit, als die stetig fortlaufenden Küsten der Erfahrung reichen, fortzusetzen? Für Kant sind jene Grenzsteine durch die synthetischen Grundsätze bestimmt, die in der Analytik des Verstandes entdeckt und festgestellt werden; denn diese Grundsätze liegen sowohl der inneren wie der äußeren Erfahrung als Bedingungen zugrunde und sind daher, als die Voraussetzungen jeder Gegenstandssetzung, das letzte »Objektive«, das uns zugänglich ist. Über die Form der Relation gelangt dieses Objektive freilich nicht hinaus: wo wir versuchen, es auf absolute Substanzen zurückzuführen und aus ihnen abzuleiten, da sehen wir uns wieder in den uferlosen Ozean der Dialektik hinausgetrieben, »der uns unter immer trüglichen Aussichten am Ende nötigt, alle beschwerliche und langwierige Bemühung als hoffnungslos aufzugeben[1]«. Herbart kennt diese Dialektik; aber er glaubt sich ihr kraft der »Methode der Beziehungen« und kraft der Lehre von den »zufälligen Ansichten«, die er entwickelt hat, gewachsen. Denn mit ihrer Hilfe ist er überzeugt, aus dem Inbegriff von Beziehungen, die uns das Erfahrungswissen darbietet und allein darbieten kann, dasjenige herausschälen zu können, was dem »Wesen« und das, was der Erkenntnis, was dem bloßen »Zuschauer« zuzurechnen ist. Betrachtet man freilich diese Zerlegung näher, so sieht man, daß dasjenige, was hier auf der rein objektiven Seite als Rest zurückbleibt, in Wahrheit ein bloßes »caput mortuum der Abstraktion« ist. Diese Bezeichnung, die Hegel für den Kantischen Begriff vom »Ding an sich« geprägt hat, ist mit weit größerem Recht auf das Reale Herbarts anwendbar. Denn der Kantische Begriff hat einen sehr bestimmten Gehalt, sofern dieser nicht in der »theoretischen«, sondern in der »praktischen« Sphäre gesucht wird: er ist der Ausdruck für alle die Pro-

---
[1] S. Kritik der reinen Vernunft, 1. Aufl., S. 395.

bleme, die sich im Kantischen Freiheitsgedanken zusammenschließen. Bei Herbart aber kann das, was er die »absolute Position« nennt, in der Tat nur durch das Absehen von aller empirischen Bestimmung erreicht werden. In diesem Sinne hatte er selbst, wie wir uns erinnern, den Begriff des reinen Seins als »das Zeichen der Null in der Metaphysik« eingeführt[1]; aber durch eine merkwürdige Umkehrung wird nun wiederum diese »Null« zur Basis aller Existenz.

Die Frage jedoch, ob Herbart die Leistung, die er von der Metaphysik fordert, auch wirklich vollbracht, das heißt, ob er die Grundverhältnisse, die die Erfahrung uns darbietet, aus etwas anderem, das nicht mehr Verhältnis ist, tatsächlich abgeleitet hat, — muß verneint werden. Denn es zeigt sich bei schärferer Zergliederung, daß seine Lehre vom wirklichen Geschehen die Beziehungen immer schon voraussetzen und gebrauchen muß, die sie erst zu entwickeln und zu deduzieren glaubt. Ob Herbarts Raumtheorie diesem Zirkel entgangen ist, mag hier dahingestellt bleiben: denn zum mindesten hat sie sich durch ihre Auffassung des Raumes als reine »Reihenform« und durch die Unterordnung des Raumbegriffs unter den allgemeinen Mannigfaltigkeitsbegriff in ihrer wissenschaftlichen Fruchtbarkeit bewährt. Riemanns Anschauungen, auf denen die Anfänge der »Metageometrie« sich gründen, gehen in dieser Hinsicht völlig auf Herbart zurück. Unverkennbar aber wird die petitio principii dort, wo Herbart von der Ableitung des Raumes zur Ableitung der Materie und der physikalischen Bewegung übergeht. Die Welt der Physik, dies steht für ihn fest, ist eine Scheinwelt; sie gehorcht der Mathematik und lebt, wie diese, von Widersprüchen; als ein wahres Reales kann daher Materie ebensowenig gedacht werden, wie die Bewegung als ein wirkliches Geschehen; »aber die Gesetzmäßigkeit des Scheins aus dem Realen zu erklären, das läßt sich leisten«[2]. Aber nicht anders kann doch zuletzt diese Leistung vollzogen werden, als daß die empirische Veränderung in den Körpern und ihrer wechselseitigen Stellung auf ein »Kommen und Gehen« in den Substanzen zurückgedeutet wird. Indem die absolut einfachen Realen in verschiedenartige Verhältnisse treten, erzeugen sie den objektiven Schein räumlich-zeitlicher Veränderungen. »Wenn die Zustände der sinnlichen Dinge wechseln, und wenn ein Zustand durch ein Zusammen (der einfachen Realen) erklärt werden soll, so kann nicht auch noch der entgegen-

---

[1] Hauptpunkte der Metaphysik, § 1, s. ob. S. 395.
[2] Lehrbuch zur Einleitung in die Philosophie, § 160; S.W. I, 313.

gesetzte, frühere oder spätere Zustand desselben Dinges durch das nämliche, unverminderte und unvermehrte Zusammen seine Erklärung erhalten. Sondern der Wechsel der Erscheinung zeigt an, daß ein Wechsel in den Gründen stattfindet; solchen Wechsel darf man in den wahren Qualitäten gar nicht, im wirklichen Geschehen, sofern es von ihnen abhängt, auch nicht suchen. Also muß die Gemeinschaft unter den realen Wesen sich ändern, sie müssen kommen und gehen. Hiermit ist das Zusammen und Nicht-Zusammen der Substanzen einem Wechsel unterworfen, der unmittelbar eine *Zeitbestimmung* in sich schließt[1].«

Wie immer wir also auch das Verhältnis der Herbartschen Realen zum Raume denken mögen: das Eine steht nach seinen eigenen Sätzen fest, daß sie miteinander bestimmte **zeitliche Beziehungen** eingehen. Zwar wird auch jetzt noch darauf verwiesen, daß das **einzelne** Reale als solches keinen Wechsel seiner Zustände, also auch keine Unterscheidung eines »Früher« oder »Später« kennt[2]. Das Seiende, als einfache Qualität — darauf beharrt Herbart nach wie vor — kann weder von sich abweichen, noch sich äußern, noch erscheinen: das alles wäre nichts als Entfremdung seiner selbst **von innen heraus**; also der Ursprung dieser Entfremdung wäre innerer Widerspruch; und dessen sollen wir es nicht beschuldigen, sondern es dagegen verteidigen[3]. Aber ist denn das »Kommen und Gehen«, das »Früher und Später«, auch wenn sie nicht als Prädikate der **einzelnen** Realen, sondern als Prädikate ihrer **Gemeinschaft** gedacht werden, darum verständlicher geworden? Kann der Wechsel in den Phänomenen noch »abgeleitet« heißen, wenn er einfach durch die Versicherung eines Wechsels in den substantiellen »Gründen« der Phänomene **ersetzt** wird? Der Schlußfehler des τρίτος ἄνθρωπος tritt hier unverkennbar hervor. »Hilft es denn etwas« — so fragt Herbart selbst gegen philosophische Systeme von einem bestimmten Typus — »wenn man die gegebene Sinnenwelt durch eine andere erdichtete Sinnenwelt vermehrt[4]?« Aber der gleiche Einwurf gilt auch für jeden Fortschritt vom Sinnlichen ins »Intelligible« — wenn nämlich dieses in seiner gedanklichen Struktur dieselbe **Komplexion**, wie das Sinnliche aufweist; wenn es, um faßbar zu werden, dieselben begrifflichen Grundbestimmungen und Grundbezie-

---

[1] Allgemeine Metaphysik § 244; S. W. IV, 158.
[2] S. Allgemeine Metaphysik § 224 ff., bes. S. W. IV, 126 f.
[3] Allg. Metaphysik § 232; S. W. IV, 132.
[4] Allgem. Metaphysik § 231; S. W. IV, 131.

hungen verlangt. Wenn die Veränderung, wie Herbart behauptet, innere Widersprüche enthält — werden diese Widersprüche dadurch erträglicher, daß der Begriff das Gebiet seiner Anwendung wechselt und statt auf die Bewegungen materieller Teile, auf den Wechsel im Zusammen der einfachen Substanzen bezogen wird? Die wesentliche Schwierigkeit glaubt Herbart freilich überwunden, sobald es gelingt, das Verhältnis der »Inhärenz«, wie wir es in der Erfahrung aufzufassen pflegen, in ein Verhältnis der kausalen Abhängigkeit zu verwandeln. Dort, wo die gewöhnliche Anschauung von einem Ding spricht, dem gleichzeitig oder nacheinander verschiedene Eigenschaften zukommen, lehrt die philosophische Analyse uns verschiedenartige Verknüpfungsweisen mehrerer einfacher Elemente kennen, wodurch der formale Satz der Identität gerettet wird. Denn jetzt ist nicht mehr der Inhalt a als solcher den Inhalten b, c, d gleichzusetzen (wie wenn ich sage, daß der Körper, den ich als Gold bezeichne, hart, schwer, gelb »ist«), sondern es wird nur behauptet, daß ein Element, in verschiedenen Stellungen und dynamischen Verhältnissen zu andern, mannigfache und wechselnde Bestimmungen hervorbringen kann. Aber diese Auflösung des Dilemmas bleibt, näher betrachtet, ungenügend: denn gerade die Hauptfrage, wie ein Einfaches und Selbständiges, das in sich selbst keinerlei Antrieb zur Veränderung enthalten soll, in verschiedene Verhältnisse treten kann, ist nach wie vor unbeantwortet. Ist dieser Wechsel in seinen Verhältnissen lediglich ein äußeres Geschick, von welchem das Element ohne sein Zutun und ohne seine Beteiligung betroffen wird? Herbart behauptet es; aber er verstößt hierin gegen den alten scholastischen Satz, dem Leibniz einen neuen Sinn und eine neue Tiefe gegeben hatte: gegen den Satz, daß es keine schlechthin äußerliche Bestimmung eines Subjekts, keine »denominatio pure extrinseca« geben könne. Das »Zusammen« ist wie er sich zu beweisen bemüht, nichts Reales — »es ist eine formale Bestimmung der Zweiheit, die in keinem Einzelnen liegt[1]«. Der Grund des Geschehens darf daher nicht eigentlich im Realen gesucht werden: denn dieses ist in sich reif und bedarf für sich keiner Entwicklung. »Kommt dennoch, gleichviel wie, das Werden, das Geschehen hinzu: so vermehrt sich das Reale darum nicht im mindesten. Die Wirklichkeit des Geschehens ist schlechterdings gar nicht, und in keinerlei Sinne, ein Zuwachs zum Realen; oder ein Gelangen zur Realität. Die Redens-

[1] Allgem. Metaphysik § 238; S.W. IV, 143.

art: *es komme hinzu,* darf überall nicht so genommen werden, als ob hier eine Addition möglich wäre. Man addiert nicht Linien zu Flächen; nicht Flächen zu Körpern. Gerade so soll man das wirkliche Geschehen nicht addieren zum Realen. Denn Beides ist völlig ungleichartig. Die Wirklichkeit des Geschehens gibt einen Begriff für sich; und die Arten dieser Wirklichkeit können untereinander verglichen werden. Aber für das Sein ist sie schlechthin Nichts[1]«.

Wir stehen hier an dem Punkt, an dem sich Herbarts Lehre von den einfachen Realen am schärfsten von Leibniz scheidet. Für Leibniz ist in der Einfachheit der Monaden unmittelbar die Fülle und Mannigfaltigkeit ihrer Bestimmungen gesetzt und beschlossen: denn das »Wesen« des einzelnen Subjekts besteht nur in seiner Äußerung und Selbstoffenbarung; die Existenz kann nicht anders als in der Kraft des Wirkens gedacht werden. Rein aus sich selbst und ohne den Zutritt äußerlich bestimmender Ursachen entfaltet daher das einfache Subjekt die Totalität seiner Inhalte gemäß seinem spezifischen Gesetz. Herbarts »Reales« dagegen besitzt nur die starre und abstrakte Identität der »Gleichheit mit sich selbst«. Schon die Worte: Existenz, Aktualität, Wirklichkeit sind für ihn ein Symptom des herkömmlichen metaphysischen Irrtums: denn es schimmert in ihnen überall die Meinung durch, als ob das Sein sich erst im Hervortreten, im Wirken zeigte, und als wenn es nicht *wäre,* ohne sich auf diese Weise zu zeigen[2]. Aber wie nun aus einer Mehrheit solcher absolut starrer metaphysischer Einzelheiten ein Geschehen sich ergeben könne — das ist im Grunde ebensowenig einzusehen, als sich aus einer noch so großen Anzahl diskreter Punkte die stetige Linie begreifen und ableiten läßt. In der Tat gelangt Herbart zu diesem Ergebnis nur auf dem Umweg einer seltsamen metaphysischen Konstruktion. Kein Reales kann in Wahrheit von dem andern eine Änderung seiner selbst erleiden; aber jedes verhält sich so, *als ob* es sie erleiden könnte. Es reagiert gegen das andere; aber nicht gegen die wirkliche, sondern gegen die bloß mögliche Störung, die es von ihm erfahren könnte — und diese Akte seiner Selbsterhaltung sind es, die den Schein einer inneren Mannigfaltigkeit von Bestimmungen in ihm hervorrufen[3]. Hier aber verfängt sich Herbart selbst in die Dialektik des Möglich-

---
[1] Allgem. Metaphysik § 71; S. W. III, 206f.
[2] Allgem. Metaphysik § 71; S. W. III, 207.
[3] S. z. B. Lehrbuch zur Einleitung in die Philosophie § 152 (s. ob. S. 397).

keitsbegriffs, die er, gegenüber der Methode der vorkantischen Ontologie, sonst so lichtvoll zu entwickeln und zu entwirren weiß. Die bloß logische Möglichkeit der »Störung« des einen Realen durch das andere — denn eine physische und metaphysische besteht nach Herbarts System nicht — wird hier zum Quell und Ausgangspunkt realer Akte, aus denen sich schließlich die gesamte objektive Wirklichkeit der Veränderung überhaupt ableiten soll. Im eigentlichen Sinne aber besteht ja diese Möglichkeit gar nicht für das Sein selbst, sondern nur für einen äußeren »Zuschauer« und für den Standpunkt der »formalen« Betrachtung, den er sich gibt. Das »wirkliche Geschehen« mag von Herbart immerhin als ein »Bestehen wider eine Negation« definiert werden[1]: solange diese Negation selbst nur als eine rein analytisch-begriffliche, nach dem Satze des Widerspruchs, gefaßt wird, ist nicht einzusehen, wie aus ihr die »Realopposition«, der Widerstand der Substanzen gegeneinander erklärt werden soll. Hier also sehen wir uns vor eine entscheidende Wahl gestellt. Entweder wir fassen das Verhältnis, in dem zwei Substanzen A und B zueinander stehen, als ein Moment ihres eigenen Bestandes und Wesens auf, als ein Etwas, das ihnen nicht nur äußerlich, sondern innerlich »zugehört« — oder wir verharren dabei, diese Beziehung lediglich als eine äußere Reflexion zu betrachten, die nur im zusammenfassenden Denken des Subjekts ihren Grund hat, ohne daß ihr im Gegenstande selbst etwas entspricht. Im ersteren Falle haben wir die qualitative Einfachheit der Realen bereits aufgehoben und ihnen eine Mannigfaltigkeit von Bestimmungen gegeben — denn auch Verhältnisse sind ja, in diesem Sinne genommen, Bestimmungen —; im zweiten zeigt sich kein Weg, aus bloß gedachten und im abstrakten Sinne »möglichen« Voraussetzungen reale Folgen und eine Theorie des »wirklichen Geschehens« abzuleiten. Herbarts Metaphysik steht zwischen diesen beiden Entscheidungen: aber sie vermag sich auf dieser schmalen Grenzlinie nur durch jene beständige »Amphibolie der Reflexionsbegriffe« zu halten, die die Vernunftkritik in einem ihrer grundlegenden Kapitel aufgedeckt und erörtert hat.

Von diesem Punkte aus aber läßt sich nun erst die Eigenart der Herbartschen Methode, im positiven wie im negativen Sinne, bestimmter bezeichnen. Die Schärfe und Genauigkeit von Herbarts Denken, sein Spürsinn in der Aufdeckung verborgener Denkfehler, seine kritische Besonnenheit, die er in der Prüfung der vorange-

---
[1] Allgemeine Metaphysik § 236; S.W. IV, 141.

gangenen metaphysischen Systeme bekundet, kontrastiert bisweilen merkwürdig mit dem Inhalt seiner eigenen dogmatischen Behauptungen. Die exakte Analyse des »Gegebenen« scheint oft unmittelbar in eine Form der Konstruktion umzuschlagen, die sich vom Boden der Erfahrung und ihrer Probleme völlig entfernt. Dennoch bleiben beide Richtungen für Herbart selbst beständig aufeinander bezogen. Die Eigentümlichkeit seiner Philosophie, — ihre Fruchtbarkeit sowohl wie ihre immanente Schranke, liegt darin, daß sie bestimmte Grundbeziehungen, zu denen sie durch die Analysis der Erfahrung geführt wird, in Bestimmungen über die Welt der metaphysischen Substanzen umsetzt. Am deutlichsten tritt dies in Herbarts Behandlung des Inhärenzbegriffs und des Kausalbegriffs und in der Rückführung des einen auf den andern, hervor. Daß dasjenige, was wir in der gewöhnlichen Bezeichnungs- und Anschauungsweise, die »Eigenschaft« eines Dinges zu nennen pflegen, sich, streng genommen, in einen Inbegriff kausaler Beziehungen auflöst — das ist eine Einsicht, die nicht erst der Metaphysik, sondern bereits der wissenschaftlichen Empirie angehört. Jede Eigenschaft oder Qualität eines Dinges — so schildert Helmholtz einmal diesen Sachverhalt — ist nichts anderes, als »die Tätigkeit desselben, auf andere Dinge gewisse Wirkungen auszuüben. Die Wirkung geschieht entweder zwischen den gleichartigen Teilen desselben Körpers, wovon die Verschiedenheiten des Aggregatzustandes abhängen, oder sie geschieht auf unsere Sinnesorgane und äußert sich dann durch Empfindung... Eine solche Wirkung nennen wir Eigenschaft, wenn wir das Reagens, an dem sie sich äußert, als selbstverständlich im Sinne behalten, ohne es zu nennen. So sprechen wir von der Löslichkeit einer Substanz, das ist ihr Verhalten gegen Wasser; wir sprechen von ihrer Schwere, das ist ihre Anziehung gegen die Erde, und ebenso nennen wir sie mit demselben Rechte »blau«, indem dabei als selbstverständlich vorausgesetzt wird, daß es sich nur darum handelt, ihre Wirkung auf ein normales Auge zu bezeichnen. Wenn aber, was wir Eigenschaft nennen, immer eine Beziehung zwischen zwei Dingen betrifft, so kann eine solche Wirkung natürlich nie allein von der Natur des einen Wirkenden abhängen, sondern sie besteht überhaupt nur in Beziehung auf und hängt ab von der Natur eines zweiten, auf welches gewirkt wird[1].« Was Helmholtz hier in der Sprache der empirischen Forschung ausdrückt, das hat Herbart, in seiner Theorie des wirklichen Ge-

---

[1] Helmholtz, Die neueren Fortschritte in der Theorie des Sehens.

schehens, in die Sprache der Metaphysik übersetzt. Wenn die Wissenschaft den populären Dingbegriff auflöst, um an seine Stelle die Wirkung und Gegenwirkung zwischen empirisch nachweisbaren Elementen zu setzen — so will er auch von diesen Elementen noch weiter zu ihrem »absoluten« Substrat zurückgreifen. Mit diesem Schritt über die Erfahrung hinaus aber hätte er sich, wenn er konsequent verführe, auch jede Rückkehr zu ihr abgeschnitten. Denn wir können zwar zu gegebenen Relationen bestimmte »Subjekte« in Gedanken hinzufügen — aber nur unter der Bedingung, daß diese Subjekte, wie etwa die Atome der Physik und Chemie, nichts anderes bedeuten wollen, als die »Träger« und der Ausdruck der Beziehungen selbst. Losgelöst hiervon verlieren sie, wie die Herbartschen Realen, jeden für die Erkenntnis faßbaren, selbständigen Gehalt und können somit auch nicht zur Grundlage für eine Ableitung des empirischen Seins und Geschehens selber werden.

Der Schein einer solchen Ableitung wird bei Herbart nur dadurch erzeugt, daß die Betrachtung zwischen der empirischen Bedeutung eines Verhältnisbegriffes und seiner rein »intelligiblen« Fassung, je nach dem Problem, um das es sich handelt, abwechselt. So wird die einfache Substanz ihrem reinen Sein nach nicht nur als ein Unräumliches, sondern auch als ein Unzeitliches gefaßt. Nicht einmal »Beharrung« soll ihr zugesprochen werden, da sie dadurch schon mit einem bestimmten zeitlichen Charakter behaftet würde, der notwendig von ihr fernzuhalten ist[1]. Nun aber soll dies Einfache, das als solches *in keiner Zeit ist*, sich mit anderen, von denen dasselbe gilt, gleichsam *in der Zeit begegnen*: denn es geht mit ihnen verschiedene Konstellationen ein, deren eine als »früher«, deren andere als »später« zu bezeichnen ist. Aus dem Wandel dieser Konstellationen wird das Ganze der empirischen Veränderungen »erklärt«. An diesem Punkte, — in der Annahme des »Kommens und Gehens« in der Gemeinschaft der Substanzen — scheint Herbart mit einem Male die Widersprüche, die für ihn im allgemeinen Begriff der Veränderung liegen, vergessen zu haben. »Die Zeitbestimmung« — so lautet jetzt seine Entscheidung — »trifft zwar nicht das, was Ist, auch nicht das, was in Wahrheit geschieht; aber sie beschränkt sich auch nicht auf die bloße Erscheinung, sondern sie dringt ein bis zu dem formalen, an sich leeren und gleichwohl un-

---

[1] Zur »Substanz« als »zeitlosem Subjekt einer Gruppe von Merkmalen« vgl. z. B. Allgemeine Metaphysik § 224; S. W. IV, 117.

entbehrlichen Begriffe des Kommens und Gehens, und gleichsam des Verkehrs zwischen den realen Wesen, die sich zueinander wie Ursache und Substanz verhalten.« Der Zirkel, der hierin liegt, aber ist unverkennbar: denn auf der einen Seite soll aus dem »Kommen und Gehen« die empirisch-phänomenale Zeitordnung abgeleitet werden, auf der anderen Seite müßte offenbar für dieses Kommen und Gehen selbst eine andere Zeit, in der es sich abspielt, vorausgesetzt werden. Und dasselbe Verhältnis ließe sich durch alle Kategorien hindurch verfolgen: — wenn z. B. die empirische Kausalität auf die Störungen und Selbsterhaltungen der realen Wesen zurückgeführt wird, so muß notwendig die Frage nach dem »Warum«, nach dem Grunde eben dieses Zusammens oder Nicht-Zusammens der Wesen entstehen, womit wir wieder auf eine neue Form der Kausalität hinausgewiesen würden.

So zeigt sich, als Gesamtergebnis aller dieser Betrachtungen, daß die Herbartsche Metaphysik ihr Ziel, hinter die Grundrelationen der Erfahrung auf die absoluten Positionen der Metaphysik zurückzugehen, nicht erreicht hat: was sie in Wahrheit leistet, ist nur eine Verkleidung dieser Relationen in eine rein abstrakte und begriffliche Sprache. Die Erfahrungserkenntnis liefert uns, wie Herbart selbst immer wieder betont, »Elemente« stets nur in ihrer wechselseitigen Verknüpfung —; sie gibt uns weder ein a noch ein b, sondern nur die Funktion F (a, b), aus der die einzelnen »Glieder« lediglich durch Abstraktion ablösbar sind. Was Herbart trotzdem veranlaßt, aus dieser gedanklichen Abstraktion eine sachliche Trennung, aus Subjekten für mögliche Beziehungen absolute Seinsdaten zu machen, das ist der Widerspruch, den er in den reinen Verhältnisgedanken zu entdecken glaubt. Und freilich zeigt sich in ihnen allen eine ursprüngliche Dualität. Die »Einheit« kann hier niemals ohne das Moment der »Vielheit«, das »Sein« nicht ohne das »Werden«, der »Bestand« des reinen Gesetzes nicht ohne den »Wandel« der Bestimmungen gedacht und ausgesprochen werden. Aber daß diese korrelative Bezüglichkeit des Entgegengesetzten logischwidersprechend sei, — das kann nur der behaupten, der zuvor bereits die Hypostasierung des einen Moments zu einem für sich Bestehenden und Setzbaren vollzogen hat. Das einfache Ding scheint freilich nicht aus verschiedenen Dingen oder dinglich gedachten Qualitäten »zusammengesetzt« sein zu können: — aber daß die Funktionen der Einheits- und Mehrheitssetzung nur miteinander zu denken sind, daß es ein und dieselbe synthetische Beziehung ist, worin beide ursprünglich begründet sind, dies enthält nichts von all den Schwierigkeiten, die Herbart in seiner Behandlung des allgemeinen Problems der Inhärenz anhäuft. Der Idealismus hatte die letzte Lösung dieser Schwierigkeiten im Ichbegriff gefunden: in der Einheit des Bewußtseins, die zugleich und unmittelbar eine Vielfältigkeit von Bestimmungen in sich faßt. Für Herbart aber gilt hier der umgekehrte Schluß: als Einheit in der Mannigfaltigkeit ist das Ich selbst ein widersprechender, durch die Metaphysik aufzuhebender Begriff[1]. Wie die Struktur der Erfahrung auf die einfachen Realen, so wird daher das Ich der »reinen Apperzeption«, auf die »Substanz« der Seele und auf die Akte ihrer Selbsterhaltungen zurückgedeutet. In dieser Hinsicht geht Herbart wiederum von Kant auf Wolff und auf das vorkritische Ideal des Rationalismus zurück. Das Ganze seiner Lehre aber zeigt freilich, daß er durch die strenge Schule der Vernunftkritik hindurchgegangen ist. Die Bedeutung, die seinem System in der Geschichte des Erkenntnisproblems zukommt, beruht darauf, daß es, entgegen allen Versuchen, die Wirklichkeit aus dem Begriff und seiner Selbstbewegung aufzubauen, die Philosophie wieder als reine Analyse der Erfahrung aufgerichtet hat. Aber er hat diese Analyse über den Punkt hinausgeführt, bis zu welchem sie sich wissenschaftlich fruchtbar erweist, indem es, statt in obersten Grundsätzen und Prinzipien der Erfahrungserkenntnis zu enden, diese selbst noch in dem Sein der absoluten »Positionen« zu verankern suchte. Nicht alle Ergebnisse Herbarts freilich sind von dieser letzten Deutung, von dieser Projektion des Bekannten auf ein Unbekanntes, abhängig: und insofern gibt es unter den Leistungen des Analytikers Herbart viele, die dem Schicksal der Auflösung, das die Herbartsche Metaphysik betroffen hat, entgangen sind.

---

[1] Hauptpunkte der Metaphysik § 11, S. W. III, 36ff; Lehrbuch zur Einl. in die Philosophie § 124; S. W. I, 193 u. ö.

Sechstes Kapitel
Schopenhauer

Zwei verschiedene Motive und Ausgangspunkte sind es, durch welche die Stellung der Schopenhauerschen Philosophie zum Problem der Erkenntnis bestimmt wird. Auf der einen Seite macht sich auch in dieser Grundfrage der allgemeine Charakter von Schopenhauers Weltansicht geltend, die nicht auf kritisch-wissenschaftlicher Zergliederung des Einzelnen, nicht auf begrifflicher Reflexion und Analyse beruht, sondern kraft einer ursprünglichen genialen Anschauung das Ganze der Welt und ihren letzten Grund deuten und aussprechen will. Schopenhauer selbst hat immer wieder betont, daß sein System nur die Mitteilung eines Gedankens, nur der Ausdruck eines einzigen »Aperçu« sein wolle und daß es in diesem Sinne keine verschiedenen gegeneinander selbständigen Teile besitze. Hier gibt es daher keinen allmählichen Aufbau, der mit den logischen Fundamenten beginnt und von diesen allmählich im mittelbaren diskursiven Denken weiterschließt, sondern hier soll sich in unmittelbarer Intuition und mit einem Schlage der reine Gehalt des Wirklichen erschließen. Alle echte Philosophie kann, wie die Religion, nur die Äußerung eines ursprünglichen metaphysischen Lebens- und Weltgefühls sein. Die Untersuchungen über die Methode des Philosophierens, die seit Descartes einen so breiten Raum in der Geschichte des modernen Denkens eingenommen haben, werden daher von Schopenhauer von Anfang an unwillig beiseite geschoben. Er sieht in ihnen nur ein Kennzeichen für den einseitigen Intellektualismus, den er als den Grundmangel der neueren Philosophie betrachtet. Nicht vom Denken aus, geschweige vom Denken über das Denken ist die Lösung des Rätsels der Welt zu erhoffen: denn das Denken selbst bedeutet innerhalb dieser Welt nur eine durchaus abgeleitete, nur eine sekundäre, ja tertiäre Erscheinung. Die Philosophie aber besteht eben darin, den Weg von diesem Abgeleiteten zum wahrhaft Ursprünglichen, zum eigentlichen Urphänomen zurückzufinden. Alle Leistung der Vernunft und des abstrakten Begriffs führt uns zuletzt nicht weiter, als zur Erkenntnis bestimmter Beziehungen des Realen, läßt aber das, was es seinem eigentlichen Wesen nach ist, unausgesprochen und unbestimmt. Aber wir besitzen eine Grunderfahrung, in welcher wir dieses Wesen nicht nur denkend und somit von außen her erfassen, sondern in der wir es unmittelbar selbst sind. Hier wenn irgendwo muß die Lösung des Geheimnisses sich finden. Der Kern der Natur ist Menschen im Herzen: nur die innere Selbsterfahrung, in der wir uns nicht mehr betrachtend und urteilend, schließend und folgernd, sondern wollend wissen, liefert uns den Schlüssel für alle Physik und Metaphysik.

Und doch soll andererseits die Metaphysik Schopenhauers, wie er nicht minder nachdrücklich betont hat, auf einem breiten empirischen Fundament beruhen — soll sie ebensowohl die Daten der äußeren wie der inneren Erfahrung in sich aufnehmen und erst zur wahrhaften Deutung bringen. Denn aller Metaphysik ist ihr Problem ja empirisch gegeben: wie könnte sie darauf verzichten, auch für seine Lösung die Gesamtheit der Erfahrung, der physischen wie der psychischen, in Anspruch zu nehmen? Die Aufgabe der Metaphysik ist somit zwar nicht die Beobachtung einzelner Erfahrungen, wohl aber die richtige Erklärung der Erfahrung im Ganzen. Sie geht demnach nie eigentlich über die Erfahrung hinaus, sondern eröffnet nur das wahre Verständnis der in ihr vorliegenden Welt. »Sie ist ein Wissen, geschöpft aus der Anschauung der äußeren, wirklichen Welt und dem Aufschluß, welchen über diese die intimste Tatsache des Selbstbewußtseins liefert, niedergelegt in deutliche Begriffe[1].« Von hier aus aber eröffnet sich nun auch der Erkenntnislehre eine neue Aufgabe. Auch sie wird nicht bei Logik und Mathematik als Wissenschaften a priori stehen bleiben, sondern die Gesamtheit der Empirie, die Gesamtheit der erklärenden und beschreibenden Naturwissenschaften zu ihrem Aufbau heranziehen müssen. Schopenhauers Erkenntnislehre beruht daher ebensowohl auf seiner Auffassung der physiologischen, wie auf seiner Auffassung der metaphysischen Grundtatsachen; — und diese Verbindung ist es, was ihr ihren geschichtlich-eigentümlichen Charakter verleiht und was in ihr gegenüber den spekulativen Fortbildungen

---

[1] S. Welt als Wille und Vorstellung, Bd. II, Buch 1, Kap. 17. II, 200. [Im folgenden beziehen sich die Zitate ohne besondere Angabe durchweg auf das Hauptwerk in der Paginierung der »dritten verbesserten und beträchtlich vermehrten Auflage, Leipzig, Brockhaus 1859«].

der Kantischen Lehre eine ganz besondere Stellung anweist. Die Aprioritätslehre Kants soll ihrem Inhalt nach bei Schopenhauer festgehalten, aber sie soll zugleich von einer völlig neuen Seite her begründet werden. Der »subjektiven Ansicht« des Intellekts, wie sie bei Kant besteht, stellt er als notwendige Ergänzung die »objektive Ansicht« gegenüber, wie sie insbesondere in der französischen Physiologie, so z. B. in Cabanis' Werk »Des rapports du physique au moral« ausgebildet worden sei. Eine Philosophie — so betont er — welche wie die Kantische diesen Gesichtspunkt für den Intellekt gänzlich ignoriert, ist einseitig und eben dadurch unzureichend. Sie läßt zwischen unserm philosophischen und unserm physiologischen Wissen eine unübersehbare Kluft, bei der wir nimmermehr Befriedigung finden können. Der Weg der Betrachtung muß nicht bloß, wie bei Kant, vom Intellekt zur Erkenntnis der Welt, sondern auch von der als vorhanden genommenen Welt zum Intellekt gehen: der ideologisch-transzendentalen Ansicht muß sich die naturwissenschaftliche und entwicklungsgeschichtliche zur Seite stellen[1]. Ein neues Grundmotiv, das für die Weiterbildung und Umgestaltung, die das Problem der Erkenntnis in der zweiten Hälfte des 19. Jahrhunderts erfahren hat, entscheidend werden sollte, ist damit aufgenommen. Mitten im Kreise des spekulativen und metaphysischen Denkens kündigt sich hier zum ersten Male eine Tendenz an, die dazu bestimmt war, eben diesen Kreis zu sprengen. Geschichtlich ist diese Stellung der Schopenhauerschen Lehre dadurch bedingt, daß sie nicht minder als von Kant von Goethe ihren Ausgang genommen hat. Die Vereinigung Kants und Goethes bildet auch für Schopenhauers Erkenntnistheorie, wie für das Ganze seiner Weltansicht, ein bestimmendes Motiv. Wie Goethes Farbenlehre es gewesen ist, die Johannes Müller zum Problem und zur Grundlegung der »physiologischen Optik« geführt hat, so hat sie auch Schopenhauer zur ersten tieferen Beschäftigung mit der Physiologie des Sehens und mit den Grundfragen der Physiologie der Sinneswahrnehmung überhaupt hingeleitet — und aus ihnen heraus entwickelte sich die neue Gestalt, die er dem Lehrbegriff des transzendentalen Idealismus zu geben versucht hat. So steht die Schopenhauersche Fassung des Erkenntnisbegriffs, historisch und systematisch betrachtet, zwischen zwei Welten. Aus dieser Doppelstellung und Doppelbeziehung heraus läßt sich die innere Struktur der Schopenhauerschen Erkenntnislehre erst wahrhaft begreifen. Ver

---

[1] »Objektive Ansicht des Intellekts«, Welt als Wille und Vorstell. II, 307 ff., 329.

folgt man die Antinomie, die im letzten Ergebnis dieser Lehre unaufhaltsam hervortritt, bis zu ihren eigentlichen sachlichen Voraussetzungen zurück, so zeigt sich immer deutlicher, daß sie ihren letzten Grund nicht in der Schopenhauerschen Lösung, sondern bereits in der Stellung und Formulierung der Aufgabe der Erkenntnis hat. Schon hier scheiden sich zwei verschiedene Wegrichtungen und zwei verschiedene Ziele. Wir versuchen beide zunächst gesondert zu betrachten, um sodann erst die Frage zu stellen, wieweit die beiden Grundauffassungen, zu denen sie hinführen, miteinander vereinbar und ob sie unter einem gemeinsamen philosophisch-spekulaktiven Gesichtspunkt zu befassen sind.

I. Die physiologische Erkenntnistheorie und die Welt als Vorstellung

Wenn Kant von dem Faktum der wissenschaftlichen Erkenntnis und ihrer systematischen Formung in Grund- und Lehrsätzen seinen Ausgang nimmt, wenn es also das Wahrheitsproblem und das Urteilsproblem ist, das seine Fragestellung bestimmt: so sieht Schopenhauer es als einen entscheidenden Vorzug seiner Lehre an, daß sie tiefer in die eigentlichen Anfänge aller Erkenntnis zurückdringt, daß es die materiale Welt der Wahrnehmung selbst ist, an welche sie ihre Frage richtet. Nicht dort, wo die Reflexion über die Wirklichkeit, die als solche stets willkürlich bleibt, beginnt, sondern schon in der ersten unwillkürlichen Gestaltung unseres empirischen Weltbildes selbst ist der philosophische Ansatz der Frage zu suchen. Denn diese besteht nicht darin, wie aus Wahrnehmungsurteilen Erfahrungsurteile, wie aus individuell-gültigen Wahrheiten allgemeingültige und notwendige werden; — sondern der Weg von der Empfindung zur Wahrnehmung, vom subjektiven Zustand des Ich zum objektiv wahrgenommenen und objektiv angeschauten Gegenstand ist es, der, vor allem anderen, kritisch zu durchmessen und kritisch zu erleuchten ist. Die Empfindung als solche ist und bleibt lediglich eine Modifikation des eigenen Selbst: — ein Vorgang im Organismus, der auf das Gebiet »unterhalb der Haut« beschränkt ist und an sich selbst nie etwas enthalten kann, das jenseits dieser Haut, also außer uns läge. Wie kommt es von diesem fließenden und veränderlichen Vorgang zur Behauptung und Annahme eines stehenden Seins, einer bleibenden vorhandenen Wirklichkeit? Daß hier die bloße Summierung der einfachen Sinnesqualitäten, der Daten von Licht und Schall, der Tast- und

Temperaturempfindungen nicht ausreichen könne, liegt auf der Hand: denn was nicht im Element als solchem enthalten ist, das kann auch aus einer noch so großen Anhäufung der Elemente nicht hervorgehen. Stellt man das Resultat des Wahrnehmungsprozesses seinem Ausgangspunkt, der in der einfachen Empfindung besteht, gegenüber, so erkennt man sogleich, daß zwischen beiden nicht nur keine unmittelbare Übereinstimmung und Deckung, sondern daß vielmehr zwischen ihnen in allen wesentlichen Punkten der entschiedenste Gegensatz besteht. Die Empfindung spricht, bei all ihrer innern Mannigfaltigkeit, immer nur sich selbst aus und bleibt insofern ein schlechthin Gleichförmiges; — die Wahrnehmung und Anschauung gibt uns das Bild einer vom Ich verschiedenen Welt, die ihrerseits die komplexesten Einzelformen und Einzelkräfte, wie Ausdehnung und Undurchdringlichkeit, Kohäsion und Gestalt, Härte und Weiche, Ruhe und Bewegung u. s. f. in sich faßt. Die Empfindung liefert uns, im Akt des Sehens, notwendig einen doppelten Eindruck, da jedes Auge für sich eine bestimmte Einwirkung vom sichtbaren Objekt erfährt; für die Anschauung besteht nur ein Gegenstand, dem wir eine bestimmte und eindeutige Stelle im Raum zuweisen. Die Empfindung kann die Verhältnisse des Objekts nur so auffassen, wie sie sich in dem, was ihr unmittelbar gegeben ist, also in dem Bilde, das sich auf der Netzhaut herstellt, darbieten — die Anschauung wiederholt nicht sowohl dieses Bild, als sie es vielmehr umkehrt, indem sie das im Bilde Untere im Objekt zum Oberen und ebenso das Obere zum Unteren macht. Die Empfindung bleibt, sofern wir ihr überhaupt räumliche Bestimmtheit zuschreiben, doch auf die bloße Fläche beschränkt: — die Wahrnehmung und Anschauung fügt zum planimetrischen Sehen das stereometrische, zur Fläche die Tiefe hinzu. Die Empfindung liefert uns allenfalls einen bestimmten Begriff der Richtung, in welcher die Objekte liegen, aber nicht ihre Entfernung und also nicht ihren Ort. Mit alledem glaubt Schopenhauer nur allgemein bekannte Ergebnisse der physiologischen Wahrnehmungstheorie auszusprechen, wie sie seit Berkeleys grundlegenden Untersuchungen in der »Neuen Theorie des Sehens« als feststehend gelten konnten [1]. Aber der Begriff, in dem Berkeley und mit ihm die gesamte sensualistisch gerichtete Psychologie die Erklärung all dieser Phänomene zu finden glaubte, muß nun ein völlig anderer werden. An die Stelle des Vermögens

---
[1] Näheres hierüber s. Bd. II, S. 275 ff.

der »Assoziation«, als einer bloßen Verbindung gegebener Eindrücke oder Vorstellungen, tritt der tiefer gefaßte Kantische Begriff der Synthesis. Die Verbindung eines Mannigfaltigen überhaupt — so hatte Kant gelehrt — kann niemals durch Sinne in uns kommen; denn sie ist ein Aktus der Spontaneität der Vorstellungskraft und somit ein reiner Akt des Verstandes. Demnach können wir uns nichts als im Objekte verbunden vorstellen, ohne es vorher selbst verbunden zu haben, und unter allen Vorstellungen ist die Verbindung die einzige, die nicht durch Objekte gegeben, sondern nur vom Subjekt selbst verrichtet werden kann[1]. Die Art dieser eigentümlichen Verrichtung war von Kant nur im allgemeinen transzendentalen Sinne bestimmt worden, indem er den Grundakt der Synthesis in seine formal und begrifflich zu unterscheidenden Momente: in die Synthesis der Apprehension, die Synthesis der Reproduktion und die Synthesis der Rekognition zerlegte[2]. Aber was hier in der logischen Reflexion mehr als Forderung, denn als Faktum behauptet war, das soll nunmehr bei Schopenhauer durch die naturwissenschaftliche Zergliederung des Wahrnehmungsprozesses und der wirklichen Bedingungen seiner Entstehung seine unmittelbare Bestätigung finden. Die transzendentale Analyse soll durch die physiologische ergänzt und gestützt werden. Verfolgt man den Weg, der von der subjektiven Empfindung zur objektiven Anschauung führt, so wird man überall auf die entscheidende Leistung des Verstandes hingeführt. Der Verstand ist es, der kraft seiner Grundform, des Gesetzes der Kausalität, zu der gegebenen einzelnen Empfindung eine Ursache verlangt und der weiterhin, indem er sich des in ihm liegenden Gesetzes des Raumes als eines »Auseinander« bedient, diese Ursache als etwas außerhalb des Organismus Gelegenes ansieht. Die Sinne liefern nichts weiter als den rohen Stoff, welchen er mittelst seiner Formen — der Formen des Raumes, der Zeit und der Kausalität — in die objektive Auffassung einer gesetzmäßig geregelten Körperwelt umarbeitet. Auf ihm und seinen Funktionen beruht somit der gesamte Prozeß der Gestaltung, durch den sich der »Gegenstand« als angeschauter vom bloß empfundenen unterscheidet. Er ist es, durch den der bloße Eindruck des Hellen und Dunkeln und die Skala der bloßen Farbenempfindungen sich umsetzt in eine Welt der geometrischen Gestalten; er ist es, durch den die Fläche zur Tiefe erweitert, er ist es

---

[1] Kritik der r. Vern., 2. Aufl., S. 130; vgl. Bd. II, S. 696f.
[2] S. Bd. II, S. 710 ff.

endlich, durch den das umgekehrte und doppelte Bild, das auf der Netzhaut entsteht, in ein einfaches und aufrechtes Bild des Objekts umgedeutet wird. Was wir die empirische Anschauung der Dinge zu nennen pflegen, das ist daher in Wahrheit, wenn wir es seinen eigentlichen Gründen nach betrachten, eine rein intellektuale Anschauung. Hier allein hat nach Schopenhauer dieser von der Nachkantischen Spekulation so mißbrauchte Terminus seinen Grund und sein Recht. Die echte intellektuale Anschauung besteht nicht in einem mystischen Vermögen, das Übersinnliche zu ergreifen, sondern in der durchaus gesetzlich bestimmten Kraft des Verstandes, das Sinnliche zu gestalten, indem er die von den einzelnen Sinnen gelieferten Daten vermittelst der in ihm selbst liegenden ursprünglichen Verknüpfungsformen auffaßt und deutet [1]. —

Indem wir aber auf diese Weise den Gegenstand als Ergebnis nicht eines optischen oder sensualen, sondern eines »intellektualen oder zerebralen« Prozesses begreifen, tritt damit seine ausschließliche und notwendige Subjektivität nur um so schärfer hervor. Die »Welt«, die auf diese Weise entsteht, besteht nur in der Vorstellung und für die Vorstellung: sie ist nichts anderes denn reines Gehirnprodukt. Diese ihre physiologische Bedingtheit kann nicht schroff genug ausgesprochen, nicht scharf genug betont werden. Wie es ohne das Auge keine Welt der Farben gibt, so gibt es ohne das Gehirn keine Welt der Körper im Raum, der Veränderungen und der ursächlichen Abhängigkeiten in der Zeit. Denn der Intellekt, dessen ureigenen apriorischen Besitz alle diese Formen und Beziehungen bilden, ist durchaus physisch bedingt: er ist die Funktion eines materiellen Organs, daher von diesem abhängig und ohne dasselbe so unmöglich, wie das Greifen ohne die Hand es ist[2]. Denken wir das Gehirn aufgehoben, so schwindet daher mit ihm das gesamte objektive Dasein und die objektive Verknüpfung der räumlich-zeitlichen Wirklichkeit dahin[3]. Erst bei dem, der sich diese Einsicht wahrhaft zu eigen gemacht hat, ist die philosophische Besonnenheit erwacht. Er hat nicht nur die allgemeine Wahrheit von der notwendigen Korrelativität von Subjekt und Objekt, sondern auch ihre bestimmte konkret-physische Auslegung erfaßt; — er hat begriffen, daß er keine Sonne kennt und keine Erde, sondern immer nur ein

---

[1] Zum Ganzen vgl. bes. Über die vierfache Wurzel des Satzes vom zureichenden Grunde, § 21.
[2] Welt als Wille u. Vorst. II, 306; II, 277 ff.
[3] Vgl. z. B. Welt als Wille II, 571 u. ö.

Auge, das eine Sonne sieht, eine Hand, die eine Erde fühlt; daß die Welt, welche ihn umgibt, nur als Vorstellung da ist, d. h. durchweg nur in Beziehung auf ein anderes, das Vorstellende, welches er selbst ist[1]. Wenn irgendeine Wahrheit a priori ausgesprochen werden kann, so ist es diese; — denn sie setzt weder irgendwelche besonderen Erfahrungen, noch irgendwelche allgemeine Theorien und Spekulationen voraus, sondern ist nur der schlichte Ausdruck dessen, was in der Grundtatsache des Vorstellens selbst gegeben und aus ihr durch einfache Selbstbesinnung zu gewinnen ist. Was dieses wesentliche Ergebnis betrifft, so besteht zwischen dem richtig verstandenen transzendentalen Idealismus Kants und dem Idealismus Berkeleys keinerlei Differenz. Nur eine falsche Scheu vor den Vorurteilen des gemeinen Menschenverstandes und der philosophischen Schulen hat Kant dazu vermocht, die Grundwahrheit, daß alles Sein zunächst und unmittelbar nur Sein in der Vorstellung ist, in der zweiten Auflage der Vernunftkritik zu verhüllen und abzuschwächen. Aber der allgemeine Satz des *Esse = percipi* duldet keinerlei Einschränkung — denn er spricht nur in scharfer und bestimmter Form die Definition der Vorstellung und die Definition des empirischen Gegenstandes selbst aus.

Wir blieben somit notwendig in diesen Kreis eingeschlossen, wenn alles Sein, das uns gegeben wird, uns ausschließlich durch die Erkenntnis und ihre allgemeine Form, die Form des Raumes, der Zeit und der Kausalität, vermittelt werden müßte. Aber mitten in der empirisch-phänomenalen Welt entdeckt sich uns nun eine Erscheinung, die zwar als solche gleichfalls an die Gesetze des Vorstellens gebunden und nur ein Inhalt dieses Vorstellens selbst ist; bei der aber andererseits diese Betrachtungsweise nirgends ausreicht, um ihren Gehalt zu erschöpfen. Auch uns selbst schauen wir nur als materiellen Leib und insofern als ein Ding unter Dingen an. Aber indem alle Veränderungen dieses Leibes sich uns zugleich als Veränderungen unseres Selbstgefühls darstellen, — indem sie sich in Lust oder Unlust für uns kundtun, ist das Phänomen des Leibes damit notwendig auf unseren Willen bezogen. Der Leib ist nichts anderes als die unmittelbare Objektivation des Willens selbst. Zwischen beiden herrscht kein Kausalverhältnis, wie es zwischen getrennten Objekten besteht, sondern eine reine Identität: der Leib ist derselbe Inhalt, den wir innerlich als Wille gewahr werden, in die Form der äußeren Anschauung, in die Form der Vorstellung

---
[1] I, 3 ff.

gefaßt. Hier steht uns somit bis zu jenem selbst-eigenen und inneren Wesen der Dinge, bis zu welchem wir von außen nicht dringen können, ein Weg von innen offen — »gleichsam ein unterirdischer Gang, eine geheime Verbindung, die uns, wie durch Verrat, mit einem Male in die Festung versetzt, welche durch Angriff von außen zu nehmen unmöglich war«. »Hier also liegt das Datum, welches allein tauglich ist, der Schlüssel zu allem andern zu werden, oder... die einzige, enge Pforte zur Wahrheit. Demzufolge müssen wir die Natur verstehen lernen aus uns selbst, nicht umgekehrt uns selbst aus der Natur. Das uns unmittelbar Bekannte muß uns die Auslegung zu dem nur mittelbar Bekannten geben; nicht umgekehrt.« (II, 218 f.) In dieser Auslegung besteht das alleinige Grundthema der Schopenhauerschen Metaphysik. Die Welt als Vorstellung bleibt in ihrer Eigenart, in der Gesamtheit ihrer Gesetze und ihrer Gebilde bestehen — aber sie erscheint jetzt nur als die Hülle, in der wir das wahrhafte Ansich der Dinge, in der wir die Welt als Wille erblicken. Wir verstehen die Natur im Willen: — denn wie ließe sich die Forderung des »Verstehens« tiefer erfüllen, als dadurch, daß ein im Wesentlichen Fremdes und Unbekanntes auf das uns am genauesten und intimsten Bekannte zurückgeführt wird? Aber indem wir nunmehr vom Intellekt und seinen Formen zum Willen als dem wahren Ansich zurückgedrungen sind, hat sich uns damit auch die allgemeine Gestalt des Erkenntnisproblems gewandelt. Der Intellekt, der bisher als ein absolutes, nicht weiter auflösbares Datum erschien, stellt sich uns nunmehr als Resultat eines andern und somit als ein Relatives dar — der Verstand, der, vom Standpunkt der Welt als Vorstellung, als Schöpfer gelten mußte, ist vom Standpunkt der Welt als Wille zum Geschöpf geworden. Es entsteht die Frage, ob er auch hierin noch seine Eigenart behaupten, ob er jene Selbständigkeit und Spontaneität, die wir ihm gegenüber der Wahrnehmung zugeschrieben haben, auch außerhalb ihres Gebiets bewahren kann. An die Stelle einer Betrachtung, die das systematische Verhältnis der einzelnen Erkenntnisfaktoren und ihr Zusammenwirken zum Aufbau der Welt als Vorstellung erwog, muß jetzt die Frage treten, was die Erkenntnis als Ganzes im Ganzen der Wirklichkeit bedeutet und leistet, worin, dem eigentlichen Ansich der Dinge gegenüber, ihre wesentliche Kraft und ihre wesentliche Grenze besteht. Die physiologische Ansicht der Erkenntnis erweist sich nur als ein Vorspiel, das zu der umfassenderen und tieferen metaphysischen Ansicht hinleiten soll.

II. Die metaphysische Erkenntnistheorie und die Welt als Wille

Wenn wir das Phänomen des Willens, das wir als unmittelbaren Inhalt des Erlebens in uns vorfinden, zum Schlüssel für die Auslegung der Gesamtnatur brauchen wollen, so gilt es zunächst, es von der besonderen Form und Einschränkung zu befreien, in welcher es sich uns anfangs darstellt. So wie wir ihn unmittelbar kennen lernen, erfassen wir den Willen nur als bewußten Willen. Er richtet sich auf ein bestimmtes Ziel, das ihm in der Form der Erkenntnis, in der Form der Vorstellung gegeben ist und er sucht innerhalb der Welt der Vorstellung die Mittelglieder auf, die nach dem Zusammenhang der empirisch-ursächlichen Verknüpfung zu diesem Ziele hinführen können. Aber wenn auf diese Weise das besondere Objekt des Wollens durch die Erkenntnis bestimmt wird, so liegt doch die Funktion des Wollens als solche vor und außerhalb aller Erkenntnis. Der Ursprung alles Bewußtseins kann nicht selbst als ein Gebilde des Bewußtseins bestimmt werden. Der Wille ist, wenn er als wahrhaftes Ansich genommen werden soll, von allen Schranken der Erkenntnis frei zu denken: er unterliegt weder der Vielheit, die erst mit Raum und Zeit als dem »principium individuationis« entsteht, noch dem Satz vom Grunde, der nur die Relationen unter den abhängigen Seinselementen, nicht aber ihr wahrhaftes Wesen betrifft. Er ist — als schlechthin Eines und als schlechthin Grundloses: als derjenige absolut gewisse Seinsbestand, vor dem jede Frage der Erkenntnis nach dem »Warum« sinnlos wird. In dieser Form, als ein blindes Schaffen und Treiben, als eine bewußtlose Potenz erblicken wir den Willen noch in dem, was wir die Naturkräfte und was wir das anorganische Geschehen in der Natur nennen. Erst in dem Maße, als wir in der Stufenleiter des empirischen Seins zu den organischen Formen hinaufsteigen, beginnt allmählich das Bewußtsein sich auszubilden: — aber auch hier ist es nicht sowohl ein selbständiger Bestand, als vielmehr ein Organ, das der Wille sich schafft und das er für seine Zwecke braucht. Die Erkenntnis geht in ihrer rein biologischen Leistung auf: sie ist das Werkzeug für den schlechthin gebietenden Lebenstrieb. Sie zeigt diesem Trieb die Förderungen und Hemmungen; sie beleuchtet den Weg, den er zu gehen hat, um seinen bestimmten Zweck zu erreichen; sie stellt schließlich als abstrakt-vernünftige Erkenntnis verschiedene »Möglichkeiten« zur Wahl und bietet dem Willen die Motive für diese Wahl dar. Bis in seine höchsten, scheinbar rein theoretischen Leistungen hinein bewahrt das empirische Erkennen diese Form der Gebundenheit. Auch hier noch erweist sich die wissenschaftliche »Wahrheit«, die wir als ein Unbedingtes und schlechthin Gültiges zu denken pflegen, von den Antrieben und Entscheidungen des Willens abhängig. Der gesamte Ausbau der Theorie wird insgeheim überall durch praktische Ziele bedingt und beherrscht. Der Wille beweist sich hierin nicht nur als »Herr der Welt«, sondern auch als Herr der Logik — als die eigentlich bestimmende und regulative Kraft des Denkens. Denn in aller Erkenntnis ist nicht das Erkennende, sondern das Erkannte das Erste und Wesentliche; sofern das Erkannte der πρωτότυπος, das Erkennende nur der ἔκτυπος ist. So muß auch im Selbstbewußtsein das Erkannte, mithin der Wille, das Erste und Ursprüngliche, das Erkennende hingegen nur das Sekundäre, das Hinzugekommene, der Spiegel sein[1].

Hält man an diesem Verhältnis des Intellekts zum Willen fest, — begreift man, daß der Intellekt seinem Ursprung nach zu nichts anderem als zur Auffassung der Zwecke bestimmt ist, auf deren Erreichung das individuelle Leben und die Fortpflanzung desselben beruht, so scheint es vergeblich, ihn über dieses Ziel hinaus zur Erkenntnis des unabhängig vorhandenen Wesens der Dinge brauchen zu wollen. Denn sollte diese Aufgabe erfüllbar sein, so müßte zuvor das Wunder eintreten, daß der Intellekt der Welt, aus der er herstammt, als ein Selbständiges gegenübertreten, daß sich der Teil vom Ganzen, das Bedingte vom Bedingenden losreißen könnte. Aber dieses Wunder begibt sich wirklich: — und mit ihm erst wird die Erkenntnis im eigentlichen und strengen Wortsinne erschaffen. Es gibt ein Verhalten des Intellekts, in welchem er sich über seine eigene Grundform erhebt — in welchem er eben diese Form als ein bloß Gewordenes durchschaut und sich damit von der ausschließlichen Gebundenheit an sie befreit. Das räumlich-zeitliche Dasein und die empirische Abhängigkeit in ihm haben sich uns bereits als bloßer Reflex der reinen Gesetze der Vorstellungsbildung, insbesondere als Reflex des »Satzes vom Grunde« erwiesen. Gäbe es einen Standpunkt der Erkenntnis, in welchem sie jenseit dieses ihres eigenen Prinzips stände, von dem aus sie eine Vielheit zu denken vermöchte, die nicht räumlich-zeitlicher Art und eine Ordnung, die nicht kausaler Art ist, so müßte entsprechend dieser neuen Form der Subjektivität auch eine neue Form der Objektivität ent-

---

[1] Vgl. bes. Bd. II, Buch 2, Kap. 19: Vom Primat des Willens im Selbstbewußtsein II, 224 ff.

stehen. Wir stünden dann vor einer Anschauung der Welt, in welcher diese uns nicht mehr in der starren Einheit des Dinges an sich gegeben, sondern schon in eine Mannigfaltigkeit besonderer Gestalten auseinandergetreten wäre, ohne daß ihr doch die Zersplitterung in bloße Einzelheiten anhaftete, die innerhalb der empirischen Dingansicht herrscht; wir würden eine Vielheit erfassen, die dennoch kein räumliches Auseinander und keinen zeitlichen Wechsel kennt, sondern deren Bestand von uns als ein unwandelbarer und sich selbst gleicher *sub specie aeterni* erfaßt würde. Daß es aber in der Tat die Möglichkeit einer solchen Anschauung des Wirklichen gibt, dafür bedürfen wir keines diskursiven Beweises. Denn jedes große Kunstwerk stellt diesen Beweis, nicht kraft des mittelbaren Folgerns und Schließens, sondern als einen unmittelbaren und faktischen vor uns hin. Die Welt der reinen ästhetischen Betrachtung erschließt uns nach der objektiven wie nach der subjektiven Seite hin ein neues selbständiges Sein. In ihr wachsen wir über die Denkform des Satzes vom Grunde, über die Annahme dinglicher Existenzen, die sich in endloser kausaler Abfolge aneinanderreihen, hinaus. Statt das Sein in eine Kette bloßer Wirkungen aufzulösen, in welcher jeder Teil zu seiner Erklärung immer eines andern bedarf, ohne daß doch das Wesen des Ganzen jemals erfaßt und ausgesprochen würde, fassen wir es jetzt zur reinen Einheit und zur reinen Totalität eines Bildes zusammen, in dem jeder Einzelzug gleich sehr die Anschauung des Ganzen bedingt, wie er von ihr bedingt wird. Dieses Bild aber tritt, wie es aus der empirischen Reihe der Existenz herausgehoben ist, so auch aus der empirischen Reihe der Motivation heraus. Es hört auf, Objekt und Anreiz für unsern Willen zu sein; es spricht nicht mehr zu unseren Neigungen, unseren individuellen Begierden und Leidenschaften, es stellt uns in einen Kreis, in dem alles stoffliche Interesse am Gegenstand selbst und seinem Dasein erloschen ist und in dem nur noch das reine und ruhige Schauen der ewigen und typischen Grundformen alles Seins gilt. Bezeichnen wir diese Formen mit dem Platonischen Ausdruck als Ideen — so erkennen wir nunmehr das Reich der Platonischen Ideen als das eigentliche Gebiet der Kunst. Und in dieser Einsicht handelt es sich nicht um eine einzelne ästhetisch-metaphysische Spekulation, sondern um die wahrhafte und notwendige Vollendung unseres philosophischen Erkenntnisbegriffs. So wahr die Kunst nicht als »Nachahmung« des empirischen Seins begriffen werden kann, sondern ihm gegenüber ein neues Urbild und ein neues Vorbild aufstellt, — so wahr werden wir erst an diesem Gegenbild, das sie uns vorhält, der Relativität und Bedingtheit des empirischen Erkennens, des Erkennens nach Ursachen und nach Zwecken, inne. Nicht in der logischen Refle≈ xionsform, im »Schluß« vom Grund auf die Folge, noch in jenen transzendentalen Formen, durch die wir die Welt der Erfahrung für uns aufbauen, sondern im künstlerischen Schauen stellt sich uns das höchste Ideal der Erkenntnis, dessen wir fähig sind, stellt sich uns Ziel und Ende aller »Theorie« überhaupt dar. —

Nicht zum ersten Male tritt hier die Ideenlehre Platons, in ihrer besonderen Anwendung auf das Problem der Kunst, als bestim≈ mendes Motiv in die Entwicklung der Nachkantischen Spekulation ein. Man hat mit Recht darauf hingewiesen, daß Schopenhauer der Gesamtheit dieser Spekulation, daß er insbesondere den Lehren Fichtes und Schellings keineswegs so unabhängig gegenübersteht, als es nach den ständigen und erbitterten Angriffen, die er gegen sie richtet, den Anschein hat[1]. Hier insbesondere kann kaum ein Zweifel darüber obwalten, daß er an jene Fassung der Ideenlehre anknüpft, die Schelling ihr in seinem Dialog »Bruno« und in seiner Rede »über das Verhältnis der bildenden Künste zur Natur« gegeben hatte. Wie Schelling, so geht auch er weniger auf Platon als auf Plotin und seine Lehre vom intelligiblen Schönen zurück. Für Platon sind es die Grundprobleme der Mathematik und der Ethik, sind es das Gleiche und Ungleiche, das Gerade und Un≈ gerade, das Gute und Gerechte, die das eigentliche Prototyp der Ideenerkenntnis bilden. Die Betrachtung der Ideen beginnt bei den ewigen und notwendigen Wahrheiten, um von ihnen zur höch≈ sten Erkenntnis, zur Idee des Guten fortzuschreiten. Aber gerade diese Analyse der logischen und ethischen Relationen wird von Schopenhauer aus der Grundlegung der Ideenlehre ausgeschaltet: — denn eben als Relationen sollen sie an die Schau der reinen Wesenheiten nicht heranreichen. Was zurückbleibt, sind die ewigen Grundformen, die ursprünglichen und allgemeinen Typen, auf denen alle Gestaltung in Natur und Kunst zuletzt beruht. Schon im bewußtlosen Schaffen der anorganischen Natur treten uns be≈ stimmte unveränderliche und typische Grundrichtungen alles Wir≈ kens entgegen. Sie sind dasjenige, was wir mit dem Namen der Naturkräfte, mit dem Namen der Schwere und Undurchdringlich≈ keit, der Kohäsion, der Wärme, des Magnetismus, der Elektrizität

---
[1] S. Windelband, Geschichte der neueren Philosophie, 3. Aufl., II, 353.

u. s. f. bezeichnen. Denn jede Kraft ist als solche ein dauerndes und unzerstörliches Sein. Sie bedarf der Anregung und »Sollizitation« von außen her, um zu einer einzelnen Betätigung, zur Hervorbringung einer Veränderung in einem bestimmten Zeitpunkt veranlaßt zu werden; aber sie selbst ist als ein ewig sich selbst Gleiches und Dauerndes über alle Form der Zeitlichkeit erhaben[1]. Reiner und deutlicher noch tritt sodann diese Bestimmung in der Welt des Organischen hervor; denn hier sind Allgemeines und Besonderes, Typisches und Individuelles in einer neuen Weise verknüpft und miteinander versöhnt. Gegenüber den einzelnen Exemplaren einer bestimmten organischen Spezies, die dem Entstehen und Vergehen ausgesetzt sind, verharrt der reine Typus selbst als ein zeitlos-Dauerndes; aber er ist kein leerer Gattungsbegriff, sondern ein durch und durch konkret Bestimmtes und in all seinen Einzelzügen scharf Unterschiedenes. Hier ergreifen wir die wahrhaften *universalia ante rem,* die ideellen Grundbedingungen alles empirischen Seins, während die logischen Begriffe und Gattungen nur die *universalia post rem,* die nachträglichen Abstraktionen aus der Welt der Dinge bedeuten. Die Idee ist die vermöge der Zeit- und Raumform unserer intuitiven Apprehension in die Vielheit zerfallene Einheit: hingegen der Begriff ist die, mittelst der Abstraktion unserer Vernunft, aus der Vielheit wieder hergestellte Einheit[2]. Dieser ist ein Gebilde, das im Akt des Denkens selbst entsteht und daher von der Willkür der Reflexion, von der Art, wie wir die abstrakten Einschnitte und Trennungslinien setzen, abhängig ist — jene ist ein Beharrliches und Bleibendes und insofern streng Objektives, das sich jedoch als solches nicht dem empirischen Denken, das nur auf die Vergleichung der Einzelfälle angewiesen ist, sondern nur der zusammenschauenden Kraft des Genies erschließt. Dem Blick des Genies wird das *Nunc stans* im Mittelpunkte des Rades der Zeit klar und sichtbar. »Wie die zerstäubenden Tropfen des tobenden Wasserfalles mit Blitzesschnelle wechseln, während der Regenbogen, dessen Träger sie sind, in unbeweglicher Ruhe feststeht, ganz unberührt von jenem rastlosen Wechsel: so bleibt jede Idee, d. h. jede Gattung lebender Wesen, ganz unberührt vom fortwährenden Wechsel ihrer Individuen. Die Idee aber oder die Gattung ist es, darin der Wille zum Leben eigentlich wurzelt und sich manifestiert:

---

[1] S. hierüber Welt als W. u. V., 2. Buch, § 26 (I, 154 ff.); vgl. II, 39 ff.; Satz vom Grunde § 20 u. ö.
[2] I, 277; II, 416 f.

daher auch ist an ihrem Bestand allein ihm wahrhaft gelegen. Z. B. die Löwen, welche geboren werden und sterben, sind wie die Tropfen des Wasserfalls; aber die *leonitas,* die Idee oder Gestalt des Löwen gleicht dem unerschütterten Regenbogen darauf [1].«

Stimmt indes bis hierher die Ideenlehre Schopenhauers mit dem Platonismus Schellingscher Prägung inhaltlich überein, so darf auf der anderen Seite nicht verkannt werden, daß sie methodisch auf einer andern Grundlage beruht. Für Schelling ist die Entfaltung des Einen Absoluten zur Idee und der Mannigfaltigkeit ihrer Gestaltungen ein Prozeß, der sich im Absoluten, im metaphysischen Urgrund des Seins selbst vollzieht. Die reine Identität tritt kraft der Notwendigkeit ihrer eigenen Natur aus sich selbst heraus: sie erfährt eine Entwicklung, die jedoch nicht im zeitlichen Sinne, sondern im Sinne einer logischen Emanation, einer Selbstoffenbarung des Urwesens zu verstehen ist. Jede derartige panlogistische und pantheistische Konstruktion des Vielen aus dem Einen hat Schopenhauer stets aufs bestimmteste verworfen. Diejenigen, welche vorgeben, die letzten, d. i. die ersten Gründe der Dinge, also ein Urwesen, Absolutum, nebst dem Prozeß, den Gründen, Motiven, infolge welcher die Welt daraus hervorgeht, zu erkennen — so betont er — treiben leere spekulative Possen. Denn der Philosophie ziemt, da sie selbst auf die Grundformen der Erkenntnis angewiesen ist und nur in ihnen sich darstellen und ausdrücken kann, nicht dieser synthetische und herabsteigende, sondern nur der aufsteigende und analytische Gang. Sie kann nicht wie der Pantheismus aus der Einen absoluten Substanz die Mannigfaltigkeit der Ideen und der Erscheinungswelt hervorspinnen, sondern sie muß von der bekannten Struktur dieser Erscheinungswelt selbst und dem natürlichen, Jedem gegebenen Selbstbewußtsein ausgehen und von hier auf den Willen als das einzige Metaphysische hinleiten [2]. Dieser aber als »Ding an sich« schließt weder eine ideelle noch eine empirische Mannigfaltigkeit in sich. Alle Vielheit, wie immer sie bestimmt sein möge, trifft nicht ihn selbst, sondern immer nur seine Erscheinungen und Objektivationen. Von diesen letzteren aber gilt der Grund- und Leitsatz der Schopenhauerschen Erkenntnislehre, daß kein Objekt anders als für ein Subjekt vorhanden ist. Die reine und allgemeine Form der Subjektivität bildet daher auch für die Anschauung jener ersten und ursprünglichen Vielheit, die wir als

---

[1] II, 548 ff.
[2] II, 206 f; II, 736 ff.

die Welt der Ideen bezeichnet haben, die unerläßliche Voraussetzung. Es gibt eine zwiefache Objektivation des Willens, weil und sofern es eine zwiefache Stellung und Haltung des erkennenden Subjekts selbst gibt. Solange dieses letztere noch im Frondienst des Willens steht und den einzelnen Antrieben des Willens folgt: solange zerfällt ihm auch die Welt in eine Reihe unabsehbarer, zeitlich und räumlich getrennter Einzelheiten. Aber in dem Augenblicke, als es sich von diesem Zwange losreißt; — als es selbst zwar Wille bleibt, aber zum reinen Erkenntniswillen, zur selbstlosen Anschauung des reinen Wesens der Dinge wird, hat auch das objektive Sein für es eine andere Gestalt angenommen. Jetzt begreift es die Erscheinung — denn an diese bleibt die Erkenntnis nach wie vor gebunden und auf sie bleibt sie beschränkt — nicht mehr als eine zufällige, sondern als eine notwendige; nicht mehr in der Besonderheit eines hier und jetzt gegebenen Dinges, sondern in der Allgemeinheit des in ihr waltenden und sie konstituierenden Gesetzes. Diese Form des Wissens und Schauens ist es, die dem Genie und seiner Erkenntnis durch Ideen wesentlich ist. Auch die Ideen sprechen das Wesen der Dinge nicht seinem reinen Ansich nach, sondern nur in der Sprache unserer Erkenntnisformen aus, — aber sie geben die vollständige und vollkommene Erscheinung, die »adäquate Objektität des Willens auf dieser Stufe seiner Erscheinung [1]«.

Der systematische Abschluß der Schopenhauerschen Erkenntnislehre scheint mit diesem Ergebnis erreicht zu sein. Jetzt steht sie an dem Ziel, dem sie von Anfang an kraft des Doppelmotivs der Schopenhauerschen Philosophie zustrebte. Empirie und Metaphysik sind, wie es scheint, miteinander versöhnt, da die Erkenntnis rein in ihrem immanenten Gesetz und somit in ihren immanenten Schranken aufgewiesen wurde, andererseits aber eben dieses Gesetz selbst uns zur Einsicht in das wahrhafte Ansich der Dinge hingeführt hat. Die Selbstbegrenzung der Erkenntnis scheint somit in dem Sinne, in welchem die »Kritik der reinen Vernunft« sie gefordert hatte, vollzogen — und doch bleibt jenseits der Grenzen des Erkennens kein leerer Raum, kein unbegreifliches X, sondern ein Etwas stehen, das uns der wesentlichen Beschaffenheit nach kraft unmittelbarer Erfahrung bekannt und zugänglich ist. Eben hierin sieht Schopenhauer den entscheidenden Vorzug seiner Lehre gegenüber Kant und gegenüber der gesamten Nachkantischen Spekula-

---

[1] Zum Ganzen vgl. bes. II, 413 ff.

tion. Auch die letztere war von der Aufgabe, die Kant zurück≠
gelassen hatte, von dem Versuch der Ergründung des »Wesens«
der Welt, des »Dinges an sich« ausgegangen. Aber sie hatte sich
schon in ihren ersten Schritten den Weg zu dieser Einsicht ver≠
schlossen: denn sie wollte nicht bloß, wie alle Philosophie es sein
muß, eine Philosophie in Begriffen, sondern eine Philosophie aus
Begriffen sein. Aus den Grundsätzen der bloßen Logik, aus der
leeren Reflexionsform des Denkens sollte die Welt in ihrem ge≠
samten Gehalt hergeleitet werden. Alle reflexiven Begriffe und
Grundsätze aber sind leer, wenn sie nicht in irgendeiner unmittel≠
baren Anschauung wurzeln und aus dieser ihr Recht herleiten [1].
Zwei verschiedene Formen dieser Anschauung: die empirische und
die künstlerische waren es, auf die sich Schopenhauers philoso≠
phische Analyse von Anfang an stützte und berief. Wie er in jener
die entscheidende Mitwirkung des Verstandes aufzeigte und damit
die reine Intellektualität der Sinnesanschauung erwies; — so sollte
in dieser nicht nur der Grundgehalt der Kunst begriffen und ge≠
deutet, sondern auch die letzte und höchste Form der Erkenntnis
selbst entdeckt und begründet werden. Das Urteil über den Inhalt
der Schopenhauerschen Metaphysik wird letzten Endes davon ab≠
hängen, wie weit diese doppelte Form ihrer Begründung sich als
überzeugend und stichhaltig erweist. —

III. Die Begründung der Apriori tätslehre in Schopenhauers System

Die transzendentale Methode Kants besitzt ihr wesentliches
Kennzeichen darin, daß sie sich nicht im Gebiet der empirisch≠
realen Dinge oder Vorgänge, sondern rein und ausschließlich im
Gebiet der Wahrheiten und ihrer ideellen Geltungsart bewegt.
Nicht was ein Ding ist oder nicht ist, welche Eigenschaften es be≠
sitzt oder welche Wirkungen von ihm ausgehen, wird hier gefragt,
sondern welche Notwendigkeit und Allgemeinheit bestimmten
Urteilen vor allen anderen zukommt. Denn »transzendental« soll
nach Kant diejenige Erkenntnis heißen, die sich nicht sowohl mit
Gegenständen, als vielmehr mit unserer Erkenntnisart von Gegen≠
ständen, sofern diese a priori möglich sein soll, überhaupt beschäf≠
tigt. Nicht die Struktur der Gegenstände, sondern die Struktur der
Erfahrungsurteile, kraft deren allein Gegenstände für uns erkannt
und gegeben werden können, steht hier in erster Linie in Frage;
— nicht der letzte Grund des Seins soll aufgedeckt werden, sondern die

---

[1] Vgl. hrz. bes. II, 87 ff.

Prinzipien und Bedingungen für die mathematische Gewißheit einerseits, für die empirische Gewißheit andererseits sollen bestimmt werden. Die reinen Formen der Anschauung und die Grundbegriffe des reinen Verstandes werden auf diesem Wege entdeckt. Wir begreifen den Grund ihrer Geltung, wenn wir einsehen, daß sie nicht von den Gegenständen entlehnt, sondern daß sie die Urfunktionen der gegenständlichen Verknüpfung selbst sind. So wird die transzendentale Logik als ein reiner Inbegriff von Regeln zur Norm für alle Aussagen über das Sein. Denn dasjenige Sein, von dem es überhaupt wissenschaftliche Erkenntnis gibt, ist uns nur im Urteil faßbar: — die Wahrheit der abhängigen Urteile aber setzt die von Grundurteilen voraus. Sind diese letzteren von uns einmal erreicht, so können sie selbst in nichts anderem mehr gegründet werden, so läßt sich kein psychisches oder physisches, empirisches oder metaphysisches Dasein mehr namhaft machen, von dem sie abhängig wären und durch welche sie gerechtfertigt würden. Vielmehr muß hier die »Deduktion« den umgekehrten Weg einschlagen: sie muß zeigen, daß alle Behauptung eines solchen Daseins bereits die Geltung und Wahrheit derartiger Urteile in sich schließt und daß daher die Ableitung aus den Dingen einen fehlerhaften Zirkel in sich schließen würde[1].

Ein solcher *circulus vitiosus* aber muß notwendig schon dann eintreten, sobald nur überhaupt die Frage der kritischen Philosophie aus ihrem eigentlichen Bereich heraustritt; — sobald nicht mehr nach einer idealen »Dependenz« von Wahrheiten, sondern nach einer reellen Abhängigkeit des Subjekts vom Objekt oder dieses von jenem gefragt wird. Denn gleichviel, wie die endgültige Antwort auf diese Frage ausfallen mag, so wird doch schon dadurch, daß sie aufgeworfen wird, das ursprüngliche logische Geltungsverhältnis, das Verhältnis der Über- und Unterordnung im System der Erkenntnisse, in ein metaphysisches Verhältnis der »Inhärenz« oder der Ursächlichkeit verschoben. »Inhärenz« und »Ursächlichkeit«, »Substanz« und »Kausalität« aber sollten nach der Grundeinsicht der »Kritik der reinen Vernunft« selbst nicht länger Weisen des absoluten Seins, sondern ursprüngliche Funktionen der Erkenntnis bedeuten. Dieser Einsicht widerstreitet es ebensosehr, wenn wir die letzten Begriffe und Wahrheiten aus der Einwirkung an sich bestehender Dinge auf das Subjekt, als wenn wir sie aus diesem Subjekt selbst, als seine notwendigen Erzeugnisse hervor-

[1] Vgl. hrz. Bd. II, S. 662 ff.

gehen lassen. Denn gleichviel, ob wir im realistischen Sinne die Dinge oder im idealistischen Sinne das »Gemüt« als den Grund der Wahrheit denken, so wird doch eben damit ein bestimmtes substantielles oder kausales Verhältnis dogmatisch vor aller Erkenntnis als bestehend gesetzt und zum Erklärungsgrund der Erkenntnis gebraucht. Der Schein einer solchen Ableitung war freilich bei Kant selbst nicht vermieden. Sobald man das Gemüt selbst, sobald man die »transzendentale Apperzeption«, statt in ihr lediglich den zusammenfassenden Ausdruck für die Einheit der synthetischen Grundsätze zu sehen, wieder in der Form eines Seelendinges oder eines Seelenvermögens dachte, war der entscheidende Schritt bereits getan. Die Kantische »Revolution der Denkart« war damit im Grunde rückgängig gemacht: denn wieder war es nun ein ursprüngliches Datum des Seins, eine bestimmte »Beschaffenheit« des Subjekts, von der die Erkenntnis herstammen und aus welcher sie ihrer Wahrheit nach gerechtfertigt werden sollte.

In Fichtes Wissenschaftslehre und in Schellings »System des transzendentalen Idealismus« tritt die rein spekulative Entwicklung hervor, die die so umgestaltete Kantische Grundfrage bei den Nachfolgern Kants erfahren hat. Aber es erscheint als eine geschichtliche Konsequenz und Notwendigkeit, daß der metaphysischen »Genesis« des Selbstbewußtseins, die hier versucht war, nunmehr eine rein physische gegenübertrat, daß die spiritualistische Deutung durch die materialistische ergänzt werden sollte. Soll das »Ich«, mit dem die Deduktion anfängt, nicht leere Fiktion bleiben, soll es empirisches Sein und empirische Wahrheit besitzen, so muß es nicht nur psychisch, sondern zugleich physisch bestimmt sein. Diese Folgerung ist es, die von Schopenhauer entschlossen und rückhaltlos gezogen wird. Jede Analyse des Intellekts bleibt nach ihm lückenhaft und in ihren Ergebnissen problematisch, wenn sie nicht gleichzeitig als physiologische Analyse durchgeführt wird. Die Physiologie der Sinne und die Physiologie des Gehirns bildet demnach den wahren Eingang in die Erkenntniskritik. Erst durch sie kann der Grundprozeß der Wahrnehmung völlig aufgedeckt werden; — kann begriffen werden, welche Bedingungen es sind, auf denen der Übergang von der einfachen subjektiven Empfindung zur objektiven Anschauung beruht. Die gesamte objektive Welt, die Welt als Vorstellung wird damit als abhängig nicht etwa nur vom »Ich« — denn dieser unbestimmte Ausdruck soll gerade vermieden werden — sondern als abhängig vom

Gehirn erwiesen. In den stärksten Ausdrücken wird nunmehr diese Abhängigkeit verkündet. Der Intellekt, wie die in ihm allein vorhandene anschauliche Welt, ist bloße Erscheinung; er ist Funktion des cerebralen Nervensystems, das jedoch selbst, wie der übrige Leib, die »Objektität des Willens« ist. Daher beruht der Intellekt auf dem somatischen Leben des Organismus: dieser selbst aber beruht auf dem Willen. Mit dem Gehirn geht der Intellekt, und mit diesem die objektive Welt, unter: denn diese ganze objektive Welt, so grenzenlos im Raum, so unendlich in der Zeit, so unergründlich in der Vollkommenheit ist, doch eigentlich nur »eine gewisse Bewegung oder Affektion der Breimasse im Hirnschädel[1]«.

Daß wir uns mit dieser Betrachtung in zeitlicher wie in logischer Hinsicht im Kreise bewegen, daß wir den Intellekt zugleich als *Prius* und als *Posterius* der Welt denken müssen, wird hierbei von Schopenhauer unbedingt zugestanden; aber er sieht hierin eine Antinomie, die jedem Versuch der Aussprache und Lösung des Problems der Erkenntnis unvermeidlich anhaftet. Und diese Antinomie, die im Ganzen der Erkenntnis waltet, wiederholt und verschärft sich nun bei jedem ihrer Einzelschritte. Schon die Analyse des Raumbewußtseins führt uns notwendig zu der Einsicht, daß ebensowohl der »Raum im Kopfe«, wie der »Kopf im Raume« ist[2]. Und je weiter die besondere Ausführung der Schopenhauerschen Theorie fortschreitet, um so unverkennbarer tritt hervor, daß die hier versuchte Ableitung der Raumwelt in Wahrheit die Gegebenheit eben dieser Raumwelt selbst und ihrer Grundbestimmungen schon vollständig voraussetzt. Schopenhauers Lehre zeigt, sofern man ihren Grundgedanken als zutreffend und gültig ansieht, wie wir vom Bewußtsein des »Innen« zum Bewußtsein des »Außen« übergehen; — wie wir gewisse Beschaffenheiten und Bestimmungen, die unserem eigenen Leibe angehören, durch eine Kette unbewußter Schlüsse allmählich zur Anschauung einer räumlichen Welt von Körpern, ihrer Lage, ihrer Entfernung und ihrer wechselseitigen kausalen Einwirkung gestalten. Aber die vorausgesetzte Innenwelt ist hierbei in keinem Sinne einfacher als die abgeleitete Außenwelt: denn sie enthält, gleichsam in verkleinertem Maßstab, genau die

---
[1] II, 570 ff.; II, 309.
[2] Vgl. Parerga und Paralipomena, Bd. II, Kap. 3, § 30: »Auch die so genauen und richtig zutreffenden astronomischen Betrachtungen sind nur dadurch möglich, daß der Raum eigentlich in unserem Kopf ist. Folglich erkennen wir die Dinge nicht, wie sie an sich sind, sondern nur, wie sie erscheinen. Dies ist des großen Kants große Lehre.«

gleichen Verhältnisse und Beziehungen wie diese. Faßt man den Begriff der Objektivität im kritisch-transzendentalen Sinne, so ist offenbar das »Innen«, von dem Schopenhauer ausgeht, genau so »objektiv« wie das »Außen«, dem er zustrebt. Denn der eigene Leib ist ein Ding unter Dingen; seine Anschauung faßt daher alle die Grundbedingungen und Grundformen in sich, die für die Anschauung der Dingwelt überhaupt gelten. Der Intellekt soll es sein, der erst die subjektive Empfindung auf ihre objektive Ursache zurückdeutet, der das Doppelbild auf der Netzhaut auf einen einfachen Gegenstand bezieht und der schließlich die räumlichen Verhältnisse dieses Gegenstandes ermittelt, indem er die Verhältnisse, die sich innerhalb des Bildes selbst finden, umkehrt. Aber keine dieser Operationen wäre möglich, wenn ihr nicht die Kenntnis von der Netzhaut selbst, die Unterscheidung ihrer einzelnen Teile und der Veränderungen, die sich auf ihr vollziehen, — wenn ihr also nicht das Wissen um bestimmte gegebene räumlich-zeitliche Bestimmungen zugrunde läge. Wie aber — so muß nun gefragt werden — ist die Kenntnis eben dieser ersten Grunddaten möglich, auf denen Schopenhauers Ableitung beruht? Ist auch die räumliche Anschauung der Netzhaut ein Werk des Verstandes — so müssen wir, wie es scheint, hinter dem Verstand, von dem wir zunächst ausgingen, noch einen anderen annehmen, der die materialen Bestimmungen erschafft, die jener bei seiner Konstruktion voraussetzt. Und da auch er ohne solche Bestimmungen nicht auskommen kann, so würde sich die Frage ins Endlose wiederholen. —

Der Grund all dieser Schwierigkeiten aber liegt zuletzt darin, daß Schopenhauer — gleichviel wie man den Inhalt seiner Aprioritätslehre beurteilt — über ihren methodischen Charakter in einer eigentümlichen Selbsttäuschung befangen bleibt. Was Schopenhauer in Wahrheit gibt, ist zuletzt weder eine transzendentale noch eine psychologische, sondern eine rein physikalische Theorie. Die »transzendentale« Theorie muß bei der Aufstellung bestimmter Grundsätze enden, die in jeder Aussage über die empirische Wirklichkeit als notwendige Voraussetzungen enthalten sind. Sie stellt die Raum- und Zeitform als Inbegriff der geometrischen und arithmetischen Axiome, sie stellt das Substanzgesetz und das Kausalgesetz als Voraussetzung für alle empirische Naturerkenntnis hin, indem sie lediglich das Verhältnis zwischen abgeleiteten und ursprünglichen Wahrheiten verfolgt. Die empirische Realität der Erfahrungsdinge — so lehrt sie — ist uns niemals unmittelbar, sondern nur im Erfahrungsurteil gegeben: die Wahrheit dieses Urteils aber hängt von der Idealität, d. h. von der notwendigen Bedeutung und Geltung bestimmter oberster Prinzipien der Erfahrungserkenntnis überhaupt ab. In die Aussprache dieses ursprünglichen Verhältnisses, das die Beziehung der Erkenntnis zu ihrem Gegenstand regelt, dürfen sich niemals Bestimmungen einmischen, die selbst nur der abgeleiteten Welt der Dinge angehören. Denn die Grundsätze gehören nicht selbst zu dem Kreise des empirischen Seins und des realen zeitlichen Geschehens, den sie vielmehr erst logisch »ermöglichen« sollen. Es kann daher nicht die Frage gestellt werden, ob sie früher oder später als bestimmte andere Seinsinhalte sind, ob sie diese kausal hervorbringen oder von ihnen hervorgebracht werden; eben weil sie selbst zu allem Wirklichen nur noch im Verhältnis der logischen Bedingung, aber nicht der physischen oder metaphysischen Abhängigkeit stehen. Der zeitliche Zirkel des Vor und Nach, der uns bei Schopenhauer überall entgegentritt, kann hier, wo es sich um die Feststellung eines prinzipiell unzeitlichen Geltungsverhältnisses handelt, nicht entstehen. Auf der anderen Seite scheint die rein psychologische Betrachtungsweise die logische Ursprungsfrage der Erkenntnis allerdings wieder in die Frage nach ihrer Entstehung und nach der zeitlichen Folge, in welcher ihre Elemente im Bewußtsein hervortreten, zu verschieben. Aber auch sie fällt mit der Methodik, die Schopenhauer in seiner Darlegung und Begründung der apriorischen Grundbegriffe anwendet, nicht zusammen. Denn die Psychologie kann für ihre Ableitung immer nur von den gegebenen Elementen des Bewußtseins, nicht von mittelbar erschlossenen ihren Ausgang nehmen. Die Phänomene, auf die sich Schopenhauers Wahrnehmungstheorie stützt, aber sind keineswegs in diesem Umkreis des psychologisch Gegebenen enthalten. Für das psychologische Ich gibt es kein Bild auf der Netzhaut, das von innen nach außen projiziert, das in seiner Stellung verkehrt, das von einem Doppelbild zum einfachen Bild gestaltet werden müßte: denn alle diese Bestimmungen der Netzhaut selbst sind nicht für sein unmittelbares empirisches Bewußtsein, sondern nur für die Beobachtung und Reflexion des physiologischen Forschers vorhanden. Schopenhauers Theorie geht demnach streng genommen weder den allgemeinen transzendentalen noch den psychologischen Ursprung des Raum- und Gegenstandsbewußtseins an, sondern betrifft nur die besonderen physischen Bedingungen, die für die Ausbildung dieses Bewußtseins anzunehmen sind. Nachdem einmal der Raum als Ganzes gesetzt, nachdem einzelne Körper in ihm abgegrenzt sind und unter diesen der individuelle Leib des wahrnehmenden Subjekts herausgehoben und unterschieden ist, kann und muß noch immer die Frage entstehen, kraft welcher physischen Vermittlungen und Organe das Individuum die Orientierung in dieser gegebenen Raumwelt, die Kenntnis der Nähe und Ferne, des »Innen« und »Außen«, der Lage und Gestalt gewinnt. Diese Kenntnis — so zeigt Schopenhauers Theorie — kann niemals rein peripher, sondern sie muß zentral erworben und vermittelt sein; sie darf nicht lediglich im »Optischen und Sensualen«, sondern muß im »Intellektuellen und Zerebralen« gesucht werden. Aber das eigentliche Grundproblem der Erkenntnis im kritischen Sinne wird von alledem nicht berührt: denn dieses Problem geht bereits auf den Bestand, auf die Wahrheit und »Möglichkeit« alles dessen, was hier als Prämisse der Theorie gebraucht wird. Schopenhauer will das Sein der Vorstellungswelt bis in seine letzte Wurzel hinein verfolgen; — aber was er in Wahrheit gibt, ist zuletzt nur die empirische Erklärung eines Vorgangs, der sich durchaus innerhalb dieser Welt hält und vollzieht. Nicht die Welt, sondern die Entstehung der subjektiven Gesichtswahrnehmung in der Welt ist das Faktum, das er in Wahrheit beschreibt und für das er eine hypothetische Deutung versucht. Das Verdienst seiner Lehre besteht darin, daß sie der physiologischen Optik vorgearbeitet hat; aber sie hat diese ihre naturwissenschaftliche Leistung freilich damit erkauft, daß sie dem reinen Apriorit ätsbegriff der kritischen Theorie zuvor eine willkürlich verengte und begrenzte Fassung gab. —

Auf einem völlig anderen Boden scheinen wir dagegen zu stehen, sobald wir uns von der physiologischen Begründung der Erkenntnis bei Schopenhauer zu ihrer streng metaphysischen Erklärung und Ableitung wenden. Aber auch hier zeigt sich der Zirkel, der notwendig eintreten muß, sobald das transzendentale Geltungsverhältnis in irgendeine Form des Dingverhältnisses umgesetzt wird, alsbald in einer neuen Gestalt. Denn der Intellekt soll nach Schopenhauer nur ein nachträgliches und spätes Produkt des Willens, nur seine letzte, durch und durch bedingte und vermittelte Objektivation sein. Wie der Wille als blinder Lebenswille sich zunächst in den Kräften der anorganischen Natur kundgibt und auswirkt, — wie er dann in der Stufenfolge des organischen Geschehens immer komplexere reicher differenzierte Gebilde aus sich hervorgehen läßt, wie er sich das Nerven- und Eingeweide-System erschafft, so erschafft er sich zuletzt als Erkenntniswille das Organ des Gehirns — und mit ihm tritt nun erst der Intellekt und kraft desselben die anschauliche Welt, die Welt als Vorstellung, hervor. Weit entfernt das schlechthin Erste zu sein, wie z. B. Fichte lehrte, ist somit der Intellekt im Grunde tertiär, indem er den Organismus voraussetzt, dieser aber den Willen. Er ist ein bloßes Produkt, »herbeigeführt durch die Entwickelung des Wesens der Welt, die ihm folglich bis dahin vorhergängig war und er zuletzt eintrat, als ein Durchbruch ans Licht aus der dunkeln Tiefe des erkenntnislosen Strebens, dessen Wesen sich in dem zugleich dadurch entstehenden Selbstbewußtsein als Wille darstellt[1]«. Aber wenn auf diese Weise der Intellekt ein letztes Ergebnis der organischen Welt, wenn er ein bloßes »Epiphänomen« ist, das sich als »Funktion des zerebralen Nervensystems« einstellt, — so werden auch seine Grundformen, so werden auch Raum, Zeit und Kausalität zu solchen abgeleiteten Phänomenen. Wieder haben sich somit die Bedingungen alles Werdens in gewordene Dinge, haben sich die Prinzipien in Produkte gewandelt. Und doch sollte es nach Schopenhauers eigener Metaphysik feststehen, daß es irgendwelche Objektivationen des Willens nicht vor dem Intellekt, sondern nur für den Intellekt geben kann. Nur für das erkennende Subjekt und seine Reflexionsform zerlegt sich das schlechthin einheitliche Ansich des Willens in eine Mehrheit von Stufen der Objektivierung und in eine aufsteigende Reihe des Werdens. Nur für dieses Subjekt besteht die empirisch-phänomenale Vielheit der Dinge, wie die reine systematische Mannigfaltigkeit der Ideenwelt. Denn auch die Idee stellt in ihrer Besonderung nicht das reine und hüllenlose metaphysische Wesen der Dinge, sondern nur seine vollständige und vollkommene Erscheinung dar[2]. Fällt aber auf diese Weise alle Vielheit und alles Werden in den Intellekt hinein, stellen beide nur seine eigenen notwendigen Formen der Auffassung des Seins dar, — so kann es keine eigene metaphysisch-reale »Geschichte« des Intellekts, keine Ableitung seines Wesens aus irgendeiner anderen Seinspotenz geben. Diese Ableitung ist nur dort verständlich, wo das »Absolute«, wie bei Schelling und Hegel, in sich selbst als Entwicklung bestimmt, wo es durch die »Selbstbewegung der Idee« charakterisiert wird. Man hat zur Rechtfertigung von Schopenhauers Lehre und zur Vermeidung des Zirkels, in den sie sich verstrickt, darauf hingewiesen, daß es nicht ein und

---
[1] II, 313 ff, 323 ff. u. ö.
[2] S. ob. S. 426.

dasselbe Subjekt sei, das von Schopenhauer als Schöpfer und als Ergebnis, als Produkt und als Produzent der Welt bezeichnet werde. In dem einen Falle handele es sich um das transzendentale, im anderen um das empirische Subjekt. Das transzendentale Subjekt sei ewig und ungeworden: aber indem es sich selbst denke, bringe es damit notwendig seine eigene Grundform, die Form der Zeit, an sich heran und erscheine sich selber in der empirischen Form des Werdens[1]. Aber denkt man diesen Gedanken zu Ende, so zeigt sich, daß sich gerade durch ihn die wesentliche Form von Schopenhauers Metaphysik von innen her auflösen müßte. Denn wenn das »Werden« des Intellekts eine bloße Metapher ist, wenn er als »transzendentales Bewußtsein«, also in seiner eigentlichen Grund- und Wesensbedeutung, ein schlechthin Zeitloses und Ewiges ist — so stünde er in dieser Hinsicht dem Willen völlig gleich. Wille und Intellekt würden sich nicht mehr wie »Substanz« und »Accidens« oder wie »Grund« und »Folge« verhalten, sondern korrelativ als gleich ursprüngliche und als gleich notwendige Momente aufeinander bezogen sein. Der unbedingte Primat des Willens, mit dem Schopenhauers Gesamtlehre steht und fällt, wäre jedoch damit vereitelt. Jetzt könnte nicht mehr gefolgert werden, daß der Wille das Ursprüngliche und daher Metaphysische, der Intellekt hingegen nur ein Sekundäres und Physisches sei[2]: denn diese Folgerung würde offenbar nicht den Intellekt selbst, sondern nur noch seine Erscheinungsform treffen. Der Intellekt wäre nicht mehr von außen her durch irgendeine letzte metaphysische Grundkraft bedingt; — eben weil alles »Bedingen« in ihn selbst fiele und nur ein Ausdruck seiner eigenen Grundfunktion wäre. —

Schopenhauer selbst hat an einzelnen Stellen mit außerordentlicher Klarheit und Schärfe den Grundmangel bezeichnet, der, vom kritischen Standpunkt aus, jeder Form der genetischen Metaphysik anhaftet. Hat man einmal eingesehen — so führt er aus — daß der »Satz vom Grunde« keine *aeterna veritas,* sondern bloß die Form, d. i. Funktion unseres Intellekts sei, so entfalle jede Möglichkeit, ihn über das Gebiet der Erscheinung hinaus zu brauchen. Damit aber werde die gesamte Methode des Philosophierens, die durch die Nachkantische Spekulation, durch Fichte, Schelling und Hegel in die Welt gekommen sei, ein für allemal hinfällig. Denn

---

[1] S. Deussen, Allgem. Geschichte der Philosophie, Bd. II, 3. Abteil., S. 456ff.
[2] S. II, 239 und das ges. Kapitel »Vom Primat des Willens im Selbstbewußtsein« (II, 224ff.).

alles »Deduzieren«, durch welches hier die Welt aus dem Absoluten, die Erscheinung aus dem Ur-Einen begriffen und erklärt werden soll, sei nichts anderes als der Versuch, Ding an sich und Erscheinung in ein Verhältnis von Grund und Folge zu setzen. So soll bei Fichte statt wie bisher das Subjekt aus dem Objekt, das Objekt aus dem Subjekt, das Ganze der Erscheinungswelt aus dem absoluten Ich hergeleitet werden: aber diese angebliche Herleitung vergißt, daß beide überhaupt niemals als getrennte Momente, sondern immer nur als Glieder einer unaufheblichen Korrelation gegeben sind. »Gleich als ob Kant gar nicht dagewesen wäre, ist der Satz vom Grunde bei Fichte noch eben das, was er bei allen Scholastikern war, eine *aeterna veritas* ... Dem Satz vom Grunde als einer solchen *veritas aeterna* zufolge, ist .. bei Fichte das Ich Grund der Welt oder des Nicht-Ichs, des Objekts, welches eben seine Folge, sein Machwerk ist ... Wie der Materialismus übersah, daß er mit dem einfachsten Objekt schon sofort auch das Subjekt gesetzt hatte; so übersah Fichte, daß er mit dem Subjekt (er mochte es nun titulieren, wie er wollte) nicht nur auch schon das Objekt gesetzt hatte, weil kein Subjekt ohne solches denkbar ist; sondern er übersah auch dieses, daß alle Ableitung a priori, ja alle Beweisführung überhaupt, sich auf eine Notwendigkeit stützt, alle Notwendigkeit aber ganz allein auf den Satz vom Grund, weil notwendig sein und aus gegebenem Grunde folgen — Wechselbegriffe sind, daß der Satz vom Grunde aber nichts Anderes als die allgemeine Form des Objekts als solches ist, mithin das Objekt schon voraussetzt, nicht aber, vor und außer demselben geltend, es erst herbeiführen und in Gemäßheit seiner Gesetzgebung entstehen lassen kann. Überhaupt also hat das Ausgehen vom Subjekt mit dem ... Ausgehen vom Objekt denselben Fehler gemein, zum voraus anzunehmen, was es erst abzuleiten vorgibt, nämlich das notwendige Korrelat seines Ausgangspunktes[1]«.

Aber eben die Kritik, die Schopenhauer hier gegen Fichte und seine Fassung des Verhältnisses von Subjekt und Objekt richtet, trifft scharf und genau auf die Trennung zu, die er selbst zwischen Wille und Intellekt vollzieht. Auch er geht von den »Tatsachen des Bewußtseins« aus, unter denen er das Phänomen des Willens als das grundlegende und wesentliche heraushebt. Aber indem er nun dieses Phänomen zur metaphysischen Urbestimmung alles Seins

---

[1] I, 38 ff.; vgl. gegen die synthetisch-deduktive Methode des Philosophierens ob. S. 427.

erhebt, muß er es damit zugleich aus der Korrelation mit der Vor=
stellung herauslösen, in der es uns innerhalb des Bewußtseins allein
gegeben ist. Von den beiden Momenten, die psychisch nur in wechsel=
weiser Verknüpfung auftreten, muß jetzt das eine zum Grunde
des andern gemacht und so als ein selbständiges Dasein von ihm
abgelöst werden. Damit aber ist die methodische Einschränkung
des »Satzes vom Grunde«, die Schopenhauer selbst so scharf betont
hatte, wiederum hinfällig geworden. Während auf der einen Seite
der Satz vom Grunde als die bloße Form des Intellekts und daher
nur in und mit ihm gegeben galt, wird er jetzt angewandt, um nach
dem letzten Ursprung des Intellekts im absoluten Wesen der Dinge
zu fragen. Damit aber stehen wir wieder völlig auf dem Boden der
genetischen Metaphysik, die jedoch jetzt eine andere Form als bei
Fichte, Schelling und Hegel aufweist. An die Stelle des logischen
und historischen Typus der Metaphysik ist der biologische und ent=
wicklungsgeschichtliche Typus getreten. Fichtes Analyse der »Tat=
sachen des Bewußtseins« ist und bleibt zuletzt »Wissenschaftslehre«;
Hegels Phänomenologie, die die Entwicklungsgeschichte des Geistes
darstellen will, trägt von Anfang bis zu Ende durchaus logisch=dialek=
tisches Gepräge. Dieser Umweg über die Formen der logischen
Reflexion wird von Schopenhauer aufs schärfste bekämpft. Er will
überall auf die wahrhaften anschaulichen Grundtatsachen selbst
zurückgehen, um sie zu metaphysischer Bedeutung und Geltung
zu erheben. Er beginnt mit der Empirie, mit der innern und äußern
Wahrnehmung: aber er strebt überall von ihren bloßen Relationen
zum »Wesen«, von ihrer Begrenzung und Vereinzelung zum Un=
bedingten zurück. Insofern konnte Schopenhauer von seiner Meta=
physik rühmen, daß sie auf alle Transzendenz grundsätzlich Ver=
zicht leiste und ihre Aufgabe lediglich in der Bestimmung des Er=
fahrungsganzen selbst sehe. Aber in diesem Urteil ist freilich über=
sehen, daß die empirischen Daten, von denen Schopenhauer aus=
geht, bevor sie als Bausteine seiner Metaphysik verwandt werden
können, ihres empirischen Charakters völlig entkleidet werden
müssen. So stützt sich Schopenhauer, um seine Lehre vom Primat
des Willens zu begründen, überall auf bekannte und allgemein zu=
gängliche Tatsachen, die er überzeugend entwickelt und kraft deren
er die entscheidende Funktion und Leistung des Willens im Selbst=
bewußtsein des Menschen darzulegen sucht, — aber diese Ein=
sicht wird nun sofort vom Selbstbewußtsein ins Weltbewußtsein,
vom Psychologischen ins Metaphysische verschoben. Weil wir in

uns beständig das Übergewicht der Zwecke des Willens über die Einsichten des Verstandes erfahren: darum gilt auch der Schluß, daß in der letzten Wurzel des Seins der Wille dem Intellekt vorausgehe und ihn erst als sein Werkzeug erzeugt habe. Und die gleiche Folgerung wiederholt sich, wenn wir den entgegengesetzten Weg beschreiten; wenn wir den Intellekt nicht mehr als bloßen Diener und Sklaven des Willens, sondern in seinem freien Hervortreten, in seiner selbständigen Aktivität betrachten. Daß eine solche freie Aktivität möglich sei, daß das Produkt des Willens die Kraft besitze, sich vom Willen loszureißen und ihn zuletzt zu verneinen: dafür findet Schopenhauer wiederum in den ethischen und ästhetischen Phänomenen den unbedingt gewissen Beleg und Beweis. Die Lehre vom Schönen als Gegenstand des »interesselosen Wohlgefallens«, die er von Kant übernimmt, hat er in wahrhaft vollendeter Form dargelegt und nach allen Seiten hin in der konkreten und lebendigen Darstellung der einzelnen Künste bewährt. Aber auch hier soll die Betrachtung des künstlerischen Schauens und Schaffens ihm nur den Weg ins Unerfahrbare, ins reine Ansich des Willens und der Stufenfolge seiner Objektivationen bahnen. Wenn Kant von der Analyse der wissenschaftlichen Prinzipien und weiterhin von der Analyse des ethischen und ästhetischen Bewußtseins ausgeht, um darin lediglich die Organisation, d. h. die allgemeine Gesetzlichkeit der Vernunft selbst auszusprechen — so ist hier wieder die Frage nach dem absoluten Wesensgrunde gestellt, in dem die Vernunft wurzelt, kraft dessen sie gesetzt und aus dem sie hervorgetrieben wird. In dieser allgemeinen Form des metaphysischen Emanations- oder Evolutionssystems wiederholt sich auch bei Schopenhauer die Grundtendenz, die die Nachkantische Spekulation beherrscht: — und nur dies unterscheidet ihn hier, daß er das logisch-dialektische Entwicklungsschema mit voller Entschiedenheit verworfen und es durch ein empirisch-naturwissenschaftliches Schema zu ersetzen versucht hat.

IV. Erkenntnisproblem und Wertproblem.

Enger als in jedem anderen philosophischen System ist in der Lehre Schopenhauers das Erkenntnisproblem mit dem Wertproblem verknüpft. Denn es liegt in der tiefsten Anlage dieser Lehre begründet, daß in ihr die Frage nach dem Wesen und die Frage nach dem Wert sich wechselseitig fordern und bedingen. Die Ethik erst erleuchtet die Metaphysik — wie sie zugleich von dieser erst volle

Klarheit über ihre eigenen letzten Gründe empfängt. Und dieser Zusammenhang setzt sich nun bis in alle Teile der Schopenhauerschen Philosophie fort. Auch die scheinbar rein theoretisch gerichtete Lehre von der Erkenntnis wird durch ihn bestimmt. Auch sie empfängt ihre stärksten und tiefsten Antriebe, wie Schopenhauer betont, nicht durch die bloße Anschauung des Seins der Welt, sondern durch die Erfahrung vom Leiden der Welt. Nicht irgendein logischer Zweifel oder eine mittelbare logische Gewißheit, sondern die wahrhaft unmittelbare Gewißheit des physischen und moralischen Übels in der Welt bildet den Ausgangspunkt der philosophischen Fragestellung. Wenn die Welt nicht etwas wäre, das, praktisch ausgedrückt, nicht sein sollte, so würde sie auch nicht theoretisch ein Problem sein[1]. Das Problem löst sich nur, wenn einmal klar begriffen ist, daß die Welt nicht die Selbstoffenbarung eines Gottes, daß sie keine Theophanie, sondern die Erscheinung und das Werk des blinden Willens zum Leben ist. Ist diese Einsicht aber einmal erreicht, so ist damit zugleich der entscheidende Schritt zur Aufhebung des Leidens durch die Vernichtung und Selbstverneinung dieses Willens getan. Die Erkenntnis, die in ihrer ersten unmittelbaren Betätigung nur als Motiv des Willens diente, wird jetzt zu seinem Quietiv: sie spricht das Wesen der Dinge aus, indem sie es zugleich in seiner letzten Wurzel aufhebt. —

Die Erkenntnislehre Schopenhauers vollendet sich erst ganz in dieser über alle Grenzen des Logischen hinausgehenden Forderung. Hier erst ergibt sich der tiefste Sinn des Erkennens; hier erst zeigt sich, was sie im »Heilsplan der Welt« bedeutet. Aber diese Einsicht in die teleologische Notwendigkeit der Erkenntnis wirkt nun auch auf ihr rein logisches System entscheidend zurück. Jetzt erst vermögen wir die einzelnen Phasen der Erkenntnis an dem endgültigen Ziele zu messen, das ihnen gesetzt ist. Und von diesem letzteren aus gestaltet sich nun auch das Verhältnis zwischen Subjekt und Objekt in einem neuen, von keiner früheren Philosophie ganz begriffenen Sinne. Denn alle Metaphysik war bisher mehr oder weniger von dem Gedanken beherrscht, daß es die höchste Aufgabe des Erkennens bilde, ein getreues Abbild des Seienden zu liefern. Je genauer die Abbildung der Wirklichkeit, um so reiner und vollständiger schien die Aufgabe des Wissens gelöst. Nun aber zeigt sich, daß dem Erkennen eine tiefere und aktivere Leistung zufällt. Alles echte Wissen von der Welt greift über ihr bloßes Dasein

---
[1] II, 662.

hinaus — geht von dem Faktum ihres Seins zur Forderung ihres Nicht=Seins über. In dem Maße, als diese Forderung sich immer bewußter und deutlicher ausprägt, können wir jetzt die verschie= denen Stufen der Erkenntnis unterscheiden. Auf der untersten Stufe steht die Erkenntnis noch völlig im Dienste des Willens und dient demgemäß lediglich dem biologischen Zweck der Selbst= und Arterhaltung. Was nicht zu diesem Zwecke in Beziehung steht, was nicht als Anreiz und Beweggrund auf den Willen wirkt, — das ist auch für sie selbst nicht vorhanden. Die rein anschauliche und sinnliche Erkenntnis des Tieres verharrt durchaus innerhalb dieser Betrachtungsweise. Beim Menschen erst tritt die Fähigkeit der Ab= straktion und des vernünftigen Begreifens hinzu, durch die er zuerst fähig wird, an Stelle der unmittelbaren Willenszwecke mittelbare Zwecke zu setzen. Jetzt werden die Dinge nicht mehr ausschließlich nach ihrem Verhältnis zum wollenden und begehrenden Individuum, sondern nach ihrem Verhältnis zueinander und nach den objektiv= gesetzlichen Beziehungen, die sie unter sich aufweisen, erwogen. Der Standpunkt der Wissenschaft, deren Aufgabe eben in dieser Beziehungs= und Gesetzeserkenntnis besteht, ist damit erreicht. Aber indem nun von einem Objekte viele und mannigfaltige Beziehungen unmittelbar aufgefaßt werden, — so bereitet sich damit ein weiterer Fortschritt vor. Aus den Relationen des Dinges zu anderen seiner Art hebt sich immer bestimmter und klarer das selbsteigene Wesen des Dinges heraus. Hat nun der Intellekt Kraft genug, das Über= gewicht zu erlangen, die Beziehungen der Dinge auf den Willen ganz außer Betracht zu lassen und statt ihrer das durch alle Rela= tionen hindurch sich aussprechende, rein objektive Wesen einer Er= scheinung aufzufassen, so hat er zugleich mit der Anschauung blo= ßer Verhältnisse auch die Sphäre der bloß einzelnen Dinge verlassen. »Er schwebt alsdann frei, keinem Willen mehr angehörig: im ein= zelnen Dinge erkennt er bloß das Wesentliche und daher die ganze Gattung desselben, folglich hat er zu seinem Objekte jetzt die Ideen.. also die beharrenden unwandelbaren, von der zeitlichen Existenz der Einzelnen unabhängigen Gestalten, die *species rerum*, als welche eigentlich das rein Objektive der Erscheinungen aus= machen.« Es ist die künstlerische Anschauung, die dieses rein Ob= jektive erfaßt und die damit auch das theoretische Erkennen erst zu seinem wahrhaften und höchsten Begriff erhebt. Soll es auch hier= über hinaus noch eine vollkommenere Stufe der Erkenntnis geben, so kann es nur eine solche sein, die nicht nur über das Besondere und

Zufällige, sondern auch über das Allgemeine der Erscheinung, das in der Idee ausgesprochen ist, hinausgeht. Dieser metaphysischen und moralischen Erkentnis erschließt sich erst wahrhaft das Wesen der Welt und der Sinn der Welt: aber diese vollkommene Einsicht in die Wirklichkeit ist zugleich ihre vollkommene Negation. Die Verneinung des Willens zum Leben schließt die Entwicklung des Wissens ab, indem sie mit dem Sein auch die Erkenntnis als Reflex des Seins auslöscht.

In diesem Gedanken: daß der fortschreitende Prozeß der Erkenntnis der Welt zugleich der fortschreitende Prozeß der Befreiung von der Welt sei, liegt eines der eigentümlichsten Motive der Schopenhauerschen Lehre. Aber es birgt sich in ihm, wenn man ihn im Zusammenhang des Systems betrachtet, allerdings eine merkwürdige metaphysische Paradoxie. Der Urgrund der Dinge schafft sich im Intellekt einen Spiegel seiner selbst, in welchem er sich betrachtet und in dem er sich als das, was er ist: als blinden Willen zum Leben erkennt. Aber in dieser Anschauung der Nichtigkeit des Seins ergreift nun erst der Intellekt sich selbst in seiner freien Subjektivität und damit in seinem positiven Gehalt und Wert. Spinoza kann den »*amor Dei intellectualis*« nicht tiefer, nicht begeisterter und inbrünstiger beschreiben, als Schopenhauer die reine Anschauung des philosophischen, des religiösen und künstlerischen Genies beschreibt. Aber in dem einen Falle handelt es sich um die intellektuelle Liebe zu Gott, um die Rückkehr zu dem schlechthin vollkommenen und leidenlosen Urgrund der Dinge: — in dem andern wird zuletzt nur ein dumpfes, zweck- und grundloses Treiben, eine blinde dämonische Gewalt und ein metaphysisches Fatum erkannt. Und doch läßt dieser fundamentale Gegensatz im Objekt, — in dem, was das Sein für den Pantheismus Spinozas und für den Pandämonismus Schopenhauers bedeutet — die subjektive Stellung der Erkenntnis als solche unberührt. In der Anschauung des schlechthin Unseligen ergreift und genießt der Intellekt seine eigene höchste Seligkeit. Dies scheint rein logisch genommen ein Widerspruch: aber in ihm birgt sich freilich ein tieferes ethisches und ästhetisches Motiv. Wie der Gehalt der künstlerischen D a r s t e l l u n g vom Inhalt des D a r g e s t e l l t e n völlig unabhängig ist — wie hier ein spezifischer F o r m w e r t vorliegt, der als solcher jedweden Stoff ergreifen und mit sich durchdringen kann: so besteht ein durchaus analoges Verhältnis für die Beziehung der Erkenntnis auf ihren Gegenstand. Auch der Wert der Erkenntnis wurzelt nicht in dem »Was« des

Erkannten, sondern im »Wie« ihrer reinen Form; auch er wird nicht durch die Materie, sondern durch die Funktion der Erkenntnis bestimmt. Mag daher auch der Inhalt der Wirklichkeit als solcher dem Urteilsspruch des Pessimismus verfallen, so hält sich doch das Erkennen dieses Inhalts in einem Gebiet, an welches keine Skepsis gegen den Wert des Seins heranreicht. Denn wie die Kunst, so ist auch das Wissen kein Abdruck und keine bloße Wiederholung der Wirklichkeit, sondern gibt ihr einen durchaus neuen und selbständigen Sinn. Der Widerspruch und das Leiden, die in der Substanz des Seins unaufheblich liegen, hebt sich im Bilde des Seins auf. Wer des Intellekts, wer der Teilnahme an der Welt durch die reine objektive Anschauung ohne alle Einmischung des Willens fähig ist, der wird durch diese Teilnahme in eine Region, der der Schmerz wesentlich fremd ist, gleichsam in die Region der leichtlebenden Götter, $\vartheta\varepsilon\omega\nu$ $\varrho\varepsilon\iota\alpha$ $\zeta\omega o\nu\tau\omega\nu$, versetzt[1]. So ist auch die Geschichte des Willens, die politische Geschichte, durchweg beängstigend, ja schrecklich — die des Intellekts dagegen, selbst wo sie Irrwege schildert, überall erfreulich und heiter, wie der isolierte Intellekt selbst. Er ist das Schuldlose und Reine, das dieser Willenswelt wie ein Duft entsteigt: — die Quintessenz zugleich und die Palinodie des Seins[2].

So enthält auch Schopenhauers System, so schroff es jeden Gedanken an eine Theodizee der Welt von sich weist, eine Theodizee des Geistes in sich. Es zeigt sich hier, daß der Pessimismus Schopenhauers, bei all seinem anklägerischen Pathos, nicht bis zur letzten Tiefe des Seins vordringt, daß er die eigentliche Welt des Wertes: die Welt der geistigen Werte frei läßt. Alles was dem Gebiet der Erkenntnis im weitesten Sinne angehört, — Wissenschaft und Philosophie, Kunst und Sittlichkeit bleiben von ihm unberührt. Damit aber bleibt als letzter Grund der Verwerfung der Welt hier im wesentlichen nur noch das schlechthin negative Ergebnis ihrer Glücksbilanz zurück. Vom Standpunkte des Glücks und des Genusses aus betrachtet, drängt sich uns unwiderstehlich die Einsicht auf, daß »das Leben ein Geschäft ist, dessen Ertrag bei weitem nicht die Kosten deckt«. *Le jeu ne vaut pas la chandelle*[3]. Aber daß damit im Grunde auf die radikale philosophische Begründung des Pessimismus verzichtet ist, ist leicht ersichtlich. Schopenhauer hat, wie bekannt,

---
[1] Parerga und Paralipomena, Bd. I, S. 320.
[2] Vgl. ibid. I, 372 II, 456 u. s.
[3] II, 404, 408, 654 u. ö.

den Optimismus als eine nicht nur absurde, sondern auch ruchlose Denkart bezeichnet. Aber hat es irgendeine philosophische Lehre gegeben, die so absurd und so ruchlos gewesen wäre, eine Rechtfertigung des Seins vom Standpunkt des Lebensgenusses zu versuchen; — oder bestand nicht jede derartige Rechtfertigung immer in der Aufweisung eines völlig anderen, von Lust und Unlust unabhängigen Wertmaßstabes? Der Vergleich zwischen Schopenhauer und Kant ist in dieser Hinsicht bezeichnend. Das Faktum, von welchem aus Schopenhauer argumentiert, wird von Kant in keiner Weise bestritten: — nur das Kriterium der Beurteilung ist es, was er verwirft. »Was das Leben für uns für einen Wert habe — so heißt es in der ‚Kritik der Urteilskraft' — wenn dieser bloß nach dem geschätzt wird, was man genießt (dem natürlichen Zweck der Summe aller Neigungen, der Glückseligkeit), ist leicht zu entscheiden. Er sinkt unter Null; denn wer wollte wohl das Leben unter denselben Bedingungen, oder auch nach einem neuen, selbst entworfenen (doch dem Naturlaufe gemäßen) Plane, der aber auch bloß auf Genuß gestellt wäre, aufs neue antreten? ... Es bleibt also wohl nichts übrig als der Wert, den wir unserem Leben selbst geben, durch das, was wir nicht allein tun, sondern auch so unabhängig von der Natur selbst tun, daß selbst die Existenz der Natur nur unter dieser Bedingung Zweck sein kann.« Hier spricht sich der Kantische Begriff vom »intelligiblen« Endzweck, vom Endzweck der freien Persönlichkeit aus, die nicht, gleich einer bloßen Sache, einen Preis, sondern eine selbständige, ihr ausschließlich eigene Würde besitzt. Dieser Wert, den wir nur dadurch empfangen, daß wir ihn uns selbst in der sittlichen Maxime unseres Willens geben, ist nach Kant der Kern aller echten teleologischen Rechtfertigung des Seins. Nicht der Intellekt, nicht das bloße Erkenntnisvermögen ist es, in bezug auf welches das Dasein alles Übrigen allererst seinen Wert bekommt, — etwa damit irgend jemand da sei, welcher die Welt betrachten könne. »Denn wenn diese Betrachtung der Welt ihm (dem Menschen) doch nichts als Dinge ohne Endzweck vorstellig machte, so kann daraus, daß sie erkannt wird, dem Dasein derselben kein Wert erwachsen; und man muß schon einen Endzweck derselben voraussetzen, in Beziehung auf welchen die Weltbetrachtung selbst einen Wert habe ... Also ist es nur das Begehrungsvermögen, aber nicht dasjenige, was ihn von der Natur (durch sinnliche Antriebe) abhängig macht, nicht das, in Ansehung dessen der Wert seines Daseins auf dem, was er empfängt und genießt, beruht; sondern der Wert, welchen er allein sich selbst geben kann und welcher in dem besteht, was er tut... wodurch sein Dasein allein einen absoluten Wert und in Beziehung auf welches das Dasein der Welt einen Endzweck haben kann[1].« Schopenhauer hat, indem er die Grundlegung der Ethik in einem kategorischen Sollen verwarf, auch diese Kantische Lehre vom Endzweck verworfen. Aber indem er nun, um die Nichtigkeit aller Ethiko-Theologie zu erweisen, auch das Kantische Fundament der reinen Ethik angriff, ist er selbst in seiner gesamten Beweisführung wieder dem bloßen Lustprinzip verfallen. Die Nichtigkeit der Lust soll jetzt die Nichtigkeit der Welt erweisen. Aber die *petitio principii* in dieser Beweisführung liegt deutlich zu Tage: denn sie kommt nur dadurch zustande, daß überhaupt eine einheitliche Lustskala für alles Sein und für alle Werte vorausgesetzt wird, daß also, Kantisch gesprochen, Sachwerte und Persönlichkeitswerte – das, was einen Preis und das, was eine spezifische Würde hat – unterschiedslos in eins gesetzt werden. Nur im Gebiet der Erkenntnis ringt sich Schopenhauer aus dieser Betrachtungsweise empor: – nur in der willensfreien Betrachtung entdeckt er einen Wert, der ohne Rücksicht auf alle individuellen Zwecke an sich besteht und in sich beruht. Es zeigt sich hierin der merkwürdige Umstand, daß Schopenhauer, der in der Seinsfrage so entschiedener »Voluntarist« ist, in der Wertfrage dennoch Intellektualist geblieben ist. Die Erkenntnis hat aufgehört, das Ursein zu bedeuten; aber sie bleibt nichtsdestoweniger – eben weil Sein und Wert prinzipiell auseinandergetreten sind –, der eigentliche Urwert. Der Wille zum Leben wird verneint: – aber in dem Prinzip, das diese Verneinung vollzieht, in der ästhetischen, der moralischen und philosophischen Betrachtung wird eine neue wahrhaft positive Kraft entdeckt, die eine rein »intelligible«, über alles bloße Dasein hinausgreifende Bedeutung besitzt. Die als Leiden erkannte Welt ist nicht mehr die bloß leidende Welt, sondern die kraft des Erkennens vom Leiden, d. h. vom Frondienst des Willens befreite und erlöste Welt.

Aber darin liegt freilich zugleich, daß die absolute Verneinung, auf die wir als letzte Konsequenz von Schopenhauers Philosophie hingeführt werden, ein unvollziehbarer Gedanke bleibt. Wo Schopenhauer einen Beleg und ein Beispiel für sie in den Phänomenen des Bewußtseins und des geistig-sittlichen Lebens vor sich zu sehen glaubt: da handelt es sich, näher betrachtet, nirgends um eine Ne-

---
[1] Kritik der Urteilskraft, § 83 u. 86.

gation des Seins schlechthin, sondern um die Aufhebung bestimmter und zufälliger Schranken in ihm. Was Schopenhauer, im Gebiet des wissenschaftlichen Erkennens, der künstlerischen Anschauung und der sittlich-religiösen Erkenntnis, als Verneinung des Lebens überhaupt beschreibt und denkt: das ist zuletzt stets ein Übergang eben dieses Lebens aus einer individuell-beschränkten in eine rein allgemeingültige Form. Dies tritt mit besonderer Deutlichkeit in seiner ästhetischen Theorie hervor. Wenn in der ästhetischen Anschauung, die sich von allem »Interesse« des Willens freihalten soll, auch die allgemeine Bewegung des Willens zum Stillstand käme — so wäre damit auch das Material für die künstlerische Darstellung aufgehoben. Denn was in dieser Darstellung, was z. B. in der Musik, die für Schopenhauer das Prototyp der Kunst bildet, zum Ausdruck gelangen soll, ist doch eben die Dynamik des Willens selbst, ist sein eigenes und ihm eigentümliches Leben, das sich nirgends anders als in der Form reiner Bewegung und ihrem An- und Abschwellen, ihrem rhythmischen Auf und Ab erfassen läßt. Nicht damit also, daß sie sich von diesem Leben abwendet, sondern darin, daß sie es rein in seiner Grundform hinstellt und es damit von seiner individuell-zufälligen Erscheinungsform befreit, kann der Sinn und die Bedeutung der künstlerischen Leistung liegen. Und die gleiche Tendenz und Grundrichtung zeigt sich, nach Schopenhauers eigener Darstellung, auch in jedem anderen genialen Wirken, auch in dem Werk des moralischen, des religiösen und des philosophischen Genies. »Im Einzelnen stets das Allgemeine zu sehen, ist gerade der Grundzug des Genies; während der Normalmensch im Einzelnen auch nur das Einzelne als solches erkennt, da es nur als solches der Wirklichkeit angehört, welche allein für ihn Interesse, d. h. Beziehungen zu seinem Willen hat. Der Grad, in welchem Jeder im einzelnen Dinge nur dieses, oder aber schon ein mehr oder minder Allgemeines, bis zum Allgemeinen der Gattung hinauf, nicht etwa denkt, sondern geradezu erblickt, ist der Maßstab seiner Annäherung zum Genie. Diesem entsprechend ist auch nur das Wesen der Dinge überhaupt, das Allgemeine in ihnen, das Ganze, der eigentliche Gegenstand des Genies: die Untersuchung der einzelnen Phänomene ist das Feld der Talente in den Realwissenschaften, deren Gegenstand eigentlich immer nur die Beziehungen der Dinge zueinander sind.« Groß überhaupt ist nur der, welcher bei seinem Wirken, dieses sei nun ein praktisches oder theoretisches, nicht seine Sache sucht, sondern allein einen objektiven

Zweck verfolgt. Klein hingegen ist alles auf persönliche Zwecke gerichtete Treiben, weil der dadurch in Tätigkeit Versetzte sich nur in seiner eigenen, verschwindend kleinen Person erkennt und findet. Hingegen wer groß ist, erkennt sich in Allem und daher im Ganzen; er lebt nicht, wie jener, allein im Mikrokosmus, sondern noch mehr im Makrokosmus. Daher gehört unnütz zu sein zum Charakter der Werke des Genies und ist ihr Adelsbrief. Alle übrigen Menschenwerke sind da zur Erhaltung oder Erleichterung unserer Existenz; — die Werke des Genies allein sind ihrer selbst wegen da und sind, in diesem Sinn, als die Blüte oder der reine Ertrag des Daseins anzusehen. Deshalb geht beim Genuß derselben uns das Herz auf: denn wir tauchen dabei aus dem schweren Erdenäther der Bedürftigkeit auf[1]. Wenn irgendwo, so scheint in diesen Worten Schopenhauers die wahrhafte und echte Befreiung aus dem Bannkreis des Pessimismus erreicht zu sein: denn mit der Form des individuellen Wollens scheint auch der ganze Gegensatz von Lust und Unlust, scheint die gesamte hedonistische Fragestellung hinter uns zu liegen. Aber das Grunddogma der Schopenhauerschen Metaphysik führt es freilich mit sich, daß jeder Fortschritt zum Ganzen hier zugleich einen Fortgang in der Richtung zum Nichts bedeutet. So nimmt auch der Begriff der Freiheit zuletzt diese rein negative Bedeutung an. »Wohl ist Jedem« — so sagt Schopenhauer einmal — »in dem Zustande, wo er alle Dinge ist; wehe da, wo er ausschließlich Eines ist[2].« Aber in dem Augenblick, in dem sich das Individuum auf diesen Gipfel versetzt sieht, in dem es sich zur wahrhaft universellen Betrachtung erhoben hat, ist es nunmehr über alle immanenten Formen des Seins hinaus. Nicht die Anschauung des Ganzen und die Wirksamkeit im Ganzen ist das, worin es sein Ziel findet; sondern darüber hinaus wird es in ein metaphysisches Jenseits getrieben, das vom Standpunkt des Wissens und des Lebens selber nur noch durch rein negative Prädikate zu bestimmen ist. Als letzter und tiefster, als einzig wahrhafter Inhalt der Erkenntnis erschließt sich uns zuletzt nicht das Wesen, sondern das Nichts — das höchste Allgemeine erfassen wir erst dort, wo alles bestimmte und besondere Sein erlischt und ins Nirwâna übergeht.

---

[1] II, 432, 439, 442.
[2] II, 423.

Siebentes Kapitel

Fries

I. Die Lehre von der unmittelbaren Erkenntnis

Mit der Lehre von Jacob Friedrich Fries kehren wir wieder zum Ausgangspunkt unserer Betrachtung zurück. Die gesamte spekulative Bewegung, die mit Fichte einsetzt und die darauf gerichtet ist, den kritischen Idealismus Kants in einen »absoluten Idealismus« umzubilden, ist für Fries nicht vorhanden. Er sieht in ihr eine einzige fortlaufende gedankliche Verirrung; er wendet sich nicht sowohl gegen ihre Ergebnisse, als er ihr grundlegendes Prinzip und ihre Methode negiert. Dieser Verkehrung des kritischen Grundgedankens gegenüber die echte kritisch-wissenschaftliche Fragestellung Kants zu erneuern, ist die erste Aufgabe, die Fries' Philosophie sich stellt. Neben Kants eigenen Lehren sind es vor allem die Versuche der ersten unmittelbaren Schüler und Kritiker Kants, die geschichtlich auf Fries gewirkt haben. Reinholds Forderung, die kritische Philosophie auf eine reine Darstellung und deskriptive Analyse der »Tatsachen des Bewußtseins« zu gründen, ist ersichtlich nicht ohne Einfluß auf ihn geblieben, wenngleich er die weitere Entwicklung von Reinholds Lehre, die darauf führte, die Gesamtheit dieser Tatsachen aus der Einheit eines einzigen obersten Grundsatzes abzuleiten, entschieden verwarf. Mit Friedrich Heinrich Jacobi teilt Fries die Überzeugung von der Ohnmacht des Beweises und der Methoden der logisch-rationalen Ableitung in Sachen der Grundlegung der Philosophie — und die kritischen Einwände, die Änesidem und Maimon gegen die Kantische Fassung des Begriffs vom »Ding an sich« gerichtet haben, sind für Fries' eigene Lösung des Problems vom »Gegenstand der Erkenntnis« und für die Entwicklung seiner Lehre von der Objektivität der Erkenntnis mitbestimmend geworden[1].

---

[1] Zu Reinholds Forderung der reinen »Beschreibung« der Bewußtseinsphänomene s. ob. S. 35 ff. Über Fries' Verhältnis zu Friedrich Heinrich Jacobi s. Fries' Neue Kritik der Vernunft (3 Bände, erste Auflage, Heidelberg 1807), S. XVIII, 203, 280; vgl. bes. die Bemerkungen Apelts über Jacobi in den Abhandlungen der Friesschen Schule, Heft II, S. 79 ff. Über Maimons Fassung des Begriffs

In der Auffassung der Methode des Philosophierens — um auch hier mit diesem Kern- und Hauptpunkt zu beginnen — knüpft Fries wieder unmittelbar an Kant an; aber er geht hierbei über die Periode der kritischen Hauptwerke bis zu der vorkritischen Epoche Kants, bis zu dem Kant des Jahres 1763, zurück. Die echte Methode der Metaphysik — so hatte die Kantische Schrift über die »Deutlichkeit der Grundsätze in der natürlichen Theologie und der Moral« gelehrt — ist mit derjenigen im Grunde einerlei, die Newton in die Naturlehre eingeführt hat und die dort von so fruchtbaren Folgen war. Wie der Physiker, so soll auch der Metaphysiker nicht von willkürlichen Begriffserklärungen, sondern von sicheren Beobachtungen und von Tatsachen der inneren Wahrnehmung seinen Ausgang nehmen; — wie dieser soll er nicht, syllogistisch fortschließend, vom Allgemeinen zum Besondern, sondern regressiv und zergliedernd vom Besondern zum Allgemeinen gehen. Sein Weg kann nicht, wie der des Logikers und Mathematikers, die synthetische Schlußfolgerung, sondern nur die analytische Induktion sein. Er geht nicht von Prinzipien und Axiomen, die als feststehend angenommen werden, zu den Ableitungen und Folgesätzen; sondern die Prinzipien bilden hier vielmehr erst das Gesuchte und Aufgegebene, was durch Zerlegung der Daten der inneren Erfahrung, als des allein Bekannten und Gewissen, erst zu ermitteln und sicher zu stellen ist[1]. Diese Sätze der Kantischen Preisschrift werden von Fries noch in seinem »System der Metaphysik« vom Jahre 1824 unverändert wiederholt[2]. Das ganze Schicksal der Nachkantischen Spekulation scheint ihm darin begründet und beschlossen zu sein, daß man die Richtschnur und die sichere Wegweisung, die hier gegeben war, wieder aus den Augen verlor. Wieder betrachtete man es als die Aufgabe der Philosophie, die gesamte Erfahrung aus einem höchsten allgemeinen Prinzip, das man willkürlich an die Spitze stellte, zu »deduzieren«; wieder glaubte man in einer Folge logischer Schlußreihen ein adäquates Bild des wirklichen Seins,

---

der Objektivität der Erkenntnis s. ob. S. 83 ff.; zum Zusammenhang von Fries und Änesidem vgl. die eingehenden Belege bei Walter Mechler, Die Erkenntnislehre bei Fries aus ihren Grundbegriffen dargestellt und kritisch erörtert, Berlin 1911, S. 19 ff.

[1] Näheres über diese Kantischen Sätze und ihre geschichtlichen Vorbedingungen s. Bd. II, S. 588 ff.

[2] System der Metaphysik, Heidelberg 1824, § 21 (S. 91 ff.) — auch in Apelts Metaphysik (Lpz. 1857, S. 15 ff.) wird, ohne ausdrückliche Nennung der Kantischen Preisschrift, ihr Gedankengang vollständig reproduziert.

seiner Struktur und seiner Entwicklung gewinnen zu können. So sehr diese Methode der absoluten Philosophie und der intellektuellen Anschauung sich über den bloßen Formalismus der alten rationalistischen Systeme erhaben fühlte, so litt sie doch an dem gleichen prinzipiellen Grundgebrechen. Als progressives Verfahren der Ableitung mußte sie das wahre Verhältnis von Erfahrung und Denken umkehren — mußte sie in den Dogmatismus der »geometrischen Methode«, wie er bei Wolff oder Spinoza herrscht, zurückfallen. Die Unfruchtbarkeit dieses dogmatischen Verfahrens aber läßt sich, näher betrachtet, schon aus den einfachen Grundregeln der Logik selbst erweisen. Daß die begrifflich-dialektische »Bewegung«, durch welche das Besondere aus dem Allgemeinen hervorgehen soll, lediglich Schein ist: das ergibt sich schon daraus, daß aus einem allgemeinen Obersatz, wenn er lediglich als solcher und für sich allein betrachtet wird, überhaupt keine logische Schlußfolgerung möglich ist. Der Schlußsatz muß sich vielmehr stets, außer auf den allgemeinen Begriff oder das allgemeine Gesetz des Obersatzes, auf irgendein gegebenes Besondere stützen, das im Untersatze ausgesprochen wird. Da aber dieser Inhalt des Untersatzes aus dem des Obersatzes nicht zu gewinnen ist, so bleibt allen synthetisch fortschreitenden philosophischen Systemen nichts anderes übrig, als ihn aus anderen Kenntnissen, die man stillschweigend als gegeben ansieht, zu entnehmen. Der Gehalt des Besonderen wird mit anderen Worten hier nicht sowohl aus dem Allgemeinen hergeleitet, als er vielmehr erschlichen wird: der rationale Fortgang des Denkens muß in jedem Augenblick eben jene Erfahrung voraussetzen, die er doch als Produkt des Denkens erst hervorzubringen vorgibt. Es ist die erste Forderung, die an die Philosophie zu stellen ist, daß sie diesen logisch-dogmatischen Zirkel als solchen erkennt und daß sie ihn damit zur Auflösung bringt. Das wahrhafte Philosophieren darf die faktische Grundlage, auf der es ruht und ohne welche es sich in die Willkür und Leere bloßer selbstgeschaffener Abstraktionen verlieren würde, nirgends verleugnen, sondern muß diesen Urgrund der Tatsachen bewußt und klar als solchen anerkennen — nicht jedoch, um bei ihm stehen zu bleiben, sondern um in fortschreitender methodischer Zergliederung am besonderen Fall das Allgemeine der Gesetze und Grundsätze, das Allgemeine der »metaphysischen« Grundwahrheiten, zur Entdeckung zu bringen[1].

---

[1] Zum Ganzen, s. bes. Fries, System der Metaphysik, § 21—29, S. 88 ff.

Freilich hat, nach Fries, der Kant der kritischen Epoche die eigene Vorschrift, die er so bestimmt und nachdrücklich für alles Philosophieren aufgestellt hatte, nicht durchgehend festgehalten und befolgt. Denn hier haftet der Kantischen Berufung auf die Erfahrung eine innere Zweideutigkeit an: neben der Analyse der wirklichen Erfahrung, wie sie in den Tatsachen der inneren Wahrnehmung und in den unmittelbar-gewissen Urteilen des gemeinen Lebens gegeben ist[1], steht der Hinweis auf die »mögliche Erfahrung«, die als Beweisgrund für die objektive Gültigkeit der Kategorien und der synthetischen Grundsätze dienen soll. Damit aber ist Kant, wie Fries ihm vorwirft, wieder dem gleichen »rationalistischen Vorurteil« verfallen, das er zuvor siegreich bekämpft hatte. Wird die mögliche Erfahrung als Beweis für die Geltung der Kategorien und Grundsätze angeführt, so sind eben damit diese letzteren auf ein anderes, was ihnen erst Gehalt und objektiven Erkenntniswert geben soll, reduziert — so haben sie also aufgehört, Grundsätze zu sein und sind zu abgeleiteten Lehrsätzen geworden. Ein Urteil beweisen heißt nichts anderes, als es aus anderen Urteilen herleiten, welches in Schlüssen geschieht. Hierin aber liegt bereits, daß die echten und wahrhaften Grundsätze einer Wissenschaft, eines logischen »Beweises« weder fähig noch bedürftig sind. Gerade da, wo der Beweis aufhört, wo wir nicht mehr ein Urteil auf andere stützen, sondern die Grundsätze als erste Urteile aussprechen, stehen wir vor dem wirklichen Fundament aller Gewißheit der Erkenntnis. »An dem was sich beweisen läßt, ist nicht viel zu verlieren, wenn wir nur im Besitz derjenigen Wahrheit bleiben, die sich nicht beweisen läßt, die vielmehr nur in Grundsätzen feststeht. Den Beweis werden wir schon wieder hinzu finden, wenn wir nur erst Fond der Wahrheit haben, aus dem sich etwas beweisen läßt. Alle Philosophie ist aber

---

[1] Über diesen Ausgangspunkt von den Urteilen der gemeinen Erfahrung vgl. bes. Fries' Schrift, Reinhold, Fichte und Schelling, Lpz. 1803, S. 213, s. auch Apelt, Metaphysik S. 19. — Die Berufung auf die »unmittelbar gewissen Urteile« der Erfahrung, von denen die Kritik auszugehen hat, scheint hierbei zunächst dem Grundsatz der Friesschen Philosophie zu widersprechen, daß jedes Urteil als mittelbare Erkenntnis den Grund seiner Gewißheit nicht in sich selbst, sondern in etwas anderm, nämlich in der »unmittelbaren Erkenntnis«, die es nachbildet, besitzt und daß es daher mit analytischer Notwendigkeit, einer außer ihm gelegenen Begründung bedarf. (Vgl. bes. Apelt, Metaphysik S. 58.) Die angenommene »unmittelbare Gewißheit« der Urteile soll jedoch in diesem Zusammenhang nicht ihre allgemeine und logische Geltung, die vielmehr problematisch bleibt und erst der Rechtfertigung bedarf, sondern nur ihr tatsächliches Vorkommen, als ein Faktum der inneren Erfahrung, bedeuten.

seit langer Zeit stark durch das Vorurteil beherrscht worden, daß man alles müsse beweisen können, was wahr sein solle ... Wir werden leicht bemerken, daß diese Aufgabe ganz falsch gestellt war; was wir beweisen wollen, dessen Wahrheit muß *implicite* schon in dem liegen, wovon ich im Beweis ausgehe; ich finde durch den Beweis nichts neues, ich mache mir's nur deutlicher ... Wir müssen also das Vorurteil ganz zurücknehmen, daß sich alles müsse beweisen lassen[1].«

Ist somit das syllogistische Folgern und Schließen, und mit ihm der gesamte Typus des reflektierenden Denkens, den es vertritt, als letzter Grund der Gewißheit der Erkenntnis beseitigt, so bleibt nur übrig, den »Fond der Wahrheit«, auf den wir nicht verzichten können, in einem Inhalt zu suchen, der unabhängig von aller bloß mittelbaren Reflexion für sich besteht und sich selbst bezeugt. Die Aufweisung dieses Inhalts bildet das Problem und die Aufgabe der »Kritik der reinen Vernunft«. Diese wird daher als Wissenschaft der inneren Erfahrung — denn nirgends anders als in ihr können wir ja den Weg zur Nachweisung eines derartigen unleugbaren Inhalts aufzufinden hoffen — zu einer rein »subjektiv« gerichteten, anthropologischen Disziplin. Dieser Standpunkt der anthropologischen Subjektivität ist der einzige »Standpunkt der Evidenz für spekulative Dinge«[2]. Eine »Theorie der Vernunft« kann nichts anderes als eine »Naturlehre des menschlichen Gemüts«, als eine innere »Experimentalphysik« bedeuten wollen. Um zu ihr zu gelangen, müssen wir notwendig mit einer Beschreibung der Vernunft, »wie sie in gesunden Exemplaren überhaupt der inneren Beobachtung eines jeden vor Augen liegt«, beginnen. Die Lehre Kants ist und bleibt als »transzendentale« Doktrin, mit dem Vorurteil des transzendentalen Beweises, mit der logischen Ableitung der einzelnen Grundsätze aus dem obersten Grundsatz der »Möglichkeit der Erfahrung« behaftet. Die anthropologische Theorie gewährt demgegenüber den Vorteil, daß sie sich, um in Sachen der höchsten Spekulation Entscheidung zu gewinnen, auf die größten Schwierigkeiten des abstrakten Spekulierens als solchen gar nicht einzulassen braucht, sondern daß sie sich durchweg auf gesicherte Tatsachen, auf Erfahrung und innere Anschauung stützen kann. Wir entwerfen hier nur eine allgemeine Geschichte unserer Vernunft und erklären

---

[1] Neue Krit. d. Vernunft, S. XXXI, 279 f.; — zum Verhältnis zu Jacobi s. ob. S. 19 ff.
[2] Neue Kritik d. Vern., S. XLIV.

aus ihr, wie wir zu dieser oder jener Erkenntnis gelangen. Weiter als bis zu dieser rein faktischen Nachweisung, daß eine bestimmte Erkenntnis in jeder endlichen Vernunft liegt, vermögen wir es freilich nicht zu bringen: — aber weiter als bisher reicht auch der Begriff der Objektivität und Wahrheit selbst nicht, wenn er von allen traditionellen dogmatischen Vorurteilen, die ihm anhaften, befreit wird. Ist einmal aus der inneren Geschichte des Erkennens selbst festgestellt, daß ein bestimmter Satz, ein bestimmtes metaphysisches Grundurteil — wie etwa der Satz der Kausalität oder der Satz von der Beharrlichkeit der Substanz — als beständiger Besitz in unserer Vernunft ruht und daher in allen ihren mittelbaren Behauptungen wiederkehrt, so ist damit die höchste Sicherheit gewonnen, deren der Satz seiner Natur nach überhaupt fähig ist. Wer hier noch nach einer festeren Basis, nach einem tieferen Fundament verlangt, der muß wissen, daß er mit Schatten kämpft — daß es seine eigene logisch-metaphysische Phantasie ist, die ihm eine andere und höhere Realität als die der konstanten und gesicherten anthropologischen Tatsachen vortäuscht[1]. —

Ist somit, im Gegensatz zu Kant, die »Kritik der reinen Vernunft« als eine rein »induktorische« Wissenschaft bestimmt, so bleibt Fries nichtsdestoweniger von den Systemen des philosophischen Empirismus auch an diesem Punkt klar und scharf geschieden. Denn was den Gehalt der Grundsätze selbst anlangt, zu denen wir auf diesem empirisch-anthropologischen Wege hingeleitet werden sollen, so besteht für ihn keinerlei Zweifel, daß er ein schlechterdings apodiktischer und notwendiger sein, daß ihm also nicht nur eine relative und »komparative«, sondern eine absolute Apriorität zukommen muß. Alle Versuche, den Inhalt der synthetischen Grundsätze dadurch zu gewinnen, daß man ihn, durch Summation und assoziative Verknüpfung, aus dem Inhalt der einzelnen Wahrnehmungselemente hervorgehen läßt, müssen notwendig scheitern; denn eben das charakteristische und entscheidende Geltungsmoment dieser Sätze wird auf diesem Wege nicht sowohl abgeleitet, als vielmehr ignoriert und verleugnet. Wer das Kausalprinzip aus dem Prinzip der Erwartung ähnlicher Fälle herleitet: der hat es damit nicht erklärt, sondern ihm einen völlig anderen und fremden Sinn unterschoben. Im Streit zwischen Hume und Kant tritt daher Fries durchaus auf Seiten des letzteren. »Notwendige objektive synthe-

---

[1] Zum Ganzen s. Neue Kritik der Vernunft I, XLII ff.; I, 37, 286, 295; II, 26, 53, 60 f. u. ö.

tische Einheit« — so betont auch er — ist die ursprüngliche Vereinigung mannigfaltiger Erkenntnisse, zu einer Erkenntnis selbst, ist die Identität der Apperzeption in mannigfaltigen Vorstellungen... Durch bloß subjektive Verbindung kommt nie objektive synthetische Einheit zustande; letztere soll nämlich nicht nur eine Verbindung in meinen Vorstellungen, sondern eine Vorstellung verbundener Objekte enthalten[1]. Allem Empirismus in der Philosophie liegt zuletzt die Hypothese zugrunde, daß der Mensch eine nur sinnliche Erkenntniskraft besitzt. Aber gerade die anthropologische Kritik zeigt, daß diese Hypothese: alle unsere Erkenntnis nur durch sinnliche Eindrücke zusammenfließen zu lassen, in Wahrheit gar nicht erklärt, was wirklich da ist. Denn nicht nur die vom Empirismus angefochtene objektive Notwendigkeit in der Verknüpfung von Tatsachen, sondern selbst der leere Begriff der Notwendigkeit, der leere Gedanke des »Ist« als der Kopula im Urteil, nur im »A ist A« aufgefaßt, wäre in einer nur sinnlichen Erkenntniskraft unmöglich[2]. Zwischen dieser unbedingten Allgemeinheit und Notwendigkeit der Geltung der obersten Grundsätze der Vernunft und ihrer empirisch-psychologischen Aufweisung kann nach Fries nur der einen Gegensatz finden, der eben diese Aufweisung mit ihrem Beweis verwechselt. Kein Satz, dem apodiktische Gewißheit zukommen soll, kann freilich aus empirischen Prämissen bewiesen werden: denn hier gilt die alte Regel der scholastischen Logik, daß der Schlußsatz keine höhere Gewißheitsqualität als die jedes einzelnen Vordersatzes besitzen kann[3]. Aber es enthält durchaus keinen Widerspruch, daß wir auf empirischem Wege dazu hingeleitet werden, eine Erkenntnis als einen tatsächlich uns gegebenen Besitz in

---

[1] Neue Krit. d. Vern. § 91 (II, 39).

[2] a. a. O. § 95 (II, 63); vgl. hierzu Kant, Kritik der reinen Vernunft, zweite Aufl., S. 141 ff. (S. Bd. II, S. 666.)

[3] »Die Erkenntnis a priori ist ... nicht nach ihrer Gültigkeit in Urteilen, sondern nach ihrer Beschaffenheit als meiner Erkenntnis, als zu den Zuständen meines Gemüts gehörig, psychologischen Grundsätzen unterworfen. Es wird also in der Tat hier nicht unternommen, die Prinzipien und Grundsätze unserer notwendigen und allgemeinen Erkenntnis zu erweisen: denn das könnte nur dadurch geschehen, daß sie von noch höheren und allgemeineren Gesetzen abgeleitet würden, welches die Prinzipien gar keine Anwendung fände, außer dem, daß aus empirischen Obersätzen wohl niemand einen apodiktischen Schlußsatz zu ziehen hoffen wird.« (Fries, Über das Verhältnis der empirischen Psychologie zur Metaphysik (1798) in Carl Christ. Erh. Schmids Psycholog. Magazin, S. 182 f. (cit. nach L. Nelson, Über das sogenannte Erkenntnisproblem, Göttingen 1908, S. 732; vgl. a. a. O. S. 725 ff.).

uns aufzufinden, die ihrer Dignität und Geltung nach allerdings von aller Erfahrung unabhängig ist. Die Methode a posteriori, durch welche alle Inhalte, mit denen es die Vernunftkritik zu tun hat, gefunden werden, streitet also nicht im mindesten damit, daß die Gegenstände, von denen sie handelt, streng apriorische Sätze sind — Sätze, die nicht von dieser oder jener Erfahrung abgeleitet sind, sondern schlechthin aller Erfahrung als Voraussetzungen zugrunde liegen. —

Überhaupt sind nach Fries, je nach dem Erkenntnisgebiet, in dem wir stehen und nach den besonderen Bedingungen, die es uns auferlegt, drei Formen der Begründung eines Urteils streng voneinander zu unterscheiden. Handelt es sich um eine empirische oder mathematische Wahrheit, deren Inhalt sich in der Anschauung darstellen läßt, so ist der Rückgang auf diese das letzte Begründungsmittel, das uns zur Verfügung steht. Urteile dieser Art werden durch einfache Aufzeigung der zugehörigen Gegenstände, — durch ihre »Demonstration in der Anschauung« bewährt. In den mittelbaren Zusammenhängen des reinen Denkens dagegen wird die Wahrheit eines Einzelsatzes dadurch erwiesen, daß er als »Folge« aus seinem »Grund« erkannt und damit der gleichen Gewißheit wie dieser letztere teilhaft wird. Hier herrscht der eigentliche strenge Typus des logischen Beweises, dessen verschiedene Formen und Unterarten die syllogistische Theorie darlegt, die nichts anderes als die vollständige Entwicklung der einen Grundform der analytischen Einheit ist. Der »Satz vom Grunde« hat hier sein fest umschriebenes Gebiet, innerhalb dessen er von unbestreitbarer ausnahmsloser Gültigkeit ist. Er ist »das Kathartikon aller Wahrheit in mittelbaren Erkenntnissen«, indem er bestimmt, daß von jedem Urteil, das ich aussage, ein Grund angebbar sein muß, warum ich es behaupte. Aber daß diese Zurückführung nicht ins Endlose gehen kann, daß die Forderung des Beweises schließlich bei letzten unmittelbar gewissen, aber unbeweisbaren Sätzen Halt machen muß, hat sich bereits gezeigt. Für die Rechtfertigung dieser Sätze ist uns ebensowohl der Weg des Beweises, wie der Weg der anschaulichen Demonstration verschlossen. Denn die »spekulative Grundform« unserer Erkenntnis geht über die bloße Behauptung einer Zusammensetzung in den Dingen, die sich mathematisch konstruieren und demgemäß in der reinen Anschauung *in concreto* darstellen läßt, hinaus. Sie bezieht sich nicht auf das bloße Beisammen der Dinge im Raume und das Nacheinander der Ereignisse in der

Zeit, sondern auf ihre dynamische Verknüpfung: auf die objektiv= notwendigen Verhältnisse des In=, Durch= und Miteinander, die wir kraft der Gesetze der Substantialität, der Kausalität und der Wechselwirkung zwischen ihnen annehmen, Hier liegt also eine ursprüngliche und somit auf syllogistischem Weg unbeweisbare, zugleich aber eine durchaus unanschauliche Form der Beziehung vor. Die Urteile, die von dieser Beziehung handeln, können dem= nach weder anschaulich demonstriert, noch logisch bewiesen: sie können nur deduziert werden, — wenn wir unter Deduktion eben jene induktiv=psychologische Aufweisung verstehen, die uns lehrt, an welcher Stelle eine bestimmte Erkenntnis innerhalb unserer Er= kenntnis tatsächlich entspringt. Wir können hier unser Urteil nur dadurch begründen, »daß wir aufweisen, welche ursprüngliche Er= kenntnis der Vernunft ihm zugrunde liegt, ohne doch imstande zu sein, diese Erkenntnis unmittelbar neben das Urteil zu stellen und es so durch sie zu schützen[1]«. Denn es ist in aller Strenge daran festzuhalten, daß die Erkenntnis, die wir ihrem reinen Gehalt nach als unmittelbar bezeichnen, weil sie selbst nicht mehr in einem ande= rem begründet, sondern vielmehr das letzte Begründende ist, doch im psychologischen Sinne keineswegs unmittelbar gegeben ist. Sie kann uns vielmehr niemals anders als durch das Medium des Urteils, also durch die Vermittlung des Verstandes und seiner Reflexionsformen zum Bewußtsein gebracht werden. Aber gerade indem wir diese Reflexion vollziehen, werden wir uns ihres ledig= lich wiederholenden Charakters bewußt, — werden wir uns be= wußt, daß das, was sie enthält, nicht durch sie geschaffen wird, son= dern einer ursprünglichen schöpferischen Spontaneität der Vernunft entstammt, die freilich für uns niemals direkt, sondern nur in ihren Ergebnissen und Leistungen, in ihrer Spiegelung im logischen Be= wußtsein, zu erfassen ist. Wenngleich wir indeß den Gegenstand hier seiner Natur nach nicht anders als im Spiegelbild betrachten können, — so fallen doch auch hier Bild und Sache keineswegs zu= sammen. Auch der Metaphysiker besitzt kein anderes Material, als auf der einen Seite die empirische Erkenntnis durch Wahrnehmung und die mathematische Erkenntnis aus reiner Anschauung, auf der anderen Seite die mittelbaren Urteile des gemeinen Lebens, die durch die Wissenschaft in eine feste systematische Form gebracht werden. Aber die Aufgabe und die Kunst aller Spekulation besteht eben darin, von diesem Abgeleiteten zu jener Urform der unmittelbaren

---
[1] Zum Ganzen vgl. Neue Kritik der Vernunft, § 70, I, 278 ff.

Erkenntnis zurückzugehen, die, obgleich dunkel, doch als ein fester Besitz in unserer Vernunft ruht. Als höchstes Gesetz ihrer Wahrheit liegt über allen Irrtum erhaben in der Vernunft eine unmittelbare Erkenntnis, die aber für sich unaussprechlich bleibt, welche nicht zur Anschauung erhoben werden kann, deren wir uns nie im Ganzen, sondern nur in zerstreuten Einzelheiten oder allgemeinen Formen durch Reflexion bei Gelegenheit sinnlicher Anschauungen bewußt werden. »Durch diese unmittelbare Erkenntnis, welche eigentlich der Vernunft als selbsttätiger Erkenntniskraft gehört, kommt erstlich über die Empfindung alles Mathematische in unsere Erkenntnis, so wie es die produktive Einbildungskraft liefert, mit dem Raume und der Zeit. Dann aber auch alle allgemeinen Gesetze und vorzüglich die Verbindungen, welche wir durch die Kategorien denken, wodurch wir etwas als groß oder nach Qualitäten denken, wodurch wir uns Substanzen und den Wechsel der Begebenheiten als durch Ursachen bewirkt vorstellen, wodurch wir endlich Mögliches und Notwendiges neben dem Wirklichen zu denken vermögen[1].«

Der gemeinsame Schlußstein für das Gebäude der »Kritik der reinen Vernunft« und das System der Metaphysik ist damit nach Fries erreicht. Kant konnte hier zu keinem endgültigen und unzweideutigen Ergebnis gelangen, weil er in dem »rationalistischen Vorurteil«, das ihm anhaftete, die Kraft und Leistungsfähigkeit der bloßen Reflexion überschätzte. Das bloß wiederholende Wesen der Reflexion: die Tatsache, daß sie keine Inhalte erschafft, sondern nur anderweit gegebene Inhalte wiedergibt und aufklärt, blieb ihm verschlossen: — und so vermochte er niemals Sinn und Verstand wahrhaft in einer Vernunft zu vereinigen[2]. Seine spekulative Vernunft ist nichts als das bloße Schlußvermögen, das für sich allein natürlich nichts zur Erkenntnis geben kann, eben weil es lediglich ein Instrument der Wiederbeobachtung der unmittelbaren Erkenntnis ist. Diese wurde bei Kant zwar überall dunkel vorausgesetzt, aber nirgends zu wahrhafter Deutlichkeit erhoben. Und doch liegt hier der Schlüssel zu dem eigentlichen Geheimnis der Metaphysik und damit der wichtigste Satz für die neuere Philosophie überhaupt. Der Verstand muß seiner »ursprünglichen Leerheit« überführt werden: eben damit in ihm und durch ihn die ursprüngliche Form

---
[1] Neue Krit. d. Vern. § 54, (I, 199f.); vgl. bes. Apelt, Metaphysik S. 13f., 95, 153, 195 u. s.
[2] Neue Krit. d. Vern. S. XXXVII.

der Vernunft zutage treten kann[1]. Aller logischen Synthesis des Verstandes liegt immer und notwendig eine ursprüngliche Synthesis der unmittelbaren Erkenntnis zugrunde. Wie hinter allen besonderen Gestaltungen, von denen die Geometrie handelt, das gleichförmige Schema des Einen homogenen Raumes steht, — so steht hinter den einzelnen metaphysischen Grundurteilen, gleich einem dunklen Hintergrund, das Ganze der unanschaulichen metaphysischen Erkenntnis[2].

Weiter freilich als bis zu dieser faktischen Feststellung, daß ein bestimmter Grundsatz in allen unsern mittelbaren Beurteilungen als integrierender Bestandteil enthalten sei und daß er daher auf die unmittelbare Erkenntnis als das Original, das er abbildet, hinweise, vermag uns Fries' Erkenntnislehre und Metaphysik nicht zu führen. Wem hier noch Zweifel bleiben sollten, wer hier noch fragen wollte, ob denn den letzten Wahrheiten, die als subjektive Grundgewißheiten in unserer Vernunft liegen, auch die objektive Ordnung der Dinge und des Geschehens entsprechen muß: den vermag sie nur noch auf die Instanz des Wahrheitsgefühls in ihm selbst zu verweisen, vor dem alle derartigen Skrupel verschwinden müssen[3]. Der höchste subjektive Grundsatz aller menschlichen Beurteilungen ist der Grundsatz des Selbstvertrauens der menschlichen Vernunft: jeder Mensch hat das Vertrauen zu seinem Geiste, daß er der Wahrheit empfänglich und teilhaft sei. Dem Verdacht, daß der gesunde menschliche Geist verrückt oder ein bloßer Träumer sei, steht einzig der ursprüngliche Glaube an unsere Wahrhaftigkeit entgegen, von dem sich kein Mensch losmachen kann. Wer diesen Glauben nicht besitzt: dem freilich kann ihn auch die Philosophie nicht andemonstrieren. Der eigentliche Grund der skeptischen Einwendungen aber, die hier immer wieder aufzutauchen pflegen, liegt in der Verwechslung des Irrtums mit der Unvernunft. Irrtum ist in den mittelbaren Urteilen unseres Verstandes jederzeit möglich: — und es ist Sache der Philosophie, uns durch einen festen Maßstab, den sie uns in Gestalt letzter Wahrheitsgrundsätze und Wahrheitskriterien in die Hand gibt, vor ihm zu sichern. Der Maßstab selbst aber, die unmittelbare Erkenntnis, kann an nichts anderem mehr gemessen werden. Aller Streit, der im gemeinen Leben sowohl wie der in der Philosophie, muß für

---

[1] a. a. O. § 54 (I, 204 f.); § 86 (II, 9).
[2] S. Apelt, Metaphysik, S. 95, 101.
[3] Vgl. Neue Krit. d. Vern.; § 85, I, 341 ff.

jeden, der daran teilnehmen will, zum mindesten die Möglichkeit der Wahrheit, also das Faktum einer richtig organisierten Vernunft voraussetzen[1]. Nur welche Elemente des Bewußtseins der unmittelbaren Erkenntnis gemäß und daher dem Organismus der Vernunft zuzurechnen sind, kann gefragt werden: — das Problem aber, ob dieser Organismus, als Ganzes genommen, die Wahrheit der Dinge, die »transzendentale« Wahrheit des Seins richtig oder unrichtig wiedergebe, hat nach Fries keinen verständlichen Sinn mehr.

Daß eine solche Frage überhaupt aufgeworfen werden und daß sie auch in der Nachkantischen Philosophie eine entscheidende Rolle spielen konnte: dafür ist freilich, wie Fries betont, eine innere Zweideutigkeit, die Kants eigener Problemstellung noch anhaftete, zum mindesten mitverantwortlich. Was Kant dartun wollte, war die objektive Gültigkeit der synthetischen Urteile a priori; diese aber schien ihm dadurch gesichert, daß nur kraft dieser Urteile zu unseren Vorstellungen ein »Gegenstand« hinzugedacht werden kann. Die gesamte kritische Frage, wie sie seit dem entscheidenden Briefe Kants an Markus Herz vom Februar 1772 feststeht, ist auf dieses Thema: auf die Beziehung der Vorstellung auf den Gegenstand und auf den Grund der Übereinstimmung zwischen beiden gerichtet. Die »Revolution der Denkart«, auf die Kant ausgeht, besteht darin, daß an diesem Punkte die traditionelle metaphysische Problemstellung eine völlige Umkehrung erfährt — daß nicht mehr der Gegenstand als Grund der Erkenntnis, sondern der Verstand und seine Gesetze als »Urheber der Natur« gedacht werden. Aber auch in dieser Umkehrung des Verhältnisses scheint jedenfalls das Eine vorausgesetzt: daß die allgemeine Relation, die der Frage zugrunde liegt, zu Recht besteht; daß also überhaupt ein Verhältnis der Abbildung und der kausalen Beziehung zwischen den hier unterschiedenen Elementen anzunehmen ist. Die schärfere psychologische Selbstbeobachtung lehrt jedoch nach Fries, daß hier ein Irrtum obwaltet. Nicht nur unsere Vorstellungen und Urteile, sondern bereits unsere einfachsten Empfindungen und Wahrnehmungen »beziehen« sich freilich auf den Gegenstand: in dem Sinne, daß sie die Behauptung enthalten, daß durch sie, als Tätigkeiten des Erkennens, zugleich ein Etwas, das von der Tätigkeit selbst verschieden ist, erkannt wird. Aber diese Form der Korrelation, die in der Erkenntnis selbst gesetzt ist, darf nicht mit einem

---
[1] Neue Krit. d. Vern., § 128 (II, 185 f.); zum Grundsatz des »Selbstvertrauens der Vernunft«, vgl. Nelson, Über das sog. Erkenntnisproblem, S. 756 ff.

Hinausgreifen der Erkenntnis über ihr eigenes Gebiet, diese »Assertion« des Objekts durch die Erkenntnis darf nicht mit einem kausalen Verhältnis zwischen ihr selbst und etwas außer ihr verwechselt werden. Was zunächst die Empfindung selbst als einfachen Akt betrifft, so führt sie, unbefangen betrachtet und beurteilt, niemals auf ein solches Verhältnis, auf eine Affektion durch ein an sich bestehendes äußeres Objekt zurück. Nur eine lückenhafte Beobachtung und eine ungenaue Theorie bringt den Gedanken einer solchen Affektion hervor. Die Empfindung ist uns nicht zunächst als bloßer Zustand in uns, als eine bloße »Modifikation des Gemüts« gegeben, die dann vermöge eines Verstandesschlusses nach außen projiziert und in ein reales Objekt verwandelt wird, — sondern sie schließt unmittelbar und ihrem eigenen Wesen nach die Versicherung eines objektiven Daseins und die relative Bestimmtheit dieses Daseins in sich. In scharfer Polemik gegen Fichte wird von Fries diese Grundansicht durchgeführt. »Nehmen wir das Beispiel: ich sehe einen grünen Baum vor mir und gelange durch die Empfindung zur Erkenntnis desselben. Frage ich nun, wie dies zugehe, so erhalte ich nach gewöhnlicher Relation zur Antwort: der Baum affiziert mein Auge, dadurch erhalte ich die Empfindung des Grünen, und weil diese eine Ursache haben muß, so schließe ich auf den Baum als das Affizierende und als die Ursache jener Empfindung des Grünen. Manche setzen mit Fichte noch hinzu: und wenn ich den Baum grün oder den Zucker süß nenne, so sei dies ganz falsch ausgedrückt, wir selbst seien eigentlich das Grüne und Süße. Ich meine aber: Gott behüte uns vor einem süßen Gemüte und behaupte, daß diese ganze Erzählung durchaus falsch sei. Der Baum ist grün und der Zucker süß, oder sonst niemand, und wenn ich den Baum anschaue, so sehe ich in der Empfindung unmittelbar etwas Grünes außer mir, ohne irgend nach einer Ursach meiner Empfindung zu fragen ... Die Hauptsache ist hier, zu bemerken, daß in der Empfindung von vornehereín ein Anschauen von etwas außer mir ... enthalten sei, und daß die Vorstellung eines Gegenstandes oder eines Objektiven nicht erst durch Reflexion oder sonst hinterher hinzugebracht werde, sondern schon gleich von Anfang an vollständig dabei sei. Die Anschauung in der Empfindung hat für sich allein unmittelbare Evidenz, indem sie den Gegenstand als gegenwärtig vorstellt. Der Gegenstand wird darin nicht vorgestellt, wiefern er das in der Empfindung das Gemüt Affizierende ist, nicht als einwirkend auf das Gemüt, sondern nach unmittelbaren Beschaffenheiten desselben und schlechthin in der Anschauung gegeben[1].« Und das Gleiche, was hier für die Empfindung erwiesen ist, gilt für alle anderen Erkenntnistätigkeiten, die sich auf sie aufbauen, gilt auch für die mittelbaren Akte des Urteilens und Schließens. In ihnen allen wird der »Gegenstand« nicht als ein völlig Neues zum Bewußtsein hinzugebracht, sondern es kommt in ihnen nur eine Form der Beziehung, eine Assertion, die unmittelbar im Bewußtsein selbst liegt, zur Formulierung und Aussprache. Wir erklären immer nur Vorstellung aus Vorstellung und Erkenntnis aus Erkenntnis — wobei der »Gegenstand«, d. h. die gewisse Behauptung seines Daseins immer schon bei der Erkenntnis ist, diese selbst aber sich von nichts anderem mehr ableiten läßt, sondern eine ebenso ursprüngliche einfache Qualität des Wissens darstellt, wie Farbe oder Ton einfache Qualitäten der Empfindung sind. »Unserer vollendeten Erkenntnis entspricht die Welt als ihr Gegenstand, erst nachdem wir also diese vollständige Erkenntnis subjektiv als Tätigkeit unseres Geistes kennen gelernt haben, ist es Zeit, nach dem Verhältnis zu ihrem Gegenstand zu fragen[2].« Hierbei wird niemals nach der Beziehung der Erkenntnis zu einem unerkennbaren und transzendenten Ding an sich, sondern nach der Beziehung einer Teilerkenntnis zur Gesamterkenntnis, zu dem Ganzen der »transzendentalen Apperzeption« gefragt. Diese empirische, nicht aber die sogenannte transzendentale Wahrheit ist das einzig mögliche Problem einer kritischen Metaphysik. Wahrheit und Falschheit im einzelnen berechnet sich subjektiv immer nur aus dem Zusammenhang des Ganzen: wir beweisen in Mathematik und Physik und wir zeihen uns des Irrtums im gemeinen Leben nur, indem wir das Einzelne mit dem Zusammenhang des Ganzen vergleichen. Dieses Ganze selbst aber muß eine innere Regel der Wahrheit bei sich führen, ohne welche ihm auch alle äußerliche Versicherung durch die angebliche Übereinstimmung mit dem Gegenstande keine Sicherung zu geben vermöchte. »Wo erkannt wird, wird ein Gegenstand erkannt, das liegt in der Natur des Erkennens; wir können aber durchaus nie gleichsam Erkenntnis und Gegenstand zur Vergleichung nebeneinander stellen, um zu beurteilen, ob die Realität des einen der Vorstellung in der anderen Wahrheit gebe oder nicht, sondern unsere Vernunft kann nur ihre Erkenntnistätigkeiten subjektiv miteinander vergleichen. Die ganze

---

[1] Neue Kritik d. Vernunft § 15 (I, 52 ff.); vgl. bes. § 71 (I, 290 ff.)
[2] a. a. O. § 16 (I, 58).

Aufgabe, die objektive Gültigkeit unserer Erkenntnis durch die Übereinstimmung des Gegenstandes mit der Erkenntnis nachzuweisen, ist also unrichtig gestellt: denn eben dieses angeblich höchste Thema der Philosophie ist gar kein Thema für eine Theorie und überhaupt für keine Wissenschaft[1].«

Und nun erst ist der Kreis der »anthropologischen« Betrachtung wahrhaft geschlossen, sofern jetzt an die Stelle der alten dogmatischen Definition des Wahrheitsbegriffs seine neue kritisch-anthropologische Erklärung getreten ist. Die »unmittelbare Erkenntnis« scheint jetzt von jedem Verdacht der Partikularität und der einseitigen Beschränkung befreit: denn sie hat keine andere »transzendentale« Wahrheit mehr sich gegenüber, sondern ist das oberste Gesetz für jene empirische Wahrheit, die uns allein faßbar und zugänglich ist. Die Frage des *quid juris* unserer Grunderkenntnisse ist damit ein für allemal auf die Frage des *quid facti*: auf den tatsächlichen Bestand und die tatsächliche Struktur unserer Vernunft und auf das Faktum ihres Selbstvertrauens zurückgeführt. In diesem Sinne — und nur in ihm — erkennt Fries die »idealistische Wendung« an, die Kant der Spekulation gegeben hat[2]. »Die Grundsätze der Philosophie« — so faßt er selbst sein Ergebnis zusammen — »liegen ohne alle Begründung in unsern Überzeugungen, kein Satz aber darf ohne Grund angenommen werden, wir müssen sie daher durch eine Deduktion schützen, in der wir zeigen, wie die in ihnen ausgesprochenen Sätze aus dem Wesen der Vernunft entspringen. Dieses ist aber ein bloßes Geschäft der Anthropologie und somit der innern Erfahrung, die Philosophie beruft sich also zuletzt in Rücksicht der Wahrheit ihrer Sätze immer auf innere Erfahrung, aber nicht um diese zu beweisen, denn dadurch würden sie selbst zu bloßen Erfahrungssätzen, sondern nur um sie als unerweisliche Grundsätze in der Vernunft aufzuweisen. Ich beweise nicht, daß jede Substanz beharrlich sei, sondern ich weise nur auf, daß dieser Grundsatz der Beharrlichkeit der Substanz in jeder endlichen Vernunft liege; ich beweise nicht, daß ein Gott sei, sondern ich weise nur auf, daß jede endliche Vernunft einen Gott glaubt[3]«. In dieser Begrenzung der Spekulation liegt zugleich ihre Sicherung und Gewährleistung: die Wahrheit wird hier nur in empirischem und so-

---

[1] S. Neue Krit. d. Vernunft, § 127 (II, 176 ff.); zum Ganzen vgl. auch Apelt, Metaphysik, S. 504 ff.
[2] Vgl. Neue Krit. d. Vern. § 71 (I, 295).
[3] Neue Krit. d. Vern. § 70 (I, 284).

mit in subjektiv-anthropologischem Sinne, aber sie wird innerhalb dieses Gebiets vollständig und mit der höchsten überhaupt möglichen Evidenz erkannt.

II. Die Methode der Friesschen Philosophie

Die Eigenart der Friesschen Philosophie und das, was sie über Kant hinaus erreicht zu haben glaubt, ist nicht in ihrem Ergebnis, sondern ausschließlich in ihrer Methode zu suchen. Was ihr Ergebnis betrifft, so steht es auf den ersten Blick dem Kantischen so nahe, daß Herbart geurteilt hat, daß Fries sich nur im Vortrag von Kant unterscheide. Über das System der synthetischen Grundsätze, über ihren Inhalt und ihre Ordnung, sowie über die erkenntniskritische »Dignität« und Notwendigkeit, die ihnen zukommt, besteht zwischen Fries und Kant keinerlei wesentliche Meinungsverschiedenheit. Wir dürfen daher hier darauf verzichten, den Inhalt der Friesschen Metaphysik im Einzelnen zu entwickeln: — um so notwendiger aber wird es, volle Klarheit über das Verfahren zu gewinnen, mit dem Fries diesen Inhalt gewonnen zu haben glaubt und sein Verhältnis zur Methodik Kants eindeutig zu bestimmen[1].

Auf Fries' eigenes Urteil können wir uns für die objektive Feststellung dieses seines geschichtlichen Verhältnisses zu Kant freilich nicht durchgehend und nicht ausschließlich stützen: — denn es zeigt sich, daß er hier nicht immer völlig scharf zwischen der reinen Kantischen Lehre selbst und bestimmten gedanklichen Tendenzen unterschieden hat, die sich erst nachträglich bei den Schülern und Nachfolgern aus ihr entwickelt haben. Am deutlichsten tritt dies in Fries' Auffassung vom Wesen des »transzendentalen Beweises« bei Kant zutage. Denn Kants Deduktion der reinen Verstandesbegriffe aus dem Prinzip der »Möglichkeit der Erfahrung« ist keineswegs ein syllogistischer Beweis in dem Sinne, den Fries mit diesem Begriff verbindet, sondern lediglich eine Anwendung eben jenes regressiven Verfahrens, das Fries als Grundlage aller Gewißheit in der Philosophie rühmt. Das Faktum der Erfahrungswissenschaft wird zergliedert, um seine einzelnen Voraussetzungen gesondert herauszustellen. Der Schluß geht nicht vom Grund auf die Folge, sondern von der gegebenen Folge auf ihre idealen Gründe, die es zu ent-

---

[1] Ein Teil der folgenden Erörterungen ist hier aus einem schon früher veröffentlichten Aufsatz übernommen worden: »Zur Frage nach der Methode der Erkenntniskritik«, Vierteljahrsschr. f. wissensch. Philosophie u. Soziologie XXXI, S. 442 ff.

decken gilt. Die Erfahrung dient hier nicht als abstrakter Oberbegriff, aus welchem die einzelnen Verstandesgrundsätze abgeleitet werden sollen, sondern sie wird als die konkrete Synthese eben dieser Grundsätze angesehen, um sodann in ihre einzelnen logischen Faktoren aufgelöst zu werden. Dieser »Beweis« der Kategorien widerspricht also ihrem Charakter als Grundbegriffe keineswegs: denn nicht darum handelt es sich, die Verstandesgrundsätze aus einem höheren und allgemeineren Prinzip durch syllogistische Folgerungen abzuleiten, sondern sie vielmehr in der ihnen eigentümlichen Funktion und in dem konkreten Ganzen ihrer Anwendung zu verstehen. Die ganze reine Vernunft in ihrem bloß spekulativen Gebrauche — so betont Kant selbst — enthält nicht ein einziges direkt synthetisches Urteil aus Begriffen: denn »durch Verstandesbegriffe errichtet sie zwar sichere Grundsätze, aber gar nicht direkt aus Begriffen, sondern immer nur indirekt durch Beziehung dieser Begriffe auf etwas ganz Zufälliges, nämlich mögliche Erfahrung; da sie denn, wenn diese (etwas als Gegenstand möglicher Erfahrung) vorausgesetzt wird, allerdings apodiktisch gewiß sind, an sich selbst aber (direkt) a priori gar nicht einmal erkannt werden können. So kann niemand den Satz: »Alles was geschieht, hat seine Ursache« aus diesen gegebenen Begriffen allein gründlich einsehen. Daher ist er kein Dogma, ob er gleich in einem anderen Gesichtspunkte, nämlich dem einzigen Falle seines möglichen Gebrauchs, d. i. der Erfahrung, ganz wohl und apodiktisch bewiesen werden kann. Er heißt aber Grundsatz und nicht Lehrsatz, ob er gleich bewiesen werden muß, darum, weil er die besondere Eigenschaft hat, daß er seinen Beweisgrund, nämlich Erfahrung, selbst zuerst möglich macht und bei dieser immer vorausgesetzt werden muß«[1]. Eben diese ganz »besondere Eigenschaft«, daß nämlich die Kategorien das, woraus und mit Bezug worauf sie erwiesen werden, selbst erst ermöglichen, hätte Fries darauf aufmerksam machen sollen, daß hier die metaphysischen Grundsätze keineswegs »prosyllogistisch erschlossen«[2] werden, sondern daß sie lediglich in ihrer objektiven Leistung aufgezeigt und durch sie bewährt werden sollen.

Auch die Beziehung der Vorstellung auf den Gegenstand war von Kant keineswegs im Sinne jener dinglich-kausalen Relation verstanden worden, die Fries für die Feststellung des Grundproblems der Erkenntnis mit Recht ablehnt. Daß der Gegenstand

---
[1] Kritik der reinen Vernunft, 2. Aufl., S. 764 f.
[2] S. Apelt, Metaphysik, § 47, S. 236.

sich nach der Erkenntnis »richten« solle: das bedeutete hier lediglich eine rein ideale, nicht eine reale Abhängigkeit. Nicht dies war gemeint, daß die Erkenntnis ihren Gegenstand, wie ein Ding ein anderes, hervorbringe: sondern daß das Wissen vom Gegenstande, daß alle objektive Notwendigkeit der Verknüpfung gewisse allgemeine Regeln voraussetze, die ihren zusammenfassenden Ausdruck im Begriff des Verstandes, nicht als eines reellen psychologischen Vermögens, sondern als eines Inbegriffs universeller logischer Prinzipien, finden. Um diese Beziehung der Vorstellung auf den Gegenstand zu finden und zu sichern, brauchen wir offenbar über das Gebiet der Erkenntnis und ihre Systematik nicht hinauszugreifen. »Alsdann sagen wir: wir erkennen den Gegenstand, wenn wir in dem Mannigfaltigen der Anschauung synthetische Einheit bewirkt haben.« Die logische Bestimmung, die wir im Mannigfaltigen der Anschauung treffen, nicht die transzendente Ursache, die wir zu diesem Mannigfaltigen hinzudenken, bildet also das entscheidende Moment im kritischen Gegenstandsbegriff. »Es sind nur zwei Fälle möglich« — so hatte die Kritik der reinen Vernunft dargelegt — »unter denen synthetische Vorstellung und ihre Gegenstände zusammentreffen, sich aufeinander notwendigerweise beziehen und gleichsam einander begegnen können. Entweder wenn der Gegenstand die Vorstellung oder diese den Gegenstand allein möglich macht. Ist das erstere, so ist diese Beziehung nur empirisch, und die Vorstellung ist niemals a priori möglich. Ist aber das zweite, weil Vorstellung an sich selbst ... ihren Gegenstand dem Dasein nach nicht hervorbringt, so ist doch die Vorstellung in Ansehung des Gegenstandes alsdann a priori bestimmend, wenn durch sie allein es möglich ist, etwas als einen Gegenstand zu erkennen[1]. Auf diese Stelle hat sich Fries berufen, um aus ihr zu folgern, daß auch für Kant die Ansicht von einem Kausalverhältnis zwischen Vorstellung und Gegenstand fortbesteht[2]. Im Grunde lehrt aber sie selbst das Gegenteil: denn nicht davon, daß die Erkenntnis den Gegenstand wirklich, sondern daß sie ihn möglich mache, ist hier allein die Rede. Diese Form des »Ermöglichens« ist aber eine völlig eigenartige und ursprüngliche Erkenntnisrelation, die der Relation der Kausalität als allgemeine Bedingung übergeordnet, aber keineswegs mit ihr gleichbedeutend ist oder in ihr aufgeht. Die Erkenntnis ermöglicht den Gegenstand: nicht sofern das Subjekt das

---

[1] Krit. d. reinen Vernunft, zweite Aufl., S. 124f.
[2] Neue Krit. d. Vern., § 71 (I, 295).

Objekt aus sich produziert, sondern sofern die reine Geltung der Verstandesbegriffe sich als die inhaltliche Voraussetzung für jene »Dignität« erweist, die den Begriff der Gegenständlichkeit überhaupt, nach den Ergebnissen der Kantischen Analyse, erst eigentlich konstituiert.

Da aber über diese Geltung selbst, über die Allgemeinheit und Notwendigkeit der metaphysischen Grundurteile, zwischen Fries und Kant kein Unterschied der Auffassung besteht, so könnte hier der Streit zwischen beiden zu Ende sein — wenn nicht die Form ihrer Aufweisung und die Art, wie wir zu ihnen und ihrer systematischen Vollständigkeit gelangen, in Frage stünde. Hier scheint freilich zunächst eine sehr einfache Bemerkung zugunsten der anthropologischen Vernunftkritik entscheiden zu müssen. Erkenntnisse sind es, auf welche die Frage geht und über die eine Entscheidung getroffen werden soll: können aber überhaupt Erkenntnisse anders denn als Inhalte der inneren Wahrnehmung und somit als psychologische Gebilde uns gegeben sein? »Jedes Erkennen — so betont Fries in der Tat — ist eine Tätigkeit unseres Geistes. Alle Erkenntnisse sind also Gegenstände der inneren Erfahrung, somit der psychischen Anthropologie. Ich kann also und muß, wenn ich vollständig sein will, alle Erkenntnisse aus einem anthropologischen Gesichtspunkt betrachten, wiefern sie subjektiv zu den Tätigkeiten meines Geistes gehören. Ich kann hier ihre Veränderungen, Verschiedenheit und Gesetzmäßigkeit untersuchen, welche ihnen bloß für sich als Geistestätigkeiten zukommt. Ja, diese Betrachtung der Erkenntnisse ist die unmittelbarste, weil jeder Gegenstand für mich doch erst Gegenstand einer Erkenntnis werden muß. Unserem Geiste gehören die Erkenntnisse; Gegenstände sind nur vermittelst der Erkenntnis im Verhältnis zu unserem Geiste. Die erste Untersuchung der Erkenntnis muß diese nur als Tätigkeit meines Geistes betrachten und zusehen, wie ich zu derselben komme, aus welchen Vorstellungen sie entsprungen ist, zu welchem Geistesvermögen diese Vorstellungen gehören und dergleichen mehr. Mit unserer Nachweisung, daß beim Philosophieren nur die zergliedernde Methode förderlich sein könne, ist also zugleich entschieden, daß hier alles von dem Glück einer solchen anthropologischen Untersuchung der philosophischen Erkenntnis abhänge«[1].

Aber wenn es Erwägungen dieser Art sein sollen, die endgültig zugunsten der anthropologischen Methode gegen die »transzen-

---
[1] System der Metaphysik, § 22 S. 104 f.

dentale« Methode Kants entscheiden sollen, — so tritt der Mangel der Begründung sofort deutlich zutage. Denn Fries' Beweisführung ruht hier deutlich auf einer *quaternio terminorum*: sie setzt zwei verschiedene Begriffe der »Erkenntnis« voraus, zwischen denen sie ohne feste Unterscheidung abwechselt. Die scharfe Grenze, die die Vernunftkritik zwischen dem »Bestand« der Erkenntnis als einem System gültiger und notwendiger Wahrheiten und den inneren psychologischen Tätigkeiten, durch die das empirische Subjekt sich den Gehalt dieser Wahrheiten zum Bewußtsein bringt, gezogen hatte, wird hier wiederum völlig verwischt. Die Erkenntnis bedeutet das eine Mal einen Inbegriff wahrer Sätze, die sich durch Zergliederung auf ihre logischen Prämissen zurückführen lassen, bis wir schließlich auf diesem Wege zu bestimmten letzten Prinzipien und Axiomen gelangen — das andere Mal ist sie eine Tätigkeit unseres Geistes, eine Summe psychischer Akte, die ich in ihren Veränderungen und Verschiedenheiten unmittelbar in mir empirisch beobachten kann. Bestünde aber diese Indifferenz zu Recht, so ließe sich mit dem gleichen Grunde auch folgern, daß ebensowohl in der Mathematik, wie in der Philosophie — weil auch sie es lediglich mit »Erkenntnissen« zu tun hat — alles »von dem Glück einer anthropologischen Untersuchung abhänge«. Aber die Gültigkeit der mathematischen Sätze und der idealen Relationen, die sie aussprechen, wird durch die Frage nach dem Sein oder Nicht-Sein psychologischer Tätigkeiten und psychologischer Kräfte nicht berührt. Worauf es der Mathematik ankommt, ist nicht das Sein von Dingen oder Kräften, sondern lediglich das Wahr-Sein von Urteilen: und unsere Reflexion über ihren Gehalt begeht bereits eine μετάβασις εἰς ἄλλο γένος, wenn sie vom Inhalt der einen Frage zum Inhalt der andern abspringt. Daß auch in der Betrachtung der philosophischen Erkenntnis der gleiche prinzipielle Unterschied festzuhalten ist, läßt sich aus Fries' eigener Deduktion der metaphysischen Grundurteile deutlich machen. Diese Urteile sollen nach Fries dadurch gesichert werden, daß die unmittelbare Erkenntnis, die ihnen zugrunde liegt, durch ein empirisch-psychologisches Verfahren, als notwendig in unserer Vernunft liegend, »aufgewiesen« wird. Aber wie kann etwas auf dem Wege der psychologischen Beobachtung aufgewiesen werden, was niemals einen tatsächlichen Inhalt des Bewußtseins bilden kann, was in ihm unmittelbar gar nicht vorkommt? Was im Bewußtsein gegeben ist — das betont die Friessche Psychologie fort und fort — sind lediglich die unmittelbaren Erkenntnisse der Sinneswahrnehmung, die unmittelbaren Erkenntnisse aus reiner Anschauung und die mittelbare Erkenntnis des Verstandes und der Reflexion. Die metaphysische Grunderkenntnis aber tritt als solche niemals als ein direkt beobachtbares Faktum in unserem Bewußtsein hervor; sondern wir können sie immer nur als den für sich unanschaulichen, dunklen und »unaussprechlichen« Hintergrund unseres Bewußtseins denken[1], den wir nichtsdestoweniger als notwendig bestehend postulieren dürfen, weil wir uns ohne dieses Postulat von der Geltung der mittelbaren metaphysischen Urteile keine hinlängliche Rechenschaft zu geben vermögen. Wie immer man über das Recht dieses Postulats urteilen mag: so zeigt doch schon die bloße Tatsache, daß es eingeführt wird, daß Fries selber, um zu seiner unmittelbaren Erkenntnis zu gelangen, den Weg der psychischen Anthropologie, den Weg der »erfahrungsmäßigen geistigen Selbstbeobachtung«[2] verlassen, daß er von der gegebenen psychologischen Tatsache zu einer Annahme über ihre nicht-gegebenen »Gründe« fortschreiten muß. Die angeblich rein faktische Deduktion wird hier zu einem logischen Rückschluß; die reine Aussprache der Tatsachen wandelt sich in eine hypothetische Annahme über die Bedingungen, die jenseits des psychologisch-Erfahrbaren im dunklen »Fond« unseres Bewußtseins vorauszusetzen sind.

Und nur durch diese Wendung von der anthropologischen Beobachtung in das Gebiet des logisch-metaphysischen Denkens gewinnt die Friessche Theorie mehr als bloß assertorischen Sinn, gewinnt sie ihren scheinbar apodiktischen Charakter. Die Deduktion eines metaphysischen Grundsatzes soll nach Fries darin bestehen, daß wir das Gesetz in unserer unmittelbaren Erkenntnis aufweisen, welches ihm zugrunde liegt: »da wir uns aber hier dieses Gesetzes eben nur durch den Grundsatz bewußt werden, so kann die Deduktion einzig darin bestehen, daß wir aus einer Theorie der Vernunft ableiten, welche ursprüngliche Erkenntnis wir notwendig haben müssen und was für Grundsätze daraus notwendig in unserer Vernunft entspringen müssen[3]«. Aber wie kommt eine empirisch-anthropologische Theorie zu der Behauptung eines solchen »Müssens« und einer solchen Notwendigkeit?

---

[1] Vgl. ob. S. 455 f.
[2] S. System der Metaphysik, § 22, S. 104.
[3] Neue Kritik d. Vern., § 70 (I, 284), vgl. System der Metaphysik, § 23, S. 111: Wir lernen... aus dieser Theorie, was für Philosophie der Mensch habe, haben müsse, allein haben könne.

Wäre nicht alles, was sie geben könnte, im günstigsten Falle der Nachweis, daß bisher, innerhalb des bestimmten Kreises der Beobachtung, sich gewisse Bewußtseinstatsachen und Bewußtseinszusammenhänge immer wieder vorgefunden haben und daß daher mit Wahrscheinlichkeit auf ihr allgemeines Vorkommen, auf das Dasein bestimmter Sätze »in jeder endlichen Vernunft« zu schließen ist? Eine solche Folgerung aber würde dem eigentlichen Charakter der Friesschen Lehre und der Aufgabe, die sie sich stellt, völlig widerstreiten. Diese Lehre will nicht bloße Vermutung, sondern evidente und notwendige Einsicht geben, und sie will sich eben dadurch als strenge Wissenschaft von jeder bloß »hypothetischen Metaphysik« unterscheiden[1]. Von hier aus sieht sich daher Fries selbst dazu gedrängt, für die Begründung seiner Theorie der Vernunft nicht nur auf die bloße innere Selbstbeobachtung, sondern auf die entscheidende Mitwirkung der Reflexion zu verweisen. Die Reflexion erst gibt der Theorie ihren Halt und ihre Geschlossenheit, weil erst sie es ist, durch die die empirischen Einzelheiten der Beobachtung die Form der Allgemeinheit und die Form des Systems gewinnen. »So wie wir uns einer Erkenntnis nur durch den inneren Sinn als zu unserm momentanen Gemütszustand gehörig bewußt werden, nennen wir sie nur assertorisch, die Reflexion hingegen steigert durch problematische allgemeine Vorstellungen dies assertorische Bewußtsein zu einem apodiktischen, welches für die Vernunft in dem ganzen Ablauf ihres Erkennens überhaupt gilt, indem die einzelnen inneren Wahrnehmungen über das Erkennen zu einem Ganzen der innern Erfahrung erhoben werden[2]«. Aber auch hier ist wieder ein doppelter Fall möglich. Entweder die Reflexion ist in dem Sinne genommen, den Kant ihr gibt und in welchem er sie in seiner eigenen transzendentalen Kritik verwendet: — dann ist mit ihr auch das Eigentümliche eben dieser Kritik, im Unterschied von der bloßen psychologischen Beobachtung, anerkannt. Oder sie hat den bedingten und eingeschränkten Sinn, den sie im allgemeinen innerhalb der Friesschen Psychologie besitzt, sie vermag keinerlei neue Wahrheit zu erzeugen, sondern lediglich anderweit gegebene und gesicherte Erkenntnisse zu wiederholen: dann aber bleibt nach wie vor problematisch, wie sie der Tatsache der innern Beobachtung eine ganz neue

---

[1] Vgl. z. B. Apelt, Metaphysik, S. 21.
[2] Neue Kritik d. Vernunft, § 88 (II, 24).

Gewißheitsqualität geben, — wie sie sie assertorische Erkenntnisse zu apodiktischen erheben kann [1].

Auch das Verhältnis des »induktorischen Verfahrens« der Anthropologie zu demjenigen der erklärenden und beschreibenden Naturwissenschaft ist bei Fries trotz aller methodischen Versuche, die er in dieser Richtung unternimmt, zuletzt nicht unzweideutig bestimmt. Auf den ersten Blick scheint es, als stünde hier die philosophische Grundwissenschaft mit der empirischen Naturwissenschaft völlig auf einer Linie. Die Theorie der Vernunft — so wird ausdrücklich erklärt — ist »physikalische Theorie« — sie geht von einer reinen »Experimentalphysik unseres Innern« aus, um durch Vergleichung und Schlußfolgerung der Einzeltatsachen zu ihren allgemeinen Gründen vorzudringen. Wie der Physiker etwa in der Elektrizitätslehre damit beginnt, aus einzelnen Tatsachen die Phänomene der Elektrizität kennen zu lernen, um sie auf ihre allgemeinsten Gesetze zurückzuführen, und wie er dann diese Gesetze als Grundgesetze einer Theorie der Elektrizität annimmt und aus ihnen wieder die Tatsachen erklärt, von denen er anfing — so soll derselbe doppelte Weg auch für den Philosophen gelten [2]. Aber falls diese Analogie wirklich zu Recht besteht, so tritt sogleich wieder die Frage hervor, worauf die Unfehlbarkeit sich stützt, die Fries für seine kritisch=psychologische Methode in Anspruch nimmt [3]. Kann es eine solche Unfehlbarkeit für eine rein physikalische Induktion geben — oder besteht nicht hier immer die Möglichkeit, daß uns eine genauere und vollständigere Kenntnis der Phänomene auch zur Abänderung der Gesetze nötigt, die wir ihnen als hypothetische Erklärung zugrunde gelegt haben? Ist die unmittelbare Erkenntnis auf diesem Wege ermittelt — so kann auch die Behauptung ihres Vorhandenseins, wie es scheint, immer nur »komparative«, niemals aber absolute Allgemeinheit und Gewißheit besitzen. In der Tat scheint Fries sich diesem Bedenken nicht verschlossen zu haben. Denn wenngleich er daran festhält, die allgemeine Methode der philosophischen Anthropologie als ein induktorisches Verfahren zu kennzeichnen, so wird doch zum mindesten dies Verfahren von dem der beschreibenden und erklärenden Naturwissenschaft im weiteren Fortgang der Untersuchung immer bestimmter geschieden. Der in den Naturwissen=

---

[1] Vgl. hrz. die treffenden Bemerkungen von Mechler, a. a. O. S. 62 ff., 73 ff.
[2] Neue Kr. d. Vernunft, S. XXXII f.
[3] Vgl. z. B. Neue Krit. d. Vern. S. XX: »die unfehlbare kritische Methode«.

schaften herrschenden Induktion tritt die philosophische »Spekulation« als eine selbständige, auf eigentümlichem Grunde ruhende Methode gegenüber. »Durch Spekulation finden wir die allgemeinen Gesetze der reinen Philosophie und reinen Mathematik in unserem Geiste; durch Induktion suchen wir aus gegebenen einzelnen Wahrnehmungen erst das allgemeine Gesetz zu erraten, dem sie unterzuordnen sind [1].« Diese führt immer nur auf Lehrsätze, jene allein auf Grundsätze. Die Induktion als solche ist nicht der Weg zu den notwendigen Vernunftwahrheiten selbst, sondern nur zu den Mittel- und Verbindungsgliedern dieser notwendigen mit den zufälligen empirischen Wahrheiten [2]. Ein Beweis durch Induktion nach bloßen Wahrscheinlichkeiten findet demnach für echt philosophische Prinzipien gar keine Stelle: wir haben es bei ihrer Entdeckung und Aufweisung vielmehr ausschließlich mit Spekulation zu tun [3]. Hält man aber hieran fest, so rückt das Verfahren der Friesschen Aufweisung der Grundbegriffe wieder ganz nahe an jenes Verfahren heran, das Kant als »metaphysische Deduktion« beschrieben und dessen reine Allgemeingültigkeit im Unterschied von der naturwissenschaftlich-psychologischen Empirie er behauptet hatte. Denn hier handelt es sich nicht darum, aus einer Mehrheit beobachteter Einzelfälle versuchsweise ein allgemeines Gesetz abzuleiten: sondern hier wird von einem typischen Fall ausgegangen, um in ihm ein Allgemeines als seine Voraussetzung aufzuweisen. Nicht verschiedene Besonderheiten werden in einer an sich unabschließbaren Reihe durchlaufen und miteinander verglichen, sondern das Bewußtsein wird in irgendeiner bestimmten konkreten Grundgestalt, etwa als reines Raumbewußtsein oder als reines Gegenstandsbewußtsein, analysiert und in seine notwendigen konstitutiven Bedingungen zerlegt. Hier haben wir es somit weder mit einer »inneren Experimentalphysik« noch mit einer bloßen Geschichte unserer Vernunft zu tun, durch die gezeigt wird, wie sie zu dieser oder jener Erkenntnis gelange [4], sondern es handelt sich, um den modernen Ausdruck für dies Verfahren einzusetzen, um phänomenologische Analyse und um reine »eidetische« Wesensschau [5]. Daß eine solche phänomenologische Betrachtung auch

---

[1] Neue Krit. der Vern., § 78 (I, 320).
[2] S. Apelt, Metaphysik, S. 19f.; vgl. S. 60ff.
[3] Neue Krit. d. Vern., §86 (II, 12); vgl. bes. System der Metaphysik, § 29, S. 181 ff.
[4] Neue Kritik d. Vern., S. XLIIf.; § 71 (I, 286).
[5] Näheres bei Husserl, Ideen zu einer reinen Phänomenologie (Jahrbuch für Philosophie u. phänomenologische Forschung, Halle 1913, Bd. I, S. 1ff.).

Fries vorschwebte und daß er sie an vielen Stellen tatsächlich geübt hat, ist unverkennbar: aber in der methodischen Charakteristik ist es ihm trotz vereinzelter Ansätze nicht gelungen, dies Verfahren mit Bestimmtheit von dem »induktorischen« Verfahren einer physiologischen Anthropologie zu scheiden [1].

Zu einem analogen Sachverhalt werden wir geführt, wenn wir das Verhältnis der Psychologie zur Logik innerhalb der Friesschen Philosophie ins Auge fassen. Es könnte zunächst den Anschein haben, als würde durch die subjektive anthropologische Wendung der Philosophie, die uns ja zu dem einzigen »Standpunkt der Evidenz« in spekulativen Wissenschaften führen soll, auch die Logik in ihrer Behandlung von den Einsichten der Psychologie abhängig. Die anthropologische Theorie der Vernunft gibt uns, wie es scheint, erst den wahrhaften Einblick in die Natur der logischen Gedankenformen, indem sie uns die Stelle kenntlich macht, an der jede innerhalb des Ganzen der Vernunft entspringt. Wir erhalten auf diese Weise eine allgemeine Topik, kraft deren wir, indem wir die Ursprungsorte der einzelnen Begriffe und Erkenntnisse vergleichen, auch von ihrem systematischen Zusammenhang und ihrer systematischen Über- und Unterordnung erst ein klares Bild gewinnen [2]. Soll es nicht bei einem bloßen Herumtappen in unserer Erkenntnis bleiben, bei welchem wir dem Zufall preisgegeben und nicht sicher wären, daß sich nicht auch fingierte Begriffe, bloße Geschöpfe unserer Einbildungskraft mit einschleichen und dann mit dem Anspruch an das Recht notwendiger Vernunftbegriffe auftreten könnten, so ist uns, wie betont wird, eine derartige Topik unentbehrlich [3]. Betrachtet man aber die konkrete Ausführung, die sie bei Fries und Apelt gefunden hat, so erkennt man, daß durch sie der Gehalt der Logik nicht sowohl fundiert, als vielmehr schon als fertig gegeben und gültig vorausgesetzt wird. Wir haben keinen anderen Leitfaden, um zum Ursprungsorte der metaphysischen Gedankenformen vorzudringen, als die Tafel der logischen Urteile. »Der menschliche Verstand kann sich keiner andern metaphysischen Grundbegriffe bewußt werden, als derjenigen, die er durch die logischen Formen der Urteile denkt ... Denn diese logischen Urteilsformen sind das einzige ursprüngliche

---

[1] Zu dieser Scheidung vgl. jetzt besonders Husserl, Philosophie als strenge Wissenschaft, Logos Bd. I.
[2] Vgl. hrz. Neue Theorie d. Vern., § 95 (I, 61 ff.).
[3] S. Apelt, Metaphysik, § 23, S. 96.

und von der Anschauung unabhängige Eigentum des denkenden Verstandes. Jetzt wissen wir, wo wir die metaphysischen Grund= begriffe zu suchen haben, nämlich in den logischen Formen des Urteils.« Diese letzteren sind das einzige Instrument, mit dem wir die ursprüngliche spekulative Grundform in uns beobachten können. Damit aber zeigt sich, daß die scheinbar psycholo= gische Topik, die zur unmittelbaren Erkenntnis hinleiten sollte, in Wahrheit die gesamte analytische Arbeit der reinen Logik schon als geschehen und als gegründet annimmt, und daß sie ohne diese Annahme keinen Schritt vorwärts tun könnte. Denn mag die unmittelbare Erkenntnis im Innern unserer Vernunft immerhin das metaphysische πρότερον τῇ φύσει sein, so ist doch die Unterscheidung der Urteilsformen für uns stets das eigentliche methodische πρότερον πρὸς ἡμᾶς. Das Dunkel der unmittelbaren Erkenntnis lichtet sich uns erst in der Systematik des Urteils: die logischen Formen des Urteils sind ebensoviele Öffnungen, welche uns verschiedene Ein= gänge in sie gewähren und es uns ermöglichen, sie nach ihren Beschaffenheiten und Verhältnissen kennen zu lernen [1]. So ist auch von dieser Seite her der Primat der Logik im Grunde unbestritten : die Logik wird nicht zu einem Ergebnis, das aus der Anthropologie gewonnen und begründet wird, sondern zum Prinzip und Leitfaden der Anthropologie selbst. —

Damit aber müßte streng genommen auch die gesamte Stellung sich wandeln, die dem Urteil und der Reflexionserkenntnis inner= halb der Friesschen Lehre zugewiesen wird. Denn wenn die Re= flexion das schlechthin unentbehrliche und einzige Mittel ist, um uns des Gehalts der unmittelbaren Erkenntnis zu versichern, wenn sie — nach Apelts Ausdruck — das »Fernrohr« ist, mit dem wir diese letztere beobachten, so muß aller Zweifel, der sich gegen dies Instrument der Beobachtung richtet, auch die Sicherheit der un= mittelbaren Erkenntnis selbst und ihres Gegebenseins in der mensch= lichen Vernunft erschüttern. Soll das Urteil prinzipiell dem Irrtum unterworfen sein — soll neben der Maxime eines »grundsätzlichen Vertrauens zur Vernunft« die Maxime eines grundsätzlichen Miß= trauens gegenüber der Reflexion gelten [2]: so ist nicht einzusehen, wie wir über Dasein und Inhalt der unmittelbaren Erkenntnis jemals Sicherheit gewinnen können. Denn da diese, wie Fries betont, nie=

---
[1] S. Apelt, Metaphysik, § 24, 32, 33; S. 99, 127, 133 ff.; vgl. Neue Krit. d. Vern., § 89 (II, 30) u. ö.
[2] S. Nelson, Über das sogen. Erkenntnisproblem, S. 530.

mals als selbständiger Inhalt n e b e n das Urteil gestellt, sondern immer nur i n ihm und durch das Medium des Urteils erfaßt werden kann — so müßte es mindestens gewisse Klassen von Urteilen geben, die die Gewähr in sich tragen, daß sie die Abbildung und Wiederholung bestimmter unmittelbarer Erkenntnisse der Vernunft sind. Gibt es kein solches Kennzeichen — und die Evidenz irgend= welcher Urteile anzunehmen, gilt in der Tat innerhalb der Fries= schen Schule als das sicherste Kennzeichen des Dogmatismus [1] — so ließe sich zwar allenfalls fordern, d a ß gewisse unmittelbare Erkenntnisse gegeben sein müssen, aber es müßte für immer unaus= gemacht bleiben, welches diese unmittelbaren Erkenntnisse sind. Damit aber wären wir praktisch wiederum dem Skeptizismus aus= geliefert. Und in der Tat tritt diese drohende Gefahr des Skepti= zismus hier nicht zufällig hervor, sondern sie ist letzten Endes darin gegründet, daß Fries die Abbildtheorie der Erkenntnis nicht vollständig und nicht prinzipiell überwunden hat. Er hält es für den entscheidenden Vorzug seiner Lehre, daß sie, um die Sicherheit des Erkennens zu gewährleisten, keines Vergleichs mit dem äußeren Gegenstande bedarf, sondern daß sie rein in ihm selbst die Kriterien für seine Wahrheit und Gültigkeit findet. In Wahrheit aber tritt nun innerhalb des Systems der Erkenntnisse der gleiche Dualis= mus und die gleiche Transzendenz wieder hervor, die noch eben überwunden schien [2]. Denn hier gibt es zwei völlig verschiedene Grundklassen: die bewußten Wahrnehmungen, Anschauungen und Urteile, die wir direkt als psychische Inhalte besitzen und

---

[1] vgl. Nelson, a. a. O. S. 480 ff., 521 ff.
[2] Ist ein bestimmtes metaphysisches Grundurteil A gegeben, so bedarf es, da es keine Urteile geben soll, die ihre Berechtigung aus sich selbst nehmen, der An= gabe eines Grundes: und dieser kann nur in der unmittelbaren Erkenntnis (a) bestehen, die durch A ausgedrückt und wiederholt wird. Nun ist aber der Satz, daß A eine solche unmittelbare Erkenntnis wiederholt, selbst ein Urteil (B), das entweder unmittelbar evident ist oder der Begründung bedarf. Gilt das erste: so stehen wir wieder im Dogmatismus; gilt das zweite, so werden wir in einen unendlichen Regreß hineingetrieben, da jetzt auch für diesen Satz (B) eine unmittelbare Erkenntnis (β) als Grund aufgewiesen werden muß und die Frage, ob der Satz eine richtige Wiedergabe eben dieser unmittelbaren Erkenntnis sei, sich wiederholt. Es ergibt sich hieraus, daß die Friessche Lehre, die aus dem intellektuellen Grundmotiv entstanden ist, dem unendlichen Regressus der Be gründung zu entgehen (vgl. Nelson, a. a. O., S. 522 f.), diesem unendlichen Regreß selbst wieder verfällt, sobald sie sich die Frage stellt, worauf denn die Sicherheit beruht, daß ein gegebenes Urteil die an sich dunkle und unaus= sprechliche unmittelbare Erkenntnis richtig wiederhole.

jenen dunklen »Grund« der metaphysischen Urteile, den die Vernunft in sich tragen soll, den sie aber niemals als das, was er ist, erfassen, sondern immer nur mittelbar und abbildlich wiedergeben kann. Die unmittelbare Erkenntnis — so heißt es bei Fries — »liegt verborgen in dem inneren Wesen der Vernunft; sie kann sie nicht unmittelbar in sich wahrnehmen, sondern sie ist an den innern Sinn gebunden, durch welchen sich die Reflexion einleitet, die uns allmählich auf ein künstliches Wiederbewußtsein führt. In diesem Verhältnis liegt das ganze Geheimnis der Philosophie verborgen[1]. Aber eben in diesem Verhältnis ist das Rätsel des alten metaphysischen Gegenstandsbegriffs im methodischen Sinne noch vollständig enthalten, wenngleich der Gegenstand selbst vom Äußern in das Innere verlegt ist. Wie wir zuvor nach einem Kriterium und einem Beweis dafür suchen mußten, daß die »Vorstellung« ihren »Gegenstand« abbildet: so müssen wir jetzt fragen, was uns versichert, daß irgendeine mittelbare Erkenntnis der dunklen und unmittelbaren, die wir doch niemals direkt besitzen und die wir daher auch niemals mit jener direkt vergleichen können, gemäß sei. Jetzt drohen die Prinzipien der Erkenntnis selbst sich zu eigenen, an sich unerkennbaren Dingen zu verdichten: wie denn z. B. bei Apelt die Kategorien als »Gegenstände im dunklen Innern unserer unmittelbaren Erkenntnis« beschrieben werden, die durch das Urteil nur beobachtet werden[2]. —

Blicken wir von hier aus wieder zu Kant hinüber, so zeigt sich nunmehr deutlicher, worin der eigentliche prinzipielle Gegensatz zwischen ihm und Fries besteht. Kant bleibt in der Tat bei der »Reflexionserkenntnis« stehen, die ihm jedoch keine bloß willkürliche Verbindung von Vorstellungen ist, sondern eine ursprüngliche Spontaneität und daher eine ursprüngliche Gesetzlichkeit der Vernunft in sich schließt. Aber dieses Gesetz bedeutet lediglich die höchste und oberste Regel für die Geltung aller synthetischen Urteile; nicht dagegen wird es selbst zu einer Art von Ding oder zu einem faktisch-dinglichen Besitz unserer Vernunft hypostasiert. Es »ist« nur, sofern es gilt; — seine gesamte Objektivität geht in seiner formalen Bedeutung für das System der Grundwahrheiten, für die Begründung der »Möglichkeit der Erfahrung« auf. Hier ist daher die Vernunft kein Gefäß, in welchem die Grund-

---

[1] Neue Krit. d. Vern., § 54 (I. 200); vgl. Apelt, Metaphysik, § 37, S. 149ff., § 45 (S. 193ff.).
[2] Apelt, Metaphysik, § 33, S. 134.

erkenntnisse ruhen, sondern sie ist nur der zusammenfassende und einheitliche Ausdruck für die funktionelle Einheit und den funktionellen Zusammenhang eben dieser Erkenntnisse selbst. So besteht denn auch keine Spaltung zwischen dem Urteil und einer an sich vorhandenen unmittelbaren Erkenntnis, die in ihm auf irgendeine Weise wiederholt und abgebildet werden soll. Vielmehr besitzt das Urteil rein in sich selbst das Kriterium seiner Wahrheit, sofern es derart beschaffen ist, daß wir es als formale Bedingung der Gegenstandserkenntnis überhaupt begreifen und einsehen können. Diese Beschaffenheit haftet ihm nicht als ein einfaches direkt aufzeigbares psychologisches Merkmal an, sondern kann nur mittelbar durch die logische und erkenntniskritische Reflexion festgestellt werden, sofern diese es als ein notwendiges Formelement im Aufbau der Gesamterkenntnis erweist. Diese logische Dignität, die bestimmten Urteilen zukommt, wird bei Fries zu einer eigenen realen Bestimmtheit, die außerhalb des Urteils steht und in ihm nur abgebildet wird. Die eigentümliche Gewißheitsqualität, die im Urteil gegeben und von ihm nur durch Abstraktion loslösbar ist, wird hier auf eine eigene psychologisch-metaphysische Seinsqualität als ihren faktischen Grund zurückgeführt. Während wir bei Kant im Vollzug bestimmter Erkenntnisfunktionen zugleich das immanente und allgemeine Gesetz erfassen sollen, unter dem sie stehen, wird bei Fries die Form dieses Gesetzes selbst zu einer besonderen Materie, die jenseits aller Reflexion, damit aber zugleich jenseits des Bewußtseins liegen soll. Aber damit wird die Frage nicht gelöst, sondern nur verschoben. Denn da alles, was uns an bewußten Erkenntnissen gegeben ist, nur in der Sinnesanschauung, in der reinen Anschauung der Mathematik oder in den mittelbaren Verstandesurteilen besteht, so ist zu fordern, daß die Frage der »Evidenz« und der Notwendigkeit, auch auf diesem uns allein gegebenen und bekannten Boden zum Austrag kommt. Ist hier eine immanente Entscheidung nicht zu erreichen, ist innerhalb dieses Gebiets die Skepsis nicht wahrhaft zu überwinden, so vermöchte uns auch die Berufung auf ein Transzendentes — selbst wenn dieses die eigene Transzendenz der Vernunft sein sollte — nicht weiter zu helfen. Denn die Vernunft selbst wird, wenn sie in dieser Weise gefaßt wird, streng genommen zum bloßen Ding, das dem Wissen ebenso fremd, wie andere Dinge gegenübersteht. Die unmittelbare, für sich unaussprechliche und dunkle Erkenntnis soll, wie Fries betont, über allen Irrtum erhaben, als einfaches Dasein, in unserer Vernunft liegen: —

aber was sie so über allen Irrtum erhebt, das müßte sie, genauer betrachtet, auch außerhalb aller Wahrheit stellen. Hier, wo das Logische sich ins Faktische verliert, können wir nach Fries gar nicht mehr nach Wahr oder Falsch, sondern nur noch nach Sein oder Nichtsein fragen. Die metaphysischen Grunderkenntnisse werden zuletzt nur darum als »wahr« bezeichnet, weil von ihnen angenommen wird, daß sie wirklich in uns sind[1]. Aber hier erhebt zunächst das gemeine Bewußtsein, von dessen Analyse Fries ausgegangen war, Einspruch. Schon dieses Bewußtsein wird es niemals als einerlei anerkennen, ob bewiesen wird, daß ein Gott ist oder ob bewiesen wird, daß jede endliche Vernunft einen Gott glaubt[2]. Aber auch die philosophische Erkenntniskritik kann den scharfen Unterschied zwischen der objektiven Gültigkeit einer Wahrheit und ihrem einfachen »Dasein«, zwischen dem Rationalen und dem Faktischen nicht aufgeben. Auch für sie besteht nach wie vor der Einwand, den Kant an einer bekannten Stelle der Vernunftkritik aufs schärfste formuliert hat. Die Kategorien zu einem bloßen Bestandteil der tatsächlichen Einrichtung unserer subjektiv-anthropologischen Organisation machen, hieße ihnen, wie er betont, die wahre logische Allgemeinheit, die wir im Begriff des »gegenständlichen« Erkennens als Forderung hinstellen, abstreiten. Denn z. B. der Begriff der Ursache, welcher die Notwendigkeit eines Erfolgs unter einer vorausgesetzten Bedingung aussagt, »würde falsch sein, wenn er nur auf einer beliebigen uns eingepflanzten subjektiven Notwendigkeit gewisse empirische Vorstellungen nach einer solchen Regel des Verhältnisses zu verbinden beruhete. Ich würde nicht sagen können: die Wirkung ist mit der Ursache im Objekte (d. i. notwendig) verbunden, sondern ich bin nur so eingerichtet, daß ich diese Vorstellung nicht anders, als so verknüpft denken kann; welches gerade das ist, was der Skeptiker am meisten wünscht[3].« In der Tat läßt sich zwar in einem bestimmten Sinne der Inbegriff der »Vernunft« und der »Wahrheit«, der Inbegriff der »Erkenntnis« mit dem der »Realität« gleichsetzen: aber man kann alsdann die Vernunft, ohne sie der Skepsis preiszugeben, nicht mehr mit Fries als ein eingeschränktes anthropologisches Vermögen und als anthropologischen Besitzstand denken. Denn das begrenzte »menschliche« Sein vermögen wir gar nicht anders zu denken und zu definieren,

---

[1] Apelt, Metaphysik, § 104, S. 537.
[2] S. Neue Krit. d. Vern., § 70 (I, 284) ob. S. 461.
[3] Kritik der r. Vern., 2te Aufl., S. 168 f.

als daß wir ihm ein anderes umfassenderes Sein gegenüberstellen, das sodann aus dem zuvor festgestellten Kreise der Wahrheit herausfallen muß. Die menschliche »Wahrheit« erfüllt dann niemals das Ganze, sondern immer nur einen Teil des möglichen objektiven Seins und besitzt demnach in der That nur eine durchaus relative »Allgemeinheit«. Daß Fries diesen Schluß nicht selbst gezogen hat: das ist es, was ihn vom »Psychologismus« trennt; — aber die Prämisse zum Psychologismus ist freilich überall bei ihm gegeben, sofern er in dem Dasein des Gemüts und in seiner faktischen Beschaffenheit den letzten Grund für die Geltung der notwendigen Wahrheiten sucht.

Und indem auf diese Weise die Betrachtung von der Reihe der idealen Erkenntnisgründe in die Reihe der Realgründe überspringt, wird damit zuletzt das Ziel der logischen Rechtfertigung der metaphysischen Grundurteile überhaupt vereitelt. Denn die Frage hat sich jetzt völlig verschoben: wo wir die Antwort auf ein »Warum« erwarteten, wird uns als Abschluß der Untersuchung ein bloßes kategorisches »Daß« dargeboten; wo wir ein höchstes Prinzip der Gewißheit zu finden glaubten, werden wir mit dem Hinweis auf eine bloße Tatsache entlassen. Die »unmittelbare Erkenntnis«, auf der die metaphysischen Grundurteile beruhen, hat in der Tat mit dem, was sonst im psychologischen und logischen Sinne »Erkenntnis« genannt wird, kaum mehr als den Namen gemein. Denn sie ist als solche immer nur an sich, niemals aber für uns gegeben; sie ist, Hegelisch gesprochen, immer nur Substanz, aber niemals Subjekt. In dem Augenblick, wo sie für uns, für unser Bewußtsein da ist, hat sie schon aufgehört, unmittelbar zu sein, ist sie in den Kreis der vermittelnden Reflexion eingetreten und hat damit ihren wesentlichen Grundcharakter aufgegeben. Wie aber eine solche einfache Beschaffenheit des Gemüts die Funktion der Begründung für das gesamte logische System der Wahrheiten übernehmen kann, bleibt unerfindlich. Indem der Grund aus dem Wissen in das bloße Sein herausgesetzt wird, erscheint das Wissen in seinem eigenen Kreise als grundlos. »Wo bleibt« — so hat man gegen Fries' Lehre hier treffend eingewandt — »die Begründung des einen Erkenntnisaktes durch den anderen, da im subjektiven Sinne doch nur eine Erkenntnis im Bewußtsein ist? Eine unbewußte Erkenntnis in meinem Geiste mag, wie alles Reale, gewisse Wirkungen ausüben. Wie aber sollte sie gerade derjenigen fähig sein, die Fries ihr hier zumutet: meine metaphysischen Grundurteile zu begründen, d.h. doch wohl vernünftig zu machen? Scheint dies nicht ebenso unglaublich, als wenn einer von sich behauptete, es sei ihm zwar der Beweis für einen gewissen Satz gänzlich unbekannt, gleichwohl urteile er ihn mit Evidenz, weil die Prämissen dazu im Kopfe seines Nachbars vorhanden seien[1].« Wenn Fries sagt, daß der Tatbestand der philosophischen Wahrheit ruhig und auf gleiche Weise in jedem Geiste liege, — so ist doch eben mit diesem Tatbestand, selbst wenn man ihn als solchen zugibt, noch nichts für die Erklärung der Überzeugung von den philosophischen Wahrheiten gewonnen. Diese bleibt als ein eigenes Problem stehen, das mit den Mitteln, die uns im Bewußtsein selbst gegeben sind, lösbar sein muß oder aber überhaupt nicht gelöst werden kann. Denn wie kann darum, weil irgend etwas im dunklen Innern des Geistes liegt und ist, etwas für mich selbst wahr sein?

Der tiefere Grund der Friesschen Bestimmung aber liegt hier in einem allgemeinen intellektuellen Motiv, das in aller Metaphysik, in irgend einer Form wiederkehrt. Ein rein funktionaler Zusammenhang wird hier in ein substantielles Sein umgedeutet. Die Vernunft als Funktion wird zur Vernunft als Substrat. Weil aller Fortschritt der Vernunfterkenntnis bestimmten Regeln untersteht, weil hier ein für allemal apriorische Gesetze walten, von denen es keine Abweichung gibt: darum muß — so schließt Fries — die Vernunft als immer gleiches und unwandelbares Vermögen, das sich stets in derselben Weise äußert, gedacht werden. »Soll es... apodiktische Bestimmungen in unsern Erkenntnissen, soll es überhaupt nur den Begriff der Notwendigkeit in unsern Vorstellungen geben, so muß der Vernunft im Erkennen eine ursprüngliche dauernde Tätigkeit zukommen, wodurch alle ihre Erkenntnis als die Wirkung einer Kraft bestimmt wird, denn sonst ließe sich gar nicht erst von einem Ganzen der Geschichte ihres Erkennens sprechen. Ihre unmittelbar apodiktische Erkenntnis muß geradezu in solchen ursprünglichen Tätigkeiten bestehen, die übrige kann nur durch Abhängigkeit von dieser ihren notwendigen Wert erhalten[2].« Die Notwendigkeit, die im Prozeß des Denkens, die in der Reflexion nur successiv und somit fragmentarisch hervortritt, muß schon als ein ursprüngliches Ganze vor aller Reflexion im Innern der Vernunft gegeben sein. Denn die Tätigkeit der Reflexion schafft

---

[1] Alfr. Kastil, Jacob Friedrich Fries' Lehre von der unmittelbaren Erkenntnis, Göttingen 1912 (Abh. der Friesschen Schule, Neue Folge, Bd. IV), S. 319f.
[2] Neue Kritik der Vernunft, § 90 (II, 34).

nichts Neues; sie wiederholt nur das, was ist. Das Bewußtsein der Erkenntnis ist daher ein bloßes Wiederbewußtwerden, in dem wir uns ein schon fertig Vorhandenes aneignen. Der Fortschritt besteht nur für das einzelne Subjekt und für die Art, wie es sich dieses objektiv in seiner Gesamtheit Gegebene nach und nach zum Bewußtsein bringt. Und dies gilt im Grunde ebensowohl für die Erkenntnis a posteriori, wie für die Erkenntnis a priori; — für die Wahrnehmungserkenntnis, wie für die reine Vernunfterkenntnis. »Wir können sagen: es liegt in unserer Vernunft, durch zwei Blicke nach dem gestirnten Himmel die Erkenntnis der Größe, Entfernung und verhältnismäßigen Lage aller Weltkörper, die ich sehe; nur die Selbstbeobachtung der Reflexion ist hier begrenzt, indem ich die Unterschiede nur bis an eine bestimmte Grenze zu messen vermag. Wer nur wenigemal durch die guten Instrumente eines Herschel oder Schröter den Himmel beobachtet hätte, der besäße in der unmittelbaren dunkeln Vorstellung seines Geistes dieselben astronomischen Kenntnisse wie jene[1].« Und noch bestimmter gilt dies für alle mathematische und philosophische Erkenntnis. Das allmähliche Entstehen dieser Erkenntnis ist nur ein Schein, der dadurch entsteht, daß wir uns der unmittelbaren Erkenntnis nur auf verschiedenen Stufen bewußt werden können[2]. Alles, was jemals im Prozeß der Erkenntnis aktuell hervortritt, muß demnach schon vor diesem Hervortreten als potentieller Bestand in der Vernunft vorhanden gewesen sein. Aber dieser Verwendung des Gegensatzes von Potenz und Akt, von $\delta v v \acute{\alpha} \mu \varepsilon \iota\ \ddot{o} v$ und $\dot{\varepsilon} v \varepsilon \varrho \gamma \varepsilon \acute{\iota} \alpha\ \ddot{o} v$ in der Friesschen Philosophie haftet selbst eine innere Zweideutigkeit an. Gerade hier führt ein bloßer Reflexionsbegriff zur Setzung und Annahme eines bestehenden Seins; — gerade hier wird, im Sinne des ontologischen Denkens, der bloß logische Gedanke der Möglichkeit in ein mögliches, ein potentielles Sein umgedeutet. Daß alles, was im Fortgang der besonderen Erkenntnis »wirklich« wird, zuvor »möglich« gewesen sein muß: das besagt nur, daß alles Besondere hier an allgemeine Bedingungen gebunden ist, aus denen es, wie die »Kritik der reinen Vernunft« zu zeigen versuchte, nicht heraustreten kann. Aber diese gleichbleibenden Regeln für alles Funktionieren der Vernunft gelten eben nur in der Funktion und für diese selbst: nicht dagegen können sie als ein Besitz gedacht werden, der fertig vor aller Erkenntnis vorangeht; — zum mindesten

---

[1] Neue Kritik der Vernunft, § 40 (I, 144 f.).
[2] S. Apelt, Metaphysik, § 103, S. 524.

ist, wenn dies geschieht, eine metaphysische Verdopplung des Seins vorgenommen, die sich aus der reinen Analyse des Wissens und seiner Grundsätze nicht mehr rechtfertigen läßt. Das Wissen kennen wir immer nur als fortdauernde logische Bestimmung des Gegebenen: und wir können nicht, was uns als Ziel und Ende dieser Bestimmung vor Augen steht, als ein schon irgendwie Vorhandenes und Fertiges an seinen Anfang setzen[1]. Auch Fries' psychologisches Vernunftvermögen, das den Gesamtinhalt der möglichen Erkenntnis in sich schließen soll, ist nur der imaginäre Bildpunkt, der »*focus imaginarius*« für die gedachte logische Einheit der reinen Vernunftgrundsätze[2].

In dieser Hinsicht ist daher auch Fries, so energisch er den Standpunkt der reinen psychologischen Erfahrung vertritt, von der Grundtendenz bestimmt, die die gesamte nachkantische Spekulation beherrscht. Auch er bleibt bei der inneren Erfahrung nicht stehen, sondern sucht zu ihrem Grunde im Absoluten, im Gemüt und seiner unmittelbaren Erkenntnis vorzudringen. Auch er bekämpft die Kantische Lehre als bloße Reflexionsphilosophie[3] und will an die

---

[1] Vgl. Neue Kritik der Vernunft, §92 (II, 51). »In der dunkeln Vorstellung unsers Geistes, dem Fond des Gedächtnisses, liegt die ganze unmittelbare Erkenntnistätigkeit meiner Vernunft als ihre unmittelbare Erkenntnis, als ihre transzendentale Apperzeption, deren Form die ursprüngliche formale Apperzeption ist. Vor dem Wiederbewußtsein wiederholen sich aber davon in klarer und deutlicher Vorstellung nur einzelne Teile im Anschauen, Dichten und Denken.«

[2] Vgl. hrz. ob. S. 207 ff.

[3] Im einzelnen beruht die Kritik, die Fries an der Kantischen Theorie des Reflexionsvermögens übt, durchwegs auf der eigenen psychologischen Theorie und auf der psychologischen Definition des Urteils, die er zugrunde legt. Das Urteil ist ihm eine durchaus willkürliche Verbindung von Vorstellungen, die als solche niemals den letzten Grund der Wahrheit ausmachen kann, sondern in einer ursprünglichen, vom Willen unabhängigen Spontaneität der Vernunft ihr Fundament besitzen muß. Ich mache ja die Wahrheit nicht, sondern sie liegt schon in meiner Vernunft und wird von mir nur beobachtet (Vgl. Neue Kritik der Vernunft, I, 46 f., 159 f., 188 u. ö.). Daß die Definition des Urteils, die hier von Fries vorausgesetzt wird, im psychologischen Sinne zu eng ist, ist neuerdings, vom Standpunkt der Brentanoschen Urteilslehre, von Kastil betont worden (a. a. O. S. 48 ff., 60 ff.). Aber auch Kant gegenüber ist die Friessche Beweisführung hier insofern nicht schlüssig, als auch für Kant der Begriff des Urteils selbst und seine Stellung im Gesamtsystem der Erkenntnis eine ganz andere ist, als hier vorausgesetzt wird. Das Urteil bedeutet, sofern wir es nicht als psychologische Tätigkeit, sondern nach seiner »objektiven« logischen Leistung erklären, für Kant die Bestimmung des Besonderen durch das Allgemeine; des Individuellen, hier und jetzt Gegebenen durch eine notwendige Regel, der wir es einordnen. Diese Regel ist indes keineswegs willkürlich, sondern in der ur-

Stelle der Kantischen bloß »formalen« Kritik und Zergliederung der Erkenntnisse einen gehaltvolleren, materialen Begriff der Vernunft und ihrer ursprünglichen Beschaffenheiten und Kräfte setzen. Das absolute Ganze der Erkenntnis, das bei Kant die Bedeutung einer Aufgabe und eines Regulativs besitzt, wird ihm damit zum unabhängigen, vor aller bloß reflexiven und wiederholenden Verstandestätigkeit in sich selbst bestimmten und vollendeten Gegenstand. Damit rückt Fries in seiner Fragestellung wieder an die spekulative Richtung der Nachkantischen Philosophie heran, so entschieden er ihrem Ergebnis widerspricht. Wie hier die Metaphysik der Ethik, der Religion, der Kunst entwickelt wurde, so entwickelt er die Metaphysik der Psychologie. Wenn jene spekulativen Denker, wenn Fichte, Schelling und Hegel das Leben und die Selbstentfaltung des göttlichen Verstandes vor uns hinzustellen suchen, so begnügt Fries sich mit der anthropologischen Bestimmung der menschlichen »endlichen« Vernunft: — wenn jene vom Ideal des

---

sprünglichen Gesetzlichkeit des Verstandes, die von aller Willkür unabhängig ist, gegründet. Die Funktion des Urteils tritt demgemäß bei Kant nicht als eine bloß sekundäre und nachträgliche zur Funktion der unmittelbaren Erkenntnis, z. B. zur Wahrnehmungserkenntnis hinzu, um die Daten, die in dieser gelegen sind, nur zu verknüpfen: sondern sie bildet ein notwendiges Fundament eben dieser Erkenntnis selbst. So gibt es für Kant nicht, wie für Fries, eine Erkenntnis, die rein und ausschließlich in der Wahrnehmung bestünde. Die reine Tatsache, das bloße »Daß« der Wahrnehmung schließt immer schon die Bestimmung des Wahrgenommenen als eines »Etwas« in sich; eben diese Bestimmung aber ist nur durch die Grundfunktionen des Urteils, durch die Funktionen der Vergleichung und Verknüpfung möglich. Daß die Erkenntnis eines allgemeinen Gesetzes uns gar nicht zu Bewußtsein kommen könnte ohne Begriff und Urteil, wird von Fries ausdrücklich hervorgehoben (s. z. B. Neue Kritik der Vernunft, § 52, I, 192) — übersehen wird jedoch, daß nicht nur in der künstlichen und nachträglichen Begriffsbildung »durch Abstraktion«, sondern schon in der ursprünglichen Auffassung eines Einzelinhalts eine Beziehung des Besonderen auf ein Allgemeines notwendig enthalten ist. Wir können demnach keine Erkenntnis konstatieren, die als »unmittelbare« dem mittelbaren Urteil schlechthin vorausginge und durch dieses nur abgebildet würde; sondern es handelt sich in dieser gesamten Entgegensetzung nur um die methodische Unterscheidung korrelativer Momente, die nur miteinander und durcheinander zu begreifen sind. Hier gibt es keinen selbständigen Bestand unmittelbarer Erkenntnis, der nachher nur mittelbar durch die Reflexion angeeignet und zum Bewußtsein erhoben wird: sondern die »Reflexion« ist, als Bestimmung der Anschauung durch den Begriff, einer der konstitutiven und insofern ursprünglichen Faktoren aller Erkenntnis. Wenn dieser Faktor isoliert und als »Abbild« einem »Urbild« gegenübergestellt wird, so sind wir von der reinen Analyse der Erkenntnisphänomene bereits zu ihrer metaphysischen Deutung fortgegangen.

»intellectus archetypus« erfüllt sind, so stellt er sich mit Kant wieder bestimmt und entschlossen auf den Boden des »intellectus ectypus«[1]. An die Stelle der Dialektik des Weltgeistes soll die Zergliederung und die vollständige »Geschichte« des Menschengeistes treten. Nicht die Rätsel des Seins schlechthin, sondern nur die Rätsel der Erkenntnis sollen gelöst werden. Aber auch ihre Lösung — so zeigt sich jetzt — ist innerhalb des Bewußtseins und der inneren Erfahrung nicht möglich, sondern weist uns auf den dunklen Urgrund des Gemüts zurück. Hier allein liegt der wahre Quell der Vernunft und ihr echter Gehalt, von welchem das, was wir im Licht und in der Klarheit der Verstandeserkenntnis erblicken, immer nur ein beschränkter fragmentarischer Ausschnitt ist. Der Ausdruck: »Licht der Vernunft« wird daher innerhalb der Friesschen Lehre bekämpft. »Licht macht allerdings das Dunkel hell, aber die metaphysische Erkenntnis unserer Vernunft besitzt keine eigene Klarheit, sondern ist ursprünglich dunkel ... Im heiligen Dunkel leben in uns die Ideen des Glaubens als Grundgedanken aller Andacht, aller Achtung und Verehrung, und erst durch die reflektierende Tätigkeit des Verstandes treten sie mittelbar oder unmittelbar vor das Licht des Bewußtseins[2].«
Fries hätte kraft seines empirisch-psychologischen Ausgangspunkts zum Skeptiker und Relativisten werden müssen, wenn er nicht hier einen festen Halt und eine überempirische Gewißheit gefunden hätte; — aber die Annahme dieses Überempirischen, das nicht Prinzip, sondern Ding ist, macht ihn notwendig zum psychologischen Dogmatiker. Seine wahrhaft fruchtbare geschichtliche Leistung aber liegt nicht im Inhalt seiner metaphysisch-psychologischen Theorie, liegt nicht in der hypothetischen Erklärung, die er für die Gewißheit der Grundbegriffe der Erkenntnis gibt, sondern in dem, was er unmittelbar für die Analyse dieser Grundbegriffe geleistet hat. Es ist sein und seines Schülers Apelts entscheidendes Verdienst, daß sie hierin die Grundfrage der Philosophie von neuem auf das »Faktum der Wissenschaft« bezogen und sie dadurch wieder auf strengen wissenschaftlichen Boden gestellt haben. Die Entwicklung der Psychologie hat andere Wege als bei Fries und Apelt eingeschlagen; sie ist nicht durch sie, sondern durch Herbart und später durch Lotze und Fechner bestimmt worden. Aber was Fries und Apelt für die Weiterbildung der Kantischen

---
[1] Vgl. z. B. Neue Kritik der Vernunft, § 53f. (I, 194 ff.).
[2] Apelt, Metaphysik, § 94, S. 473.

Lehre von den synthetischen Grundsätzen, was sie insbesondere für das Verständnis der einzelnen Grundbegriffe und Grundmethoden der mathematischen Naturwissenschaft geleistet haben, hat bleibenden Bestand gewonnen: einen Bestand, den auch der anerkennen muß, der Fries' »anthropologische« Kritik als Grundlegung der Philosophie verwirft.